Die gemeinschaftsrechtlichen Aspekte der Zinsbesteuerung bei privaten Investoren

Europäische Hochschulschriften
Publications Universitaires Européennes
European University Studies

Reihe II
Rechtswissenschaft

Série II Series II
Droit
Law

Bd./Vol. 4778

PETER LANG
Frankfurt am Main · Berlin · Bern · Bruxelles · New York · Oxford · Wien

Sandra Mühlbauer

Die gemeinschaftsrechtlichen Aspekte der Zinsbesteuerung bei privaten Investoren

Eine Analyse unter Berücksichtigung des Zielkonflikts zwischen gemeinschaftsrechtlich intendierter Mobilität des Kapitals und mitgliedstaatlichem Interesse an der Sicherung des Steueraufkommens

PETER LANG
Internationaler Verlag der Wissenschaften

Bibliografische Information der Deutschen Nationalbibliothek
Die Deutsche Nationalbibliothek verzeichnet diese Publikation in der Deutschen Nationalbibliografie; detaillierte bibliografische Daten sind im Internet über <http://www.d-nb.de> abrufbar.

Zugl.: Regensburg, Univ., Diss., 2008

D 355
ISSN 0531-7312
ISBN 978-3-631-58232-9

www.peterlang.de

Danksagung

Diese Arbeit wurde im Sommersemester 2008 von der Juristischen Fakultät der Universität Regensburg als Dissertation angenommen.

Sie entstand während meiner Zeit als wissenschaftliche Mitarbeiterin am Lehrstuhl für öffentliches Recht, insbesondere Finanz- und Steuerrecht, Prof. Dr. Rolf Eckhoff, sowie während meiner Zeit als Leiterin des Referats Forschungsförderung an der Universität Regensburg.

In erster Linie danke ich meinem Doktorvater Herrn Prof. Dr. Rolf Eckhoff für seine Bereitschaft zur Betreuung und Begutachtung meiner Arbeit.

Herrn Prof. Dr. Rainer Arnold danke ich für die Übernahme und zügige Erstattung des Zweitgutachtens.

Meinen Vorgesetzten Herrn Dr. Christian Blomeyer sowie Herrn Klas Kullmann gebührt mein Dank für die großzügige Gewährung einer Dienstfreistellung, ohne die an die Fertigstellung dieser Arbeit nicht zu denken gewesen wäre.

Herrn Anton Schlicksbier danke ich für seine außerordentliche Geduld und Ausdauer beim Korrekturlesen dieser Arbeit. Herrn Andreas Ringshandl danke ich für seine Unterstützung bei der formalen Gestaltung.

Von ganzem Herzen danke ich meinen Eltern Marianne und Josef Mühlbauer, die durch ihre intensive Förderung den Grundstein für mein Studium und die sich anschließende Promotion gelegt haben.

Mein innigster Dank gebührt meinem Lebensgefährten Elmar für seine motivierende und umfassende Unterstützung bei der Erstellung meiner Dissertation.

Regensburg, im Juni 2008

Sandra Mühlbauer

A. Inhaltsübersicht

B. Inhaltsverzeichnis

C. Einleitung

Die vergangenen Jahrzehnte waren von einer wachsenden Verflechtung der Weltwirtschaft, insbesondere einer Annäherung der internationalen Finanzplätze gekennzeichnet. Die damit verbundenen Kapitalanlagemöglichkeiten stehen zunehmend nicht nur institutionellen Anlegern, sondern auch privaten Investoren offen.

Der Grundstein für diese Entwicklung wurde in der Europäische Union mit der Liberalisierung des Kapital- und Zahlungsverkehrs gelegt. Diese hat eine effiziente Allokation des Produktionsfaktors Kapital zum Ziel.

Die positiven Auswirkungen der Kapitalmobilität haben indessen ihre Kehrseite. Mit der zunehmenden Deregulierung des Kapitalmarktes rücken die Unterschiede in der Besteuerung von Kapitaleinkünften, insbesondere Zinserträgen, immer mehr in den Vordergrund. Auch private Anleger werden bei ihren Investitionen zunehmend durch steuerliche Erwägungen beeinflusst. Kapital wird in diejenigen Staaten transferiert, in denen die Kapitalerträge, etwa Zinsen, effektiv am wenigsten steuerlich belastet werden. Dies führt innerhalb der Europäischen Union zu steuerlich bedingten Verzerrungen im Wettbewerb von Unternehmen um das Kapital privater Anleger.

Dem steuerlich motivierten Verhalten privater Marktteilnehmer steht das steuerliche Verhalten der Mitgliedsstaaten, der sog. Steuerwettbewerb, gegenüber. Darunter ist das Bemühen der Mitgliedsstaaten zu verstehen, durch Steuersenkungsmaßnahmen Ressourcen in das eigene Land zu holen, um auf diese Weise Wohlfahrtssteigerungen zu erzielen[1]. Verschiedene Formen des „Steuerwettbewerbs" werden als „schädlich" bezeichnet. Sie führen nicht nur zu gemeinschaftsrechtlich missbilligten Wettbewerbsverfälschungen, sondern letztlich auch zu einer Erosion der steuerlichen Bemessungsgrundlage. Einzelne Staaten vermögen sich dieser Gesetzmäßigkeit kraft eigener Souveränität nicht zu entziehen. Insoweit wird ein Zielkonflikt zwischen gemeinschaftsrechtlich intendierter Mobilität des Kapitals und mitgliedsstaatlichem Interesse an der Sicherung nationalen Steueraufkommens offenbar.

Hier setzt die gemeinschaftsweite Harmonisierung der Zinsbesteuerung an. Ihr erklärtes Ziel ist es, durch eine effektive Besteuerung der Zinsen aus grenzüberschreitenden Kapitalanlagen Verzerrungen im Wettbewerb von Unternehmen um das Kapital privater Anleger zu beseitigen. Zugleich soll die steuerliche Bemessungsgrundlage der Mitgliedsstaaten gesichert werden.

Bereits in Art. 6 Abs. 5 der Kapitalverkehrsrichtlinie v. 24.6.1988[2] wurden die Mitgliedsstaaten, unter Fristsetzung zum 31.12.1988, aufgefordert, Vorschläge zu unterbreiten, die darauf abzielen, Gefahren von Steuerumgehung, Steuerflucht und Steuerhinterziehung infolge der Unterschiede in den nationalen Regelungen zur Besteuerung von Sparerträgen und in der Kontrolle der Anwendung dieser Regelungen zu beseitigen.

Indessen dauerten die Verhandlungen im Vorfeld der Zinsrichtlinie – nicht zuletzt aufgrund der politisch schwierigen Konsenssuche – lange an. Die Zinsrichtlinie konnte erst am 3.6.2003 durch den Rat der Europäischen Union verabschiedet werden.

Die vorliegende Arbeit hat die gemeinschaftsrechtlichen Prämissen der Zinsbesteuerung bei privaten Investoren zum Gegenstand. Sie bezieht sich auf die Besteuerung von Zinsen aus

1 Wieland, EuR 2001, 119 (119); Voß, ZEuS 1999, 335 (337); Monopolkommission, Systemwettbewerb, S. 8.

2 RL 88/ 361/ EWG v. 24.6.1988, ABl. EG 1988, Nr. L 178, S. 5 ff.

sog. Portfolioinvestitionen[3], also aus nichtunternehmerischen Kapitalanlagen von natürlichen Personen. Ausgehend vom primären Gemeinschaftsrecht, insbesondere der Liberalisierung des Kapital- und Zahlungsverkehrs, analysiert sie – vor dem Hintergrund der mitgliedsstaatlichen Zinsbesteuerungssysteme zum 3.6.2003 – Notwendigkeit und Möglichkeiten einer Harmonisierung der Zinsbesteuerung, ordnet die Zinsrichtlinie in diesen Kontext ein und erläutert deren Umsetzung in das deutsche Steuerrecht.

Die Arbeit gliedert sich dabei in drei grundlegende Abschnitte:

Der erste Abschnitt befasst sich mit den bereits bei Verabschiedung der Zinsrichtlinie geltenden primärrechtlichen Rahmenbedingungen nationaler Zinsbesteuerung. Als solche werden die Freiheit des Kapital- und Zahlungsverkehrs sowie das Beihilfeverbot erörtert. Die bestehenden mitgliedsstaatlichen Systeme der Zinsbesteuerung werden auf ihre Gemeinschaftsrechtskonformität hin überprüft.

Der zweite Abschnitt der Arbeit hat die Harmonisierung der Zinsbesteuerung in der Europäischen Union zum Gegenstand. Es werden die primärrechtlichen Prämissen der Harmonisierung erörtert. Daraufhin werden die Einzelheiten der Zinsrichtlinie sowie ihrer Umsetzung in der deutschen Zinsinformationsverordnung dargelegt.

Der dritte Abschnitt der Arbeit befasst sich schließlich mit der Frage, ob die deutsche Zinsinformationsverordnung eine im Sinne des Gemeinschaftsrechts „effektive", also auch nach nationalem Verfassungsrecht wirksame, Umsetzung der Zinsrichtlinie beinhaltet.

3 Vgl. zur Abgrenzung von sog. „Portfolioinvestitionen" von sog. „Direktinvestitionen": Dinse, Besteuerung von Portfolio-Kapitalerträgen, S. 121 f.: Während bei Direktinvestitionen die Kapitalübertragung u. a. dem Erwerb einer Unternehmensbeteiligung dient, welche entscheidenden Einfluss auf die Unternehmenspolitik gewährleistet, erfolgt bei Portfolioinvestitionen die Übertragung des Kapitals allein zum Zweck des Forderungserwerbs ohne Begründung einer Eigentumspostion und ohne Möglichkeit der unternehmerischen Einflussnahme auf die Investition.

D. Zinsbesteuerung im Lichte der Freiheit des Kapital- und Zahlungsverkehrs

Zu den gemeinschaftsrechtlichen Rahmenbedingungen für eine Zinsbesteuerung in der Europäischen Union zählen v. a. die sog. primärrechtlichen Vorgaben. Sie stehen in der gemeinschaftsrechtlichen Normenhierarchie an oberster Stelle, so dass sie grundsätzlich sowohl für mitgliedsstaatliche Maßnahmen, die grenzüberschreitenden Bezug aufweisen, als auch für Handlungen der Gemeinschaftsorgane bindend sind[1].

Zum Primärrecht zählt insbesondere der EG-Vertrag. Hier stellt sich die Frage, welche Anforderungen an eine Zinsbesteuerung durch die Mitgliedsstaaten vor dem Hintergrund der vertraglich garantierten Freiheit des Kapital- und Zahlungsverkehrs (Art. 56 EG) zu stellen sind. Besteht danach eine zwingende „Obergrenze" für die Besteuerung transnationaler Zinszahlungen durch die Mitgliedsstaaten oder anerkennt das Gemeinschaftsrecht schutzwürdige nationale Interessen, die eine Beschränkung der Grundfreiheit rechtfertigen?

I. Rechtsentwicklung der Freiheit des Kapitalverkehrs

Obwohl die Freiheit des Kapitalverkehrs nach Art. 3 Abs. 1 lit. c EG zu den vier zentralen, den Binnenmarkt konstituierenden Grundfreiheiten zählt, verlief ihre Rechtsentwicklung abweichend von derjenigen der anderen Grundfreiheiten. Erst durch den Vertrag von Maastricht wurde mit Wirkung vom 1.1.1994 die Kapitalverkehrsfreiheit als unmittelbar anwendbare[2] Grundfreiheit in Art. 73 b bis 73 g EGV verankert. Zuvor war sie nach der Ursprungsfassung des EWG-Vertrages zwar in Art. 67 erwähnt, doch nur in einem „für das Funktionieren des Gemeinsamen Marktes notwendigen" Umfang garantiert. Erst die Richtlinie 88/361/EWGV[3] vom 24.6.1988 brachte eine vorbehaltlose Gewährung der Grundfreiheit mit sich. Damit wurde die Freiheit des Kapitalverkehrs unmittelbar anwendbares Gemeinschaftsrecht; sie verleiht dem Marktbürger nunmehr Rechte, auf die sich dieser vor den mitgliedsstaatlichen Gerichten berufen kann. Dieser wesentliche Schritt zur Liberalisierung des Kapitalverkehrs wurde auf primärrechtlicher Ebene erst im Jahr 1994 mit der „Konstitutionalisierung" der Kapitalverkehrsfreiheit vollzogen (Art. 73 b bis 73 g EGV, inhaltsgleich mit Art. 56 bis 60 EG in der Fassung des Vertrags von Amsterdam). Seither zählt die Freiheit des Kapitalverkehrs zu den vertraglich verbürgten Grundfreiheiten, die individuelle Rechte begründen, also im Recht der Mitgliedsstaaten unmittelbar anwendbar sind[4] und gegenüber dem mitgliedsstaatlichen Recht Anwendungsvorrang[5] genießen. Sie ist inhaltlich von der Freiheit des Zahlungsverkehrs abzugrenzen, welche ursprünglich in Art. 106 EWGV verankert war und häufig als Annexfrei-

---

1 Vgl. zum Rangverhältnis zwischen primärem und sekundärem Gemeinschaftsrecht: Schmidt, in: von der Groeben/ Schwarze, EUV/ EGV, 6. Aufl., Bd. 4, Art. 249 EG Rz. 22.

2 EuGH v. 14.12.1995, C-163/ 94, C-165/ 94 und C-250/ 94, Sanz de Lera, EuGHE 1995, I-4821 (I-4841) Rz. 40 ff., insbes. 48.

3 RL 88/ 361/ EWG, ABl. EG 1988 Nr. L 178/ 5.

4 Vgl. dazu: EuGH v. 5.2.1962, 26/ 62, van Gend & Loos, EuGHE 1963, 1 (24 ff.).

5 Vgl. dazu: EuGH v. 15.7.1964, 6/64, EuGHE 1964, Costa/ ENEL, 1251 (1269 ff.); v. 17.12.1970, 11/ 70, Internationale Handelsgesellschaft, EuGHE 1970, 1125 (1135), Rz. 3; v. 9.3.1978, 106/ 77, Simmenthal, EuGHE 1978, 629 (643) Rz. 14, 16. Vgl. aus der Sicht des deutschen Rechts (verfassungsrechtliche Ermächtigung in den Schranken des Art. 23 Abs. 1 GG): BVerfG v. 22.10.1986, 2 BvR 197/ 83 (Solange II), BVerfGE 73, 339 (387); v. 8.4.1967, Az. 2 BvR 687/87 (Kloppenburg), BVerfGE 75, 223 (240 f.); v. 2.10.1993, 2 BvR 2134/ 92 und 2 BvR 2159/ 92 (Maastricht), BVerfGE 89, 155 (175). Vgl. dazu umfassend: Gellermann, in: Rengeling, Rechtsschutz in der EU, S. 604 ff. m. w. N.

heit zu den anderen Marktfreiheiten betrachtet wird[6], da sie sich auf die Gegenleistungen für die den anderen Marktfreiheiten unterfallende Transaktionen erstreckt. Aufgabe der Zahlungsverkehrsfreiheit war es ursprünglich, die weiter liberalisierten Grundfreiheiten nicht dadurch leer laufen zu lassen, dass die Abwicklung der Gegenleistung nach der weniger liberalisierten Kapitalverkehrsfreiheit beurteilt wurde[7]. Mit dem Maastrichter Vertrag wurden Kapital- und Zahlungsverkehrsfreiheit in Art. 73 b ff. EGV (Art. 56 ff. EG) neu gestaltet.
Diese Neuregelung warf insbesondere in Bezug auf mitgliedsstaatliche Steuernormen die Frage auf, ob Kapital- und Zahlungsverkehrsfreiheit einen den anderen Grundfreiheiten „gleichlaufenden" Schutzumfang aufweisen (vgl. Art. 73 d Abs. 1 lit. a EGV bzw. Art. 58 Abs. 1 lit. a EG).

II. Umfang und Grenzen der Freiheit des Kapital- und Zahlungsverkehrs

Die folgende Untersuchung beschäftigt sich mit Umfang und Grenzen der Freiheit des Kapital- und Zahlungsverkehrs und geht auf die daraus resultierenden Grenzen für eine Zinsbesteuerung ein.

1. Parallelität der Grundfreiheiten

Bevor die Einzelheiten der Freiheit des Kapital- bzw. Zahlungsverkehrs erläutert werden, möchte ich klarstellend auf den im Folgenden zugrunde gelegten Begriff der sog. „Parallelität der Grundfreiheiten" eingehen. Auf dieses Argument wird bei der Auslegung der Grundfreiheiten häufig verwiesen. Gemeint ist damit nicht etwa eine umfassende Parallelisierung der Grundfreiheiten. Vielmehr entwickelte der EuGH in ständiger Rechtsprechung eine einheitliche Dogmatik der Grundfreiheiten, wonach sich die Ansätze insbesondere für das Verhältnis von Schutzbereich und Schranken einer Grundfreiheit zumindest „*mutatis mutandis*" auch auf die übrigen Grundfreiheiten übertragen lassen[8]. Diese Dogmatik bringt eine sehr weite Auslegung des Schutzbereichs der Grundfreiheiten sowie spiegelbildlich eine restriktive Auslegung der davon bestehenden Ausnahmen mit sich. Darauf wird in den folgenden Erörterungen einzugehen sein.

2. Schutzbereich

Der Schutzbereich der Zahlungs- bzw. Kapitalverkehrsfreiheit lässt sich in sachliche, persönliche. räumliche und zeitliche Gesichtspunkte untergliedern.

a) Sachlicher Schutzbereich

(1) Kapitalverkehr

In sachlicher Hinsicht ist der Begriff des Kapitalverkehrs zu klären. Fraglich ist, ob die Auszahlung sowie die Gutschrift von Zinserträgen darunter fallen.
Weder der EG-Vertrag noch das sekundäre Gemeinschaftsrecht definieren Kapitalverkehr. Anhaltspunkte liefert insoweit zwar die Aufzählung von Kapitalverkehrsvorgängen in

---

6 So Bröhmer, in: Calliess/ Ruffert, EUV/ EGV, Art. 56 EG Rz. 55; vgl. auch Streinz, Europarecht, Rz. 763.
7 EuGH v. 31.1.1984, Luisi und Carbone, C-286/ 82, C-26/ 83, EuGHE 1984, 377 (404) Rz. 21; Bröhmer, in: Calliess/ Ruffert, EUV/ EGV, Art. 56 EG Rz. 55.
8 Jarass, EuR 1995, 202 (203); Ress/ Ukrow, Kapitalverkehrsfreiheit und Steuergerechtigkeit, S. 36 f.

Art. 57 EG, doch ist diese weder abschließend noch für die vorliegende Frage einschlägig. Zur Bestimmung des Begriffs des Kapitalverkehrs zieht der EuGH in der Regel die Kapitalverkehrsrichtlinie vom 24.6.1988[9] als Rechtserkenntnisquelle[10] heran. In ihrem Anhang I findet sich eine Nomenklatur[11], d. h. eine umfassende, wenn auch nicht abschließende[12] Aufzählung von Kapitalverkehrsvorgängen. Zu diesen gehören in Abschnitt VIII des Anhangs auch „Darlehen und Finanzkredite". Fraglich ist, welche Rückschlüsse hieraus für die Auslegung des Begriffs „Kapitalverkehr" im Sinne des Art. 56 Abs. 1 EG gezogen werden können. Zwar wurde die Richtlinie 88/361/EG formell nie außer Kraft gesetzt. Es wird deshalb vertreten, dass sie nur insoweit ihren Geltungsanspruch verlor, als die ihr zeitlich nachfolgenden, am 1.1.1994 in Kraft getretenen Art. 73 b ff. EGV (heute: inhaltsidentisch Art. 56 ff. EG) eine abweichende Regelung trafen (materielle Derogation)[13]. Richtigerweise aber trat mit dem Wegfall ihrer gemeinschaftsrechtlichen Kompetenzgrundlage, nämlich Art. 67 EWGV, auch die Kapitalverkehrsrichtlinie außer Kraft[14]. Es lässt sich deshalb nur derjenige Rechtszustand zur Interpretation der Art. 56 ff. EG heranziehen, der bei Inkrafttreten der Richtlinie galt[15]. Indessen sollten die zum 1.1.1994 in Kraft tretenden Art. 73 b ff. EGV inhaltlich nicht hinter dem damals erreichten Integrationsstand zurückbleiben. Nach Art. 3 Abs. 1 EU sollte der in den Bestimmungen der Richtlinie zum Ausdruck kommende gemeinschaftsrechtliche Besitzstand (sog. acquis communautaire) zumindest gewahrt, wenn nicht sogar weiterentwickelt werden. Insofern liefert der bei Inkrafttreten der Richtlinie bestehende Rechtszustand Anhaltspunkte für die Interpretation der heutigen Art. 56 ff. EG.

Zu einem ähnlichen Ergebnis gelangen diejenigen Vertreter, die von einer (zumindest) formellen Weitergeltung der Richtlinie ausgehen. Sie haben die Normenhierarchie des Gemeinschaftsrechts zu beachten, wonach Sekundärrecht nicht den Rechtsgehalt von Primärrecht zu determinieren oder zu derogieren vermag[16]. Auch nach dieser Ansicht kann die Kapitalverkehrsrichtlinie deshalb nur unverbindlichen Hinweischarakter für die Auslegung der Art. 73 b ff. EGV haben[17].

Eine umfassende abstrakte Begriffsbestimmung hat daneben weder der EuGH vorgenommen[18], noch existiert hierzu im Schrifttum eine einhellige Meinung. Zum Teil wird unter Kapitalverkehr die einseitige Wertübertragung von Sach- oder Geldkapital verstanden[19]. Zu-

---

9 Richtlinie 88/ 361/ EWG v. 24.6.1988, ABl. EG 1988, Nr. L 178/ 5.

10 EuGH v. 31.1.1984, C-286/ 82 u. C-26/ 83, Luisi und Carbone, EuGHE 1984, 377 (403) Rz. 20; EuGH v. 16.12.1995, C-163/ 94, C-165/ 94, Sanz de Lera u. a., EuGHE 1995 I-4830 (I-4839) Rz. 34; EuGH v. 16.3.1999, C-222/ 97, Trummer und Mayer, EuGHE 1999, I-1671 (I-1678) Rz. 21.

11 A. A. Matzka, Das österreichische Steuerrecht im Lichte der Freiheit des Kapitalverkehrs, S. 38, die von einer „enumerativen Definition" spricht.

12 EuGH v. 16.3.1999, C-222/ 97, EuGHE 1999, I-1671 (I-1678) Rz. 21; Ress/ Ukrow, in: Grabitz/ Hilf, EUV/ EGV, Bd. 1, Art. 56 EG Rz. 15; Ohler, WM 1996, 1801.

13 Ress/ Ukrow in Grabitz/ Hilf, EUV/ EGV, Bd. 1, Vor Art. 56 EG Rz. 14; Matzka, Das österreichische Steuerrecht im Lichte der Freiheit des Kapitalverkehrs, S. 35; Schlussanträge des GA Tesauro v. 17.11.1994, C-358/ 93 u. C-416/ 93, Bordessa, EuGHE 1995 I-361 (I-369) Rz. 14.

14 Eckhoff, in: Bleckmann, Europarecht, Rz. 1699.

15 Eckhoff, in: Bleckmann, Europarecht, Rz. 1699.

16 Schön, GS Knobbe-Keuk, 743 (747); Honrath, Umfang und Grenzen der Freiheit des Kapitalverkehrs, S. 23 ff.

17 EuGH v. 16.3.1999, C-222/ 97, Trummer und Mayer, EuGHE 1999, I-1671 (I-1678) Rz. 21; Ress/ Ukrow in Grabitz/ Hilf, EUV/ EGV, Bd. 1, Art. 56 EG Rz. 15 f.

18 So Ress/ Ukrow in Grabitz/ Hilf, EUV/ EGV, Bd. 1, Art. 56 EG Rz. 18 m. w. N.

19 Weber, in: Lenz/ Borchardt, EUV/ EGV, Vorb. Art. 56 – 60 Rz. 8; Eckhoff, in: Bleckmann, Europarecht, Rz. 622; Börner, FS Orphüls, S. 19 ff., ders. EuR 1966, 97 ff.

nächst scheinen damit Darlehen und Kredite, bei denen die Zinsvergütung im Gegenseitigkeitsverhältnis steht, nicht zum Kapitalverkehr zu zählen. Dieser Einwand wird entkräftet, wenn man das Kriterium der Einseitigkeit als „nicht durch einen Vorgang des Waren- oder Dienstleistungsverkehrs bedingt“[20] oder als nicht auf einem „zeitlich unmittelbaren“[21] Leistungsaustausch „Zug um Zug“[22] beruhend versteht.
Überzeugend erscheint demgegenüber eine teleologische Auslegung der Norm unter Heranziehung der in Art. 2 und 3 EG genannten Ziele[23]. Da die Beseitigung der Hindernisse des freien Kapitalverkehrs eine wesentliche Aufgabe der Gemeinschaft im Rahmen der Errichtung eines Gemeinsamen Marktes und der Wirtschafts- und Währungsunion darstellt, hat die Gemeinschaft dafür zu sorgen, dass das Kapital ungehindert dorthin fließen kann, wo es den größtmöglichen ökonomischen Nutzen für die europäische Bevölkerung stiftet (Allokationseffizienz)[24]. Abzustellen ist deshalb auf den Zweck der vorgenommenen Transaktion. Kapitalverkehr wird dadurch charakterisiert, dass bei der Übertragung von Geld- oder Sachkapital über die Grenzen eines Mitgliedsstaates hinweg die Nutzung des Kapitals, also das Erzielen von Erträgen aus der Kapitalanlage, im Vordergrund steht[25]. Die Transaktion muss primär Anlagezwecken dienen[26]. Dies ist bei Darlehen und Krediten in der Regel der Fall.
Dass dabei die Hingabe des Kapitals in einem Synallagma mit der Zinsvergütung steht, spricht grundsätzlich dafür, auch die Zinsvergütung dem Kapitalverkehr zu unterstellen. Schließlich wirken sich Maßnahmen, die die Zinsvergütung behindern, mittelbar stets auch auf die Investitionsfreudigkeit und damit auf die Hingabe des Darlehens bzw. Kredits aus.

(2) Zahlungsverkehr

Möglicherweise fällt die Zahlung von Zinsen aber vorrangig unter den Begriff des Zahlungsverkehrs nach Art. 56 Abs. 2 EG.
Bedeutsam ist die Abgrenzung dieser Begriffe noch heute im Hinblick auf Art. 57 EG, welcher eine Rechtsgrundlage für Beschränkungen des Kapital-, nicht aber des Zahlungsverkehrs gegenüber Drittstaaten darstellt.
Im Gegensatz zum Kapitalverkehr umfasst der Zahlungsverkehr den Transfer von Geldmitteln, die eine Gegenleistung für die Erbringung von Leistungen des Waren-, Dienstleistungs- oder Personenverkehrs darstellen[27]. Er stellt eine Annexfreiheit zu den anderen Marktfreiheiten dar. Insbesondere erstreckt sich der Zahlungsverkehr nach ganz herrschender Ansicht seit

20 So Eckhoff, in: Bleckmann, Europarecht, Rz. 1702.
21 So Molzahn, Die normativen Verknüpfungen von Kapitalverkehrsfreiheit und Währungsunion im EG-Vertrag, S. 9.
22 So Börner, FS Orphüls, S. 19 ff., ders. EuR 1966, 97 ff.
23 Matzka, Das österreichische Steuerrecht im Lichte der Freiheit des Kapitalverkehrs, S. 40.
24 Ress/ Ukrow, in: Grabitz/ Hilf, EUV/ EGV, Bd. 1, Art. 56 EG Rz. 7; Matzka, Das österreichische Steuerrecht im Lichte der Freiheit des Kapitalverkehrs, S. 40; Schön, GS Knobbe-Keuk, 743 (745); Ruppe, in: Lechner/ Staringer/ Tumpel, Kapitalverkehrsfreiheit und Steuerrecht, 9 (16).
25 Vgl. Freitag, EWS 1997, 187; Ruppe, in: Lechner/ Staringer/ Tumpel, Kapitalverkehrsfreiheit und Steuerrecht, 9 (15); vgl. auch Bleckmann, Europarecht, Rz. 1181 f.; vgl. auch Honrath, Umfang und Grenzen der Freiheit des Kapitalverkehrs, 1998, 23 ff.; Schön, GS Knobbe-Keuk, 743 (747).
26 Bröhmer, in: Calliess/ Ruffert, EUV/ EGV Art. 56 EG Rz. 8; Honrath, Umfang und Grenzen der Freiheit des Kapitalverkehrs, S. 50.
27 Vgl. EuGH v. 11.11.1981, C-203/ 80, Casati, EuGHE 1981, I-2595 (I-2617) Rz. 24 f.; EuGH v. 31.1.1984, C-286/ 82 und 26/ 83, Luisi und Carbone, EuGHE 1984, 377 (404) Rz. 22. Die Beschränkung des Zahlungsverkehrs auf diese Vorgänge als Grundgeschäft ist mit der vollständigen Liberalisierung des Kapitalverkehrs indessen mittlerweile entfallen.

der vollständigen Liberalisierung des Kapitalverkehrs auch auf solche Gegenleistungen, deren Grundgeschäft sich als Kapitalverkehr darstellt[28].
Wichtig erscheint in diesem Kontext: Da die zunächst bestehende Regelung, dass Beschränkungen nur insoweit abgebaut werden mussten, als es für das Funktionieren des Gemeinsamen Marktes erforderlich war, mit dem Unionsvertrag aufgehoben wurde, fallen auch spekulative und fugative Kapitalbewegungen sowie die korrespondierenden Zahlungsvorgänge grundsätzlich unter den Schutzbereich der Kapitalverkehrsfreiheit[29].
Von den Bestimmungen zum freien Zahlungsverkehr werden danach unabhängig vom Grundgeschäft sämtliche Zahlungsweisen, inklusive laufende, also auch Zinsen erfasst[30]. Dass eine die Zinszahlung beschränkende Maßnahme mittelbar auch die dieser zugrunde liegende Vergabe des Darlehens bzw. Kredites und damit die Freiheit des Kapitalverkehrs betrifft, liegt in der Natur der Zahlungsverkehrsfreiheit begründet. Hieraus ergibt sich keine abweichende Beurteilung. Die Zahlung von Zinsen ist dem Zahlungsverkehr im Sinne des Art. 56 Abs. 2 EG zuzuordnen[31].

b) Räumlich-persönlicher Schutzbereich

Eine Besonderheit des Art. 56 EG besteht darin, dass er Beschränkungen der Freiheit des Kapital- und Zahlungsverkehrs nicht nur zwischen den Mitgliedsstaaten, sondern auch gegenüber Drittstaaten verbietet (sog. Erga-omnes-Prinzip). Dieses Verbot richtet sich, wie die Formulierung in Art. 57 EG zeigt, nicht nur an die Mitgliedsstaaten, sondern auch an die Gemeinschaft als solche[32]. Beide sind nur in dem von Art. 57 EG festgelegten Rahmen berechtigt, Ausnahmen von der einseitigen Liberalisierung des Kapitalverkehrs gegenüber Drittstaaten zu machen.
Daneben setzt die Freiheit des Kapital- und Zahlungsverkehrs, wie auch die anderen Grundfreiheiten („Parallelität der Grundfreiheiten“[33]), stets einen Sachverhalt mit grenzüberschreitendem Bezug voraus[34]. Es ist ein grenzüberschreitendes Element erforderlich, das spezifischen Bezug zur jeweiligen Grundfreiheit hat[35]. Fraglich ist, worin dieses bei der Freiheit des Kapital- und Zahlungsverkehrs bestehen kann.
Ausgehend von einer systematischen Gleichwertigkeit der Grundfreiheiten[36] zog der EuGH im Fall Verkooijen[37] hierzu eine Parallele zwischen Dienstleistungs- und der Kapitalverkehrs-

---

28 Eckhoff, in: Bleckmann, Europarecht, Rz. 1704; Streinz, Europarecht, Rz. 763; Bröhmer, in: Calliess/ Ruffert, EUV/ EGV, Art. 56 EG Rz. 55; Honrath, Umfang und Grenzen der Freiheit des Kapitalverkehrs, S. 47 ff.; Matzka, Das österreichische Steuerrecht im Lichte der Freiheit des Kapitalverkehrs, S. 42; unklar allerdings Ress/ Ukrow, in: Grabitz/ Hilf, EUV/ EGV, Bd. 1, Art. 56 EG Rz. 184.

29 Ress/ Ukrow, Kapitalverkehrsfreiheit und Steuergerechtigkeit, S. 33; dies., in: Grabitz/ Hilf, EWGV, Altband I, Art. 73 b EGV Rz. 13; Seidel, GS Grabitz, 763 (764 f.).

30 Ress/ Ukrow, in: Grabitz/ Hilf, EUV/ EGV, Bd. 1, Art. 56 EG Rz. 176; Matzka, Das österreichische Steuerrecht im Lichte der Freiheit des Kapitalverkehrs, S. 42.

31 A. A. wohl EuGH v. 6.6.2000, C-35/ 98, Verkooijen, EuGHE 2000, I-4113 ff., der für den Fall, dass der Ertrag aus der Kapitalanlage in einer Dividende besteht, die Kapitalverkehrsfreiheit anwendet; vgl. dazu Cordewener, Europäische Grundfreiheiten und nationales Steuerrecht, S. 743.

32 Ress/ Ukrow, in: Grabitz/ Hilf, EUV/ EGV, Bd. 1, Art. 56 EG Rz. 66.

33 Vgl. dazu Ress/ Ukrow, Kapitalverkehrsfreiheit und Steuergerechtigkeit, S. 37.

34 Vgl. dazu Eckhoff, in: Bleckmann, Europarecht, Rz. 1705; Ress/ Ukrow, Kapitalverkehrsfreiheit und Steuergerechtigkeit, S. 37.

35 Ruppe, in: Lechner/ Staringer/ Tumpel, Kapitalverkehrsfreiheit und Steuerrecht, 9 (17).

36 Vgl. dazu Ruppe, in: Lechner/ Staringer/ Tumpel, Kapitalverkehrsfreiheit und Steuerrecht, 9 (17); vgl. dazu auch die Erläuterungen oben zum Thema „Parallelität der Grundfreiheiten“.

37 EuGH v. 6.6.2000, C-35/ 98, Verkooijen, EuGHE 2000, I-4113 (I-4126) Rz. 35.

freiheit und gab Anlass für die Prägung des Begriffs der „passiven“ [38] bzw. „negativen[39] Kapitalverkehrsfreiheit“. Unter die Kapitalverkehrsfreiheit falle danach nicht nur diejenige Fallkonstellation, in der ein Anleger oder aber das Kapital als solches die Grenze überschreite, sondern auch diejenige, in der der Kapitalnehmer über die Grenze hinweg tätig werde. Es könne sich insbesondere auch ein Unternehmen, das Kapital im Ausland sammeln wolle, auf Art. 56 Abs. 1 EG berufen[40]. Für das grenzüberschreitende Moment des Kapitalverkehrs folgt daraus, dass sein Anknüpfungspunkt, wie auch im Bereich der Dienstleistungsfreiheit, sachlicher oder persönlicher Natur sein kann.

Entsprechende Überlegungen zur Zahlungsverkehrsfreiheit führen zu dem Ergebnis, dass auch hier der räumliche Schutzbereich eröffnet ist, wenn entweder die Transaktion als solche oder aber der Auszahlende bzw. der Zahlungsempfänger die Grenze überschreiten.

Die Identifizierung des grenzüberschreitenden Elements erweist sich damit auch entscheidend für die Reichweite der Grundfreiheit in persönlicher Hinsicht. Hier bestätigt die Aussage des EuGH im Fall Verkooijen die Erkenntnis aus dem Bereich der Dienstleistungsfreiheit, dass sich sowohl der Erbringer als auch der Empfänger einer wirtschaftlichen Leistung auf die einschlägige Grundfreiheit berufen kann[41].

Der umfassenden räumlichen Liberalisierung des Kapital- und Zahlungsverkehrs steht ein weiter Kreis an Berechtigen gegenüber. Insbesondere können sich auch Angehörige aus Drittstaaten auf die Freiheit des Kapital- und Zahlungsverkehrs berufen, ohne in einem Mitgliedsstaat ansässig sein zu müssen[42]. Dass der persönliche Anwendungsbereich der Kapital- und Zahlungsverkehrsfreiheit nicht an das Erfordernis einer Gebietsansässigkeit geknüpft wurde, entspricht dem Sinn und Zweck der Regelung. Danach soll die Ressource Kapital unabhängig von ihrer „Nationalität“ dort dem Wirtschaftsprozess zugute kommen, wo sie ökonomisch am effizientesten eingesetzt wird (Allokationseffizienz)[43].

c) Abgrenzung zu den anderen Grundfreiheiten

(1) Verhältnis zur Dienstleistungsfreiheit

Die Freiheit des Kapital- und Zahlungsverkehrs ist von der Dienstleistungsfreiheit in denjenigen Fällen abzugrenzen, in denen sich Kapitalbewegungen im Rahmen von Dienstleistungen des Bankwesens, des Kapitalmarkts oder der Versicherungswirtschaft vollziehen[44]. Die Abgrenzungsproblematik betrifft vorliegend den Fall, in dem eine Bank in Erfüllung eines Bankvertrags etwa aus einem Guthabenskonto oder einem Wertpapierdepot über die Grenze hinweg Zinsen zahlt. Hier stellt sich die Frage, ob neben der Zahlungsverkehrsfreiheit auch die Freiheit des Dienstleistungsverkehrs einschlägig ist und in welchem Verhältnis beide Grundfreiheiten zueinander stehen. Diese Frage wurde in der Literatur bislang kaum diskutiert. Möglicherweise lassen sich dafür aber verschiedene Argumente aus dem Meinungsstreit

---

38 Vgl. Dautzenberg, StuB 2000, 720 (724)..

39 Vgl. Ress/ Ukrow, in: Grabitz/ Hilf, EUV/ EGV, Bd. 1, Art. 56 EG Rz. 36. Die Unterscheidung zwischen aktiver und passiver bzw. positiver und negativer Kapitalverkehrsfreiheit lehnt sich an die im Gemeinschaftsrecht gebräuchliche Unterscheidung zwischen positiver und negativer Dienstleistungsfreiheit an. Diese Terminologie steht in keinem Zusammenhang mit deutscher Grundrechtsdogmatik.

40 EuGH v. 6.6.2000, C-35/ 98, Verkooijen, EuGHE 2000, I-4113 (I-4126) Rz. 35.

41 Vgl. dazu Jarass, EuR 1995, 202 (209); Ress/ Ukrow, Kapitalverkehrsfreiheit und Steuergerechtigkeit, S. 40.

42 Ress/ Ukrow, in: Grabitz/ Hilf, EUV/ EGV, Bd. 1, Art. 56 EG Rz. 73.

43 Eckhoff, in: Bleckmann, Europarecht, Rz. 1711.

44 Matzka, Das österreichische Steuerrecht im Lichte der Freiheit des Kapitalverkehrs, S. 44.

um die Abgrenzung von Kapitalverkehrs- und Dienstleistungsfreiheit heranziehen. Daher soll zunächst auf diesen eingegangen werden.

(a) Kapitalverkehrs- und Dienstleistungsverkehrsfreiheit

In der Literatur wird die Abgrenzung von Kapitalverkehrs- und Dienstleistungsfreiheit kontrovers diskutiert. Trotz einer Vielzahl von EuGH-Entscheidungen zu dieser Problematik wird hier eine einheitliche Linie bislang vermisst[45]. Gegenstand dieses Streits ist u. a. die grenzüberschreitende Darlehenshingabe durch eine Bank.

(i) Exklusivität

Hier stehen sich zwei grundlegend verschiedene Meinungsrichtungen gegenüber. Eine von beiden vertritt, dass die Freiheit des Kapital- und Dienstleistungsverkehrs in einem Exklusivitätsverhältnis zueinander stehen[46]. In sachlicher Hinsicht könne auf ein und denselben wirtschaftlichen Sachverhalt nur entweder die Freiheit des Kapitalverkehrs oder die Freiheit des Dienstleistungsverkehrs Anwendung finden. Hinsichtlich der grenzüberschreitenden Darlehenshingabe durch eine Bank wird vorgeschlagen, zwischen Zwei- und Drei-Personen-Verhältnissen zu unterscheiden[47]. Es komme darauf an, für wessen Rechnung die Bank tätig werde. Bei eigenen Darlehensgeschäften der Bank stehe der Anlagecharakter im Vordergrund, so dass ausschließlich die Kapitalverkehrsfreiheit einschlägig sei[48]. Überweise die Bank den Darlehensbetrag im Namen und auf Rechnung eines Dritten, so sei im Rechtsverhältnis zwischen Darlehensgeber und Darlehensnehmer ausschließlich die Kapitalverkehrsfreiheit einschlägig, die Bank erledige dieses Geschäft dagegen ausschließlich unter Dienstleistungsgesichtspunkten[49]. Dem liegt eine Abgrenzung der Grundfreiheiten nach dem Zweck der Transaktion[50] bzw. nach ihrem wirtschaftlichen Schwerpunkt[51] zugrunde.

(ii) Parallelität

Dieser Meinung steht eine andere gegenüber, nach der beide Grundfreiheiten bei ein und demselben Lebenssachverhalt nebeneinander einschlägig sein können[52]. Sie bezögen sich lediglich auf unterschiedliche rechtliche Gesichtspunkte desselben wirtschaftlichen Geschehens[53]. Von der tatbestandlichen Einschlägigkeit zu unterscheiden sei indessen die Frage, welche der beiden sachlich einschlägigen Grundfreiheiten im Einzelfall Vorrang habe[54].
Hierzu lassen sich in der Literatur drei unterschiedliche Meinungsschattierungen ausmachen. Eine Untermeinung will beide Grundfreiheiten stets nebeneinander anwenden, misst also keiner von beiden Vorrang zu[55]. Eine andere betrachtet die parallele Anwendung zumindest als

---

45 Vgl. die Übersicht zur einschlägigen EuGH-Rechtsprechung bei Bröhmer, in: Calliess/ Ruffert, EUV/ EGV, Art. 56 EG Rz. 26 ff.
46 Ohler, WM 1996, 1801 (1802)
47 Ohler, WM 1996, 1801 (1805); Freitag, EWS 1997, 186 (191 f.).
48 So auch Troberg/ Tiedje, in: von der Groeben/ Schwarze, EUV/ EGV, 6. Aufl,, Bd. 1, Art. 51 EG Rz. 12.
49 So auch Troberg/ Tiedje, in: von der Groeben/ Schwarze, EUV/ EGV, 6. Aufl, Bd. 1, Art. 51 Rz. 12.
50 Ohler, WM 1996, 1801 (1802 ff.).
51 So Freitag, EWS 1997, 186 (191 f.).
52 So Rohde, Freier Kapitalverkehr in der Europäischen Gemeinschaft, S. 101; Schön, GS Knobbe-Keuk, 743 (753); differenzierend: Troberg/ Tiedje, in: von der Groeben/ Schwarze, EUV/ EGV, 6. Aufl., Bd. 1, Art. 51 EG Rz. 12.
53 Schön, GS Knobbe-Keuk, 743 (753).
54 Schön, GS Knobbe-Keuk, 743 (753).
55 Schön, GS Knobbe-Keuk, 743 (753 f.).

Regelfall, will aber von ihr absehen, wenn ausnahmsweise eine Grundfreiheit unmittelbar bzw. schwerpunktmäßig beschränkt wird, die andere dagegen bloß mittelbar bzw. weniger[56]. Die dritte Unteransicht wird nicht nur in der Literatur[57], sondern auch von GA *Tesauro* in seinen Schlussanträgen zur Rs. Safir vertreten[58]. Danach müsse, wenn sowohl die Dienstleistungs- als auch die Kapitalverkehrsfreiheit einschlägig seien, stets und zwingend auf die Intensität der Beeinträchtigung abgestellt werden. Lediglich mittelbar beeinträchtigte Grundfreiheiten hätten gegenüber unmittelbar betroffenen zurückzutreten. Eine solche Betrachtungsweise sei, wie GA *Tesauro* in seinen Schlussanträgen ausführt, den Entscheidungen des EuGH, die der Rs. *Svensson und Gustavsson*[59] zeitlich *nachfolgten*, zu entnehmen. Sie liege insbesondere auch der Entscheidung des EuGH in der Rs. *Safir*[60] zugrunde. In dieser Sache beurteilte der EuGH eine nationale Regelung, die die Besteuerung einer Prämienzahlung zu einer Kapitallebensversicherung vom Ort der Niederlassung des Versicherers abhängig machte, allein anhand der Dienstleistungsfreiheit. Die Entscheidung erhellt sich allerdings erst durch die Schlussanträge im dargestellten Sinn.

(iii) Stellungnahme

Angesichts der Vielfalt der dargestellten Meinungen scheint die Frage nach den EG-vertraglichen Grundlagen derselben unabdingbar. Die unterschiedlichen Ansätze beruhen in ihrem Kern auf einem grundlegend unterschiedlichen Verständnis der Art. 51 Abs. 2 EG und Art. 50 Abs. 1 EG. Nach dem Wortlaut des Art. 51 Abs. 2 EG hat die Liberalisierung der mit dem Kapitalverkehr verbundenen Dienstleistungen der Banken und Versicherungen „im Einklang mit der schrittweisen Liberalisierung des Kapitalverkehrs" zu erfolgen. Diese Formulierung wird zum Teil als die Verankerung eines Vorrangs der Kapitalverkehrsfreiheit im Bereich der Finanzdienstleistungen verstanden. Hierin wird ein Anhaltspunkt dafür gesehen, dass beide Grundfreiheiten einander ausschließen[61]. Allerdings hat ein solchermaßen verstandener Art. 51 Abs. 2 EG mit der vollständigen Liberalisierung des Kapitalverkehrs gänzlich seine Bedeutung verloren. Deshalb wird zu Recht argumentiert, die Aufrechterhaltung und bloß redaktionelle Anpassung der Vorschrift lasse sich nach der vollständigen Liberalisierung des Kapitalverkehrs nur damit erklären, dass sie die Möglichkeit einer parallelen Anwendung der beiden Grundfreiheiten impliziere[62]. Dafür spreche auch der Wortlaut des Art. 50 Abs. 1 EG. Dieser definiere Dienstleistungen als „Leistungen, (...) *soweit* sie nicht den Vor-

---

56 Matzka, Das österreichische Steuerrecht im Lichte der Freiheit des Kapitalverkehrs, S. 52.

57 Vgl. Honrath, Umfang und Grenzen der Freiheit des Kapitalverkehrs, S. 113; Sedlaczek, in: Lechner/ Staringer/ Tumpel, Kapitalverkehrsfreiheit und Steuerrecht, 27 (49).

58 Vgl. die Schlussanträge des GA Tesauro, C-118/ 96, Safir, EuGHE 1998, I-1897 (I-1906) Rz. 17.

59 EuGH v. 14.11.1995, C-484/ 93, Svensson und Gustavsson, EuGHE 1995, I-3971 (I-3975) Rz. 10 ff: Hier beurteilte der EuGH eine Wohnungsbeihilfe in Form einer Zinsvergütung für Wohnbaudarlehen, die nur für bei Aufnahme des Darlehens bei inlandsansässigen Kreditinstituten gewährt wurde, sowohl anhand der Dienstleistungs- als auch anhand der Kapitalverkehrsfreiheit.

60 Dies erschließt sich nur aus den Schlussanträgen. Eine einheitliche Rechtsprechungslinie lässt sich aber nicht erkennen. In der Entscheidung EuGH v. 14.11.1995, Svesson und Gustavsson, EuGHE 1995, I-3971 (I-3975 f.) Rz. 10, 11 wandte der EuGH auf eine nationale Regelung, die die Gewährung einer Zinsvergünstigung davon abhängig machte, dass das Kreditinstitut im Inland ansässig war, sowohl Dienstleistungs- als auch Kapitalverkehrsfreiheit an.

61 Ohler, WM 1996, 1801 (1802).

62 Matzka, Das österreichisch Steuerrecht im Lichte der Freiheit des Kapitalverkehrs, S. 45; vgl. Bentley, The EC Tax Jounal 1996/ 97, 49 (52 f.).

schriften über den (...) Kapitalverkehr... unterliegen", und schaffe mit dem Wort „soweit" den für eine parallele Anwendung erforderlichen Raum[63].
Dies erscheint überzeugend. Wenn die Befürworter der Möglichkeit einer parallelen Anwendung aber sodann auf den Schwerpunkt bzw. die Unmittelbarkeit der Beeinträchtigung abstellen, um einer Grundfreiheit den Vorrang einzuräumen, so sprechen hiergegen gute Gründe. Die These, eine der beiden sachlich einschlägigen Grundfreiheiten gehe der anderen als lex specialis vor, setzt nämlich ein Konkurrenzverhältnis voraus, bei dem sich beide Grundfreiheiten – bei wirtschaftlicher Betrachtungsweise – auf ein und denselben Lebenssachverhalt beziehen. Greift eine mitgliedsstaatliche Maßnahme aber in einen solchen einheitlichen Lebenssachverhalt ein, so scheint eine Differenzierung zwischen mehr oder weniger direkt betroffenen Aspekten desselben schon vom Ansatz her fragwürdig. Im Übrigen dürfte es sich in der Praxis zum Teil als sehr schwierig erweisen, den jeweiligen Schwerpunkt der Beeinträchtigung zu ermitteln. Zudem sprechen gegen eine solche Vorgehensweise ähnliche Bedenken wie gegen diejenige, bereits auf Tatbestandsebene den Schwerpunkt der Transaktion zu bestimmen. Da beide Grundfreiheiten unterschiedliche rechtliche Gesichtspunkte desselben Lebenssachverhaltes schützen, geht keine Grundfreiheit der anderen als lex specialis vor. Nur eine parallele Anwendung verleiht beiden Grundfreiheiten die EG-vertraglich angestrebte größtmögliche praktische Wirksamkeit (effet utile). Der Einwurf, dass damit die Problematik unterschiedlicher Einschränkungsmöglichkeiten der Grundfreiheit aufgeworfen werde[64], kann demgegenüber nicht greifen. Wie noch zu zeigen sein wird, wendet der EuGH seine Schrankendogmatik grundsätzlich auf sämtliche Grundfreiheiten gleichermaßen an[65].

(b) Zahlungsverkehrs- und Dienstleistungsverkehrsfreiheit

Fraglich ist, welche Schritte dieser Argumentation sich auf den Fall einer grenzüberschreitenden Zinszahlung durch eine Bank und damit auf das Verhältnis zwischen Zahlungsverkehrsfreiheit und Dienstleistungsfreiheit übertragen lassen.
Hier spricht gegen einen Vorrang der einen oder anderen Grundfreiheit möglicherweise schon der Sinn und Zweck der Zahlungsverkehrsfreiheit. Sie hat als Annexfreiheit dafür Sorge zu tragen, dass diejenige Grundfreiheit, die das sog. Grundgeschäft schützt, – vorliegend die Kapitalverkehrsfreiheit – nicht über eine Beeinträchtigung der damit zusammenhängenden Gegenleistung ausgehebelt wird.
Gegen eine Exklusivität der beiden Grundfreiheiten spricht, dass sich für eine solche – anders als beim Verhältnis zwischen Kapitalverkehrs- und Dienstleistungsfreiheit – bereits in den Bestimmungen des EG-Vertrags keinerlei Anhaltspunkte finden lassen. Beide Grundfreiheiten sind EG-vertraglich in vollem Umfang gewährleistet. Sie müssen, um ihre volle praktische Wirksamkeit (effet utile) zu entfalten, auch dann nebeneinander anwendbar sein, wenn sie sich auf einen einheitlichen Sachverhalt beziehen.
Ein solcher liegt bei wirtschaftlicher Betrachtungsweise gerade vor, wenn eine Bank an einen ausländischen Anleger Zinsen zahlt.
Falls sie bei der Zinszahlung für eigene Rechnung handelt, z. B. den laufenden Zins aus dem Bankguthaben ihres Kunden zahlt, so erfüllt sie zugleich darlehens- wie auch bankvertragli-

---

63 Matzka, Das österreichische Steuerrecht im Lichte der Freiheit des Kapitalverkehrs, S. 45.
64 Vgl. dazu Matzka, Das österreichische Steuerrecht im Lichte der Freiheit des Kapitalverkehrs, S. 41.
65 Siehe dazu: Teil E II.4.a)(3)(b). Die dort aufgezeigten Unstimmigkeiten in der Schrankendogmatik des EuGH sind dogmatischer Natur und betreffen grundsätzlich sämtliche Grundfreiheiten.

che Verpflichtungen. Sie betätigt sich sowohl im Rahmen der Zahlungsverkehrs- als auch der Dienstleistungsfreiheit. Nichts anderes gilt dann, wenn die Bank den Zins auf fremde Rechnung überweist. Hier erfüllt sie sowohl ihre eigene Verpflichtung aus dem Bankvertrag als auch die Verpflichtung eines Dritten aus dem Darlehensvertrag. Damit sind auch hier sowohl Zahlungs- als auch Dienstleistungsfreiheit anwendbar. Sie schützen ein und dieselbe Transaktion unter verschiedenen rechtlichen Gesichtspunkten.

Im Hinblick auf die Einheitlichkeit des Sachverhaltes erscheint es hier unangebracht, nach dem Schwerpunkt der jeweiligen Beeinträchtigung der Zinszahlung, z. B. durch eine Besteuerungsmaßnahme, abzustellen und damit einen Vorrang begründen zu wollen. Auf die Zinszahlung sind daher beide Grundfreiheiten parallel anwendbar[66].

(2) Verhältnis zur Niederlassungsfreiheit

Möglicherweise fällt eine grenzüberschreitende Zinszahlung aber auch zugleich in den Anwendungsbereich der Niederlassungsfreiheit nach Art. 43 EG.

Diese schützt die „Aufnahme und Ausübung selbständiger Erwerbstätigkeiten“ sowie die „Gründung und Leitung von Unternehmen“ durch Staatsangehörige eines Mitgliedsstaates in einem anderen Mitgliedsstaat.

Sobald diese Aktivitäten im Rahmen einer Investition anstehen, stellt sich die Abgrenzungsfrage zwischen der Niederlassungs- und der Kapitalverkehrsfreiheit. Diese ist im Hinblick auf die sich (augenscheinlich) widersprechenden Art. 43 Abs. 2 EG und Art. 58 Abs. 2 EG äußerst umstritten[67] und auch die Rechtsprechung des EuGH hierzu zeigt sich eher uneinheitlich[68]. Nach diesen Bestimmungen ist die Niederlassungsfreiheit einerseits nur „vorbehaltlich des Kapitels über den Kapitalverkehr“ gewährleistet, andererseits aber wird von der Kapitalverkehrsfreiheit „nicht die Anwendbarkeit von Beschränkungen des Niederlassungsrechts“ berührt, „die mit diesem Vertrag vereinbar sind“. Es gilt, diese „Endlosschleife der Rückverweisung[69]“ zu unterbrechen.

Die Abgrenzungsfrage stellt sich aber nur dann, wenn die Niederlassungsfreiheit sachlich einschlägig ist. Beim Erwerb von Unternehmensbeteiligungen setzt dies voraus, dass dieser mit der Möglichkeit verbunden ist, Einfluss auf die Unternehmensentscheidungen zu nehmen oder aber zumindest unternehmerische Kontrollrechte auszuüben[70]. Es darf sich also nicht lediglich um eine sog. Portfolioinvestition[71] bzw. „passive“ Finanzanlage handeln[72].

In den Gegenstand der vorliegenden Arbeit, nämlich die Besteuerung von Zinserträgen bei privaten Investoren, vermag zwar grundsätzlich auch die Hingabe eines Darlehens an ein Un-

---

66 So im Ergebnis auch Molzahn, Die normativen Verknüpfungen der Kapitalverkehrsfreiheit und der Währungsunion im EG-Vertrag, S. 9; A. A. Troberg/Tiedje, in: von der Groeben/Schwarze, EUV/ EGV, 6. Aufl., Bd. 1, Art. 51 EG Rz. 12.

67 Vgl. die Übersicht zum Meinungsstand bei Matzka, Das österreichische Steuerrecht im Lichte der Freiheit des Kapitalverkehrs, S. 48 ff.

68 Vgl. die Übersicht bei Ress/ Ukrow, in: Grabitz/ Hilf, EUV/ EGV, Bd. 1, Art. 56 EG Rz. 28 ff.

69 Freitag, EWS 1997, 190.

70 Ress/ Ukrow, in: Grabitz/ Hilf, EUV/ EGV, 6. Aufl., Art. 56 EG Rz. 30.

71 Vgl. zur Abgrenzung von sog. „Portfolioinvestitionen“ von sog. „Direktinvestitionen“: Dinse, Besteuerung von Portfolio-Kapitalerträgen, S. 121 f.: Während bei Direktinvestitionen die Kapitalübertragung u..a. dem Erwerb einer Unternehmensbeteiligung dient, welche entscheidenden Einfluss auf die Unternehmenspolitik gewährleistet, erfolgt bei Portfolioinvestitionen die Übertragung des Kapitals allein zum Zweck des Forderungserwerbs ohne Begründung einer Eigentumspostion und ohne Möglichkeit der unternehmerischen Einflussnahme auf die Investition.

72 Matzka, Das österreichische Steuerrecht im Lichte der Freiheit des Kapitalverkehrs, S. 49.

ternehmen zu fallen. Da die Hingabe eines Darlehens aus dem Privatvermögen einer natürlichen Person jedoch als solche nicht notwendig die Möglichkeit mit sich bringt, auf die unternehmerischen Entscheidungen Einfluss zu nehmen, ist die Niederlassungsfreiheit nicht tangiert (reine Portfolio- bzw. Finanzinvestition[73]). Diese mag zwar bei Darlehenshingaben zwischen verbundenen Unternehmen einschlägig sein, doch beschäftigt sich die vorliegende Arbeit gerade nicht mit dieser Konstellation. Der Schutzbereich der Niederlassungsfreiheit ist für die Darlehenshingabe durch natürliche Personen damit grundsätzlich nicht eröffnet.
Zu untersuchen bleibt, ob dies auch für die Gegenleistung, also die Zahlung von Zinsen durch Unternehmen an natürliche Personen bzw. die Gutschrift der Zinsen bei diesen, gilt.
Hier geht es um die Abgrenzung zwischen Zahlungsverkehrs- und Niederlassungsfreiheit. Auch diese setzt voraus, dass die Niederlassungsfreiheit einschlägig ist. Möglicherweise ist dies der Fall, wenn eine natürliche Person Zinszahlungen in ihrem Betriebsvermögen vereinnahmt. Die Vereinnahmung könnte dann von der Niederlassungsfreiheit mit umfasst sein, wenn sie im Zusammenhang mit der Ausübung einer ihrerseits von der Niederlassungsfreiheit geschützten unternehmerischen Tätigkeit der natürlichen Person stünde (Einzelunternehmen). Auch diese Frage zielt jedoch über den Gegenstand der Arbeit hinaus; daher kann darauf nicht eingegangen werden.

d) Temporaler Schutzbereich

In zeitlicher Hinsicht besteht für die Freiheit des Kapitalverkehrs die Besonderheit, dass trotz des Inkrafttretens der Art. 73 b ff. EGV zum 1.1.1994 nach Art. 57 Abs. 1 EG (früher: Art. 73 c Abs. 1 EGV) diese nicht solche Beschränkungen des Kapitalverkehrs gegenüber Drittstaaten verbieten, die zum 31.12.1993 bereits in Kraft waren.
Eine ähnliche Stillhalteklausel findet sich in den Schlussakten zum EU-Vertrag, welche sich auf Art. 73 d EGV a. F. beziehen: „Die Konferenz bekräftigt, dass das in Art. 73 d Abs. 1 lit. a (...) erwähnte Recht der Mitgliedsstaaten, die einschlägigen Vorschriften ihres Steuerrechts anzuwenden, nur für die einschlägigen Vorschriften gilt, die Ende 1993 bestehen. Diese Erklärung bezieht sich lediglich auf den Kapital- und Zahlungsverkehr zwischen den Mitgliedsstaaten. Allerdings bleibt die Frage, ob diese Erklärung für die Mitgliedsstaaten bindend ist, im Schrifttum umstritten[74]. Hierauf wird unter dem Gliederungspunkt der „Rechtfertigung" näher einzugehen sein[75].

3. Beschränkung

Es bleibt zu untersuchen, ob und unter welchen Voraussetzungen die Besteuerung grenzüberschreitender Zinszahlungen die Freiheit des Zahlungsverkehrs als Annexfreiheit zur Freiheit des Kapitalverkehrs nach Art. 56 EG beschränkt.

a) Freiheitsrecht vs. Gleichheitsgebot

Obwohl der EG-Vertrag den Begriff der Beschränkung sämtlichen Grundfreiheiten zugrunde legt, definiert er ihn selbst nicht. Im Hinblick auf die Einheit der Gemeinschaftsrechtsordnung sollte der Begriff einheitlich ausgelegt werden. Zu prüfen ist also, ob sich der vom EuGH im

---

73 Matzka, Das österreichische Steuerrecht im Lichte der Freiheit des Kapitalverkehrs, S. 49.
74 Vgl. zum Streitstand: Matzka, Das österreichische Steuerrecht im Lichte der Freiheit des Kapitalverkehrs, S. 76 ff.
75 Siehe Teil E.II.4.a)(2).

Bereich der Warenverkehrsfreiheit entwickelte Beschränkungsbegriff auf die Freiheit des Kapital- und Zahlungsverkehrs übertragen lässt. Insbesondere kann so möglicherweise eine Antwort auf die Frage gefunden werden, ob die Grundfreiheit lediglich als Gleichheitsgebot oder auch als Freiheitsrecht zu verstehen ist.

(1) EuGH-Rechtsprechung zur Beschränkung der Warenverkehrsfreiheit

Im Rahmen der Warenverkehrsfreiheit betrachtet der EuGH „jede Handelsregelung der Mitgliedsstaaten, die geeignet ist, den innergemeinschaftlichen Handel unmittelbar oder mittelbar, tatsächlich oder potentiell zu behindern" als „Maßnahme gleicher Wirkung" wie eine mengenmäßige Einfuhrbeschränkung[76]. Damit interpretiert der EuGH die Warenverkehrsfreiheit – über eine spezielle Ausprägung des allgemeinen Diskriminierungsverbotes nach Art. 12 EG hinausgehend – als umfassendes Beschränkungsverbot. Demnach bedürfen alle Maßnahmen, die sich als Handelshemmnisse auswirken *können*, der Rechtfertigung[77].
In Anlehnung an die Dassonville-Formel wäre unter einer Beschränkung des Kapital- bzw. Zahlungsverkehrs jede staatliche Maßnahme zu verstehen, die geeignet ist, den innergemeinschaftlichen Kapital- bzw. Zahlungsverkehr unmittelbar oder mittelbar, aktuell oder potentiell zu behindern, zu begrenzen oder zu untersagen[78]. Abzustellen wäre dann allein auf die abschreckende Wirkung der Maßnahme (sog. chilling effect)[79] für grenzüberschreitende Vorgänge. Ein solchermaßen verstandenes Beschränkungsverbot umfasst neben (offenen und verdeckten) Diskriminierungen grundsätzlich auch unterschiedslos auf inländische wie grenzüberschreitende Sachverhalte anwendbare Vorschriften[80].
Dieses Beschränkungsverbot hat der EuGH im Bereich der Warenverkehrsfreiheit wiederum durch die „Cassis-Formel" sog. „immanenten Schranken" unterworfen. Danach müssen Hemmnisse für den Handel zwischen Mitgliedsstaaten, die sich aus Unterschieden zwischen nationalen Regelungen ergeben, hingenommen werden, soweit diese Vorschriften notwendig sind, um zwingenden Erfordernissen, u. a. einer wirksamen steuerlichen Kontrolle, gerecht zu werden[81]. Im Bereich der Warenverkehrsfreiheit bezieht der EuGH die „Cassis-Formel" ausschließlich auf solche Regelungen, die unterschiedslos für inländische wie ausländische Erzeugnisse gelten[82]. Hingegen können diskriminierende Regelungen nur durch die kodifizierten Rechtfertigungsgründe gerechtfertigt werden. Umstritten bleibt die dogmatische Einordnung der vom EuGH angeführten „zwingenden Erfordernisse". Sie werden teilweise als tatbestandsimmanente Schranken, teilweise als ungeschriebene Rechtfertigungsgründe[83] betrachtet. In der Keck-Entscheidung präzisiert der EuGH den Beschränkungsbegriff weiter, indem

---

76 EuGH v. 11.7.1974, C-8/ 74, Dassonville, EuGHE 1974, 837 (852) Rz. 5.

77 Streinz, Europarecht, Rz. 700.

78 Honrath, Umfang und Grenzen der Freiheit des Kapitalverkehrs, S. 67; ähnlich Ress/ Ukrow, in: Grabitz/ Hilf, EUV/ EGV, Bd. 1, Art. 56 EG Rz. 35; Müller, Kapitalverkehrsfreiheit in der Europäischen Union, S. 162 f. Deren Formel lehnt sich zudem an die Definition des Beschränkungsbegriffs in EuGH v. 12.7.1973, C-2/ 73, Geddo/ Ente Nationale Risi, EuGHE 1973, 865 (879), Rz. 7 zur Warenverkehrsfreiheit an.

79 Ress/ Ukrow, in: Grabitz/ Hilf, EUV/ EGV, Bd. 1, Art. 56 EG Rz. 36.

80 Vgl. Zum Warenverkehr : EuGH v. 20.2.1979, C-120/ 78, Rewe/ Bundesmonopolverwaltung für Branntwein, EuGHE 1979, 649 (662) Rz. 8 (Cassis de Dijon).

81 EuGH v. 20.2.1979, C-120/ 78, Rewe/ Bundesmonopolverwaltung für Branntwein, EuGHE 1979, 649 (662) Rz. 8 (Cassis de Dijon).

82 Vgl. auch die insoweit klarstellende Neufassung der Cassis-Formel in EuGH v. 26.6.1997, C-368/ 95, Vereinigte Familiapress/ Bauer Verlag, EuGHE 1997, I-3689 (I-3713) Rz. 8.

83 So Streinz, Europarecht, Rz. 741; Jarrass, EuR 1995, 202 (224 f.).

er zwischen produktbezogenen Regelungen und sog. Verkaufsmodalitäten differenziert. Letztere begründeten dann keinen Verstoß gegen das Beschränkungsverbot, wenn sie den Absatz inländischer Erzeugnisse und solcher aus anderen Mitgliedsstaaten rechtlich wie tatsächlich in gleicher Weise berührten[84].
Eine Übertragung der Keck- sowie der Cassis-Rechtsprechung auf die Kapitalverkehrsfreiheit würde bedeuten, dass auch hier zwingende Erfordernisse des Allgemeinwohls solche Beschränkungen rechtfertigten, die unterschiedslos für in- wie ausländisches Kapital gelten[85]. Demgegenüber fielen bloße „Handelsmodalitäten" nicht unter das Beschränkungsverbot, soweit sie in- und ausländisches Kapital gleichermaßen betreffen[86].
Der EuGH hat die im Rahmen der Warenverkehrsfreiheit getätigte Ausweitung der Grundfreiheit auf ein umfassendes Beschränkungsverbot auch auf die Bereiche des freien Dienstleistungsverkehrs, der Arbeitnehmerfreizügigkeit sowie (mit Differenzierungen) der Niederlassungsfreiheit übertragen[87].

(2) EuGH-Rechtsprechung zur Beschränkung der Kapitalverkehrsfreiheit

Zu prüfen bleibt, ob der EuGH dies auch im Bereich der Kapitalverkehrsfreiheit nachvollzogen hat. Eine Analyse der hier ergangenen Entscheidungen zeigt, dass diese häufig Diskriminierungen von grenzüberschreitenden Kapitalverkehrsvorgängen zum Gegenstand haben. In der Rs. Svensson und Gustavsson betrachtete der EuGH eine mitgliedsstaatliche Regelung, die die Gewährung einer staatlichen Zinsvergütung für den Wohnungsbau davon abhängig machte, dass das darlehensgewährende Kreditinstitut im Inland zugelassen war, als unzulässige Beschränkung der Kapitalverkehrsfreiheit[88]. In der Rs. Sandoz entschied er, dass eine mitgliedsstaatliche Regelung, die eine Ersatzbeurkundungsgebühr für den Abschluss von Darlehensverträgen durch Gebietsansässige in einem anderen Mitgliedsstaat, nicht aber für im Inland abgeschlossene Darlehensverträge vorsah, eine mit der Kapitalverkehrsfreiheit unvereinbare Diskriminierung darstelle[89]. Der Sache nach betraf auch die Verkooijen-Entscheidung eine Diskriminierung grenzüberschreitender Kapitaltransaktionen. Hier betrachtete der EuGH eine mitgliedsstaatliche Regelung, die die Gewährung eines Einkommensteuerfreibetrags auf Dividenden davon abhängig machte, dass die Dividende von einer im Inland niedergelassenen Gesellschaft ausgezahlt wurde, als unzulässige Beschränkung des Kapitalverkehrs[90]. Der EuGH unterließ es in seinen Entscheidungen indessen überwiegend, eine Diskriminierung namentlich festzustellen und entzog sich damit einer Prüfung ihrer Voraussetzungen. Stattdessen stellte er darauf ab, dass Investitionswillige von grenzüberschreitenden Transaktionen „abgeschreckt" würden, bzw. dass sich die Regelung „einschränkend" auf den Kapitalverkehr auswirke und diesen „weniger attraktiv" mache[91]. Allein durch diese Terminologie weitete er

84 EuGH v. 24.11.1993, C-267/ 91 und C-168/ 81, Keck und Mithouard, EuGHE 1993, I-6126 (I-6131) Rz. 16.

85 Zustimmend: Bröhmer, in: Calliess/ Ruffert, EU/ EGV, Art. 56 EG Rz. 50; Honrath, Umfang und Grenzen der Freiheit des Kapitalverkehrs, S. 76; Ohler, WM 1996, 1801 (1806).

86 So Ress/ Ukrow, in: Grabitz/ Hilf, EUV/ EGV, Bd. 1, Art. 56 EG Rz. 37.

87 Zur Dienstleistungsfreiheit vgl. EuGH v. 3.12.1974, 33/ 74, van Binsbergen, EuGHE 1974, 1291 (1310 ff.); zur Arbeitnehmerfreizügigkeit vgl. EuGH v. 15.12.1995, C-415/ 93, Union Royale Belge des Sociétés de Football Association/ Bosman, EuGHE 1995, I-4921 ff.; zur Niederlassungsfreiheit vgl. EuGH v. 7.5.1991, C-340/ 89, Vlassopoulou/ Baden-Württemberg, EuGHE 1991, I-2357 (I-2383 ff.).

88 EuGH v. 14.11.1995, C-484/ 93, Svensson und Gustavsson, EuGHE 1995, I-3971 (I-3975) Rz. 10.

89 EuGH v. 14.10.1999, C-439/ 97, Sandoz, EuGHE 1999, I-7041 (I-7079) Rz. 31, 38.

90 EuGH v. 6.6.2000, C-35/ 98, Verkooijen, EuGHE 2000, I-4071 (I-4134) Rz. 61.

91 EuGH v. 6.6.2000, C-35/ 98, Verkooijen, EuGHE 2000, I-4071 (I-4127) Rz. 34 f.

aber den Anwendungsbereich der Grundfreiheiten nicht aus. Als Indiz für eine parallele Auslegung von Warenverkehrs- und Kapitalverkehrsfreiheit durch den EuGH wird von der Literatur zum Teil das Veronica-Urteil gewertet[92]. Hier betrachtete der EuGH eine umfassende Genehmigungspflicht für die Tätigkeit von Rundfunkunternehmen, welche dazu benutzt wurde, inländischen Rundfunkanstalten die Beteiligung an Sendeanstalten in einem anderen Mitgliedsstaat zu verbieten, als eine (im Ergebnis gerechtfertigte) Beschränkung der Kapitalverkehrsfreiheit[93]. Dass der EuGH in der Entscheidung prüfte, ob die Vorschrift durch Gründe des Allgemeininteresses gerechtfertigt war, wird teilweise als Anlehnung an die „Cassis-Formel" des EuGH gewertet[94]. Allerdings ging es in der Rs. Veronica um eine diskriminierende Vorschrift, auf die sich die „Cassis-Formel" in ihrer ursprünglichen Formulierung gerade nicht bezog. Insoweit wich der EuGH im Veronica-Urteil von seiner Rechtsprechung zur Warenverkehrsfreiheit ab. Dies tat er auch in der Sandoz-Entscheidung. Der EuGH betrachtete eine sog. „Stempelgebühr" als (im Ergebnis gerechtfertigte) Beschränkung des Kapitalverkehrs[95]. Diese „Gebühr" wurde für die Errichtung von Darlehensurkunden durch gebietsansässige Privatpersonen im Inland wie im Ausland erhoben. Sie galt also unterschiedslos für alle gebietsansässigen Darlehensnehmer, unabhängig von ihrer Staatsangehörigkeit und vom Ort des Vertragsschlusses[96]. Der EuGH erachtete die Regelung unter Rückgriff auf Art. 58 Abs. 1 lit. b EG als gerechtfertigt. Die Regelung sollte verhindern, dass sich Steuerpflichtige unter Ausübung der Kapitalverkehrsfreiheit einer nationalen Steuerregelung entzögen[97]. Nach der „Cassis-Formel" aber unterliegen unterschiedslos für inländische wie grenzüberschreitende Sachverhalte geltende Regelungen sog. immanenten Schranken. Die damit gemeinten „zwingenden Erfordernisse" umfassen auch eine steuerliche Kontrolle. Nach der „Cassis-Formel" wäre daher ein Rückgriff auf Art. 58 EG überflüssig gewesen. Andererseits hätte eine Anlehnung an die Keck-Rechtsprechung die „Stempelgebühr" bereits auf Ebene des Tatbestandes als Beschränkung „disqualifiziert". Die Ausgestaltung des Steuersystems[98] eines Mitgliedsstaates zählt nämlich zu denjenigen Rahmenbedingungen, die sich als „Verkaufsmodalitäten" bzw. „Handelsmodalitäten" darstellen[99]. Diese sind nach den Keck-Grundsätzen dann nicht vom Beschränkungsverbot erfasst, wenn sie – wie die vorliegende „Stempelgebühr" – grenzüberschreitende Transaktionen weder offen noch versteckt diskriminieren.
Diese Darstellung zeigt, dass sich die EuGH-Rechtsprechung im Bereich der Kapitalverkehrsfreiheit (noch) nicht eindeutig an den zur Warenverkehrsfreiheit entwickelten Beschränkungsbegriff anlehnt.

(3) Meinungsstand in der Literatur und eigene Stellungnahme

Auch in der Literatur ist der Umfang des Beschränkungsbegriffs umstritten. Zwar stimmt die wohl herrschende Meinung der vom EuGH zu Art. 28 ff. EG entwickelten weiten Definition

---

92 Ress/ Ukrow, in: Grabitz/ Hilf, EUV/ EGV, Bd. 1, Art. 56 EG Rz. 35.

93 EuGH v. 3.2.1993, C-148/ 81, EuGHE 1993, 513 (518 f.), Rz. 9, 12, 15.

94 Honrath, Umfang und Grenzen der Freiheit des Kapitalverkehrs, S. 72; in diesem Sinne auch Ress/ Ukrow, in: Grabitz/ Hilf, EUV/ EGV, Art. 56 EG Rz. 35; a. A. Müller, Kapitalverkehrsfreiheit in der Europäischen Union, S. 170 f.

95 EuGH v. 14.10.1999, C-439/ 97, Sandoz, EuGHE 1999, I-7041 (I-7075) Rz. 19 f.

96 EuGH v. 14.10.1999, C-439/ 97, Sandoz, EuGHE 1999, I-7041 (I-7076) Rz. 26.

97 EuGH v. 14.10.1999, C-439/ 97, Sandoz, EuGHE 1999, I-7041 (I-7076) Rz. 24.

98 Der EuGH qualifizierte die „Stempelgebühr" als Steuer.

99 Ress/ Ukrow, in: Grabitz/ Hilf, EUV/ EGV, Art. 56 EG Rz. 37.

sowie ihrer Übertragung auf die Kapitalverkehrsfreiheit zu[100]. Demgegenüber äußern manche Vertreter ausdrücklich Bedenken gegen eine Ausdehnung der Grundfreiheiten über reine Diskriminierungsverbote hinaus[101].
Bei der Auslegung des Beschränkungsbegriffs in Art. 56 EG ist richtigerweise zu beachten, dass es sich um einen autonomen, d. h. aus der Gemeinschaftsrechtsordnung heraus zu interpretierenden, Rechtsbegriff handelt. Bei seiner Auslegung sind grundsätzlich diejenigen Interpretationsmethoden anzuwenden, die in den Mitgliedsstaaten bekannt sind. Hierzu zählen eine grammatische, systematische, historische sowie teleologische Interpretation.
Auszugehen ist vom Wortlaut des Art. 56 EG, der ausdrücklich auf eine „Beschränkung", nicht aber auf eine Ungleichbehandlung abstellt. Dies spricht dafür, dass die Kapitalverkehrsfreiheit sich nicht in einem Diskriminierungsverbot erschöpft. Da sämtliche vertraglich garantierten Grundfreiheiten nach ihrem Wortlaut „Beschränkungen" verbieten (vgl. Art. 28 Abs. 1, Art. 39 Abs. 3, Art. 43 Abs. 1 und Art. 49 Abs. 1 EG), gebietet die Systematik des EG-Vertrages eine einheitliche Auslegung des Begriffs. Dies gilt insbesondere für die produktbezogenen Grundfreiheiten des Waren- und Kapitalverkehrs, welche als solche unter vertragssystematischen Gesichtspunkten Art. 28 ff. EG und Art. 56 ff. EG weitgehend parallel ausgestaltet sind[102].
Für eine weite Auslegung der Grundfreiheiten als – über reine Diskriminierungsverbote hinausgehende – umfassende Beschränkungsverbote lässt sich möglicherweise auch deren Sinn und Zweck anführen. Die Grundfreiheiten dienen dem Ziel der Verwirklichung des Binnenmarktes (vgl. Art. 3 Abs. 1 lit. c EG). Sie müssen daher so ausgelegt werden, dass ihre praktische Wirksamkeit („effet utile") gewährleistet ist[103]. Um zu überprüfen, ob dieses Postulat eine Auslegung als umfassende Beschränkungsverbote gebietet, ist zu hinterfragen, ob diejenigen Regelungen, die unterschiedslos für in- wie ausländische Sachverhalte gelten, die praktische Wirksamkeit der Grundfreiheiten beeinträchtigen können.
Möglicherweise lässt sich ein großer Teil der vom EuGH als „unterschiedslos" qualifizierten Maßnahmen nämlich auch dann von den Grundfreiheiten erfassen, wenn man diese nur als Diskriminierungsverbote versteht. Eine Analyse der Rechtsprechung des EuGH zeigt, dass der EuGH der Beurteilung, eine Vorschrift sei „unterschiedslos" auf in- wie ausländische Sachverhalte anwendbar, einen formalen Diskriminierungsbegriff zugrunde legt. Demgegenüber könnte man die Grundfreiheiten aber auch als materielle Diskriminierungsverbote verstehen.
Zu Recht wird argumentiert, dass die konsequente Anwendung eines materiellen Diskriminierungsbegriffes einen Großteil der vom EuGH unter Zugrundelegung eines formalen Diskriminierungsbegriffs als „unterschiedslos anwendbar" qualifizierten Fälle erfassen würde[104]. Diese

---

100 Vgl. Streinz, Europarecht, Rz. 771 a; Sedlaczek, in: Lechner/ Staringer/ Tumpel, Kapitalverkehrsfreiheit und Steuerrecht, 27 ff.; Ohler, WM 1996, 1801 (1806); Schön, GS Knobbe-Keuk, 743 (755).

101 So Eckhoff, in: Bleckmann, Europarecht, Rz. 1706; Matzka, Das österreichische Steuerrecht im Lichte der Freiheit des Kapitalverkehrs, S. 69; Kingreen, Die Struktur der Grundfreiheiten, S. 115 ff.; kritisch auch Jarass, EuR 1995, 202 (216 f.), der in den Grundfreiheiten keine Freiheitsrechte sieht, sondern stets (zumindest) eine Schlechterstellung des grenzüberschreitenden Sachverhalts fordert.

102 Ress/ Ukrow, in: Grabitz/ Hilf, EUV/ EGV, Bd. 1, Art. 56 EG Rz. 35; Honrath, Umfang und Grenzen der Freiheit des Kapitalverkehrs, S. 67.

103 Streinz, Europarecht, Rz. 672; vgl. auch EuGH v. 25.6.1991, C-76/ 90, Sänger/ Dennemeyer, EuGHE 1991, I-4221 (I-4243) Rz. 12.

104 Der Rechtsprechung des EuGH liegt indessen kein einheitlicher Diskriminierungsbegriff zugrunde. Vgl. dazu: Kingreen, Die Struktur der Grundfreiheiten, S. 38 ff.; Sedlaczek, in: Lechner/ Staringer/ Tumpel, Kapitalverkehrsfreiheit und Steuerrecht, 28 (30 ff.). In der Literatur ist der Diskriminierungsbegriff

stellen zumeist versteckte Diskriminierungen dar, welche zwar nicht ausdrücklich an ein unzulässiges Differenzierungskriterium anknüpfen, aber faktisch vergleichbare grenzüberschreitende Sachverhalte benachteiligen. In diesen Fällen ist ein freiheitsrechtliches Verständnis der Grundfreiheiten nicht angebracht. Wenn der EuGH dennoch (formal) „unterschiedslos geltende" Maßnahmen als Beschränkungen betrachtet und dabei – ohne eine Diskriminierung zu prüfen – auf deren „abschreckende Wirkung" abstellt, so begibt er sich jeglichen dogmatischen Zwangs. Er gewinnt weitgehenden Freiraum für die Anwendung der Grundfreiheiten[105]. Offen bleibt, ob über ein materielles Diskriminierungsverbot hinaus Raum für eine Anwendung der Grundfreiheiten besteht. Gegen eine solche Anwendung der Grundfreiheiten auf grenzüberschreitende Sachverhalte, die rechtlich wie faktisch gleichermaßen wie inländische Sachverhalte belastet werden, wird vorgebracht, sie führe zu einer Besserstellung der grenzüberschreitenden Sachverhalte[106]. Eine solche Inländerdiskriminierung widerspreche wiederum dem Grundsatz der Besteuerungsgleichheit. Eine Auflösung dieser Problematik wäre möglicherweise über die nationalen Grundrechte, insbesondere den Gleichheitssatz denkbar[107]. Jedoch befasst sich die vorliegende Arbeit lediglich mit der gemeinschaftsrechtlichen Betrachtungsweise.

Gemeinschaftsrechtlich kommt es bei der Auslegung der Grundfreiheiten vor allem auf den Sinn und Zweck der Norm im Kontext des EG-Vertrages an (systematisch-teleologische Auslegung[108]). Da die Grundfreiheiten der Verwirklichung nicht nur des Binnenmarktes, sondern auch des Gemeinsamen Marktes als übergreifendes Ziel[109] dienen, muss auf dessen Grundkonzeption abgestellt werden.

Der Gemeinsame Markt umfasst neben dem durch die vier Grundfreiheiten charakterisierten Binnenmarkt u. a. ein System des unverfälschten Wettbewerbs (vgl. Art. 2, Art. 3 lit. c, lit. g EG)[110]. Konstitutive Elemente des Gemeinsamen Marktes sind demnach Marktfreiheit, Marktgleichheit und Wettbewerbsfreiheit[111].

Demnach ist es Aufgabe der Grundfreiheiten, diejenigen Wettbewerbsverzerrungen abzubauen, die auf einer Abschottung der Märkte durch innergemeinschaftliche Handelshemmnisse beruhen[112]. Hierfür spricht auch Art. 14 Abs. 2 EG, wonach die Grundfreiheiten „gemäß den Bestimmungen dieses Vertrages" gewährleistet sind. Die Grundfreiheiten begründen folglich neben einem Recht auf Gleichbehandlung im Markt insbesondere auch ein Recht auf Zugang

---

umstritten: Für ein formales Verständnis: Sedlaczek, in: Lechner/ Staringer/ Tumpel, Kapitalverkehrsfreiheit und Steuerrecht, 27 (35). Für ein materielles Verständis: Kingreen, Die Grundstruktur der Grundfreiheiten, S. 118.

105 Kingreen, Die Struktur der Grundfreiheiten, S. 72 f.

106 Kingreen, Die Struktur der Grundfreiheiten, S. 148 f.

107 Vgl. dazu das Meinungsspektrum bei Lackhoff/ Raczinski, EWS 1997, 109, Fn. 5.

108 Dazu Borchardt, in: Lenz/ Borchardt, EU/ EGV, Art. 164 EGV Rz. 15; Krück, in: von der Groeben/ Schwarze, EUV/ EGV, 6. Aufl., Bd. 4, Art. 220 EG Rz. 54 ff.; Pernice/ Mayer, in: Grabitz/ Hilf, EUV/ EGV, Bd. 2, Art. 220 EG Rz. 42 ff.

109 Das Verhältnis von Binnenmarkt und Gemeinsamem Markt ist umstritten. Vgl. zum Streitstand: Streinz, Europarecht, Rz. 948 ff. Nach herrschender Meinung stellt der Binnenmarkt eine Teilmenge des Gemeinsamen Marktes dar. So z. B. Ohler, Die fiskalische Integration in der Gemeinschaft, S. 197; Zorn, DStJG 23 (2000), 227 (230); vgl. auch Kommission der Europäischen Gemeinschaften, Weißbuch über die Vollendung des Binnenmarktes v. 14.6.1985, KOM (85) 310 endg.

110 Zorn, DStJG 23 (2000), 227 (230 f.); Hoppe, Erhebungsdefizit, S. 116 m. w. N.

111 Zorn, DStJG 23 (2000), 227 (246) m. w. N.

112 Kingreen, Die Struktur der Grundfreiheiten, S. 122.

zum Markt[113]. Sobald dieses Recht durch mitgliedsstaatliche Maßnahmen behindert wird, müssen die Grundfreiheiten als Beschränkungsverbote i. e. S. eingreifen[114]. In diesem Fall ist die Situation desjenigen, der den Marktzugang anstrebt, bei wirtschaftlicher Betrachtungsweise regelmäßig nicht vergleichbar mit der von Marktteilnehmern, die sich bereits auf diesem Markt befinden[115]. Hier greifen die Grundfreiheiten als Diskriminierungsverbote zu kurz. Ihnen muss insoweit eine freiheitsrechtliche Dimension zuerkannt werden.

Zum Teil wird gegen eine solche Interpretation der Grundfreiheiten als Freiheitsrechte indessen angeführt, dass diese gegen das Kompetenzgefüge des EG-Vertrages verstoße. Danach sei es Aufgabe der Grundfreiheiten, für eine „Gleichbehandlung" inländischer und grenzüberschreitender Sachverhalte zu sorgen. Es komme allein dem Gemeinschaftsgesetzgeber zu, durch eine Harmonisierung für eine „Gleichstellung" im Sinne einer Gleichheit im Ergebnis trotz rechtlich relevanter Unterschiede zu sorgen[116].

Dieser Ansicht ist zwar insoweit zuzustimmen, als die Rechtsprechung des EuGH nicht zu einer schleichenden Rechtsangleichung führen darf, die den Rat als Organ der Rechtssetzung seiner Funktion beraubt[117]. Die Rechtsangleichung als solche muss vielmehr dem politischen Willen des Gemeinschaftsgesetzgebers vorbehalten bleiben. Indessen stellen die Art. 93 ff. EG lediglich horizontale Kompetenzverteilungsnormen dar. Diese Normen weisen über ihre Funktion hinaus keinen materiellen Gehalt der Art auf, dass sie einer Auslegung der Grundfreiheiten durch den EuGH absolute Grenzen setzen. Wo die Grenze für eine Auslegung der Grundfreiheiten zu verorten ist, kann lediglich eine Frage der Abwägung im Einzelfall sein. Ein Mangel an Harmonisierung kann danach nicht als solcher das Nichteingreifen der Grundfreiheiten begründen[118]. Er muss vielmehr als abwägungserheblicher Umstand in eine Verhältnismäßigkeitsprüfung (i. e. S.) auf Rechtfertigungsebene eingestellt werden[119].

Der Hinweis auf das Kompetenzgefüge des EG-Vertrags kann daher das Ergebnis einer teleologisch-dynamischen Interpretation der Grundfreiheiten als Freiheitsrechte nicht in Frage stellen.

Allerdings führen solche Freiheitsrechte, da sie nur auf den grenzüberschreitenden Sachverhalt anwendbar sind, notwendigerweise zu einer Schlechterstellung der inländischen Sachverhalte. Diese Problematik der Inländerdiskriminierung kann auf gemeinschaftsrechtlicher Ebene nicht gelöst werden. Sie wird aber minimiert, indem die Grundfreiheiten vorrangig als materielle Diskriminierungsverbote interpretiert und angewandt werden[120] und nur in Fällen des Marktzugangs auf ein Beschränkungsverbot i. e. S. zurückgegriffen wird.

Für einen solchen dogmatischen Vorrang der den Grundfreiheiten immanenten Diskriminierungsverbote spricht auch der Subsidiaritätsgrundsatz nach Art. 5 Abs. 2 EG. Zwar ist um-

---

113 Sedlaczek, in: Lechner/ Staringer/ Tumpel, Kapitalverkehrsfreiheit und Steuerrecht, 27 (39 f.); Roth, GS Knobbe-Keuk, 729 (737).

114 Kingreen, Die Struktur der Grundfreiheiten, S. 123.

115 Kingreen, Die Struktur der Grundfreiheiten, S. 122.

116 Lehner, DStJG 23 (2000), 263 (278 ff.).

117 Kingreen, Die Struktur der Grundfreiheiten, S. 100.

118 Nach Rspr. des EuGH begründet ein Harmonisierungsmangel insbesonder auch keinen Rechtfertigungsgrund. So EuGH v. 28.1.1986, C-270/ 83, avoir fiscal, EuGHE 1986, 273 (306) Rz. 24. Vgl. dazu auch Thömmes, GS Knobbe-Keuk, 795 (821): „Fehlende Harmonisierung erzeugt Diskriminierung, rechtfertigt sie aber nicht".

119 Reimer, in: Lehner, Grundfreiheiten im Steuerrecht der EU-Staaten, 39 (66); darüber hinausgehend Lehner, DStJG 23 (2000), 263 (278 ff.), der die „Gleichstellung" interner und grenzüberschreitender Sachverhalte als absolute Grenze für die Grundfreiheiten betrachtet

120 Kingreen, Die Struktur der Grundfreiheiten, S. 148 f.

stritten, ob der EuGH an diesen bei der Auslegung der Grundfreiheiten gebunden ist[121]. Da Art. 5 Abs. 2 EG aber eine umfassende Kompetenzausübungsregel für die Gemeinschaft darstellt, ist dies zu bejahen. Nicht nur die Rechtssetzung, sondern auch die Rechtsanwendung durch ein Gemeinschaftsorgan stellt ein Tätigwerden der Gemeinschaft i. S. d. Norm dar. Insbesondere darf der EuGH über seine Rechtsprechung nicht eine schleichende Harmonisierung bewirken, zu welcher der Gemeinschaftsgesetzgeber aus Gründen der Subsidiarität nicht berechtigt wäre[122]. Der Subsidiaritätsgrundsatz begründet eine vorrangige Zuständigkeit der jeweils kleinsten Einheit[123]. Dies impliziert, dass es primär Sache der Mitgliedsstaaten sein muss, die Bedingungen für eine Marktteilnahme in ihrem Hoheitsgebiet festzuschreiben und damit den (relativen) Maßstab zu setzen für die Gleichbehandlung von Marktteilnehmern aus anderen Mitgliedsstaaten. Nur wenn für die Anwendung des Gleichheitssatzes kein Raum ist, weil der Marktzugang als solcher noch begründet werden muss, darf das Gemeinschaftsrecht selbst eine absolute Bezugsgröße vorgeben. Es besteht ein gemeinschaftsrechtliches Recht auf Marktzugang. Das Gemeinschaftsrecht entscheidet über das „Ob" der Marktteilnahme, die mitgliedsstaatliche Rechtsordnung über das „Wie". Nach Art. 5 Abs. 2 EG müssen daher die materiellen Diskriminierungsverbote der Grundfreiheiten Anwendungsvorrang vor den Beschränkungsverboten i. e. S. haben[124].
Dem „effet utile" sowie dem Subsidiaritätsgrundsatz wird gleichermaßen Genüge getan, wenn man die Grundfreiheiten nur insoweit als Beschränkungsverbote interpretiert, als der Marktzugang betroffen ist.
Vor diesem Hintergrund verdient die Rechtsprechung des EuGH nur beschränkt Zustimmung. Zwar sind „produktbezogene" Regelungen im Gegensatz zu sog. „Verkaufsmodalitäten" grundsätzlich geeignet, den Markzugang als solchen zu behindern[125]. Die Unterscheidung wäre aber begrifflich zutreffender als eine solche zwischen „marktregulierenden" und „marktsegmentierenden" Maßnahmen zu bezeichnen[126]. Indessen gilt der Haupteinwand gegen die Übertragung der Rechtsprechung des EuGH zur Warenverkehrsfreiheit auf die Kapitalverkehrsfreiheit dem uneinheitlichem und immer mehr in den Hintergrund rückenden Diskriminierungsbegriff des EuGH[127].

Die soeben gewonnenen Erkenntnisse lassen sich wie folgt zusammenfassen: Die Grundfreiheiten sind vorrangig als materielle Diskriminierungsverbote zu verstehen. Nur dann, wenn es nicht um eine Gleichbehandlung auf dem Markt, sondern das vorgelagerte „Ob" des Marktzugangs geht, darf den Grundfreiheiten eine freiheitsrechtliche Funktion zukommen. Diese Aussage trifft für sämtliche Grundfreiheiten, insbesondere also auch für die Freiheit des Zahlungsverkehrs nach Art. 56 Abs. 2 EG zu.

---

121 Bogdandy/ Nettesheim, in: Grabitz/ Hilf, EWGV, Altband I, Art. 3 b EGV Rz. 26; Borchardt, GS Grabitz, S. 29 (33); Everling, FS Doehring, S. 195 ff.; Kingreen, Die Struktur der Grundfreiheiten, S. 108 f. A. A. Zuleeg, Subsidiarität, S. 24.

122 So auch Kingreen, Die Struktur der Grundfreiheiten, S. 109.

123 Vgl. Kingreen, Die Struktur der Grundfreiheiten, S. 111.

124 So auch Reimer, in: Lehner, Grundfreiheiten im Steuerrecht der EU-Staaten, 39 (44); weitergehend Kingreen, Die Struktur der Grundfreiheiten, S. 115, der aus dem Subsidiaritätsgrundsatz ein lediglich gleichheitsrechtliches Verständnis der Grundfreiheiten ableitet.

125 Kingreen, Die Struktur der Grundfreiheiten, S. 124.

126 Kingreen, Die Struktur der Grundfreiheiten, S. 123.

127 So auch Reimer, in: Lehner, Grundfreiheiten im Steuerrecht der EU-Staaten, 39 (44).

(4) Bedeutung für die Zinsbesteuerung

Diese Erwägungen sollen nun auf die Frage übertragen werden, welche Anforderungen die Freiheit des Zahlungsverkehrs gem. Art. 56 Abs. 2 EG an eine Besteuerung grenzüberschreitender Zinszahlungen stellt. Ist nicht nach dem weiten Verständnis des EuGH jede Steuer per se eine unzulässige Beschränkung[128]? Oder entziehen sich nicht im Gegenteil Steuern, welche nach der vertikalen Kompetenzverteilung des EG-Vertrages, also derjenigen zwischen der Gemeinschaft und den Mitgliedsstaaten, in der Zuständigkeit der Mitgliedsstaaten verbleiben sollten, jeglicher Überprüfung an den Grundfreiheiten?

Grundlegend für eine Antwort auf diese Fragen ist nach der hier vertretenen Auffassung, dass den Grundfreiheiten für grenzüberschreitende Sachverhalte zwar ein Anwendungsvorrang, aber kein Geltungsvorrang gegenüber entgegenstehendem nationalem Recht zukommt[129]. Damit aber lassen die Grundfreiheiten die vertikale Kompetenzverteilung, also diejenige zwischen der Gemeinschaft und den Mitgliedsstaaten, in formaler Hinsicht unberührt[130]. Aus den Grundfreiheiten leiten sich lediglich materielle Grenzen für eine Kompetenzausübung durch die Mitgliedsstaaten ab. Zwar darf die Auslegung der Grundfreiheiten nicht zu einer faktischen Aushöhlung der vertikalen Kompetenzverteilungsregeln führen. Wo aber genau die Grenze hiefür zu verorten ist, lässt sich den Kompetenznormen nicht entnehmen. Wie es der EuGH in ständiger Rechtsprechung formuliert, verbleibt die Zuständigkeit für die Steuergesetzgebung bei den Mitgliedsstaaten; sie muss von ihnen aber nach Maßgabe der Grundfreiheiten ausgeübt werden[131]. Demnach entziehen sich Steuern jedenfalls nicht generell einer Überprüfung an den Grundfreiheiten.

Andererseits stellt aber auch nach der extensiven Interpretation der Grundfreiheiten durch den EuGH nicht jede Steuer auf grenzüberschreitende Vorgänge per se eine Beschränkung der Grundfreiheiten dar. Für eine solche These mag zwar der potentiell „abschreckende Effekt" jeder Steuer sprechen, wie insbesondere auch die Urteile Sandoz und Verkooijen es nahe legen. Dem stehen aber die Grundsätze der Keck-Rechtsprechung entgegen. Nach diesen ist davon auszugehen, dass Unterschiede zwischen nationalen Rechtsvorschriften, die lediglich die spezifische Kostensituation in einem Mitgliedsstaat berühren, z. B. Lohnkosten, Sozialabgaben oder das Steuersystem, soweit sie rechtlich wie tatsächlich inländische wie grenzüberschreitende Sachverhalten gleichermaßen treffen, nicht gegen die Grundfreiheiten verstoßen[132]. Wenn der EuGH in der Sandoz-Entscheidung davon abweichend auch eine rechtlich wie tatsächlich unterschiedslos auf grenzüberschreitende und inländische Darlehen anwendbare Steuer als „Beschränkung" qualifiziert, so ist dem nicht zu folgen. Sinn und Zweck der Grundfreiheiten ist es nämlich allein, „marktabschottende" Maßnahmen zu unterbinden. Einer Steuer, welche nicht zu Lasten grenzüberschreitender Sachverhalte differenziert, ist eine solche Wirkung in der Regel abzusprechen.

---

128 So Matzka, Das österreichische Steuerrecht im Lichte der Freiheit des Kapitalverkehrs, S. 69.

129 EuGH v. 15.7.1964, 6/64, Costa/ENEL, EuGHE 1964, 1251 (1269 f.); Streinz, Europarecht, Rz. 200.

130 Kingreen, Die Struktur der Grundfreiheiten, S. 100.

131 stRspr., vgl. EuGH v. 6.6.2000, C-35/ 98, Verkooijen, EuGHE 2000, I-4071 (I-4126) Rz. 32 m. w. N.

132 Vgl. in diesem Sinne auch Schön, DStJG 23 (2000), 190 (211) unter Verweis auf EuGH v. 14.7.1994, C-379/ 92, Peralta, EuGHE 1994, I-3453 (I-3499) Rz. 34; GA Mischo v. 26.1.1999, C-294/ 97, Eurowings, IStR 1999, 110 ff. Rz. 59; ebenso Vogel, StuW 1993, 380 (384); Birk, DStJG 19 (1996), 63 (72 f., 76 f.). M. E. betreffen, entgegen Schön, solche Rahmenbedingungen, die auch für grenzüberschreitende Sachverhalte gelten, durchaus den Normbereich der Grundfreiheiten. Soweit sie unterschiedslos gelten, verstoßen sie aber nicht dagegen.

Eine hiervon abweichende Betrachtung kann im Übrigen auch nicht auf die Entscheidung des EuGH in der Rechtssache Verkooijen gestützt werden. Wenn der EuGH in dieser Rechtssache auf die „abschreckende" Wirkung der Steuer auf grenzüberschreitende Dividendenzahlungen abstellt, so umgeht er zwar die Prüfung der Voraussetzungen einer Diskriminierung. Da eine solche in der Sache aber zu bejahen ist, weicht das Urteil nicht von den Keck-Grundsätzen ab.

Es ist also folgendes Zwischenergebnis festzuhalten: Eine Steuer auf grenzüberschreitende Zinszahlungen stellt in Anlehnung an die Keck-Rechtsprechung des EuGH nur dann einen Verstoß gegen die Freiheit des Zahlungsverkehrs dar, wenn sie grenzüberschreitende Zinszahlungen gegenüber vergleichbaren inländischen Zinszahlungen rechtlich oder tatsächlich benachteiligt und die Diskriminierung auch nicht aus anderweitigen Rechtsgründen gerechtfertigt ist.

b) Diskriminierungsverbot

Zu erläutern bleibt, welche Voraussetzungen an das Eingreifen des Diskriminierungsverbots in Art. 56 EG zu stellen sind.

(1) Berechtigte und Verpflichtete des Art. 56 EG

Berechtigte des Diskriminierungsverbots nach Art. 56 EG sind die Staatsangehörigen der Mitgliedsstaaten, also die Unionsbürger im Sinne des Art. 17 Abs. 1 EG. Daneben können sich auf Art. 56 EG aber auch Staatsangehörige aus Drittstaaten berufen (sog. Erga-omnes-Prinzip). Das Diskriminierungsverbot verpflichtet nach seinem Wortlaut die einzelnen Mitgliedsstaaten. Danach ist jede Maßnahme, die einem Mitgliedsstaat zurechenbar ist und durch die öffentliche Gewalt ausgeübt wird, am Diskriminierungsverbot zu überprüfen [133].

(2) Unzulässige Differenzierungskriterien i. S. d. Art. 56 EG

Indessen beinhaltet Art. 56 EG, wie auch die übrigen Grundfreiheiten, keinen umfassenden Gleichheitssatz. Er stellt als „Maßnahme gleicher Wirkung" wie eine mengenmäßige Einfuhrbeschränkung wie sämtliche Grundfreiheiten eine spezielle Ausprägung des allgemeinen Diskriminierungsverbots nach Art. 12 Abs. 1 EG dar[134]. Als solche verbietet er Diskriminierungen aufgrund der Staatsangehörigkeit. Allerdings geht der Anwendungsbereich des Art. 56 EG teilweise über den des Art. 12 EG hinaus. Während Letzterer nämlich nur Unionsbürger schützt, können sich auf die Freiheit des Kapital- und Zahlungsverkehrs auch Staatsangehörige aus Drittstaaten berufen.
Möglicherweise verbietet Art. 56 EG aber zusätzlich die Anknüpfung an Differenzierungskriterien, die von der Staatsangehörigkeit verschieden sind. Hierfür spricht ein Umkehrschluss aus dem Wortlaut des Art. 58 Abs. 1 lit. a EG.
Danach berührt die Kapitalverkehrsfreiheit nicht das Recht der Mitgliedsstaaten, die einschlägigen Vorschriften ihres Steuerrechts anzuwenden, die Steuerpflichtige mit unterschiedlichem Wohnort oder Kapitalanlageort unterschiedlich behandeln. Zwar ist die Auslegung dieser Norm umstritten. Sie wird teilweise als umfassende Bereichsausnahme vom Diskriminierungsverbot betrachtet. Zum Teil wird Art. 58 Abs. 1 lit. a EG so verstanden, dass für Steuerregelungen die Unterscheidung nach dem Wohnsitz und Kapitalanlageort nicht eo ipso, d. h. aus sich heraus, verboten ist. Jedenfalls aber trifft die Vorschrift nach ihrem Wortlaut eine

---

133 Ress/ Ukrow, Kapitalverkehrsfreiheit und Steuergerechtigkeit, S. 33.

134 A. A. Schön, GS Knobbe-Keuk, 743 (758).

Sonderregelung für Steuernormen. Ein Umkehrschluss aus Art. 58 Abs. 1 lit. a EG legt daher nahe, dass Art. 56 EG jedenfalls für die übrigen mitgliedsstaatlichen Normen neben der Staatsangehörigkeit weitere unzulässige Differenzierungskriterien vorsieht. Fraglich ist, ob diese als Wohnort und Kapitalanlageort zu spezifizieren sind[135]. Hierfür spricht zwar der Wortlaut des Art. 58 Abs. 1 lit. a EG. Nach dem Sinn und Zweck der Freiheit des Kapital- und Zahlungsverkehrs ist ein gesondertes Verbot der Diskriminierung nach dem Wohnort aber jedenfalls nicht erforderlich.

Wenn man nämlich Art. 56 EG als materielles Diskriminierungsverbot versteht, dann verbietet die Norm nicht nur Diskriminierungen, die ausdrücklich auf die Staatsangehörigkeit abstellen. Sie verbietet vielmehr grundsätzlich auch Differenzierungen, die zwar nicht ausdrücklich auf die Ausländereigenschaft abstellen, aber an solche Differenzierungskriterien anknüpfen, die typischerweise bei Ausländern verwirklicht sind[136]. Eine Differenzierung nach dem Wohnsitz lässt sich also bei materieller Betrachtungsweise grundsätzlich unter das Verbot der Differenzierung nach der Staatsangehörigkeit fassen.

Möglicherweise aber beinhaltet Art. 56 EG ein selbständiges Verbot von Diskriminierungen nach dem Kapitalanlageort. Der Begriff des Kapitalanlageorts als solcher ist umstritten. Maßgeblich könnte der Sitz der Kapitalanlagegesellschaft oder derjenige Ort sein, an dem das angelegte Kapital letztlich zur Verwendung kommt. Folgt man der letztgenannten Interpretation, so lassen sich Differenzierungen nach dem Ort, an dem das Kapital zum Einsatz kommt, auch bei materieller Betrachtungsweise nicht als Differenzierungen nach der Staatsangehörigkeit qualifizieren. Hier könnte Art. 56 EG ein Diskriminierungsverbot statuieren, das über das materielle Verbot der Diskriminierung nach der Staatsangehörigkeit hinausgeht. Ob dies der Fall ist und wie dieses Differenzierungskriterium zu spezifizieren ist, muss sich nach dem Sinn und Zweck der Kapitalverkehrsfreiheit richten. Diese dient der umfassenden Liberalisierung von grenzüberschreitenden Kapitalverkehrsvorgängen.

Vor diesem Hintergrund macht es keinen Unterschied, ob nach dem Sitz der Kapitalanlagegesellschaft oder dem Ort differenziert wird, an dem diese das Kapital zum Einsatz bringt. In beiden Fällen wird eine grenzüberschreitende Kapitalanlage schlechter behandelt als eine Inlandsanlage. Der Sinn und Zweck des Art. 56 liegt darin, solche Belastungen, die an eine Grenzüberschreitung anknüpfen, zu beseitigen. Es bietet sich daher an, anstelle des begrifflich umstrittenen Kapitalanlageorts auf die Grenzüberschreitung als solche abzustellen[137].

Art. 56 EG verbietet damit grundsätzlich nicht nur jede Schlechterstellung von Kapitalanlegern aufgrund der Staatsangehörigkeit bzw. solcher Kriterien, die typischerweise auf bestimmte Staatsangehörige zutreffen, sondern allgemein jede Schlechterstellung von grenzüberschreitenden Kapitalanlagen gegenüber vergleichbaren Inlandsanlagen. Sowohl der Kapitalimport bzw. Zahlungen aus einem anderen Staat als auch der Kapitalexport bzw. Zahlungen in das Ausland dürfen grundsätzlich nicht gegenüber vergleichbaren Inlandstransfers benachteiligt werden[138].

---

135 Bejahend: Dautzenberg, RIW 1998, 537 (542).

136 Vgl. dazu Eckhoff, in: Birk, Handbuch des Europäischen Steuer- und Abgabenrechts, 461 (490 f.) Rz. 38.

137 So Kingreen, Die Struktur der Grundfreiheiten, S. 138; Cordewener, Europäische Grundfreiheiten und nationales Steuerrecht, S. 227.

138 Eckhoff, in: Bleckmann, Europarecht, Rz. 1705.

(3) Absolutes Differenzierungsverbot vs. Begründungsverbot

Nun bleibt zu klären, welchen Geltungsanspruch das Verbot der Differenzierung nach der Staatsangehörigkeit bzw. der Grenzüberschreitung hat.

Teilweise wird in der Literatur hinsichtlich der den Grundfreiheiten zugrunde liegenden Norm des Art. 12 Abs. 1 EG vertreten, sie verbiete jede Differenzierung aufgrund der Staatsangehörigkeit, sei also nicht für eine Rechtfertigung zugänglich[139]. Zu Recht wird einer solchen Betrachtungsweise entgegengehalten, sie verkenne den Unterschied zwischen Differenzierung und Diskriminierung. Nur eine Differenzierung, die die unterschiedenen Gruppen *in unzulässiger Weise* benachteiligt, sei als Diskriminierung zu bezeichnen[140]. Die Grundfreiheiten statuieren also keine absoluten Differenzierungsverbote in dem Sinne, dass eine Anknüpfung an die Staatsangehörigkeit oder den Grenzübertritt eo ipso verboten wäre[141]. Sie verbieten vielmehr nur solche Differenzierungen, die ohne Rückgriff auf die unzulässigen Differenzierungskriterien nicht begründbar sind[142]. Sie sind daher als sog. „Begründungsverbote" zu verstehen[143]. Jede Differenzierung muss nach Art. 56 EG sachliche Gründe haben, die weder in der Staatsangehörigkeit noch in der Grenzüberschreitung als solcher liegen bzw. typischerweise mit diesen in Zusammenhang stehen.

(4) Dogmatische Struktur des Diskriminierungsverbots

Damit aber stellt sich die Frage nach der dogmatischen Struktur des Diskriminierungsverbots. Art. 56 EG beinhaltet, wie erörtert, ein materielles Diskriminierungsverbot. Danach sind neben offenen Diskriminierungen auch versteckte Diskriminierungen verboten. Solche liegen dann vor, wenn eine nationale Norm nicht ausdrücklich zum Nachteil des Ausländers – bzw. des grenzüberschreitenden Sachverhalts – differenziert, die Differenzierung aber an solche Merkmale anknüpft, die typischerweise die genannten Gruppen betreffen und es an einer Rechtfertigung fehlt[144].

Dogmatisch ist damit zwischen Tatbestandsmäßigkeit und Rechtfertigung der Diskriminierung zu unterscheiden[145]. Auf Tatbestandsebene setzt eine Diskriminierung voraus, dass zwei Gruppen unterschiedlich behandelt werden, obwohl bei materieller Betrachtungsweise neben der Staatsangehörigkeit und der Grenzüberschreitung als solcher keine weiteren sachlichen Unterschiede zwischen den Gruppen bestehen, die eine Ungleichbehandlung zu begründen vermögen. Die unterschiedlich behandelten Gruppen müssen sich also bei wirtschaftlicher Betrachtungsweise in einer gleichartigen Lage befinden[146]. Eine solche Ungleichbehandlung stellt eine Diskriminierung dar, wenn sie auch nicht aufgrund höherrangiger Rechtswerte gerechtfertigt ist[147].

---

139 Bogdandy, in: Grabitz/ Hilf, EWGV, Altband I, Art. 6 EGV Rz. 7, 23; Schaumburg, Internationales Steuerrecht, S. 32.

140 Eckhoff, in: Birk, Handbuch des Europäischen Steuer- und Abgabenrechts, 461 (495) Rz. 45.

141 Eckhoff, in: Birk, Handbuch des Europäischen Steuer- und Abgabenrechts, 461 (495) Rz. 45.

142 Kingreen, Die Struktur der Grundfreiheiten, S. 143.

143 So Kingreen, Die Struktur der Grundfreiheiten, S. 143.

144 Vgl. ausführlich zum Begriff der versteckten Diskriminierung: Eckhoff, in: Birk, Handbuch des Europäischen Steuer- und Abgabenrechts, 461 (490 f.) Rz. 38.

145 Thömmes, GS Knobbe-Keuk, 795 (810 f.) sieht eine solche Differenzierung auch in der Rechtsprechung des EuGH bestätigt; so auch Schön, GS Knobbe-Keuk, 743 (759); Reimer, in: Lehner, Grundfreiheiten im Steuerrecht der EU-Staaten, 39 ff.

146 Reimer, in: Lehner, Grundfreiheiten im Steuerrecht der EU-Staaten, 39 (46).

147 Schön, GS Knobbe-Keuk, 743 (759).

Auf der Ebene des Tatbestands stellt sich v. a. im Hinblick auf Steuernormen die Frage, ob sich nichtansässige und ansässige Steuerpflichtige bei wirtschaftlicher Betrachtung in einer gleichartigen Situation befinden. Die Rechtsprechung des EuGH hierzu hat sich im Laufe der Zeit gewandelt. Während der EuGH die Frage zunächst bejahte[148], entschied er in den Urteilen Schumacker[149] und Wielockx[150], dass sich beide Gruppen grundsätzlich nicht in objektiv gleicher Lage befänden. Dies sei lediglich dann anders, wenn der beschränkt Steuerpflichtige den überwiegenden Teil seiner Einkünfte im Tätigkeitsstaat erziele. An dieser Rechtsprechung wurde zu Recht kritisiert, dass sie zu sachlich unzutreffenden Ergebnissen führe. Das Erfordernis der überwiegenden Einkunftserzielung im Tätigkeitsstaat dürfe nur für solche Steuernormen gelten, die stärker auf die Person des Steuerpflichtigen als auf die Einkunftsquelle als Objekt der Besteuerung abstellen[151]. Der EuGH folgte dieser Kritik in der Rs. Asscher[152] und betrachtete einen erhöhten Mindeststeuersatzes für beschränkt Steuerpflichtige als Diskriminierung, obwohl der beschränkt Steuerpflichtige den überwiegenden Teil seiner Einkünfte im Wohnsitzstaat erzielte. Dem ist im Ergebnis beizupflichten.
Maßgeblich für die Frage der Gleichartigkeit ist nämlich der inhaltliche Bezug der konkreten nationalen Steuernorm[153]. Die Voraussetzungen einer steuerlichen Diskriminierung lassen sich nicht völlig losgelöst vom Anwendungsbereich der konkret in Frage stehenden Vorschrift, d. h. dem Prüfungsgegenstand bestimmen[154]. Es ist vielmehr zwischen Steuernormen, die die objektive Leistungsfähigkeit des Steuerpflichtigen betreffen, und solchen, die auf dessen subjektive Leistungsfähigkeit abstellen, zu differenzieren. Für erstere, nämlich im Hinblick auf die konkrete Einkunftsquelle, befinden sich Ansässige und Nichtansässige in gleichartiger Situation. Dagegen befinden sie sich für solche Steuernormen, die auf die subjektive Leistungsfähigkeit abstellen, also im Hinblick auf die Einbeziehung der persönlichen Umstände, grundsätzlich in unterschiedlicher Lage[155]. Etwas anderes gilt nur dann, wenn der wesentliche Teil der Einkünfte im Tätigkeitsstaat erzielt wird[156].
Über die Frage der Vergleichbarkeit von Ansässigen und Nichtansässigen im Hinblick auf Steuernormen hinaus bleibt darauf einzugehen, wie weit der Blickwinkel für die Beurteilung der Gleichartigkeit im Rahmen des Art. 56 EG zu wählen ist. Hier fällt auf, dass der EuGH, anders als das Bundesverfassungsgericht[157], bei der Prüfung der Grundfreiheiten nicht die

---

148 Vgl. die Urteile EuGH v. 28.1.1986, C-270/ 83, avoir fiscal, EuGHE 1986, 273 ff.; EuGH v. 8.5.1990, C-175/ 88, Biehl, EuGHE 1990, I-1779 ff.; EuGH v. 13.7.1993, C-330/ 91, Commerzbank, EuGHE 1993, I-4017 ff. und EuGH v. 12.4.1994, C-1/ 93, Halliburton, EuGHE 1994, I-1137 ff.

149 EuGH v. 14.2.1995, C-279/ 93, Schumacker, EuGHE 1995, I-225 (I-260 f.) Rz. 31 ff.

150 EuGH v. 11.8.1995,C-80/ 94, Wielockx, EuGHE 1995, I-2493 (I-2515) Rz. 18 ff.

151 Wattel, European Taxation 1995, 347 (349 f.); ders., CMLR (33) 1996, 223 (229 f.).

152 EuGH v. 27.6.1996, C-107/ 94, Asscher, EuGHE 1996, I-3089 (I-3123 f.) Rz. 41 ff.

153 So Schön, GS Knobbe-Keuk, 743 (760 f.).

154 Thömmes, GS Knobbe-Keuk, 795 (815); Reimer, in: Lehner, Grundfreiheiten im Steuerrecht der EU-Staaten, 39 (50).

155 Vgl. zur Differenzierung: EuGH v. 12.6.2003, C-234/01, Gerritse, EuGHE 2003, I-5933 (I-5958) Rz. 43 einerseits (dort: keine Vergleichbarkeit, soweit es um Steuernormen geht, die an die persönliche Lage und den Familienstandes anknüpfen, sofern der Mittelpunkt der Vermögensinteressen des Steuerausländers in dessen Wohnsitzstaat liegt) sowie I-5933 (I-5954) Rz. 27 andererseits (dort: Vergleichbarkeit, soweit es um Steuernormen geht, die an die Bemessungsgrundlage anknüpfen, also das objektive Nettoprinzip betreffen).

156 Vgl. zur dargelegten Differenzierung auch: Schön, GS Knobbe-Keuk, 743 (758 ff.).

157 Zu diesem Vergleich: Thömmes, GS Knobbe-Keuk, 795 (803) unter Hinweis auf BVerfG v. 24.9.1965, 1 BvR 228/ 65, BVerfGE 19, 119 ff.; v. 1.3.1967, 1 BvR 46/ 66, BVerfGE 21, 207 ff.; v. 12.10.1976, I BvR 232/ 73, BVerfGE 43, 1 ff.

Gruppe der „beschränkt Steuerpflichtigen" insgesamt mit derjenigen der „unbeschränkt Steuerpflichtigen" vergleicht, sondern jeweils auf den konkreten Einzelfall abstellt. Er erteilt damit einer typisierenden Betrachtungsweise die Absage[158]. Diese verengte Betrachtungsweise kommt auch in der Entwicklung des sog. Kompensationsverbots durch den EuGH zum Ausdruck. Danach ist ein Vorteilsausgleich immer dann ausgeschlossen, wenn er auf einer Rechtsnorm beruht, die von der diskriminierenden Rechtsnorm verschiedenen ist[159]. Das Kompensationsverbot verengt also den Blickwinkel für die Frage der Vergleichbarkeit der unterschiedlich behandelten Gruppen. Diese verengte Betrachtungsweise findet ihre Entsprechung auch auf der Rechtfertigungsebene. Dort anerkennt der EuGH zwar grundsätzlich die sog. Kohärenz des nationalen Steuersystems als übergeordnetes rechtliches Interesse. Er lässt sie in der Sache aber nur dann eingreifen, wenn sich Vor- und Nachteil in der Person des gleichen Steuerpflichtigen und aufgrund der gleichen Steuernorm spiegelbildlich gegenüber stehen[160]. Ob eine solch verengte Betrachtungsweise die Zustimmung verdient, wird unter dem Stichwort der „Kohärenz" erörtert[161].

(5) Rechtsfolge

Grundsätzlich begründet die Freiheit des Kapital- und Zahlungsverkehrs – wie auch die anderen Grundfreiheiten – ein Recht auf „Inländergleichbehandlung". Gefordert ist eine Gleichbehandlung des grenzüberschreitenden Sachverhaltes mit einem vergleichbaren Inlandssachverhalt, es sei denn, die Differenzierung ist aus objektiven Gründen gerechtfertigt. Der betroffene Mitgliedsstaat ist damit zur Gleichbehandlung innerhalb seines nationalen „Kästchens" verpflichtet. Er hat eine sog. „Kästchengleichheit" herzustellen[162].

(6) Bedeutung des Diskriminierungsverbots nach Art. 56 Abs. 2 EG für die Zinsbesteuerung

Diese Feststellungen gilt es auf die Besteuerung grenzüberschreitender Zinszahlungen zu übertragen. Hier liegt eine gegen die Zahlungsverkehrsfreiheit nach Art. 56 Abs. 2 EG verstoßende Diskriminierung vor, wenn der Wohnsitzstaat Zahlungen aus einem anderen Mitgliedsstaat bei seinen Gebietsansässigen steuerlich mehr belastet als innerstaatliche Zahlungen und dafür kein Rechtfertigungsgrund ersichtlich ist[163]. Dies bedeutet, dass insbesondere auch Inländer, die Zinszahlungen aus dem Ausland empfangen, sich gegenüber ihrem Wohnsitzstaat auf Art. 56 Abs. 2 EG berufen können. Nach seinem Sinn und Zweck[164] greift das Diskriminierungsverbot dann ein, wenn sich Inländer „in einer Lage befinden, die mit derjenigen aller anderer Personen, die in den Genuss der durch den Vertrag garantierten Rechte und Freiheiten kommen, vergleichbar ist"[165].

---

158 Thömmes, GS Knobbe-Keuk, 795 (803).
159 EuGH v. 28.1.1986, C-170/ 83, Kommission/ Französische Republik (avoir fiscal), EuGHE 1986, I-273 (I-305) Rz. 21.
160 EuGH v. 28.1.1992, C-204/ 90, Bachmann, EuGHE 1992, I-276 (I-282) Rz. 22.
161 Siehe Teil E.II.4.a)(3)(c).
162 Birk, DStJG 19 (1996), 63 (77).
163 Vgl. grundlegend zum Diskriminierungsverbot im Rahmen der Freiheit des Kapital- und Zahlungsverkehrs: Eckhoff, in: Bleckmann, Europarecht, Rz. 1705.
164 Vgl. zur ratio des Art. 12 EG als lex generalis: Eckhoff, in: Birk, Handbuch des Europäischen Steuer- und Abgabenrechts, 461 (493 f.) Rz. 42
165 EuGH v. 7.2.1979, C-115/ 78, Knoors, EuGHE 1979, 400 (410) Rz. 24.

Ein Verstoß gegen Art. 56 Abs. 2 kommt auch dann in Betracht, wenn Zinszahlungen an nichtansässige Anleger vom Anlegerstaat steuerlich mehr belastet werden als Zinszahlungen an Gebietsansässige und es dafür an einer Rechtfertigung fehlt. Dabei ist allerdings nach der in Frage stehenden Steuernorm zu differenzieren. Wenn es etwa um Benachteiligungen im Rahmen des Steuertarifs (Steuerfestsetzung) oder der Steuererhebung geht, so verstößt der Quellenstaat, also der Staat, in dem das Kapital angelegt ist, gegen Art. 56 Abs. 2 EG, sofern die Benachteiligung nicht gerechtfertigt ist[166]. In beiden Fällen ist nämlich nicht auf personenbezogene Umstände abzustellen[167]. Beschränkt steuerpflichtige Empfänger von Zinszahlungen dürfen daher grundsätzlich weder verfahrensmäßig noch im Hinblick auf den Steuertarif vom Quellenstaat schlechter gestellt werden als gebietsansässige Zahlungsempfänger. Dies gilt unabhängig davon, welchen Anteil seiner Einkünfte der beschränkt Steuerpflichtigen im Quellenstaat erzielt. Dagegen greift das Diskriminierungsverbot für solche Steuernormen, die auf die subjektive Leistungsfähigkeit abstellen, im Quellenstaat nur dann ein, wenn der Steuerpflichtige hier den Schwerpunkt seiner Einkünfte erzielt.

4. Rechtfertigungsgründe

Zu untersuchen ist nun, welche Rechtfertigungsgründe nach Art. 58 EG für eine grundsätzlich mit Art. 56 EG unvereinbare Beschränkung des Kapital- und Zahlungsverkehrs in Betracht kommen.

a) Art. 58 Abs. 1 lit. a EG

(1) Sachlicher Anwendungsbereich

Diskriminierungen, die nach Art. 56 EG grundsätzlich unzulässig sind, können aufgrund der sog. „Steuerklausel" des Art. 58 Abs. 1 lit. a EG gerechtfertigt sein.
Während dies für Beschränkungen der Freiheit des Kapitalverkehrs einhellig anerkannt ist, ist umstritten, ob sich damit auch für Beschränkungen der Zahlungsverkehrsfreiheit rechtfertigen lassen. Dafür spricht zwar der Wortlaut der Steuerklausel, welcher auf den gesamten Art. 56 EG verweist. Ebenso spricht dafür der Wortlaut der Erklärung Nr. 7 in der Schlussakte zum Maastrichter Vertrag[168]. Dagegen aber wird vorgebracht, dass die Zahlungsverkehrsfreiheit vor der Geltung des Art. 73 d EWGV bereits nach Art. 106 EWGV in vollem Umfang gewährleistet gewesen sei. Damals habe der EWG-Vertrag für die Zahlungsverkehrsfreiheit keine Steuerklausel enthalten. Ein Rückschritt hinter den bereits erreichten Integrationsstand könne mit Einführung des Art. 73 d Abs. 1 lit. a EWGV zum 1.1.1994 vom historischen Gesetzgeber nicht gewollt gewesen sein. Soweit die Steuerklausel nach ihrem Wortlaut auf Art. 56 EG insgesamt verweise, liege daher ein reines Redaktionsversehen vor[169]. Unter Berufung auf ein solches wird eine teleologische Reduktion der Norm gefordert[170]. Um eine solche bejahen zu können, muss untersucht werden, ob die Erstreckung der Steuerklausel auf Beschränkungen der Zahlungsverkehrsfreiheit noch vom Normzweck getragen ist. Der Sinn und

166 Dazu Steichen, FS Debatin, 416 (439).
167 Zum Gebot der steuerverfahrensrechtlichen Gleichbehandlung von Steuerausländern und Steuerinländern: EuGH v. 14.2.1995, C-279/93, Schumacker, EuGHE 1995 I-225 (I-249) Rz. 50 ff.; Thömmes, GS Knobbe-Keuk, 795 (817 f.); Cordewener, Europäische Grundfreiheiten und nationales Steuerrecht, S. 503 ff.; ders., IStR 2004, 109 (112).
168 Schlussakte zum Vertrag über die Europäische Union v. 29.7.1992, ABl. EG 1992, C 191/ 95 (99).
169 Ohler, WM 1996, 1801 (1807).
170 Ohler, WM 1996, 1801 (1807).

Zweck der Steuerklausel kann dabei nicht losgelöst von der Einordnung der Vorschrift in den Gesamtzusammenhang der EG-vertraglichen Vorschriften beurteilt werden (systematisch-teleologische Betrachtungsweise).

Zu berücksichtigen ist insbesondere, dass Art. 58 Abs. 1 EG eine Ausnahmevorschrift zu einer Grundfreiheit darstellt. Da die Grundfreiheiten aber integraler Bestandteil des Binnenmarktes sind und damit zu den zentralen Zielen der Gemeinschaft gehören (Art. 3 Abs. 1 lit. c, Art. 2 EG), darf die Anwendung der Ausnahmevorschrift nicht die Entfaltung dieser übergreifenden Zielsetzung in Frage stellen. Dies wäre aber der Fall, wenn Art. 58 Abs. 1 lit. a EG umfassend zur Rechtfertigung von Beschränkungen der Zahlungsverkehrsfreiheit durch Steuernormen herangezogen werden könnte. Die Freiheit des Zahlungsverkehrs stellt nämlich lediglich eine Annexfreiheit zu denjenigen Grundfreiheiten dar, die das der Zahlung zugrunde liegende Geschäft umfassen. Eine Anwendung der Steuerklausel würde daher über den Umweg des Zahlungsvorgangs diejenige Gleichbehandlung rückgängig machen, die durch eine andere Grundfreiheit vollumfänglich geschützt wird[171]. Damit würde das Ziel der Verwirklichung des Binnenmarktes gefährdet. Da dies von Art. 58 Abs. 1 lit. a EG nicht intendiert ist, muss die Ausnahmevorschrift teleologisch reduziert werden.

Eine solche Notwendigkeit besteht lediglich dann nicht, wenn das der Zahlung zugrunde liegende Geschäft in den Anwendungsbereich der Kapitalverkehrsfreiheit fällt. Dann sind Beschränkungen des Grundgeschäfts durch steuerliche Vorschriften nämlich ihrerseits aufgrund der Steuerklausel des Art. 58 Abs. 1 lit. a EG zu rechtfertigen. Da damit bereits steuerliche Beschränkungen des Grundgeschäfts zulässig sein können, besteht keine Gefahr, dass der umfassende Schutz des Grundgeschäfts über den Umweg der Zahlungsverkehrsfreiheit ausgehebelt wird. Auch die mit den ausländischen Kapitalanlagen zusammenhängenden Zahlungsvorgänge dürfen daher eine steuerliche Differenzierung erfahren[172]. Als Zwischenergebnis ist daher festzuhalten, dass sich Art. 58 Abs. 1 lit. a EG insbesondere auch auf Steuernormen bezieht, die grenzüberschreitende Zinszahlungen beschränken.

(2) Räumlicher und zeitlicher Anwendungsbereich

Die Steuerklausel gilt jedenfalls für solche Steuernormen, die die Freiheit des Kapital- bzw. Zahlungsverkehrs zwischen den Mitgliedsstaaten beschränken. Fraglich ist, ob sie auch Beschränkungen des freien Kapital- und Zahlungsverkehrs mit Drittstaaten zu rechtfertigen vermag. Dem Wortlaut der Steuerklausel kann eine räumliche Einschränkung ihrer Geltung nicht entnommen werden. Indessen spricht der Wortlaut der Erklärung Nr. 7 zur Schlussakte zum Maastrichter Vertrag dafür, dass die Steuerklausel nicht für Beschränkungen im Kapital- und Zahlungsverkehr mit Drittstaaten gilt[173].

Diese Klausel spricht auch dafür, dass Art. 58 Abs. 1 lit. a EG lediglich für solche Steuernormen gilt, welche Ende 1993 bestanden, also nicht auf später verabschiedete Steuernormen anwendbar ist. Dann wäre die Steuerklausel als „standstill-Klausel“ [174] bzw. als „Verschlechterungsverbot“[175] zu verstehen. Nach dem 31.12.1993 wären die Mitgliedsstaaten nicht mehr berechtigt, steuerliche Differenzierungen nach dem Wohnort oder Kapitalanlageort im genannten Sinne vorzunehmen.

171 Ohler, WM 1996, 1801 (1807).
172 Ohler, WM 1996, 1801 (1807).
173 Schlussakte zum Vertrag über die Europäische Union v. 29.7.1992, ABl. EG 1992, C 191/ 95 (99).
174 So Ress/ Ukrow, in: Grabitz/ Hilf, EUV/ EGV, Bd. 1, Art. 58 EG Rz. 11.
175 So Bröhmer, in: Calliess/ Ruffert, EUV/ EGV, Art. 56 EG Rz. 2.

Allerdings ist die Rechtsqualität der Erklärung Nr. 7 in der Schlussakte zum Maastrichter Vertrag umstritten.
Zum Teil wird diese Erklärung nach Art. 311 EG als Bestandteil des Vertrages betrachtet und damit im Rang dem übrigen Primärrecht gleichgestellt[176]. Dem ist aber entgegenzuhalten, dass das fragliche Schriftstück gerade nicht als „Protokoll" im Sinne des Art. 311 EG bezeichnet und mit einer laufenden Nummer versehen wurde, sondern lediglich als „Erklärung" tituliert wurde. Richtigerweise ist die Erklärung daher nicht als ein Bestandteil des Vertrags von Maastricht zu betrachten.
Möglicherweise ist sie aber dennoch gemäß Art. 31 Abs. 2 lit. a WVRK für die Auslegung des Art. 58 EG verbindlich[177]. Danach ist ein völkerrechtlicher Vertrag unter Berücksichtigung der Übereinkünfte auszulegen, die zwischen den Vertragsparteien anlässlich des Vertragsschlusses getroffen wurden.
Voraussetzung ist dann, dass es sich beim Vertrag von Maastricht um einen völkerrechtlichen Vertrag im Sinne des Art. 2 lit. a WVRK handelt. Zwar wurden die Gründungsverträge der EG als völkerrechtliche Verträge abgeschlossen, doch wurde damit eine Rechtsordnung sui generis geschaffen[178]. Der EG-Vertrag stellt damit, auch in der Fassung des Vertrags von Maastricht, supranationales Recht dar. Er ist als solches aus sich selbst heraus, d. h. autonom, auszulegen[179]. Hier kann die WVRK nicht für eine Auslegung herangezogen werden[180].
Denkbar wäre indessen, dass die Erklärung als sog. begleitendes Gemeinschaftsrecht einen eigenen völkerrechtlichen Vertrag im Sinne des Art. 2 lit. a WVRK darstellte und damit für die Vertragsparteien verbindlich wäre. Hierfür müsste die Vertragsparteien allerdings einen erkennbaren Rechtsbindungswillen gehabt haben.
Dem steht bereits die Bezeichnung als bloße „Erklärung" entgegen. Diese spricht lediglich für eine politische Absichtserklärung[181]. Dass es den erklärenden Parteien an einem rechtlichen Bindungswillen mangelte, zeigt sich insbesondere auch daran, dass sie den Inhalt der Erklärung nicht in den Wortlaut des damaligen Art. 73 d aufnahmen[182]. Selbst wenn man die Erklärung aber als eigenständigen völkerrechtlichen Vertrag qualifizierte, dann würde dieser Vertrag, entsprechend den bereits oben getroffenen Ausführungen, keine Bindungswirkung für die Auslegung des Art. 58 Abs. 1 lit. a EG als Teil einer Rechtsordnung sui generis entfalten.

Als Ergebnis lässt sich festhalten: Die Steuerklausel des Art. 58 Abs. 1 lit. a EG gilt nicht nur für Beschränkungen des Kapital- und Zahlungsverkehrs zwischen den Mitgliedsstaaten, sondern auch für solche des Kapital- und Zahlungsverkehrs mit Drittstaaten. Sie gilt ebenso für solche Steuernormen, die ab dem 1.1.1994 durch die Mitgliedsstaaten verabschiedet wurden.

---

176 Ohler, WM 1996, 1801 (1807).
177 So Ress/ Ukrow, in: Grabitz/ Hilf, EUV/ EGV, Bd. 1, Art. 58 EG Rz. 11; diess., Kapitalverkehrsfreiheit und Steuergerechtigkeit, S. 49; Dautzenberg, RIW 1998, 537 (542).
178 EuGH v. 15.7.1964, 6/ 64, Costa/ E.N.E.L., EuGHE 1964, 1251 (1269).
179 EuGH v. 17.12.1970, 11/ 70, Internationale Handelsgesellschaft, EuGHE 1970, 1125 (1135) Rz. 3.
180 So auch Matzka, Das österreichische Steuerrecht im Lichte der Freiheit des Kapitalverkehrs, S. 78.
181 Im Ergebnis ebenso Ruppe, in: Lechner/ Staringer/ Tumpel, Kapitalverkehrsfreiheit und Steuerrecht, 11 (25).
182 Eckhoff, in: Birk, Handbuch des Europäischen Steuer- und Abgabenrechts, 543 (562) Fn. 67.

(3) Regelungsgehalt

In Rechtsprechung und Literatur herrscht indessen weitgehende Uneinigkeit darüber vor, worin der Regelungsgehalt des Art. 58 Abs. 1 lit. a EG besteht. Dabei lässt der Wortlaut der Norm für drei verschiedene Interpretationsansätze Raum.

(a) Umfassende Bereichsausnahme

Zum einen kann die Norm als umfassende tatbestandliche Rückausnahme für Steuernormen vom Verbot der Diskriminierung des Art. 56 EG verstanden werden[183]. Steuerliche Diskriminierungen des Steuerpflichtigen nach dem Wohnort oder dem Kapitalanlageort sind dann eo ipso zulässig[184]. Auch bei Zugrundelegung einer solch extensiven Interpretation umfasst Art. 58 Abs. 1 lit. a EG indessen weder Diskriminierungen des Kapital*schuldners* noch solche des Steuerpflichtigen, die auf der Staatsangehörigkeit beruhen[185].

Für eine Interpretation der Steuerklausel als umfassende Bereichsausnahme werden neben ihrem Wortlaut vor allem historische Gründe angeführt. So soll der Einführung des (mit Art. 58 Abs. 1 lit. a inhaltsgleichen) Art. 73 d EWGV der Wunsch einiger Mitgliedsstaaten zugrunde gelegen sein, ihre körperschaftsteuerlichen Anrechnungssysteme sowie die Quellensteuern auf Kapitalerträge gemeinschaftsrechtlich abzusichern[186].

Andererseits kann der Wille einiger Mitgliedsstaaten nicht mit dem einheitlichen historischen Willen des Gemeinschaftsgesetzgebers gleichgesetzt werden. Weil sich ein solcher gerade im Gemeinschaftsrecht mangels verlässlicher Materialien nur selten mit Sicherheit ermitteln lässt, kommt einer historischen Auslegung hier eher geringe Bedeutung zu[187].

Gegen eine Auslegung der Vorschrift als umfassende Bereichsausnahme sprechen aber vor allem systematische Gesichtspunkte.

Interpretiert man die Steuerklausel losgelöst von Art. 58 Abs. 3 EG als umfassende Bereichsausnahme, dann verliert die zuletzt genannte Vorschrift jegliche Bedeutung. Zwar lässt sich dem entgegnen, dass sich Art. 58 Abs. 3 EG nach seinem Wortlaut nicht auf Abs. 1 lit. a EG bezieht. Ersterer spricht von „Maßnahmen und Verfahren", Letzterer dagegen von „Vorschriften"[188]. So zu argumentieren hieße indessen, das Wortlautargument überzubewerten. Es kann im Gemeinschaftsrecht schon deswegen nur eine untergeordnete Rolle spielen, weil hier sämtliche Sprachfassungen für die Auslegung gleichermaßen verbindlich sind und zum Teil erheblich differieren. Zum anderen würde eine solche Argumentation auch nicht erklären, warum Art. 58 Abs. 3 explizit auf Abs. 2 der Vorschrift verweist, während dieser seinerseits ebenfalls nicht von „Maßnahmen und Verfahren" spricht[189].

---

183 De Bont, EC Tax Review 1995, 136 (138 ff.). Weniger weitgehend, da nur für eine begrenzte Rücknahme der Liberalisierungsverpflichtung: Ress/ Ukrow, in: Grabitz/ Hilf, EUV/ EGV, Bd. 1, Art. 58 EG Rz. 10: Die Differenzierung müsse nach Art. 58 Abs. 3 EG durch die Integrität des Steuersystems gerechtfertigt sein, wobei sie auch verhältnismäßig sein müsse.

184 So Bröhmer, in: Calliess/ Ruffert, EUV/ EGV, Art. 58 EG Rz. 2.

185 Bröhmer, in: Calliess/ Ruffert, EUV/ EGV, Art. 58 EG Rz. 3.

186 So Rädler, in: Herzig , Harmonisierung der Körperschaftsteuersysteme in den EU-Staaten, 1 (2 f.); dazu Kiemel, in: von der Groeben/ Thiesing/ Ehlermann, EUV/ EGV, 5. Aufl., Bd. 1, Art. 73 d EGV Rz. 6 ff.; Ruppe, in: Lechner/ Staringer/ Tumpel, Kapitalverkehrsfreiheit und Steuerrecht, 9 (19).

187 Schön, GS Knobbe-Keuk, 743 (766); ders., Die Auslegung des europäischen Steuerrechts 1993, 53 f.

188 De Bont, EC Tax Review 1995, 136 (138 ff.).

189 Schön, GS Knobbe-Keuk, 743 (766).

Als Bereichsausnahme interpretiert, käme der Steuerklausel überdies ein Sonderstatus gegenüber sämtlichen anderen vertraglichen Ausnahmevorschriften zu[190]. Sämtliche weitere Ausnahmeklauseln von den Grundfreiheiten greifen nämlich nur als Rechtfertigungsgründe ein. Als solche stehen sie zudem unter dem Vorbehalt der Verhältnismäßigkeit.
Weiterhin wird mit einem Verständnis der Steuerklausel als Bereichsausnahme impliziert, dass die Einführung dieser Klausel zum 1. 1. 1994 durch Art. 73 d Abs. 1 lit. a EWGV einen Rückschritt hinter den damals bereits erreichten Liberalisierungsstand mit sich brachte. Insbesondere enthielt nämlich die Kapitalverkehrsrichtlinie 88/ 361/ EWGV keine solche Ausnahmevorschrift. Es wird vorgebracht, ein solcher Rückschritt verstoße gegen das in Art. 3 Abs. 1 EU verankerte Gebot der Wahrung des gemeinschaftlichen Besitzstandes (sog. acquis communautaire).
Fraglich ist allerdings, ob dieses Gebot für die Interpretation des Art. 58 Abs. 1 lit. a EG zwingend ist. Dagegen spricht, dass Art. 3 Abs. 1 EU lediglich eine Generalnorm darstellt. Von dieser vermag Art. 58 Abs. 1 lit. a EG als speziellere Norm abzuweichen[191]. Zwar sollte Art. 58 Abs. 1 lit. a EG vor dem Hintergrund des Art. 3 Abs. 1 EU, insbesondere auch im Hinblick auf die gebotene Kohärenz der Gemeinschaftsrechtsordnung eng interpretiert werden[192]. Allein daraus kann aber keine zwingende Grenze für die Interpretation der Steuerklausel abgeleitet werden.
Allerdings spricht die nach Art. 3 Abs. 1 EU gebotene Kohärenz der Gemeinschaftsrechtsordnung unter einem weiteren Blickwinkel gegen eine Bereichsausnahme.
Es ist nämlich nicht einsichtig, weshalb im Rahmen des EWR-Abkommens, das gemäß Art. 300 EG integraler Bestandteil der Gemeinschaftsrechtsordnung ist, die Freiheit des Kapital- und Zahlungsverkehrs zwischen der Gemeinschaft und den EWR-Staaten im Hinblick auf Steuernormen zu einem Zeitpunkt vorbehaltlos garantiert wurde, zu dem ein Vorbehalt innergemeinschaftlich bestanden haben soll[193]. Die einseitige Liberalisierung des Kapitalverkehrs gegenüber den EWR-Staaten würde dann weitergehen als die innergemeinschaftliche Liberalisierung.
Besonderes Gewicht ist bei der Auslegung zudem dem Sinn und Zweck der Norm zuzumessen. Dieser kann seinerseits allerdings nicht ohne eine Einordnung der Norm in den Gesamtzusammenhang der vertraglichen Vorschriften beurteilt werden (systematisch-teleologische Auslegung).
Art. 58 Abs. 1 lit. a EG stellt eine Ausnahmevorschrift zur Grundfreiheit des Kapital- und Zahlungsverkehrs dar. Als solche muss sie nach der Rechtsprechung des EuGH eng ausgelegt werden. Zwar darf diese Forderung nicht als selbständige Auslegungsmaxime verstanden werden. Doch ergibt sie sich vorliegend bereits aus den allgemeinen Auslegungsgrundsätzen. Die Freiheit des Kapital- und Zahlungsverkehrs dient nämlich der Verwirklichung des Binnenmarktes als einer der zentralen Ziele des EG-Vertrags (Art. 3 lit. c, Art. 2 EG). Dieses Liberalisierungsziel darf als vertragliche Grundentscheidung nicht in Frage gestellt werden. Gerade dies wäre aber der Fall, würde man für sämtliche Steuernormen eine Ausnahme von der Freiheit des Kapitalverkehrs machen. Angesichts der Mobilität des Faktors „Kapital" spielen

---

190 Cordewener, Europäische Grundfreiheiten und nationales Steuerrecht, S. 749; Ohler, WM 1996, 1801 (1807).
191 So auch Matzka, Das österreichische Steuerrecht im Lichte der Freiheit des Kapitalverkehrs, S. 74.
192 Ähnlich Ress/ Ukrow, in: Grabitz/ Hilf, EUV/ EGV, Bd. 1, Art. 58 EG Rz. 10, welcher einen Geltungsvorrang des Art. 3 Abs. 1 EUV ablehnt, die Norm aber heranzieht, um das Gebot einer engen Auslegung der Ausnahmevorschrift zu stützen.
193 Dautzenberg, BB 2000, 2343 (2348); ders., RIW 1998, 537 (541).

nämlich gerade steuerliche Belastungen eine erhebliche Rolle für den grenzüberschreitenden Kapitalverkehr. Der Normzweck der Steuerklausel kann nicht so weit gehen, dass die primär an einer Liberalisierung ausgerichteten EG-vertraglichen Ziele ihres „effet utile“ beraubt würden.
Insbesondere aufgrund von systematisch-teleologischen Erwägungen kommt man damit zum Ergebnis, dass Art. 58 Abs. 1 lit. a EG keine umfassende tatbestandliche Rückausnahme von Art. 56 EG darstellt.

(b) Klarstellungsfunktion

Völlig konträr zur erstgenannten Auslegungsvariante messen der EuGH sowie, ihm zustimmend, ein großer Teil der Literatur[194] der Klausel eine rein deklaratorische Bedeutung zu. Der EuGH nahm in den Rs. Verkooijen sowie Anneliese Lenz/ Finanzlandesdirektion Tirol eine Gesamtbetrachtung von Art. 58 Abs. 1 lit. a und Abs. 3 vor. Beide Vorschriften bestätigten, so der EuGH, lediglich die bereits vor ihrem Inkrafttreten bestehende Möglichkeit, dass mitgliedsstaatliche Vorschriften, insbesondere solche, die nach dem Wohnort des Steuerpflichtigen differenzieren, mit dem Gemeinschaftsrecht vereinbar seien, sofern sie in Situationen angewandt würden, die nicht objektiv vergleichbar oder durch zwingende Gründe des Allgemeinwohls gerechtfertigt seien[195].
Für eine solche Interpretation spricht insbesondere, dass sie Art. 58 EG nicht dem Vorwurf einer Unterschreitung des vor dem 1.1.1994 erreichten Liberalisierungsniveaus aussetzt. Sie entspricht also dem Gebot der Wahrung des gemeinschaftlichen Besitzstandes in Art. 3 Abs. 1 EU. Sie wird aber auch der Vertragssystematik gerecht, indem sie in Art. 58 Abs. 3 EG eine Ergänzung der Steuerklausel erblickt. Wenn man Abs.1 lit. a so versteht, dass Differenzierungen nach dem Wohnort des Anlegers oder dem Anlageort nicht *eo ipso* im Widerspruch zum Beschränkungsverbot des Art. 56 EG stehen, dann bedarf diese Aussage sinnotwendig der Ergänzung durch Abs. 3.
Wie aber ist diese Ergänzung zu verstehen? Nach ihrem Wortlaut sind Diskriminierungen nicht in jedem Fall verboten, sondern nur dann, wenn sie „willkürlich“ sind. Dies spricht dafür, dass, abweichend vom Grundsatz des Art. 56 EG, im steuerlichen Bereich nur „qualifizierte“ Diskriminierungen gemeinschaftsrechtlich missbilligt sind.
Muss dementsprechend ein – im Vergleich zur üblichen Prüfung – großzügigerer Rechtfertigungsmaßstab an steuerliche Regelungen angelegt werden?
Hiergegen spricht systematisch ein Vergleich mit Art. 30 S. 2 EG. Auch diese Norm spricht von „willkürlichen“ Diskriminierungen. Sie wird aber von der überwiegenden Meinung als einfaches Diskriminierungsverbot verstanden[196].
Auch kann Art. 58 Abs. 3 EG nicht allein nach der deutschen Sprachfassung ausgelegt werden. Dort erscheint das Verbot einer „willkürliche Diskriminierung“ zwar an die Formulierung „weißer Schimmel“ zu erinnern. Der Vorwurf der Redundanz lässt sich hier zwar entkräften, wenn man im Zusatz „willkürlich“ eine Einschränkung erblickt. Ob dies aber ein überzeugender Auslegungsansatz ist, kann nicht ohne die anderssprachigen Fassungen des

---

194 So Schön, GS Knobbe-Keuk, 743 (768); Freitag, EWS 1997, 186 (194); Sedlaczek, in: Lechner/ Staringer/ Tumpel, Kapitalverkehrsfreiheit und Steuerrecht, 27 (52); Ruppe, in: Lechner/ Staringer/ Tumpel, Kapitalverkehrsfreiheit und Steuerrecht, 11 (21); Dautzenberg, RIW 1998, 537 (544).

195 EuGH v. 6.6.2000, C-35/ 98, Verkooijen, EuGHE 2000, I- 4113 (4129) Rz. 43; v. 15.7.2004, C-315/ 02, Anneliese Lenz/ Finanzlandesdirektion Tirol, RIW 2005, 73 (75) Rz. 27.

196 Ruppe, in: Lechner/ Staringer/ Tumpel, Kapitalverkehrsfreiheit und Steuerrecht, 11 (22); Schön, GS Knobbe-Keuk, 743 (767).

EG-Vertrags beurteilt werden. Hier fällt insbesondere die englische Vertragsfassung ins Auge. Wenn diese das Verbot einer „arbitrary discrimination“ normiert, dann kommt diesem Zusatz – anders als im Deutschen – eine eigenständige Bedeutung zu. Das Verb „to discriminate“ hat nämlich je nach Kontext unterschiedliche Bedeutungen. Mit der Präposition „between“ verbunden heißt es „unterscheiden“, im Zusammenhang mit „against“ bedeutet es „diskriminieren“. Der „Willkürzusatz“ hat in der englischen Version also klarstellende Funktion[197]. Ins Deutsche übernommen, stellt er dagegen ein reines Füllwort dar.
Der Auslegung der Art. 58 Abs. 1 lit. a und Abs. 3 EG durch den EuGH als rein deklaratorisch kann daher nicht der Wortlaut des Abs. 3 EG entgegengehalten werden. Es sprechen gegen sie aber andere Gründe.
Indem der EuGH die Funktion der Art. 58 Abs. 1 lit. a i. V. m. Abs. 3 EG in einer Bestätigung seiner „üblichen Prüfkriterien“ sieht, verweist er nämlich auf eine sehr uneinheitliche Praxis der Rechtfertigungsprüfung. So kommen nach der Cassis-Rechtsprechung des EuGH zwingende Gründe des Allgemeinwohls nur dann als „Rechtfertigungsgründe“ in Betracht, wenn die beschränkende Maßnahme unterschiedslos für inländische wie grenzüberschreitende Sachverhalte gilt. Im Verkooijen-Urteil aber bestätigt der EuGH eine andere Rechtsprechungspraxis. Allgemeinwohlgründe kommen danach zur Rechtfertigung von Diskriminierungen durchaus in Betracht. Diese Aussage ist mit der Keck-Rechtsprechung nur dann zu vereinbaren, wenn man Letztere lediglich auf *formal* unterschiedslos von der Staatsangehörigkeit geltende Beschränkungen bezieht, während man die Verkooijen-Aussage auf alle *materiellen* Diskriminierungen anwendet. Andererseits legt der EuGH auch der Keck-Formel einen materiellen Diskriminierungsbegriff zugrunde. Maßnahmen, die weder rechtlich noch faktisch zu einer Benachteiligung grenzüberschreitender Sachverhalte führen, sollen nach der Keck-Rechtsprechung bereits tatbestandlich keine Beschränkung darstellen, wenn sie zudem – wie i. d. R. Steuernormen – nicht „produktbezogen“ sind.
Die Rechtsprechung des EuGH ist daher sowohl im Diskriminierungsbegriff als auch in der Frage, ob neben kodifizierten auch ungeschriebene Rechtfertigungsgründe heranzuziehen sind, inkonsequent[198]. Letzteres wird jedenfalls in der Keck-Formel für Diskriminierungen verneint. Ob eine solche aber im Einzelfall vorliegt, lässt sich den Urteilen des EuGH zumeist nicht entnehmen. Vielmehr tendiert der EuGH dazu, sich die Prüfung dadurch zu vereinfachen, dass er bereits aufgrund der „abschreckende Wirkung“ der Maßnahme eine Beschränkung (i. w. S.) annimmt.
Würde man in Art. 58 EG trotz der Uneinheitlichkeit der EuGH-Rechtsprechung eine Bestätigung derselben erblicken und der Norm – im Hinblick auf diese Rechtsprechung – rein deklaratorischen Charakter zumessen, so würde damit eine erhebliche Rechtsunsicherheit entstehen[199]. Richtigerweise wird man bei einer Auslegung des Art. 58 Abs. 1 lit. a, Abs. 3 der Norm daher keine deklaratorische Funktion im Sinne einer Bestätigung der „üblichen Prüfkriterien“ der EuGH-Rechtsprechung zusprechen können.
Ein selbständiger Regelungsgehalt der Norm ergibt sich insbesondere auch dann, wenn man die Rechtfertigungsprüfung des EuGH in der Rs. Verkooijen kritisch würdigt. Wenn der EuGH in dieser Entscheidung – wie auch in anderen – diskriminierende Maßnahmen durch

---

197 Dautzenberg, BB 2000, 2343 (2349).

198 Vgl. den Hinweis auf die insoweit uneinheitliche Judikatur bei GA La Pergola, Schlussanträge v. 4.6.1999, C-35/ 98, Verkooijen, EuGHE 1999, I- 4073 (I-4088 f.) Rz. 23.

199 Vgl. zu den grundsätzlichen Bedenken gegen Art. 58 Abs. 1 lit. a EG im Hinblick auf die Rechtssicherheit: Müller, Kapitalverkehrsfreiheit in der Europäischen Union, S. 342.

ungeschriebene Gründe des Allgemeinwohls rechtfertigen will, dann erklärt sich dies durch eine sehr restriktive Handhabung der kodifizierten Rechtfertigungsgründe. Letztere sind, so der EuGH, eng auszulegen. Dennoch muss auch ein eng verstandener Begriff der „öffentlichen Ordnung", wie er der Mehrzahl der kodifizierten Rechtfertigungsgründe zugrunde liegt, die von der Cassis-Formel anerkannten Gründe des Allgemeinwohls umfassen[200]. Würde der EuGH diesen Begriff mit Leben erfüllen, so bestünde für die Schaffung ungeschriebener Rechtfertigungsgründe kein Bedürfnis. Da sich Letztere nicht aus den Normen des EG-Vertrages ableiten lassen, würde der EuGH damit auch dem Grundgedanken gemeinschaftlicher Kompetenzverteilung gerecht[201]. Danach ist es nämlich Aufgabe der vertragsgebenden Mitgliedsstaaten, Recht zu setzen, während der EuGH im Rahmen seiner Jurisdiktion an dieses gebunden ist.
Dem Gebot einer restriktiven Handhabung der Ausnahmevorschriften wird im Übrigen bereits durch den Grundsatz der Verhältnismäßigkeit genügt (Schranken-Schranke). Dieser erlaubt es insbesondere, die Eingriffsintensität zu berücksichtigen. Für eine einheitliche Verortung der Rechtfertigungsgründe in den geschriebenen Normen des EG-Vertrags spricht auch das Gebot der Rechtssicherheit[202].
Als Ergebnis lässt sich festhalten: Den Normen des Art. 58 Abs. 1 lit. a, Abs. 3 EG kann nicht lediglich eine deklaratorische Funktion im Sinne der Bestätigung der allgemeinen Grundsätze der EuGH-Rechtsprechung zugemessen werden.

(c) „Kohärenz" als Rechtfertigungsgrund

Möglicherweise ist Art. 58 Abs. 1 lit. a i. V. m. Abs. 3 EG als eigenständiger, konstitutiv wirkender, kodifizierter Rechtfertigungsgrund zu betrachten. Die Steuerklausel hat ihre Bedeutung dann darin, dass sie Gründe innerstaatlichen Steuerrechts grundsätzlich als Rechtfertigungsgründe anerkennt.

(i) Konstitutive Wirkung

Für eine dogmatische Einordnung der Steuerklausel als eigenständigen Rechtfertigungsgrund spricht insbesondere die EG-vertragliche Systematik. Zunächst fällt hier ins Auge, dass sämtliche anderen Ausnahmevorschriften von den Grundfreiheiten Rechtfertigungsgründe darstellen. Es ist aber auch eine Parallele zu Art. 30 S. 2 EG zu ziehen. Dieser normiert, ebenso wie Art. 58 Abs. 3 EG, ein Verbot „willkürlicher Diskriminierungen". Hier geht die einhellige Meinung davon aus, dass die Norm eine Schranken-Schranke für die in Art. 30 S. 1 EG genannten Rechtfertigungsgründe begründet. Ihre Bedeutung liegt darin, dass sie das Gebot der Verhältnismäßigkeit verankert. Überträgt man diese Betrachtungsweise auf Art. 58 Abs. EG, so lässt sich im Umkehrschluss folgern, dass auch Art. 58 Abs. 1 lit. a EG einen selbständigen Rechtfertigungsgrund darstellen muss. Allein eine solche Betrachtungsweise entspricht der inneren Systematik des Art. 58 EG. Wenn nämlich Art. 58 Abs. 1 lit. b EG nach seinem insoweit eindeutigen Wortlaut einen selbständigen Rechtfertigungsgrund darstellt, dann muss dies auch für Art. 58 Abs. 1 lit. a EG gelten. Insbesondere bezieht sich auch die Schranken-Schranke des Art. 58 Abs. 3 EG auf Abs. 1 insgesamt, also sowohl auf lit. a als auch auf lit. b. Daher liegt eine parallele dogmatische Einordnung dieser Vorschriften nahe.

---

200 Kingreen, Die Struktur der Grundfreiheiten, S. 163.
201 Kingreen, Die Struktur der Grundfreiheiten, S. 163.
202 Kingreen, Die Struktur der Grundfreiheiten, S. 163 f.

(ii) Bedeutungsgehalt

Fraglich ist jedoch, worin die eigenständige Bedeutung der Vorschrift liegt.

Grundsätzliches zum Bedeutungsgehalt

Diese Bedeutung kann nur dort zu finden sein, wo nicht Gründe innerstaatlichen Steuerrechts bereits aus allgemeinen Erwägungen tatbestandlich eine Diskriminierung ausschließen. Letzteres ist nach der Rechtsprechung des EuGH etwa dann der Fall, wenn eine Steuernorm, die Nichtansässige benachteiligt, auf die subjektive Leistungsfähigkeit des Steuerpflichtigen abstellt, und der Steuerpflichtige den Schwerpunkt seiner Einkünfte im Heimatstaat hat[203]. Da sich in diesem Fall Ansässige und Nichtansässige im Hinblick auf die subjektive Leistungsfähigkeit nicht in einer gleichartigen Lage befinden, ist eine Diskriminierung bereits tatbestandlich nicht gegeben[204].

Über diese Fälle hinaus gibt es aber auch Differenzierungskriterien, die zwar nicht die Vergleichbarkeit der Gruppe grenzüberschreitend Tätiger mit rein innerhalb eines Mitgliedsstaates tätigen Steuerpflichtigen ausschließen, die aber im weiteren Sinne Ausdruck eines steuerrechtlichen Systemgedankens sind.

In der Anerkennung eines solchen Systemgedankens könnte die eigenständige Bedeutung des Art. 58 Abs. 1 lit. a EG zu sehen sein. Wie weit die Anerkennung mitgliedsstaatlicher Steuerinteressen durch die Steuerklausel gehen kann, muss indessen im Wege der Auslegung beurteilt werden.

Der Wortlaut des Art. 58 Abs. 1 lit. a EG spricht von „einschlägigen“ Vorschriften. Es sind also nicht sämtliche Steuervorschriften, die sich irgendwie aus dem innerstaatlichen Steuersystem ergeben, als Rechtfertigungsgründe tauglich. Fraglich ist, wann eine solche „Einschlägigkeit“ vorliegt bzw. wann die Steuervorschriften „relevant“ (englische Fassung) oder „pertinents“ (französische Fassung) sind.

Betrachtet man hier wiederum die am Binnenmarktprinzip orientierte vertragliche Zielsetzung, so ist eine restriktive Handhabung des Begriffs geboten[205]. Andererseits belässt der EG-Vertrag zumindest formal die Kompetenz zur Steuergesetzgebung bei den Mitgliedsstaaten. Wenn sie auch bei der Ausübung dieser Steuerhoheit an das materielle Gemeinschaftsrecht gebunden sind, so darf dieses doch nicht dazu führen, dass die Kompetenz zur „leeren Hülle“ wird.

Dies spricht dafür, dass die „Kohärenz“ nationaler Steuernormen von Art. 58 Abs. 1 lit. a EG anerkannt wird[206]. Dieser Begriff wurde vom EuGH in der Rs. Bachmann – als „im Allgemeininteresse liegend“ – geprägt[207]. Er stellt seitdem einen der schillerndsten Begriffe des Gemeinschaftsrechts dar[208] und ist in seiner Bedeutung umstritten.

Es ist zwar zuzugeben, dass die „Kohärenz“ mitgliedsstaatlicher Steuerregelungen bei keiner anderen Grundfreiheit explizit als Rechtfertigungsgrund normiert ist. Allerdings verbietet sich, wie ich meine, insoweit ein systematischer Rückschluss. An keiner anderen Stelle ent-

---

203 Vg. EuGH v. 27.6.1996, C-107/ 94, Asscher, EuGHE 1996, I-3089 (I-3123 f.) Rz. 41 ff.

204 Siehe Teil E.II.3.b)(4).

205 So auch Dautzenberg, RIW 1998, 537 (540).

206 Für die Einbeziehung des Kohärenzgedankens in die Auslegung des Art. 58 Abs. 1 lit. a EG auch Cordewener, Europäische Grundfreiheiten und nationales Steuerrecht, S. 472.

207 EuGH v. 28.1.1992, C-104/ 90, Bachmann, EuGHE 1992, I-276 (I-282 ff.) Rz. 21-27; v. 28.1.1992, C-300/ 90, Kommission/ Belgien, EuGHE 1992, I-314 (I-318 ff.) Rz. 10 ff.; v. 15.7.2004, C-315/ 02, Anneliese Lenz/ Finanzlandesdirektion Tirol, RIW 2005, 73 (75) Rz. 27, 35 ff.

208 Thömmes, GS Knobbe-Keuk, 795 (826).

hält der EG-Vertrag nämlich Normen, die steuerliche Sonderregelungen vorsehen. Wenn er von diesem Grundsatz in Form der Steuerklausel für die Kapitalverkehrsfreiheit ausdrücklich abweicht, so können hier keine inhaltlichen Parallelen zu den anderen Rechtfertigungsvorschriften gezogen werden. Über den von den anderen Rechtfertigungsnormen divergierenden Wortlaut der Steuerklausel könnte zwar eine teleologische Reduktion hinweghelfen. Jedoch liegen Sinn und Zweck der Steuerklausel gerade darin, den Besonderheiten der Freiheit des Kapitalverkehrs gerecht zu werden. Aufgrund der besonderen Mobilität der Ressource Kapital kommt nach einer Liberalisierung der Märkte hier den steuerlichen Belastungsunterschieden eine erhebliche Bedeutung für grenzüberschreitende Kapitalbewegungen zu. Hier besteht also ein besonderes Bedürfnis der Mitgliedsstaaten, die „Kohärenz" ihrer Steuersysteme zu wahren.

„Kohärenz" als Rechtsbegriff

Fraglich ist, unter welchen Voraussetzungen das Gemeinschaftsrecht eine solche „Kohärenz" anerkennt.

Funktionsfähigkeit des Steuersystems

Man könnte unter die Kohärenz den Kernbestand der steuerlichen Normen eines Mitgliedsstaates fassen. Dies führte aber dazu, dass ein Mitgliedsstaat eine Vorschrift nur zentral genug verankern müsste, um einen Verstoß gegen das Gemeinschaftsrecht rechtfertigen zu können[209]. Richtigerweise wird man aber zumindest die Funktionsfähigkeit eines mitgliedsstaatlichen Steuersystems als „gemeinschaftsrechtsresistent" zu betrachten haben[210]. Sie muss daher den Kern eines „Kohärenz-Begriffes" ausmachen.

Mikro-Kohärenz i. S. d. EuGH-Rechtsprechung

Der EuGH hat zum Begriff der „Kohärenz" in mehreren Urteilen Stellung bezogen. Zwar entwickelte er im Rahmen seiner Rechtsprechung bisher keine positive Definition für eine steuerliche Kohärenz. Er konkretisierte den Begriff aber *in positiver Sicht* dahingehend, dass eine strenge Wechselbeziehung im Sinne eines *funktionellen* Zusammenhangs zwischen der grundfreiheitsbeeinträchtigenden Norm und anderen steuerlichen Bestimmungen bestehen müsse, welche die Beeinträchtigung kompensierten[211].
Zudem müsse ein *persönlicher* sowie unmittelbarer Zusammenhang der Art vorliegen, dass die konkreten Steuervor- und -nachteile „ein und denselben Steuerpflichtigen" (...) im Rahmen einer einzigen Besteuerung"[212] beträfen. Dies impliziert, dass sich die geforderte Wechselbeziehung nach Ansicht des EuGH aus ein und derselben Steuerrechtsordnung ergeben muss („Mikro-Kohärenz").
In negativer Hinsicht ergänzte der EuGH seine Ausführungen im Wiellockx-Urteil dahingehend, dass sich ein Mitgliedsstaat der Berufung auf die Kohärenz seiner Steuerrechtsordnung

---

209 Reimer, in: Lehner, Grundfreiheiten im Steuerrecht der EU-Staaten, S. 61.

210 Eckhoff, in: Birk, Handbuch des Europäischen Steuer- und Abgabenrechts, 461 (471) Rz. 12.

211 EuGH v. 16.7.1998, C-264/ 96, ICI, EuGHE 1998, Seite I-4695 (I-4723) Rz. 29; v. 27.6.1996, C-107/ 94, Asscher, EuGHE 1996, I-3089 (I-3100) Rz. 58-60; v. 14.11.1995, 484/ 93, Svensson und Gustavson, EuGHE 1995, I-3971 (I-3977) Rz. 18; v. 28.1.1992, C-204/ 90, Bachmann, EuGHE 1992, 276 (282) Rz. 22 f.; v. 28.1.1992, C-300/ 90, Kommission/ Belgien, EuGHE 1992, 314 (319) Rz. 14-16.

212 EuGH v. 6.6.2000, C-35/ 98, Verkooijen, EuGHE 2000, I- 4113 (I-4132) Rz. 57 f. unter Bezugnahme auf die Urteile in den Rs. Bachmann und Kommission/ Belgien; v. 15.7.2004, C-315/ 02, Anneliese Lenz/ Finanzlandesdirektion Tirol, RIW 2005, 73 (76) Rz. 35 f.

begebe, wenn er in einem DBA durch die Zuweisung des Besteuerungsrechts an einen anderen Mitgliedsstaat auf die Erfassung eines Steuernachteils verzichte. Dies stellt eine Ausprägung des vom EuGH praktizierten sog. Anerkennungsgrundsatzes[213] dar: Durch den Verzicht auf die Erfassung des Steuernachteils im DBA erkenne der betroffene Mitgliedsstaat an, dass der Ausschluss eines grenzüberschreitenden Sachverhalts von einem Steuervorteil nicht notwendig sei, um die steuerliche Systemgerechtigkeit zu gewährleisten.

Zusammenfassend lässt sich festhalten, dass der Kohärenzbegriff des EuGH nicht die Kohärenz einer nationalen Steuerrechtsordnung insgesamt, sondern lediglich den Zusammenhang einzelner Steuervorschriften zum Gegenstand hat[214]. Die Kohärenz, wie sie sich aus der Rs. Bachmann ergibt, zielt auf eine Systemgerechtigkeit innerhalb der nationalen Steuerrechtsordnung sowie eine Lastengleichheit aller von bestimmten mitgliedsstaatlichen Regelungskomplexen Betroffenen ab[215]. Das Kohärenzargument weitet im Ergebnis also den Blickwinkel, unter dem die Frage der Belastungsgleichheit beurteilt wird. Während dieser Blickwinkel im Rahmen der Grundfreiheitsprüfung durch die EuGH-Rechtsprechung ganz strikt auf eine konkrete Steuernorm verengt ist, werden hier die Auswirkungen eines gesamten Regelungskomplexes zusammen betrachtet. Würde man aber bereits auf der Ebene des Tatbestandes den „Fokus" erweitern, so würden sich die Fälle des Vorteilsausgleichs bereits auf der tatbestandlichen Ebene nicht als Diskriminierung darstellen. Die betroffenen Gruppen wären dann nämlich im Hinblick auf den Regelungskomplex nicht miteinander vergleichbar[216].

Insbesondere am Wielockx-Urteil des EuGH wird zudem kritisiert, dass es den Begriff der Kohärenz zu einer „*Leerformel*" verkommen lasse[217]. Kohärenz könne demnach allenfalls dort, wo ein Mitgliedsstaat mit einem anderen kein DBA abgeschlossen habe, eine Rolle spielen. Dann aber stelle bereits das Fehlen eines DBA zwischen zwei Mitgliedsstaaten einen gemeinschaftsrechtswidrigen Zustand dar. Dieser könne nicht dazu dienen, eine steuerliche Diskriminierung im Wege der Kohärenz zu rechtfertigen[218]. Wenn der Wielockx-Entscheidung zugleich eine teilweise Ausweitung des Kohärenz-Begriffes entnommen wird, die in der Möglichkeit einer Verlagerung der Kohärenz auf die zwischenstaatliche Ebene der Gegenseitigkeit durch DBA-rechtliche Regelungen liege, so stößt auch eine solche auf Kritik.

Gegen die Verallgemeinerung einer solchen „Makro-Kohärenz" wird zutreffend angeführt, dass der Steuerpflichtige das Interesse der Staaten an der Ausgewogenheit ihrer abkommensrechtlichen Regelungen nicht uneingeschränkt zu akzeptieren habe. So finde die Gestaltungsfreiheit der Mitgliedsstaaten ihre Grenze im Grundsatz der Einmalbesteuerung[219].

Man wird insbesondere für die sog. „Mikro-Kohärenz" eine Aufweichung des Kriteriums eines engen persönlichen Zusammenhangs für diejenigen Fälle zu fordern haben, in denen das nationale Steuerrecht einen Steuerpflichtigen als den „verlängerten Arm" eines anderen Steuerpflichtigen behandelt. Wenn das nationale Steuerrecht zwei verschiedene Steuerpflichtige aufgrund einer engen wirtschaftlichen Verflechtung als „Einheit" behandelt, so hat das Gemeinschaftsrecht diese Systementscheidung zu respektieren. Zu denken ist hier etwa an die Fälle, in denen eine mangelnde körperschaftsteuerliche Vorbelastung des Gewinns auf der

---

213 Vgl. dazu Saß, FR 1991, 705 (706).
214 Cordewener, Europäische Grundfreiheiten und nationales Steuerrecht, S. 958.
215 Cordewener, Europäische Grundfreiheiten und nationales Steuerrecht, S. 961.
216 Vgl. auch Schön, GS Knobbe-Keuk, 743 (769).
217 Thömmes, GS Knobbe-Keuk, 795 (831).
218 Thömmes, GS Knobbe-Keuk, 795 (831).
219 Schön, GS Knobbe-Keuk, 795 (770 f.).

Ebene des Gesellschafters berücksichtigt wird. Hier geht es der Sache nach um die Besteuerung von Gewinnen, die eine Kapitalgesellschaft erwirtschaftet hat und bei denen lediglich aufgrund des körperschaftsteuerlichen Trennungsprinzips die Steuersubjekte auseinanderfallen[220].

Makro-Kohärenz i. S. d. Literatur

In der Literatur wird neuerdings eine Verlagerung des Systemgedankens in das internationale Steuerrecht gefordert. Anstatt an einer innerstaatlichen „taxpayer equity“ habe man sich an einer „inter-country equity“ zu orientieren (sog. „Makro-Kohärenz“[221]).
Gefordert wird damit eine Systemgerechtigkeit, die zwar im Einzelfall Diskriminierungen grenzüberschreitender Sachverhalte gegenüber internen Sachverhalten zulässt, die aber insgesamt, wenn sie durch sämtliche Mitgliedsstaaten befolgt wird, nicht zu einer Benachteiligung grenzüberschreitender Sachverhalte führt. Die Maxime habe entsprechend dem kategorischen Imperativ von Immanuel Kant zu lauten: „Die betreffenden Steuernormen müssen so zugeschnitten sein, dass dann, wenn alle Mitgliedsstaaten exakt dieses Steuersystem haben, alle Einkünfte genau einmal besteuert und alle Aufwendungen genau einmal berücksichtigt werden“[222].
Für eine solche Ansicht lässt sich im Rahmen des Art. 58 EG insbesondere der Zusammenhang von Abs. 1 lit. a und Abs. 3 anführen. Letzterer stellt die Anerkennung von Gründen innerstaatlichen Steuerrechts unter den Vorbehalt, dass diese zu keiner „verschleierten Beschränkung“ führen. Diese Forderung geht dahin, dass Gründe des nationalen Steuerrechts nicht lediglich vorgeschoben sein dürfen. Es darf sich hinter ihnen also keine protektionistische Absicht verbergen[223]. Dies ist gewährleistet, wenn nur solche Gründe anerkannt werden, die sich an internationaler Steuergerechtigkeit orientieren.

Eigene Stellungnahme zur „Kohärenz“

Allerdings lässt sich auch ein solcher Kohärenzgedanke nicht verallgemeinern. Das Argument einer „Makro-Kohärenz“ darf nämlich nicht dazu führen, dass die primäre Zielsetzung des EG-Vertrages, die Liberalisierung der Märkte, ausgehebelt wird. Stellt man bei Zugrundelegung des kategorischen Imperativs allein auf eine *hypothetische* Einmalbelastung für den Fall ab, dass alle Staaten genau dieses System haben, so ist es einem Mitgliedsstaat zwar verwehrt, Auslandseinkünfte Gebietsansässiger ohne Anrechung der Steuerlast des Quellenstaates voll zu besteuern und zugleich die Einkünfte Nichtansässiger voll zu besteuern. Es ist vielmehr im Namen einer internationalen Steuergerechtigkeit z. B. zu fordern, dass der Katalog des § 34 d EStG spiegelbildlich dem des § 49 EStG entspricht[224]. Würde ein Mitgliedsstaat diese Kataloge allerdings auf Null reduzieren, also im Ergebnis der sog. Freistellungsmethode folgen, während der andere Mitgliedsstaat beide Kataloge auf die Gesamtheit der Einkünfte ausdehnen und damit der sog. Anrechnungsmethode folgen würde, dann genügte zwar jeder Staat

---

220 Staringer, in: Lechner/ Staringer/ Tumpel, Kapitalverkehrsfreiheit und Steuerrecht, 93 (110).
221 Cordewener, Europäische Grundfreiheiten und nationales Steuerrecht, S. 973.
222 Reimer, in: Lehner, Grundfreiheiten im Steuerrecht der EU-Staaten, S. 62; ihm zustimmend auch Cordewener, Europäische Grundfreiheiten und nationales Steuerrecht, S. 972.
223 Eckhoff, in: Bleckmann, Europarecht, Rz. 1719; ebenso Rohde, Freier Kapitalverkehr in der Europäischen Gemeinschaft, S. 166.
224 Reimer, in: Lehner, Grundfreiheiten im Steuerrecht der EU-Staaten, S. 62;

für sich genommen dem kategorischen Imperativ[225]. Für den Einzelnen könnten sich im „Reibungsfeld" der unterschiedlichen Systeme hieraus aber schwerwiegende faktische Benachteiligungen ergeben. Zu denken wäre an die Aufnahme einer im Quellenstaat steuerpflichtigen Tätigkeit ohne Anrechnung der Steuerlast im Wohnsitzstaat. Hier vermag es dem Steuerpflichtigen konkret nicht zu nutzen, dass ihm der Quellenstaat die Steuerlast hypothetisch anrechnen würde, wäre er der Wohnsitzstaat, und dass der Wohnsitzstaat ihn hypothetisch nicht besteuern würde, wäre er der Quellenstaat.
Eine solche, aus dem kumulativen Zugriff verschiedener Steuerjurisdiktionen resultierende Mehrbelastung, d. h. eine Doppelbesteuerung, lässt sich zwar mit einem von der „Kästchengleichheit" ausgehenden Diskriminierungsbegriff der Grundfreiheiten nur schwer fassen. Hier kommt es nämlich nicht zu einer Ungleichbehandlung innerhalb einer nationalen Rechtsordnung, sondern zur faktischen Benachteiligung aufgrund fehlender Systemabstimmung. Überwiegend wird darin aber eine Beschränkung i. e. S. gesehen[226]. Strittig ist lediglich die Rechtsfolge des objektiv-rechtlichen Gemeinschaftsrechtsverstoßes. Dabei darf es richtigerweise weder dem Marktbürger überlassen werden, welchen der Mitgliedsstaaten er in die Verantwortung nimmt[227], noch darf das Gemeinschaftsrecht insoweit eine Entscheidung treffen[228]. Vielmehr sind beide Staaten verpflichtet, den Gemeinschaftsrechtsverstoß gemeinsam, evtl. im Wege eines Doppelbesteuerungsabkommens, zu beseitigen. Könnten dagegen beide involvierten Mitgliedsstaaten den gemeinsamen Verstoß im Wege der „Kohärenz" rechtfertigen, so stünde die Liberalisierung des Kapitalverkehrs als solche zur Disposition der Mitgliedsstaaten.

---

225 Es wäre ihm lediglich dann eine Berufung auf die Kohärenz verwehrt, wenn er sich in einem DBA bereits verbindlich mit dem anderen Staat auf die eine oder andere Methode geeinigt hätte.

226 Cordewener, Europäische Grundfreiheiten und nationales Steuerrecht, S. 878; Reimer, in: Lehner, Grundfreiheiten im Steuerrecht der EU-Staaten, S. 58. Zwar liegen Beschränkungen i. e. S. nach der überwiegenden (wenn auch uneinheitlichen) Rechtsprechung des EuGH dann nicht vor, wenn eine Vorschrift den Charakter einer nicht produktbezogenen Regelung hat. Im Vordergrund muss demgegenüber aber richtigerweise die marktsegmentierende Wirkung einer Maßnahme stehen (siehe dazu ausführlich Teil E II.3.a)(3)). Eine solche ist im Fall der Doppelbesteuerung gegeben.

227 Zwar könnte eine Art Gesamtschuld in Betracht gezogen werden, so Reimer, in: Lehner, Grundfreiheiten im Steuerrecht der EU-Staaten, 39 (58). Könnte danach indessen der Steuerpflichtige den Verpflichteten frei wählen, so würde dies einen Eingriff in die steuerliche Souveränität der Mitgliedsstaaten bedeuten. Vgl. dazu EuGH, Urt. v. 12.5.1998, Gilly, C-336/ 96, EuGHE 1998, I-2823 (I-2839): Dort erkennt der EuGH zwar gewisse Nachteile des Anrechnungsverfahrens für den Steuerpflichtigen an, verweist aber darauf, dass sich diese allein aus der unterschiedlichen Höhe der Steuersätze in den Mitgliedsstaaten ergeben, deren Festsetzung mangels Gemeinschaftsregelung in die Souveränität der Mitgliedsstaaten falle. Wenn nach diesem Urteil bereits die Wahl der Methode zur Vermeidung der Doppelbesteuerung (i. S. d. Art. 23 OECD-MA, also Anrechungs- oder Freistellungsmethode) in die mitgliedsstaatliche Steuersouveränität fällt (so Kluge, Das Internationale Steuerrecht, S. 702), so muss dies, wie ich meine, erst recht für eine – die Doppelbesteuerung ggf. vorab verhindernde – abkommensrechtliche Verteilung (i. S. d. Verteilungsartikel 6-22 OECD-MA) der Besteuerungsgrundlagen zwischen den Mitgliedsstaaten gelten (also: Wohnsitz- vs. Quellenprinzip). A. A. Lehner, in: Lüdicke, Fortentwicklung der Internationalen Unternehmensbesteuerung 1 (7): Aus dem Beschränkungsverbot der Grundfreiheiten ergebe sich eine europarechtliche Präferenz der Kapitalimportneutralität (Quellenprinzip sowie Freistellungsmethode).

228 Die nationale Besteuerungshoheit darf weder zur Disposition des Bürgers noch des Gemeinschaftsrechts stehen. Letzteres wäre indessen der Fall, würde das Gemeinschaftsrecht als solches eine Entscheidung im Sinne von Kapitalimport- oder Kapitalexportneutralität und damit zwischen Anrechungs- und Freistellungsmethode treffen. Dann würde es nämlich die Besteuerungsgrundlagen dem einen oder anderen Staat zuweisen. Vgl. dazu Schön, GS Knobbe-Keuk, 743 (762, 773); Reimer, in: Lehner, Grundfreiheiten im Steuerrecht der EU-Staaten, 39 (57).

Ein auf *hypothetische* „inter-country equity" abstellender kategorischer Imperativ ist zwar grundsätzlich geeignet, dem sachlich notwendigen Ausgleich mitgliedsstaatlicher Besteuerungsinteressen zu dienen. Jedoch muss sich der Einzelne einer darauf beruhenden steuerpolitischen Strategie eines Mitgliedsstaates nur so weit beugen, als diese mit derjenigen anderer Mitgliedsstaaten so abgestimmt ist, dass es *tatsächlich* zu keiner Doppelbesteuerung kommt.
Als Zwischenergebnis lässt sich festhalten: Eine Rechtfertigung von steuerlichen Beschränkungen der Freiheit des Kapital- und Zahlungsverkehrs nach Art. 58 Abs. 1 lit. a EG aus Gründen der „*Mikro*-Kohärenz" ist nach der hier vertretenen Ansicht anzuerkennen, während eine Rechtfertigung aus Gründen der „*Makro*-Kohärenz" grundsätzlich abzulehnen ist.

(d) Ergebnis

Insgesamt wurden damit folgende Erkenntnisse gewonnen: Art. 58 Abs. 1 lit. a und Abs. 3 EG wirken als Rechtfertigungsgründe für Beschränkungen der Freiheit des Kapital- und Zahlungsverkehrs (jedenfalls teilweise) konstitutiv[229]. Der eigenständige Regelungsgehalt von Art. 58 Abs. 1 lit. a und Abs. 3 EG besteht darin, dass im Rahmen der Kapitalverkehrsfreiheit solche Gründe mitgliedsstaatlichen Steuerrechts zu berücksichtigen sind, die Ausdruck einer steuerlichen „Kohärenz" sind. Eine steuerliche Maßnahme ist danach objektiv gerechtfertigt, wenn sie die Kohärenz der nationalen Besteuerung bezweckt (Art. 58 Abs. 1 lit. a EG) und zur Erreichung dieses Ziels verhältnismäßig ist (Art. 58 Abs. 3 EG)[230].
Die Kohärenz eines Steuersystems ergibt sich grundsätzlich aus dem innerstaatlichen Verhältnis zwischen Staat und Bürger, ist also grundsätzlich im Sinne einer „Mikro-Kohärenz" zu verstehen. Ihr liegt der Grundgedanke einer Systemgerechtigkeit bzw. einer Lastengleichheit zugrunde[231].
Zwar hat sich eine teleologisch-systematische Interpretation der Steuerklausel an den primären EG-vertraglichen Zielsetzungen zu orientieren. Diesem „Liberalisierungsdruck" vermag nur eine restriktive Interpretation des Kohärenzprinzips standzuhalten.
Dass sich hieraus Schwierigkeiten für die Entwicklung eines allgemeingültigen Kohärenzbegriffs ergeben, darf aber nicht dazu führen, dass die den Mitgliedsstaaten zumindest formal vorbehaltene Steuerhoheit zur „leeren Hülle" wird. Über den Gedanken des Vorteilsausgleichs hinausgehend – und damit über die Kohärenz bestimmter Einzelvorschriften hinausgehend – muss zumindest die Funktionsfähigkeit mitgliedsstaatlicher Steuersysteme in ihrem Kern vor den gemeinschaftsrechtlichen Bestimmungen Bestand haben[232]. Diese Funktionsfähigkeit stellt denjenigen Bereich dar, den man – in der Terminologie der deutschen Grund-

---

229 A. A. die wohl überwiegende Meinung; vgl. statt aller: Ruppe, in: Lechner/ Staringer/ Tumpel, Kapitalverkehrsfreiheit und Steuerrecht, 9 (20 ff.), der den Normen zwar ex ante konstitutiven Charakter zumisst, aber aufgrund der Judikatur des EuGH einen Bedeutungswandel unterstellt.

230 Ähnlich Honrath, Umfang und Grenzen der Freiheit des Kapitalverkehrs, S. 87; Rohde, Freier Kapitalverkehr in der Europäischen Gemeinschaft, S. 167.

231 So auch Cordewener, Europäische Grundfreiheiten und nationales Steuerrecht, S. 973, der zusätzlich eine „Makro-Kohärenz" anerkennt. A. A. hingegen Reimer, in: Lehner, Grundfreiheiten im Steuerrecht der EG-Staaten, 39 (61): Die innerstaatlichen Gleichheitssätze dürften kein Eigenleben gegenüber den Grundfreiheiten führen.

232 So zur Kohärenz: Eckhoff, in: Birk, Handbuch des Europäischen Steuer- und Abgabenrechts, 461 (471) Rz. 12; im Ergebnis wohl darüber hinausgehend zu Art. 58 Abs. 3 EG, aber ohne Rückgriff auf das Kohärenzprinzip: Ress/ Ukrow, in: Grabitz/ Hilf, EUV/ EGV, Bd. 1, Art. 58 EG Rz. 10: Die Differenzierung müsse nach Art. 58 Abs. 3 EG durch die Integrität des Steuersystems gerechtfertigt sein, wobei sie auch verhältnismäßig sein müsse.

rechtsdogmatik – als nicht abwägungsfähigen „Wesensgehalt" mitgliedsstaatlicher Steuersouveränität bezeichnen würde.
Es ist zwar zuzugeben, dass sich ein solcher Wesensgehalt praktisch nur schwer bestimmen lässt. Auch ist ein solcher Ansatz der Rechtsprechung des EuGH fremd. Will man den Bestand mitgliedsstaatlicher Steuersysteme aber nicht zum Gegenstand einer überwiegend politischen Entscheidung des EuGH machen, muss man die „Funktionsfähigkeit" mitgliedsstaatlicher Steuersysteme als Rechtsgut anerkennen, das Vorrang gegenüber den EG-vertraglichen Grundfreiheiten genießt.
Über den Begriff der Kohärenz hinausgehend bestätigen Art. 58 Abs. 1 lit. a i. V. m. Abs. 3 EG die allgemein anerkannte Dogmatik der Diskriminierungsverbote und damit den Inhalt des Art. 56 EG ist. Beide Vorschriften haben insoweit lediglich deklaratorische Funktion. Nach Abs. 1 lit. a sind Differenzierungen nach dem Wohnort oder Kapitalanlageort zwar nicht eo ipso verboten[233]. Sie dürfen aber keine „willkürliche Diskriminierung" im Sinne des Abs. 3 darstellen. Dies bedeutet, sie dürfen keine „einfache" Diskriminierung darstellen. Abs. 3 stellt also klar, dass es Gründe innerstaatlichen Steuerrechts gibt, die bereits die Vergleichbarkeit von Steuerpflichtigen mit und ohne grenzüberschreitenden Bezug im Hinblick auf eine konkrete Steuernorm ausschließen. In diesen Fällen entfällt eine Diskriminierung bereits auf der Ebene des Tatbestands[234].

(4) Bedeutung der Steuerklausel für die Zinsbesteuerung

Welche Schlussfolgerungen sind aus den dargelegten Erkenntnissen für die Bedeutung der Steuerklausel für Beschränkungen des freien Zahlungsverkehrs durch Maßnahmen der Besteuerung von Zinsen bei privaten Anlegern zu ziehen?
Hier dürfte die den Zahlungsverkehr beschränkende Wirkung von nationalen Steuervorschriften, die das Zinserträge aus bestimmten Anlageformen begünstigen und zu einer Bevorzugung inländischer Wertpapiere gegenüber gleichartigen ausländischen Wertpapieren führen, durch Art. 58 Abs. 1 lit. a EG nicht zu rechtfertigen sein[235]. Dies ergibt sich für diejenigen Vertreter, die in der Steuerklausel eine Bereichsausnahme erblicken, bereits daraus, dass es sich dabei um eine Differenzierung nicht nach dem Wohnsitz des Steuerpflichtigen, sondern nach dem Sitz der Kapitalanlagegesellschaft, also des Kapitalschuldners handelt. Eine solche ist auch nach dem weiten Verständnis der Steuerklausel von dieser nicht gedeckt[236]. Nach der Rechtsprechung des EuGH kommt es darauf an, ob die Steuerregelung aus Gründen der „Kohärenz" als einem ungeschriebenen, von Art. 58 Abs. 1 lit. a EG bestätigten Allgemeinwohlgrund gerechtfertigt ist. Die hier vertretene Auffassung stellt dieselbe Frage, betrachtet aber den geschriebenen Rechtfertigungsgrund des Art. 58 Abs. 1 lit. a EG insoweit als konstitutiv. Eine Rechtfertigung aus Gründen der „Kohärenz" liegt danach jedenfalls nicht vor[237]. Insbesondere ist die steuerliche Benachteiligung von Zinserträgen aus ausländischen Wertpapieren nicht mit einem korrespondierenden, systemimmanenten Steuervorteil verbunden. Auch steht die Funktionsfähigkeit des nationalen Steuersystems bereits deshalb nicht auf dem Spiel[238],

233 So auch Ruppe, in: Lechner/ Staringer/ Tumpel, Kapitalverkehrsfreiheit und Steuerrecht, 9 (21).
234 In diesem Sinne auch Cordewener, Europäische Grundfreiheiten und nationales Steuerrecht, S. 472.
235 Honrath, Umfang und Grenzen der Freiheit des Kapitalverkehrs, S. 88 unter Bezugnahme auf Seidel, FS Lukes, 575 (587); siehe dazu ausführlich: Teil E IV.1.
236 Ress/ Ukrow, in: Grabitz/ Hilf, EUV/ EGV, Bd. 1, Art. 58 EG Rz. 12.
237 Ress/ Ukrow, in: Grabitz/ Hilf, EUV/ EGV, Bd. 1, Art. 58 EG Rz. 12.
238 Insoweit aber offen: Ress/ Ukrow, in: Grabitz/ Hilf, EUV/ EGV, Bd. 1, Art. 58 EG Rz. 12.

weil die Gewährung von Steuervergünstigungen[239] nicht einem grundlegenden Systemgedanken nationalen Steuerrechts entspricht, sondern – im Gegenteil – eine Ausnahmebestimmung darstellt[240].

b) Art. 58 Abs. 1 lit. b i. V. m. Abs. 3 EG

Im Folgenden wird die Bedeutung von Art. 58 Abs. 1 lit. b i. V. m. Abs. 3 EG als Rechtfertigungsgrund für Beschränkungen der Freiheit des Kapital- und Zahlungsverkehrs analysiert.

(1) Art. 58 Abs. 1 lit. b, Alt. 1 i. V. m. Abs. 3 EG

Während die „Kohärenz" lediglich solche Steuernormen zu rechtfertigen vermag, die Ausdruck gewisser materieller Strukturelemente einer Steuerrechtsordnung sind, bezieht sich die sog. Rechtsbruchsverhinderungsklausel in Art. 58 Abs. 1 lit. b, Alt. 1 EG auch auf verfahrensrechtliche Normen. Nach letztgenannter Klausel berührt Art. 56 EG nicht das Recht der Mitgliedsstaaten, „die unerlässlichen Maßnahmen zu treffen, um Zuwiderhandlungen gegen innerstaatliche Rechts- und Verwaltungsvorschriften, insbesondere auf dem Gebiet des Steuerrechts (...) zu verhindern". Fraglich ist, welche Vorschriften unter diese Klausel zu fassen sind.

(a) EuGH-Rechtsprechung zu Art. 58 Abs. 1 lit. b, Alt. 1 EG

Der EuGH hat den Rechtfertigungsgrund des Art. 58 Abs. 1 lit. b, Alt. 1 EG in der Rs. Sandoz bejaht. Dort gelangte er zu dem Schluss, dass die Ausdehnung einer „Stempelgebühr" für im Inland errichtete Darlehensurkunden auf solche, die im Ausland errichtet werden, dazu diene, „eine gleichmäßige Steuerbelastung zu sichern". Sie solle verhindern, dass sich Steuerpflichtige durch die Ausübung der Kapitalverkehrsfreiheit ihren Verpflichtungen aus einer nationalen Steuerregelung entziehen könnten, und diene daher dazu, Zuwiderhandlungen gegen innerstaatliches Steuerrecht zu verhindern[241]. In den Urteilen Sanz de Lera[242] sowie Bordessa[243] nahm der EuGH zur Frage Stellung, ob das Erfordernis einer Genehmigung oder Anmeldung der Ausfuhr von Hartgeld, Banknoten oder Inhaberschecks zur Verfolgung der in Art. 58 Abs. 1 lit. b, Alt. 1 EG (bzw. inhaltsgleich des Art. 73 d Abs. 1 lit. a EG sowie des Art. 4 Abs. 1 der RL 88/361) genannten Ziele erforderlich sei. Er fasste unter diese Ziele die Sicherstellung der Wirksamkeit der Steueraufsicht sowie die Bekämpfung von rechtswidrigen Tätigkeiten wie Steuerhinterziehungen. Um diese zu gewährleisten, sei zwar eine vorherige Anmeldung des Kapitaltransfers, nicht aber eine umfassende Genehmigungspflicht erforderlich[244].

---

239 Vgl. Frick, Einkommensteuerliche Steuervergünstigungen, S. 27 ff.: Unter den Begriff der Steuervergünstigungen fallen Steuerbefreiungen, -ermäßigungen, Bewertungsfreiheiten, Sonderabschreitungen, Freibeträge und Freigrenzen sowie sonstige die Bemessungsgrundlage verändernde Abzüge.

240 Vgl. dazu unter Teil F III.1.a) die Erläuterung des Begriffs der begünstigenden „Sozialzwecknorm", die aus wirtschafts- oder sozialpolitischen Gründen von der Belastungsstruktur des Steuerrechts (Leistungsfähigkeitsprinzip) abweicht.

241 EuGH v. 14.10.1999, C-439/ 97, Sandoz, EuGHE 1999, I-7066 (I-7076) Rz. 24.

242 EuGH v. 14.12.1995, C-163, C-156 u. C-250/ 94, Sanz de Lera u. a., EuGHE 1995, I-4821 (I-4837) Rz. 22.

243 EuGH v. 23.2.1995, C-358 u. C-416/ 93, Bordessa, EuGHE 1995, I-361 (I-385 f.) Rz. 21 f.

244 EuGH v. 14.12.1995, C-163/ 94, C-164/ 95 u. C-165/ 95, Sanz de Lera u. a., EuGHE 1995, I-4816 (I-4838) Rz. 25 ff; EuGH v. 23.2.1995, C-358/ 93 u. C-416/ 93, I- 376 (I-385 f.) Rz. 25 ff. Richtigerweise ist diese Feststellung aber nicht zu verallgemeinern. Es ist eine Prüfung der Verhältnismäßigkeit im Einzelfall vorzunehmen.

(b) EuGH-Rechtsprechung zur „wirksamen steuerlichen Kontrolle“ als zwingendem Grund des Allgemeinwohls

Mit der Einführung des Art. 73 Abs. 1 lit. b, Alt. 1 EGV wurde für die Kapital- und Zahlungsverkehrsfreiheit diejenige Schranke als Rechtfertigungsgrund verankert, die der EuGH bereits zuvor im Rahmen der Cassis-Entscheidung für sämtliche Grundfreiheiten anerkannt hatte. Bei der Interpretation der Rechtsbruchverhinderungsklausel kann also auch auf diejenigen Grundsätze zurückgegriffen werden, die der EuGH an anderer Stelle für eine „wirksame steuerliche Kontrolle“ als zwingenden Grund des Allgemeinwohls entwickelte. Dem kann insbesondere nicht entgegengehalten werden, dass die Allgemeinwohlgründe vom EuGH nur für Beschränkungen i. e. S. entwickelt worden seien. Da sie mittlerweile von ihm auch auf Diskriminierungen angewandt werden, muss selbst eine eng interpretierte Rechtsbruchverhinderungsklausel dem Erfordernis einer „wirksamen steuerlichen Kontrolle“ im Sinne der EuGH-Rechtsprechung gerecht werden. Um welche Art der Beschränkung es sich handelt, kann nach meiner Auffassung demgegenüber allein im Rahmen der Prüfung des Verhältnismäßigkeitsgrundsatzes, im Rahmen der Verhältnismäßigkeit i. e. S. (Angemessenheit), eine Rolle spielen[245].

(c) Verhinderung von Steuerhinterziehung und Steuerverkürzung

Zu einer „wirksamen steuerlichen Kontrolle“ zählt es insbesondere, die Erlangung widerrechtlicher Steuervorteile durch eine Ausübung der Kapitalverkehrsfreiheit zu verhindern. Es gilt also, sowohl vorsätzlicher Steuerhinterziehung als auch fahrlässiger Steuerverkürzung entgegenzutreten[246]. Hierzu darf ein Mitgliedsstaat nach Auffassung des EuGH u. a. die Ausfuhr von Kapital einer umfassenden Anzeigepflicht unterstellen[247]. Es kommen zur Erreichung dieses Zwecks aber auch materielle Steuerregelungen[248] sowie Regelungen des Steuerverfahrensrechts in Betracht. Bei Letzteren geht es v. a. um Informations- und Kontrollmaßnahmen[249]. Diese betreffen entweder das Steuerfestsetzungsverfahren – hier v. a. die Sachverhaltsermittlung – oder das Steuererhebungs- bzw. das Steuervollstreckungsverfahren[250].

(i) Maßnahmen im Bereich der Sachverhaltsermittlung

Der EuGH anerkennt zwar in seinen Entscheidungen grundsätzlich ein besonderes Interesse der Mitgliedsstaaten an der steuerlichen Kontrolle grenzüberschreitender Wirtschaftsvorgänge[251]. Er verwehrt es den Mitgliedsstaaten aber, eine materiell-rechtliche Benachteiligung von grenzüberschreitenden Sachverhalten pauschal damit zu rechtfertigen, dass praktische Schwierigkeiten bei der Ermittlung der im Ausland verwirklichten steuerrelevanten Sachverhaltselemente bestünden (sog. overkill). Die einschlägigen Bestimmungen müssten vielmehr den Betroffenen *im Einzelfall* diejenigen Angaben und Nachweise ermöglichen, die auch bei Inlandssachverhalten zu erbringen sind. Zudem müssten die Mitgliedsstaaten von den Mög-

---

245 Vgl. dazu Cordewener, Europäische Grundfreiheiten und nationales Steuerrecht, S. 91 ff.

246 Cordewener, Europäische Grundfreiheiten und nationales Steuerrecht, S. 952 f.

247 EuGH v. 14.12.1995, C-163/ 94, C-164/ 95 u. C-165/ 95, Sanz de Lera u. a., EuGHE 1995, I- 4816 (I-4838) Rz. 25 ff; EuGH v. 23.2.1995, C-358/ 93 u. C-416/ 93, I- 376 (I-385 f.) Rz. 25 ff.

248 Vgl. z. B. EuGH v. 14.10.1999, C-439/ 97, Sandoz, EuGHE 1999, I-7066 (I-7076) Rz. 24.

249 Honrath, Umfang und Grenzen der Freiheit des Kapitalverkehrs, S. 94; Kimms, Die Kapitalverkehrsfreiheit im Recht der Europäischen Union, S. 190; Weber, EuZW 1992, 561 (564).

250 Vgl. dazu ausführlich Cordewener, Europäische Grundfreiheiten und nationales Steuerrecht, S. 938 ff.

251 EuGH v. 28.1.1992, C-204/ 90, Bachmann, EuGHE 1992, I-249 (281), Rz. 18; EuGH v. 28.1.1992, C-300/ 90, Kommission/ Belgien, EuGHE 1992, I-305 (I-318) Rz. 11.

lichkeiten der Informationsbeschaffung Gebrauch machen, die ihnen die Amtshilferichtlinie 77/799/EWG eröffnet[252].

Dem EuGH ist insoweit zuzustimmen, als im Rahmen der Rechtfertigung aus Gründen einer „wirksamen steuerlichen Kontrolle" dem Grundsatz der Verhältnismäßigkeit eine zentrale Rolle zukommen muss. Dies ergibt sich im Bereich des Art. 58 Abs. 1 lit. b, Alt. 1 EG bereits aus dem Wortlaut der Norm („unterlässlich"). Um zu verhindern, dass durch die Ausübung der Grundfreiheit widerrechtliche Steuervorteile erlangt werden, muss der jeweilige Mitgliedsstaat das für den Steuerpflichtigen am wenigsten belastende, aber gleichzeitig effiziente Mittel wählen. Gegenüber einer generellen materiell-rechtlichen Benachteiligung grenzüberschreitender Sachverhalte ist eine – in vielen Mitgliedsstaaten vorgesehene – „erhöhte verfahrensrechtliche Mitwirkungspflicht" bei Sachverhalten mit Auslandsberührung vorzuziehen (vgl. § 90 Abs. 2 AO). Da diese eine Beibringung von Nachweisen im Einzelfall ermöglicht, ist sie das „mildere Mittel".

Allerdings ist auch eine solche „erhöhte Mitwirkungspflicht" auf das erforderliche Maß zu beschränken. Hier sind insbesondere für den Betroffenen weniger einschneidende Maßnahmen aufgrund der Amtshilferichtlinie ins Auge zu fassen[253]. Zwar wird in diesem Zusammenhang oft das Argument laut, die Amtshilferichtlinie stelle aufgrund praktischer Schwierigkeiten lediglich ein „stumpfes Schwert" dar. Soweit damit aber eine geringere Effizienz der Informations- und Kontrollmöglichkeiten impliziert wird, müssen sich die Mitgliedsstaaten ihre Verpflichtung aus Art. 10 Abs. 1 EG (Grundsatz der Gemeinschaftstreue) entgegenhalten lassen. Wenn sie der Richtlinie bei der Umsetzung in nationales Verfahrensrecht bislang nicht zu größtmöglicher praktischer Wirksamkeit (effet utile) verholfen haben, dann stellt dies seinerseits einen Gemeinschaftsrechtsverstoß dar. Dieser ist nicht dazu geeignet, einen weiteren Gemeinschaftsrechtsverstoß zu rechtfertigen. Demgegenüber können die materiell-rechtlichen Grenzen der Amtshilfe-Richtlinie im Einzelfall durchaus dazu führen, dass diese ein weniger effizientes Instrument der Informationsbeschaffung darstellt.

(ii) Maßnahmen im Bereich der Steuererhebung und der Steuervollstreckung

Im Bereich der Steuererhebung und der Steuervollstreckung anerkennt der EuGH zwar grundsätzlich, dass sich aus dem allgemeingültigen völkerrechtlichen Grundsatz der territorialen Souveränität für die Erfüllung nationaler Besteuerungsansprüche Schwierigkeiten ergeben[254]. Danach ist es einem Staat verwehrt, im Hoheitsgebiet eines anderen Staates Vollstreckungsmaßnahmen durchzuführen. Umgekehrt ist der andere Staat völkerrechtlich nicht verpflichtet, ihm bei den Vollstreckungsmaßnahmen behilflich zu sein. Aufgrund dieser Schwierigkeiten anerkennt der EuGH ein schutzwürdiges Allgemeininteresse der Mitgliedsstaaten daran, die Erfüllung ihrer Steueransprüche mittels eines rechtlichen Instrumentariums zu sichern. Den Mitgliedsstaaten wird damit insbesondere die Möglichkeit eingeräumt, einer Steuerhinterziehung bzw. Steuerverkürzung bereits *präventiv* entgegenzuwirken[255]. Im Zentrum der Problematik steht aber auch hier wiederum der Verhältnismäßigkeitsgrundsatz. Wenn aus präventiven Gesichtspunkten für Nichtansässige daher pauschal ein spezieller Quellensteuerabzug vorgesehen wird, während bei Inlandssachverhalten zumindest die Option zum Veranla-

---

252 EuGH v. 28.1.1992, C-204/ 90, Bachmann, EuGHE 1992, I-249 (281), Rz. 18; EuGH v. 28.1.1992, C-300/ 90, Kommission/ Belgien, EuGHE 1992, I-305 (I-318) Rz. 11.

253 Cordewener, Europäische Grundfreiheiten und nationales Steuerrecht, S. 942.

254 Cordewener, Europäische Grundfreiheiten und nationales Steuerrecht, S. 944.

255 Rohde, Freier Kapitalverkehr in der Europäischen Gemeinschaft, S. 155; Weber, EuZW 1992, 561 (564).

gungsverfahren offen steht, dann entstehen den Nichtansässigen hieraus Liquiditätsnachteile[256]. Eine solche pauschale Benachteiligung dürfte aber aus Gründen der steuerlichen Kontrolle nicht immer erforderlich sein. Als weniger belastendes und ebenso effizientes Mittel wäre hier von den Möglichkeiten Gebrauch zu machen, die aufgrund bilateraler Vereinbarungen zur Vollstreckungshilfe bestehen[257]. Ein „milderes Mittel" stünde auch dann zur Verfügung, wenn sich die Beitreibungsrichtlinie auf den Bereich der direkten Steuern erstreckt würde[258].

Als Zwischenergebnis ist festzuhalten, dass der EuGH die Verhinderung von Steuerhinterziehung als legitimes Ziel zur Rechtfertigung von Beschränkungen der Freiheit des Kapital- und Zahlungsverkehrs nach Art. 58 Abs. 1 lit. b, Alt. 2 EG dem Grunde nach anerkennt, aber hohe Anforderungen an die Verhältnismäßigkeit der Maßnahme stellt.

(d) Verhinderung von Steuerumgehung

Zu untersuchen bleibt, ob im Schrifttum sowie in der Rechtsprechung des EuGH daneben auch die Verhinderung von Steuerumgehungen – d. h. von grenzüberschreitenden Sachverhaltsgestaltungen, die darauf abzielen, ein bestimmtes ökonomisches Ergebnis zu erzielen, ohne den Besteuerungstatbestand auszulösen, der typischerweise mit diesem wirtschaftlichen Vorgang verbunden ist[259] – als legitimes Ziel im Rahmen von Art. 58 Abs. 1 lit. b, Alt. 2 EG anerkannt ist.

(i) Literatur

In der Literatur wird in diesem Zusammenhang vertreten, dass die Anwendung des Ordre-public-Vorbehaltes dann in Betracht komme, wenn sich ein Investor durch die grenzüberschreitende Betätigung jeglicher Steuerpflicht entziehen will[260]. Eine Beschränkung könne jedoch nicht gerechtfertigt sein, wenn ein Investor lediglich die günstigeren Steuersätze in einem anderen Mitgliedsstaat ausnutzen will[261]. Die Auswirkungen einer ökonomisch indi-

---

256 Vgl. zur Frage der Gemeinschaftsrechtskonformität einer Regelung, nach der bei Steuerausländern eine nach DBA zustehende Steuerbefreiung nicht bereits im Steuerabzugsverfahren nach § 50 d Abs. 1 EStG, sondern erst in einem nachfolgenden Erstattungsverfahren berücksichtigt wird, die Vorlage an den EuGH des BFH v. 28.4.2004, I R 39/04, BStBl. II 2004, 878 (879), ABl. EG v. 11.9.2004, C-228/26; Rs. C-290/04, Scorpio. Vgl. dazu: Loukota/ Hohenwarter, SWI 2004, 539 (541 ff.).

257 Cordewener, Europäische Grundfreiheiten und nationales Steuerrecht, S. 949. Eingehend zu deutschen DBA und zwischenstaatlichen Vereinbarungen: Wolffgang, in: Birk , Handbuch des Europäischen Steuer- und Abgabenrechts, 989 (993) Rz. 6 ff. unter Hinweis auf das BMF-Schreiben vom 14.4.1987, IV C 5 – S 1320 – 8/ 87 mit dem „Merkblatt zur zwischenstaatlichen Amtshilfe bei der Steuererhebung", BStBl. I 1987, 402 ff, Tz. 1.2.1 u. 1.2.2.

258 Cordewener, Europäische Grundfreiheiten und nationales Steuerrecht, S. 950.

259 Cordewener, Europäische Grundfreiheiten und nationales Steuerrecht, S. 954. Vgl. zur Abgrenzung von legaler Steuervermeidung und Steuerumgehung auch Kluge, Internationales Steuerrecht, S. 37: Danach liegt legale Steuervermeidung (Steuerplanung) vor, wenn der Steuerpflichtige eine Sachverhaltsgestaltung wählt, die offen ausgewiesen und vom Gesetz nicht missbilligt ist. Steuerumgehung zeichnet sich als Unterfall der Gesetzesumgehung durch die Ungewöhnlichkeit des gewählten Wegs, das Anstreben einer Steuerminderung bei gleichzeitig fehlender beachtlicher wirtschaftlicher oder sonst nichtsteuerlicher Begründung aus.

260 Seer/ Haken, SteuerStud 2001, 344 (348).

261 Seer/ Haken, SteuerStud 2001, 344 (348 f.); vgl. Thömmes, GS Knobbe-Keuk, 795 (822 ff.) m. w. N. zur Rspr. des EuGH; Kokott, in: Lehner, Grundfreiheiten im Steuerrecht der EU-Staaten, 1 (21).

zierten „Verlagerung der Einkünfte" innerhalb des Binnenmarktes sind demnach als Folge der Grundfreiheiten hinzunehmen.

(ii) EuGH-Rechtsprechung

GA Darmon führte in der Rs. Daily Mail aus, dass die mit der Ausübung wirtschaftlicher Tätigkeiten in einem anderen Mitgliedsstaat verbundene Verlagerung potentieller Steueraufkommen als Folge fehlender Steuerrechtsharmonisierung hingenommen werden müsse[262]. Gesichtspunkte der Verlagerung von Steueraufkommen zwischen den Mitgliedsstaaten können nach der Rechtsprechung des EuGH allgemein Beschränkungen der Mitgliedsstaaten nicht rechtfertigen[263]. „Steuerflucht"[264] in Niedrigsteuerländer mit der Folge einer Verringerung des Gesamtsteueraufkommens der Mitgliedsstaaten sowie einer partiellen Verschiebung der Steueraufkommen zwischen den Mitgliedsstaaten aufgrund der Inanspruchnahme der Grundfreiheiten sei eine Folge der mangelnden Harmonisierung der direkten Steuern in der Gemeinschaft. Die mangelnde Harmonisierung allein liefere demgegenüber keine Rechtfertigung für die Beschränkung der Grundfreiheiten, insbesondere der Kapitalverkehrsfreiheit[265]. Gegen eine Anerkennung von Anti-Umgehungsmaßnahmen spricht auch die Aussage des EuGH in der Rs. avoir fiscal, wonach die Verhinderung von „Steuerflucht" (im konkreten Zusammenhang zu verstehen als Steuerumgehung[266]) nicht zur Rechtfertigung herangezogen werden könne[267]. Allerdings ist diese Aussage in den konkreten Entscheidungskontext einzuordnen. Wenn die französische Regierung vorbringt, die Versagung des Körperschaftssteuerguthabens an Betriebsstätten nichtansässiger Gesellschaften solle verhindern, dass französische Aktienbestände in diese Betriebsstätten verlagert werden, so steht damit keinerlei Risiko einer Steuerumgehung im Raum. Es „droht" vielmehr eine Erhöhung des französischen Steueraufkommens. Damit aber kann die Aussage des EuGH in der Rs. avoir fiscal nicht als pauschale Absage an Anti-Umgehungsmaßnahmen gewertet werden[268]. Sie hat ihre Ursache vielmehr in den konkreten Umständen des zu entscheidenden Falls.

Wenn man Steuerumgehungen wie eingangs als grenzüberschreitende Sachverhaltsgestaltungen definiert, die darauf abzielen, ein bestimmtes ökonomisches Ergebnis zu erzielen, ohne den Besteuerungstatbestand auszulösen, der typischerweise mit diesem wirtschaftlichen Vorgang verbunden ist[269], dann spricht sich auch GA Darmon nicht generell gegen Anti-Umgehungsmaßnahmen aus. Es gilt aufgrund seiner Aussage vielmehr, diejenigen Fälle, in denen die Verlagerung von Steueraufkommen die Folge einer ökonomisch motivierten,

---

262 GA Darmon, Schlussanträge v. 7.6.1988, C-81/ 87, Daily Mail, EuGHE 1988, I-5483 (I-5503) Rz. 12; in diesem Sinne auch EuGH v. 6.6.200, C-35/ 98, Verkooijen, EuGHE 2000, I-4113 (I-4133) Rz. 59.

263 EuGH v. 6.6.200, C-35/ 98, Verkooijen, EuGHE 2000, I-4113 (I-4133) Rz. 59; v. 3.10.2002, C-136/ 00, Danner, EuGHE 2002, I-8147 (I-8188) Rz. 56; v. 15.7.2004, C-315/ 02, Anneliese Lenz/ Finanzlandesdirektion Tirol, RIW 2005, 73 (76) Rz. 40.

264 Vgl. Tipke/Lang, Steuerrecht, § 7 Rz. 21: Steuerflucht ist ein Verhalten, das bewirkt, dass das Steuerfluchtland den Zugriff auf das Steuergut verliert, das Steuerzufluchtsland ihn erhält. Der Begriff ist insoweit unpräzise, als Steuerflucht legale Steuervermeidung ebenso wie Steuerumgehung oder (illegale) Steuerhinterziehung sein kann.

265 Thömmes, GS Knobbe-Keuk, 795 (821); Seer/ Haken, Steuer und Studium 2001, 344 (349); Scherer, Doppelbesteuerung, S. 175; Steichen, FS Debatin, 417 (437 f.).

266 Vgl. insoweit die englische und französische Urteilsfassung, die von „tax avoidance" bzw. „évasion fiscale" sprechen.

267 EuGH v. 28.1.1986, Rs. 270/ 83, avoir fiscal, EuGHE 1986, 273 (306) Rz. 25.

268 Cordewener, Europäische Grundfreiheiten und nationales Steuerrecht, S. 955; ebenso Thömmes, GS Knobbe-Keuk, 795 (822 f.).

269 Cordewener, Europäische Grundfreiheiten und nationales Steuerrecht, S. 954.

grundfreiheitlich geschützten Tätigkeit ist, negativ abzugrenzen von denjenigen Einzelfällen, in denen das *Motiv der Steuervermeidung ausschlaggebend* für eine bestimmte Sachverhaltsgestaltung ist[270]. Es muss also hinterfragt werden, ob eine bestimmte Konstruktion nur deshalb gewählt wurde, um diejenigen Steuerwirkungen in einem bestimmten Mitgliedsstaat zu vermeiden, die typischerweise mit dem angestrebten ökonomischen Ergebnis verbunden sind[271].
In den Urteilen ICI sowie Metallgesellschaft[272] erkannte der EuGH so denn ein schützenswertes mitgliedsstaatliches Interesse an der Vermeidung von Steuerumgehungen grundsätzlich an. Die entsprechenden Regelungen müssten allerdings „speziell bezwecken, rein künstlichen Konstruktionen, die auf eine Umgehung des Steuerrechts abzielen", zu verhindern[273]. Damit bestätigt der EuGH seine Aussage im Urteil Leur-Bloem, wonach die Mitgliedsstaaten aus Gründen der Verhältnismäßigkeit verpflichtet seien, *in jedem* Einzelfall das Vorliegen einer Steuerhinterziehung oder -umgehung zu prüfen[274]. Nach Ansicht des EuGH sind also insbesondere solche Anti-Umgehungsnormen gemeinschaftsrechtlich unverhältnismäßig, die den Missbrauchsvorwurf in abstrakter Weise an das Vorliegen bestimmter Kriterien knüpfen, ohne dem Steuerpflichtigen eine Möglichkeit zur Widerlegung der Vermutung zu lassen[275]. Insbesondere darf eine Missbrauchsnorm keine tatbestandliche Typisierung[276] der Art enthalten, dass sie einen Missbrauchsvorwurf unwiderleglich an die Ausübung einer grundfreiheitlich geschützten Tätigkeit knüpft[277]. Während die deutsche Generalnorm des § 42 AO der Forderung der EuGH-Rechtsprechung nach einer Überprüfung des Missbrauchsvorwurfs in jedem Einzelfall gerecht wird, bleibt offen, ob der EuGH Typisierungen im technischen Sinne des deutschen Steuerrechts als gemeinschaftsrechtskonform erachtet. Hierfür spricht, dass im steuerlichen Massenverfahren Typisierungen als Durchbrechungen des aus Art. 3 Abs. 1 GG resultierenden Differenzierungsgebots[278] zur Erreichung des Vereinfachungszwecks geeignet, erforderlich und angemessen sein müssen[279]. Unter diesem Gesichtspunkt muss im Einzelfall eine Widerlegung der Typisierung möglich sein, um unbillige Härten zu vermeiden. Diese Widerlegbarkeit könnte auch dem gemeinschaftsrechtlichen Verhältnismäßigkeitsgrundsatz genügen. Allerdings muss beachtet werden, dass eine Typisierung stets von einem typischer-

270 Cordewener, Europäische Grundfreiheiten und nationales Steuerrecht, S. 955.

271 A. A. Seer/ Haken, Steuer und Studium 2001, 344 (348 f.) sowie Kokott, in: Lehner, Grundfreiheiten im Steuerrecht der EU-Staaten, 1 (21), die eine Steuerumgehung nur dann annehmen, wenn sich der Investor jeglicher Steuerpflicht in irgendeinem Mitgliedsstaat entzieht.

272 EuGH v. 8.3.2001, C-397/ 98 u. C-410/ 98, Metallgesellschaft, RIW 2001, 467 (471), Rz. 45-50. Im Ergebnis widerlegt der EuGH aber das Vorliegen einer solchen Gefahr im konkreten Fall.

273 EuGH v. 16.7.1998, C-264/ 96, ICI, EuGHE 1998, I-4695 (I-4722 f.) Rz. 26.

274 EuGH v. 17.7.1997, C-28/ 95, Leur-Bloem, EuGHE 1997, I-4161 (I-4203 ff.) Rz. 38-44.

275 Sass, BB 1999, 447 (450); Sass, EWS 1998, 347 (348); Thömmes, GS Knobbe-Keuk, 795 (822 f.) unter Verweis auf das Urteil des EuGH v. 17.10.1996, C-283, C-291 u. C-292/ 94, Denkavit, EuGHE 1996, I-5063 ff.

276 Typisierungsnormen sind ein Unterfall der Vereinfachungszwecknormen. Sie vernachlässigen aus Praktikabilitätsgründen im steuerlichen Massenverfahren die Besonderheiten einzelner Fälle oder Fallgruppen. Dazu: Tipke, Die Steuerrechtsordnung, Bd. 1, S. 349 ff. m. w. N.

277 Vgl. EuGH v. 16.7.1998, C-264/ 96, ICI, EuGHE 1998, I-4695 (I-4722) Rz. 26: Das Vorliegen einer Auslandsniederlassung impliziere als solches keine Steuerumgehung. Eine praktische Auswirkung dürfte diese Aussage v. a. auf die Frage der Gemeinschaftsrechtsmäßigkeit der §§ 7 ff. AStG haben.

278 Durch die Typisierung werden ungleiche Fälle gleich statt differenziert behandelt.

279 Tipke, Die Steuerrechtsordnung, Bd. 1, S. 350 unter Bezugnahme auf BVerfG, BVerfGE 71, 146 (157). Danach muss für die Typisierung insbesondere ein erkennbares Bedürfnis bestehen.

weise verwirklichten Leitbild auszugehen hat[280]. Knüpfte eine Typisierung also gerade an eine grundfreiheitlich geschützte Tätigkeit als solche an, so würde sie das Leitbild eines die Grundfreiheiten *missbrauchenden* Marktbürgers voraussetzen. Ein solches Leitbild wäre mit demjenigen des EG-Vertrags von einem die Grundfreiheiten *gebrauchenden* Marktbürger nicht zu vereinbaren. Es wäre aus Verhältnismäßigkeitsgründen daher nicht haltbar.

(iii) Eigene Stellungnahme

Zusammenfassend bleibt zur Rechtfertigung von Anti-Umgehungsmaßnahmen Folgendes festzuhalten: Der EuGH lässt im Rahmen des Rechtfertigungsgrunds einer „wirksamen steuerlichen Kontrolle" dem Verhältnismäßigkeitsgrundsatz einen zentralen Stellenwert zukommen. Insbesondere mit der Forderung, dass eine Überprüfung des Missbrauchsvorwurfs in *jedem* Einzelfall zu erfolgen habe, überstrapaziert er aber, wie ich meine, die nationalen Steuerverwaltungen. Gerade im steuerlichen Massenverfahren sollte auch der EuGH angesichts der beschränkten Kapazitäten mitgliedsstaatlicher Steuerverwaltungen ein sachliches Bedürfnis nach Verwaltungsvereinfachung durch Typisierung anerkennen. Dies dürfte dem gemeinschaftsrechtlichen Verhältnismäßigkeitsgrundsatz insbesondere dann genügen, wenn dem Steuerpflichtigen im Einzelfall der Gegenbeweis zur Vermeidung unbilliger Härten offen steht.

Gerade im Bereich der Freiheit des Kapital- und Zahlungsverkehrs hat der Steuerpflichtige aufgrund der Mobilität der Ressource Kapital eine Vielzahl von Gestaltungsmöglichkeiten. Dass damit in besonderem Maße eine Gefahr von Steuerumgehungen impliziert wird, erkannte der Gemeinschaftsgesetzgeber bereits im Jahre 1988. Daher sieht Art. 6 Abs. 5 RL 88/361/EWG vor, eine Harmonisierung der Besteuerung von Sparerträgen und der Kontrolle der Anwendung dieser Regelungen vorzunehmen. Bis zum 30.6.1989 sollte der Rat über diese Vorschläge einstimmig befinden[281]. Eine entsprechende Richtlinie wurde für den Bereich der Zinsbesteuerung zwar am 3.7.2003 verabschiedet, doch stellte der Rat am 19.7.2004 fest, dass die Bedingungen für eine materiell-rechtliche Anwendung der Zinsrichtlinie erst zum 1.7.2005 erfüllt sein würden[282].

Der bis dahin bestehende Mangel an Harmonisierung bedingt, wie GA Darmon in der Rs. Daily Mail überzeugend feststellt, eine Verlagerung von Steueraufkommen. Diese sei als *Folge* grundfreiheitlich geschützter Betätigung grundsätzlich hinzunehmen.

Dies bedeutet, dass auch spekulative und fugative Kapitalbewegungen grundsätzlich in den Schutzbereich der Kapitalverkehrsfreiheit (Art. 56 EG) fallen. Dies ergibt sich im Übrigen schon daraus, dass die zunächst in Art. 67 EWGV bestehende Regelung, dass Kapitalverkehrsbeschränkungen des freien Kapitalverkehrs nur insoweit abgebaut werden mussten, als es für das Funktionieren des Gemeinsamen Marktes erforderlich war, zum 1.1.1994 aufgeho-

280 Tipke, Die Steuerrechtsordnung, Bd. 1, S. 351 unter Bezugnahme auf BVerfG, BVerfGE 27, 142 (150); 39, 136 (329) u. a.

281 Vgl. Ress/ Ukrow, in: Grabitz/ Hilf, EWGV, Altband I, Art. 73 d EGV Rz. 10.

282 Rat der Europäischen Union, Entscheidung v. 19.7.2004, 2004/587/EG, ABl. EG v. 4.8.2004, L 257, S. 7, Erwägungsgrund Nr. 2. Siehe dazu ausführlich Teil H.IV.3.a)(3). Sobald die Richtlinie anwendbar ist, das entsprechende Schutzgut also auf gemeinschaftsrechtlicher Ebene abschließend geregelt wird, ist es den Mitgliedsstaaten aber verwehrt, sich auf Ausnahmevorschriften zu berufen, die demselben Zweck dienen. Vgl. Kiemel, in: von der Groeben/ Schwarze, EUV/ EGV, 6. Aufl., Bd. 1, Art. 58 EG Rz. 17. Eine mitgliedsstaatliche Maßnahme ist nicht mehr erforderlich und damit unverhältnismäßig.

ben wurde[283]. Auch folgt eine solche Betrachtungsweise aus einem Umkehrschluss zu Art. 58 Abs. 1 lit. b Alt. 1 EG, der den Zweck, „Zuwiderhandlungen gegen innerstaatliche Rechts- und Verwaltungsvorschriften zu verhindern“, als Rechtfertigungsgrund für Kapitalverkehrsbeschränkungen verankert.

Zugleich muss jedoch nach meiner Auffassung berücksichtigt werden, dass der den Grundfreiheiten zugrunde liegende Gedanke der Allokationseffizienz zum Ziel hat, dass alle Güter den Ort erreichen, an dem sie den größten *Nutzen für den Wohlstand der europäischen Bevölkerung* stiften[284]. Dies bedeutet, dass Investitionsentscheidungen nicht primär durch zwischenstaatliche Besteuerungsunterschiede beeinflusst werden dürfen. Aus allokationspolitischer Sicht muss sich insbesondere die Besteuerung von Kapitalerträgen international wettbewerbsneutral verhalten[285].

Dann aber muss die ökonomisch indizierte, also durch allgemein wirtschaftliche Erwägungen motivierte grenzüberschreitende Kapitalanlage, bei der die zwischenstaatliche Verlagerung von Steueraufkommen als *Folge* mangelnder Harmonisierung auf einem liberalisierten Kapitalmarkt hingegenommen werden muss, negativ abgegrenzt werden von grenzüberschreitenden Sachverhalts*gestaltungen*, bei denen das *Motiv* der Steuervermeidung im Vordergrund steht[286]. Gegenüber solchen Steuerumgehungen dürfen die Mitgliedsstaaten nicht schutzlos gestellt werden. Beschränkungen der Kapitalverkehrsfreiheit zum Zwecke der Verhinderung von Steuerumgehung müssen daher gerechtfertigt sein.

Im Rahmen der Verhältnismäßigkeit muss bei der Prüfung, ob weniger belastende Mittel zur Verhinderung von Umgehungsgestaltungen zur Verfügung stehen, insbesondere darauf geachtet werden, dass diese ebenso geeignet sind. Aufgrund der Vielzahl der steuerrechtlichen Fälle kann einer Steuerumgehung im grenzüberschreitenden Bereich effektiv nur im Wege von typisierenden Missbrauchsregelungen begegnet werden. Zwar dürfen sich diese nicht am Leitbild eines die Grundfreiheiten missbrauchenden Marktbürgers orientieren. Sie dürfen ihre Missbrauchsvermutung aber auf solche Indizien stützen, die typischerweise bei missbräuchlichen Sachverhaltsgestaltungen im grenzüberschreitenden Bereich verwirklicht sind und die über die Ausübung einer grundfreiheitlich geschützten Tätigkeit hinausgehen.

(e) Bedeutung von Art. 58 Abs. 1 lit. b, Alt. 1 EG für die Zinsbesteuerung

Zu untersuchen bleibt, welche Bedeutung Art. 58 Abs. 1 lit. b, Alt. 1 EG als Rechtfertigungsgrund im Bereich der Zinsbesteuerung zukommt. Im Vordergrund muss hier als Ziel mitgliedsstaatlicher Maßnahmen die Verhinderung von Steuerhinterziehung und Steuerverkürzung im grenzüberschreitenden Bereich stehen. Durch den freien Kapitalverkehr ist es den Anlegern möglich, sich die Zinsen auf Bankkonten außerhalb ihres Wohnsitzstaates zahlen zu lassen, um diese sodann bei der Steuererklärung im Wohnsitzstaat nicht zu deklarieren[287].

---

283 Da die zunächst in Art. 67 EWGV bestehende Regelung, dass Beschränkungen nur insoweit abgebaut werden mussten, als es für das Funktionieren des Gemeinsamen Marktes erforderlich war, zum 1.1.1994 aufgehoben wurde, fallen nunmehr auch spekulative und fugative Kapitalbewegungen in den Schutzbereich der Kapitalverkehrsfreiheit. So Ress/ Ukrow, Kapitalverkehrsfreiheit und Steuergerechtigkeit, S. 33; Seidel, GS Grabitz, 763 (764 f.).

284 Schön, DStJG 23 (2000), 191 (194). A. A. wohl: Ress/ Ukrow, Kapitalverkehrsfreiheit und Steuergerechtigkeit, S. 33; Seidel, GS Grabitz, 763 (764 f.): Der den Grundfreiheiten zugrunde liegende Gedanke der Allokationseffizienz impliziere denjenigen ökonomischen Nutzen, der dem Kapitaleigner aus einer geringeren Steuerbelastung erwachse.

285 Schratzenstaller/ Wehner, Wirtschaftsdienst 2000, 675 (676).

286 Dahingehend auch: Cordewener, Europäische Grundfreiheiten und nationales Steuerrecht, S. 955.

287 Honrath, Umfang und Grenzen der Freiheit des Kapitalverkehrs, S. 93.

Um dies zu verhindern, kommen nach Art. 58 Abs. 1 lit. b, Alt. 1 EG mitgliedsstaatliche Kontroll- und Informationsmaßnahmen in Betracht. Es ist im Hinblick auf den gemeinschaftsrechtlichen Verhältnismäßigkeitsgrundsatz jeweils die für den Steuerpflichtigen am wenigsten belastende, aber effektive Maßnahme zu ergreifen (Schranken-Schranke[288]). Gegenüber pauschalen materiell-rechtlichen Benachteiligungen ist die Begründung erhöhter Mitwirkungspflichten des Steuerpflichtigen bei Sachverhalten mit Auslandsberührung (vgl. z. B. § 90 Abs. 2 AO) ebenso in Betracht zu ziehen wie ein Auskunftsersuchen des Mitgliedsstaates nach Art. 2 Abs. 1, Art. 1 Abs. 1 der Amtshilferichtlinie. Indessen ist Folgendes zu beachten: Wenn der Wohnsitzstaat die ausländischen Zinserträge seiner Gebietsansässigen im Wege des Veranlagungsverfahrens erfasst, so kommt zwar ein Auskunftsersuchen an den Quellenstaat aufgrund der Amtshilferichtlinie in Betracht; doch wird sich dieses wegen Art. 8 Abs. 1 der Richtlinie als wenig effizient erweisen, sobald der Auskunftserteilung durch den Quellenstaat ein dort bestehendes Bankgeheimnis entgegensteht.

(2) Art. 58 Abs. 1 lit. b, Alt. 2 EG

Mitgliedsstaatliche Maßnahmen, welche die Freiheit des Kapital- und Zahlungsverkehrs beschränken, können auch aus Gründen der öffentlichen Ordnung oder Sicherheit nach Art. 58 Abs. 1 lit. b, Alt. 2 EG gerechtfertigt sein. Wie aber ist der Begriff der „öffentlichen Ordnung oder Sicherheit“ auszulegen?

Dazu sollte vorab geklärt werden, wem die Befugnis zur Inhaltsbestimmung zusteht. Da es sich um einen autonom gemeinschaftsrechtlichen Begriff handelt[289], der seine terminologische Parallele in diversen anderen Vorschriften findet (vgl. Art. 32 S.1, Art. 39 Abs 3, Art. 46 Abs. 1, Art. 55 i. V. m. Art. 46 Abs. 1 EG), steht das Auslegungsmonopol formal dem EuGH zu. Hierdurch wird eine einheitliche Auslegung des Gemeinschaftsrechts gesichert. Andererseits aber werden die Mitgliedsstaaten bei der Ausfüllung der EG-vertraglich vorgesehenen Schranken gerade in einem nicht vergemeinschafteten Bereich tätig[290]. Der EuGH gesteht daher den Mitgliedsstaaten bei der Ausfüllung der „Rahmenbegriffe“[291] einen gewissen Konkretisierungsspielraum zu, der den von Land zu Land und im zeitlichen Wechsel variierenden besonderen Umständen Rechnung trägt[292]. Zwar könne die öffentliche Ordnung oder Sicherheit nur geltend gemacht werden, wenn „eine tatsächliche und hinreichend schwere Gefährdung vorliegt, die ein Grundinteresse der Gesellschaft berührt“[293]. Diese Formulierung lässt aber die Frage offen, wo genau die Grenzen des mitgliedsstaatlichen Gestaltungsspielraums zu verorten sind.

Möglicherweise ergeben sich Inhalt und Grenzen dieses Spielraums aus dem EG-Vertrag und dem sonstigen gemeinschaftlichen Primärrecht. Hierfür spricht, dass dort, wo der EG-Vertrag oder aber auch beispielsweise die Gemeinschaftsgrundrechte den Schutz bestimmter Rechtsgüter als gemeinschaftslegitimen Zweck anerkennen, auch die Mitgliedsstaaten zur Verfolgung dieses Zwecks berechtigt sein müssen[294]. Andererseits darf aber aus dem Fehlen einer

---

288 Dazu: Ress/ Ukrow, Kapitalverkehrsfreiheit und Steuergerechtigkeit, S. 54 ff.

289 Bleckmann, in: ders, Europarecht, Rz. 552; Ress/ Ukrow, Kapitalverkehrsfreiheit und Steuergerechtigkeit, S. 55.

290 Kingreen, Die Struktur der Grundfreiheiten, S. 158.

291 So Matzka, Das österreichische Steuerrecht im Lichte der Freiheit des Kapitalverkehrs, S. 87.

292 EuGH v. 4.12.1974, Rs. 41/ 74, van Duyn, EuGHE 1974, 1337 (1350), Rz. 18 f.; Zustimmend: Ress/ Ukrow, Kapitalverkehrsfreiheit und Steuergerechtigkeit, S. 55.

293 EuGH v. 14.3.2000, C-54/ 99, Scientology, EuGHE 2000, I-1335 (I-1346) Rz. 17.

294 Kingreen, Die Struktur der Grundfreiheiten, S. 159.

gemeinschaftsrechtlich ableitbaren Zielvorstellung nicht darauf geschlossen werden, dass das Ziel mit dem EG-Vertrag gänzlich unvereinbar ist. Dies würde nämlich heißen, die Kompetenzen der Mitgliedsstaaten de facto auf den EG-vertraglichen Kompetenzkatalog zu beschränken[295]. Dies aber wäre mit der vertikalen Kompetenzverteilung zwischen EG und Mitgliedsstaaten nicht zu vereinbaren. Jedenfalls aber würde damit die den Mitgliedsstaaten grundsätzlich zustehende Befugnis, selbst zu bestimmen, welche Güter sie dem Schutz der öffentlichen Ordnung unterstellen wollten, negiert[296].

Im Rahmen ihrer Gestaltungsspielräume können die Mitgliedsstaaten vielmehr Interessen nichtwirtschaftlicher Art gegenüber dem Gemeinschaftsrecht behaupten[297]. Die öffentliche Ordnung stellt einen Auffangtatbestand dar, der – auch wenn er restriktiv auszulegen ist[298] – die vom EuGH entwickelten „zwingenden Erfordernisse des Allgemeinwohls" aufzunehmen vermag[299].

Zu den von Art. 58 Abs. 1 lit. b, Alt. 2 EG geschützten (Allgemeinwohl-) Belangen könnten insbesondere die „Kohärenz" des mitgliedsstaatlichen Steuersystems sowie eine „wirksame steuerliche Kontrolle" gehören. Jedoch sind diese Belange, wie bereits erörtert, hinreichend von Art. 58 Abs. 1 lit. a EG und Art. 58 Abs. 1 lit. b, Alt. 1 EG geschützt. Die genannten Normen stellen gegenüber dem Auffangtatbestand des „ordre public" Spezialnormen dar. Damit gehen sie dem Abs. 1 lit. b, Alt. 2 EG in ihrem Anwendungsbereich vor.

Möglicherweise findet sich für den „ordre public" aber dennoch ein selbständiger Anwendungsbereich zur Bekämpfung von Steuerflucht[300]. Dies mag jedenfalls dann gelten, wenn man unter Steuerflucht auch die Wahrnehmung von Chancen versteht, die sich angesichts eines „ruinösen Steuerwettbewerbs"[301] zwischen den Mitgliedsstaaten bieten[302]. Dafür, die Bekämpfung eines solchen Verhaltens unter die Flagge der „öffentlichen Ordnung" zu stellen, spricht insbesondere die Zielsetzung des EG-Vertrags (teleologisch-systematische Auslegung). Treten beispielsweise Mitgliedsstaaten durch die Nichtbesteuerung von Zinserträgen bei Nichtansässigen in einen (ruinösen) Wettbewerb um Kapital zueinander, so führt dieser Steuerwettbewerb zur Verzerrung privater Anlageentscheidungen. Damit aber wird auch der Wettbewerb (um Kapital) zwischen den Unternehmen, insbesondere Banken und Kapitalanla-

---

295 Kingreen, Die Struktur der Grundfreiheiten, S. 160.

296 Kingreen, Die Struktur der Grundfreiheiten, S. 160.

297 EuGH v. 14.3.2000, C-54/ 99, Scientology, EuGHE 2000, I- 1335 (I-1346) Rz. 17; Eckhoff, in: Bleckmann, Europarecht, Rz. 1716; Ress/ Ukrow, in: Grabitz/ Hilf, EUV/ EGV, Art. 58 EG Rz. 40; Weber, EuZW 1992, 561 (563).

298 So Kiemel, in: von der Groeben/ Schwarze, EUV/ EGV, 6. Aufl., Bd. 1, Art. 58 EG Rz. 24.

299 Eckhoff, in: Bleckmann, Europarecht, Rz. 1716; Rohde, Freier Kapitalverkehr in der Europäischen Gemeinschaft, S. 159; Kingreen, Die Struktur der Grundfreiheiten, S. 157.

300 Vgl. Tipke/Lang, Steuerrecht, § 7 Rz. 21: Steuerflucht ist ein Verhalten, das bewirkt, dass das Steuerfluchtland den Zugriff auf das Steuergut verliert, das Steuerzufluchtsland ihn erhält. Der Begriff ist insoweit unpräzise, als Steuerflucht legale Steuervermeidung ebenso wie Steuerumgehung oder (illegale) Steuerhinterziehung sein kann.

301 Zu den einzelnen Kriterien „schädlichen Steuerwettbewerbs" nach dem sog. „Verhaltenskodex zur Unternehmensbesteuerung" siehe Teil F II.2. Steuerflucht ist insoweit eine Reaktion privater Marktteilnehmer auf den „schädlichen Steuerwettbewerb" zwischen den Mitgliedsstaaten. Vgl. dazu auch Kluge, Internationales Steuerrecht, S. 38: Räume ein Staat Steuervorteile ohne tatsächiche Wirtschaftstätigkeit und substanzielle Präsenz in dem betroffenen Staat ein (= Kriterium für schädlichen Steuerwettbewerb), so könne tendenziell von „missbrauchsverdächtigem" Verhalten des Steuerpflichtigen, also von Steuerumgehung ausgegangen werden.

302 So Reimer, in: Lehner, Grundfreiheiten im Steuerrecht der EU-Staaten, 39 (63); A. A. Staringer, in: Lechner/ Staringer/ Tumpel , Kapitalverkehrsfreiheit und Steuerrecht, 93 (111), der die Herstellung steuerlicher Wettbewerbsneutralität als Teil des „Kohärenz"-Gedankens betrachtet.

gegesellschaften, in den verschiedenen Mitgliedsstaaten verzerrt, was der Zielsetzung der Art. 2, 3 lit. g EG widerspricht[303]. Es muss den Mitgliedsstaaten daher gemeinschaftsrechtlich zugebilligt werden, einem Anlageverhalten entgegenzutreten, das durch die Ausnutzung ruinösen Steuerwettbewerbs motiviert ist.

Diejenigen Maßnahmen, die mit der Verhinderung einer solchen Verhaltensweise gerechtfertigt werden, müssen zur Vereitelung der Steuerflucht geeignet, erforderlich und angemessen sein (Art. 58 Abs. 3 EG). Ob unilaterale Maßnahmen der Mitgliedsstaaten überhaupt geeignet sind, die Wahrnehmung von Vorteilen aus ruinösem Steuerwettbewerb durch Anleger zu vermeiden, muss indessen bezweifelt werden. Es ist für einen einzelnen Mitgliedsstaat eine nur schwer zu bewältigende Aufgabe, zwischen legitimem Kapitalexport und solchem zu unterscheiden, der durch eine „Dumpingbesteuerung" im Ausland motiviert ist. Nationale Kontrollmöglichkeiten sind territorial radiziert. Dagegen stehen den Anlegern eine Vielzahl von Möglichkeiten offen, die Ausnutzung ruinösen Steuerwettbewerbs als Anlagemotiv zu verschleiern (etwa im Wege der Ausfuhr über ein „sicheres Drittland"). Daher versprechen unilaterale Maßnahmen des Wohnsitzstaates gegen die Wahrnehmung von Steuervorteilen aus ruinösem Steuerwettbewerb in anderen Staaten nur wenig Erfolg.

Damit lässt sich zusammenfassen: Art. 58 Abs. 1 lit. b, Alt. 2 EG sieht eine Rechtfertigung von Beschränkungen der Freiheit des Kapital- und Zahlungsverkehrs aus Gründen der öffentlichen Sicherheit und Ordnung („ordre public") vor. Dabei handelt es sich um eine Auffangklausel, die geeignet ist, die von der EuGH-Rechtsprechung entwickelten „zwingenden Erfordernisse des Allgemeinwohls" zu erfassen. Gegenüber den in Art. 58 Abs. 1 lit, b, Alt. 2 EG verankerten Rechtfertigungsgründen der „steuerlichen Kohärenz" sowie der „steuerlichen Kontrolle" ist der „ordre-public" -Vorbehalt subsidiär. Die Klausel vermag mitgliedsstaatliche Maßnahmen, die die Bekämpfung von Steuerflucht, die durch die Ausnutzung von „schädlichem Steuerwettbewerb" zwischen den Mitgliedsstaaten zum Gegenstand haben, grundsätzlich zu rechtfertigen. Allerdings muss im Rahmen der Verhältnismäßigkeitsprüfung (Art. 58 Abs. 3 EG) die Geeignetheit entsprechender Maßnahmen einzelner Mitgliedsstaaten bezweifelt werden.

c) Schrankenübertragung auf die Dienstleistungsfreiheit

Nach der Analyse der in Art. 58 EG verankerten Schranken der Freiheit des Kapital- und Zahlungsverkehrs ist – gerade im Hinblick auf nationale Maßnahmen der Zinsbesteuerung – zu fragen, ob die aufgezeigten Schranken auch insoweit greifen, als eine staatliche Maßnahme neben Art. 56 EG zugleich die Freiheit des Dienstleistungsverkehrs beschränkt.

Diese Frage hat Relevanz für diejenigen Fälle, in denen Kreditinstitute in Erfüllung eines Bankvertrags Zinsen an nichtansässige natürliche Personen zahlen. Hierzu gibt es weder eine einheitliche Rechtsprechung des EuGH noch eine gefestigte Meinung in der Literatur. So spricht die Entscheidung des EuGH in der Rs. Safir dafür, dass ein Verstoß gegen die Dienstleistungsfreiheit genügt, um eine Maßnahme EG-rechtswidrig zu machen, ohne dass dieser Verstoß durch die Rechtfertigung des Verstoßes gegen die Kapitalverkehrsfreiheit in Frage gestellt werden kann[304]. Völlig konträr hierzu entschied der EuGH aber in der Rs. Banque de Bary et Cie[305], dass eine Berufung auf die Dienstleistungsfreiheit dort nicht angebracht sei,

---

303 Vgl. auch Honrath, Umfang und Grenzen der Freiheit des Kapitalverkehrs, S. 93 f.

304 EuGH v. 28.4.1998, C-118/ 96, Safir, EuGHE 1998, I-1897 (I-1929) Rz. 35.

305 EuGH v. 9.7.1997, C-222/ 95, Banque de Bary et Cie, EuGHE 1997, I-3914 (I-3919) Rz. 10; vgl. Troberg, in: von der Groeben/ Thiesing/ Ehlermann, EUV/ EGV, 5. Aufl., Bd. 1, Art. 61 EGV Rz. 10.

wo für den Kapitalverkehr ausnahmsweise Beschränkungen zulässig seien. Damit hat der EuGH die Frage nach einer Zulässigkeit der Schrankenübertragung im Verhältnis von Kapital- bzw. Zahlungsverkehrsfreiheit und Dienstleistungsfreiheit bisher uneinheitlich beantwortet.
Fraglich ist, ob der EG-Vertrag hierauf eine eindeutige Antwort gibt. Während er mit Art. 58 Abs. 2 EG sowie Art. 43 Abs. 2 EG („Vorbehaltlich des Kapitels über den Kapitalverkehr...") Regelungen enthält, die eine wechselseitige Schrankenübertragung zwischen Niederlassungsfreiheit und Freiheit des Kapital- bzw. Zahlungsverkehrs ausdrücklich zulassen, ist die Formulierung für das Verhältnis von Dienstleistungsverkehr und Kapital- bzw. Zahlungsverkehr in Art. 51 Abs. 2 EG („im Einklang mit der Liberalisierung des Kapitalverkehrs") weniger eindeutig.
Im Hinblick auf die unterschiedlichen Schutzrichtungen der beiden Grundfreiheiten wird dies zum Teil verneint[306]. Man könnte dafür auch anführen, dass angesichts des Binnenmarktprinzips als einem zentralen Ziel der Europäischen Gemeinschaft (vgl. Art. 2, 3 lit. c EG) die praktische Wirksamkeit (effet utile) der Grundfreiheiten gewahrt werden müsse. Allerdings darf eine teleologische Interpretation nicht losgelöst von der vertraglichen Systematik erfolgen. Gerade die Parallele zu Art. 43 Abs. 2 EG und Art. 58 Abs. 2 EG legt nahe, dass der EG-Vertrag vom Prinzip einer wechselseitigen Schrankenübertragung ausgeht. So setzt sich Art. 58 Abs. 2 EG ausdrücklich über das Argument hinweg, es komme durch die wechselseitige Schrankenverweisung zu einem Schutzdefizit. Dieses Argument verfängt auch in der Sache nicht. Wie die Erörterungen zum sog. „ordre public" (s. o.) zeigen, handelt es sich bei dieser Klausel nämlich um eine Art Auffangtatbestand. Unter diesen Auffangtatbestand lassen sich insbesondere auch die für den freien Kapital- und Zahlungsverkehrs in Art. 58 EG gesondert verankerten Schutzziele, nämlich die steuerliche Kohärenz und die Verhinderung von Steuerhinterziehung sowie von Steuerumgehung, fassen. Da sämtliche Grundfreiheiten einem „ordre public"-Vorbehalt unterliegen (vgl. Art. 55 i. V. m. Art. 46 EG), stellt auch eine Schrankenübertragung von der Kapital- und Zahlungsverkehrsfreiheit auf die Dienstleistungsfreiheit Letztere nicht in Frage. Dies kann zusammen mit dem Wortlaut des Art. 51 Abs. 2 EG als Argument für eine Schrankenübertragung gewertet werden[307]. Zugleich zeigt sich aber, dass der eingangs dargestellte Meinungsstreit nur theoretischer Natur ist. Durch die parallele Verankerung des „ordre public" als Auffangtatbestand für Rechtfertigungen hat der Streit um die Zulässigkeit einer Schrankenübertragung keine praktische Bedeutung.

Als Zwischenergebnis lässt sich festhalten: Gegen eine Übertragung der in Art. 58 EG verankerten Schranken des freien Kapital- und Zahlungsverkehrs auf die Freiheit des Dienstleistungsverkehrs bestehen zwar keine grundlegenden Bedenken. Nachdem die dort verorteten Rechtfertigungsgründe sich aber ebenso gut unter den Vorbehalt des „ordre public" nach Art. 55 i. V. m. Art. 46 EG fassen lassen, ist eine Schrankenübertragung nicht von praktischer Relevanz.

306 So Sedlaczek, in: Lechner/ Staringer/ Tumpel, Kapitalverkehrsfreiheit und Steuerrecht, 27 (49 f.).
307 Weber, EuZW 1992, 561 (565); Rohde, Freier Kapitalverkehr in der Europäischen Gemeinschaft, S. 164. A. A. Kiemel, in: von der Groeben/ Schwarze, EUV/ EGV, 6. Aufl., Bd. 1, Art. 58 Rz. 29

5. Zusammenfassung

Die bisherigen Ausführungen zur Freiheit des Kapital- und Zahlungsverkehrs lassen sich – unter dem Blickwinkel nationaler Zinsbesteuerung – wie folgt zusammenfassen:

Zinszahlungen sowie Zinsgutschriften aus Portfolioinvestitionen natürlicher Personen fallen unter den sachlich-persönlichen Schutzbereich der Freiheit des Zahlungsverkehrs. Diese hat die Funktion einer Annexfreiheit zur Freiheit des Kapitalverkehrs, welche das Grundgeschäft, nämlich die Kapitalanlage, schützt. In räumlicher Hinsicht ist der Schutzbereich der Zahlungsverkehrsfreiheit eröffnet, wenn entweder die Zinszahlung als solche oder aber der Zinsschuldner bzw. der Zinsgläubiger die Grenze zwischen zwei Mitgliedsstaaten oder diejenige zwischen EU und einem Drittstaat, aus dessen Quellen die Zinsen stammen (Erga-Omnes-Wirkung), überschreiten.

Werden Zinsen von Kreditinstituten in Erfüllung eines Bankvertrages etwa aus einem Guthabenkonto oder aus einem Wertpapierdepot gutgeschrieben, so ist neben dem Schutzbereich der Freiheit des Zahlungsverkehrs auch derjenige der Dienstleistungsfreiheit eröffnet.

Demgegenüber findet – mangels Einflussnahmemöglichkeit des privaten Anlegers auf die unternehmerischen Entscheidungen – die Niederlassungsfreiheit bei Portfolioinvestitionen natürlicher Personen keine Anwendung.

Die Freiheit des Kapital- und Zahlungsverkehrs verbietet, wie sämtliche Grundfreiheiten, – vorbehaltlich verschiedener Rechtfertigungsmöglichkeiten – Beschränkungen (i. w. S.) der von ihr geschützten grenzüberschreitenden Wirtschaftsvorgänge. Dabei ist sie vorrangig als materielles Diskriminierungsverbot zu verstehen. Im Bereich der Zahlungsverkehrsfreiheit ist den Mitgliedsstaaten insbesondere die rechtliche wie tatsächliche Differenzierung zwischen inländischen und grenzüberschreitenden Zinszahlungen zu Lasten Letzterer verboten, wenn hierfür – über das Kriterium der Grenzüberschreitung hinausgehend – keine sachlichen Differenzierungsgründe ersichtlich sind.

Die Freiheit des Kapital- und Zahlungsverkehrs verbietet zudem solche Beschränkungen, die zwar nicht auf einer materiellen Diskriminierung beruhen (sog. Beschränkungen i. e. S.), die aber den Marktzugang als solchen beeinträchtigen. Unzulässig sind insoweit lediglich marktsegmentierende, nicht aber bloß marktregulierende Maßnahmen. Da Maßnahmen der Zinsbesteuerung i. d. R. voraussetzen, dass eine Investition bereits Zugang zum Markt des jeweiligen Mitgliedsstaates gefunden hat, fallen sie, wie Besteuerungsmaßnahmen überhaupt, grundsätzlich nicht unter das Beschränkungsverbot i. e. S. Eine Beschränkungswirkung i. e. S. von Besteuerungsmaßnahmen kann sich im Einzelfall allerdings aus dem Zusammenwirken mehrerer Mitgliedsstaaten ergeben, wenn dieses zu einer Doppelbesteuerung von grenzüberschreitenden Zinszahlungen führt.

Beschränkungen der Freiheit des Kapital- und Zahlungsverkehrs können aus den in Art. 58 EG aufgeführten Gründen gerechtfertigt sein.

Art. 58 Abs. 1 lit. a EG beinhaltet die sog. Steuerklausel, deren Auslegung umstritten ist. Sie wird zum Teil als umfassende Bereichsausnahme für Steuernormen vom Beschränkungsverbot des Art. 56 EG verstanden. Zum Teil wird ihr lediglich deklaratorische Funktion zugemessen. Sie bestätige, was sich aus der Rechtsprechung des EuGH zur Rechtfertigung von Grundfreiheitsbeeinträchtigungen aus ungeschriebenen „zwingenden Gründen des Allgemeinwohls“ ohnehin ergebe. Nach hier vertretener Ansicht kommt der Steuerklausel ein eigenständiger Regelungsgehalt zu. Dieser liegt darin, dass sie die steuerliche „Kohärenz“ als Rechtfertigungsgrund verankert. Während von der Literatur hierunter zum Teil eine aus der internationalen Abgrenzungsgerechtigkeit folgende „Makro-Kohärenz“ verstanden wird, ist die „Kohärenz“ nach vorliegendem Verständnis aus der jeweiligen (nationalen) Steuerrechts-

ordnung heraus zu bestimmen („Mikro-Kohärenz"). Insbesondere ist die Funktionsfähigkeit des Steuersystems als „Kern" der Kohärenz geschützt.
Nach Art. 58 Abs. 1 lit. b, Alt. 1 EG sind zur Herstellung einer „wirksamen steuerlichen Kontrolle" die Ziele der Verhinderung von Steuerhinterziehung und -verkürzung sowie der Verhinderung von Steuerumgehung zu nennen.
Maßnahmen der Verhinderung von Steuerhinterziehung und -verkürzung sind dabei zu unterteilen in solche des Steuerfestsetzungsverfahrens, insbesondere im Bereich der Sachverhaltsermittlung, und solche des Steuererhebungs- und -vollstreckungsverfahrens. Dabei führt jedoch ein vom EuGH sehr restriktiv interpretiertes Verhältnismäßigkeitserfordernis (Art. 58 Abs. 3 EG) zur weitgehenden Einschränkung nationaler Handlungsmöglichkeiten.
Auch im Rahmen der Verhinderung von Steuerumgehung misst der EuGH dem Verhältnismäßigkeitsgrundsatz einen zentralen Stellenwert zu. Danach hat die Überprüfung des Missbrauchsvorwurfs in jedem Einzelfall zu erfolgen. Nach vorliegender Ansicht müssen jedoch Typisierungen im steuerlichen Massenverfahren in einem nach nationalem Recht zulässigen Umfang dem gemeinschaftsrechtlichen Verhältnismäßigkeitsgrundsatz genügen, sofern sie nicht an das Kriterium der Grenzüberschreitung als solches anknüpfen.
Im Bereich der Zinsbesteuerung kommt Art. 58 Abs. 1 lit. b Alt. 1 EG als Rechtfertigungsgrund insbesondere zum Zwecke der Verhinderung von Steuerhinterziehung in Betracht. Hier ist es den Anlegern infolge des freien Kapital- und Zahlungsverkehrs möglich, sich Zinsen auf Bankkonten außerhalb ihres Wohnsitzstaates zahlen zu lassen, ohne diese sodann im Rahmen ihrer Steuererklärung im Wohnsitzstaat zu deklarieren. Dem Wohnsitzstaat stehen in diesem Fall – wegen des völkerrechtlichen Territorialitätsprinzips – zur Verifikation seines Besteuerungsanspruchs grundsätzlich nur die Handlungsmöglichkeiten nach der Amtshilferichtlinie zur Verfügung. Diese hat er um der gebotenen Verhältnismäßigkeit willen vorrangig zu nutzen. Indessen erweisen sich die Handlungsmöglichkeiten nach der Amtshilferichtlinie als ineffizient, wenn einer Auskunftserteilung im Quellenstaat ein dort bestehendes Bankgeheimnis entgegensteht. Dann ist der Mitgliedsstaat nach Art. 58 Abs. 1 lit. b, Alt. 1 EG berechtigt, gesonderte Maßnahmen zu treffen, die zur Verhinderung von Steuerhinterziehung geeignet, erforderlich und angemessen sind (Art. 58 Abs. 3 EG).
Art. 58 Abs. 1 lit. b, Alt. 2 EG sieht eine Rechtfertigung von Beschränkungen der Freiheit des Kapital- und Zahlungsverkehrs aus Gründen der öffentlichen Sicherheit und Ordnung vor. Für nationale Maßnahmen der Zinsbesteuerung kommt insoweit als gemeinschaftsrechtlich legitimes Ziel die Verhinderung von Steuerflucht in Betracht, welche durch die Wahrnehmung von Chancen im Zuge eines ruinösen Steuerwettbewerbs zwischen den Mitgliedsstaaten motiviert ist. Insoweit bestehen jedoch Zweifel an der Geeignetheit nationaler Maßnahmen einzelner Mitgliedsstaaten zu diesem Zwecke.
Ist von der Zinsbesteuerung im Einzelfall neben der Freiheit des Zahlungsverkehrs auch die Dienstleistungsfreiheit tangiert, besteht für eine Übertragung der Schranken des Art. 58 EG auf diese Grundfreiheit kein Bedürfnis. Zur Anwendung kommt insoweit vielmehr der Auffangtatbestand der „ordre-public" -Klausel des Art. 55 i. V. m. Art. 46 EG.

III. Mitgliedsstaatliche Systeme der Zinsbesteuerung bei privaten Investoren

Es werden nunmehr die in der Europäischen Union bestehenden nationalen Systeme der Besteuerung von Zinsen bei privaten Investoren dargestellt, um sodann zu prüfen, ob diese mit den Prämissen der Freiheit des Kapital- und Zahlungsverkehrs vereinbar sind. Ausgangspunkt

der Darstellung ist die Rechtslage in den Mitgliedsstaaten zum Zeitpunkt der Verabschiedung der Zinsrichtlinie[308], also zum 3.6.2003[309].
Ziel der Ausführungen ist es, neben strukturellen Unterschieden im materiellen Steuerrecht auch unterschiedliche Ansätze der Mitgliedsstaaten zur Sicherung ihres Steueraufkommens aufzuzeigen. Den insoweit bestehenden Systemunterschieden folgend, gliedern sich die Ausführungen in solche zu Mitgliedsstaaten, deren Systeme auf Kontrollmitteilungen von Banken an die Finanzbehörden basieren, und Ausführungen zu Mitgliedsstaaten, deren Systeme ohne solche Kontrollmitteilungen auskommen[310].
Im Einzelnen wird auf die Besteuerung von ausschließlichen Inlandssachverhalten, auf diejenige von inländischen Zinserträgen (also aus inländischen Quellen) bei Nicht-Gebietsansässigen, d. h. beschränkt Steuerpflichtigen[311], sowie auf die steuerliche Behandlung von ausländischen Zinserträgen (also aus ausländischen Quellen) bei Gebietsansässigen, d. h. unbeschränkt Steuerpflichtigen, eingegangen.

1. Kontrollmitteilungspflichten für Banken gegenüber dem Fiskus

Verschiedene Mitgliedsstaaten sichern ihr Steueraufkommen im Bereich der Zinsbesteuerung im Wesentlichen durch Kontrollmitteilungspflichten, d. h. durch automatisierte, über Auskunftsverpflichtungen auf Anfrage im Einzelfall hinausgehende Mitteilungspflichten der Banken über Zinszahlungen gegenüber den Finanzbehörden (sog. „Kontrollmitteilungssysteme"[312]). Zu diesen Mitgliedsstaaten, die in steuerrechtlicher Hinsicht kein Bankgeheimnis anerkennen, zählen Dänemark, Großbritannien, Niederlande, Finnland, Frankreich, Schweden und Spanien[313]. Ein Teil dieser Staaten sichert eine effektive Besteuerung von Zinserträgen zusätzlich durch die Erhebung einer Quellensteuer.

a) Staaten ohne Quellensteuer

Von den Zinsbesteuerungssystemen, die keine Quellensteuer auf Zinserträge erheben, wird zunächst das dänische System erörtert.

308 RL 2003/ 48/ EG v. 3.6.2003, ABl. EG v. 26.6.2003, Nr. L 157/ 38.

309 Die mitgliedsstaatlichen Zinsbesteuerungssysteme werden dargestellt, um diese – nach der Überprüfung an Art. 56 EG – einer Analyse der primärrechtlichen Grundlagen für die Verabschiedung der Zinsrichtlinie zum 3.6.2003 zugrunde zu legen. Daher wird dieser Zeitpunkt als Stichtag für die Rechtslage gewählt. Die Arbeit hat zudem ihren Schwerpunkt im Gemeinschaftsrecht. Aus diesem Grunde sowie im Hinblick auf die Vielzahl der mitgliedsstaatlichen Zinsbesteuerungssysteme haben die folgenden Ausführungen lediglich darstellenden Charakter. Von einer rechtsvergleichenden Analyse muss abgesehen werden. Vgl. stattdessen die rechtsvergleichende Analyse zur Zinsbesteuerung in Deutschland, Österreich, Frankreich, Luxemburg, England und der Schweiz bei Fleißig, Harmonisierung der Zinsbesteuerung, S. 3-104.

310 Vgl. dazu Dinse, Besteuerung von Portfolio-Kapitalerträgen, S. 325.

311 Zur Terminologie: Bei Steuerpflichtigen, die der „beschränkten Steuerpflicht" unterliegen, sind nur die Einkünfte aus inlandsradizierten Quellen „Steuerobjekt" der Einkommensteuer. Nur diese sind im Inland „steuerbar". Diese Terminologie wird im Folgenden zugrunde gelegt. Vgl. Tipke/ Lang, Steuerrecht, § 7 Rz. 23, 30.

312 Dabei ist der Begriff „Kontrollmitteilung" nicht als gesetzlich definierte Bezeichnung zu verstehen, sondern als Sammelbegriff für Mitteilungen anderer Behörden und sonstiger Stellen an die Finanzverwaltung über steuerlich erhebliche Sachverhalte. So Schuster, in: H/ H/ Sp, AO, Bd. 4, § 93 a Rz. 21; Carl/ Klos, DStZ 341 (346). In Deutschland hat dieser Begriff über § 30 a Abs. 3 S. 2 AO sowie § 194 Abs. 3 AO Eingang in die Abgabenordnung gefunden.

313 OECD Report, Improving Access to Bank Information, S. 71, Ziff. 3.1; Fischer/ Gulder, Sparkasse 1998, 415 (416).

(1) Dänemark

(a) Besteuerung von Inlandssachverhalten

Dabei ist zuerst auf die Besteuerung von reinen Inlandssachverhalten, also von inländischen Zinseinkünften bei Ansässigen[314], einzugehen.

(i) Unbeschränkte Steuerpflicht

Natürliche Personen sind in Dänemark grundsätzlich dann unbeschränkt steuerpflichtig, wenn sie dort ansässig sind, also entweder einen Wohnsitz im Inland haben oder aber sich mindestens sechs Monate in Dänemark aufhalten (Ausnahme: Studenten und Touristen, die nicht geschäftlich tätig werden)[315]. Sie werden mit ihrem Welteinkommen besteuert[316].

(ii) Einordnung der Zinsen in das Einkommensteuerrecht

Der Einkommensbegriff im dänischen Steuerrecht ist sehr weit auszulegen. Insbesondere hat die Aufzählung der Einkunftsarten im Einkommensteuergesetz lediglich exemplarischen Charakter[317]. Zinsen werden als Teil der Einkünfte aus Kapitalvermögen neben den anderen Einkunftskategorien, den persönlichen Einkünften, den Einkünften aus Beteiligungen und den Einkünften aus Beherrschungsverhältnissen erfasst[318]. Die unter die Kapitaleinkünfte fallenden Zinsen sind gesetzlich nicht definiert. Nach ständiger Rechtsprechung handelt es sich bei diesen um periodische Zahlungen, die Gegenleistung für eine Hingabe von Kapital sind[319]. Zinsen werden mit nationaler Einkommensteuer (indkomstskat til staten) sowie zwei örtlichen Steuern, nämlich der sog. kommunal indkomstskat und der sog. amtskommunal indkomstskat belegt[320].

Eine spezielle staatliche Förderung für private Investoren ist im dänischen Einkommensteuerrecht nicht vorgesehen[321].

(iii) Steuersatz/ Besteuerungsverfahren

Es wird keine Quellensteuer auf Zinserträge einbehalten[322]. Zinsen werden vielmehr veranlagt, wobei ein progressiver Steuersatz mit einer Spitzenbelastung von 59 % zur Anwendung kommt[323].

---

314 Der Begriff der Ansässigkeit ist ein abkommensrechtlicher Oberbegriff für Anknüpfungstatbestände wie Wohnsitz etc. (vgl. Art. 4 OECD-MA). Der Begriff wird jedoch auch im nationalen Steuerrecht als Oberbegriff für gleichartige Anknüpfungstatbestände genutzt. Besteht im Inland Ansässigkeit, so unterliegen natürliche Personen der unbeschränkten Steuerpflicht; besteht keine Ansässigkeit, kommt nur eine beschränkte Steuerpflicht in Betracht. Dazu: Frotscher, Internationales Steuerrecht, S. 45.

315 IBFD, StB Handbuch, Fach C, Dänemark, 41. EL , Juni 2004, Rz. 2.

316 IBFD, StB Handbuch, Fach C, Dänemark, 41. EL , Juni 2004, Rz. 4.

317 Kischel, NWB Nr. 5 v. 8.3.2000, Fach 5, Gruppe 2, 223 (225).

318 Schulze, in: Mennel/ Förster, Steuern in Europa, Dänemark, 48. EL 2002, Rz. 42; Kischel, NWB Nr. 5 v. 8.3.2000, Fach 5, Gruppe 2, 223 (225); IBFD, The Taxation of Private Investment Income, Suppl. No. 87, Apr. 2003, Denkmark, p. 3.

319 IBFD, The Taxation of Private Investment Income, Suppl. No. 87, Apr. 2003, Denmark, p. 4.

320 IBFD, StB Handbuch, Fach C, Dänemark, 41. EL, Juni 2004, Rz. 1.

321 Dinse, Besteuerung von Portfolio-Kapitalerträgen, S. 329.

322 Kischel, IWB Nr. 5 v. 8.3.2000, Fach 5, Gruppe 2, 223 (225); IBFD , The Taxation of Private Investment Income, Suppl. No. 87, Apr. 2003, Denmark, p. 4.

323 IBFD, The Taxation of Private Investment Income, Suppl. No. 87, Apr. 2003, Denmark, p. 4.

(iv) Bankgeheimnis/ Kontrollmitteilungen

Umfassende automatisierte Kontrollmitteilungen durch die Banken über Kontoeröffnungen und -schließungen, über Zinszahlungen und -empfänger, sowie Kontensalden[324] sorgen dafür, dass selbst eine Deklaration der Zinsen durch Gebietsansässige im Rahmen der Steuererklärung nicht erforderlich ist[325]. Da dezentrale Datenbanken über Konten, Kontenstände und Zinserträge bei den Finanzbehörden geführt werden[326], liegen die steuerrelevanten Daten der Finanzverwaltung bereits vor[327]. Das in § 54 Abs. 2 des Gesetzes über Banken und Sparkassen grundsätzlich garantierte Bankgeheimnis ist lediglich zivilrechtlicher Natur; gegenüber den Finanzbehörden ist es nicht geschützt: Nach dem Steuerkontrollgesetz von 1979 sind Kreditinstitute verpflichtet, der obersten Steuerbehörde über Einlagen, Darlehen, Depots oder Schließfächer Auskunft zu geben[328]. Die Banken haben den Finanzbehörden am Jahresende die während des Jahres belasteten und gutgeschriebenen Zinsen sowie die Kontensalden ihrer Kunden unter Angabe der persönlichen, mit der Steuernummer übereinstimmenden Identifikationsnummer[329] der Kunden mitzuteilen[330].

(b) Besteuerung von inländischen Zinserträgen bei Nichtansässigen

Nichtansässige natürliche Personen unterliegen grundsätzlich mit ihren in Dänemark erzielten Einkünften den regulären Einkommensteuervorschriften, einschließlich der Steuersätze und persönlichen Freibeträge (beschränkte Steuerpflicht)[331].

Indessen fallen Zinseinkünfte nicht unter die beschränkte Steuerpflicht, sind also bei Nichtansässigen grundsätzlich nicht steuerbar[332]. Eine Ausnahme gilt lediglich für Zinsen von früher Ansässigen im Rahmen der sog. erweiterten unbeschränkten Steuerpflicht. Nichtansässige, die insgesamt fünf Jahre innerhalb der letzten zehn Jahre vor ihrem Wegzug ansässig waren, werden mit ihren inländischen Zinseinkünften der Einkommensteuer zu einem Steuersatz von 30 % im Wege der Veranlagung unterworfen[333].

Nach Art. 11 Abs. 1 des wahlweise[334] anwendbaren deutsch-dänischen DBA vom 22.11.1995[335] erfolgt die Besteuerung von Zinsen[336], die eine in Deutschland ansässige Person

---

324 OECD, Improving Access to Bank Information for Tax Purposes, S. 72, Tz. 3.1.1.

325 Schratzenstaller/ Wehner, Wirtschaftsdienst 2000, 675 (677); vgl. auch Krabbe, in: Debatin/ Wassermeyer, Doppelbesteuerung, Dänemark, Art. 11, Rz. 8; Jarass, IStR 2002, 46 (48).

326 BMF, Monatsbericht 01/ 2004, S. 62.

327 Müssener, IWB Nr. 4 v. 28.2.1996, Fach 10, Gruppe 2, 173 (176).

328 Carl/ Klos, Bankgeheimnis und Quellensteuer, S. 138.

329 Carl/ Klos, Bankgeheimnis und Quellensteuer, S. 138.

330 Fischer/ Gulder, Sparkasse 1998, 415 (430 f.); Sichtermann/ Feuerborn, Bankgeheimnis und Bankauskunft, S. 454.

331 IBFD, StB Handbuch, Fach C, Dänemark, 35. EL, Juni 2003, Rz. 63.

332 IBFD, Taxation of Private Investment Income, Denmark, Suppl. No. 86, Dec. 2002, p. 12-14.

333 Dinse, Besteuerung von Portfolio-Kapitalerträgen, S. 397; IBFD, Taxation of Private Investment Income, Denmark, Suppl. No. 86, December 2002, p. 11; IBFD, StB Handbuch, Fach C, Dänemark 41. EL Juni 2004, Rz. 54, Rz. 68.

334 IBFD, StB Handbuch, Fach C, Dänemark, 41. EL, Juni 2004, Rz. 58.

335 Abkommen zwischen der Bundesrepublik Deutschland und dem Königreich Dänemark zur Vermeidung der Doppelbesteuerung bei Steuern vom Einkommen und vom Vermögen sowie bei den Nachlass-, Erbschaft- und Schenkungsteuern und zur Beistandsleistung in Steuersachen v. 22.11.1995, BGBl. II 1996, S. 2566 ff.

336 Nach Art. 11 Abs. 2 des deutsch-dänischen DBA sind „Zinsen" im Sinne des Abkommens weit definiert. Dieser weite Zinsbegriff stimmt inhaltlich mit der Definition von „Zinsen" in Art. 11 Abs. 3 OECD-MA überein: Zinsen sind Einkünfte aus Forderungen jeder Art, auch wenn die Forderungen durch Pfandrechte

in Dänemark erzielt, ausschließlich im Ansässigkeitsstaat. Zinsen, die in Deutschland Ansässige in Dänemark erzielen, werden dort nicht besteuert[337]. Zwar wird in der Literatur insoweit von der ausschließlichen Zuweisung des Besteuerungsrechts an den Wohnsitzstaat gesprochen[338]. Damit ist jedoch keine konstitutive Aufteilung von Besteuerungsrechten zwischen den Staaten gemeint[339]. Dem steht der völkerrechtliche Grundsatz staatlicher Souveränität entgegen, wonach die Staaten kraft originärer Zuständigkeit zur Besteuerung in der Bestimmung ihres Steuergegenstandes frei sind[340]. Richtigerweise wird das jedem Staat zustehende originäre Besteuerungsrecht durch eine Freistellung im DBA nicht genommen, sondern es wird lediglich die Ausübung des Besteuerungsrechts eingeschränkt[341]. Das DBA begründet also die völkervertragliche Verpflichtungsvereinbarung, bestimmte Steuerbefreiungs- und Steuerermäßigungsvorschriften zu erlassen bzw. keine vom Abkommen abweichende Besteuerung durchzusetzen[342]. Rechtsfolge einer DBA-rechtlichen Freistellung von bestimmten Einkünften ist die Behandlung „wie steuerfreie Einkünfte"[343]. Als Ergebnis lässt sich festhalten: Zinsen, die in Deutschland Ansässige in Dänemark erzielen, sind dort, sofern sie in Dänemark überhaupt Objekt der beschränkten Steuerpflicht sind, also steuerbar sind[344], nach Art. 11 Abs. 1 DBA sachlich steuerbefreit.

(c) Besteuerung von ausländischen Zinserträgen bei Ansässigen

Zinseinkünfte aus dem Ausland von Ansässigen, d. h. unbeschränkt Steuerpflichtigen, werden nach dem Welteinkommensprinzip mit dem für Einkünfte aus inländischen Quellen geltenden progressiven Steuersatz von bis zu 59 % in die Veranlagung einbezogen[345]. Nach dem inländischen Steuerrecht werden im Ausland entrichtete Quellensteuern auf Zinsen bis zu dem Betrag auf die inländische Einkommensteuer angerechnet, der nach inländischem Einkom-

---

an Grundstücken gesichert oder mit einer Beteiligung am Gewinn des Schuldners ausgestattet sind, und insbesondere Einkünfte aus öffentlichen Anleihen und Obligationen einschließlich der damit verbundenen Aufgelder und der Gewinne aus Losanteilen.

337 IBFD, Taxation of Private Investment Income, Denmark, Suppl. No. 79, Aug. 2000, p. 20. Da über diesen „Verteilungsartikel" die Rechtsfolgen bereits abschließend geregelt sind, kommt Art. 24 deutsch-dänisches DBA (Methodenartikel) nicht zur Anwendung. Vgl. zur Systematik: Frotscher, Internationales Steuerrecht, S. 111.

338 Vgl. Krabbe, in: Debatin/ Wassermeyer, Doppelbesteuerung, Band II, Dänemark, Art. 11, Rz. 1. Zum Meinungsstand: Kluge, Das Internationale Steuerrecht, S. 653 ff.

339 Diese Terminologie stellt vielmehr klar, dass über eine „ausschließliche Zuweisung von Besteuerungsrechten" Doppelbesteuerung bereits auf der Grundlage der sog. „Verteilungsartikel", d. h. Art. 6-22 OECD-MA abschließend vermieden wird. Einer Anwendung der Methoden zur Beseitigung von Doppelbesteuerung nach Art. 23 a, b OECD-MA bedarf es danach nicht mehr.

340 Vogel, FS Franz Klein, 361 ff.; Kluge, Das Internationale Steuerrecht, S. 654; Wassermeyer, DStJG 19 (1996), 151 (153 f.).

341 BFH v. 21.5.1997, I R 79/ 96, BStBl. II 1998, 113 (114).

342 Wassermeyer, in: Debatin/ Wassermeyer, Doppelbesteuerung, Bd. 1, Art. 1 MA Rz. 9; Kluge, Das Internationale Steuerrecht, S. 656; BFH v. 14.3.1989, I R 20/ 87, BStBl. II 1989, 649 (650).

343 BFH v. 21.5.1997, I R 79/ 96, BStBl. II 1998, 113 (114): „Die vom Abkommen von der Steuer freigestellten Einkünfte werden wie steuerfreie behandelt." Vgl. auch Kluge, Das Internationale Steuerrecht, S. 656: Danach wirken die Abkommensvorschriften als sachliche Steuerbefreiung oder sachliche Steuerermäßigung.

344 Zur Terminologie: Bei Steuerpflichtigen, die der beschränkten Steuerpflicht unterliegen, sind nur die Einkünfte aus inlandsradizierten Einkunftsquellen Steuerobjekt der Einkommensteuer. Nur diese sind im Inland steuerbar. Vgl. Tipke/ Lang, Steuerrecht, § 7 Rz. 23, 30.

345 IBFD, StB Handbuch, Fach C, 41. EL, Juni 2004, Dänemark, Rz. 55.

mensteuerrecht auf die Zinseinkünfte entfiele (Begrenzung der Höhe nach)[346]. Wahlweise kann der Steuerpflichtige sich aber auch auf das jeweilige DBA berufen[347]. Nach Art. 11 Abs. 1 des Doppelbesteuerungsabkommens zwischen Deutschland und Dänemark vom 22.11.1995 werden Zinsen, die in Dänemark ansässige Personen in Deutschland erzielen, ausschließlich im Wohnsitzstaat Dänemark besteuert. Sie sind im Quellenstaat Deutschland sachlich steuerbefreit[348]. Da eine Doppelbesteuerung[349] damit bereits ausgeschlossen ist, die Verteilungsregelung insoweit also abschließend ist, kommen die in Art. 24 DBA genannten Methoden zur Vermeidung von Doppelbesteuerung nicht zur Anwendung.

(2) Niederlande

(a) Besteuerung von Inlandssachverhalten

(i) Unbeschränkte Steuerpflicht

Natürliche Personen unterliegen der unbeschränkten Steuerpflicht grundsätzlich dann, wenn sie in den Niederlanden ansässig sind[350]. Der Begriff der „Ansässigkeit“ ist dabei nicht gesetzlich definiert, sondern wird „entsprechend der Umstände“ festgestellt[351].

(ii) Einordnung der Zinsen in das Einkommensteuerrecht

Steuergegenstand

Natürliche Personen werden nach dem Gesetz vom 11.5.2000 (Wet inkomstenbelasting) mit Wirkung zum 1.1.2001 nicht mehr mit einer synthetischen Einkommensteuer belastet. Zur Anwendung kommt vielmehr eine sog. Schedulensteuer[352], die unterschiedliche Tarife für drei Einkunftsgruppen (sog. Boxen) vorsieht[353]. Mit deren Inkrafttreten wurde zugleich eine bis dahin bestehende Vermögenssteuer abgeschafft[354].

Das niederländische Einkommensteuerrecht kennt keinen einheitlichen Begriff des zu versteuernden Einkommens. Vielmehr gibt es drei Arten von Einkommen: In Box 1 befinden sich Einkünfte aus Arbeit (nichtselbständige, selbständige und gewerbliche Tätigkeit) und selbst genutztem Wohnungseigentum, in Box 2 Einkünfte aus wesentlicher Beteiligung, in Box 3 solche aus Vermögensbesitz.

---

346 IBFD, Taxation of Private Investment Income, Denmark, Suppl. No. 86, Dec. 2002, p. 7.

347 IBFD, Taxation of Private Investment Income, Denmark, Suppl. No. 86, Dec. 2002, p. 8.

348 IBFD, Taxation of Private Investment Income, Denmark, Suppl. No. 86, Dec. 2002, p. 9.

349 „Internationale Doppelbesteuerung“ im Rechtssinne wird nach herrschender Meinung definiert als „die Erhebung vergleichbarer Steuern in zwei (oder mehreren) Staaten von demselben Steuerpflichtigen für denselben Steuergegenstand und denselben Zeitraum“. Dazu ausführlich: Vogel, DStZ 1997, 269 (276 f.).

350 Müssener, in: Mennel/ Förster, Steuern in Europa, Niederlande, 47. EL 2002, Rz. 29.

351 IBFD, StB Handbuch, Fach C, Niederlande, 41. EL , Juni 2004, Rz. 3.

352 Vgl. Tipke, Die Steuerrechtsordnung, Bd. 2, 2. Aufl., S. 668: Im Gegensatz zur sog. „synthetischen Einkommensteuer“ trennt die „Schedulensteuer“ die Einkunftsarten und knüpft an sie jeweils unterschiedliche Rechtsfolgen. Sie lässt keine Verrechnung negativer und positiver Einkünfte aus verschiedenen Einkunftsarten zu bzw. beschränkt diese.

353 Hamaiers, in: IBFD, Asia-Pacific Tax Bulletin, 02/2003, 42 (48); Müssener, in: Mennel/ Förster, Steuern in Europa, Niederlande, 47. EL 2002, Rz. 22; IBFD, StB Handbuch, Fach C, Niederlande, 41. EL, Juni 2004, Rz. 2.

354 IBFD, Taxation of Private Investment Income, Denmark, Suppl. No. 87, Apr. 2003, p. 6.

Bemessungsgrundlage

Zinsen aus privaten Portfolioerträgen unterliegen als solche nicht unmittelbar der Einkommensteuer[355]. Bemessungsgrundlage für die Besteuerung der Einkünfte aus Spar- und Investitionstätigkeit in Box 3 sind nämlich nicht die tatsächlich erzielten Einkünfte, sondern ein fiktiver Kapitalertrag auf der Basis des Reinvermögensbestands. Hierbei wird ein Pauschalbetrag von 4 % des Reinvermögens (Bruttovermögen abzüglich Schulden, d. h. Nettovermögen) als fiktiver Nettoertrag angesetzt[356]. Schulden werden dabei nur berücksichtigt, soweit sie den Betrag von 2.500 € übersteigen[357]. Vermögen, das bereits in anderen Boxen erfasst wird, bleibt dabei unberücksichtigt. So zählen insbesondere Zinsen aus Darlehen von Gesellschaften mit einer Mindestbeteiligung von 5 % beim Empfänger als Einkommen i. S. v. Box 2[358]. Bei der Berechnung der Bemessungsgrundlage wird ein allgemeiner Vermögensfreibetrag von 18.800 € (doppelter Betrag für Verheiratete) angesetzt, der sich um 2510 € pro minderjährigem Kind und um einen weiteren Freibetrag von maximal 24.886 € für ältere Steuerpflichtige mit geringen Einkünften aus Box 1 erhöht[359].
In der Literatur ist es umstritten, ob die niederländische Einkommensteuer auf Einkünfte aus Sparen und Investieren als Sollertragsteuer oder aber als Vermögenssteuer zu qualifizieren ist[360].

Sachliche Steuerbefreiung (Sparförderung)

Nicht zu demjenigen Bruttovermögen, das der Berechnung fiktiver Kapitalerträge zugrunde liegt, werden bestimmte Sparguthaben, Optionsscheine[361] und Gewinnanteilsscheine bis zu 17.025 € gezählt, die im Rahmen des „Prämiensparens" oder des „Sparlohns" angesammelt wurden und für einen Zeitraum von 4 Jahren für den Sparer zur Disposition gesperrt sind. Die damit geförderten Investitionen sind von der Einkommensteuer befreit[362]. Dies gilt ebenso für bestimmte Kapitalinvestitionen mit umweltpolitischen Zielsetzungen bzw. zur Förderung junger Unternehmen[363]. Die dargelegten Steuervergünstigungen kommen speziell Gebietsansässigen zugute. Zinserträge Nichtansässiger sind ohnehin i. d. R. sachlich steuerbefreit (s. u.).

---

355 Müssener, in: Mennel/ Förster, Steuern in Europa, Niederlande, 47. EL 2002, Rz. 66
356 Hamaekers, in: IBFD, Asia-Pacific Tax Bulletin, 02/2003, 42 (48); Müssener, in: Mennel/ Förster, Steuern in Europa, Niederlande, 47. EL 2002, Rz. 66; Jarass, IStR 2002, 46 (50).
357 Müssener, in: Mennel/ Förster, Steuern in Europa, Niederlande, 47. EL 2002, Rz. 196.
358 Müssener, in: Mennel/ Förster, Steuern in Europa, Niederlande, 47. EL 2002, Rz. 66; IBFD, StB Handbuch, Fach C, Niederlande, 41. EL, Juni 2004, Rz. 25.
359 IBFD, Taxation of Private Investment Income, Netherlands, Suppl. No. 87, Apr. 2003, p. 4.
360 Müssener, in: Mennel/ Förster, Steuern in Europa, Niederlande, 47. EL 2002, Rz. 49 nimmt demgegenüber beides an. Für Sollertragssteuer: Jarass, IStR 2002, 46 (48). Für Vermögenssteuer: Hamaekers, in: IBFD, Asia-Pacific Tax Bulletin, 02/2003, 42 (48).
361 Vgl. die Definition bei Harenberg, NWB v. 12.7.2004, Fach 21, 1483 (1491): Optionsscheine sind verbriefte, bedingte Termingeschäfte, bei denen der Käufer berechtigt, aber nicht verpflichtet ist, gegen Zahlung einer Prämie (Optionsprämie) ein Basisobjekt (Aktien, Anleihen, Edelmetalle u. a.) u einem vorher festelegten Basispreis innerhalb eines bestimmten Zeitraums (amerikanische Option) oder zu einem bestimmten Zeitpunkt (europäische Option) zu kaufen (Call Option) oder zu verkaufen (Put Option).
362 Müssener, in: Mennel/ Förster, Steuern in Europa, Niederlande, 47. EL 2002, Rz. 198.
363 Müssener, in: Mennel/ Förster, Steuern in Europa, Niederlande, 47. EL 2002, Rz. 199.

(iii) Steuersatz/ Besteuerungsverfahren

Es wird grundsätzlich keine Quellensteuer auf Zinserträge erhoben[364]. Zur Anwendung kommt bei der Besteuerung (fiktiver) Einkünfte aus Sparen und Investieren ein einheitlicher Steuersatz von 30 %[365].

(iv) Bankgeheimnis/ Kontrollmitteilungen

Ein Bankgeheimnis besteht zwar gegenüber privaten Dritten, nicht aber gegenüber dem Fiskus[366]. Stattdessen gibt es ein automatisches System von Kontrollmitteilungen durch Banken an die Finanzverwaltung[367]. Die Finanzverwaltung erhält, z. T. im Wege der elektronischen Datenverarbeitung, unter Angabe von Name, Adresse und Finanzkennziffer des Zinsempfängers, Informationen über Zinszahlungen aus Sparguthaben, Schuldverschreibungen[368], Bank-, Spar- und Pfandbriefen[369]. Diese Kontrollmitteilungen erfassen indessen nur Zinszahlungen an Ansässige[370]. Darüber hinaus ist das Einholen von Auskünften über kundenbezogene Informationen von Banken nur zulässig, wenn andere Informationsquellen, insbesondere die Ermittlung beim Steuerpflichtigen selbst, erfolglos waren[371]. Es erfolgen keine Kontrollmitteilungen an ausländische Finanzverwaltungen[372].

(b) Besteuerung von inländischen Zinserträgen bei Nichtansässigen

Nichtansässige unterliegen der Einkommensteuer hinsichtlich bestimmter Einkunftsarten aus niederländischen Quellen (Box 1 und Box 2; beschränkte Steuerpflicht)[373]. Zinseinkünfte unterliegen grundsätzlich nicht der beschränkten Steuerpflicht[374], sind also, sofern sie Nichtansässigen zuzurechnen sind, grundsätzlich nicht steuerbar[375]. Etwas anderes gilt lediglich für Zinserträge aus Kapitalbeteiligungen, die Einkünften aus wesentlichen Beteiligungen an Kapitalgesellschaften ähnlich sind (Gewinnschuldverschreibungen[376], partiarische Darlehen).

---

364 Etwas anderes gilt lediglich für Zinsen aus Gewinnobligationen, die in Box 2 fallen und mit dem Dividendensteuersatz von 25 % an der Quelle besteuert werden. So IBFD, StB Handbuch, Fach C, Niederlande, 41. EL, Juni 2004, Rz. 37.

365 Hamaekers, in: IBFD, Asia-Pacific Tax Bulletin, 02/2003, 42 (48); IBFD, Taxation of Private Investment Income, Netherlands, Suppl. No. 87, Apr. 2003, p. 4; Jarass, IStR 2002, 46 (50).

366 Ruegenberg, Steuergeheimnis, S. 125, 382.

367 Schratzenstaller/ Wehner, Wirtschaftsdienst 2000, 675 (677); Nüssgens, Die Bank 2000, 355 (356).

368 Vgl. die Definition bei Harenberg, in: NWB v. 12.7.2004, Fach 21, 1483 (1493): Schuldverschreibung ist ein Sammelbegriff für Anleihen, Obligationen, fest- oder variabel verzinsliche Wertpapiere jeder Art, auch Rentenwerte oder Rentenpapiere.

369 Müssener, in: Mennel/ Förster, Steuern in Europa, Niederlande, 47. EL 2002, Rz. 268; Carl/ Klos, Bankgeheimnis und Quellensteuer, S. 131. Vgl. auch die Definition bei Harenberg, in: NWB v. 12.7.2004, Fach 21, 1483 (2290): Pfandbriefe sind durch Bodenkreditinstitute (Hypothekenbanken u. a.) zur Beschaffung der Mittel für die Gewährung von Hypothekendarlehen ausgegebene langfristige Schuldverschreibungen mit gleichbleibender (fester) Verzinsung.

370 OECD-Report, Improving Access to Bank Information, 2000, S. 72, Tz. 3.1.1.

371 OECD-Report, Improving Access to Bank Information 2000, S. 78, Tz. 3.2.

372 Müssener, in: Mennel/ Förster, Steuern in Europa, Niederlande, 47. EL 2002, Rz. 268; Sichtermann/ Feuerborn, Bankgeheimnis und Bankauskunft, S. 470.

373 IBFD, StB Handbuch, Fach C, Niederlande, 41. EL, Juni 2004, Rz. 69.

374 IBFD, StB Handbuch, Fach C, Niederlande, 41. EL, Juni 2004, Rz. 69, 73.

375 Zur Terminologie: Bei Steuerpflichtigen, die der beschränkten Steuerpflicht unterliegen, sind nur die Einkünfte aus inlandsradizierten Einkunftsquellen Steuerobjekt der Einkommensteuer. Nur diese sind im Inland steuerbar. Vgl. Tipke/ Lang, Steuerrecht, § 7 Rz. 23, 30.

376 Vgl. die Definition bei Harenberg, in: NWB v. 12.7.2004, Fach 21, 1483 (1488): Gewinnschuldverschreibungen (= Gewinnobligationen) gewähren nicht nur, wie gewöhnliche Industrieobligationen, eine feste,

Diese fallen in Box 2 und unterliegen einer Quellensteuer von 25 %[377]. Innerhalb der beschränkten Steuerpflicht kommen die gleichen Einkommensteuertarife wie bei Ansässigen zur Anwendung; es sind diejenigen Aufwendungen abzugsfähig, die in Zusammenhang mit dem Einkommen stehen, das in den Niederlanden steuerpflichtig ist[378].
Seit 1.1. 2001 können Steuerpflichtige, die in einem anderen EU-Mitgliedsstaat oder in einem Staat ansässig sind, mit dem die Niederlande ein DBA abgeschlossen haben, das eine Informationsaustauschklausel enthält, zur unbeschränkten Steuerpflicht optieren[379].
Nach Art. 14 Abs. 2 des insoweit vorrangigen deutsch-niederländischen DBA vom 16.6.1959[380], geändert durch die Protokolle vom 13.3.1980[381] sowie vom 21.5.1991[382], werden Zinsen, die von in Deutschland Ansässigen in den Niederlanden erwirtschaftet werden, grundsätzlich ausschließlich im Wohnsitzstaat Deutschland besteuert. Sie sind damit in den Niederlanden, sofern sie dort als Objekt der beschränkten Steuerpflicht steuerbar sind[383], grundsätzlich steuerbefreit. Allein Zinsen aus Gewinnobligationen unterliegen einer Quellensteuer von 15 % (Art. 13 Abs. 3, 14 Abs. 3 DBA).

(c) Besteuerung von ausländischen Zinserträgen bei Ansässigen

Ausländische Zinserträge von Ansässigen, d. h. unbeschränkt Steuerpflichtigen, werden grundsätzlich nach denselben Vorschriften wie reine Inlandserträge besteuert (Box 3, Tarif: 30 %, Bemessungsgrundlage: 4 % des Reinvermögens als fiktiver Ertrag)[384]. Da im Rahmen der Bemessungsgrundlage daher nicht auf den tatsächlichen Zinsertrag abgestellt wird, bleiben im Ausland bereits entrichtete Steuern insoweit grundsätzlich unberücksichtigt[385].
Dies stellt eine Ausnahme vom sog. Beschluss zur Vermeidung der Doppelbesteuerung[386] (besluit voorkoming dubbele belasting) vom 21.12.1989 (Stb. 594) dar[387]. Nach diesem sind alle drei international anerkannten Methoden zur Vermeidung der Doppelbesteuerung vorgesehen, nämlich für einen Großteil der ausländischen Einkünfte die Freistellungsmethode mit Progressionsvorbehalt, für eine begrenzte Anzahl von Einkünften aus Entwicklungsländern die Anrechnungsmethode mit Progressionsvorbehalt und im übrigen die Abzugsmethode von der Bemessungsgrundlage[388].

---

sondern daneben auch eine zusätzliche Verzinsung, die sich nach der Höhe der ausgeschütteten Gewinne (Dividenden) richtet.

377 IBFD, Taxation of Private Investment Income, Netherlands, Suppl. No. 87, Apr. 2003, p. 11 sq.

378 IBFD, StB Handbuch, Fach C, 41. EL, Juni 2004, Rz. 70.

379 IBFD, StB Handbuch, Fach C, 41. EL, Juni 2004, Rz. 71.

380 Abkommen zwischen der Bundesrepublik Deutschland und dem Königreich Niederlande zur Vermeidung der Doppelbesteuerung auf dem Gebiete der Steuern vom Einkommen und vom Vermögen sowie verschiedener sonstiger Steuern und zur Regelung anderer Fragen auf steuerlichem Gebiete v. 16.6.1959, BGBl. II 1960, S. 1781 ff.

381 BGBl. II 1980, S.1150 ff.

382 BGBl. II 1991, S. 1428 ff.

383 Zur Terminologie: Bei Steuerpflichtigen, die der beschränkten Steuerpflicht unterliegen, sind nur die Einkünfte aus inlandsradizierten Einkunftsquellen Steuerobjekt der Einkommensteuer. Nur diese sind im Inland steuerbar. Vgl. Tipke/ Lang, Steuerrecht, § 7 Rz. 23, 30.

384 IBFD, StB Handbuch, Fach C, Niederlande, 41. EL, Juni 2004, Rz. 59.

385 IBFD, Taxation of Private Investment Income, Netherlands, Suppl. No. 87, April 2003, p. 7.

386 Doppelbesteuerung liegt vor, wenn derselbe Steuerpflichtige aufgrund desselben Tatbestands sowohl im Quellen- als auch im Wohnsitzstaat zu gleichen oder gleichartigen Steuern, hier: Einkommensteuer, herangezogen wird. Dazu: Kruse/ Drüen, in: Tipke/ Lang, AO, Bd. 1, § 2 Rz. 26

387 Müssener, in: Mennel/ Förster, Steuern in Europa, Niederlande, 47. EL 2002, Rz. 279.

388 Müssener, in: Mennel/ Förster, Steuern in Europa, Niederlande, 47. EL 2002, Rz. 279.

Für Zinsen, die wie Einkünfte in Box 3 besteuert werden, wird eine Steueranrechnung gewährt, jedoch nur, wenn sie in bestimmten Entwicklungsländern erzielt wurden. Der maximale Anrechnungsbetrag liegt bei 25 % der Bruttozinsen[389].
Doppelbesteuerungsabkommen gehen den unilateralen Regelungen vor[390]. Nach Art. 14 Abs. 1 des deutsch-niederländischen DBA vom 16.6.1959, geändert durch die Protokolle vom 13.3.1980 sowie vom 21.5.1991, werden Zinsen, die von in den Niederlanden ansässigen Personen in Deutschland erzielt werden, grundsätzlich ausschließlich im Wohnsitzstaat (Niederlande) besteuert. Dort werden Zinsen in die Bemessungsgrundlage von Box 3 mit einbezogen. Im Quellenstaat sind die Zinsen steuerfrei. Mangels Doppelbesteuerung ist insoweit keine weitere Veranlassung durch den Wohnsitzstaat geboten (Art. 20 DBA).
Sollte auf Zinsen aus Gewinnobligationen nach Art. 14 Abs. 3, 13 Abs. 3 DBA in Deutschland eine Quellensteuer erhoben werden, wird diese nach Art. 20 DBA in den Niederlanden auf die Schedulensteuer in Box 3 angerechnet[391].

b) Staaten mit Quellensteuer

Zu denjenigen Staaten, in denen es sowohl umfassende, automatisierte Mitteilungspflichten für Banken als auch eine Quellensteuer auf Zinsen gibt, zählen Großbritannien, Finnland, Frankreich, Irland, Schweden sowie Spanien. Diese Staaten erheben eine auf die endgültige Einkommensteuerschuld anrechenbare Quellensteuer auf Zinsen, wobei allein in Frankreich die Option zur Abgeltung der einbehaltenen Quellensteuer offen steht.

(1) Finnland

(a) Besteuerung von Inlandssachverhalten

(i) Unbeschränkte Steuerpflicht

Unbeschränkt einkommensteuerpflichtig sind natürliche Personen, die in Finnland ansässig sind. Dies ist dann der Fall, wenn eine natürliche Person ihren ständigen Aufenthaltsort in Finnland hat oder während eines Zeitraums von über 6 Monaten ununterbrochen in Finnland wohnhaft ist[392]. Außerdem gelten finnische Staatsangehörige für 3 Jahre nach ihrem Wegzug aus Finnland als ansässig, es sei denn sie können darlegen, dass sie keine wesentlichen Verbindungen zu Finnland mehr haben (erweiterte unbeschränkte Steuerpflicht)[393]. Unbeschränkt Steuerpflichtige unterliegen der finnischen Einkommensteuerpflicht mit ihrem Welteinkommen[394].

---

389 IBFD, StB Handbuch, Fach C, Niederlande, 41. EL, Juni 2004, Rz. 63.
390 IBFD, StB Handbuch, Fach C, Niederlande, 41. EL, Juni 2004, Rz. 61.
391 Glavazi, in: Debatin/ Wassermeyer, Doppelbesteuerung, Band IV, Niederlande, Art. 20, Rz. 126; IBFD, Taxation of Private Investment Income, Netherlands, Suppl. No. 87, Apr. 2003, p. 8.
392 IBFD, StB Handbuch, Fach C, Finnland, 42. EL, August 2004, Rz. 2.
393 IBFD, Taxation of Private Investment Income, Suppl. No. 87, Apr. 2003, Finland, p. 3.
394 IBFD, Taxation of Private Investment Income, Suppl. No. 87, Apr. 2003, Finland, p. 3.

(ii) Einordnung der Zinsen in das Einkommensteuerrecht

Steuergegenstand

Der Begriff des „Einkommens“ ist in Finnland nicht eindeutig definiert. Grundsätzlich fallen darunter alle Einnahmen, die der Steuerpflichtige in Geld oder in Geldeswert erhält[395].

Das Einkommen natürlicher Personen wird in Finnland in zwei Kategorien aufgeteilt, nämlich Einkommen aus Kapital und Erwerbseinkommen; diese beiden werden getrennt ermittelt; es finden getrennte Steuersätze Anwendung[396] (duale Einkommensteuer, Schedulensteuer[397]). Dabei umfassen die Kapitaleinkünfte sämtliche Arten von Kapitalerträgen, also auch Zinsen[398]. Erträge aus Nullkuponanleihen[399] sowie aus Disagio-Anleihen (deep discount bonds)[400] werden steuerlich wie Zinsen behandelt[401].

Sachliche Steuerbefreiung/ Sparförderung

Einen allgemeinen Sparerfreibetrag gibt es in Finnland nicht. Indessen sind Zinsen aus Spareinlagen und laufenden Konten steuerfrei, wenn die Verzinsung 2 % nicht übersteigt[402]. Des weiteren sind bestimmte öffentliche und private Anleihen, die vor 1988 emittiert wurden, sowie 20-jährige Staatsanleihen von 1989–1992 mit einer Verzinsung, die nicht über dem Diskontsatz liegt, sachlich steuerbefreit[403].

(iii) Besteuerungsverfahren/ Steuersatz

Auf Zinsen aus inländischen Bankeinlagen sowie Wertpapieren und Anleihen[404] wird eine Quellensteuer (kotulon lähdevero/ källskatt pa ränteinkomst) in Höhe von 29 % erhoben. Die-

---

395 IBFD, StB Handbuch, Fach C, Finnland, 42. EL, August 2004, Rz. 3.

396 IBFD, Taxation of Private Investment Income, Suppl. No. 87, Apr. 2003, Finland, p. 3.

397 Schratzenstaller/ Wehner, Wirtschaftsdienst 2000, 675 (680); IBFD, StB Handbuch, Fach C, Finnland, 42. EL, August 2004, Rz. 3. Vgl. BMF, Reform der internationalen Kapitaleinkommensbesteuerung, S. 84: Unter „dualer Einkommensteuer“ ist eine Schedulensteuer mit separaten Tarifen für Arbeits- und Kapitaleinkommen zu verstehen. Unter Kapitaleinkommen fallen dabei i. d. R. jedoch – über die reine „Abgeltungsteuer“ auf Zinsen und Dividenden hinaus – auch Mieten und Pachten sowie Patent- und Lizenzeinnahmen.

398 IBFD, Taxation of Private Investment Income, Suppl. No. 87, Apr. 2003, Finland, p. 3.

399 Vgl. die Definition bei Harenberg, in: NWB v. 12.7.2004, Fach 21, 1483 (1491): Nullkupon-Anleihen sind in der Regel abgezinste, regelmäßig langfristige Schuldverschreibungen ohne laufende Zinsauszahlung, bei denen der Kapitalanleger (Gläubiger) dem Emittenten (Schuldner) ein weit unter dem Nennbetrag liegendes Kapital zur Nutzung überlässt. Die Kapitalrückzahlung am Ende der Laufzeit erfolgt zum Nennwert (Abzinsungsvariante). In der Aufzinsungsvariante überlässt der Kapitalanleger dem Emittenten den Nennwert der Anleihe, den er bei Einlösung zuzüglich der Zinsen und Zinseszinsen zurückgezahlt erhält.

400 Vgl. die Definition bei Harenberg, NWB v. 12.7.2004, Fach 21, 1483 (1486): Disagio-Anleihen ist ein Sammelbegriff für Schuldverchreibungen, die mit einem Abschlag (Disagio) auf den Nennwert emittiert werden. Ist der Abschlag sehr hoch und wird keine laufende Vezinsung gewährt, liegen Nullkupon-Anleihen vor.

401 IBFD, Taxation of Private Investment Income, Suppl. No. 87, Apr. 2003, Finland, p. 3.

402 Dinse, Besteuerung von Portfolio-Kapitalerträgen, S. 354.

403 Dinse, Besteuerung von Portfolio-Kapitalerträgen, S. 354.

404 Vgl. die Definition bei Harenberg, NWB v. 12.7.2004, Fach 21, 1483 (1484): Anleihen ist ein Sammelbegriff für Schuldverschreibungen jeder Art, die in bestimmter Stückelung und mit fester oder variabler Verzinsung ausgestattet von öffentlich-rechtlichen Körperschaften, privaten Wirtschaftsunternehmen oder einem Staat ausgegeben werden.

se hat Abgeltungswirkung[405]. Es erfolgt keine Veranlagung der mit einer Quellensteuer belegten Zinsen[406]. Zinsen, für die keine Steuerabzug an der Quelle vorgenommen wird, z. B. solche aus Privatdarlehen, werden jährlich zur Einkommensteuer veranlagt. Auf Kapitaleinkommen wird im Rahmen dieser Veranlagung ebenfalls ein Pauschalsteuersatz von 29 % angewandt[407].

(iv) Bankgeheimnis/ Kontrollmitteilungen

Das zivilrechtliche Bankgeheimnis ist in den Bankgesetzen gesetzlich verankert und ist auch strafrechtlich sanktioniert. Kreditinstitute und ihre Angestellten trifft eine Verschwiegenheitspflicht über die finanzielle Lage und die Geschäftsgeheimnisse der Kunden[408].
Das Bankgeheimnis ist im Steuerrecht allerdings weitgehend durchbrochen. Hier haben die Finanzbehörden das Recht, Auskünfte über gezahlte Zinsen und gewährte Kredite einzuholen sowie in Bankunterlagen Einsicht zu nehmen [409]. Das Auskunftsverlangen setzt das Vorliegen eines konkreten, individualisierten Verdachts voraus[410]. Darüber hinaus sind die Banken verpflichtet, der Finanzverwaltung automatisch Zinszahlungen, auf die keine Quellensteuer einbehalten wurde, sowie sämtliche Zinszahlungen an Nichtansässige mitzuteilen (Kontrollmitteilungen)[411].

(b) Besteuerung von inländischen Zinserträgen bei Nichtansässigen

Nichtansässige natürliche Personen unterliegen der finnischen Einkommensteuer (valtior tulovero/ statlig inkomstskatt) mit all ihren Einkünften aus finnischen Einkunftsquellen (beschränkte Steuerpflicht)[412]. Zinseinkünfte von Nichtansässigen aus finnischen Quellen sind demgegenüber in der Regel von der Einkommensteuer befreit, d. h. vom Steuerabzug ausgeschlossen[413]. Dies gilt u. a. für Zinsen aus Anleihen, Schuldverschreibungen und anderen Schuldtiteln, aus Bankeinlagen, ausländischen Handelskrediten sowie andere Darlehen, die nicht eigenkapitalersetzend sind[414]. Damit unterliegen im Ergebnis nur solche Zinsen bei Nichtansässigen der beschränkten Steuerpflicht, die unmittelbar aus einem langfristigen Darlehen erwachsen, das für ein ansässiges Unternehmen (eigen-) kapitalersetzenden Charakter hat[415].
Auf die steuerpflichtigen Zinsen wird eine abgeltende Quellensteuer in Höhe von 29 % einbehalten, es sei denn, ein DBA sieht einen niedrigeren Steuersatz vor[416]. Die Zahlstelle ist berechtigt, von der Erhebung einer Quellensteuer auf inländische Einkünfte, die nicht der beschränkten Steuerpflicht unterliegen, abzusehen, wenn der Zinsempfänger die Voraussetzungen dafür (insbesondere Ansässigkeit im Ausland) formlos nachweist. Im Fall einer überhöh-

---

405 Steichen, FS Fischer, 230 (245)
406 IBFD, Taxation of Private Investment Income, Suppl. No. 87, Apr. 2003, Finland, p. 4.
407 IBFD, Taxation of Private Investment Income, Suppl. No. 87, Apr. 2003, Finland, p. 3.
408 Sichtermann/ Feuerborn, Bankgeheimnis und Bankauskunft, S. 454.
409 Carl/ Klos, Bankgeheimnis und Quellensteuer, S. 142; Sichtermann/ Feuerborn, Bankgeheimnis und Bankauskunft, S. 455.
410 Sichtermann/ Feuerborn, Bankgeheimnis und Bankauskunft, S. 455.
411 OECD-Report, Improving Access to Bank Information, 2000, S. 73, Tz. 3.1.1.
412 IBFD, StB Handbuch, Fach C, Finnland, 36. EL, August 2003, Rz. 54.
413 IBFD, StB Handbuch, Fach C, Finnland, 36. EL, August 2003, Rz. 55.
414 IBFD, Taxation of Private Investment Income, Suppl. No. 85, Aug. 2002, Finland, p. 9 sq.
415 IBFD, Taxation of Private Investment Income, Suppl. No. 85, Aug. 2002, Finland, p. 10.
416 IBFD, Taxation of Private Investment Income, Suppl. No. 85, Aug. 2002, Finland, p. 10; IBFD, StB Handbuch, Fach C, Finnland, 36. EL, August 2003, Rz. 55 ff.

ten Quellensteuererhebung kommt es auf (formlosen) Antrag zu einer Erstattung durch die Steuerbehörden (sog. Undenmaan verovirasto)[417].

Nach Art. 11 des insoweit vorrangigen deutsch-finnischen DBA vom 5. Juli 1979[418] werden Zinsen, die in Deutschland ansässige natürliche Personen im Quellenstaat Finnland erzielen, ausschließlich im Ansässigkeitsstaat Deutschland besteuert. Sie sind also, sofern sie in Finnland Objekt der beschränkten Steuerpflicht sind (also: steuerbar sind[419]), sachlich steuerbefreit. Lediglich auf Kapitaleinkünfte aus Gewinnschuldverschreibungen, aus einer Beteiligung an einer typisch stillen Gesellschaft und aus partiarischem Darlehen wird nach Art. 10 Abs. 2 lit. c DBA (Dividendenartikel) eine Quellensteuer von 15 % einbehalten[420]. Diese Quellensteuer wird auf die deutsche Einkommensteuer nach Art. 23 Abs. 5 lit. b, i) angerechnet.

(c) Besteuerung von ausländischen Zinserträgen bei Ansässigen

Im Ausland erzielte Zinsen werden bei Ansässigen, d. h. unbeschränkt Steuerpflichtigen, nach dem sog. Welteinkommensprinzip zur finnischen Einkommensteuer veranlagt[421]. Es kommt der für inländische Kapitaleinkünfte geltende Pauschalsteuersatz von 29 % zur Anwendung[422].

Das nationale Einkommensteuerrecht folgt zur Vermeidung einer Doppelbesteuerung der Anrechnungsmethode, wobei das Anrechnungsguthaben für jeden Staat (per country limitation) und jede Einkunftsart (Erwerbseinkünfte/ Kapitaleinkünfte) gesondert berechnet wird[423].

Nach Art. 11 Abs. 1 des vorrangigen deutsch-finnischen DBA vom 5. Juli 1979 werden Zinsen, die aus einem Vertragsstaat – hier Deutschland – stammen und an eine in dem anderen Vertragsstaat – hier Finnland – ansässige Person gezahlt werden, ausschließlich im Ansässigkeitsstaat – also Finnland – besteuert. Da die Zinsen im Quellenstaat steuerfrei sind, insoweit also keine Doppelbesteuerung erfolgt, hat der Ansässigkeitsstaat eine solche nicht nach Art. 23 DBA zu beseitigen. Etwas anderes gilt für den Fall, dass nach Art. 10 Abs. 2 lit. c DBA (Dividendenartikel) in Deutschland auf Einkünfte von in Finnland ansässigen natürlichen Personen aus Gewinnschuldverschreibungen, aus typisch stiller Beteiligung und aus partiarischem Darlehen eine Quellensteuer in Höhe von 15 % einbehalten wird. Hier wird die in Deutschland entrichtete Einkommensteuer auf die finnische Einkommensteuer nach Art. 23 Abs. 1 lit. a DBA angerechnet.

---

417 IBFD, Taxation of Private Investment Income, Suppl. No. 85, Aug. 2002, Finland, p. 10.

418 Abkommen zwischen der Bundesrepublik Deutschland und der Republik Finnland zur Vermeidung der Doppelbesteuerung auf dem Gebiet der Steuern vom Einkommen und vom Vermögen sowie einiger anderer Steuern v. 5.7.1979, BGBl. II 1981, S. 1164 ff.

419 Zur Terminologie: Bei Steuerpflichtigen, die der beschränkten Steuerpflicht unterliegen, sind nur die Einkünfte aus inlandsradizierten Einkunftsquellen Steuerobjekt der Einkommensteuer. Nur diese sind im Inland steuerbar. Vgl. Tipke/ Lang, Steuerrecht, § 7 Rz. 23, 30.

420 IBFD, Taxation of Private Investment Income, Suppl. No. 85, Aug. 2002, Finland, p. 16.

421 IBFD, Taxation of Private Investment Income, Suppl. No. 83, Dec. 2001, Finland, p. 5.

422 Dinse, Besteuerung von Portfolio-Kapitalerträgen, S. 412.

423 IBFD, Taxation of Private Investment Income, Suppl. No. 83, Dec. 2001, Finland, p. 5.

(2) Großbritannien

(a) Besteuerung von Inlandssachverhalten

(i) Unbeschränkte Steuerpflicht

Unbeschränkt steuerpflichtig im Sinne des Einkommensteuerrechts sind in Großbritannien natürliche Personen, die ihren Wohnsitz (residence) im Inland haben. Dies ist grundsätzlich dann der Fall, wenn im Inland eine Wohnung oder ein Haus unterhalten wird oder aber sich der Steuerpflichtige mindestens 183 Tage während des Steuerjahres im Inland aufhält. Ebenso begründet ein Aufenthalt von durchschnittlich mindestens 3 Monaten im Jahr im Inland über 4 aufeinander folgende Jahre einen inländischen Wohnsitz[424]. Grundsätzlich unterliegt der unbeschränkt Steuerpflichtige mit seinem Welteinkommen der britischen Einkommensteuer. Hier ist das Einkommen auf der Grundlage seiner weltweiten Einkünfte (arising basis) zu ermitteln,[425]. Abweichungen ergeben sich dann, wenn er zwar im Inland ansässig (resident), aber nicht „gewöhnlich ansässig" (ordinarily resident)[426] ist. Dann unterliegen insbesondere lediglich solche Einkünfte – und damit auch Zinsen – der britischen Einkommensteuer, die ins Inland transferiert wurden (remittance basis)[427]. Eine Besteuerung auf „remittance basis" gilt auch für sämtliche Einkünfte eines Ansässigen, der in Großbritannien nicht „beheimatet" (domiciled) ist[428]. Dabei bestimmt sich das „domicile" grundsätzlich nach der Abstammung vom Vater im Zeitpunkt der Geburt, kann aber ab einem Lebensalter von 16 Jahren dadurch geändert werden, dass eine natürliche Person aufgrund ihres Verhaltens einen anderen Staat als seine Heimat betrachtet[429].

(ii) Einordnung der Zinsen in das Einkommensteuerrecht

Steuergegenstand

Einkommen (income) einer natürlichen Person resultiert im britischen Einkommensteuerrecht aus der Summe der Einkünfte aus den verschiedenen Einkunftsarten (Schedulen A bis F). Hingegen unterliegen solche Einkünfte, die, wie der Veräußerungsgewinn (capital gains), der Kapitalsphäre zuzuordnen sind, nicht dem Schedulensystem. Sie folgen den gesonderten Regeln des Capital Gains Act 1992 (CGTA)[430]. Zinsen fallen grundsätzlich unter die Schedule D (Case III). Eine gesetzliche Definition von Zinsen findet sich nicht. Nach case-law sind sie als Gegenleistung für die Nutzungsüberlassung von Geld auf Zeit zu verstehen[431].

Steuerbemessungsgrundlage

Ob bei der Ermittlung der Einkünfte aus einer Schedule die mit der Einkunftserzielung zusammenhängenden Aufwendungen berücksichtigt werden, hängt von der jeweiligen Ein-

---

424 Müssener, in: Mennel/ Förster, Steuern in Europa, 47. EL 2002, Großbritannien, Rz. 20.

425 Müssener, in: Mennel/ Förster, Steuern in Europa, 47. EL 2002, Großbritannien, Rz. 22; Fleißig, Harmonisierung der Zinsbesteuerung, S. 69.

426 Vgl. dazu IBFD, Taxation of Private Investment Income, Suppl. No. 86, Dec. 2002, United Kingdom, p. 3.

427 IBFD, Taxation of Private Investment Income, Suppl. No. 86, December 2002, United Kingdom, p. 3.

428 Müssener, in: Mennel/ Förster, Steuern in Europa, 47. EL 2002, Großbritannien, Rz. 24.

429 Fleißig, Harmonisierung der Zinsbesteuerung, S. 69.

430 Müssener, in: Mennel/ Förster, Steuern in Europa, 47. EL 2002, Großbritannien, Rz. 31.

431 Vgl. dazu umfassend: Fleißig, Harmonisierung der Zinsbesteuerung, S. 70 ff.

kunftsart ab. Bei Zinsen aus Schedule D (Case III) ist dies zu verneinen[432]. Auch wenn das 1803 eingeführte Schedulensystem bis heute erhalten geblieben ist, hat sich sein Charakter von der Besteuerung einzelner Einkunftskategorien zu einer einheitlichen Erfassung des Gesamteinkommens gewandelt[433]. Können Aufwendungen innerhalb einer Einkunftsart nicht berücksichtigt werden, so werden sie als „charges on income" nach der Ermittlung des positiven Einkommens abgezogen. Nach Abzug von Sonderausgaben erhält man das Gesamteinkommen (total income). Bei unbeschränkt Steuerpflichtigen führt schließlich der Abzug eines persönlichen Freibetrags (personal relief bzw. allowance)[434] zum zu versteuernden Einkommen (taxable income), auf das der Steuertarif anzuwenden ist[435].

Sachliche Steuerbefreiung (Sparförderung)

Im Rahmen nationaler Sparförderungsprogramme bestehen in Großbritannien sachliche Einkommensteuerbefreiungen für Zinserträge. Steuerbefreit sind danach Zinsen bis zu 70 £ im Jahr aus laufenden Sparkonten bei der National Savings Bank, aus staatlichen Sparzertifikaten (National Savings Certificates), aus bestimmten staatlich geförderten Sparkassenplänen (save as you earn, SAYE) sowie aus speziellen steuerfreien Sparkonten, den sog. tax exempt special savings accounts (TESSA), Zinserträge aus einem individuellen Wertpapiersparplan (personal equity plan (PEP), sowie Zinserträge aus individual savings accounts (ISA)[436]. Damit wird der Förderung privaten Sparens im britischen Steuerrecht ein hoher Stellenwert eingeräumt.

(iii) Steuersatz/ Besteuerungsverfahren

Zinsen aus savings income unterliegen im Rahmen der Veranlagung bei unbeschränkt Steuerpflichtigen einem Einkommensteuersatz in Höhe von 20 % (savings income rate), soweit die Einkünfte des Steuerpflichtigen unter 29.900 £ liegen[437]. Zum savings income zählen u. a. Zinsen von Banken und Bausparkassen, aus Staatspapieren und anderen Schuldverschreibungen[438]. Soweit Zinsen die Einkunftsgrenze von 29.900 £ überschreiten, kommt demgegenüber ein Einkommensteuersatz von 40 % (higher rate) zur Anwendung.

Zwar beruht das Schedulensystem in seiner Grundkonzeption auf einer möglichst umfassenden Besteuerung der Einkünfte an der Quelle, doch wird dieses Prinzip mittlerweile weitgehend verdrängt durch eine Veranlagung unter Berücksichtigung der subjektiven Leistungsfähigkeit[439].

Dem Quellensteuerabzug unterlagen historisch sämtliche Zinserträge im Sinne der Schedule D (Case III). Nunmehr wird ein solcher Abzug an der Quelle grundsätzlich in Höhe von 20 % vorgenommen und die Quellensteuer im Falle einer Veranlagung sodann auf die individuelle Einkommensteuerschuld angerechnet. Das britische Einkommensteuerrecht wendet dabei, je nach Einkommenshöhe, grundsätzlich drei Tarifsätze an, die bei 10 %, 22 % und

---

432 Müssener, in: Mennel/ Förster, Steuern in Europa, 47. EL 2002, Großbritannien, Rz. 32 f.; Fleißig, Harmonisierung der Zinsbesteuerung, S. 77.

433 Fleißig, Harmonisierung der Zinsbesteuerung, S. 67.

434 IBFD, Taxation of Private Investment Income, Suppl. No. 86, Dec. 2002, United Kingdom, p. 4.

435 Müssener, in: Mennel/ Förster, Steuern in Europa, 47. EL 2002, Großbritannien, Rz. 37.

436 Müssener, in: Mennel/ Förster, Steuern in Europa, 47. EL 2002, Großbritannien, Rz. 137; Fleißig, Harmonisierung der Zinsbesteuerung, S. 76 f.

437 Müssener, in: Mennel/ Förster, Steuern in Europa, 47. EL 2002, Großbritannien, Rz. 135.

438 Fleißig, Harmonisierung der Zinsbesteuerung, S. 79 f.

439 Fleißig, Harmonisierung der Zinsbesteuerung, S. 81.

40 % liegen[440]. Hingegen werden Zinsen unbeschränkt Steuerpflichtiger mit Einkünften bis 29.900 £ nur mit der sog. „savings income rate“ von 20 % besteuert[441].
Vom Quellenabzugssystem ausgeschlossen sind bei unbeschränkt Steuerpflichtigen Diskonte aus sog. relevant discounted securities sowie Zinsen aus Privatdarlehen und aus Staatspapieren[442].
Unterhalb bestimmter Einkunftsgrenzen hat die Kapitalertragsteuer mangels Veranlagung endgültigen Charakter. Keine Quellensteuer wird demgegenüber einbehalten auf Zinsen, die im Rahmen einer staatlichen Sparförderung sachlich steuerbefreit sind.

(iv) Bankgeheimnis/ Kontrollmitteilungen

Es existiert in Großbritannien weder ein gesetzlich verankertes noch ein strafrechtlich sanktioniertes Bankgeheimnis. Das Bankgeheimnis ist vielmehr nach der sog. doctrine of implied terms grundsätzlich als bankvertragliche Nebenpflicht anerkannt[443].
Durchbrechungen sind nach der Entscheidung Tourniers vs. National Provincial and Union Bank of England aus dem Jahre 1923 jedoch u. a. in Fällen einer gesetzlichen Anordnung sowie aufgrund überwiegenden öffentlichen Interesses möglich[444].
Die gesetzlichen Durchbrechungstatbestände[445] führen dazu, dass jedes Unternehmen, das Zinsen auszahlt, d. h. auch Banken, auf Aufforderung durch das Finanzamt verpflichtet sind, diesem die Person und Adresse des Zinsempfängers sowie den ausgezahlten Betrag zu benennen. Auf schriftliche Aufforderung haben sie zudem die für die Besteuerung erforderlichen Unterlagen offen zu legen. Weiterhin ist die Finanzverwaltung berechtigt, sich von den Banken automatisch Kontrollmitteilungen zusenden zu lassen[446]. Mitgeteilt werden Zinszahlungen sowie deren Empfänger[447]. Dies gilt nicht für Zinsen aus Eurobonds (Euro-Anleihen) und anderen internationalen Anleihen[448], was mit dem Ziel des britischen Gesetzgebers konform geht, London als europäisches Finanzzentrum, insbesondere auf dem Bond-Markt zu stärken[449]. Während bislang nicht ansässige natürliche Personen auf Antrag und gegen Vorlage einer Nichtansässigkeitsbescheinigung von der Erstellung von Kontrollmitteilungen über Zinszahlungen ausgenommen wurden[450], wurde diese Ausnahme durch den Finance Act 2000 mit Wirkung für das Steuerjahr 2001–2002 beseitigt[451].

(b) Besteuerung von inländischen Zinserträgen bei Nichtansässigen

Nichtansässige, d. h. solche natürliche Personen, die in Großbritannien weder resident noch ordinarlily resident sind, unterliegen mit ihren inländischen Einkünften der britischen Ein-

---

440 IBFD, Taxation of Private Investment Income, Suppl. No. 86, Dec. 2002, United Kingdom, p. 4.
441 Müssener, in: Mennel/ Förster, Steuern in Europa, 47. EL 2002, Großbritannien, Rz. 135.
442 Fleißig, Harmonisierung der Zinsbesteuerung, S. 84.
443 Carl/ Klos, Bankgeheimnis und Quellensteuer, S. 136.
444 Sichtermann/ Feuerborn, Bankgeheimnis und Bankauskunft, S. 460; dazu auch Fleißig, Harmonisierung der Zinsbesteuerung, S. 88.
445 Vgl. dazu Fleißig, Harmonisierung der Zinsbesteuerung, S. 88.
446 Müssener, in: Mennel/ Förster, Steuern in Europa, Großbritannien, 47. EL 2002, Rz. 180; BMF, Monatsbericht 01/ 2004, S. 62.
447 OECD-Report, Improving Access to Bank Information, 2000, S. 73, Tz. 3.1.
448 Müssener, in: Mennel/ Förster, Steuern in Europa, Großbritannien, 47. EL 2002, Rz. 180.
449 Dazu Fleißig, Harmonisierung der Zinsbesteuerung, S. 89.
450 OECD-Report, Improving Access to Bank Information, 2000, S. 73, Tz. 3.1.
451 OECD-Report, Improving Access to Bank Information, 2003, S. 13 f.

kommensteuer (beschränkte Steuerpflicht[452]). Bei den einzelnen Einkunftsarten regelt das britische Steuerrecht, welche Einkünfte hierzu zählen.
Zwar zählen im Inland erzielte Zinsen nach nationalem Recht grundsätzlich zu den Einkünften, die eine beschränkte Steuerpflicht begründen. Zinsen aus Postsparkonten und Konten bei britischen Kreditinstituten sowie Zinsen aus Konten bei Bausparkassen sind bei beschränkt Steuerpflichtigen jedoch ebenso sachlich steuerbefreit[453] wie Zinsen aus Staatspapieren[454]. Zinsen aus börsennotierten Eurobonds (Euro-Anleihen) sind bei beschränkt Steuerpflichtigen dann steuerbefreit, wenn sich die Zahlstelle außerhalb von Großbritannien befindet und zusätzliche Voraussetzungen erfüllt sind[455].
Für die steuerpflichtigen Zinsen wird im Rahmen der Ermittlung des zu versteuernden Einkommens (taxable income) grundsätzlich kein persönlicher Freibetrag berücksichtigt[456]. Etwas anderes gilt jedoch für EU-Staatsangehörige, welchen die persönlichen Freibeträge zustehen.[457].
Soweit Zinsen, die beschränkt Steuerpflichtigen zufließen, überhaupt steuerpflichtig sind, unterliegen sie nach nationalem Recht einer Quellensteuer von 20 %[458], welche eine definitive Belastung darstellt[459].
Nach dem vorrangigen deutsch-britischen DBA vom 23.3.1970[460] werden Zinsen, die aus einer Quelle in einem Vertragsstaat von einer in einem anderen Vertragsstaat ansässigen Person bezogen werden, grundsätzlich nur im Ansässigkeitsstaat besteuert (Art. VII Abs. 1 DBA)[461]. Sofern die Zinsen dort (d. h. im Ansässigkeitsstaat) steuerpflichtig sind („subject-to-tax clause") werden Zinsen, die von nichtansässigen Privatpersonen im Quellenstaat, also Großbritannien, erzielt werden, im Quellenstaat nicht besteuert, sind also sachlich steuerbefreit[462].

(c) Besteuerung von ausländischen Zinserträgen bei Ansässigen

Für britische Staatsangehörige mit Wohnsitz (residence und zugleich ordinary residence) im Inland werden nach dem Welteinkommensprinzip (arising basis) Zinsen aus ausländischen Quellen in Großbritannien voll besteuert. Ist ein Steuerpflichtiger (1) nicht domiciled oder (2) zwar resident, aber nicht ordinarily resident, unterliegen die Einkünfte nur dann der britischen Steuerpflicht, wenn sie ins Inland transferiert wurden (remittance basis)[463].
Die ausländischen Zinserträge werden grundsätzlich zum individuellen Steuersatz (10 %, 22 %, 40 %) in die Veranlagung einbezogen. Die saving income rate von 20 %, welche

---

452 Müssener, in: Mennel/ Förster, Steuern in Europa, Großbritannien, 47. EL 2002, Rz. 26.
453 IBFD, StB Handbuch, Fach C, Vereinigtes Königreich, 38. EL, Dezember 2003, Rz. 85.
454 IBFD, Taxation of Private Investment Income, Suppl. No. 87, Apr. 2003, United Kingdom, p. 10 b.
455 Vgl. IBFD, Taxation of Private Investment Income, Suppl. No. 87, Apr. 2003, United Kingdom, p. 10 b.
456 IBFD, Taxation of Private Investment Income, Suppl. No. 87, Apr. 2003, United Kingdom, p. 10 a.
457 IBFD, Taxation of Private Investment Income, Suppl. No. 87, Apr. 2003, United Kingdom, p. 10 a; Dinse, Besteuerung von Portfolio-Kapitalerträgen, S. 392.
458 Müssener, in: Mennel/ Förster, Steuern in Europa, 47. EL 2002, Großbritannien, Rz. 180.
459 IBFD, Taxation of Private Investment Income, United Kingdom, Suppl. No. 87, Apr. 2003, p. 10 b.
460 Abkommen zwischen der Bundesrepublik Deutschland und dem Vereinigten Königreich Großbritannien und Nordirland zur Vermeidung der Doppelbesteuerung und zur Verhinderung von Steuerverkürzung v. 26.11.1964, BGBl. II 1966, S. 358 ff., i. d. F. des Revisionsprotokolls vom 23.3.1970, BGBl. II 1971, S. 45 ff.
461 IBFD, Taxation of Private Investment Income, Suppl. No. 85, Aug. 2002, United Kingdom, p. 18.
462 Mettenheimer, in: Debatin/ Wassermeyer, Doppelbesteuerung, Band III, Großbritannien, Art. VII, Rz. 28.
463 Müssener, in: Mennel/ Förster, Steuern in Europa, 47. EL 2002, Großbritannien, Rz. 136.

grundsätzlich dann gilt, wenn die Einkünfte insgesamt nicht mehr als 29.900 £ betragen, bezieht sich auch auf ausländische Zinserträge, die auf der arsising basis besteuert werden, nicht aber auf solche, die der remittance basis unterliegen[464].
Zur Vermeidung einer Doppelbesteuerung findet nach britischem nationalem Steuerrecht eine Anrechnung der im Ausland bezahlten Steuer statt. Jedoch darf diese nicht denjenigen Betrag übersteigen, der nach britischem Steuerrecht auf das ausländische Einkommen aus der konkreten Einkommensquelle im konkreten Mitgliedsstaat entfällt (item-by-item, source-by-source basis). Der Anrechnungshöchstbetrag bestimmt sich dabei nach dem Grenzsteuersatz des Steuerpflichtigen (top slice of the taxpayer's income)[465].
Nach dem vorrangigen deutsch-britischen DBA vom 26.11.1964[466] werden Zinsen, die aus einer Quelle in einem Vertragsstaat von einer in dem anderen Vertragsstaat ansässigen Person bezogen werden, grundsätzlich nur im Ansässigkeitsstaat, hier Großbritannien, besteuert (Art. VII Abs. 1 DBA)[467]. Da Zinsen, die von in Großbritannien ansässigen Privatpersonen erzielt werden, im Quellenstaat Deutschland somit steuerfrei sind[468], hat Großbritannien keine der in Art. XVIII DBA genannten Methoden zur Beseitigung von Doppelbesteuerung anzuwenden.

(3) Frankreich

(a) Besteuerung von Inlandssachverhalten

(i) Unbeschränkte Steuerpflicht

Unbeschränkt steuerpflichtig sind in Frankreich natürliche Personen, die im Inland ansässig sind. Diese unterliegen mit ihrem Welteinkommen (l'ensemble de leurs revenus) der französischen Einkommensteuer (impôt sur le revenu des personnes physiques, IPRP), Art. 4 A Code Général des Impôts (CGI).

(ii) Einordnung der Zinsen in das Einkommensteuerrecht

Steuergegenstand

Zu den sieben Einkunftsarten des französische Einkommensteuerrechts zählen die Einkünfte aus Kapitalvermögen (revenus des capitaux mobiliers, Art. 1 CGI, code général des impôts). Neben diesen sieben Einkunftsarten wurde der Einkunftsbegriff durch Gesetz vom 5.7.1978 um die privaten Veräußerungsgewinne aus Mobilien (cession de valeurs mobilières et cession de droits sociaux) und Immobilien (cession de valeurs immobilières) erweitert[469].
In Art. 1, catégorie 7 CGI werden bei den Gläubigererträgen inländische Erträge (produits des placements à revenu fixe) aufgezählt und ausländische Erträge (valeurs mobilières étrangères) diesen angeglichen[470]. Die sog. produits des placements à revenu fixe umfassen – entgegen

---

464 IBFD, Taxation of Private Investment Income, United Kingdom, Suppl. No. 88, Aug. 2003, United Kingdom, p. 6.

465 IBFD, Taxation of Private Investment Income, United Kingdom, Suppl. No. 86, Dec. 2002, p. 7.

466 Abkommen zwischen der Bundesrepublik Deutschland und dem Vereinigten Königreich Großbritannien und Nordirland zur Vermeidung der Doppelbesteuerung und zur Verhinderung von Steuerverkürzung v. 26.11.1964 i. d. F. des Revisionsprotokolls v. 23.3.1970, BStBl. I 1971, S. 340 ff.

467 IBFD, Taxation of Private Investment Income, Suppl. No. 85, Aug. 2002, United Kingdom, p. 18.

468 Mettenheimer, in: Debatin/ Wassermeyer, Doppelbesteuerung, Band III, Großbritannien, Art. VII, Rz. 28.

469 Tilmanns, in: Mennel/ Förster, Steuern in Europa, Frankreich, 50. EL 2003, Rz. 45.

470 Fleißig, Harmonisierung der Zinsbesteuerung, S. 50 ff.

einer wörtlichen Übersetzung – nicht nur festverzinsliche Anlagen, sondern auch Schuldverschreibungen mit variablem oder änderbarem Zinssatz sowie Beteiligungspapiere, die einen Zinszuschlag oder ein Aufgeld enthalten[471]. Nach Art. 1, catégorie 8, Art. 92 ff., Art. 150 ff. CGI ist bei privaten Veräußerungsgewinnen zwischen solchen aus wesentlicher Beteiligung, d. h. über 25 %, zu unterscheiden, die vorrangig dem gewerblichen Bereich zugeordnet werden (sog. cession des droits sociaux), und solchen aus umfangreicher Veräußerung, die einen gelegentlichen oder spekulativen Charakter haben und dem privaten Bereich zuzuordnen sind (cession de valeurs mobilières)[472].

Bemessungsgrundlage

Der Gesamtbetrag der Einkünfte (revenu brut global) entsteht aus der Addition der Einkünfte aus den unterschiedlichen Einkunftsarten[473]. Innerhalb einer Einkunftsart werden von Ausgaben, die zum Erwerb und zur Sicherung innerhalb der Einkunftskategorie gemacht werden, abgezogen. Dies gilt jedenfalls bei einer Veranlagung der Einkünfte zur Einkommensteuer. Unterbleibt hingegen, wie etwa bei Zinsen nach Einbehaltung einer Quellensteuer wahlweise eine Veranlagung, so stellt die Quellensteuer eine definitive Belastung dar, ein Abzug von Ausgaben ist nicht möglich[474].

Das steuerpflichtige Einkommen (revenu net imposable) setzt die Berücksichtigung von Freibeträgen voraus. Im Bereich der Zinsen gibt es einen Freibetrag, der sachlich beschränkt ist auf Zinsen aus kapitalersetzenden Gesellschafterdarlehen[475].

Das französische Einkommensteuerrecht beruht auf dem Prinzip einer Besteuerung des Familieneinkommens[476].

Sachliche Steuerbefreiung (Sparförderung)

Unbeschränkt wie auch beschränkt Steuerpflichtige können an Programmen der staatlichen Sparförderung partizipieren. Im Rahmen dieser sind bestimmte Sparformen sachlich von der Einkommensteuer befreit. Zu diesen zählen Zinsen auf dem ersten Sparbuch einer Person (Livret A), angelaufene Zinsen bei Kündigung des Sparplans „plan d'épargne populaire" (PEP) nach 8 Jahren Mindestlaufzeit, Zinsen auf Spareinlagen zur Finanzierung von Grunderwerb (plan d'épargne logement, PEL) sowie Zinsen aus Spareinlagen zur Unterstützung der französischen Industrie (Compte pour le dévelopement industriel, CODEVI), jeweils bis zu einem bestimmten Anlagebetrag[477]. Ebenso sind Zinsen aus öffentlichen Anleihen (emprunts d'Etat), die nach dem 1.10.1984 ausgegeben wurden, steuerbefreit[478]. Wie diese nicht abschließende Aufzählung zeigt, kommt staatlicher Sparförderung in Frankreich eine große Bedeutung zu[479].

---

471 Vgl. dazu Fleißig, Harmonisierung der Zinsbesteuerung, S. 50 ff.
472 Fleißig, Harmonisierung der Zinsbesteuerung, S. 53.
473 Fleißig, Harmonisierung der Zinsbesteuerung, S. 56.
474 Fleißig, Harmonisierung der Zinsbesteuerung, S. 57.
475 Fleißig, Harmonisierung der Zinsbesteuerung, S. 57.
476 IBFD, Taxation of Private Investment Income, France, Suppl. No. 87, Apr. 2003, p. 2
477 Vgl. Dinse, Besteuerung von Portfolio-Kapitalerträgen, S. 335; IBFD, Taxation of Private Investment Income, France, Suppl. No. 87, Apr. 2003, p. 3.
478 IBFD, Taxation of Private Investment Income, France, Suppl. No. 87, Apr. 2003, p. 11.
479 Dinse, Besteuerung von Portfolio-Kapitalerträgen, S. 336.

(iii) Steuersatz/ Besteuerungsverfahren

Es erfolgt grundsätzlich eine jährliche Veranlagung durch die Finanzbehörden. Anstatt der in diesem Rahmen erfolgenden progressiven Einkommensbesteuerung kann der Steuerpflichtige aber auch zu einer an der Quelle abzuziehenden Pauschalsteuer (prélèvement forfaitaire) optieren. In diesem Falle ist ein Abzug von Aufwendungen nicht möglich[480]. Die Pauschalsteuer hat abgeltende Wirkung. Daneben werden Erträge aus übertragbaren Wertpapieren und anderen handelbaren Anleihen sowie aus kurzfristigen Schuldverschreibungen grundsätzlich obligatorisch an der Quelle besteuert (retenue à la source)[481]. Dieser Quellenabzug wird auf die progressive Einkommensteuer bzw. auf die Pauschalbesteuerung angerechnet[482]. Zinsen aus öffentlichen Anleihen und anderen öffentlichen Schuldscheinen unterliegen einem solchen Quellenabzug nicht[483].

Im Fall der Veranlagung kommt ein progressiver Steuersatz bis zu 49,58 % (Grenzsteuersatz) zur Anwendung[484]. Bei Erhebung einer pauschalierten Quellensteuer gelten für die einzelnen Zinserträge, je nach Art der Anlage, Ausgabedatum oder Laufzeit, unterschiedliche Steuersätze[485], die zwischen 15 % und 35 % liegen[486].

(iv) Bankgeheimnis/ Kontrollmitteilungen

In Frankreich ist das Bankgeheimnis im Sinne eines Geschäftsgeheimnisses, das sämtliche Bankbediensteten verpflichtet, zivilrechtlich anerkannt. Verstöße dagegen werden auch strafrechtlich sanktioniert[487]. Jedoch ist das Bankgeheimnis dem öffentlichen Interesse an der Durchführung des Besteuerungsverfahrens untergeordnet[488]. Es ist in diesem Bereich durch eine Vielzahl von Normen durchbrochen[489]. Die Banken sind zur umfassenden Erteilung von Auskünften und Kontrollmitteilungen an die Steuerverwaltung verpflichtet[490]. Sie haben dieser grundsätzlich die Bank, die Identität sowie Adresse des Anlegers und die auf das Konto eingezahlten Summen mitzuteilen[491]. Bei Eröffnung des Kontos hat jede Bank der Steuerbehörde automatisch Identität und Wohnsitz des Antragstellers mitzuteilen[492]. Lediglich bei Schatzanweisungen (bons du trésor) und Kassenanweisungen (bons de caisse) hat der inländische Steuerpflichtige die Möglichkeit, seine Anonymität zu wahren (prélèvement forfaitaire libératoire avec anonymat fiscal). In diesem Fall kommt indessen ein erhöhter Steuersatz zur

---

480 Dinse, Besteuerung von Portfolio-Kapitalerträgen, S. 333.

481 Fleißig, Harmonisierung der Zinsbesteuerung, S. 61.

482 IBFD, Taxation of Private Investment Income, France, Suppl. No. 87, Apr. 2003, p. 5.

483 Fleißig, Harmonisierung der Zinsbesteuerung, S. 61.

484 IBFD, Taxation of Private Investment Income, France, Suppl. No. 87, Apr. 2003.

485 Fleißig, Harmonisierung der Zinsbesteuerung, S. 58; Tilmanns, in: Mennel/ Förster, Steuern in Europa, Frankreich, 50. EL 2003, Rz. 144.

486 Vgl. die Übersicht bei IBFD, Taxation of Private Investment Income, Suppl. No. 87, Apr. 2003, France, p. 4.

487 Till, Zwischenstaatliche Amts- und Rechtshilfe, S. 204.

488 Vgl. Ruegenberg, Steuergeheimnis, S. 125.

489 Sichtermann/ Feuerborn, Bankgeheimnis und Bankauskunft, S. 457; Moser, Der Schutz des Steuerpflichtigen, S. 20; Carl/ Klos, Bankgeheimnis und Quellensteuer, S. 126; Fleißig, Harmonisierung der Zinsbesteuerung, S. 62.

490 OECD-Report, Improving Access to Bank Information, 2000, S. 72, Tz. 3.1.1; Nüssgens, Die Bank 2000, 355 (356); Schratzenstaller/ Wehner, Wirtschaftsdienst 2000, 675 (678); Jarass, IStR 2002, 46 (48).

491 Fleißig, Harmonisierung der Zinsbesteuerung, S. 63.

492 OECD-Report, Improving Access to Bank Information, 2000, S. 72, Tz. 3.1.1; Fleißig, Harmonisierung der Zinsbesteuerung, S. 63; vgl. auch Till, Zwischenstaatliche Amts- und Rechtshilfe, S. 205.

Anwendung, der über dem Spitzensteuersatz der Einkommensteuer liegt[493]. Es erfolgen automatische Kontrollmitteilungen der Banken an die Finanzverwaltung über Zinszahlungen und Zinsempfänger[494]. Es wird eine zentrale Datenbank über Konten sowie Kontostände der Steuerpflichtigen geführt[495].
Neben den genannten Auskunfts- und Kontrollmitteilungspflichten der Banken bestehen weitere Informationsrechte der Steuerbehörden. Im Rahmen dieser haben die Banken die Maßnahmen der Steuerverwaltung zu dulden[496]. Nach Art. 85 livre des procédures fiscales (LPF) hat die Steuerbehörde ein Recht auf Einsichtnahme in die Buchhaltungsunterlagen privater Unternehmen[497]. Für staatliche Behörden sowie solche Unternehmen, die der Kontrolle der Verwaltungsbehörden unterliegen, besteht nach Art. 83 LPF eine Pflicht zur Offenlegung von Dienstdokumenten. Diese Pflicht gilt nach einer Durchführungsverordnung des Conseil d'Etat[498] i. V. m. dem Bankengesetz von 1984 auch für Banken. Daraus ergibt sich ein umfangreiches Recht der Steuerbehörden zur Einsichtnahme in sämtliche der Steuerveranlagung dienlichen Unterlagen[499].

(b) Besteuerung von inländischen Zinserträgen bei Nichtansässigen

Natürliche Personen, die nicht in Frankreich ansässig sind, unterliegen mit ihren Einkünften aus französischer Quelle, u. a. also mit ihren Einkünften aus Kapitalanlagen in Frankreich, der beschränkten Steuerpflicht[500]. Die Kapitaleinkünfte sind dann französischer Art, wenn der Schuldner in Frankreich ansässig ist[501].
Für Kapitalgewinne i. S. v. Art. 92 B CGI besteht bei Nichtansässigen eine sachliche Steuerbefreiung; darunter fallen auch Erträge aus Finanzderivaten, d. h. aus Finanzinstrumenten, die aus dem Handel mit Anleihen abgeleitet sind (Options- und Termingeschäfte)[502]. Sachlich steuerbefreit sind auch Zinsen aus öffentlichen Anleihen, die vor dem 1.10.1984 ausgegeben wurden, Zinsen, die von französischen Unternehmen für im Ausland abgeschlossene Darlehen gezahlt werden, Zinsen aus Bankeinlagen, die von Nichtansässigen gehalten werden, sowie Zinsen, die auf regulierten Märkten außerhalb der Börse gehandelt werden, z. B. billets de trésorerie, certificats de dépôt, bons de sociétés financières[503]. Zinserträge sind bei Nichtansässigen damit überwiegend steuerfrei[504].
Im Besteuerungsverfahren gelten im Wesentlichen dieselben Vorschriften wie für unbeschränkt Steuerpflichtige. Es erfolgt grundsätzlich eine Veranlagung unter Anwendung des progressiven Steuersatzes. Indessen unterliegen steuerpflichtige Zinsen, z. B. solche aus bons

---

493 Dinse, Besteuerung von Portfolio-Kapitalerträgen, S. 335.
494 OECD-Report, Improving Access to Bank Information 2000, S. 72, Tz. 3.1.1.
495 BMF, Monatsbericht 01/2004, S. 62; Moser, Der Schutz des Steuerpflichtigen, S. 19 f.
496 Moser, Der Schutz des Steuerpflichtigen, S. 53 f.; Ancel, in: Hadding/ Schneider, Bankgeheimnis und Bankauskunft, S. 129 f.; Fleißig, Harmonisierung der Zinsbesteuerung, S. 64.
497 Till, Zwischenstaatliche Amts- und Rechtshilfe, S. 205.
498 Verordnung vom 22.12.1982, Nr. 21.475, D 1983, IR, 407; zitiert nach: Fleißig, Harmonisierung der Zinsbesteuerung, S. 64.
499 Carl/ Klos, Bankgeheimnis und Quellensteuer, S. 126; Fleißig, Harmonisierung der Zinsbesteuerung, S. 64; Till, Zwischenstaatliche Amts- und Rechtshilfe, S. 206.
500 Fleißig, Harmonisierung der Zinsbesteuerung, S. 59.
501 Fleißig, Harmonisierung der Zinsbesteuerung, S. 59.
502 Fleißig, Harmonisierung der Zinsbesteuerung, S. 59. Vgl. dazu die Definition bei Harenberg, Herrmann/ Heuer/ Raupach, EStG, Bd. 11, § 20 Rz. 850.
503 IBFD, Taxation of Private Investment Income, France, Suppl. No. 85, Aug. 2002, p. 11.
504 Vgl. Dinse, Besteuerung von Portfolio-Kapitalerträgen, S. 399.

de trésor und bons de caisse, bei beschränkt Steuerpflichtigen zwingend dem Pauschalsteuerabzug[505]. Erträge aus den placements à revenu fixe unterliegen im selben Umfang wie bei unbeschränkt Steuerpflichtigen der Quellen- und Pauschalbesteuerung. Hier sind die Steuersätze ebenfalls von der Art der Kapitalanlage abhängig[506]. Eine Abweichung besteht für den Fall der Veranlagung allerdings darin, dass auf Einkünfte von Nichtansässigen stets mit ein Mindeststeuersatz von 25 % zur Anwendung kommt[507].
Nach Art. 10 Abs. 1 des vorrangigen deutsch-französischen Doppelbesteuerungsabkommens vom 21.7.1959[508], geändert durch die Protokolle vom 9.6.1969, vom 28.9.1989 und vom 17.9.2002 werden Zinsen (von Privatpersonen) ausschließlich im Ansässigkeitsstaat besteuert[509]. Beziehen also Privatpersonen im Quellenstaat Frankreich Zinsen, sind diese dort sachlich steuerbefreit[510].

(c) Besteuerung von ausländischen Zinserträgen bei Ansässigen

Ansässige, d. h. unbeschränkt Steuerpflichtige, unterliegen mit ihren Kapitaleinkünften aus ausländischen Quellen der progressiven Einkommensteuer, die jährlich im Veranlagungsverfahren festgesetzt wird. Die Anwendung der für eine Vielzahl inländischer Zinserträge optionalen Pauschalbesteuerung (prélèvement forfaitaire) ist hier unzulässig[511].
In Nicht-DBA-Situationen erfolgt keine Anrechnung der im Ausland entrichteten Einkommensteuer[512]. Das deutsch-französische DBA vom 21.7.1959, geändert durch die Protokolle vom 9.6.1969 und vom 28.9.1989, sieht in Art. 10 Abs. 1 die ausschließliche Besteuerung von Zinsen im Ansässigkeitsstaat, hier also Frankreich, vor. In diesem Fall ist es für den Ansässigkeitsstaat also nicht erforderlich, eine Methode zur Beseitigung von Doppelbesteuerung nach Art. 20 DBA anzuwenden.

(4) Irland

(a) Besteuerung von Inlandssachverhalten

(i) Unbeschränkte Steuerpflicht

Unbeschränkt steuerpflichtig im Sinne des Einkommensteuerrechts sind in Irland natürliche Personen, die ihre Ansässigkeit (residence) im Inland haben. Sie sind mit ihren in- wie ausländischen Einkünften einkommensteuerpflichtig (Welteinkommensprinzip, arising basis).[513]. Anders als im britischen Einkommensteuerrecht bestimmt sich die residence nicht nach dem Wohnsitz, sondern allein nach dem ständigen Aufenthalt im Inland[514]. Ein ständiger Aufent-

---

505 IBFD, Taxation of Private Investment Income, France, Suppl. No. 87, Apr. 2003, p. 10; Fleißig, Harmonisierung der Zinsbesteuerung, S. 61.
506 Fleißig, Harmonisierung der Zinsbesteuerung, S. 60.
507 Fleißig, Harmonisierung der Zinsbesteuerung, S. 60.
508 Abkommen zwischen der Bundesrepublik Deutschland und der Französischen Republik zur Vermeidung der Doppelbesteuerungen und über gegenseitige Amts- und Rechtshilfe auf dem Gebiete der Steuern vom Einkommen und vom Vermögen sowie der Gewerbesteuern und Grundsteuern v. 21.7.1959, BGBl. II 1961, S. 398 ff; BGBl. II 2002, S. 2370 ff.
509 IBFD, Taxation of Private Investment Income, Suppl. No. 83, Dec. 2001, France, p. 20.
510 Kramer, in: Debatin/ Wassermeyer, Doppelbesteuerung, Band II, Frankreich, Art. 10, Rz. 1.
511 Dinse, Besteuerung von Portfolio-Kapitalerträgen, S. 416.
512 IBFD, Taxation of Private Investment Income, France, Suppl. No. 87, Apr. 2003, p. 7.
513 Fischer-Zernin/ Medlar, in: Mennel/ Förster, Steuern in Europa, 50. EL 2003, Irland,, Rz. 19.
514 Fischer-Zernin/ Medlar, in: Mennel/ Förster, Steuern in Europa, 50. EL 2003, Irland, Rz. 24.

halt liegt dann vor, wenn sich eine natürliche Person entweder innerhalb eines Steuerjahres für mehr als 183 Tage in Irland aufhält oder sich dort unter Mitberücksichtigung des vorangegangenen Steuerjahrs insgesamt für mehr als 280 Tage dort aufhält[515].
Neben der „residence" begründet auch die sog. „ordinary residence" eine unbeschränkte Steuerpflicht[516]. Sie ist gegeben, wenn eine natürliche Person sich zwar während des Steuerjahres nicht in Irland aufhält, aber während mindestens 3 vor dem Veranlagungsjahr abgelaufenen Steuerjahren „resident" war. „Ordinary residence" in diesem Sinne wird erst beendet, wenn eine natürliche Person über drei Jahre hinweg keine „residence" im Inland begründet hat[517].

Als Ausnahme vom Grundsatz der Besteuerung nach dem Welteinkommensprinzips („arising basis") können irische Staatsangehörige, die zwar „resident" im genannten Sinne sind, in Irland aber entweder keine „ordinary residence" oder kein „domicile" (Heimat) haben, zu einer Besteuerung auf „remittance basis" optieren[518]. Ihre ausländischen Einkünfte (d. h. solche, die weder aus Irland noch aus Großbritannien stammen) unterliegen in diesem Fall nur dann der irischen Einkommensteuer, wenn sie nach Irland transferiert (remitted) werden[519]. Das „domicile" bestimmt sich dabei grundsätzlich als sog. „domicile of origin" nach dem „domicile" des Vaters. Um ein sog. „domicile of choice" zu begründen, muss ein Hauptwohnsitz in einem anderen Land bestehen[520].
Hingegen bleibt es bei einer Besteuerung nach dem Welteinkommensprinzip, wenn eine natürliche Person sowohl „domicile" als auch „ordinary residence" in Irland hat, dort aber nicht „resident" ist[521]. Es besteht in diesem Fall aber für ausländisches Kapitaleinkommen eine Freigrenze von 3.810 €[522].

(ii) Einordnung der Zinseinkünfte in das Einkommensteuerrecht

Steuergegenstand

Das irische Einkommensteuerrecht kennt keinen allgemeinen Einkommensbegriff[523]. Vielmehr wird die Einkunftsermittlung innerhalb der einzelnen vier Haupteinkunftsarten (Schedules C, D, E, F), die sich wiederum in bestimmte Cases untergliedern, gesondert vorgenommen[524]. Zinsen privater Investoren finden sich in der Schedule C (Zinsen, die aus inländischen öffentlichen Kassen gezahlt werden) sowie in der Schedule D, Case III (Zinsen aus sonstigen Forderungsrechten sowie insbesondere ausländische Zinserträge)[525].

---

515 Fischer-Zernin/ Medlar, in: Mennel/ Förster, Steuern in Europa, 50. EL 2003, Irland, Rz. 24.
516 Fischer-Zernin/ Medlar, in: Mennel/ Förster, Steuern in Europa, 50. EL 2003, Irland, Rz. 25.
517 Fischer-Zernin/ Medlar, in: Mennel/ Förster, Steuern in Europa, 50. EL 2003, Irland, Rz. 25.
518 Fischer-Zernin/ Medlar, in: Mennel/ Förster, Steuern in Europa, 50. EL 2003, Irland, Rz. 27; IBFD, Taxation of Private Investment Income, Suppl. No. 79, Aug. 2000, Ireland, p. 2.
519 Fischer-Zernin/ Medlar, in: Mennel/ Förster, Steuern in Europa, 50. EL 2003, Irland, Rz. 27.
520 IBFD, Taxation of Private Investment Income, Suppl. No. 79, Aug. 2000, Ireland, p. 2.
521 IBFD, Taxation of Private Investment Income, Suppl. No. 79, Aug. 2000, Ireland, p. 2.
522 IBFD, Taxation of Private Investment Income, Suppl. No. 88, Aug. 2003, Ireland, p. 3.
523 Fischer-Zernin/ Medlar, in: Mennel/ Förster, Steuern in Europa, 50. EL 2003, Irland, Rz. 43.
524 Fischer-Zernin/ Medlar, in: Mennel/ Förster, Steuern in Europa, 50. EL 2003, Irland, Rz. 43.
525 Kischel, IWB Nr. 19 v. 11.10.2000, 965 (967 f.); Fischer-Zernin/ Medlar in Mennel/ Förster, Steuern in Europa, 50. EL 2003, Irland, Rz. 41; Dinse, Besteuerung von Portfolio-Kapitalerträgen, S. 357.

Steuerbemessungsgrundlage

Es ist für jede Schedule gesondert geregelt, ob Aufwendungen, die mit der Einkunftserzielung zusammenhängen, von der steuerlichen Bemessungsgrundlage abzugsfähig sind[526]. Innerhalb der Schedulen C sowie D, Case III, d. h. für Zinsen, ist ein Abzug von Aufwendungen unzulässig[527]. Bei der Ermittlung der Summe der Nettoeinkünfte (gross income) ist ein Verlustausgleich zwischen den Einkunftsarten nur in den gesetzlich genannten Fällen zulässig[528]. Das zu versteuernde Einkommen (assessable income) wird ermittelt, indem die Summe der Nettoeinkünfte – ausgenommen die Einkünfte, die einer abgeltenden Quellensteuer unterlagen (so verschiedene Arten von Zinserträgen) – um Abzüge und persönliche Freibeträge (personal allowances) vermindert wird[529].

Sachliche Steuerbefreiung (Sparförderung)

Zinsen aus Staatsanleihen (government bonds) sind bei unbeschränkt Steuerpflichtigen sachlich steuerbefreit[530].

(iii) Besteuerungsverfahren/ Steuersatz

Zur Anwendung kommen im Rahmen der Veranlagung zwei unterschiedliche Steuersätze. Die „standard rate" liegt bei 20 % und gilt bei Nichtverheirateten für die ersten 28.000 €. Die „higher rate" liegt bei 42 %[531]. Auf Zinsen wird von der Zahlstelle eine Quellensteuer in Höhe der „standard rate" einbehalten, welche grundsätzlich nach Veranlagung auf die endgültige Einkommensteuerschuld anrechenbar ist[532].
Etwas anderes gilt für Zinsen aus sog. „special savings accounts", also aus bestimmten Spareinlagen bei Banken, Bausparkassen, der Agricultural Credit Corporation, der Industrial Credit Corporation sowie bei Postsparkassen, auf welche eine sog. „Deposit Interest Retention Tax (DIRT)" einbehalten wird[533]. Diese liegt für Einlagen bis zu 50.000 £ bei 20 % und hat Abgeltungswirkung[534]. Allerdings können solche Konten nach dem 6.4.2001 nicht mehr neu eröffnet werden.[535]

(iv) Bankgeheimnis

Ähnlich wie in Großbritannien hat das Bankgeheimnis in Irland seine Grundlage im Vertragsverhältnis zwischen Bank und Bankkunde, wobei der Schutz des Bankgeheimnisses in Irland aber nicht strafrechtlich sanktioniert ist[536]. Eine vollständige Steuerkontrolle wird durch automatische Kontrollmitteilungen der Banken über Zinszahlungen an die Finanzbehörden nach

---

526 Fischer-Zernin/ Medlar, in: Mennel/ Förster, Steuern in Europa, 50. EL 2003, Irland, Rz. 40.
527 Fischer-Zernin/ Medlar, in: Mennel/ Förster, Steuern in Europa, 50. EL 2003, Irland, Rz. 41.
528 Kischel, IWB Nr. 19 v. 11.10.2000, 965 (968).
529 Fischer-Zernin/ Medlar, in: Mennel/ Förster, Steuern in Europa, 50. EL 2003, Irland, Rz. 44.
530 IBFD, Taxation of Private Investment Income, Suppl. No. 88, Aug. 2003, Ireland, p. 4.
531 IBFD, Taxation of Private Investment Income, Suppl. No. 88, Aug. 2003, Ireland, p. 3.
532 IBFD, Taxation of Private Investment Income, Suppl. No. 88, Augl. 2003, Ireland, p. 4.
533 Kischel, IWB Nr. 19 v. 11.10.2000, Fach 5, Gruppe 2, 965 (967); Dinse, Besteuerung von Portfolio-Kapitalerträgen, S. 358.
534 Dinse, Besteuerung von Portfolio-Kapitalerträgen, S. 359.
535 IBFD, Taxation of Private Investment Income, Suppl. No. 88, Aug. 2003, Ireland, p. 4.
536 Carl/ Klos, Bankgeheimnis und Quellensteuer, S. 139; Sichtermann/ Feuerborn, Bankgeheimnis und Bankauskunft, S. 462.

dem Income Tax Act von 1967 ermöglicht[537]. Ausgenommen sind davon nur die Zinszahlungen, auf die die sog. deposit interest retention tax gezahlt wurde sowie Zinszahlungen an Nichtansässige aufgrund einer Nichtansässigkeitsbescheinigung[538]. Daneben ist die Finanzbehörde zur Einholung von Auskünften von Banken berechtigt, wenn die berechtigte Annahme besteht, dass diese über Informationen verfügen, die für die Steuerschuld des konkreten Steuerpflichtigen relevant sind (Sec. 906 A TCA 1997). Ist die Identität des Steuerpflichtigen nicht bekannt, so besteht ein Auskunftsanspruch nur bei Anordnung des High Court (Sec. 908 TCA1997) oder bei Zustimmung des Appeal Commissioners (Sec. 908 TCA 1997)[539]. Dieses umfangreiche Auskunftsrecht galt bislang nicht für Konten von Nichtansässigen, die in Irland von der Erhebung der Deposit Interest Retention Tax befreit waren[540]. Dies wurde indessen durch die Finance Bill vom 28.3.2003 geändert, wonach das Erfordernis der inländischen Steuerpflicht nicht länger Voraussetzung für ein Auskunftsrecht der Finanzbehörden ist[541].

(b) Besteuerung von inländischen Zinsen bei Nichtansässigen

Nichtansässige natürliche Personen (non-resident individuals) unterliegen grundsätzlich der beschränkten Steuerpflicht (Ausnahme: unbeschränkte Steuerpflicht, wenn ordinary-residence und domicile zugleich in Irland, s. o.).

Objekt der beschränkten Steuerpflicht sind die Einkünften aus inländischen Quellen und diejenigen Einkünften aus ausländischen Quellen, die ins Inland transferiert werden (arising basis). Dazu zählen grundsätzlich auch Zinseinkünfte.

Indessen sind Zinsen aus Bankeinlagen und Zinsen von Bausparkassen gegen Vorlage einer Nichtansässigkeitsbescheinigung von der Deposit Interest Retention Tax befreit[542]. Dasselbe gilt für Zinsen aus bestimmten Staatspapieren und sonstigen öffentlichen Anleihen, die von einer Person gehalten werden, die in Irland nicht „ordinarily resident" ist; auch diese Zinsen sind steuerfrei [543].

Zinsen Nichtansässiger werden, soweit sie nicht steuerbefreit sind, mit einer Quellensteuer von 20 % belegt (standard rate), die grundsätzlich Vorauszahlungscharakter auf die endgültige Einkommensteuerschuld hat[544]. Da es aber für beschränkt Steuerpflichtige an einem Veranlagungsmechanismus mangelt, bleibt mangels Ermittlung der endgültigen Einkommensteuerschuld die Belastung durch die Quellensteuer faktisch definitiv[545].

---

537 OECD-Report, Improving Access to Bank Information, 2000, S. 73, Tz. 3.1.1; Carl/ Klos, Bankgeheimnis und Quellensteuer, S. 139; Sichtermann/ Feuerborn, Bankgeheimnis und Bankauskunft, S. 462.

538 OECD-Report, Improving Access to Bank Information, 2000, S. 73, Tz. 3.1.1.

539 OECD-Report, Improving Access to Bank Information 2000, S. 77, Tz. 3.2.

540 OECD-Report, Improving Access to Bank Information, 2000, S. 77, Tz. 3.2; OECD-Report, Improving Access to Bank Information, 2003, S. 7.

541 OECD-Report, Improving Access to Bank Information, 2003, p. 9.

542 IBFD, Taxation of Private Investment Income, Suppl. No. 87, April 2003, Ireland, p. 9; Dinse, Die Besteuerung von Portfolio-Kapitalanlagen, S. 393.

543 IBFD, Taxation of Private Investment Income, Suppl. No. 87, April 2003, Ireland, p. 9; IBFD, StB Handbuch, Fach C, Irland, 30. EL, Juli 2002, Rz. 75; Dinse, Die Besteuerung von Portfolio-Kapitalanlagen, S. 393.

544 IBFD, StB Handbuch, Fach C, Irland, 30. EL, Juni 2002, Rz. 74.

545 IBFD, Taxation of Private Investment Income, Suppl. No. 87, April 2003, Ireland, p. 9; Dinse, Die Besteuerung von Portfolio-Kapitalanlagen, S. 393.

Nach Art. VII Abs. 1 des vorrangigen deutsch-irischen DBA vom 17.10.1962[546] werden Zinsen, die eine in einem Vertragsstaat ansässige Person aus Quellen im anderen Vertragsstaat bezieht, ausschließlich im Ansässigkeitsstaat besteuert. Die Zinsen sind im Quellenstaat sachlich steuerbefreit[547]. Dies bedeutet: Zinsen, die in Deutschland ansässige natürliche Personen aus irischen Quellen beziehen, sind in Irland steuerfrei.

(c) Besteuerung von ausländischen Zinserträgen bei Ansässigen

Im Ausland erwirtschaftete Zinsen werden bei unbeschränkt Steuerpflichtigen nach dem Welteinkommensprinzip (arsising basis) auf Nettobasis (d. h. nach Abzug der im Ausland entrichteten Einkommensteuer von der Bemessungsgrundlage) zur irischen Einkommensteuer mit dem individuellen Steuertarif (standard rate: 20 %, higher rate: 47 %) herangezogen. Die abgeltende Deposit Interest Retention Tax in Höhe von 20 % wird auf Zinsen ausländischer Kapitalschuldner nicht erhoben[548].
Indessen kommt nach innerstaatlichem Recht weder die Anrechnungs- noch die Freistellungsmethode zur Vermeidung einer Doppelbesteuerung zur Anwendung[549]. Ausländische Steuern können nach unilateralem Recht lediglich von der Bemessungsgrundlage der irischen Einkommensteuer abgesetzt werden[550].
Nach dem vorrangigen deutsch-irischen DBA werden Zinsen, die im Quellenstaat Deutschland von in Irland ansässigen natürlichen Personen bezogen werden, ausschließlich im Ansässigkeitsstaat, d. h. in Irland, besteuert (Art. VII Abs. 1 DBA). Da eine Doppelbesteuerung insoweit ausgeschlossen ist, bedarf es keiner Anwendung der in Art. XXII DBA genannten Methoden zu ihrer Beseitigung.

(5) Schweden

(a) Besteuerung von Inlandssachverhalten

(i) Unbeschränkte Steuerpflicht

Ansässige natürliche Personen unterliegen in Schweden der unbeschränkten Steuerpflicht. Ansässigkeit liegt vor, wenn eine natürliche Person entweder ihren Hauptwohnsitz in Schweden hat oder sich dort für mindestens sechs aufeinander folgende Monate aufhält[551]. Zusätzlich bleibt bei schwedischen Staatsangehörigen sowie Personen, die mindestens zehn Jahre in Schweden ansässig waren, die unbeschränkte Steuerpflicht auch nach einem Wegzug solange bestehen, wie „wesentliche Verbindungen" zum Land bestehen. Deren Vorhandensein wird für einen Zeitraum von fünf Jahren nach dem Wegzug widerlegbar vermutet[552]. Später trifft

546 Abkommen zwischen der Bundesrepublik Deutschland und Irland zur Vermeidung der Doppelbesteuerung und zur Verhinderung von Steuerverkürzung bei den Steuern vom Einkommen und vom Vermögen sowie der Gewerbesteuer v. 17.10.1962, BGBl. II 1964, S. 266 ff.

547 IBFD, Taxation of Private Investment Income, Suppl. No. 87, April 2003, Ireland, p. 17.

548 Dinse, Besteuerung von Portfolio-Kapitalerträgen, S. 417; vgl. auch Kischel, IWB Nr. 19 v. 11.10.2000, Fach 5, Gruppe 2, 965 (967).

549 IBFD, Taxation of Private Investment Income, Suppl. No. 88, Aug. 2003, Ireland, p. 6; Dinse, Besteuerung von Portfolio-Kapitalerträgen, S. 417.

550 Kischel, IWB Nr. 19 v. 11.10.2000, Fach 5, Gruppe 2, 965 (970).

551 IBFD, StB Handbuch, Fach C, Schweden, 42. EL 2004, Rz. 4; Strömberg/ Alhanger, in: Mennel/ Förster, Steuern in Europa, Schweden, 49. EL 2003, Schweden, Rz. 4.

552 IBFD, StB Handbuch, Fach C, Schweden, 42. EL 2004, Rz. 4.

die Beweislast für das Bestehen der „wesentlichen Verbindungen" die Steuerbehörden[553]. Unbeschränkt Steuerpflichtige werden grundsätzlich mit ihrem Welteinkommen einer nationalen Einkommensteuer (statlig inkomstskatt) und zusätzlich einer Gemeindeeinkommenssteuer (kommunal inkomstskatt) unterworfen[554].

(ii) Einordnung der Zinsen in das Einkommensteuerrecht

Steuergegenstand

Das schwedische Einkommensteuerrecht besteuert zwei Einkommensarten, nämlich Erwerbseinkommen – bestehend aus Einkünften aus Anstellung sowie aus gewerblicher Tätigkeit – sowie Kapitaleinkommen. Die Einkommensermittlung erfolgt getrennt nach den beiden Einkommensarten, wobei ein Abzug von Aufwendungen nur innerhalb einer Einkommensart zulässig ist und auf das Kapitaleinkommen ein gesonderter, reduzierter Steuersatz Anwendung findet[555] (duale Einkommensteuer, Schedulensteuer[556]). Zum Kapitaleinkommen zählen grundsätzlich diejenigen Erträge und Veräußerungsgewinne aus Grund- und Kapitalvermögen, die nicht bereits Erwerbseinkommen darstellen[557]. Auf Kapitaleinkommen wird lediglich die nationale Einkommensteuer, nicht aber die Gemeindeeinkommensteuer erhoben[558]. Zum Kapitaleinkommen zählen Zinsen, welche im schwedischen Steuerrecht indessen nicht definiert sind. Sie umfassen u. a. die Erträge aus öffentlichen Anleihen, Bankeinlagen und Gewinnschuldverschreibungen[559].

Sachliche Steuerbefreiung (Sparförderung)

Während Gewinne aus Vorzugsaktien der schwedischen Regierung sachlich steuerbefreit sind, bestehen für Zinsen in Schweden keinerlei Steuervergünstigungen[560].

Bemessungsgrundlage/ Steuersatz/ Besteuerungsverfahren

Es wird durch Banken, Kapitalverwaltungsinstitute und andere Institute eine Quellensteuer (kupongskatt) in Höhe von 30 % auf Bankzinsen, Wertpapiererträge etc. einbehalten, wobei kein persönlicher Einkommensteuerfreibetrag gewährt wird[561]. Obwohl der Quellensteuersatz demjenigen der staatlichen Einkommensteuer für Kapitaleinkommen entspricht, hat die Quellensteuer keinen abgeltenden Charakter. Sie stellt eine Vorauszahlung auf die Einkommensteuerschuld dar, wobei die Festsetzung des Gesamtbetrags der Einkommensteuer den Fi-

---

553 IBFD, Taxation of Private Investment Income, Sweden, Suppl. No. 87, Apr. 2003, p. 3.

554 Strömberg/ Alhanger, in: Mennel/ Förster, Steuern in Europa, Schweden, 49. EL 2003, Schweden, Rz. 45.

555 Strömberg/ Alhanger, in: Mennel/ Förster, Steuern in Europa, 49. EL 2003, Schweden, Rz. 50 ff.; IBFD , Taxation of Private Investment Income, Sweden, Suppl. No. 87, Apr. 2003, p. 3 sq.

556 Schratzenstaller/ Wehner, Wirtschaftsdienst 2000, 675 (680); Krause, Die Harmonisierung der Zinsbesteuerung, S. 35.

557 IBFD, Taxation of Private Investment Income, Sweden, Suppl. No. 87, Apr. 2003, p. 3.

558 IBFD, Taxation of Private Investment Income, Sweden, Suppl. No. 87, Apr. 2003, p. 4; Dinse, Besteuerung von Portfolio-Kapitalerträgen, S. 341.

559 IBFD, Taxation of Private Investment Income, Sweden, Suppl. No. 86, Dec. 2002, p. 5.

560 Vgl. IBFD, Taxation of Private Investment Income, Sweden, Suppl. No. 86, Dec. 2002, p. 5.

561 IBFD, Taxation of Private Investment Income, Sweden, Suppl. No. 86, Dec. 2002, p. 5; Strömberg/ Alhager, in: Mennel/ Förster, Steuern in Europa, Schweden, 49. EL 2003, Rz. 156.

nanzbehörden obliegt[562]. Über die an das Finanzamt abgeführten Beträge erhält der Steuerpflichtige laufend oder zum Jahresende Mitteilungen[563].

(iii) Bankgeheimnis/ Kontrollmitteilungen

Ein in Schweden gesetzlich verankertes (§ 192 Bankgesetz, § 98 Sparkassengesetz) und strafrechtlich sanktioniertes Bankgeheimnis tritt hinter dem öffentlichen Interesse an einer effektiven Steuerkontrolle zurück[564]. Die Finanzbehörden können die Banken im Besteuerungsverfahren sowohl zu stichtags- als auch zeitraumbezogenen Auskünften über Zinszahlungen sowie Kontobewegungen und -salden ihrer Kunden auffordern[565]. Dazu müssen sie allerdings die Transaktionsnummer (TAN) bzw. die persönliche Identifikationsnummer (PIN) des Bankkunden und dessen Name und Adresse nennen[566].

Die Banken sind zudem zur Erteilung von automatischen Kontrollmitteilungen an die Finanzbehörden über Zinszahlungen und Zinsempfänger sowie über Konten und die jeweiligen Kontostände zum Jahresende verpflichtet[567].

Weiterhin sind unbeschränkt Steuerpflichtige verpflichtet, ausländische Bankkonten bei den schwedischen Steuerbehörden registrieren zu lassen und eine Verpflichtungserklärung der ausländischen Bank vorzulegen, wonach diese bereit ist, Auskünfte an die schwedischen Finanzbehörden zu erteilen[568]. Indessen sind nur wenige Steuerpflichtige dieser Verpflichtung nachgekommen[569].

(b) Besteuerung von inländischen Zinserträgen bei Nichtansässigen

Beschränkt steuerpflichtig sind in Schweden natürliche Personen, die dort weder einen festen Wohnsitz haben, noch sich dort auf Dauer aufhalten. Bei diesen unterliegen nur Einkünfte aus bestimmten inländischen Einkunftsquellen der Einkommensteuerpflicht. Zu diesen zählen Zinserträge ebenso wenig wie Gewinne aus der Veräußerung von Wertpapieren und Aktien[570].

Nach Art. 11 Abs. 1 des deutsch-schwedischen DBA vom 14.7.1992[571] werden Zinsen, die aus einem Vertragsstaat stammen und an eine im anderen Vertragsstaat ansässige Person gezahlt werden, wenn diese Person Nutzungsberechtigte ist, ausschließlich im Ansässigkeits-

---

562 Strömberg/ Alhager, in: Mennel/ Förster, Steuern in Europa, Schweden, 49. EL 2003, Rz. 171; Dinse, Besteuerung von Portfolio-Kapitalerträgen, S. 341f.

563 Strömberg/ Alhager, in: Mennel/ Förster, Steuern in Europa, Schweden, 49. EL 2003, Rz. 177; Dinse, Besteuerung von Portfolio-Kapitalerträgen, S. 341.

564 Carl/ Klos, Bankgeheimnis und Quellensteuer, S. 141.

565 Carl/ Klos, Bankgeheimnis und Quellensteuer, S. 141; Sichtermann/ Feuerborn, Bankgeheimnis und Bankauskunft, S. 476; Dinse, Besteuerung von Portfolio-Kapitalerträgen, S. 339.

566 OECD-Report, Improving Access to Bank Information, 2000, S. 78, Tz. 3.2.

567 OECD-Report, Improving Access to Bank Information, 2000, S. 73, Tz. 3.1.1; Dinse, Besteuerung von Portfolio-Kapitalerträgen, S. 339; Schratzenstaller/ Wehner, Wirtschaftsdienst 2000, 675 (678); Jarass, IStR 2002, 46 (48); BMF, Monatsbericht 01/ 2004, S. 62.

568 Mutén, Intereconomics 2001, 25 (32).

569 Mutén, Intereconomics 2001, 25 (32) merkt dazu zutreffend an, dass ausländische Banken vielfach aufgrund eines Bankgeheimnisses nach nationalem Recht nicht zur Auskunftserteilung berechtigt sind.

570 IBFD, Taxation of Private Investment Income, Sweden, Suppl. No. 87, Apr. 2003, p. 11; Strömberg/ Alhager, in: Mennel/ Förster, Steuern in Europa, Schweden, 49. EL 2003, Rz. 46.

571 Abkommen zwischen der Bundesrepublik Deutschland und dem Königreich Schweden zur Vermeidung der Doppelbesteuerung bei den Steuern vom Einkommen und vom Vermögen sowie bei den Erbschaft- und Schenkungsteuern und zur Leistung gegenseitigen Beistands bei den Steuern v. 14.7.1992, BGBl. II 1994, S. 686 ff.

staat besteuert, sind also im Quellenstaat sachlich steuerbefreit[572]. Da aber Zinsen, die in Deutschland Ansässige in Schweden erzielen, dort bereits nicht steuerbar sind, bleibt insoweit für die Anwendung der Steuerbefreiung kein Raum.

(c) Besteuerung von ausländischen Zinserträgen bei Ansässigen

Nach dem Welteinkommensprinzip fallen im Ausland erzielte Zinserträge in Schweden bei Ansässigen unter die unbeschränkte Steuerpflicht. Sie werden, ebenso wie inländische Zinserträge, im Rahmen der Veranlagung grundsätzlich einem Steuersatz von 30 % unterworfen[573]. Das schwedische Einkommensteuerrecht sieht zwei unterschiedliche unilaterale Maßnahmen zur Vermeidung einer Doppelbesteuerung vor. Sofern die Zinsen in Schweden zur Steuerbemessungsgrundlage gehören, sind die im Ausland entrichteten Steuern entweder als Aufwendungen im Rahmen der Einkommensermittlung abziehbar oder auf die inländische Einkommensteuerschuld anrechenbar[574]. Den unilateralen Vorschriften gehen jedoch zwischenstaatliche Doppelbesteuerungsabkommen vor. Nach Art. 11 Abs. 1 des deutsch-schwedischen DBA vom 14.7.1992 werden Zinsen, die in Schweden Ansässige in Deutschland erzielen, ausschließlich im Ansässigkeitsstaat Schweden besteuert. Für in Deutschland erzielte Kapitaleinkünfte aus typisch stiller Beteiligung, aus Gewinnobligationen und aus partiarischem Darlehen gilt hingegen Art. 10 Abs. 1, Abs. 2, Abs. 4 lit. a DBA (Dividendenartikel). Danach steht neben dem Ansässigkeitsstaat auch dem Quellenstaat Deutschland ein der Höhe nach auf 15 % begrenztes Besteuerungsrecht zu. In diesem Fall erfolgt eine Anrechnung der in Deutschland entrichteten Einkommensteuer auf die schwedische Einkommensteuer nach Maßgabe des schwedischen Steuerrechts (Art. 23 Abs. 2 lit. a DBA).

(6) Spanien

(a) Besteuerung von Inlandssachverhalten

(i) Unbeschränkte Steuerpflicht

Unbeschränkt steuerpflichtig sind alle natürlichen Personen, die in Spanien ansässig sind. Für die Ansässigkeit gibt es drei verschiedene Kriterien: Entweder der Steuerpflichtige hält sich während des Kalenderjahrs mehr als 183 Tage im Inland auf (persönliche Ansässigkeitsprüfung) oder der Mittelpunkt seiner wirtschaftlichen Interessen befindet sich in Spanien (wirtschaftliche Ansässigkeitsprüfung) oder aber unterhaltsberechtigte Familienmitglieder des Steuerpflichtigen halten sich in Spanien auf (familiäre Ansässigkeitsprüfung)[575]. Daneben kennt das spanische Steuerrecht eine erweiterte unbeschränkte Steuerpflicht für spanische Staatsangehörige, die ihren Wohnsitz in ein Land verlegen, das als Steueroase gilt; diese sind im Jahr des Wegzugs sowie in den folgenden vier Jahren weiterhin mit ihrem Welteinkom-

572 IBFD, Taxation of Private Investmenct Income, Sweden, Suppl. No. 83, Dec. 2001, p. 21.

573 IBFD, Taxation of Private Investment Income, Sweden, Suppl. No. 86, Dec. 2002, p. 5.

574 Vgl. dazu Strömberg/ Alhager, in: Mennel/ Förster, Steuern in Europa, Schweden, 49. EL 2003, Rz. 185 ff.

575 IBFD, StB Handbuch, Fach C, Spanien, 37. EL, Oktober 2003, Rz. 2; vgl. Courage, in: Mennel/ Förster, Steuern in Europa, Spanien, 50. EL 2003, Rz. 45 f.

men steuerpflichtig[576]. Auf dieses Welteinkommen wird in Spanien für unbeschränkt Steuerpflichtige Einkommensteuer (Impuesto sobre la Renta de las Personas Físicas) erhoben[577].

(ii) Einordnung der Zinsen in das Einkommensteuerrecht

Steuergegenstand/ Bemessungsgrundlage

Das Einkommen natürlicher Personen gliedert sich in Spanien in die Einkünfte aus den drei Einkunftsarten, den (spezifischen) Vermögensgewinnen und Vermögensverlusten sowie bestimmten Hinzurechnungsbeträgen[578]. Zu den Einkunftsarten zählen, neben Einkünften aus (nichtselbständiger) Arbeit und aus wirtschaftlichen Tätigkeiten, solche aus Vermögen (Redimientos del Capital[579]). Die Einkünfte aus den einzelnen Einkunftsarten stellen zusammen mit den Hinzurechnungsbeträgen das sog. allgemeine Einkommen dar, während die spezifischen Vermögensgewinne und Vermögensverluste als spezielles Einkommen bezeichnet werden. Für beide Einkommensteile wird eine gesonderte Bemessungsgrundlage ermittelt. Es findet jeweils ein gesonderter Steuersatz Anwendung[580]. Die Einkünfte aus Vermögen gliedern sich in Einkünfte aus unbeweglichem und beweglichem Vermögen. Unter Letztere fallen Zinsen aus Darlehen, Anleihen und öffentlichen Schuldtiteln und Entgelte aus partiarischen Darlehen und stillen Beteiligungen ebenso wie Entgelte für Nullkuponanleihen. Das Entgelt für das Zur-Verfügung-Stellen von Kapitalvermögen kann dabei auch in Naturalien bestehen[581].

Sachliche Steuerbefreiung (Sparförderung)

Von den öffentlichen Schuldtiteln haben in Spanien die Schatzbriefe[582] mit einer Laufzeit zwischen 6 und 18 Monaten eine Sonderstellung. Sie sind sachlich steuerbefreit, während die übrigen öffentlichen Schuldtitel grundsätzlich mit einem Steuersatz von 15 % an der Quelle besteuert werden[583].

(iii) Steuersatz/ Besteuerungsverfahren

Grundsätzlich wird auf Zinsen Kapitalertragsteuer in Höhe eines fixen Steuersatzes von 15 % durch die jeweilige Zahlstelle an der Quelle einbehalten[584]. Auf Entgelt in Form der Naturalleistung kommt ein effektiver Steuersatz von 18 % zur Anwendung[585]. Die einbehaltene Quellensteuer stellt eine Vorauszahlung auf die Einkommensteuer dar. Sie wird auf diese angerechnet und führt gegebenenfalls auch zur Steuererstattung[586]. Die endgültige Veranlagung

---

576 IBFD, StB Handbuch, Fach C, Spanien, 37. EL, Oktober 2003, Rz. 2; Courage, in: Mennel/ Förster, Steuern in Europa, Spanien, 50. EL 2003, Rz. 48.

577 Courage, in: Mennel/Förster, Steuern in Europa, Spanien, 50. EL 2003, Rz. 41.

578 Vgl. Courage, in: Mennel/ Förster, Steuern in Europa, Spanien, 50. EL 2003, Rz. 58.

579 Vgl. Courage, in: Mennel/ Förster, Steuern in Europa, Spanien, 50. EL 2003, Rz. 59.

580 Vgl. Courage, in: Mennel/ Förster, Steuern in Europa, Spanien, 50. EL 2003, Rz. 62 ff.

581 Vgl. Courage, in: Mennel/ Förster, Steuern in Europa, Spanien, 50. EL 2003, Rz. 179.

582 Vgl. zur Definition von Schatzanweisungen: Harenberg, NWB v. 12.7.2004, Fach 21, 1483 (1492): Dies sind unverzinsliche, abgezinste Schuldverschreibungen (Staatstitel), die eine Anweisung an die Staatskasse zur Bezahlung eines bestimmten Geldbetrags (aus dem „Staatsschatz") an einem bestimmten Termin darstellen und eine längere Laufzeit als Schatzwechsel, nämlich zwischen 6 und 24 Monaten, haben.

583 IBFD, Taxation of Private Investment Income, Spain, Suppl. No. 87, Apr. 2003, p. 4.

584 Vgl. Courage, in: Mennel/ Förster, Steuern in Europa, Spanien, 50. EL 2003, Rz. 268 ff.

585 IBFD, Taxation of Private Investment Income, Spain, Suppl. No. 87, Apr. 2003, p. 4.

586 IBFD, Taxation of Private Investment Income, Spain, Suppl. No. 87, Apr. 2003, p. 3.

zur Einkommensteuer erfolgt grundsätzlich im Wege der Selbstveranlagung (autoliquidación)[587].

(iv) Bankgeheimnis/ Kontrollmitteilungen

Ein in Spanien zwar nicht gesetzlich verankertes, aber als vertragliche Nebenpflicht anerkanntes Bankgeheimnis[588] tritt hinter dem öffentlichen Interesse an effektiver Steuerkontrolle zurück. Nach der spanischen allgemeinen Abgabenordnung sind sämtliche juristische und natürliche Personen zur Erteilung von Auskünften über steuerrelevante Informationen an die Finanzbehörden verpflichtet[589]. Nach Art. 31 des königlichen Dekrets Nr. 939 aus dem Jahre 1986 haben die Banken den Finanzbehörden sämtliche Informationen, die für die Steuerpflicht von Bedeutung sind, insbesondere Kontenbewegungen, offen zu legen[590]. Sie sind gesetzlich verpflichtet, den Behörden Kontonummern und Einlagen ihrer Kunden mitzuteilen. Zudem gibt es automatische Kontrollmitteilungen der Banken über Zinszahlungen und Zinsempfänger[591]. Eine Steuerkarte, die bei sämtlichen Finanztransaktionen vorgelegt werden muss, sowie eine individuelle Steuernummer, die bei Eröffnung von Konten, Ein- und Auszahlung sowie Ausstellung von Rechnungen angegeben werden muss, eröffnet zusätzliche Kontrollmöglichkeiten durch die Finanzbehörden[592]. Zudem werden in einer zentralen Datenbank der Finanzverwaltung sämtliche Konten und Kontenstände der Steuerpflichtigen sowie die einbehaltene Quellensteuer erfasst[593].

(b) Besteuerung von inländischen Zinserträgen bei Nichtansässigen

Beschränkt Steuerpflichtige, also nicht in Spanien ansässige natürliche Personen, unterliegen mit Einkünften aus bestimmten inländischen Einkunftsquellen der Steuerpflicht in Spanien[594]. Zu diesen zählen im Rahmen der Einkünfte aus beweglichem Vermögen Zinsen, die von in Spanien ansässigen natürlichen Personen oder Körperschaften oder von in Spanien belegenen Betriebsstätten gezahlt werden sowie auch Vergütungen für in Spanien genutzte Darlehen[595]. Indessen bestehen für beschränkt Steuerpflichtige diverse sachliche Steuerbefreiungen[596]: Steuerbefreit sind für natürliche Personen, die in Mitgliedsstaaten der EU ansässig sind, Zinsen und ähnliche Erträge sowie Vermögensgewinne aus der Überlassung von Kapitalvermögen. Für beschränkt Steuerpflichtige, die nicht in der EU ansässig sind, sind Zinsen und Vermögensgewinne aus öffentlichen Anleihen Spaniens sachlich steuerbefreit. Für diese sind auch Zinsen aus Wertpapieren, die von nicht in Spanien ansässigen natürlichen oder juristischen Personen emittiert wurden, steuerfrei.

---

587 Courage, in: Mennel/ Förster, Steuern in Europa, Spanien, 50. EL 2003, Rz. 260 ff.

588 Carl/ Klos, Bankgeheimnis und Quellensteuer, S. 134 f.

589 Dinse, Besteuerung von Portfolio-Kapitalerträgen, S. 343.

590 Carl/ Klos, Bankgeheimnis und Quellensteuer, S. 135.

591 OECD-Report, Improving Access to Bank Information, 2000, S. 73, Tz. 3.1.1; Fischer/ Gulder, Sparkasse 1998, 415 (416); Nüssgens, Die Bank 2000, 355 (356); Jarass, IStR 2002, 46 (48).

592 Carl/ Klos, Bankgeheimnis und Quellensteuer, S. 135.

593 OECD-Report, Improving Access to Bank Information, 2000, S. 74, Tz. 3.1.2; BMF, Monatsbericht 01/2004, S. 62.

594 Ley 41/ 1998 v. 9.12.1998, BOE v. 10.12.1998, Nr. 295, S. 40771 ff.; Real Decreto 326/ 1999 v. 26.2.1999, BOE v. 27.2.1999)

595 Courage, in: Mennel/ Förster, Steuern in Europa, Spanien, 50. EL 2003, Rz. 70.

596 Vgl. umfassend Courage, in: Mennel/ Förster, Steuern in Europa, Spanien, 50. EL 2003, Rz. 71.

Nach Art. 11 Abs. 1 des vorrangigen deutsch-spanischen DBA vom 5.12.1966[597] werden Zinsen, die aus einem Vertragsstaat – hier Spanien – stammen und an einen im anderen Vertragsstaat – hier Deutschland – Ansässigen gezahlt werden, grundsätzlich im Ansässigkeitsstaat – also in Deutschland – besteuert. Jedoch können diese Zinsen nach Art. 11 Abs. 2 auch im Quellenstaat – hier Spanien – mit einem Höchstsatz von 10 % des Bruttobetrags besteuert werden. In diesem Fall wird die auf die Zinsen entrichtete spanische Einkommensteuer nach Art. 23 Abs. 1 lit. b, bb DBA auf die deutsche Einkommensteuer angerechnet.

(c) Besteuerung von ausländischen Zinserträgen bei Ansässigen

Nach dem Welteinkommensprinzip sind Ansässige, d. h. unbeschränkt Steuerpflichtige auch mit ihren im Ausland erzielten Zinserträgen in Spanien einkommensteuerpflichtig. Zur Vermeidung einer Doppelbesteuerung sieht das spanische Recht als unilaterale Maßnahme die Anrechnung der im Ausland entrichteten Steuer auf die spanische Einkommensteuerschuld vor. Die Anrechnung ist jedoch der Höhe nach auf den niedrigeren der Beträge beschränkt, die sich aus folgenden alternativen Anrechnungsmethoden ergeben[598]: Demnach ist entweder die Anrechnung der im Ausland tatsächlich gezahlten Steuer möglich, soweit die Einkünfte auch in Spanien der Einkommensteuer unterliegen, oder es ist die Anrechnung desjenigen Steuerbetrags möglich, der bei Anwendung des durchschnittlichen Einkommensteuersatzes der spanischen Einkommensteuer auf die Auslandseinkünfte entfiele, soweit diese im Ausland einer vergleichbaren Steuer unterworfen werden. Jedenfalls wird der Anrechnungsbetrag auf den Anteil an der Gesamtschuld der spanischen Einkommensteuer begrenzt, der dem Verhältnis des Einkommens *aus dem konkreten Staat* zum Gesamteinkommen aus in- und ausländischen Quellen entspricht (per country limitation)[599]. Auch nach Art. 23 Abs. 2 lit. b des vorrangigen deutsch-spanischen Doppelbesteuerungsabkommens vom 5.12.1966 ist eine in Deutschland nach Art. 11 Abs. 2 DBA auf Zinsen von in Spanien ansässigen natürlichen Personen einbehaltene Einkommensteuer auf die spanische Einkommensteuer anrechenbar[600].

2. Keine Kontrollmitteilungspflichten für Banken gegenüber dem Fiskus

Bislang wurden diejenigen mitgliedsstaatlichen Besteuerungssysteme dargestellt, welche ihre Besteuerungsansprüche bei Zinseinkünften grundlegend über Kontrollmitteilungspflichten für Banken gegenüber den Finanzbehörden sicherzustellen suchen. Demgegenüber werden im Folgenden diejenigen Mitgliedsstaaten aufgeführt, die dieses Ziel – unter Abstandnahme von Kontrollmitteilungspflichten für Banken – primär durch die Erhebung von Quellensteuern auf Zinsen zu sichern suchen. Als solche Mitgliedsstaaten sind zum Zeitpunkt der Verabschiedung der Zinsrichtlinie am 3.6.2003 Deutschland, Belgien, Griechenland, Italien, Österreich und Portugal zu nennen.

Diese Staaten lassen sich unterteilen in solche, in deren Einkommensteuersystemen die erhobene Quellensteuer Vorauszahlungscharakter auf die Einkommensteuerschuld hat, also auf diese anrechenbar ist, sowie in Staaten, in denen die Quellensteuer Abgeltungswirkung entfaltet, also Endbesteuerungsfunktion hat.

---

597 Abkommen zwischen der Bundesrepublik Deutschland und dem spanischen Staat zur Vermeidung der Doppelbesteuerung und zur Verhinderung der Steuerverkürzung bei Steuern vom Einkommen und vom Vermögen v. 5.12.1966, BGBl. II 1968, S. 9 ff.

598 Vgl. dazu umfassend: Courage, in: Mennel/ Förster, Steuern in Europa, Spanien, 50. EL 2003, Rz. 282; vgl. Dazu auch IBFD, StB Handbuch, Fach C, Spanien, 30. EL, Juli 2002, Rz. 56.

599 IBFD, Taxation of Private Investment Income, Spain, Suppl. No. 87, Apr. 2003, p. 6.

600 Courage, in: Mennel/ Förster, Steuern in Europa, Spanien, 50. EL 2003, Rz. 387.

a) Anrechenbare Quellensteuer in Deutschland

Unter den Staaten ohne Kontrollmitteilungspflichten für Banken ist Deutschland der einzige Mitgliedsstaat, der auf Zinsen eine Quellensteuer erhebt, die auf die Einkommensteuerschuld des Steuerpflichtigen anrechenbar ist.

(1) Besteuerung von Inlandssachverhalten

(a) Unbeschränkte Steuerpflicht

Eine natürliche Person ist in Deutschland gemäß § 1 EStG unbeschränkt steuerpflichtig, wenn sie ihren Wohnsitz (Legaldefinition in § 8 AO) oder ihren gewöhnlichen Aufenthalt (Legaldefinition in § 9 AO) im Inland hat. Daneben können Staatsangehörige von Mitgliedsstaaten der EU oder eines Staates, auf den das EWR-Abkommen anwendbar ist, zur unbeschränkten Steuerpflicht optieren, wenn ihre Einkünfte im Kalenderjahr mindestens zu 90 % der deutschen Einkommensteuer unterliegen oder die nicht der deutschen Einkommensteuer unterliegenden Einkünfte nicht mehr als 6.136 € im Kalenderjahr betragen (§§ 1 a Abs. 1, 1 Abs. 3 EStG).

Der unbeschränkt Steuerpflichtige ist mit seinen in- und ausländischen Einkünften in Deutschland steuerpflichtig (Welteinkommensprinzip)[601].

(b) Einordnung der Zinsen in das Einkommensteuerrecht

(i) Steuergegenstand

Zinsen, welche an private Anleger gezahlt werden, zählen innerhalb der sieben Einkunftsarten des deutschen Einkommensteuerrechts zu den Einkünften aus Kapitalvermögen i. S. d. §§ 2 Abs. 1 Nr. 5, 20 EStG. Das EStG beinhaltet keine Legaldefinition für Zinsen. Nach herrschender Meinung zählen Zinsen als Vergütung für die Nutzungsüberlassung von Kapital zu den Gläubigererträgen. Sie sind gewinn- und umsatzunabhängig, wohl aber laufzeitabhängig[602]. Zinsen stellen eine Nebenleistung zu einer als Hauptleistung vereinbarten Kapitalschuld dar[603]. Sie müssen nicht fortlaufend entrichtet werden und können auch von externen Umständen abhängen[604].

Als Zinsen in diesem Sinne sind grundsätzlich die nach § 20 Abs. 1 Nr. 4 S. 1 EStG steuerpflichtigen Einnahmen aus (nicht mitunternehmerischen) partiarischem Darlehen zu qualifizieren[605]. Die Überlassung von Kapital erfolgt aufgrund eines vertraglichen Schuldverhältnisses i. S. d. § 607 BGB. Die Vergütung ist nicht notwendig gewinnabhängig[606]. Dagegen stellen Einnahmen aus einer Beteiligung an einer stillen Gesellschaft i. S. d. § 230 HGB grundsätzlich keine Zinsen dar. Im Vordergrund stehen hier regelmäßig der gemeinsame Zweck des Handelsgewerbes sowie eine gewinnabhängige Vergütung[607].

Zu den Einkünften aus Kapitalvermögen zählen indessen nach § 20 Abs. 1 Nr. 5 EStG ausdrücklich Zinsen aus Hypotheken und Grundschulden sowie grundsätzlich auch Zinsen von

---

601 Heinicke, in: Schmidt, EStG, § 1, Rz. 2; Birk, Steuerrecht, Rz. 594 f.

602 BFH v. 20.1.1993, BStBl. II 1993, 373 (375 f.); BFH v. 8.3.1984, BStBl. II 1984, 623 (625); Dötsch, in: Kirchhof/ Söhn, EStG, § 20 Rz. I 4.

603 BFH v. 25.6.1974, BStBl. II, 1975, 431 (432).

604 Dötsch, in: Kirchhof/ Söhn, EStG, § 20 Rz. I 7 f. führt beispielhaft die Abhängigkeit vom Diskontsatz an.

605 BFH v. 10.2.1978, BStBl. II 1978, 256; Halfar, Kapitalvermögen, S. 53.

606 Fleißig, Harmonisierung der Zinsbesteuerung, S. 9.

607 Fleißig, Harmonisierung der Zinsbesteuerung, S. 9.

Sparanteilen aus Versicherungen auf den Erlebens- oder Todesfall einschließlich fondsgebundener Lebensversicherungen (vgl. § 20 Abs. 1 Nr. 6 EStG).
Weiterhin findet nach § 20 Abs. 1 Nr. 7 EStG eine Besteuerung von Erträgen aus sonstigen Kapitalforderungen statt. Voraussetzung hierfür ist, dass mindestens Ertrag oder Rückzahlung des überlassenden Kapitals sicher sind, es sich also nicht um rein spekulative Geschäfte handelt[608]. Damit fallen insbesondere auch Kapitalanlagen, deren Kapitalertrag ungewiss, die Kapitalrückzahlung jedoch garantiert ist, z. B. Index-Anleihen[609], unter die Norm. Erfasst sind Zinsen unabhängig davon, ob sie gleichmäßig (festverzinsliche Wertpapiere) oder ungleichmäßig (sog. Finanzinnovationen[610]) geschuldet werden. Maßgeblich ist nach § 20 Abs. 1 Nr. 7 S. 2 EStG, dass bei wirtschaftlicher Betrachtungsweise ein Entgelt für die Überlassung von Kapital gezahlt wird[611]. Danach stellen auch Erträge aus nominell unverzinslichen auf- bzw. abgezinsten Wertpapieren Zinsen dar[612]. Demgegenüber führen Optionsscheine nur dann zu steuerpflichtigen Erträgen i. S. d. Nr. 7, wenn zugleich eine Kaufoption (Call) und eine Verkaufsoption (Put) getätigt werden und am Ende der Laufzeit ein fester Ertrag zugesagt ist[613].
Die in § 20 Abs. 1 Nr. 8 EStG genannten Diskontbeträge von Wechseln und Anweisungen i. S. d. § 783 BGB sind bei wirtschaftlicher Betrachtungsweise ebenfalls als Zinsen zu qualifizieren[614].
§ 20 Abs. 2 EStG bezieht sich schließlich auf die Besteuerung von Veräußerungs- und Abtretungserlösen als Zinssurrogate. Zu diesen zählen gemäß § 20 Abs. 2 Nr. 2 b S. 1 EStG Einnahmen aus einer Veräußerung von Zinsscheinen und Zinsforderungen ohne Veräußerung der zugehörigen Schuldverschreibung (Stammrecht)[615]. Ebenso sind Einnahmen aus dieser Quelle nach § 20 Abs. 2 Nr. 3 erfasst, wenn die dazugehörige Schuldverschreibung mitveräußert wird, wobei die sog. Stückzinsen[616] als Entgelt gesondert in Rechnung gestellt werden. Steuerpflichtig sind nach § 20 Abs. 2 Nr. 4 S. 1 EStG weiterhin Einnahmen aus der Veräußerung oder Abtretung von auf- oder abgezinsten Wertpapieren (lit. a.), aus der Veräußerung der getrennt gehandelten Stammrechte sowie aus der Veräußerung der Zinsscheine (lit. b). Sie sind nach lit. c auch dann steuerpflichtig, wenn kein gesonderter Ausweis von Stückzinsen erfolgt (sog. flat-Handel[617]) oder die endgültige Höhe der Erträge ungewiss ist (z. B. Index-Anleihen[618]). Lit. d schließlich bezieht sich v. a. auf die Einnahmen aus der Veräußerung von

608 Harenberg, in: Herrmann/ Heuer/ Raupach, EStG, Bd. 11, § 20 Rz. 805.
609 Hier ist die Höhe des Nutzungsentgelts am Ende der Laufzeit abhängig von der Entwicklung eines bestimmten Index. Vgl. dazu Harenberg, in: Herrmann/ Heuer/ Raupach, EStG, Bd. 11, § 20 Rz. 821.
610 Vgl. dazu Harenberg, in: Herrmann/ Heuer/ Raupach, EStG, Bd. 11, § 20 Rz. 810.
611 Harenberg, in: Herrmann/ Heuer/ Raupach, EStG, Bd. 11, § 20 Rz. 830.
612 Zu letzteren gehören insbesondere sog. Nullkupon-Anleihen (Zero-Bonds), die wie sämtliche abgezinste Wertpapiere unter ihrem Nennbetrag ausgegeben und am Ende der Laufzeit zum Nennbetrag eingelöst werden.
613 Harenberg, in: Herrmann/ Heuer/ Raupach, EStG, Bd. 11, § 20 Rz. 823; Vgl. zur Besteuerung von Optionsgeschäften BMF v. 27.11. 2001, IV C – S 2256 – 256/ 01, BStBl. I 2001, S. 986 ff.
614 Harenberg, in: Herrmann/ Heuer/ Raupach, EStG, Bd. 11, § 20 Rz. 901.
615 Vgl. dazu: Harenberg, in: Hermann/ Heuer/ Raupach, EStG, Bd. 11, § 20 Rz. 1042 f.
616 Stückzinsen sind Zinsen, die bei der Veräußerung einer Anleihe mit den dazugehörigen Zinsscheinen gesondert berechnet und vom Erwerber an den Veräußerer tatsächlich gezahlt werden. Dazu: Harenberg, in: Herrmann/ Heuer/ Raupach, EStG, Bd. 11, § 20 Rz. 850.
617 Harenberg, in: Herrmann/ Heuer/ Raupach, EStG, Bd. 11, § 20 Rz. 1061.
618 Indexanleihen sind Schuldverschreibungen, bei denen Verzinsung und/ oder Höhe der Kapitalrückzahlung am Laufzeitende vom Stand eines bestimmten Index (ungewisses Ereignis) abhängig sind. Dazu: Harenberg, in: Herrmann/ Heuer/ Raupach, EStG, Bd. 11, § 20 Rz. 850.

Kombizinsanleihen (Wertpapiere mit unterschiedlichen Zinszahlungszeiträumen) und Gleitzinsanleihen (Wertpapiere mit jährlich steigender oder fallender Verzinsung)[619].
Erträge der Anteilseigner aus Beteiligungen an inländischen Investmentfonds gelten gemäß § 39 KAGG[620], solche aus Beteiligungen an ausländischen Investmentfonds gemäß §§ 17, 18 AuslInvestmG als Kapitalerträge im Sinne des § 20 Abs. 1 Nr. 1 EStG, sofern sie nicht Betriebseinnahmen des Steuerpflichtigen sind. Dies gilt kraft gesetzlicher Fiktion neben den zur Ausschüttung verwendeten Zinserträgen auch für thesaurierte Erträge[621]. Dagegen sind Erträge aus Finanzderivaten, d. h. aus Finanzinstrumenten, die aus dem Handel mit Anleihen abgeleitet sind (Options- und Termingeschäfte)[622], als Gewinne aus privaten Veräußerungsgeschäften nur unter den Voraussetzungen des § 22 Nr. 3 i. V. m. § 23 Abs. 1 Nr. 4 EStG steuerpflichtig[623].
Insgesamt sind die Einkünfte aus Kapitalvermögen gemäß § 20 Abs. 3 EStG vorrangig den Einkünften aus §§ 13, 15, 18 EStG zuzuordnen, wenn sie mit diesen in wirtschaftlichem Zusammenhang stehen (Subsidiarität)[624].

(ii) Sparförderung

Eine staatliche Sparförderung durch Steuervergünstigungen für Zinsen aus bestimmten Anlagen findet in Deutschland grundsätzlich nicht statt. Zwar gehören Arbeitnehmersparzulagen und Wohnungsbauprämien nach § 13 Abs. 3 VermBG, § 6 WoPG nicht zu den Einkünften i. S. d. EStG[625]; davon bleibt jedoch die Steuerpflicht der darauf entfallenden Zinsen unberührt[626]. Demgegenüber wird die Steuerpflicht von Zinsen aus Sparanteilen von Versicherungsbeiträgen durch den Steuerbefreiungstatbestand nach § 20 Abs. 1 Nr. 6 S. 2 EStG (in der Fassung bis 31.12.2004[627]) wesentlich eingeschränkt[628].

(iii) Bemessungsgrundlage

Auf die Einkünfte aus Kapitalvermögen finden die Vorschriften über die Einnahme-Überschussrechnung (§§ 8 ff. EStG) Anwendung. Von den tatsächlich zugeflossenen Einnahmen (§ 11 EStG) sind grundsätzlich diejenigen Aufwendungen als Werbungskosten in Abzug zu bringen, die objektiv durch die Nutzungsüberlassung veranlasst und subjektiv deren

---

619 Harenberg, in: Herrmann/ Heuer/ Raupach, EStG, Bd. 11, § 20 Rz. 1110.

620 Das Investmentsteuergesetz vom 15.12.2003, BGBl. I 2676/ 2724, kann vorliegend nicht berücksichtigt werden. Nach § 18 InvStG ist dieses grundsätzlich erstmals auf das Geschäftsjahr des ausländischen bzw. inländischen Investmentvermögens anzuwenden, das nach dem 31.12.2003 beginnt. Nach § 19 Abs. 2, 3 sind §§ 37 n bis 50 d KAGG bzw. §§ 17 bis 20 AuslInvestmG letztmals auf das Geschäftsjahr des inländischen bzw. ausländischen Investmentvermögens anzuwenden, das vor dem 1.1.2004 beginnt. Für die vorliegende Arbeit ist die Rechtslage zum Stichtag der Verabschiedung der Zinsrichtlinie maßgeblich. Daher sind KAGG sowie AuslInvestmG weiter zu berücksichtigen.

621 Heinicke, in: Schmidt, EStG, § 20 EStG Rz. 112.

622 Harenberg, in: Herrmann/ Heuer/ Raupach, EStG, Bd. 11, § 20 Rz. 850.

623 Vgl. Fleißig, Harmonisierung der Zinsbesteuerung, S. 16 f.

624 Harenberg, in: Herrmann/ Heuer/ Raupüach, EStG, Bd. 11, § 20 Rz. 20, Rz. 1305 ff.

625 Dötsch, in: Kirchhof/ Söhn, EStG, § 20 Rz. I 113.

626 Dötsch, in: Kirchhof/ Söhn, EStG, § 20 Rz. I 113. Vgl. aber § 43 Abs. 1 S. 1 Nr. 7 lit. b, cc EStG: Vom Einbehalt der Zinsabschlagsteuer kann in bestimmten Fällen abgesehen werden.

627 Maßgeblich ist für die vorliegende Untersuchung der Stichtag der Verabschiedung der Zinsrichtlinie zum 3.6.2003, also der VZ 2003. Vgl. auch § 52 Abs. 36 S. 4, 5 EStG: Danach ist § 20 Abs. 1 Nr. 6 EStG in der Fassung des Gesetzes vom 20.12.1996, BGBl. I, 2049 für Kapitalerträge aus Versicherungsverträgen, die vor dem 1.1.2005 abgechlossen wurden, grundsätzlich auch weiterhin anwendbar.

628 Harenberg, in: Herrmann/ Heuer/ Raupach, EStG, Bd. 11, § 20 Rz. 750.

Förderung dienlich sind. Maßgeblich ist, dass die entsprechenden Ausgaben nicht ausschließlich auf den Vermögensstamm getätigt werden[629]. Mangels eines Nachweises von tatsächlich entstandenen Werbungskosten wird gemäß § 9 a S. 1 Nr. 2 EStG ein Pauschalbetrag in Höhe von 51 € bzw. 102 € in Abzug gebracht.
Indessen ist nach dem sog. Bruttoprinzip gemäß § 43 a Abs. 2 EStG bei der Erhebung von Zinsabschlagsteuer und Kapitalertragsteuer an der Quelle ein Ansatz von Werbungskosten grundsätzlich nicht möglich (Ausnahmen: § 43 a Abs. 3 EStG, modifiziertes Nettoprinzip). Vom Überschuss ist gemäß § 20 Abs. 4 EStG (bis VZ 2003) ein Sparerfreibetrag in Höhe von 1550 € bzw. 3100 € abzuziehen.

(iv) Steuersatz

Der Steuertarif findet nach Abzug von Altersentlastungsbetrag, Sonderausgaben und außergewöhnlichen Belastungen Anwendung auf das zu versteuernde Einkommen. Er ist nach § 32 a EStG progressiv ausgestaltet und liegt im VZ 2003 bei maximal 48,5 %. Das steuerfreie Existenzminimum (Grundfreibetrag) liegt im VZ 2003 bei 7.235 € (Zusammenveranlagung: 14.471 €). Der Steuersatz der Kapitalertragsteuer (i. e. S.) liegt bei 20 % (§ 43 a Abs. 1 Nr. 1 EStG, n. F.[630]) bzw. 25 % (§ 43 a Nr. 2 EStG), derjenige der Zinsabschlagsteuer bei 30 % (§ 43 a Nr. 3 EStG) bzw. 35 % bei anonymen Tafelgeschäften. Bei Übernahme der Steuer durch den Schuldner der Kapitalerträge liegt die Kapitalertragsteuer (i. e. S.) bei 25 % (§ 43 a Abs.1 Nr. 1) bzw. 33 1/3 % (§ 43 a Nr. 2 EStG), die Zinsabschlagsteuer bei 42,85 % (§ 43 a Abs. 1 Nr. 3 EStG) bzw. 53,84 % bei anonymen Tafelgeschäften.

(c) Besteuerungsverfahren

Die deutsche Einkommensteuer wird gemäß § 25 EStG grundsätzlich im Wege der Veranlagung durch das zuständige Finanzamt aufgrund einer jährlichen Einkommensteuererklärung des Steuerpflichtigen festgesetzt (Deklarationsprinzip).
Auf Zinsen wird – zur Vermeidung von Steuerhinterziehungen – zusätzlich ein Steuerabzug an der Quelle vorgenommen. Diese Kapitalertragsteuer (i. w. S.) hat den Charakter einer Vorauszahlung auf die Einkommensteuerschuld (§§ 36 Abs. 2 Nr. 2, 43 ff. EStG). Nach Besteuerungsgegenstand und -höhe ist dabei zwischen sog. Zinsabschlagsteuer (§ 43 a Abs. 1 Nr. 3 EStG) und der sog. Kapitalertragsteuer i. e. S. (§ 43 a Abs. 1 im Übrigen) zu differenzieren.
Die Zinsabschlagsteuer wird gemäß Art. 43 Abs. 1 S. 1 Nr. 7 lit. a EStG u. a. auf Zinsen aus Anleihen und Forderungen erhoben, die verbrieft, in ein öffentliches Schuldbuch oder ein ausländisches Register eingetragen sind, oder über die Sammelurkunden i. S. d. § 9 a Depotgesetz oder Teilschuldverschreibungen ausgegeben sind. Dabei ist es insbesondere unerheblich, ob es sich um in- oder ausländische Kapitalerträge handelt[631]. Zinsabschlagsteuer wird gem. Art. 43 Abs. 1 S. 1 Nr. 8 EStG grundsätzlich auch auf Veräußerungserträge i. S. d. § 20 Abs. 2 Nr. 2 lit. b, Nr. 3, Nr. 4 EStG einbehalten. Ebenso fallen nach § 43 Abs. 1 Nr. 8 EStG besondere Entgelte und Vorteile i. S. d. § 20 Abs. 2 S 1 Nr. 1 unter die Zinsabschlagsteuer. Nach § 38 b Abs. 1 KAGG unterliegen auch Erträge aus Beteiligungen an inlän-

629 Birk, Steuerrecht, Rz. 694.
630 Vorliegend wird auf § 43 a EStG n. F. abgestellt; zur erstmaligen Anwendung von § 43 a in dieser Fassung siehe § 52 Abs. 53 S. 2 EStG.
631 Fleißig, Harmonisierung der Zinsbesteuerung, S. 20.

dischen Investmentfonds dem Zinsabschlag, sofern sie nicht aus Aktienbeständen hervorgehen[632].
Dagegen wird die Kapitalertragsteuer i. e. S. erhoben auf Zinserträge aus Wandelanleihen, aus Gewinnschuldverschreibungen, aus Genussrechten ohne Anspruch auf Liquidationserlös (§§ 43 Abs. 1 Nr. 2 EStG) sowie auf Erträge aus partiarischem Darlehen (§§ 43 Abs. 1 Nr. 3, 20 Abs. 1 Nr. 4 EStG) und auf Zinsen aus Lebensversicherungen im Sinne des § 20 Abs. 1 Nr. 6 (vgl. § 43 Abs. 1 Nr. 4 EStG).
Der Steuerabzug obliegt gemäß § 44 Abs. 1 S. 3 EStG (n. F.[633]) bei der Zinsabschlagsteuer der Zahlstelle, d. h. grundsätzlich dem auszahlenden inländischen Kreditinstitut (sog. Zahlstellensteuer; vgl. dazu § 44 Abs. 1 S. 4 EStG), bei der Kapitalertragsteuer i. e. S. dagegen dem Schuldner der Kapitalerträge (sog. Schuldnersteuer).
Nicht dem Steuerabzug unterliegen Zinsen aus grundrechtlich gesicherten Forderungen i. S. d. § 20 Abs. 1 Nr. 5 EStG, Erträge aus Wechseln und Anweisungen i. S. d. § 20 Abs. 1 Nr. 8 EStG sowie Zinsen aus Darlehen von Privatpersonen und Unternehmen, die keine Kreditanstalten i. S. d. § 53 KWG sind. Solche werden lediglich zur Einkommensteuer veranlagt[634].
Unbeschränkt Steuerpflichtige können durch die Erteilung eines Freistellungsauftrags an das auszahlende Kreditinstitut bewirken, dass Sparerfreibetrag und Werbungskostenpauschalbetrag bereits im Rahmen des Steuerabzugs berücksichtigt werden (§§ 44 a Abs. 1 Nr. 1, Abs. 2 Nr. 1 EStG, n. F.). Diese Möglichkeit führt angesichts der hohen Freibeträge dazu, dass in der Praxis bei ca. 80 % aller Bezieher von Kapitaleinkünften kein Quellensteuerabzug stattfindet[635]. Bei Erteilung einer Nichtveranlagungsbescheinigung durch das Wohnsitzfinanzamt wird vom Steuerabzug gänzlich Abstand genommen (§§ 44 a Abs. 1 Nr. 2, Abs. 2 Nr. 2 EStG).

(d) Bankgeheimnis

In Deutschland wird das sog. Bankgeheimnis im allgemeinen Sprachgebrauch als Berufs- und Geschäftsgeheimnis des Kreditgewerbes verstanden[636]. Es hat seine Grundlage in einer aus der vertraglichen Beziehung zwischen Bank und Bankkunde resultierenden Schutzpflicht[637] und betrifft Tatsachen, die im Zusammenhang mit der Geschäftsverbindung zwischen Bank und Kunde stehen[638]. Ein umfassendes Bankgeheimnis ist indessen weder einfachgesetzlich normiert, noch genießt es als solches Verfassungsrang[639]. Hinter öffentlich-rechtlichen Pflichten tritt der Schutz des Bankgeheimnisses grundsätzlich zurück[640].

---

632 Fleißig, Harmonisierung der Zinsbesteuerung, S. 20.
633 Vorliegend wird auf § 44 EStG n. F. abgestellt; zu seiner erstmaligen Anwendung vgl. § 52 Abs. 53 S. 2 EStG.
634 Keßler, BB 1993, 183 (187).
635 Hoppe, Erhebungsdefizit, S. 13, S. 16 f.; Eckhoff, Rechtsanwendungsgleichheit, S. 352.
636 Sichtermann/ Feuerborn., Bankgeheimnis, Rz. 17 ff.; Knist, Kapitalvermögen, S. 15; App, DStZ 1993, 201 (201).
637 Sichtermann/ Feuerborn, Bankgeheimnis, Rz. 15; Miebach, Das Bankgeheimnis, S. 18 ff.
638 Miebach, Das Bankgeheimnis, S. 18.
639 Eckhoff, in: H/ H/ Sp, AO, Bd. 5, § 194, Rz. 200; App, DStZ 1993, 201 (202); Rüth, DStZ 2000, 30 (32). Indessen werden die Inhalte des Bankgeheimnisses mittelbar, über eine Einbeziehung in den Schutzbereich verschiedener Grundrechte geschützt: Sichtermann/ Feuerborn, Bankgeheimnis, Rz. 11: Art. 2 Abs. 1 GG; vgl. dazu umfassend: Miebach, Bankgeheimnis, S. 139 ff.
640 App, DStZ 1993, 201 (202); vgl. auch Miebach, Das Bankgeheimnis, S. 26 f.

So ist das Bankgeheimnis in Deutschland weder strafrechtlich sanktioniert, noch ist es im Strafverfahren gewährleistet (kein Zeugnisverweigerungsrecht nach dem Katalog der Berufsgeheimnisse in § 53 StPO)[641].

Ob und inwieweit § 30 a AO im Besteuerungsverfahren ein Bankgeheimnis begründet, wird im Folgenden analysiert. Da § 30 AO im Wesentlichen den Wortlaut des sog. Bankenerlasses[642] wiedergibt, werden auch Argumente aus der Diskussion um diesen mit eingebracht.

(i) § 30 a Abs. 1 AO

§ 30 a Abs. 1 AO statuiert ein Gebot der Rücksichtnahme auf das Vertrauensverhältnis zwischen Kreditinstituten und deren Kunden. Er wird von Literatur und Rechtsprechung unterschiedlich interpretiert[643].

Der VIII. Senat des BFH misst der Norm lediglich deklaratorischer Charakter bei und zieht sie im Übrigen als Motiv (Präambel) bei der Auslegung des § 30 a heran[644]. Danach erschöpfe sich Bedeutung des § 30 a Abs. 1 AO darin, die Finanzbehörden bei der Sachverhaltserforschung zur Beachtung der Grundsätze der Verhältnismäßigkeit und Zumutbarkeit aufzufordern[645]. In der Literatur wird gefordert, dem Vertrauensverhältnis zwischen Bank und Bankkunde im Rahmen der Verhältnismäßigkeit besonderes Gewicht beizumessen[646]. Darüber hinaus wird vertreten, § 30 a Abs. 1 AO enge den Ermessensspielraum ein, der den Finanzbehörden bei der Sachverhaltsermittlung nach § 88 AO zustehe[647]. Aus der systematischen Einordnung der Vorschrift hinter dem Steuergeheimnis (§ 30 AO) wird ein steuerrechtliches Bankgeheimnis hergeleitet[648]. Dem wird zwar von anderer Seite § 30 a Abs. 5 S. 1 AO entgegengehalten, wonach im Besteuerungsverfahren Einzelauskunftsersuchen an Kreditinstitute entsprechend dem allgemeinen Grundsatz des § 93 AO zulässig seien[649]. Es wird zudem auf die abschließende Aufzählung von geschützten Berufsgeheimnissen in § 102 AO hingewiesen[650]. Danach wird Bankmitarbeitern kein Auskunftsverweigerungsrecht zuerkannt. Dies steht der Annahme eines umfassenden steuerrechtlichen Bankgeheimnisses auch nach vorliegender Auffassung entgegen. Jedenfalls aber schränkt § 30 a Abs. 1 AO nach seinem Wortlaut („haben... Rücksicht zu nehmen") die Befugnisse der Finanzbehörden (konstitutiv wirkend) ein. Dies kann nur als Begrenzung des Ermessensspielraums nach §§ 88 AO verstanden werden.

Der insoweit zum Ausdruck kommende Wille des Gesetzgebers, die Befugnisse der Finanzbehörden im Hinblick auf das Vertrauensverhältnis zwischen Bank und Bankkunde zu begrenzen, kann auch im Übrigen zur Interpretation des § 30 a AO herangezogen werden. Insoweit kann § 30 a Abs. 1 AO auch als Präambel verstanden werden.

---

641 Vgl. dazu ausführlich App, DStZ 1993, 201 (202).

642 BMF-Schreiben v. 31.8.1979, IV A 7 – S 0230 – 11/ 79, BStBl. I 1979, 590, das den Bankenerlass v. 2.8.1949, III S 1171-23/ 49, DStZ/ B 1949, 242 an die Rechtslage nach Einführung der AO 1977 anpasste, aber diesen inhaltlich nur unerheblich abänderte.

643 Rüth, DStZ 2000, 30 (32).

644 BFH v. 18.2.1997, VIII R 33/ 95, BStBl. II 1997, 499 (499); ebenso: Rüth, DStZ 2000, 30 (32); Schwarz, in: ders., AO, § 30 a Rz. 11; Hellwig, in: H/ H/ Sp, AO, Bd. 2, § 30 a Rz. 13; Miebach, Bankgeheimnis, S. 49; Hoppe, Erhebungsdefizit, S. 21 f.

645 BFH v. 18.2.1997, VIII R 33/ 95, BStBl. II 1997, 499 (499).

646 Ruegenberg, Steuergeheimnis, S. 107

647 Tipke, in: Tipke/ Kruse, AO, § 30 a Rz. 7, 10.

648 Felix, BB 1988, 2011 f.

649 Rüth, DStZ 2000, 30 (32).

650 Rüth, DStZ 2000, 30 (32).

(ii) § 30 a Abs. 2 AO

Nach § 30 a Abs. 2 AO dürfen die Finanzbehörden von den Kreditinstituten weder die einmalige noch die periodische Mitteilung von Konten bestimmter Art oder bestimmter Höhe verlangen.

Während auch in dieser Vorschrift zum Teil lediglich eine deklaratorische Bestätigung des Verhältnismäßigkeitsgrundsatzes (Art. 20 Abs. 3 GG) gesehen wird[651], wonach Kontrollmitteilungen „ins Blaue hinein", d. h. ohne konkrete Anhaltspunkte, unzulässig, mithin nicht von § 208 Abs. 1 Nr. 3 AO getragen seien[652], schränkt die Vorschrift die Befugnisse nach §§ 93, 208 Abs. 1 Nr. 3 AO nach anderer Ansicht ein. Welcher der beiden Meinungen der Vorzug zu geben ist, soll im Folgenden untersucht werden.

Bedeutung für die Befugnisse der Steuerfahndungsbehörden bei der Aufdeckung und Ermittlung unbekannter Steuerfälle nach § 208 Abs. 1 Nr. 3 AO

Die Vertreter einer konstitutiven Wirkung des § 30 a Abs. 2 AO sehen diese vorrangig in einer Einschränkung der Befugnisse der Steuerfahndungsbehörden bei der Aufdeckung und Ermittlung unbekannter Steuerfälle nach § 208 Abs. 1 S. 1 Nr. 3 AO[653]. Ob diese Ansicht Zustimmung verdient, kann nicht ohne eingehende Interpretation des § 208 Abs. 1 S. 3 AO beurteilt werden. Erst von einem bestimmten Aufgaben- und Befugnisumfang ausgehend kann geklärt werden, ob dieser von § 30 a Abs. 2 AO eingeschränkt wird.

Die Rechtsprechung sowie ein Teil der Literatur interpretieren § 208 Abs. 1 S. 1 Nr. 3 AO im Sinne einer „allgemeinen Steueraufsicht". Sie weisen der Steuerfahndung im Rahmen von sog. Vorfeldermittlungen funktional Aufgaben des allgemeinen Besteuerungsverfahrens zu[654]. Der Steuerfahndung kommt danach die auch steuerliche Aufgabe zu, unbekannte Steuerfälle aufzudecken und zu ermitteln. Voraussetzung ist das Vorliegen von Anhaltspunkten für eine Steuerverkürzung, nicht notwendig jedoch ein Anfangsverdacht im strafprozessualen Sinne[655]. Der Steuerfahndung stehen dann grundsätzlich die Befugnisse zu, die den Finanzbehörden im allgemeinen Besteuerungsverfahren zukommen (§ 208 Abs. 1 S. 2 AO); jedoch werden diese Befugnisse durch § 208 Abs. 1 S. 3 AO noch erweitert. Insbesondere ist die Steuerfahndung nicht an § 93 Abs. 1 S. 3 AO gebunden. Dies bedeutet, dass die Steuerfahndung zum Zwecke der Ermittlung namentlich nicht bekannter Steuerpflichtiger Auskunftsersuchen an Kreditinstitute richten kann, ohne vorher zu prüfen, ob sie die Auskunft von einem am Besteuerungsverfahren Beteiligten (§ 78 AO) erhalten kann. Dem steht insbesondere auch § 208 Abs. 5 S. 2 AO nicht entgegen.

Betrachtet man vor diesem Hintergrund den Wortlaut des § 30 a Abs. 2 AO („dürfen ...nicht") sowie dessen systematische Stellung im Kontext des Rücksichtnahmegebots nach § 30 a Abs. 1 AO, so kann man die Norm eigentlich nur als (konstitutive) Einschränkung des § 208 Abs. 1 S. 1 Nr. 3 AO verstehen: Auch wenn konkrete Anhaltspunkte vorliegen[656], darf

---

651 Bruschke, BB 1990, 392 (393).

652 BFH v. 28.2.1997, VIII R 33/ 95, BStBl. II 1997, 449;, Krabbe, DB 1988, 1668 (1672); Rüth, DStZ 2000, 30 (33); Miebach, Bankgeheimnis, S. 50 f.

653 Schwarz in ders., AO, Bd. 1, § 30 a Rz. 14 f.; Tipke, in: ders., AO, Bd. 1, § 30 a Rz. 11; Hellwig, in: H/ H/ Sp, AO, Bd. 2, § 30 a Rz. 15.

654 So BFH v. 16.12.1997, VII B 45/ 97, BStBl. II 1998, 231 (233 f.); Seer, in: Tipke/ Kruse, AO, Bd. 2, § 208 Rz. 26 ff.

655 Seer, in: Tipke/ Kruse, AO, Bd. 2, § 208 Rz. 26 f.

656 Dazu Schick, in: H/ H/ Sp, AO, Bd. 6, § 208 Rz. 128, sowie grundlegend: Eckhoff, Rechtsanwendungsgleichheit, S. 262 ff, S. 360.

danach die einmalige oder periodische Mitteilung über Konten bestimmter Art und Höhe nicht verlangt werden[657].

Gegen die Institutionalisierung einer „allgemeinen Steueraufsicht“ erhebt Rolf Eckhoff[658] überzeugende Einwände: Die Mittel des Steuerstrafverfahrens, d. h. die Mittel der Steuerfahndung, seien unangemessen, wenn es darum gehe, unabhängig vom Verdacht einer Steuerstraftat die Aufgaben der Steuerfestsetzung wahrzunehmen. Diese Mittel dürften nach dem Gebot der Gleichmäßigkeit des Verfahrens nur dort eingesetzt werden, wo der Verdacht einer strafbaren Handlung bestehe[659]. Sonst würde die von § 393 AO angeordnete grundsätzliche Trennung der steuerverfahrensrechtlichen und strafverfahrensrechtlichen Befugnisse der Finanzbehörden unterlaufen[660]. Daher müsse § 208 Abs. 1 S. 1 Nr. 2 AO so interpretiert werden, dass er der Steuerfahndung die Ermittlung der Besteuerungsgrundlagen nur insoweit übertrage, als dies „zur Erforschung von Steuerstraftaten oder Steuerordnungswidrigkeiten“ (Nr. 1) erforderlich sei[661]. § 208 Abs. 1 S. 1 Nr. 2 stelle damit lediglich klar, was sich bereits aus der Aufgabenzuweisung nach Nr. 1 ergebe: Steuerstraftaten können ohne Ermittlung der Besteuerungsgrundlagen nicht aufgeklärt werden[662]. Auch bei der Auslegung des Nr. 3 des § 208 Abs. 1 S. 1 AO müsse dieser Kontext beachtet werden[663].

Die Rechtsprechung des BFH berücksichtige das Gebot der Verfahrensgleichmäßigkeit (Art. 3 Abs. 1 GG)[664] insoweit, als sie ein Vorgehen der Steuerfahndung „zur Aufdeckung und Ermittlung unbekannter Steuerfälle“ nur dann zulasse, „wenn für ein Tätigwerden hinreichender Anlass besteht“[665]. Ein solcher liegt nach der Rechtsprechung vor, „wenn aufgrund konkreter Anhaltspunkte (...) oder aufgrund allgemeiner Erfahrung (...) die Möglichkeit einer Steuerverkürzung in Betracht kommt und daher eine Anordnung bestimmter Art angezeigt ist.

---

657 Zum Ganzen: Eckhoff, Rechtsanwendungsgleichheit, S. 360 unter Hinweis auf: Hellwig, in: H/ H/ Sp, AO, Bd. 2, § 30 a Rz. 16; Tipke, in: Tipke/ Kruse, AO, § 30 a Rz. 11; a. A. AEAO zu § 30 a, Ziff. 2, unter Hinweis auf BFH v. 24.10.1989, VII R 1/ 87, BStBl. II 1990, 198 (201); differenzierend wohl: Schwarz, in: ders., AO, Bd. 1, § 30 a Rz. 15: Nach seiner Auffassung steht § 30 a Abs. 2 AO offenbar dann einer Ausübung von Ermittlungs- und Kontrollbefugnissen im Rahmen der Aufgabenzuweisung von § 208 Abs. 1 Nr. 3 nicht entgegen, wenn konkrete Anhaltspunkte für eine Steuerverkürzung vorliegen; wenn aber – wie vom BFH vertreten – lediglich nach allgemeiner Erfahrung eine Ermittlung angezeigt sei, stehe § 30 a Abs. 2 AO dieser „allgemeinen Überwachung“ entgegen.

658 Eckhoff, in: H/ H/ Sp, AO, Bd. 5, § 194 Rz. 188.

659 Eckhoff, in: H/ H/ Sp, AO, Bd. 5, § 194 Rz. 188; ders., Rechtsanwendungsgleichheit, S. 262.

660 Eckhoff, in: H/ H/ Sp, AO, Bd. 5, § 194 Rz. 188; ders., Rechtsanwendungsgleichheit, S.262 f.

661 Eckhoff, in: H/ H/ Sp, AO, Bd. 5, § 194 Rz. 188; ders., Rechtsanwendungsgleichheit, S.263. A. A. BFH v. 16.12.1997, VII B 45/ 97, BStBl. II 1998, 231 (233); v. 15.6.2001, VII B 11/ 00, BStBl. II 2001, 625 (628): Aus der Aufgabenzuweisung nach § 208 Abs. 1 Nr. 2 AO ergebe sich, dass auch bei Vorliegen eines Strafverfolgungshindernisses Aufklärungs- und Kontrollmaßnahmen der Steuerfahndung zulässig seien.

662 Eckhoff, in: H/ H/ Sp, AO, Bd. 5, § 194 Rz. 188; ders., Rechtsanwendungsgleichheit, S. 263; so auch Schick, in: H/ H/ Sp, AO, Bd. 6, § 208 Rz. 85 ff.

663 Eckhoff, in: H/ H/ Sp, AO, Bd. 5, § 194 Rz. 188; a. A. Seer in Tipke/ Kruse, § 208 AO Rz. 5 f. Aus der Aufgabenzuweisung nach § 208 Abs. 1 S. 1 Nr. 3 AO soll sich nach deren Auffassung ergeben, dass Aufklärungs-und Kontrollmaßnahmen der Steuerfahndung unabhängig von konkreten Anhaltspunkten für eine Steuerstraftat zulässig sind. Vgl. dagegen: Schick, § 208 Rz. 117 ff (121); Friauf, StbJb. 1977/ 78, 39 (60); Selmer, Steuerrecht und Bankgeheimnis, S. 52 ff. ; Pauly, BB 1986, 1130 (1133). Von diesen werden überwiegend rechtsstaatliche Erwägungen angestellt.

664 Dazu: Eckhoff, Rechtsanwendungsgleichheit, S. 262. Zum Ganzen: ders., in: H/ H/ Sp, AO, Bd. 5, § 194 Rz. 188.

665 BFH v. 28.10.1997, VII B 40/ 97, BFH/ NV 1998, 424 (428); zustimmend auch: Schwarz, in: ders., AO, Bd. 1, § 30 a Rz. 15.

Ermittlungen „ins Blaue hinein", Rasterfahndungen, Ausforschungsdurchsuchungen und ähnliche Ermittlungsmaßnahmen sind unzulässig"[666].
Nach alledem erscheint es zutreffend, die Mittel der Steuerfahndung strikt auf die Fälle zu beschränken, in denen ein konkreter Anfangsverdacht besteht[667]. In anderen Fällen muss um der gebotenen Verfahrensgleichmäßigkeit willen für alle Steuerpflichtigen dasselbe Verfahrensrecht gelten, nämlich das Recht des Steuerfestsetzungsverfahrens, nicht das der Steuerfahndung[668].
Offen ist nun, welche Bedeutung insoweit § 30 a Abs. 2 AO zukommt. § 30 a Abs. 2 AO vermag, wie § 30 a AO überhaupt, die Befugnisse der Steuerfahndung im Steuerstrafverfahren sowie im Steuerordnungswidrigkeitenverfahren nicht einzuschränken[669]. Betrachtet man die (steuerverfahrensrechtlichen[670]) Aufgaben der Steuerfahndung nach § 208 Abs. 1 S 1 Nr. 2, 3 AO lediglich als „Annex" zur (strafverfahrensrechtlichen) Primäraufgabe der Erforschung von Steuerstraftaten und Steuerordnungswidrigkeiten (Nr. 1)[671], dann bleibt für die Anwendung des § 30 a Abs. 2 AO insoweit kein Raum. Liegt nämlich ein hinreichender Anfangsverdacht gegen einen Bankkunden vor, so kann die Steuerfahndung gegen diesen nach § 208 Abs. 1 S. 1 Nr. 1 AO vorgehen (Erforschung von Steuerstraftaten und -ordnungswidrigkeiten)[672]. Die als Annex dazu erforderliche Ermittlung der Besteuerungsgrundlagen darf dann durch § 30 a Abs. 2 AO nicht vereitelt werden.
Als Zwischenergebnis ist festzuhalten: Der eigentlich nur konstitutiv zu verstehende Wortlaut des § 30 a Abs. 2 AO schränkt etwaige Befugnisse der Finanzbehörden nur dann ein, wenn man in § 208 Abs. 1 Nr. 3 AO eine allgemeine Steueraufsicht verankert sieht. Lehnt man hingegen, wie vorliegend, eine „allgemeine Steueraufsicht" ab, besteht für die Anwendung des § 30 a Abs. 2 AO gegenüber den Steuerfahndungsbehörden kein Raum. Die Norm vermag die – lediglich zur Hauptaufgabe der Erforschung von Steuerstraftaten und -ordnungswidrigkeiten „akzessorischen" – steuerverfahrensrechtlichen Befugnisse der Steuerfahndung im Rahmen der Aufgabe nach § 208 Abs. 1 S. 1 Nr. 2, 3 AO nicht einzuschränken.

Bedeutung für Auskunftsersuchen der Finanzbehörden nach § 93 Abs. 1 AO im Besteuerungsverfahren

Indessen bleibt zu fragen, ob § 30 a Abs. 2 AO die Auskunftspflichten der Kreditinstitute gegenüber den Finanzbehörden nach § 93 Abs. 1 AO im allgemeinen Besteuerungsverfahren beschränkt, insoweit also konstitutive Wirkung entfaltet[673].
Dies hängt vom Regelungsgehalt des § 93 Abs. 1 AO ab. Nach S. 1 dieser Norm haben die Beteiligten und andere Personen der Finanzbehörde die zur Feststellung eines für die Besteuerung erheblichen Sachverhaltes erforderlichen Auskünfte zu erteilen. Nach S. 3 sollen andere

666 BFH v. 28.10.1997, VII B 40/ 97, BFH/ NV 1998, 424 (428).
667 Eckhoff, in: H/ H/ Sp, AO, Bd. 5, § 194 Rz. 188.
668 Eckhoff, in: H/ H/ Sp, AO, Bd. 5, § 194 Rz. 188.
669 BFH v. 18.2.1997, VIII R 33/ 95, BStBl. II 1997, 499 (505); v. 28.10.1997, VII B 40/ 97, 424 (430); AEAO Nr. 4 zu § 30 a AO; Eckhoff, Rechtsanwendungsgleichheit, S. 360.
670 Dazu: Eckhoff, Rechtsanwendungsgleichheit, S. 263 Fn. 257. A. A. Schick, in: H/ H/ Sp, AO, Bd. 6, § 208 Rz. 95 ff. Dieser sieht in § 208 Abs. 1 AO lediglich eine steuerstrafrechtliche Kompetenz der Steuerfahndung begründet. Nach seiner Auffassung steht der Steuerfahndung auch bei Verdacht einer strafbaren Handlung keine Kompetenz im Besteuerungsverfahren zu.
671 Eckhoff, in: H/ H/ Sp, AO, Bd. 5, § 194 Rz. 188.
672 Eckhoff, in: H/ H/ Sp, AO, Bd. 5, § 194 Rz. 188.
673 So die dem AEAO zu § 30 a AO Ziff. 2, BStBl. 1993 I, 330 zugrunde liegende Ansicht der Finanzverwaltung.

als die Beteiligten erst dann zur Auskunft angehalten werden, wenn die Sachverhaltsaufklärung durch die Beteiligten nicht zum Ziele führt oder keinen Erfolg verspricht. Die Erforderlichkeit der Auskunftserteilung im Sinne des S. 1 ist nach ständiger Rechtsprechung des BFH gleichzusetzen mit einem „hinreichenden Anlass" für ein Auskunftsersuchen. Ein solcher sei dann gegeben, „wenn *konkrete* Anhaltspunkte für die Annahme vorliegen, dass wahrscheinlich eine Steuerschuld entstanden ist und die betreffenden Steuern verkürzt worden sind *oder* die Finanzbehörde im Rahmen ihrer – aufgrund konkreter Momente oder der *allgemeinen* Erfahrung getroffenen – Prognoseentscheidung im Wege vorweggenommener Beweiswürdigung (!) nach pflichtgemäßem Ermessen zu dem Ergebnis gelangt, dass die Auskünfte zur Aufdeckung steuererheblicher Tatsachen führen können"[674]. Unter diesen Voraussetzungen seien auch sog. Sammelauskunftsersuchen zulässig[675].

Davon abzugrenzen, d. h. unzulässig, seien Auskunftsersuchen ohne jeden Anhaltspunkt für steuererhebliche Tatsachen, sog. Ermittlungen „ins Blaue hinein", ebenso wie Rasterfahndungen[676]; bei letzteren bestehe lediglich eine mehr oder minder bestimmte Aussicht, anhand bestimmter Merkmalsraster aufgrund von – für sich betrachtet – steuerlich unerheblichen Tatsachen eine Gruppe zu ermitteln, bei der ein steuerverkürzungserheblicher Sachverhalt möglich erscheine[677].

Fraglich ist nun, ob § 30 a Abs. 2 AO die Befugnis der Finanzbehörden, von Kreditinstituten Auskünfte über Konten einzuholen, einschränkt.

Dagegen – also für eine rein deklaratorische Wirkung des § 30 a Abs. 2 AO – wird der Wortlaut von § 30 a Abs. 5 S. 1 AO angeführt[678]. Danach gilt für Auskunftsersuchen an Kreditinstitute § 93 AO. Richtigerweise ist § 30 a Abs. 2 jedoch für Auskunftsersuchen an Kreditinstitute lex specialis zu § 30 a Abs. 5 S.1 AO. Nach seinem Wortlaut ist es den Finanzbehörden nicht gestattet, zum Zwecke der allgemeinen Überwachung Mitteilungen von Konten von den Kreditinstituten zu verlangen. Dass bei einem – wie auch immer begründeten – „hinreichenden Anlass" etwas anderes gelten soll, geht aus dem Gesetzeswortlaut nicht hervor[679].

Deshalb misst die Finanzverwaltung § 30 a Abs. 2 AO konstitutive Wirkung zu. Diese bestehe darin, dass – abweichend von den Befugnissen der Finanzbehörden nach § 93 Abs. 1 AO – Sammelauskunftsersuchen an Kreditinstitute über Bestände von Konten einschließlich Depotkonten sowie über Gutschriften von Kapitalerträgen unzulässig seien[680]. Von anderer Seite wird die Beschränkungswirkung des § 30 a Abs. 2 AO dahingehend interpretiert, dass Auskünfte über Konten bestimmter Art oder Höhe nur dann eingeholt werden dürfen, wenn bei *einzelnen* Steuerpflichtigen *konkrete* Anhaltspunkte dafür bestehen, dass diese Konten bei Kreditinstituten unterhalten, ohne ihren Inhalt steuerlich zu erfassen[681]. Unter diesen Voraussetzungen seien lediglich Einzelauskunftsersuchen zulässig[682].

---

674 BFH v. 18.2.1997, VIII R 33/95, BStBl. II 1997, 499 (505); v. 17.3.1992, VII R 122/91, BFH/NV 1992, 791 (793) jeweils m. w. N; vgl. auch Metzner, in: Beermann, AO, Bd. 1, § 30 a Rz. 44 m. w. N.

675 BFH v. 18.2.1997, VIII R 33/95, BStBl. II 1997, 499 (505); BFH v. 24.10.199, VII R 1/87, BStBl. II 1990, 198 (199, 201); Wagner, in: Kühn/ Wedelstädt, AO, § 93 Rz. 3.

676 st. Rspr., vgl. BFH v. 18.2.1997, VIII R 33/95, BStBl. II 1997, 499 (505) m. w. N.

677 Metzner, in: Beermann, AO, Bd. 1, § 30 a Rz. 46 m. w. N.

678 BFH v. 18.2.1997, VIII R 33/95, BStBl. II 1997, 499 (505); Metzner, in: Beermann, AO, Bd. 1, § 30 a Rz. 94; Götzenberger, Steueramnestie, S. 34.

679 Tipke, in: Tipke/Kruse, AO, Bd. 1, § 30 a Rz. 11.

680 AEAO Nr. 2 zu § 30 a AO v. 23.3.1993, BStBl. I 1993, 330.

681 Schwarz, in: ders., AO, Bd. 1, § 30 a Rz. 15:

682 Hellwig, in: H/ H/ Sp, AO, Bd. 2, § 30 a Rz. 16 f.

Maßgebend für die Auslegung ist, wie ich meine, der Wortlaut des § 30 a Abs. 2 AO. Danach geht es darum, unzulässige Auskunftsersuchen über Konten zum Zwecke der *„allgemeinen* Überwachung" von zulässigen Auskunftsersuchen abzugrenzen: Vermag die Finanzbehörde den „hinreichenden Anlass" für ein Auskunftsersuchen lediglich mit einer auf die *allgemeine Erfahrung* gestützten Prognoseentscheidung zu begründen, so stellt dies, wie ich meine, eine nach § 30 a Abs. 2 AO unzulässige *„allgemeine* Überwachung" dar. Überzeugend erscheint daher diejenige Ansicht, nach der für Auskunftsersuchen an Kreditinstitute über Konten gemäß § 30 a Abs. 2 AO *konkrete* Anhaltspunkte *im Einzelfall* dafür zu fordern sind, dass ein Steuerpflichtiger Konten bei Kreditinstituten unterhält, ohne ihren Inhalt steuerlich zu erfassen. Diese Voraussetzungen sind bei Sammelauskunftsersuchen regelmäßig nicht erfüllt.

(iii) § 30 a Abs. 3 AO

Als zentrale Vorschrift des § 30 a AO gilt dessen Absatz 3. Danach „dürfen" Guthabenkonten oder Depots, bei deren Errichtung eine Legitimationsprüfung nach § 154 Abs. 2 AO vorgenommen wurde, anlässlich der Außenprüfung bei einem Kreditinstitut nicht zwecks Nachprüfung der ordnungsmäßigen Versteuerung festgestellt werden. Nach S. 2 der Norm „soll" die Ausschreibung von Kontrollmitteilungen unterbleiben. Nach dem Wortlaut der Norm gilt diese weder für debitorisch geführte Konten noch für solche, bei deren Eröffnung eine Identitätsprüfung (wie bei sog. CPd-Konten[683]) unterbleibt[684]. Was für den „Regelfall" des Guthabenkontos eines Bankkunden zu gelten hat, bei dem kein konkreter Verdacht der Steuerhinterziehung vorliegt, ist indessen unklar[685].

Bedeutung für die Erteilung von Kontrollmitteilungen anlässlich von Außenprüfungen nach § 94 Abs. 3 AO

Vom VIII. Senat des BFH wird § 30 a Abs. 3 AO so ausgelegt, dass er die Fertigung und Auswertung von Kontrollmitteilungen anlässlich einer Außenprüfung bei Kreditinstituten dann nicht hindere, wenn „hinreichend begründeter Anlass" bestehe. Dies sei der Fall, wenn der Außenprüfer im Rahmen einer aufgrund allgemeiner Erfahrung getroffenen Prognoseentscheidung „im Wege vorweggenommener Beweiswürdigung" (!) zu dem Ergebnis komme, dass eine Kontrollmitteilung zur Aufdeckung steuererheblicher Tatsachen zu führen vermöge. § 30 a Abs. 3 AO bestätige damit lediglich den Regelungsgehalt des § 194 Abs. 3 AO[686], wonach Kontrollmitteilungen über Dritte anlässlich von Außenprüfungen einen besonderen Anlass voraussetzten[687]. Dieser Ansicht hat sich mittlerweile die Finanzverwaltung angeschlossen, welche § 30 a Abs. 3 AO faktisch nicht anwendet[688].

---

683 Diese „Konten pro Diverse" gehören zu den Eigenkonten der Banken. Vgl. Tipke, in: Tipke/ Kruse, § 30 a Rz. 15.

684 Schwarz, in: ders, AO, § 30 a Rz. 18; Eckhoff, DStR 1997, 1071 (1072).

685 Eckhoff, DStR 1997, 1071 (1072); ders., Rechtsanwendungsgleichheit, S. 356.

686 BFH v. 18.2.1997, VIII R 33/ 95, BStBl. II 1997, 499 (506).

687 BFH v. 18.2.1997, VIII R 33/ 95, BStBl. II 1997, 499 (506); Hellwig, in: H/ H/ Sp, § 30 a Rz. 9; Miebach, Bankgeheimnis, S. 51 ff. Vgl. dagegen BVerfG v. 9.3.2004 – 2 BvL 17/ 02, FR 2004, 470 (477): Im Einzelfall bestehe erhebliche Rechtsunsicherheit, wann anlässlich einer Bankenprüfung „hinreichender Anlass" für Kontrollmitteilungen vorliege bzw. wann eine unzulässige Rasterfahndung vorliege.

688 Vgl. AEAO zu § 194, Ziff. 6; vgl. dazu Eckhoff, in: H/ H/ Sp, AO, Bd. 5, § 194 Rz. 253.

Nach Ansicht des VII. Senats sowie der herrschenden Meinung in der Literatur schränkt § 30 a Abs. 3 AO demgegenüber die Befugnisse der Finanzverwaltung nach § 194 Abs. 3 AO ein[689].
Welcher der beiden Meinungen der Vorzug zu geben ist, kann nicht entschieden werden, ohne zuvor den Regelungsgehalt des § 194 Abs. 3 AO zu hinterfragen.
Nach dieser Vorschrift gilt: Werden anlässlich einer Außenprüfung Verhältnisse anderer Personen als des geprüften Steuerpflichtigen, also Dritter, festgestellt, so ist die Auswertung der Feststellung insoweit zulässig, als ihre Kenntnis für die Besteuerung dieser anderen Personen von Bedeutung ist oder die Feststellungen eine unerlaubte Hilfeleistung in Steuersachen betreffen.
Richtigerweise wird man die Norm angesichts ihres Wortlauts („anlässlich" von Außenprüfungen) so zu verstehen haben, dass die Außenprüfung nicht zum Zweck der Ermittlung der steuerlichen Verhältnisse des Steuerpflichtigen durchgeführt werden darf und dass auch eine systematische oder „rastermäßige" Auswertung der Unterlagen zum Zweck der Erstellung von Kontrollmitteilungen unzulässig ist, solange sich nicht der Verdacht einer Mitwirkung der Bank bei Steuerstraftaten oder -ordnungswidrigkeiten ergibt[690]. Andererseits aber müssen im Hinblick auf das verfassungsrechtlich gebotene Verifikationsprinzip Stichproben nach dem Zufallsprinzip als effizientes Mittel zur Entdeckung von unzutreffenden Erklärungen zulässig sein; nur so können Kontrollmitteilungen ihre generalpräventive Wirkung entfalten[691]. Das Anfertigen von Kontrollmitteilungen setzt demnach keinen besonderen sachlichen Anlass voraus[692].
Die Frage, ob § 30 a Abs. 3 AO diese Befugnisse lediglich bestätigt oder sie einschränkt, ist nach hier vertretener Auffassung wie folgt zu beantworten: Angesichts des Wortlauts („dürfen nicht")[693] sowie des Zwecks der Norm und der Gesetzessystematik kann die § 30 a Abs. 3 AO nur als „bewusste und zielgerichtete Einschränkung" der Befugnisse nach § 194 Abs. 3 AO verstanden werden[694]. Solange § 30 a Abs. 3 AO Bestand hat, muss zumindest ein „Kernbestand des Bankgeheimnisses" gewahrt bleiben[695].
Als Zwischenergebnis ist daher festzuhalten: § 30 a Abs. 3 AO kommt im Rahmen von Außenprüfungen bei Kreditinstituten insoweit konstitutive Bedeutung zu, als die Befugnis der Finanzbehörden zur Erteilung von Kontrollmitteilungen nach § 194 Abs. 3 AO einschränkt. Danach sind Kontrollmitteilungen über legitimationsgeprüfte Bankkonten anlässlich von Außenprüfungen bei Kreditinstituten unzulässig.

---

689 So BFH v. 28.10.1997, VII B 40/ 97, BFH/ NV 1998, 424 (431); v. 28.10.1997, VII B 45/ 97, BStBl. II 1998, 231 (235); Eckhoff, in: H/ H/ Sp, AO, Bd. 5, § 194 Rz. 252; Hellwig, in: H/ H/ Sp, AO, Bd. 2, § 30 a Rz. 9; Tipke, in: Tipke/ Kruse, AO, § 30 a Rz. 12; Rüth, DStZ 2000, 30 (36); Ruegenberg, Steuergeheimnis, S. 114.

690 Eckhoff, in: H/ H/ Sp, AO, Bd. 5, § 194 Rz. 220 ff., 250.

691 So Eckhoff, in: H/ H/ Sp, AO, Bd. 5, § 194 Rz. 224, 250; ders., Rechtsanwendungsgleichheit, S. 355 Fn. 84; Frotscher, in: Schwarz, AO Bd. 3, § 194 Rz. 49; Gosch, in: Beermann, AO, Bd. 2, § 194 Rz. 221. A. A. Pauly, BB 1986, 1130 (1133).

692 Eckhoff, in: H/ H/ Sp, AO, Bd. 5, § 194 Rz. 225; Rüsken, in: Klein, AO, § 194 Rz. 28; Tipke, in: Tipke/ Kruse, AO, Bd. 1, § 30a Rz. 17.

693 Vgl. zum Verhältnis von „dürfen nicht „ in S. 1 und „soll" in S. 2: Schwarz, in: ders., AO, Bd. 1, § 30 a Rz. 19.

694 BFH v. 28.10.1997, VII B 40/ 97, BFH/ NV 1998, 424 (431); zustimmend: Eckhoff, DStR 1997, 1071 (1072); ders., Rechtsanwendungsgleichheit, S. 357; ders., in: H/ H/ Sp, AO, Bd. 5, § 194 Rz. 252; Tipke, in: Tipke/ Kruse, AO, Bd. 1, § 30 a Rz. 17; Schwarz, in: ders., AO, Bd. 1, § 30 a Rz. 19.

695 BFH v. 28.10.1997, VII B 40/ 97, BFH/ NV 1998, 424 (431).

Bedeutung für die Befugnisse der Steuerfahndungsbehörden im Rahmen der Aufgaben nach § 208 Abs. 1 S. 1 Nr. 2, 3 AO

Es stellt sich die Frage, ob § 30 a Abs. 3 AO darüber hinaus die Befugnisse der Steuerfahndung im Rahmen der Aufgabenzuweisung nach § 208 Abs. 1 S. 1 Nr. 2, 3 AO (Ermittlung der Besteuerungsgrundlagen zur Erforschung von Steuerstraftaten und -ordnungswidrigkeiten nach Nr. 1 sowie Aufdeckung und Ermittlung unbekannter Steuerfälle) einschränkt. Während der VII. Senat des BFH dies bejaht[696], vertritt der I. Senat die gegenteilige Auffassung[697]. Dabei ist grundsätzlich zu beachten, dass die Frage nach der Einschränkungswirkung des § 30 a Abs. 3 AO logisch erst nach der Frage beantwortet werden kann, ob eine Befugnis nach §§ 208 Abs. 1 S. 2, Abs. 2 194 Abs. 3 AO überhaupt besteht[698].

Dies aber setzt zunächst die Eröffnung der (auch steuerverfahrensrechtlichen) Aufgabe der Steuerfahndung nach § 208 Abs. 1 S. 1 Nr. 2, 3 AO voraus, was nach hier vertretener Ansicht nur bei einem entsprechenden Anfangsverdacht einer Steuerverkürzung oder -hinterziehung bzw. einer Steuerordnungswidrigkeit der Fall ist[699]. Dies bedeutet, dass die Steuerfahndung „bei Gelegenheit" der Ermittlungen gegen einen Steuerpflichtigen, für den ein Anfangsverdacht besteht, keine Maßnahmen gegen Dritte ergreifen darf, für die ein hinreichender Anlass in diesen Sinne gerade nicht gegeben ist[700]. Nachdem genau dieses aber beim Anfertigen von Kontrollmitteilungen der Fall wäre, müssen sie unzulässig sein.

Diese Auffassung findet sich in den Eingriffsbefugnissen nach § 208 Abs. 1 S. 2 und Abs. 2 AO bestätigt[701]. Mangels ausdrücklicher Übertragung nach § 208 Abs. 2, 195 S. 2 AO ergeben sich die Eingriffsbefugnisse aus den Vorschriften des § 208 Abs. 1 S. 2, 3 AO. Aus diesen ist nicht ersichtlich, dass Kontrollmitteilungen ohne jeden Anfangsverdacht gegen Dritte zulässig wären[702]. Um nicht die von § 393 AO postulierte grundsätzlichen Trennung der Befugnisse der Finanzbehörden im Steuerstraf- und Steuerfestsetzungsverfahren zu unterlaufen, darf die Steuerfahndung also nicht ohne jeden Anlass zur Außenprüfung „im funktionellen Sinn" umqualifiziert werden[703]. Die Befugnis zur Außenprüfung steht allein den Außenprüfungsstellen der Finanzämter, nicht aber den Steuerfahndungsstellen zu[704].

Als Zwischenergebnis ist damit festzuhalten: Nach vorliegender Auffassung ist eine „allgemeine Steueraufsicht" abzulehnen. Ermittlungen der Steuerfahndungsbehörden setzen stets den Anfangsverdacht einer Steuerverkürzung oder -hinterziehung bzw. einer Steuerordnungswidrigkeit voraus. Mangelt es am entsprechenden Anfangsverdacht gegen einen von der Kontrollmitteilung betroffenen Bankkunden, so liegt nach vorliegender Auffassung bereits keine Aufgabenzuschreibung an die Steuerfahndung vor. In diesen Fällen bleibt für eine Einschränkung der Befugnisse der Steuerfahndungsbehörden durch § 30 a Abs. 3 AO faktisch kein Raum. Liegt indessen der Anfangsverdacht der Steuerverkürzung gegen einen Bankkunden vor, so kann die Steuerfahndung gegen diesen nach § 208 Abs. 1 S. 1 Nr. 1 AO vorge-

---

696 BFH v. 28.10.1997, VII B 40/ 97, BFH/ NV 1998, 424 (429).

697 BFH v. 4.9.2000, I B 17/ 00, BStBl. II 2000, 648 (651).

698 Eckhoff, in: H/ H/ Sp, AO, Bd. 5, § 194 Rz. 187 f.: Dieser weist zutreffend auf die notwendige Trennung von Aufgabenzuweisung und Eingriffsbefugnis hin.

699 Siehe Teil E.III.2.a)(1)(d)(ii)[a].

700 Eckhoff, in: H/ H/ Sp, AO, Bd. 5, § 194 Rz. 188.

701 Eckhoff, in: H/ H/ Sp, AO, Bd. 5, § 194 Rz. 189.

702 Eckhoff, in: H/ H/ Sp, AO, Bd. 5, § 194 Rz. 189.

703 Eckhoff, in: H/ H/ Sp, AO, Bd. 5, § 194 Rz. 189.

704 Eckhoff, in: H/ H/ Sp, AO, Bd. 5, § 194 Rz. 189.

hen[705]. Im Steuerstraf- bzw. Steuerordnungswidrigkeitenverfahren kommt § 30 a AO dann nicht zur Anwendung[706].

(iv) § 30 a Abs. 4 AO

Nach § 30 a Abs. 4 AO soll in Vordrucken für Steuererklärungen die Angabe der Nummern von Konten und Depots, die der Steuerpflichtige bei Kreditinstituten unterhält, nicht verlangt werden, soweit nicht steuermindernde Ausgaben oder Vergünstigungen geltend gemacht werden oder die Abwicklung des Zahlungsverkehrs mit dem Finanzamt dies bedingt. Die Wirkung dieser Vorschrift wird überwiegend als deklaratorisch bezeichnet[707]. Da die Nummern von Konten und Depots grundsätzlich nicht für die Besteuerung erheblich sind, bezieht sich insbesondere bereits die Mitwirkungspflicht der Beteiligten nach § 90 Abs. 1 AO nicht auf sie[708].

(v) § 30 a Abs. 5 AO

Nach § 30 a Abs. 5 S. 1 AO gilt für Auskunftsersuchen an Kreditinstitute § 93 AO. Nach § 93 Abs. 1 S. 3 AO sollen andere Personen als die Beteiligten (Steuerpflichtigen) erst dann zur Auskunft angehalten werden, wenn die Sachverhaltsaufklärung durch die Beteiligten nicht zum Ziel führt oder keinen Erfolg verspricht. Einzelauskunftsersuchen an Kreditinstitute sind demnach grundsätzlich nur zulässig, sofern der Bankkunde zuerst befragt wird[709]. § 30 a Abs. 5 S. 2 AO erklärt diese Vorschrift in bestimmten Fällen auch im Steuerfahndungsverfahren nach § 208 Abs. 1 S. 1 Nr. 2 u. 3 AO für anwendbar, für welches die Regelung des § 93 Abs. 1 S. 3 AO gemäß § 208 Abs. 1 S. 3 AO grundsätzlich nicht gilt. Insofern wird die Norm zum Teil als Ermittlungseinschränkung verstanden[710]. Demgegenüber misst eine andere Ansicht aus verfassungsrechtlichen Erwägungen der Vorschrift „lediglich rechtsbestätigenden Charakter“ zu[711].

(vi) Verfassungskonforme Interpretation der Norm und ihre Grenzen

Zusammenfassend bleibt festzuhalten, dass sich bei der Interpretation des § 30 a AO im Wesentlichen zwei Ansätze gegenüberstehen. Von diesen sieht einer in der Vorschrift eine Beschränkung der Ermittlungsmöglichkeiten der Finanzbehörden gegenüber den allgemeinen Vorschriften. Der andere Ansatz sieht in § 30 a AO eine rein deklaratorische Vorschrift. Dieser Streit hängt eng zusammen mit der Frage der Verfassungskonformität des § 30 a AO und kann nicht losgelöst von dieser entschieden werden.

---

705 Eckhoff, in: H/ H/ Sp, AO, Bd. 5, § 194 Rz. 188.

706 BFH v. 18.2.1997, VIII R 33/ 95, BStBl. II 1997, 499 (505); v. 28.10.1997, VII B 40/ 97, 424 (430); AEAO Nr. 4 zu § 30 a AO; Eckhoff, Rechtsanwendungsgleichheit, S. 360.

707 BFH v. 18.02.1997, VIII R 33/ 95, BStBl. II 1997, 449 (505); Hellwig, in: H/ H/ Sp, AO, Bd. 2, § 30 a Rz. 29; vgl. auch Tipke, in: Tipke/ Kruse, AO, § 30 a Rz. 21; Rüth, DStZ 2000, 30 (33); Ruegenberg, Steuergeheimnis, S. 115. A. A. zur inhaltsgleichen Nr. 4 des Bankenerlasses v. 31.8.1979: Herrler, Mitwirkung der Banken, S. 118 f.

708 Vgl. Hellwig, in: H/ H/ Sp, AO, Bd. 2, § 30 a Rz. 29.

709 Vgl. BFH v. 20.2.1997, VII R 16/ 78, BStBl. II 1979, 268; Hellwig, in: H/ H/ Sp, AO, Bd. 2, § 30 a Rz. 30.

710 So Schwarz, in: ders., AO, § 30 a Rz. 27.

711 BFH v. 18.02.1997, VIII R 33/ 95, BStBl. II 1997, 449 (505); Rüth, DStZ 2000, 30 (34); Ruegenberg, Steuergeheimnis, S. 115; Tipke, in: Tipke/ Kruse, AO, Bd. 1, § 30 a Rz. 22.

Nachdem ein die allgemeinen Ermittlungsmöglichkeiten der Finanzbehörden beschränkender § 30 a AO dem Steuervollzug jedenfalls teilweise entgegensteht[712], wird seine Konformität mit dem allgemeinen Gleichheitssatz Art. 3 Abs. 1 GG bezweifelt[713].
Dies gilt insbesondere nach dem Zinsurteil des BVerfG[714] vom 27.6.1991. Darin beschäftigte sich das BVerfG mit dem durch den Bankenerlass verursachten Vollzugsdefizit im Bereich der Zinsbesteuerung. Da sich indessen der Bankenerlass als Verwaltungsvorschrift nicht als Gegenstand einer Verfassungsbeschwerde eignete[715], konnte das BVerfG eine Verfassungswidrigkeit des Bankenerlasses nicht feststellen[716]. Es entschied daher wie folgt: Der Gleichheitssatz im Steuerrecht verlange eine rechtliche wie tatsächliche Gleichbelastung. Es müsse auch die Gleichheit hinsichtlich des Belastungserfolgs gewährleistet werden. Daher bedürfe das Deklarationsprinzip im Veranlagungsverfahren der Ergänzung durch das Verifikationsprinzip. Insbesondere könnten gesamtwirtschaftliche Erwägungen einen Verzicht des Gesetzgebers auf hinreichende Kontrolle im Veranlagungsverfahren nicht rechtfertigen. Wirke sich eine Erhebungsregelung gegenüber dem Besteuerungsgegenstand in der Weise strukturell gegenläufig aus, dass der Besteuerungsanspruch weitgehend nicht durchgesetzt werden könne, so führe die dadurch bewirkte Gleichheitswidrigkeit zur Verfassungswidrigkeit auch der materiellen Steuernorm[717].
Das BVerfG erachtete die im Streitjahr 1993 bestehende Regelung der Zinsbesteuerung als gleichheitswidrig und verpflichtete den Gesetzgeber, bis zum 1.1.1993 eine neue Regelung zu treffen. Der Gesetzgeber unterließ es in der folgenden Zeit jedoch, die (als Nachfolgeregelung zum Bankenerlass mittlerweile gesetzlich verankerte) Norm des § 30 a AO aufzuheben. Stattdessen wurde der bereits bestehende Sparerfreibetrag nach § 20 Abs. 4 EStG auf 6000 DM/ 12 000 DM angehoben (also verzehnfacht) und (erneut) eine Quellensteuer eingeführt[718]. Diese Zinsabschlagsteuer auf Kapitalerträge i. S. d. § 20 Abs. 1 Nr. 7 EStG betrug 30 % (für Tafelgeschäfte: 35 %). Infolge der erheblichen Freibeträge wurde die materielle Steuerpflicht für circa 80 % der bis dahin Steuerpflichtigen beseitigt[719]. Für die übrigen 20 % führte der Zinsabschlag zu einer partiellen Erhebung der Einkommensteuer auf Zinserträge. Insbesondere für Steuerpflichtige mit einem Grenzsteuersatz über 30 % bzw. 35 % verblieb indessen das vom BVerfG gerügte strukturelle Erhebungsdefizit. Dieses wurde nicht behoben, sondern lediglich dem Umfang nach reduziert[720].
Nach der Gesetzesänderung befasste sich der VIII. Senat des BFH erneut mit der Verfassungsmäßigkeit des § 30 a AO[721]. Dabei vermied er eine weitere Vorlage an das BVerfG, indem er die Norm einer verfassungskonformen Auslegung unterzog: § 30 a AO habe „lediglich rechtsbestätigenden Charakter". Wenn die Norm über die allgemeinen Grundsätze des Be-

---

712 So wurden infolge im Jahr 1993 nur 30 % der ursprünglich geschätzten Bemessungsgrundlage vom Zinsabschlag erfasst; Eckhoff, Rechtsanwendungsgleichheit, S. 363 ff.; vgl. zum Erhebungsdefizit auch den Hinweis des Bundesrechnungshofs in BFH v. 18.2.1997, VIII R 33/ 95, BStBl. II 1997, 499 (500).
713 Vgl. Eckhoff, in: H/ H/ Sp, AO, Bd. 5, § 194 Rz. 196, 255; ders., DStR 1997, 1071 ff.; Schumacher, FR 1997, 1 (7).
714 BVerfG v. 27.6.1991, 2 BvR 1493/ 89, BStBl. II 1991, 654.
715 BVerfG v. 23.11.1951, 1 BvR 208/ 51, BVerfGE 1, 82.
716 Eckhoff, Rechtsanwendungsgleichheit, S. 350.
717 BVerfG v.27.6.1991, 2 BvR 1493/ 89, BStBl. II 1991, 654.
718 Demgegenüber liegt der Sparerfreibetrag nach § 20 Abs. 4 EStG im hier einschlägigen VZ 2003 bei 1.550 €/ 3.100 €.
719 Eckhoff, DStR 1997, 1071 (1071).
720 Eckhoff, DStR 1997, 1071 (1071); ders. Rechtsanwendungsgleichheit, S. 354.
721 BFH v. 18.2.1997, VIII R 33/ 95, BStBl. II 1997, 499.

steuerungsverfahrens hinaus keine eigenständige Regelung treffe, könne sie nicht als verfassungswidrig erachtet werden. Damit zeigt sich, dass das Ziel der Beseitigung eines Verfassungsverstoßes jedenfalls von manchen Vertretern als Argument für eine Auslegung der Vorschrift als deklaratorisch herangezogen wird.
Nicht nur der VII. Senat des BFH bekundete in einem Eilverfahren[722] seine Skepsis gegenüber einem solchen Ansatz. Auch die Literatur äußerte sich zu Recht größtenteils kritisch: Der VIII. Senat des BFH setze sich mit seiner Auslegung über den Wortlaut, den Zweck sowie die das systematische Verhältnis der Norm zu den allgemeinen Vorschriften der Abgabenordnung hinweg und überschreite damit die Grenzen zulässiger verfassungskonformer Interpretation[723]. Er missachte insbesondere den historischen Willen des Gesetzgebers, nach dem eine Übernahme des gesamten Bankenerlasses in das Gesetz dem Interesse eines vertrauensvollen Verhältnisses des Steuerbürgers zum Staat sowie kapitalmarktpolitischen Erwägungen Rechnung tragen sollte[724].
Dem ist insbesondere für den Kern des § 30 a AO, Absatz 3, zuzustimmen. Nach allgemeinen Auslegungskriterien, insbesondere bei Beachtung des Wortlauts des § 30 a Abs. 3 AO als Grenze verfassungskonformer Interpretation, schränkt die Norm die Befugnisse der Finanzbehörden nach § 194 Abs. 3 AO ein[725]. Diese Norm wiederum enthält eine verfassungsgemäße[726], im Interesse des auch tatsächlich gleichen Belastungserfolges (Verifikationsprinzip) sogar eine verfassungsrechtlich gebotene Ausgestaltung des Besteuerungsverfahrens[727]. Im Ergebnis stellt § 30 a AO daher eine – verfassungswidrige – Lenkungsnorm nicht des materiellen Steuerrechts, sondern des Steuerverfahrensrechts dar[728].
Zu Recht wird deshalb argumentiert: Wenn § 30 a AO die materielle Steuernorm des § 20 EStG zur „lex imperfecta" denaturiere[729], liege darin der verfassungswidrige Verzicht auf eine gleichmäßige Steuererhebung[730]. Damit aber enthalte § 30 a AO eine verfassungswidrige Beschränkung der Ermittlungsbefugnisse der Finanzbehörden[731].

---

722 BFH v. 28.10.1997, VII B 45/ 97, BStBl. II 1998, 231.

723 Eckhoff, DStR 1997, 1071 (1072); ders., in: H/ H/ Sp, AO, Bd. 5, § 194 Rz. 252; ders., Rechtsanwendungsgleichheit, S. 357; Hellwig, in: H/ H/ Sp, AO, Bd. 2, § 30 a Rz. 7, 11 c; 20; 28; Hoppe, Erhebungsdefizit, S. 24.

724 Vgl. Tipke, in: Tipke/ Kruse, AO, § 30 a Rz. 6 f.; Hellwig, in: H/ H/ Sp, AO, Bd. 2, § 30 a Rz. 7, 11a, d.

725 So bereits BVerfG v. 27.6.1991, 2 BvR 1439/ 89, BStBl. II 1991, 654 (668) zur Nr. 3 des Bankenerlasses: Das „Verbot der Kontrollmitteilungen(...) „schirmt Konten der Bankkunden (...) vor Ermittlungen der Steuerbehörden ab".

726 Dazu umfassend Eckhoff, in: H/ H/ Sp, AO, Bd. 5, § 194 Rz. 199 ff: Die geprüfte Bank kann sich zwar gegenüber dem Verlangen des Außenprüfers auf Vorlage der Kontounterlagen zum Zwecke von Kontrollmitteilungen auf Art. 14 Abs. 1 S. 1 GG (Eigentumsrecht) berufen, doch ist dieser Eingriff durch das Verifikatiosprinzip – im Hinblick auf die Gleichheit im Belastungserfolg aus Art. 3 Abs. 1 GG abzuleitend – gerechtfertigt. Das zivilrechtliche Vertrauensverhältnis zwischen Bank und Kunde (Bankgeheimnis) genießt als solches keinen Verfassungsrang. Es ist nur als Kundenbeziehung nach Art. 12 Abs. 1 GG (Berufsausübungsfreiheit) geschützt. Ein Eingriff ist wiederum durch das Verifikationsprinzip gerechtfertigt. Dasselbe gilt für den Eingriff in das Grundrecht auf informationelle Selbstbestimmung des betroffenen Dritten (Art. 2 Abs. 1, Art. 1 Abs. 1, Art. 14 GG). Ebenso zur verfassungsrechtlichen Rechtfertigung eines Eingriffs in Art. 2 Abs.1, Art. 14 GG: BVerfG v. 27.6.1991, 2 BvR 1493/ 89, BStBl. II 1991, 654 (668).

727 Zum Verifikationsprinzip: BVerfG v. 27.6.1991, 2 BvR 1493/ 89, BStBl. II 1991, 654; v. 9.3.2004, 2 BvL 17/ 02, FR 2004, 470 (472); dazu ausführlich: Eckhoff, in: H/ H/ Sp, AO, Bd. 5, § 194 Rz. 156, 196.

728 Eckhoff, DStR 1997, 1071 (1073).

729 Tipke, Die Steuerrechtsordnung, Bd. 2, 2. Aufl., S. 1217 .

730 Eckhoff, DStR 1997, 1071 (1073); Schumacher, FR 1997, 1 (7).

731 Eckhoff, in: H/ H/ Sp, AO, Bd. 5, § 194 Rz. 196, 255; ders., DStR 1997, 1071 ff.

(vii) Abschließende Stellungnahme

Die eingangs aufgeworfene Frage, ob § 30 a AO ein umfassendes steuerliches Bankgeheimnis begründet, ist zu verneinen[732]. Vielmehr beschränkt die Norm lediglich einzelne Ermittlungsbefugnisse der Finanzbehörden. Die zentrale Vorschrift stellt insoweit § 30 a Abs. 3 AO dar. Danach ist das Anfertigen von Kontrollmitteilungen über legitimationsgeprüfte Bankkonten anlässlich von Außenprüfungen bei Kreditinstituten verboten. Demgegenüber fordert die Rechtsprechung einen „besonderen sachlichen Anlass" für solche Kontrollmitteilungen. Diesen folgert sie jedoch – im Wege der verfassungskonformen Auslegung des § 30 a Abs. 3 AO – bereits aus § 194 Abs. 3 AO; § 30 a Abs. 3 AO komme insoweit lediglich deklaratorischer Charakter zu. Zu Recht kritisiert das BVerfG die mangelnde Rechtssicherheit darüber, wann ein „besonderer Anlass" gegeben sei und wann (bereits) eine unzulässige Rasterfahndung vorliege[733]. Da das Kriterium der Verfassungskonformität kein selbständiges Auslegungskriterium begründet, kann § 30 a Abs. 3 AO nur als verfassungswidrige Einschränkung der Befugnisse nach § 194 Abs. 3 AO interpretiert werden. Die Norm schützt einen Kernbestand des Bankgeheimnisses vor den Finanzbehörden.
Indessen bleiben die Finanzbehörden an § 30 a AO solange gebunden, bis dieser entweder vom Gesetzgeber aufgehoben, oder vom Bundesverfassungsgericht für verfassungswidrig erklärt wird[734].

(2) Besteuerung von inländischen Zinserträgen bei Nichtansässigen

Nach der Erörterung der Besteuerung von inländischen Zinseinkünften bei Ansässigen, d. h. unbeschränkt Steuerpflichtigen, wird nun auf die Besteuerung von inländischen Zinserträgen bei Nichtansässigen, d. h. beschränkt Steuerpflichtigen, in Deutschland eingegangen[735].

(a) Beschränkte Steuerpflicht

Gemäß § 1 Abs. 4 EStG sind natürliche Personen, die im Inland weder einen Wohnsitz noch ihren gewöhnlichen Aufenthalt haben, beschränkt steuerpflichtig, wenn sie Einkünfte nach § 49 EStG haben. Dies gilt für EU-Ausländer vorbehaltlich der Möglichkeit, nach §§ 1 a, 1 Abs. 2, 3 EStG zur unbeschränkten Steuerpflicht zu optieren (dazu s. o.). Daneben unterliegen deutsche Staatsangehörige, die unter Aufgabe der unbeschränkten Steuerpflicht nach mindestens fünfjähriger unbeschränkter Steuerpflicht ihren Wohnsitz oder gewöhnlichen Aufenthalt ins Ausland verlegen, unter den Voraussetzungen des § 2 AStG für einen Zeitraum von 10 Jahren ab Wegzug der sog. erweiterten beschränkten Steuerpflicht[736].

---

732 So auch Tipke, in: Tipke/ Kruse, AO, Bd. 1, § 30 a Rz. 22.
733 BVerfG v. 9.3.2004, 2 BvL 17/ 02, FR 2004, 470 (477).
734 Vgl. Eckhoff, in: H/ H/ Sp, AO, Bd. 5, § 194 Rz. 253.
735 Der Begriff der Ansässigkeit wird zwar im deutschen Steuerrecht nicht definiert. Als abkommensrechtlicher Oberbegriff für Anknüpfungstatbestände wie Wohnsitz etc. (vgl. Art. 4 OECD-MA) wird der Begriff jedoch auch im nationalen Steuerrecht als Oberbegriff für gleichartige Anknüpfungstatbestände genutzt. Besteht im Inland keine Ansässigkeit, kommt nur eine beschränkte Steuerpflicht in Betracht. Dazu: Frotscher, Internationales Steuerrecht, S. 45.
736 Vgl. dazu: Frotscher, Internationales Steuerrecht, S. 73.

(b) Steuergegenstand

Steuerobjekt der beschränkten Steuerpflicht sind gemäß § 49 Abs. 1 Nr. 5 lit. a S. 1 Alt. 1 EStG (a. F.)[737] Zinserträge aus der Hingabe eines partiarischen Darlehens, sofern nicht der Darlehensgeber Mitunternehmer ist (§ 20 Abs. 1 Nr. 4 EStG), sowie – unter bestimmten Voraussetzungen[738] – Zinsen aus Sparanteilen, die in Beiträgen zu Lebensversicherungen enthalten sind (§ 20 Abs. 1 Nr. 6 EStG a. F.)[739], wenn der Schuldner der Zinserträge seinen Wohnsitz (§ 8 AO), seine Geschäftsleitung (§ 10 AO) oder seinen Sitz (§ 11 AO) im Inland hat[740]. Nach § 49 Abs. 1 Nr. 5 lit. a S. 1 Alt. 2 EStG (a. F.) gelten als inländische Einkünfte auch im anonymen Tafelgeschäft erzielte Erträge aus Beteiligungen an ausländischen Investmentfondsgesellschaften i. S. d. §§ 17, 18 AuslInvestmG[741]. Der beschränkten Steuerpflicht unterliegen gemäß § 49 Abs. 1 Nr. 5 lit. a S. 2 EStG auch Erträge aus Wandelanleihen[742] und Gewinnschuldverschreibungen[743] als Kapitaleinkünfte i. S. d. § 20 Abs. 1 Nr. 7 EStG[744], wenn der von S. 1 Alt. 1 geforderte Inlandsbezug vorliegt. Bei Erträgen aus der Beteiligung an einer inländischen Investmentfondsgesellschaft i. S. d. KAGG ist der erforderliche Inlandsbezug – auch im Fall von Tafelgeschäften – durch den Sitz des Fonds im Inland gegeben[745]. Sie fallen grundsätzlich unter § 49 Abs. 1 Nr. 5 lit. a S. 1, erster Teilsatz EStG[746], sofern nicht nach § 49 Abs. 1 Nr. 5 lit. a S. 1 letzter Teilsatz EStG eine Ausnahme gilt[747].
Weiterhin unterliegen der beschränkten Steuerpflicht nach § 49 Abs. 1 Nr. 5 lit. c, aa EStG Zinsen aus Hypotheken und Grundschulden (§ 20 Abs. 1 Nr. 5 EStG) sowie aus sonstigen Kapitalforderungen (§ 20 Abs. 1 Nr. 7 EStG), sofern jeweils die Forderung im Inland durch dingliche Immobiliarsicherheiten oder durch Schiffe, die in ein inländisches Schiffsregister eingetragen sind, gesichert ist[748]. Ausgenommen hiervon sind Zinsen aus Anleihen und Forderungen, die in ein öffentliches Schuldbuch eingetragen sind oder über die Sammelurkunden i. S. d. § 9 a Depotgesetz oder Teilschuldverschreibungen ausgegeben sind.
Ebenso unterliegen der beschränkten Steuerpflicht gemäß § 49 Abs. 1 Nr. 5 lit. c, cc EStG grundsätzlich Kapitalerträge aus anonymen Tafelgeschäften im oben genannten Sinn[749].

---

737 Hier wird die für Zinszuflüsse bis 31.12.2003 geltende Fassung des § 49 Abs. 1 Nr. 5 EStG zugrunde gelegt, da für die vorliegende Arbeit die Rechtslage zum Stichtag der Verabschiedung der Zinsrichtlinie (3.6.2003) maßgeblich ist.

738 Dazu: Klein, in: Herrmann/ Heuer/ Raupach, EStG, Bd. 14, § 49 Rz. 825.

739 Abgestellt wird vorliegend auf § 20 Abs. 1 Nr. 6 EStG in der Fassung bis 31.12.2004, vgl. zur zeitlichen Anwendbarkeit § 52 Abs. 36 S. 5 EStG, da für die vorliegende Arbeit die Rechtslage zum Stichtag der Verabschiedung der Zinsrichtlinie (3.6.2003) maßgeblich ist.

740 Vgl. auch § 43 Abs. 3 EStG: Kapitalerträge sind inländische, wenn der Schuldner Wohnsitz, Geschäftsleitung oder Sitz im Inland hat.

741 Klein, in: Herrmann/ Heuer/ Raupach, EStG, Bd. 14, § 49 Rz. 832.

742 Wandelanleihen sind Teilschuldverschreibungen (dazu: Harenberg, in: Herrmann/ Heuer/ Raupach, EStG, Bd. 14, Bd. 11, § 20 Rz. 1042), die neben einer festen Verzinsung ein Recht auf Umtausch in Gesellschaftsanteile begründen. Vgl. Klein, in: Herrmann/ Heuer/ Raupach, EStG, Bd. 14, § 49 Rz. 833.

743 Gewinnschuldverschreibungen sind Teilschuldverschreibungen, die neben einer festen Verzinsung eine Zusatzverzinsung gewähren, die sich nach der Höhe der Gewinnausschüttungen des Schuldners richtet. Vgl. Klein, in: Herrmann/ Heuer/ Raupach, EStG, Bd. 14, § 49 Rz. 833.

744 Klein, in: Herrmann/ Heuer/ Raupach, EStG, Bd. 14, § 49 Rz. 833.

745 Klein, in: Herrmann/ Heuer/ Raupach, EStG, Bd. 14, § 49 Rz. 832.

746 Vgl. dazu ausführlich: Klein, in: Herrmann/ Heuer/ Raupach, EStG, Bd. 14, § 49 Rz. 822, 831.

747 Vgl. dazu: Klein, in: Herrmann/ Heuer/ Raupach, EStG, Bd. 14, § 49 Rz. 834.

748 Vgl. dazu: Klein, in: Herrmann/ Heuer/ Raupach, EStG, Bd. 14, § 49 Rz. 845 ff.

749 Vgl. zu den Voraussetzungen im Einzelnen: Klein, in: Herrmann/ Heuer/ Raupach, EStG, Bd. 14, § 49 Rz. 855.

In sämtlichen nicht von § 49 EStG erfassten Fällen sind Zinsen nicht Gegenstand der beschränkten Steuerpflicht[750]. Dies bedeutet: Sofern sie natürlichen Personen zurechenbar sind, die in Deutschland weder ihren Wohnsitz noch ihren gewöhnlichen Aufenthalt haben, sind sie in Deutschland nicht steuerbar. Dies gilt beispielsweise für Zinsen aus gewöhnlichen Bankeinlagen[751].

(c) Bemessungsgrundlage/ Besteuerungsverfahren

Von den Einkünften i. S. d. § 49 EStG unterliegen Zinsen aus grundrechtlich gesicherten Forderungen i. S. d. § 20 Abs. 1 Nr. 5 EStG – wie auch bei unbeschränkt Steuerpflichtigen – keinem Steuerabzug an der Quelle. Die Einkommensteuer wird hier im Wege der Veranlagung festgesetzt. Dabei werden gemäß § 50 Abs. 1 S. 4 EStG weder Werbungskostenpauschale (§ 9 a EStG) noch Sparerfreibetrag (§ 20 Abs. 4 EStG) berücksichtigt. Auch ist den beschränkt Steuerpflichtigen gemäß § 50 Abs. 3 S. 1 EStG kein Ehegattensplitting möglich. Der grundsätzlich zur Anwendung kommende Steuersatz nach § 32 a Abs. 2 EStG ist nach § 50 Abs. 3 EStG auf mindestens 25 % erhöht (erhöhter Mindeststeuersatz).
Auf die übrigen von § 49 EStG erfassten Zinserträge wird eine Kapitalertragsteuer in Höhe der Sätze einbehalten, die auch für unbeschränkt Steuerpflichtige gelten (§§ 50 Abs. 5 S. 1, 43, 43 a EStG). Eine Berücksichtigung des Sparerfreibetrags bzw. der Werbungskostenpauschale im Rahmen des Steuerabzugs ist hier nicht möglich. Es kann keine Freistellungsbescheinigung und keine Nichtveranlagungsbescheinigung erteilt werden (§ 44 a Abs. 1, Abs. 2 EStG). Gemäß § 50 Abs. 5 S. 1 EStG hat die Quellensteuer für beschränkt Steuerpflichtige abgeltende Wirkung, d. h. Endbesteuerungsfunktion, und stellt damit eine Definitivbelastung dar[752].

(d) DBA-rechtliche Sonderregelungen

Nach § 2 AO gehen Doppelbesteuerungsabkommen als völkerrechtliche Verträge im Sinne des Art. 59 Abs. 2 S. 1 GG dem deutschen Einkommensteuergesetz regelmäßig vor. Dies gilt auch für die Besteuerung beschränkt Steuerpflichtiger. Die von Deutschland abgeschlossenen Abkommen sehen für Zinserträge Nichtansässiger i. d. R. eine ausschließliche Besteuerung durch den Ansässigkeitsstaat (Wohnsitzprinzip[753]) vor[754]. Zwar beseitigt dieses Abkommen nicht das der Bundesrepublik Deutschland als Quellenstaat kraft eigener Souveränität originär zustehende Besteuerungsrecht für Zinsen[755]. Jedoch wird die Ausübung dieses Besteuerungs-

---

750 Kritisch dazu: Valls, Vollzugsdefizite, S. 96.

751 IBFD, Taxation of Private Investment Income, Germany, Suppl. No. 88, Aug. 2003, p. 11.

752 Es erscheint zweifelhaft, ob die zwingende Anwendung eines pauschalen Steuertarifs auf Zinserträge Nichtansässiger ohne Möglichkeit eines Werbungskostenabzugs mit Art. 56 EG vereinbar sind. Vgl. sinngemäß EuGH v. 12.6.2003, Gerritse, EuGHE 2003, I-5933 ff: Nach diesem Urteil stehen die Art. 49, 50 EG einer nationalen Regelung entgegen, nach der in der Regel bei Gebietsfremden die Bruttoeinkünfte, ohne Abzug von Betriebsausgaben, besteuert werden, während bei Gebietsansässigen Nettoeinkünfte, nach Abzug der Betriebsausgaben, besteuert werden. Sie stehen im Einzelfall auch der Anwendung eines pauschalen Steuertarifs von 25 % auf die Einkünfte Gebietsfremder entgegen, wenn dieser Steuersatz höher ist als der Steuersatz, der sich für den Betroffenen tatsächlich aus der Anwendung des progressiven Steuertarifs auf die Nettoeinkünfte zuzüglich eines Betrags in Höhe des Grundfreibetrags ergeben würde. Vgl. dazu: Cordewener, IStR 2004, 109 (111 f.).

753 Vgl. BMF, Reform der internationalen Kapitaleinkommensbesteuerung, S. 35; Rose, Internationales Steuerrecht, S. 30.

754 Harenberg/ Irmer, in: Herrmann/ Heuer/ Raupach, EStG, Bd. 14, Vor § 43 Rz. 23.

755 BFH v. 21.5.1997, I R 79/ 96, BStBl. II 1998, 113 (114) m. w. N.

rechts insoweit eingeschränkt[756], als die DBAs die völkervertragliche Verpflichtungsvereinbarung – hier für den Quellenstaat Deutschland – begründen, Steuerbefreiungs- bzw. Steuerermäßigungsvorschriften zu erlassen bzw. keine vom Abkommen abweichende Besteuerung durchzusetzen[757]. Rechtsfolge der DBA-rechtlichen Freistellung von bestimmten Einkünften ist im deutschen Einkommensteuerrecht grundsätzlich die Behandlung „wie steuerfreie Einkünfte"[758].

Lediglich für Kapitaleinkünfte aus Wandelanleihen und Gewinnschuldverschreibungen sowie aus partiarischen Darlehen und typisch stillen Beteiligungen sehen eine Vielzahl der von Deutschland abgeschlossenen Doppelbesteuerungsabkommen zusätzlich die Erhebung einer der Tarifhöhe nach begrenzten (im Wohnsitzstaat anrechenbaren) Quellensteuer vor[759]. Insoweit wirken die DBAs im Quellenstaat „wie Steuerermäßigungsvorschriften".

Indessen bleibt zu hinterfragen, ob der von § 2 AO angeordnete Vorrang der DBA-Regelungen gegenüber nationalem Einkommensteuerrecht auch vorliegend gilt. Dem könnte § 50 d Abs. 1 S. 1 EStG entgegenstehen: „Können Einkünfte, die dem Steuerabzug vom Kapitalertrag (...) unterliegen, nach einem Abkommen zur Vermeidung der Doppelbesteuerung nicht oder nur nach einem niedrigeren Steuersatz besteuert werden, sind die Vorschriften über die Einbehaltung, Abführung und Anmeldung der Steuer durch den Schuldner der Kapitalerträge (...) ungeachtet des Abkommens anzuwenden."

Während also § 2 AO regelt, dass Doppelbesteuerungsabkommen den Steuergesetzen vorgehen, trifft § 50 d Abs. 1 S. 1 EStG eine davon abweichende Regelung. Möglicherweise resultiert daraus eine Normenkollision, die nach allgemeinen Kollisionsregeln aufzulösen ist. Dies setzt jedoch voraus, dass die beiden Normen für ein und denselben Sachverhalt unterschiedliche Rechtsfolgen statuieren[760]. Daher soll zunächst der Regelungsgehalt des § 2 AO näher beleuchtet werden. Zwar ist anerkannt, dass § 2 AO als einfachgesetzliche Norm den DBAs keinen höheren Rang als einfachen Gesetzen zuzuweisen vermag[761]. Es bleibt für die DBAs also bei dem einfachgesetzlichen Rang, den Art. 59 Abs. 2 S. 1 GG ihnen als völkerrechtlichen Verträgen zumisst[762].

Worin dann aber der Regelungsgehalt des § 2 AO besteht, ist umstritten. Einerseits wird vertreten, § 2 AO stelle klar, dass DBAs in der Regel lex specialis gegenüber nationalen Steuergesetzen seien[763]. Davon abweichend könne das nationale Steuergesetz im Einzelfall lex specialis sein, wenn es dies ausdrücklich so regle. Dem wird von anderer Seite entgegengehalten, DBAs seien als Verteilungsnormen, welche Steuerquellen unter den Vertragsstaaten aufteilen,

---

756 BFH v. 21.5.1997, I R 79/ 96, BStBl. II 1998, 113 (114) m. w. N; Kruse/ Drüen, in: Tipke/ Kruse, AO, Bd. 1, § 2 Rz. 27, 33.

757 Wassermeyer, in: Debatin/ Wassermeyer, Doppelbesteuerung, Bd. I, Art. 1 MA Rz. 9; ders., DStJG 19 (1996), 151 (153 f.); Kluge, Das Internationale Steuerrecht, S. 656; BFH v. 14.3.1989, I R 20/ 87, BStBl. II 1989, 649 (650).

758 BFH v. 21.5.1997, I R 79/ 96, BStBl. II 1998, 113 (114); v. 21.5.1997, I R 79/ 96, BStBl. II 1998, 113 (114); Kluge, Das Internationale Steuerrecht, S. 656.

759 Vgl. IBFD, Taxation of Private Investment Income, Germany, Suppl. No. 86, Dec. 2002, p. 15 sq; vgl. z. B. DBA mit Niederlanden, Finnland, Schweden, Österreich.

760 Vgl. dazu: Birk, in: H/ H/ Sp, AO, Bd. 1, § 4 Rz. 355.

761 Birk, in: H/ H/ Sp, AO, Bd. 1, § 2 Rz. 165; Kruse/ Drüen, in: Tipke/ Kruse, AO, Bd. 1, § 2 Rz. 1; Frotscher, Internationales Steuerrecht, S. 28.

762 Birk, in: H/ H/ Sp, AO, Bd. 1, § 2 Rz. 160.

763 Kluge, Internationales Steuerrecht, S. 650; Frotscher, Internationales Steuerrecht, S. 28; vgl. auch Kruse/ Drüen, in: Tipke/ Kruse, AO, Bd. 1 § 2 Rz. 2 m. w. N., Rz. 38.

„leges aliud“ gegenüber den innerstaatlichen Normen des materiellen Steuerrechts[764]. Sie könnten diesen daher nicht als leges speciales vorgehen. Vielmehr decke sich der Regelungsgehalt des § 2 AO für den Fall, dass ein DBA zeitlich dem nationalen Steuergesetz nachfolge, mit der lex-posterior-Regel. Selbständige Bedeutung komme § 2 AO nur für den Fall zu, dass das nationale Steuergesetz dem DBA zeitlich nachfolge. Insoweit wolle sich § 2 AO als Durchbrechung der lex-posterior-Regel verstanden wissen[765]. Im Einzelfall werde hier die Wirkung der lex-posterior-Regel – entgegen § 2 AO – wiederhergestellt, wenn das nationale Steuergesetz ausdrücklich einen besonderen Abkommensnachrang statuiere[766].

Als Zwischenergebnis lässt sich festhalten: Nach sämtlichen Ansichten ist die Begründung eines Abkommensnachrangs im Einzelfall durch ausdrückliche gesetzliche Regelung nach innerstaatlichem Recht[767] zulässig, also rechtswirksam (sog. treaty override)[768]. Dies gilt auch für den Fall des § 50 d Abs. 1 S. 1 EStG, der somit den Bestimmungen des DBA vorgeht[769].

§ 50 d Abs. 1 EStG sieht grundsätzlich ein zweistufiges Verfahren vor. Nach einem Steuerabzug auf erster Stufe (Abs. 1 S. 1) (s. o.) wird die Steuerentlastung nach DBA erst auf der zweiten Stufe durch Erstattung berücksichtigt (Abs. 1 S. 2)[770].

(3) Besteuerung von ausländischen Zinserträgen bei Ansässigen

Unbeschränkt Steuerpflichtige sind in Deutschland nach dem sog. Welteinkommensprinzip neben ihren inländischen auch mit ihren ausländischen Einkünften, also u. a. mit ihren im Ausland erzielten Einkünften aus Kapitalvermögen (§ 20 EStG), einkommensteuerpflichtig (§ 1 EStG).

Nach § 43 Abs. 1 EStG (n. F.) wird Kapitalertragsteuer (i. w. S.) grundsätzlich nur auf inländische Kapitalerträge (§ 43 Abs. 3 EStG), in den Fällen des § 43 Abs. 1 S. 1 Nr. 7 a, Nr. 8 sowie S. 2 EStG auch auf ausländische Kapitalerträge einbehalten.

Zur Vermeidung der Doppelbesteuerung sieht § 34 c Abs. 1 EStG bei unbeschränkt Steuerpflichtigen, die mit ausländischen Einkünften in dem Staat, aus dem die Einkünfte stammen, zu einer der deutschen Einkommensteuer entsprechenden Steuer herangezogen werden, die Anrechnung der im Ausland entrichteten Einkommensteuer auf die deutsche Einkommens-

---

764 Birk, in: H/ H/ Sp, AO, Bd. 1, § 2 Rz. 165; dahingehend auch: Wassermeyer, DStJG 19 (1996), 151 (155).

765 Birk, in: H/ H/ Sp, AO, Bd. 1, § 2 Rz. 175.

766 Birk, in: H/ H/ Sp, AO, Bd. 1, § 2 Rz. 174 f.

767 Von der Vereinbarkeit mit innerstaatlichem Recht („Innenverhältnis“) zu unterscheiden ist die Frage der völkervertragsrechtlichen Zulässigkeit („Außenverhältnis“ zum anderen Vertragsstaat): Vgl. dazu: Frotscher, Internationales Steuerrecht, S. 28 f.

768 Kluge, Internationales Steuerrecht, S. 650; Frotscher, Internationales Steuerrecht, S. 28; Kruse/ Drüen, in: Tipke/ Kruse, AO, Bd. 1, § 2 Rz. 2 m. w. N; Wassermeyer, DStJG 19 (1996), 151 (154 f.).

769 BFH v. 13.7.1994, I R 120/ 93, BStBl. II, 1995, 129 (130); v. 21.5.1997, I R 79/ 96, BStBl. II 1998, 113 (114); Wied, in: Blümich, EStG, Bd. 3, § 50 d Rz. 13; Kruse/ Drüen, in: Tipke/ Kruse, AO, Bd. 1, § 2 Rz. 38.

770 Wied, in: Blümich, EStG, Bd. 3, § 50 d EStG Rz. 11, 18 ff. Vgl. zur Frage der Gemeinschaftsrechtskonformität einer Regelung, nach der bei Steuerausländern eine nach DBA zustehende Steuerbefreiung nicht bereits im Steuerabzugsverfahren nach § 50 d Abs. 1 EStG, sondern erst in einem nachfolgenden Erstattungsverfahren berücksichtigt wird, die Vorlage an den EuGH des BFH v. 28.4.2004, I R 39/04, BStBl. II 2004, 878 (879), ABl. EG v. 11.9.2004, C-228/26; Rs. C-290/04, Scorpio. Vgl. dazu: Loukota/ Hohenwarter, SWI 2004, 539 ff. Im Bezugsfall wurde bei Steuerinländern (Vergleichsgruppe) generell kein Steuerabzug auf die betreffenden Einkünfte vorgenommen. Im Unterschied dazu unterbleibt vorliegend der Steuerabzug auf Zinserträge von Steuerinländern nur, soweit eine Nichtveranlagungs - bzw. Freistellungsbescheinigung greift.

teuer vor (sog. Anrechnungsmethode[771]). Ausländische Einkünfte i. S. d. § 34 c Abs. 1 EStG sind nach § 34 d Nr. 6 EStG Einkünfte aus Kapitalvermögen (§ 20 EStG), wenn der Schuldner Wohnsitz, Geschäftsleitung oder Sitz in einem ausländischen Staat hat oder das Kapitalvermögen durch ausländischen Grundbesitz gesichert ist. Der Anrechnungsbetrag ist nach § 34 c Abs. 1 S. 1 EStG der Höhe nach begrenzt auf denjenigen Betrag, der nach deutschem Einkommensteuerrecht auf die Einkünfte aus dem *konkreten* ausländischen Staat entfällt (sog. per country limitation[772]). In die Ermittlung der auf die ausländischen Einkünfte entfallenden deutschen Einkommensteuer dürfen ab VZ 2003 die im Inland steuerpflichtigen, im anderen Staat jedoch nicht der Besteuerung unterliegenden Einkünfte nicht mehr einbezogen werden (§ 34 c Abs. 1 S. 3 EStG). Wahlweise kann der Steuerpflichtige gemäß § 34 c Abs. 2 EStG einen Abzug der ausländischen Steuer von der Bemessungsgrundlage verlangen (Abzugsmethode[773]).

Nach § 34 c Abs. 6 S. 1 EStG sind Abs. 1 bis 3 der Norm grundsätzlich nicht anzuwenden, wenn die Einkünfte aus einem ausländischen Staat stammen, mit dem ein DBA besteht. Hier gehen grundsätzlich die Regelungen des DBA zur Vermeidung der Doppelbesteuerung den unilaterale Maßnahmen zur Beseitigung von Doppelbesteuerung vor[774]. Insoweit bestätigt § 34 c Abs. 6 S. 1 EStG, was nach § 2 AO ohnehin gilt. Da die Frage, wann Einkünfte ausländisch i. S. d. § 34 c Abs. 6 S. 1 EStG sind, maßgeblich für die Grenzen des DBA-Vorrangs ist, muss sich diese Qualifikation nicht nach § 34 d EStG, sondern nach DBA richten[775]. Dies entspricht auch dem Wortlaut des § 34 d EStG, wonach dieser nur für die Qualifikation von Einkünften i. S. d. § 34 c Abs. 1 bis 5 EStG maßgeblich ist, nicht aber von Einkünften i. S. d. § 34 c Abs. 6 EStG.

Demgegenüber verweist § 34 c Abs. 6 S. 2 zur Durchführung einer nach DBA vorgesehenen Steueranrechnung auf die einseitigen Maßnahmen nach Abs. 1 S. 2 bis 5 sowie Abs. 2. Dies könnte als Anordnung des Vorrangs nationaler Regelungen gegenüber DBA (treaty override[776]) interpretiert werden. Dann müsste ein Abkommensnachrang durch das deutsche Steuergesetz aber ausdrücklich und eindeutig statuiert werden. Indessen werden vorliegend die unilateral geltenden Vorschriften nur für „entsprechend anwendbar" erklärt. Dies ist so zu verstehen, dass sie nur maßgeblich sein sollen, soweit es mit dem jeweiligen DBA vereinbar ist[777]. Im Ergebnis liegt also – mangels hinreichend deutlicher Statuierung eines Abkommensnachrangs – kein sog. treaty override vor[778]. Es bleibt für die abkommensrechtlichen Regelungen zur Steueranrechnung beim grundsätzlichen Vorrang gegenüber den deutschen Steuergesetzen nach § 2 AO. Für den Fall, dass das DBA eine Anrechnung der Steuer für ausländische Auskünfte vorsieht, sind folglich die § 34 c Abs. 1 S. 2 bis 5 EStG sowie Abs. 2 der Norm nur anwendbar, sofern die Anrechnungsregeln des DBA entweder einen ausdrücklichen Vorbehalt zugunsten der nationalen Vorschriften zur Durchführung der Steueranrechnung vorsehen oder aber sie keinerlei Modalitäten zur Durchführung der Steueranrechnung beinhal-

771 Vgl. dazu: Rose, Internationales Steuerrecht, S. 65 ff.

772 Vgl. dazu Förster, Praxis der Besteuerung von Auslandsbeziehungen, S. 36 f.; Rose, Internationales Steuerrecht, S. 66.

773 Vgl. dazu: Rose, Internationales Steuerrecht, S. 69 f.

774 Wied, in: Blümich, EStG, Bd. 3, § 34 c Rz. 120.

775 So: Probst, in: Herrmann/ Heuer/ Raupach, EStG, Bd. 13, § 34 c Rz. 200; a. A. FG Ba-Württ. EFG 1997, 984 (985, 987); offengelassen in BFH v. 24.3.1998, I R 38/ 97, FR 1998, 662 (663).

776 Zum sog. „treaty override" siehe Teil E III.2.a)(2)(d).

777 Probst, in: Herrmann/ Heuer/ Raupach, EStG, Bd. 13, § 34 c Rz. 207; Manke, DStZ 1980, 323 (326); Wied, in: Blümich, EStG, Bd. 3, § 34 c Rz. 127.

778 Zu den Voraussetzungen eines „treaty override" siehe Teil E III.2.a)(2)(d).

ten[779]. In diesen Fällen ist insbesondere nach § 34 c Abs. 2 EStG auf Antrag ein Abzug der anrechenbaren ausländischen Steuer von der Steuerbemessungsgrundlage möglich[780].
Zur praktischen Bedeutung der Steueranrechnung nach DBA (i. V. m. den Ausführungsvorschriften nach § 34 c Abs. 1 S. 2 bis 5, Abs. 2 EStG) im Rahmen der Zinsbesteuerung ist im Übrigen Folgendes anzumerken: Die Mehrzahl der von Deutschland abgeschlossenen Doppelbesteuerungsabkommen sieht die ausschließliche Besteuerung von Zinsen Nichtansässiger durch den Wohnsitzstaat vor (Wohnsitzprinzip)[781]. Wegen der sachlichen Steuerbefreiung im Quellenstaat[782] ist hier eine Doppelbesteuerung von vorneherein ausgeschlossen, so dass eine Anrechnung der Steuern auf ausländische Einkünfte nicht erforderlich ist.

b) Staaten mit abgeltender Quellensteuer

Während also Deutschland die Besteuerung von Zinserträgen im Wesentlichen durch eine auf die Einkommensteuerschuld anrechenbare Quellensteuer sicherzustellen sucht, soll dieses Ziel in Belgien, Griechenland, Italien, Österreich und Portugal durch eine abgeltende Quellensteuer erreicht werden.

(1) Belgien

Von den Zinsbesteuerungssystemen dieser Staaten wird zunächst das belgische dargestellt.

(a) Besteuerung von Inlandssachverhalten

(i) Unbeschränkte Steuerpflicht

Eine natürliche Person gilt als in Belgien ansässig, wenn sie ihren Hauptwohnsitz (domicile – woonplaats) oder aber ihren Vermögenssitz (siège de la fortune – zetel van fortuin), d. h. den Mittelpunkt ihrer wirtschaftlichen Interessen, im Inland hat[783]. Dann ist sie unbeschränkt einkommensteuerpflichtig, unterliegt also mit ihrem Welteinkommen, d. h. mit all ihren in- und ausländischen Einkünften, der belgischen Einkommensteuer (impôt des personnes physiques – personenbelasting)[784].

(ii) Einordnung der Zinsen in das Einkommensteuerrecht

Steuergegenstand

Das belgische Einkommensteuerrecht unterscheidet 4 Einkünftekategorien. Zu diesen zählen u. a. die Einkünfte aus Kapitalvermögen und beweglichem Vermögen (Art. 17 Einkommen-

---

779 Wied, in: Blümich, EStG, Bd. 3, § 34 c Rz. 127; Probst, in: Herrmann/ Heuer/ Raupach, EStG, Bd. 13, § 34 c Rz. 208.

780 Wied, in: Blümich, EStG, Bd. 3, § 34 c Rz. 131; Probst, in: Herrmann/ Heuer/ Raupach, EStG, Bd. 13, § 34 c Rz. 211; vgl. auch R 212 d EStR 1996.

781 So die DBAs mit Dänemark, Finnland, Frankreich, Irland, Luxemburg, Niederlande, Schweden, Großbritannien, Österreich. Die DBAs mit Belgien, Griechenland, Italien, Portugal und Spanien weisen hingegen neben dem Wohnsitzstaat auch dem Quellenstaat ein der Höhe nach begrenztes Besteuerungsrecht v. 10 % bzw. 15 % zu. Zur Beseitigung der Doppelbesteuerung folgen sie der Anrechnungsmethode. Ausn: Wohnsitzstaat Belgien.

782 Siehe Teil E III.2.a)(2)(d).

783 IBFD, StB Handbuch, Bd. 1, Fach C, Belgien, 41. EL, Juni 2004, Rz. 2.

784 Schiffer, in: Mennel/ Förster, Steuern in Europa, 47. EL 2002, Belgien, Rz. 40.

steuergesetzbuch (EStGB))[785]. Unter diese fallen Kapitalerträge jeder Art, d. h. auch Zinsen aus Schuldverschreibungen, Darlehen etc.

Steuerbemessungsgrundlage

Innerhalb der 4 Einkunftsarten gibt es unterschiedliche Vorschriften zum Abzug der mit der Einkommenserzielung zusammenhängenden Aufwendungen. Bei einer Veranlagung von Zinsen zur Einkommensteuer sind danach die nachgewiesenen, mit der Einkunftserzielung zusammenhängenden Kosten abzugsfähig[786].

Die innerhalb der Einkunftsarten ermittelten Nettobeträge werden – unter Ausschluss u. a. derjenigen Zinserträge, die bereits einer definitiven Quellensteuer unterworfen wurden – zu einem Gesamtbetrag der Einkünfte (revenu global imposable – globaal belasbare inkomsten) addiert. Von diesem Gesamtbetrag der Einkünfte sind bestimmte Sonderausgaben abzugsfähig[787].

Sachliche Steuerbefreiung (Sparförderung)

Ein Grundbetrag von 1440 € für Zinsen aus bestimmten Sparguthaben ist steuerfrei (Sparerfreibetrag), sofern der Zinssatz nicht einen bestimmten marktüblichen Prozentsatz übersteigt[788].

(iii) Steuersatz/ Besteuerungsverfahren

Auf sämtliche Kapitalerträge, d. h. auch auf Zinsen, wird eine Quellensteuer erhoben. Die Kapitalertragsteuer auf Zinsen beträgt grundsätzlich 15 %[789]. Eine Ausnahme stellen Zinsen aus vor dem 1.3.1990 geschlossenen Verträgen oder ausgegebenen Wertpapieren dar, die mit einer Quellensteuer von 25 % belegt werden[790]. Unbeschränkt Steuerpflichtige können Zinseinkünfte wahlweise in das zu veranlagende Einkommen mit einbeziehen[791]. In diesem Fall wird die entrichtete Kapitalertragsteuer auf die Einkommensteuer angerechnet. Zur Anwendung kommt dann ein progressiver Einkommensteuersatz von bis zu 50 %[792]. Werden Zinsen im Rahmen der Steuererklärung deklariert, so wird automatisch die günstigste Form der Besteuerung (getrennt oder global) angewandt[793]. Im Fall der Nichteinbeziehung der Zinseinkünfte in das zu veranlagende Einkommen stellt die Kapitalertragsteuer eine endgültige Belastung dar, hat also Abgeltungscharakter[794]. Zu beachten ist, dass Zinsen aus Gewinnschuldverschreibungen nach belgischem Recht wie Dividenden behandelt werden, so dass auf sie eine Quellensteuer von 25% einbehalten wird[795].

---

785 IBFD, StB Handbuch, Bd. 1, Fach, C, Belgien, 41. EL, Juni 2004, Rz. 3.
786 Schiffer, in: Mennel/ Förster, Steuern in Europa, 47. EL 2002, Belgien, Rz. 161.
787 Schiffer, in: Mennel/ Förster, Steuern in Europa, 47. EL 2002, Belgien, Rz. 54.
788 IBFD, Taxation of Private Investment Income, Suppl. No. 88, Aug. 2003, Begium, p. 2.
789 Steichen, FS Fischer, 230 (245).
790 IBFD, StB Handbuch, Bd. 1, Fach C, Belgien, 41. EL, Juni 2004, Rz. 25.
791 IBFD, Taxation of Private Investment Income, Suppl. No. 88, Aug. 2003, Belgium, p. 2.
792 IBFD, Taxation of Private Investment Income, Suppl. No. 88, Aug. 2003, Belgium, p. 2.
793 Schiffer, in: Mennel/ Förster, Steuern in Europa, 47. EL 2002, Belgien, Rz. 211.
794 Schiffer, in: Mennel/ Förster, Steuern in Europa, 47. EL 2002, Belgien, Rz. 211.
795 IBFD, Taxation of Private Investment Income, Suppl. No. 88, Aug. 2003, Belgium, p. 3.

(iv) Bankgeheimnis

Das sog. Bankgeheimnis hat in Belgien seine Rechtsgrundlage in einer zivilrechtlichen Vertragspflicht der Kreditinstitute zur Verschwiegenheit gegenüber ihren Kunden. Art. 1384 des Code Civile begründet eine Haftung der Bank für die Verletzung der Verschwiegenheitspflicht durch ihre Mitarbeiter[796].

Im Besteuerungsverfahren ist das Bankgeheimnis nur teilweise durchbrochen. Die Finanzbehörden haben zwar im Bereich der indirekten Steuern, insbesondere der Mehrwertsteuer, Auskunfts- und Untersuchungsrechte[797]. Dagegen ist das Bankgeheimnis im Bereich der direkten Steuern auch gegenüber dem Fiskus grundsätzlich anerkannt[798]. Dies bedeutet u. a., dass die Finanzbehörden grundsätzlich keine Auskunft darüber erhalten, ob ein Steuerpflichtiger ein Konto bei einer Bank unterhält[799]. Der Schutz des Bankgeheimnisses wird lediglich durchbrochen, wenn der Bankkunde selbst Rechtsbehelf (réclamation) gegen die Besteuerung eingelegt hat und Unterlagen der Bank als Beweismittel erforderlich sind[800] bzw. wenn konkrete Anhaltspunkte dafür vorliegen, dass unter Beihilfe der Bank Steuergesetze absichtlich missachtet wurden (vgl. Art. 224, 235, 275 Einkommensteuergesetzbuch)[801].

(b) Besteuerung von inländischen Zinserträgen bei Nichtansässigen

Nichtansässige natürliche Personen unterliegen nach dem belgischen Einkommensteuergesetzbuch grundsätzlich einer Steuer der Nichtansässigen (impôt des non-résidents – belasting der niet-inwonders) auf ihre Inlandseinkünfte (beschränkte Steuerpflicht)[802].

Indessen sind bestimmte Zinserträge bei Nichtansässigen steuerfrei: Hierzu zählen Zinsen aus Bankguthaben bei inländischen Banken, Zinsen aus börsennotierten Wertpapieren, die von inländischen Banken emittiert werden, Zinsen auf registrierte öffentliche Anleihen und Schuldverschreibungen sowie Zinsen auf registrierte Unternehmensanleihen[803].

In Belgien stellt die auf Zinserträge erhobene Quellensteuer für beschränkt steuerpflichtige private Anleger ohne gewerbliche Betätigung eine Definitivbelastung dar (roerende voorhefing/ précompte moblier)[804]. Für sie wird kein Veranlagungsverfahren durchgeführt. In der Regel wird der volle Steuersatz von 15 % auf die Zinsen von der Zahlstelle einbehalten. Für Zinsen aus Darlehen, die vor dem 1.3.1990 abgeschlossen wurden, sowie aus Anleihen, die vor diesem Datum ausgegeben wurden, gilt ein Quellensteuersatz von 25 %[805].

Nach Art. 11 Abs. 1 des vorrangigen deutsch-belgischen DBA vom 11.4.1967[806] erfolgt die Besteuerung von Zinsen Nichtansässiger grundsätzlich durch den Wohnsitzstaat (Wohnsitz-

796 Carl/ Klos, Bankgeheimnis und Quellensteuer, S. 128.

797 Carl/ Klos, Bankgeheimnis und Quellensteuer, S. 128 f.; OECD-Report, Improving Access to Bank Information, 2000, S. 76, Tz. 3.2.

798 Sichtermann/ Feuerborn, Bankgeheimnis und Bankauskunft, S. 451.

799 OECD-Report, Improving Access to Bank Information, S. 80, Tz. 3.4.

800 Sichtermann/ Feuerborn, Bankgeheimnis und Bankauskunft, S. 452; Carl/ Klos, Bankgeheimnis und Quellensteuer, S. 452.

801 Carl/ Klos, Bankgeheimnis und Quellensteuer, S. 129; OECD-Report, Improving Access to Bank Information, 2000, S. 76, Tz. 3.2.

802 Schiffer, in: Mennel/ Förster, Steuern in Europa, 47. EL 2002, Belgien, Rz. 36.

803 IBFD, Taxation of Private Investment Income, Suppl. No. 85, Aug. 2002, Belgium, p. 9.

804 IBFD, Taxation of Private Investment Income, Suppl. No. 85, Aug. 2002, Belgium, p. 8.

805 IBFD, Taxation of Private Investment Income, Suppl. No. 85, Aug. 2002, Belgium, p. 9.

806 Abkommen zwischen der Bundesrepublik Deutschland und dem Königreich Belgien zur Vermeidung der Doppelbesteuerung und zur Regelung verschiedener anderer Fragen auf dem Gebiete der Steuern vom

prinzip)[807]. Indessen sieht Art. 11 Abs. 2 des DBA daneben die Möglichkeit einer Besteuerung im Quellenstaat von bis zu 15 % vor. Da der allgemeine belgische Quellensteuersatz in eben dieser Höhe liegt, wird auf belgische Zinserträge von in Deutschland ansässigen Anlegern grundsätzlich eine 15-prozentige Quellensteuer einbehalten. Indessen wird keine Quellensteuer auf Zinsen aus bestimmten Bankeinlagen einbehalten[808]. In den Fällen einer Steuerbefreiung oder eines ermäßigten Steuersatzes kommt ein Erstattungsverfahren zur Anwendung[809].
Im Ansässigkeitsstaat Deutschland wird die nach Art. 11 Abs. 2 DBA in Belgien einbehaltene Quellensteuer nach Art. 23 Abs. 1 Nr. 2 lit. b DBA auf die deutsche Einkommensteuer angerechnet (Anrechnungsmethode, per country limitation).

(c) Besteuerung von ausländischen Zinserträgen bei Ansässigen

Im Ausland erzielte Zinseinkünfte sind bei in Belgien Ansässigen, also unbeschränkt Steuerpflichtigen, nach dem Welteinkommensprinzip einkommensteuerpflichtig. Sie werden zur belgischen Einkommensteuer veranlagt[810]. In diesem Fall kommt ein Einkommensteuersatz zur Anwendung, der 15 % nicht übersteigen darf[811].
Werden die im Ausland erzielten Zinsen durch eine belgische Zahlstelle ausbezahlt, so wird eine Quellensteuer von 15 % einbehalten, welche grundsätzlich Abgeltungswirkung hat[812]. Auch hier ist wahlweise eine Veranlagung zur Einkommensteuer auf Nettobasis möglich. Im Fall der Einbeziehung in die Steuererklärung kommt die günstigste Besteuerungsform zur Anwendung[813].
Nach nationalem Steuerrecht wird eine Doppelbesteuerung im Bereich der Zinsbesteuerung grundsätzlich gem. Art. 285–189 b EStG auf der Grundlage der Anrechnungsmethode vermieden[814]. Eine Anrechnung durch Privatpersonen ist nach innerstaatlichem Recht dabei allerdings seit 1990 nicht mehr erlaubt[815]. Betroffen davon sind u. a. private Zinserträge, die keiner unternehmerischen Tätigkeit unterliegen.
Art. 23 Abs. 2 des deutsch-belgischen DBA gewährt eine Anrechnung der ggf. in Deutschland entrichteten Steuerlast nach innerstaatlichem belgischen Recht. Auch hier gibt es für Zinserträge bei privaten Investoren also keine Anrechnung einer ggf. in Deutschland entrichteten Quellensteuer[816].

Einkommen und vom Vermögen einschließlich der Gewerbesteuer und der Grundsteuern v. 11.4.1967, BGBl. II 1969, S. 17 ff.

807 Malinski, in: Debatin/ Wassermeyer, Doppelbesteuerung, Band II, Belgien, Art. 11, Rz. 1.

808 Malinski, in: Wassermeyer/ Debatin, Doppelbesteuerung, Band II, Belgien, Art. 11, Rz. 24; IBFD, Taxation of Private Investment Income, Suppl. No. 83, Dec. 2001, Belgium, p. 18.

809 Vgl. Merkblatt der belgischen Steuerverwaltung, BStBl. I 1969, S. 550.

810 IBFD, Taxation of Private Investment Income, Suppl. No. 88, Aug. 2003, Belgium, p. 2.

811 IBFD, Taxation of Private Investment Income, Suppl. No. 83, Dec. 2001, Belgium, p. 5.

812 IBFD, Taxation of Private Investment Income, Suppl. No. 83, Dec. 2001, Belgium, p. 5; Dinse, Besteuerung von Portfolio-Kapitalerträgen, S. 412.

813 IBFD, Taxation of Private Investment Income, Suppl. No. 83, Dec. 2001, Belgium, p. 5.

814 Schiffer, in: Mennel/ Förster, Steuern in Europa, 47. EL 2002, Belgien, Rz. 222.

815 Straka, in: Debatin/ Wassermeyer, Doppelbesteuerung, Band II, Belgien, Art. 23, Rz. 43; IBFD, Taxation of Private Investment Income, Suppl. No. 83, Dec. 2001, Belgium, p. 5; Dinse, Besteuerung von Portfolio-Kapitalerträgen, S. 412.

816 IBFD, Taxation of Private Investment Income, Suppl. No. 83, Dec. 2001, Belgium, p. 5; Dinse, Besteuerung von Portfolio-Kapitalerträgen, S. 412; IBFD, StB Handbuch, Bd. 1, Fach C, Belgien, 41. EL, Juni 2004, Rz. 49.

(2) Griechenland

Auch Griechenland zählt zu denjenigen Staaten, die ihren Besteuerungsanspruch bei Zinseinkünften primär über eine abgeltende Quellensteuer zu sichern suchen.

(a) Besteuerung von Inlandssachverhalten

(i) Unbeschränkte Steuerpflicht

Unbeschränkt steuerpflichtig sind im griechischen Einkommensteuerrecht natürliche Personen, die ihren Wohnsitz im Sinne des griechischen Bürgerlichen Gesetzbuches in Griechenland haben. Wohnsitz ist dabei der Ort, an dem sich eine natürliche Person hauptsächlich und auf Dauer niedergelassen hat[817].

(ii) Einordnung der Zinsen in das Einkommensteuerrecht

Zu den sechs Einkunftsarten zählen u. a. die Einkünfte aus beweglichem Vermögen sowie aus Kapitalvermögen (Einkunftsart C)[818].

Steuergegenstand

Zu den Einkünften aus Kapitalvermögen zählen Zinsen aus Einlagen, Schuldverschreibungen und Schuldscheinen sowie bestimmte andere Zinserträge.

Steuerbemessungsgrundlage

Die Steuerbemessungsgrundlage bestimmt sich im griechischen Einkommensteuerrecht wie folgt: Nach Abzug von Aufwendungen nach gesonderten Regeln für jede Einkunftsart wird aus den Nettoeinkünften – unter Ausschluss u. a. der bereits mit einer definitiven Quellensteuer belegten Zinserträge – nach Berücksichtigung eines Verlustausgleichs zwischen den Einkunftsarten[819] sowie von Verlustvorträgen aus dem Vorjahr der Gesamtbetrag der Einkünfte ermittelt und hieraus nach bestimmten Abzügen[820] das zu versteuernde Einkommen berechnet[821]. Wird indessen der Gesamtbetrag der Einkünfte vom sog. mutmaßlichen Einkommen (tekmarto isodima) übertroffen, welches sich an bestimmten äußerlich erkennbaren objektiven Merkmalen orientiert, so wird Letzteres der Veranlagung zugrunde gelegt[822].

Sachliche Steuerbefreiung (Sparförderung)

Innerhalb der Einkünfte aus Kapitalvermögen sind bei unbeschränkt Steuerpflichtigen bestimmte Zinserträge steuerbefreit: Hierzu zählen seit 1997 Zinsen aus Bausparguthaben, die zum Erwerb einer Hauptwohnung bestimmt sind, sowie solche aus Schuldverschreibungen – mit Ausnahme solcher von Gemeinden oder Gemeindeverbänden –, welche bis zum

817 Groos, in: Mennel/ Förster, Steuern in Europa, 45. EL 2001, Griechenland, Rz. 9.
818 IBFD, StB Handbuch, Bd. 1, Fach C, Griechenland, 43. EL, Oktober 2004, Rz. 4.
819 IBFD, StB Handbuch, Bd. 1, Fach C, Griechenland, 43. EL, Oktober 2004, Rz. 4, 20.
820 Vgl. dazu: IBFD, StB Handbuch, Bd. 1, Fach C, Griechenland, 43. EL, Oktober 2004, Rz. 16 f.
821 Kischel, NWB Nr. 9 v. 12.5.1999, Fach 5, Gruppe 2, 423 (424); Groos, in: Mennel/ Förster, Steuern in Europa, 45. EL 2001, Griechenland, Rz. 14; IBFD, Taxation of Private Investment Income, Suppl. No. 88, Aug. 2003, Greece, p. 2.
822 Groos, in: Mennel/ Förster, Steuern in Europa, 45. EL 2001, Griechenland, Rz. 15.

31.12.1990 emittiert oder erworben wurden[823]. Hingegen entfällt ab 1997 die Steuerbefreiung von Zinsen aus Staatsanleihen[824].

(iii) Steuersatz/ Besteuerungsverfahren

Die griechische Einkommensteuer wird für das Kalenderjahr auf das im Wege der Veranlagung ermittelte Einkommen unter Anwendung eines progressiven Teilmengentarifs von bis zu 40 % erhoben[825].

Auf Zinserträge wird von der Zahlstelle eine Quellensteuer einbehalten. Diese beträgt bei Zinsen unbeschränkt Steuerpflichtiger aus Industrieobligationen[826] 20 % und stellt eine (anrechenbare) Vorauszahlung auf die Einkommensteuerschuld dar[827]. Hingegen wird auf Zinsen aus Bank- und Spareinlagen sowie ab 1.1.1997 aus Einlagen in Fremdwährung von unbeschränkt Steuerpflichtigen bei inländischen Banken und aus Bausparguthaben und Schuldverschreibungen griechischer Banken oder Kommunen eine Quellensteuer in Höhe von 15 % einbehalten[828]. Letztere hat abgeltende Wirkung, stellt also eine definitive Belastung dar[829]. Dasselbe gilt für die Quellensteuer in Höhe von 10 %, welche ab 1.1.1997 auf Zinsen aus Schuldverschreibungen von griechischen Gesellschaften (einschließlich Banken und Versicherungsgesellschaften)[830] sowie Schatzwechseln[831] und sog. Nullkuponanleihen des griechischen Staates sowie aus Titeln der Europäischen Investitionsbank und anderer internationaler Finanzinstitutionen einbehalten wird[832].

(iv) Bankgeheimnis

Das Bankgeheimnis ist in Griechenland einfachgesetzlich verankert (Art. 1–3 des Gesetzesdekrets 1059/1971). Danach dürfen Banken und ihre Mitarbeiter über die Einlagen ihrer Kunden selbst mit deren Einverständnis keine Auskunft geben[833]. Dieses strafrechtlich sanktionierte Bankgeheimnis (Art. 371 StGB) wird im Steuerrecht gegenüber den Finanzbehörden durchbrochen[834]. Letztere sind in dem zur Erfüllung ihrer Aufgaben erforderlichen Maße berechtigt, von den Banken Auskunftserteilung zu verlangen[835]. Dies bedeutet, dass die Finanz-

---

823 Groos, in: Mennel/ Förster, Steuern in Europa, 45.EL 2001, Griechenland, Rz. 84.

824 Groos, in: Mennel/ Förster, Steuern in Europa, 45.EL 2001, Griechenland, Rz. 84.

825 IBFD, Taxation of Private Investment Income, Suppl. No. 88, Aug. 2003, Greece, p. 2.

826 Vgl. die Definition bei Harenberg, NWB v. 12.7.2004, Fach 21, 1483 (1489): Industrieobligationen sind festverzinsliche Schuldverschreiungen industrieller Unternehmungen, die der Kapitalaufnahme dienen und über Banken veräußert werden.

827 Groos, in: Mennel/ Förster, Steuern in Europa, 45. EL 2001, Griechenland, Rz. 127; IBFD, Taxation of Private Investment Income, Suppl. No. 88, Aug. 2003, p. 2; Dinse, Besteuerung von Portfolio-Kapitalerträgen, S. 356.

828 Groos, in: Mennel/ Förster, Steuern in Europa, 45. EL 2001, Griechenland, Rz. 127; IBFD, Taxation of Private Investment Income, Suppl. No. 88, Aug. 2003, p. 2; Dinse, Besteuerung von Portfolio-Kapitalerträgen, S. 356.

829 Groos, in: Mennel/ Förster, Steuern in Europa, 45. EL 2001, Griechenland, Rz. 127; IBFD, Taxation of Private Investment Income, Suppl. No. 88, Aug. 2003, Greece, p. 2.

830 IBFD, StB Handbuch, Bd. 1, Fach C, Griechenland, 43. EL, Oktober 2004, Rz. 24.

831 Vgl. die Definition bei Harenberg, NWB v. 12.7.2004, Fach 21, 1483 (1492): Schatzwechsel ist ein Wechsel, der vom Bund oder einem Land zur Beschaffung kurzfristiger Kredite ausgegeben wird. Die Laufzeit beträgt 30 bis 90 Tage. Der Rückkauf erfolgt durch die Bundesbank.

832 Kischel, NWB Nr. 9 v. 12.5.1999, Fach 5, Gruppe 2, 423 (426); Groos, in: Mennel/ Förster, Steuern in Europa, 45. EL 2001, Griechenland, Rz. 127.

833 Sichtermann/ Feuerborn, Bankgeheimnis und Bankauskunft, S. 458.

834 Carl/ Klos, Bankgeheimnis und Quellensteuer, S. 141.

835 Carl/ Klos, Bankgeheimnis und Quellensteuer, S. 141.

behörde bei der Überprüfung der Steuerpflicht eines konkreten Steuerpflichtigen gegen dessen Identifikation über Namen und Personalausweisnummer sämtliche zur Überprüfung erforderlichen Informationen von der Bank fordern kann[836].

(b) Besteuerung von inländischen Zinserträgen bei Nichtansässigen

Beschränkt einkommensteuerpflichtig sind in Griechenland nichtansässige natürliche Personen mit ihren Einkünften aus griechischen Quellen[837]. Dazu zählen grundsätzlich auch Zinseinkünfte.

Indessen sind Zinsen aus Bankguthaben in Fremdwährung sowie Zinsen aus griechischen Staatsanleihen und Schatzbriefen ebenso wie Zinsen aus Industrieschuldverschreibungen von ansässigen Gesellschaften seit 1999 bei beschränkt Steuerpflichtigen steuerfrei[838].

Bei der Besteuerung beschränkt Steuerpflichtiger werden keine persönlichen Abzüge berücksichtigt[839].

Auf Zinsen, die nicht steuerfrei sind, wird bei beschränkt Steuerpflichtigen grundsätzlich eine definitive Quellensteuer einbehalten[840]. Der Tarif beträgt für Zinsen aus Bankeinlagen 15 %, für alle anderen Zinserträge 40 %[841].

Etwas anderes gilt, falls das vorrangige DBA einen niedrigeren Satz vorschreibt.

Nach Art. VII des vorrangigen deutsch-griechischem DBA vom 16.4.1966[842] werden Zinsen, die aus einem Vertragsstaat stammen und an eine in dem anderen Vertragsstaat ansässige Person gezahlt werden, im Ansässigkeitsstaat besteuert. Dem Quellenstaat wird daneben nach Art. VII Abs. 2 grundsätzlich die Erhebung einer Quellensteuer von 10 % zugestanden[843]. Bemessungsgrundlage ist der Bruttoertrag der Zinsen[844].

Nach Art. XVII Abs. 2 Nr. 2 a) bb) DBA wird die in Griechenland entrichtete Steuer auf die deutsche Einkommensteuerschuld angerechnet. Sind die aus Griechenland stammenden Zinsen dort steuerbefreit, erfolgt die Anrechnung auf die deutsche Einkommensteuer pauschal mit 10 %.

(c) Besteuerung von ausländischen Zinserträgen bei Ansässigen

Im Ausland erzielte Zinsen werden bei unbeschränkt Steuerpflichtigen nach dem Welteinkommensprinzip mit dem progressiven Steuersatz des Steuerpflichtigen von bis zu 40 % zur

---

836 OECD-Report, Improving Access to Bank Information, S. 74, 77, Tz. 3.2.

837 Groos, in: Mennel/ Förster, Steuern in Europa, 45. EL 2001, Griechenland, Rz. 10.

838 Groos, in: Mennel/ Förster, Steuern in Europa, 45. EL 2001, Griechenland, Rz. 127; IBFD, Taxation of Private Investment Income, Suppl. No. 88, Aug. 2003, Greece, p. 5; IBFD, StB Handbuch, Bd. 1, Fach C, Belgien, 43. EL, Oktober 2004, Rz. 55.

839 Groos, in: Mennel/ Förster, Steuern in Europa, 45. EL 2001, Griechenland, Rz. 10; IBFD, Taxation of Private Investment Income, Suppl. No. 88, Aug. 2003, Greece, p. 5.

840 Groos, in: Mennel/ Förster, Steuern in Europa, 45. EL 2001, Griechenland, Rz. 127; IBFD, StB Handbuch, Bd. 1, Fach C, Belgien, 43. EL, Oktober 2004, Rz. 55.

841 Krabbe, in: Debatin/ Wassermeyer, Doppelbesteuerung, Band II, Griechenland, Art. VII, Rz. 10; IBFD, Taxation of Private Investment Income, Suppl. No. 88, Aug. 2003, Greece, p. 5.

842 Abkommen zwischen der Bundesrepublik Deutschland und dem Königreich Griechenland zur Vermeidung der Doppelbesteuerung und zur Verhinderung der Steuerverkürzung bei den Steuern vom Einkommen und vom Vermögen sowie bei der Gewerbesteuer, v. 18.4.1966, BGBl. II 1967, S. 852 ff.

843 Krabbe, in: Debatin/ Wassermeyer, Doppelbesteuerung, Band II, Griechenland, Art. VII, Rz. 1; IBFD, Taxation of Private Investment Income, Suppl. No. 83, Dec. 2001, Greece, p. 13.

844 Krabbe, in: Debatin/ Wassermeyer, Doppelbesteuerung, Band II, Griechenland, Art. VII, Rz. 12.

Einkommensteuer veranlagt[845]. Eine Pauschalbesteuerung zu 15 % bzw. 10 %, wie sie für inländische Zinserträge unbeschränkt Steuerpflichtiger gilt, ist hier unzulässig[846].
Dabei ist die im Ausland entrichtete Einkommensteuer zur Vermeidung einer Doppelbesteuerung auf die griechische Einkommensteuerschuld anrechenbar[847]. Das Anrechnungsguthaben ist jedoch der Höhe nach begrenzt auf diejenige Einkommensteuer, die in Griechenland zu entrichten wäre, wenn die Einkünfte aus griechischen Quellen stammen würden[848]. Der zulässige Anrechnungsbetrag wird für jeden ausländischen Staat gesondert berechnet (per country limitation)[849].
Nach Art. VII Abs. 1 des vorrangigen deutsch-griechischen Doppelbesteuerungsabkommens werden Zinsen aus deutschen Quellen grundsätzlich im Ansässigkeitsstaat Griechenland besteuert (s. o.). Sollte in Deutschland, wie nach Art. VII Abs. 2 DBA zulässig, eine Quellensteuer von 10 % erhoben werden, dann wird diese nach Art. XVII Abs. 1 DBA im Ansässigkeitsstaat Griechenland auf die griechische Einkommensteuer nach Maßgabe des griechischen Steuerrechts (per country limitation) angerechnet[850].

(3) Italien

Auch Italien zählt zu denjenigen Staaten, die ihren Besteuerungsanspruch bei Zinseinkünften im Wesentlichen durch die Erhebung einer abgeltenden Quellensteuer zu sichern suchen.

(a) Besteuerung von Inlandssachverhalten

(i) Unbeschränkte Steuerpflicht

Unbeschränkt steuerpflichtig sind im italienischen Einkommensteuerrecht natürliche Personen, die im Inland ansässig sind. Als ansässig gelten Personen, die im überwiegenden Teil des Besteuerungszeitraums im Einwohnermelderegister eingetragen sind oder in Italien ihr Domizil (Hauptsitz der Geschäfte und Interessen, Art. 43 Codice Civile (C. C.)) haben bzw. dort ihren Wohnsitz, gemäß Art. 43 Abs. 2 C. C. gleichbedeutend mit ihrem gewöhnlichen Aufenthalt, haben (Art. 2 des „Testo Unico“ (T. U., Einheitsgesetz über die Einkommen- und Körperschaftsteuer))[851]. Daneben gelten natürliche Personen, die in ein Land ziehen, welches nach dem Ministerialdekret vom 4.5.1999 einer Liste von Steueroasen angehört, weiterhin als in Italien unbeschränkt steuerpflichtig (erweiterte unbeschränkte Steuerpflicht; widerlegbare Fiktion)[852]. Unbeschränkt Steuerpflichtige unterliegen mit ihrem Welteinkommen der italienischen Einkommensteuer (imposta sul reddito delle persone fisiche, IRPEF).

---

845 IBFD, Taxation of Private Investment Income, Suppl. No. 86, Dec. 2002, Greece, p. 3; IBFD, StB Handbuch, Bd. 1, Fach C, Griechenland, 43. EL, Oktober 2004, Rz. 48.

846 Dinse, Die Besteuerung von Porfolio-Kapitalerträgen, S. 416.

847 IBFD, StB Handbuch, Bd. 1, Fach C, Belgien, 43. EL, Oktober 2004, Rz. 50.

848 IBFD, Taxation of Private Investment Income, Suppl. No. 86, Dec. 2002, Greece, p. 3.

849 IBFD, StB Handbuch, Bd. 1, Fach C, Belgien, 43. EL, Oktober 2004, Rz. 50.

850 Krabbe, in: Debatin/ Wassermeyer, Doppelbesteuerung, Band II, Griechenland, Art. XVII, Rz. 9.

851 Lobis, in: Mennel/ Förster, Steuern in Europa, 49. EL 2003, Italien, Rz. 21; IBFD, Taxation of Private Investment Income, Suppl. No. 87, April 2003, Italy, p. 2.

852 Lobis, in: Mennel/ Förster, Steuern in Europa, 49. EL 2003, Italien, Rz. 21; IBFD, Taxation of Private Investment Income, Suppl. No. 87, April 2003, Italy, p. 2.

(ii) Einordnung der Zinsen in das Einkommensteuerrecht

Steuergegenstand

Art. 6 des T. U. differenziert zwischen sechs Einkunftsarten, zu denen u. a. die Einkünfte aus Kapitalvermögen zählen[853]. In diese Einkunftsart fallen Zinsen, wobei der Begriff der Zinsen steuerrechtlich weit interpretiert wird. Er umfasst sämtliche Erträge aus Darlehen, Spar- und Kontokorrentkonten, einschließlich eines Unterschiedsbetrags zwischen Auszahlungsbetrag bei Fälligkeit und Investitionsbetrag bei Anlage, sowie Erträge aus Anleihen und ähnlichen Wertpapieren, einschließlich des Unterschiedsbetrags zwischen Emissionskurs und vereinbartem Einlösebetrag bzw. amtlichem Kurs bei Fälligkeit[854]. Ebenso umfasst der Zinsbegriff im italienischen Einkommensteuerrecht Erträge aus Nullkuponanleihen und Disagio-Anleihen (sog. deep discount bonds) und ähnlichen Finanzinstrumenten, welche unter dem Nennbetrag ausgegeben werden und bei Ablauf der Laufzeit zum Nennbetrag eingelöst werden[855]. Dies bedeutet, dass auch das Damnum, also der Unterschiedsbetrag zwischen den Nennbetrag einer Forderung (Rückzahlungsbetrag) und dem tatsächlich an den Darlehensnehmer gezahlten Betrag (Verfügungsbetrag) unter den Zinsbegriff fällt. Werden Wertpapiere vorzeitig verkauft, unterliegt derjenige Zinsanteil der Besteuerung, der auf die anteilige Laufzeit entfällt[856].

Steuerbemessungsgrundlage

Innerhalb der Einkunftsarten sind Aufwendungen, die der Einkunftserzielung dienen, grundsätzlich abzugsfähig. Die Summe der Nettoeinkünfte ergibt den Gesamtbetrag der Einkünfte. Von diesem bleiben jedoch u. a. diejenigen Zinserträge ausgenommen, die bereits mit einer abgeltenden Quellensteuer belastet wurden[857]. Vom Gesamtbetrag der Einkünfte sind die nach Art. 10 sowie Art. 10 bis T. U. bestimmte Sonderausgaben und Belastungen abzugsfähig[858]. Diese wurden jedoch mit Wirkung zum 1.1.1994 größtenteils durch einen Absetzbetrag von der tariflichen Steuer in Höhe von 19 % der Sonderausgaben ersetzt. Der nach Abzug ermittelte Betrag ist Bemessungsgrundlage für die Einkommensteuer. Der durch Anwendung des Steuertarifs ermittelte Steuerbetrag stellt die sog. „imposta lorda" (Bruttosteuer) dar. Von der Bruttosteuer werden seit 1.1.1994 die o. g. Absetzbeträge für Sonderausgaben sowie bestimmte Pauschbeträge abgezogen[859].

Sachliche Steuerbefreiung (Sparförderung)

Unbeschränkt Steuerpflichtige profitieren in Italien nicht von einer sachlichen Steuerbefreiung für Zinsen aus bestimmten Anlageformen zum Zwecke der Sparförderung.

---

853 Lobis, in: Mennel/ Förster, Steuern in Europa, 49. EL 2003, Italien, Rz. 24.
854 IBFD, Taxation of Private Investment Income, Suppl. No. 87, Apr. 2003, Italy, p. 3.
855 IBFD, Taxation of Private Investment Income, Suppl. No. 87, Apr. 2003, Italy, p. 3.
856 IBFD, Taxation of Private Investement Income, Suppl. No. 87, Apr. 2003, Italy, p. 3.
857 Lobis, in: Debatin/ Wassermeyer, Doppelbesteuerung, Band III Italien, Anh. Rz. 55.
858 Lobis, in: Mennel/ Förster, Steuern in Europa, 49. EL 2003, Italien, Rz. 28.
859 Lobis, in: Mennel/ Förster, Steuern in Europa, 49. EL 2003, Italien, Rz. 29.

(iii) Steuersatz/ Besteuerungsverfahren

Auf Zinsen aus Darlehen wird eine Quellensteuer in Höhe von 12,5 % einbehalten, welche nach Veranlagung auf die endgültige Einkommensteuerschuld anrechenbar ist[860]. Die auf die übrigen Zinserträge erhobene Quellensteuer ist abgeltender Art (Gesetz Nr. 549/1995, Decreto legislativo Nr. 239/1996)[861]. Sie beträgt für Guthabenzinsen aus Girokonten bei Banken und Postsparkassen[862] sowie Zinsen aus Unternehmensanleihen (einschließlich Wandelanleihen[863] und Gewinnschuldverschreibungen) mit einer Laufzeit unter 18 Monaten 27 %[864]. Hingegen liegt der Quellensteuersatz für Zinsen aus Staatsanleihen, aus Schuldverschreibungen von börsennotierten Unternehmen und Banken mit einer Mindestlaufzeit von 18 Monaten und aus Schuldverschreibungen von nicht börsennotierten Unternehmen mit einer solchen Mindestlaufzeit, sofern der effektive Zinssatz nicht mehr als 2/3 über dem offiziellen Zinssatz der Banca di Italia (TUS) liegt, bei 12,5 %[865].

(iv) Bankgeheimnis

Das grundsätzlich in Art. 10 Abs. 1 des italienischen Bankgesetzes verankerte Bankgeheimnis wurde durch Gesetzesdekret Nr. 413 faktisch außer Kraft gesetzt[866]. Danach ist das italienische Schatzministerium berechtigt, eine Datenbank zu unterhalten, die alle Konten mit gewissen Mindestkontoständen erfasst. Auch sind die Finanzbehörden nunmehr berechtigt, ohne richterlichen Beschluss die Offenlegung von Bankkonten zu fordern[867]. Ferner werden alle relevanten Informationen über Finanztransaktionen ins Ausland ab einer bestimmten Mindesthöhe erfasst[868].

(b) Besteuerung von inländischen Zinserträgen bei Nichtansässigen

Beschränkt steuerpflichtig sind natürliche Personen, die nicht in Italien ansässig sind. Sie unterliegen der italienischen Einkommensteuer mit gesetzlich enumerierten Inlandseinkünften[869]. Zu diesen gehören Kapitaleinkünfte, d. h. auch Zinszahlungen an nichtansässige natürliche Personen[870].

Steuerfrei sind indessen Zinszahlungen an Nichtansässige aus Einlagen und Girokonten bei Banken und Postsparkassen[871]. Ebenso sind Zinszahlungen an Nichtansässige aus italienischen Staatsanleihen und Schuldverschreibungen von Banken und börsennotierten Unterneh-

---

860 IBFD, Taxation of Private Investment Income, Suppl. No. 84, Apr. 2002, Italy, p. 5; vgl. zu den unterschiedlichen Quellensteuersätzen die Übersicht bei Hipold/ Steinmair/ Zandanel, Grundriss des italienischen Steuerrechts, 2. Aufl., S. 124 f.

861 IBFD, Taxation of Private Investment Income, Suppl. No. 87, Apr. 2003, Italy, p. 4.

862 Lobis, in: Debatin/ Wassermeyer, Doppelbesteuerung, Band III, Italien, Anh., Rz. 74.

863 Vgl. die Definition bei Harenberg, NWB v. 12.7.2004, Fach 21, 1483 (1494): Wandelanleihen (= Wandelschuldverschreibungen (engl.: convertible bonds) sind Industrieanleihen, die zusätzlich das Recht verbriefen, nach einer festgelegten Zeit auf Wunsch des Inhalbers die Anleihe in Aktien umzuwandeln, häufig gegen Zahlung eines Aufgelds.

864 IBFD, Taxation of Private Investment Income, Suppl. No. 87, Apr. 2003, Italy, p. 4.

865 IBFD, Taxation of Private Investment Income, Suppl. No. 87, Apr. 2003, Italy, p. 4.

866 Carl/ Klos, Bankgeheimnis und Quellensteuer, S. 132.

867 Carl/ Klos, Bankgeheimnis und Quellensteuer, S. 132 f.; Dinse, Besteuerung von Portfolio-Kapitalerträgen, S. 362.

868 OECD-Report, Improving Access to Bank Information, 2000, S. 73, Tz. 3.1.1.

869 Lobis, in: Mennel/ Förster, Steuern in Europa, 49. EL 2003, Italien, Rz. 23.

870 IBFD, StB Handbuch, Bd. 1, Fach C, Italien, 40. EL, April 2004, Rz. 60.

871 IBFD, Taxation of Private Investment Income, Suppl. No. 87, Apr. 2003, Italy, p. 9.

men mit einer Mindestlaufzeit von 18 Monaten steuerbefreit, sofern sie sich im Depot bei einem im Inland niedergelassenen Kreditinstitut befinden und der Steuerpflichtige durch Vorlage einer entsprechenden Erklärung nachweist, dass er in einem Staat ansässig sind, mit dem durch DBA ein hinreichender Informationsaustausch gesichert ist und der nicht zu den durch Ministerialdekret benannten Steueroasen zählt (Gesetzesverordnung v. 1.4.1996, Nr. 239/1996, Ministerialdekret v. 4.12.1996, Nr. 632/1999 u. v. 6.12.1996)[872].

Bei beschränkt Steuerpflichtigen wird die Einkommensteuer grundsätzlich auf den Gesamtbetrag der Inlandseinkünfte – unter Ausschluss der Einkünfte, die – wie etwa Zinsen bereits mit einer definitiven Quellensteuer belastet wurden – erhoben. Von diesem Betrag sind nur wenige spezifische Abzüge zulässig[873].

Inländische Zinserträge von beschränkt Steuerpflichtigen unterliegen, soweit sie nicht steuerbefreit sind, einer definitiven Quellensteuer, die im Steuersatz genau der Quellensteuer entspricht, die auf Zinsen von unbeschränkt Steuerpflichtigen einbehalten wird, d. h. von der Anlageart abhängig ist[874]. Diese wird von der italienischen Zahlstelle einbehalten[875].

Nach Art. 11 Abs. 1 des insoweit vorrangigen deutsch-italienischen DBA vom 18.10.1989[876] werden Zinsen, die aus einem Vertragsstaat, hier Italien, stammen und an eine im anderen Vertragsstaat, hier Deutschland, ansässige Person gezahlt werden, grundsätzlich im Ansässigkeitsstaat besteuert. Daneben kann der Quellenstaat nach Art. 11 Abs. 2 DBA grundsätzlich eine Quellensteuer von 10 % erheben (reduzierter Quellensteuersatz). Indessen verweist Ziff. 11 des Protokolls zu Art. 11 DBA bezüglich der sachlichen Steuerbefreiung von Bankeinlagen im Quellenstaat auf nationales, also italienisches Recht. Auch Zinsen aus Staatsanleihen sind im Quellensteuerstaat Italien nach Art. 11 Abs. 3 DBA stets sachlich steuerbefreit.

Im Ansässigkeitsstaat Deutschland wird die in Italien erhobene Quellensteuer nach Art. 24 Abs. 3 lit. b DBA auf die deutsche Einkommensteuer angerechnet (per-country-limitation).

(c) Besteuerung von ausländischen Zinserträgen bei Ansässigen

Ausländische Zinserträge, also solche, die aus Finanzaktivitäten im Ausland stammen, die ohne italienische Vermittlergesellschaft bzw. Bank abgewickelt wurden[877], werden bei unbeschränkt Steuerpflichtigen nach dem Welteinkommensprinzip (Art. 3 TU) der italienischen Einkommensteuer unterworfen. Erfolgt die Auszahlung durch Kreditinstitute mit Sitz im Inland, so wird auf eine abgeltende Quellensteuer in Höhe von 12, 5 % auf Zinsen aus Anleihen und anderen Wertpapieren mit einer Mindestlaufzeit von 18 Monaten sowie auf Zinsen aus Darlehen einbehalten[878]. Auf Zinsen aus Anleihen und anderen Wertpapieren mit einer Lauf-

---

872 IBFD, Taxation of Private Investment Income, Suppl. No. 87, Apr. 2003, Italy, p. 10; vgl ausführlich zu den Steuerbefreiungen für beschränkt Steuerpflichtige: Mayr/ Frei, IWB Nr. 20 v. 22.10.1997, Fach 5, Gruppe 2, 969 ff.

873 IBFD, Taxation of Private Investment Income, Suppl. No. 87, Apr. 2003, Italy, p. 9; vgl. auch Hipold/ Steinmair/ Zandanel, Grundriß des italienischen Steuerrechts, S. 115.

874 IBFD, Taxation of Private Investment Income, Suppl. No. 87, Apr. 2003, Italy, p. 10.

875 Mayr/ Frei, IWB Nr. 20 v. 22.10.1997, Fach 5, Gruppe 2, 969 (969).

876 Abkommen zwischen der Bundesrepublik Deutschland und der Italienischen Republik zur Vermeidung der Doppelbesteuerung auf dem Gebiet der Steuern vom Einkommen und Vermögen und zur Verhinderung der Steuerverkürzung v. 18.10.1989, BGBl. II 1990, S. 742 ff.

877 Vgl. Hipold/ Steinmair/ Zandanel, Grundriß des italienischen Steuerrechts, S. 113: Eine genaue Abgrenzung der ausländischen Kapitaleinkünfte fehlt bisher.

878 IBFD, Taxation of Private Investment Income, Suppl. No. 83, Dec. 2001, Italy, p. 6.

zeit von unter 18 Monaten wird eine Abgeltungssteuer in Höhe von 27 % einbehalten[879]. Mangels inländischer Zahlstelle wird eine nachträgliche abgeltende Ersatzsteuer in der jeweils selben Höhe erhoben, wobei eine Anrechnung der im Ausland entrichteten Steuern unzulässig ist[880]. Macht der Steuerpflichtige stattdessen von der Veranlagungsoption mit der Folge der Anwendung eines individuellen, progressiven Steuersatzes von bis zu 45 % Gebrauch, ist die Anrechnungsmethode eröffnet.

Nach dem vorrangigen deutsch-italienischen DBA vom 18.10.1989 gilt Folgendes: Sollte im Einzelfall eine Quellensteuer von 10 % (Art. 11 Abs. 2 DBA) auf Zinsen von in Italien ansässigen natürlichen Personen im Quellenstaat Deutschland erhoben werden, wird diese gem. Art. 24 Abs. 2 lit. a DBA im Ansässigkeitsstaat Italien, dem grundsätzlich das Besteuerungsrecht zugewiesen wird (Art. 11 Abs. 1 DBA), auf die italienische Einkommensteuer angerechnet.

(4) Österreich

(a) Besteuerung von Inlandssachverhalten

(i) Unbeschränkte Steuerpflicht

Unbeschränkt steuerpflichtig sind in Österreich gem. § 1 Abs. 2 S. 1 ÖEStG natürliche Personen, die ihren Wohnsitz oder ihren gewöhnlichen Aufenthalt i. S. d. § 26 Abs. 1, 2 BAO (Bundesabgabenordnung) im Inland haben. Dabei werden diese beiden Begriffe fast identisch wie in der deutschen Abgabenordnung definiert. Nach § 1 Abs. 2 S. 2 ÖEStG unterliegen unbeschränkt Steuerpflichtige der österreichischen Einkommensteuerpflicht mit ihren in- und ausländischen Einkünften (Welteinkommensprinzip).

(ii) Einordnung der Zinsen in das Einkommensteuerrecht

Steuergegenstand

Bei unbeschränkt Steuerpflichtigen unterscheidet § 2 Abs. 3 ÖEStG zwischen sieben abschließenden Einkunftsarten, zu denen auch die Einkünfte aus Kapitalvermögen zählen[881]. Zu Letzteren gehören nach § 27 Abs. 1 Nr. 4 ÖEStG auch Zinsen und andere Erträge aus sonstigen Kapitalforderungen, soweit sie nicht den übrigen Einkunftsarten zuzuordnen sind (Subsidiarität)[882]. Dabei wird der Begriff der Zinsen weit interpretiert[883]. Zinsen in diesem Sinne werden verstanden als laufzeitabhängige Vergütungen für den Gebrauch von auf Zeit überlassenem Kapital, unabhängig davon, ob die Vergütung laufend oder einmalig für die gesamte Laufzeit erfolgt[884].

Zu den anderen Erträgen aus sonstigen Kapitalforderungen i. S. d. § 27 Abs. 1 Nr. 4 ÖEStG zählen hingegen Erträge aus partiarischen Darlehen sowie Entgelte für Indexanleihen und -zertifikate, sofern bei Letzteren die gesicherte Kapitalforderung größer als 20 % des eingesetzten Ausgabewertes ist (also nur teilweises Kapitalrisiko)[885].

---

879 IBFD, Taxation of Private Investment Income, Suppl. No. 83, Dec. 2001, Italy, p. 6.
880 IBFD, Taxation of Private Investment Income, Suppl. No. 83, Dec. 2001, Italy, p. 6.
881 Leitner, in: Mennel/ Förster, Steuern in Europa, 49. EL 2003, Österreich, Rz. 35.
882 Leitner, in: Mennel/ Förster, Steuern in Europa, 49. EL 2003, Österreich, Rz. 120.
883 IBFD, Taxation of Private Investment Income, Suppl. No. 83, Dec. 2001, Austria, p. 4.
884 Fleißig, Harmonisierung der Zinsbesteuerung, S. 31.
885 Fleißig, Harmonisierung der Zinsbesteuerung, S. 32.

Neben den Zinsen im Sinne des § 27 Abs. 1 ÖEStG sind nach § 27 Abs. 2 ÖEStG bestimmte Kapitalerträge als sog. Zinssurrogate steuerrechtlich wie Zinsen zu behandeln. Unter § 27 Abs. 2 Nr. 1 ÖEStG fällt u. a. das sog. Damnum, d. h. der Unterschiedsbetrag zwischen dem Nennbetrag einer Forderung (Rückzahlungsbetrag) und dem tatsächlich an den Darlehensnehmer ausgezahlten Betrag (Verfügungsbetrag)[886]. Ebenso zählt zu den Einkünften aus Kapitalvermögen gem. § 27 Abs. 2 Nr. 2 ÖEStG der Differenzbetrag zwischen Emissionskurs und vereinbartem Einlösebetrag bzw. Rückkaufpreis bei vorzeitigem Rückkauf, sofern dieser Betrag 2 % des Wertpapiernominalwerts übersteigt (Freigrenze)[887]. Daneben stellt gem. § 28 Abs. 2 Nr. 5 ÖEStG auch der Ertrag aus der isolierten Veräußerung von Zinsscheinen ohne das zugehörige Stammrecht ein Zinssurrogat dar[888].

Steuerbemessungsgrundlage

Innerhalb der verschiedenen Einkünfte sind Aufwendungen, die zum Zwecke der Einkunftserzielung aufgewandt werden, grundsätzlich als Werbungskosten von den Einnahmen abzugsfähig (Nettoprinzip, §§ 15, 16 ÖEStG). Dieser Grundsatz ist im Rahmen der Zinsbesteuerung allerdings faktisch fast vollständig durchbrochen. Er gilt nämlich nach § 20 Abs. 2 ÖEStG nicht für Werbungskosten, die in wirtschaftlichem Zusammenhang mit endbesteuertem Kapitalvermögen (§ 97 Abs. 1 ÖEStG) stehen [889]. Die abgeltende Kapitalertragsteuer stellt eine sog. Bruttosteuer dar (§ 93 Abs. 5 ÖEStG)[890]; aber auch bei Ausübung der damit in Zusammenhang stehenden Veranlagungsoption ist ein Werbungskostenabzug ausgeschlossen (§ 97 Abs. 4 Nr. 1 ÖEStG).

Das zu veranlagende Einkommen ergibt sich aus dem Gesamtbetrag der Einkünfte nach Ausgleich von Verlusten und Abzug von Sonderausgaben, außergewöhnlichen Belastungen und bestimmten Freibeträgen[891]. Es werden weder beim Gesamtbetrag der Einkünfte noch beim Einkommen solche Einkünfte berücksichtigt, auf die, wie auf Zinsen, bereits eine abgeltende Quellensteuer erhoben wurde (§ 97 Abs. 3 ÖEStG). Auf das veranlagte Einkommen wird im VZ 2003 gem. § 33 Abs. 1 ÖEStG ein progressiver Staffelsteuertarif von bis zu 50 % angewandt. Die nach dem jeweiligen Tarif ermittelte Einkommensteuer wird, wie auch im italienischen Einkommensteuerrecht, nach § 33 Abs. 3 bis 6 ÖEStG um bestimmte Absetzbeträge gekürzt, welche den persönlichen Verhältnissen des Steuerpflichtigen Rechnung tragen[892].

Sachliche Steuerbefreiung (Sparförderung)

Sachliche Steuerbefreiungen für Zinsen zum Zwecke der Sparförderung bestehen in Österreich für unbeschränkt Steuerpflichtige nicht mehr. Freibeträge für Fremdkapitalanlagen wurden abgeschafft[893], Absetzbeträge für Finanzanlagen werden nicht gewährt[894]

886 Fleißig, Harmonisierung der Zinsbesteuerung, S. 32.

887 IBFD, Taxation of Private Investment Income, Suppl. No. 83, Dec. 2001, Austria, p. 4; Fleißig, Harmonisierung der Zinsbesteuerung, S. 32 f.

888 IBFD, Taxation of Private Investment Income, Suppl. No. 83, Dec. 2001, Austria, p. 4; Fleißig, Harmonisierung der Zinsbesteuerung, S. 32 f.

889 Leitner, in: Mennel/ Förster, Steuern in Europa, 49. EL 2003, Österreich, Rz. 122.

890 Dinse, Besteuerung von Portfolio-Kapitalerträgen, S. 364.

891 Leitner, in: Mennel/ Förster, Steuern in Europa, 49. EL 2003, Österreich, Rz. 37.

892 Leitner, in: Mennel/ Förster, Steuern in Europa, 49. EL 2003, Österreich, Rz. 148.

893 Dinse, Die Besteuerung von Portfolio-Kapitalanlagen, S. 366.

894 Fleißig, Harmonisierung der Zinsbesteuerung, S. 35.

(iii) Besteuerungsverfahren/ Steuersatz

Gem. § 93 Abs. 2, 3 ÖEStG unterliegen seit dem 1.1.1993 dem Abzug der Kapitalertragsteuer an der Quelle insbesondere Zinsen aus Geldeinlagen bei inländischen Kreditinstituten, im Inland bezogene Erträge aus Wertpapieren, die ein Forderungsrecht verbriefen (z. B. Schuldverschreibungen, Pfandbriefe etc.), und Erträge aus Wandel- und Gewinnschuldverschreibungen[895]. Der Steuerabzug wird nach § 95 Abs. 3 Nr. 1 ÖEStG bei inländischen Kapitalerträgen (§ 93 Abs. 2 ÖEStG) durch den Schuldner der Kapitalerträge, nach § 95 Abs. 3 Nr. 2 ÖEStG bei im Inland bezogenen Kapitalerträgen aus Forderungswertpapieren durch die inländische kuponauszahlende Stelle (Zahlstelle)[896] vorgenommen. Die einbehaltene Quellensteuer hat grundsätzlich Endbesteuerungsfunktion (§ 97 Abs. 1 ÖEStG)[897]. Es handelt sich um eine Bruttosteuer (§ 93 Abs. 5 ÖEStG), d. h. ein Abzug von Werbungskosten, die in Zusammenhang mit endbesteuerten Zinserträgen stehen, ist unzulässig. Im Übrigen wird auch kein Sparerfreibetrag gewährt[898].

Vom Steuerabzug ausgenommen sind u. a. gem. § 94 Nr. 4 ÖEStG Zinsen aus Einlagen bei ausländischen Betriebsstätten von Banken sowie gem. Nr. 8 Kapitalerträge aus Forderungswertpapieren, die von internationalen Finanzinstitutionen vor dem 1.10.1992 emittiert wurden[899].

Ebenso unterliegen Zinsen aus Privatdarlehen nicht dem Abzug der Kapitalertragsteuer[900]. Sie sind mit dem individuellen, progressiven (Teilmengen-)Tarif des Steuerpflichtigen von bis zu 50 % (Grenzsteuersatz) zur Einkommensteuer zu veranlagen[901].

Der Tarif der Kapitalertragsteuer beträgt seit 1.7.1996 gem. § 95 Abs. 1 ÖEStG einheitlich 25 %[902]. Mit der Einführung der Abgeltungssteuer auf Kapitalerträge hat sich das österreichische System der Einkommensbesteuerung in Richtung eines Systems der dualen Einkommensbesteuerung entwickelt[903].

Indessen kann der Steuerpflichtige, falls sein persönlicher Steuersatz i. S. d. § 33 ÖEStG unter 25 % liegt, gem. § 97 Abs. 4 ÖEStG zur Veranlagung optieren. Ein Werbungskostenabzug bleibt auch in diesem Fall unzulässig (§ 97 Abs. 4 Nr. 1 ÖEStG). Jedoch wird die entrichtete Kapitalertragsteuer auf die endgültige Steuer angerechnet bzw. erstattet[904].

---

895 Leitner, in: Mennel/ Förster, Steuern in Europa, 49. EL 2003, Österreich, Rz. 162; IBFD, Taxation of Private Investment Income, Suppl. No. 83, Dec. 2001, Austria, p. 6.

896 Vgl. Flick, DStZ 1998, 186 (193); Weyss, in: Schick, Veranlagung, 63 (66).

897 Dinse, Besteuerung von Portfolio-Kapitalerträgen, S. 364; Leitner, in: Mennel/ Förster, Steuern in Europa, 49. EL 2003, Österreich, Rz. 163.

898 Scheurle, DB 1995, 543 (544); Weyss, in: Schick, Veranlagung, 63 (65).

899 IBFD, Taxation of Private Investment Income, Suppl. No. 83, Dec. 2001, Austria, p. 6; vgl. zu weiteren Ausnahmen auch: Weyss in Schick , Veranlagung, 63 (65).

900 Flick, DStZ 1998, 186 (189).

901 Fleißig, Harmonisierung der Zinsbesteuerung, S. 41; Dinse, Besteuerung von Portfolio-Kapitalerträgen, S. 365.

902 Leitner, in: Mennel/ Förster, Steuern in Europa, 49. EL 2003, Österreich, Rz. 162 f.

903 Vgl. Rehm, die Zinsbesteuerung in der Europäischen Union, S. 13 m. w. N.

904 Leitner, in: Mennel/ Förster, Steuern in Europa, 49. EL 2003, Österreich, Rz. 165; Fleißig, Harmonisierung der Zinsbesteuerung, S. 41.

(iv) Bankgeheimnis

Das ursprünglich nur gewohnheitsrechtlich anerkannte Bankgeheimnis wird in Österreich derzeit in § 38 Abs. 1 Österreichisches Bankwesengesetz (ÖBWG)[905] legaldefiniert und durch die Begründung eines (strafbewehrten[906]) umfassenden Offenbarungs- und Verwertungsverbots gegenüber den Finanzbehörden geschützt[907]. Dieses Verbot wird im Besteuerungsverfahren grundsätzlich nicht durchbrochen[908]. Danach sind zum einen Kontrollmitteilungen, beispielsweise anlässlich einer Betriebsprüfung bei einem Kreditinstitut, verboten[909]. Zum anderen erhalten die Finanzbehörden von den Banken grundsätzlich keine Auskunft darüber, ob ein Steuerpflichtiger ein Konto oder Depot unterhält[910]. Ausnahmen enthalten lediglich Abs. 2, Abs. 3 der Norm. Handelt es sich bei den Bankkunden um Privatpersonen, so besteht bei ausdrücklicher Zustimmung der Betroffenen eine Auskunftspflicht der Bankmitarbeiter. Es besteht auch insoweit eine Ausnahme, als die Offenbarung grundsätzlich unter das Bankgeheimnis fallender Tatsachen zur Feststellung der Steuerpflicht des Kreditinstituts erforderlich ist.

Durchbrochen wird das österreichische Bankgeheimnis nach § 38 Abs. 2 ÖBWG im Strafverfahren wegen Finanzvergehen. Dies betrifft jedoch nicht Verfahren wegen sog. Finanzordnungswidrigkeiten[911]. Ordnungswidrig in diesem Sinne handelt, wer sich bei der Entrichtung von Abgabenschulden vorsätzlich unter Verletzung abgabenrechtlicher Offenlegungs- oder Wahrheitspflichten ungerechtfertigte Zahlungserleichterungen verschafft[912].

Nach § 40 ÖBWG, welcher die Vorgaben der EU-Geldwäscherichtlinie umsetzt, sind die Banken zu Beginn der Geschäftsbeziehungen zudem verpflichtet, die Identität des Bankkunden sowie des wirtschaftlich Berechtigten zu überprüfen. Zum 1.11.2000 wurde auch die bis dahin gem. § 40 Abs. 1 Nr. 1 ÖBWG für Deviseninländer bestehende Möglichkeit zur Eröffnung eines anonymen Sparbuchs aufgehoben[913]. Die Neuregelung wurde de facto indessen erst zum 30.6.2002 umgesetzt[914]. Schließlich wird gerade bei nichtansässigen Anlegern, welche im Rahmen der beschränkten Steuerpflicht eine Befreiung vom Steuerabzug geltend machen können, durch das Erfordernis der Vorlage einer sog. „Devisenausländerbestätigung", mit der die Anleger ihre Identität nachweisen, die Anonymität ausgeschlossen[915].

---

905 Gesetz v. 30.7.1993, ÖBGBl. Nr. 532/1993, 3903, abgedruckt bei Till, Zwischenstaatliche Amts- und Rechtshilfe, S. 224.

906 Nach § 101 Abs. 1 ÖBWG begründet die Verletzung des Bankgeheimnisses einen Straftatbestand. Vgl. dazu: Till, Zwischenstaatliche Amts- und Rechtshilfe, S. 180.

907 Till, Zwischenstaatliche Amts- und Rechtshilfe, S. 180; Fleißig, Harmonisierung der Zinsbesteuerung, S. 43.

908 Ruegenberg, Steuergeheimnis, S. 127. Anders hingegen im Steuerstrafverfahren, vgl. OECD-Report, Improving Access to Bank Information, 2000, S. 74, Tz. 3.2.

909 Till, Zwischenstaatliche Amts- und Rechtshilfe, S. 180.

910 OECD-Report, Improving Access to Bank Information, 2000, S. 80, Tz. 3.4; Till, Zwischenstaatliche Amts- und Rechtshilfe, S. 180.

911 Till, Zwischenstaatliche Amts- und Rechtshilfe, S. 181.

912 Vgl. dazu ausführlich Götzenberger, Steueramnestie, S. 23.

913 Fleißig, Harmonisierung der Zinsbesteuerung, S. 45.

914 OECD-Report, Improving Access to Bank Information, 2003, S. 6 f.

915 Leitner, in: Mennel/ Förster, Steuern in Europa, 49. EL 2003, Österreich, Rz. 166; Fleißig, Harmonisierung der Zinsbesteuerung, S. 46; vgl. auch Fischer/ Gulder, Sparkasse 1998, 415 (432).

(b) Besteuerung von inländischen Zinserträgen bei Nichtansässigen

Natürliche Personen, die in Österreich weder Wohnsitz noch gewöhnlichen Aufenthalt haben, unterliegen der beschränkten Steuerpflicht (§ 1 Abs. 3 ÖEStG). Auf Antrag können allerdings Staatsangehörige von Mitgliedsstaaten des Europäischen Wirtschaftsraums, die mindestens 90 % ihres weltweiten Einkommens in Österreich erzielen oder deren nicht der österreichischen Besteuerung unterliegendes Einkommen 6.975 € nicht übersteigt, zur unbeschränkten Steuerpflicht optieren (§ 1 Abs. 4 ÖEStG)[916].

Beschränkt Steuerpflichtige sind lediglich mit ihren Einkünften aus inländischen Einkunftsquellen, welche in § 98 ÖEStG abschließend aufgezählt sind, einkommensteuerpflichtig (Territorialitätsprinzip). Hierzu zählen nach Nr. 5 lit. a der Norm grundsätzlich Einkünfte aus Kapitalvermögen, wenn sie durch inländischen Grundbesitz gesichert sind[917], ausgenommen Erträge aus Forderungswertpapieren im Sinne des § 93 Abs. 3 ÖEStG. Im Ergebnis unterliegen Zinserträge daher grundsätzlich nicht der beschränkten Steuerpflicht, es sei denn die Zinsen stammen aus Darlehen, die durch inländischen Grundbesitz gesichert sind[918].

Werbungskosten können im Rahmen der Veranlagung nur bei wirtschaftlichem Zusammenhang mit den Einkünften berücksichtigt werden (§ 102 Abs. 2 Nr. 1 ÖEStG). Absetzbeträge kommen im Rahmen der beschränkten Steuerpflicht nach § 102 Abs. 3 ÖEStG nicht zur Anwendung[919].

Zinsen beschränkt Steuerpflichtiger aus Darlehen, die durch inländischen Grundbesitz gesichert sind, werden zum individuellen teilmengengestaffelten Steuersatz des Steuerpflichtigen von bis zu 50 % (§ 33 Abs. 1 ÖEStG) veranlagt, sofern nicht ein vorrangig anwendbares DBA einen niedrigeren Steuersatz vorsieht[920].

Nach Art. 11 Abs. 1 des deutsch-österreichischen DBA vom 24.8.2000[921] (seit 1.1.2003 in Kraft) werden Zinsen, die in Deutschland Ansässige in Österreich aus Darlehen erzielen, grundsätzlich ausschließlich im Ansässigkeitsstaat Deutschland besteuert. Die sachliche Steuerbefreiung im Quellenstaat Österreich gilt – vorrangig zum nationalen Recht – auch für Zinsen aus Darlehen, die durch österreichischen Grundbesitz gesichert sind[922]. Lediglich für Kapitaleinkünfte aus bestimmten Finanzierungsformen, nämlich aus Beteiligung als echter stiller Gesellschafter, aus partiarischem Darlehen und aus Gewinnobligationen steht dem Quellenstaat neben dem Wohnsitzstaat nach Art. 11 Abs. 2 DBA ein unbeschränktes Besteuerungsrecht zu[923]. Während dieses für den Quellenstaat Österreich bei Einkünften aus partiarischem Darlehen[924] und Gewinnobligationen, die nicht unter die beschränkte Steuerpflicht fallen, leer läuft, ist bei Einkünften aus echter stiller Beteiligung ein Kapitalertragsteuerabzug nach § 93 Abs. 2 Nr. 2 ÖEStG gleichermaßen möglich wie eine nachgeschaltete Veranlagung nach

---

916 IBFD, Taxation of Private Investment Income, Suppl. No. 86, Dec. 2002, Austria, p. 11.

917 Leitner, in: Mennel/ Förster, Steuern in Europa, 49. EL 2003, Österreich, Rz. 23.

918 IBFD, Taxation of Private Investment Income, Suppl. No. 86, Dec. 2002, Austria, p. 11.

919 Fleißig, Harmonisierung der Zinsbesteuerung, S. 37.

920 IBFD, Taxation of Private Investment Income, Suppl. No. 86, Dec. 2002, Austria, p. 11.

921 Abkommen zwischen der Bundesrepublik Deutschland und der Republik Österreich zur Vermeidung der Doppelbesteuerung auf dem Gebiet der Steuern vom Einkommen und vom Vermögen v. 24.8.2000, BStBl. I 2002, S. 584 ff.

922 IBFD, Taxation of Private Investment Income, Suppl. No. 86, Dec. 2002, Austria, p. 20.

923 Schuch/ Haslinger, in: Debatin/ Wassermeyer, Doppelbesteuerung, Band IV, Österreich, Art. 11, Rz. 7, 10.

924 Diese fallen nur dann unter die beschränkte Steuerpflicht, wenn sie in Österreich hypothekarisch gesichert sind.

§ 102 Abs. 1 Nr. 2, zweiter Teilstrich ÖEStG[925]. Die nach diesen Vorschriften im Quellenstaat Österreich erhobene Einkommensteuer wird nach Art. 23 Abs. 1 lit. b DBA nach Maßgabe des deutschen innerstaatlichen Rechts angerechnet.

(c) Besteuerung von ausländischen Zinserträgen bei Ansässigen

Nach dem Welteinkommensprinzip unterliegen unbeschränkt Steuerpflichtige auch mit ihren Zinsen aus ausländischen Quellen der österreichischen Einkommensteuer. Werden Kapitalerträge aus Forderungswertpapieren durch ein inländisches Finanzinstitut ausbezahlt, so wird eine abgeltende Kapitalertragsteuer in Höhe von 25 % erhoben (§ 93 Abs. 1, Abs. 3 ÖEStG). In allen anderen Fällen werden die Zinsen aus ausländischen Investitionen im Rahmen der Veranlagung mit dem individuellen Steuersatz des Steuerpflichtigen von bis zu 50 % besteuert[926]. Dies gilt insbesondere für Zinsen aus Einlagen bei Auslandsbanken und aus Forderungswertpapieren mit kuponauszahlender Stelle im Ausland[927]. Hier kann die Besteuerung zum individuellen Tarif auch nicht durch eine freiwillige Kapitalertragsteuerzahlung verhindert werden[928].

Zur Vermeidung einer Doppelbesteuerung sieht das innerstaatliche Recht bei Zinsen – welche passive ausländischen Einkünfte darstellen – die Anrechnungsmethode gesondert für jeden Staat (per-country-limitation) vor[929]. Sie kommt jedoch insoweit nicht zur Anwendung, als durch die inländische kuponauszahlende Stelle eine abgeltende Kapitalertragsteuer einbehalten wird[930].

Nach Art. 11 Abs. 1 DBA werden Zinsen, die in Österreich Ansässige in Deutschland erzielen, grundsätzlich ausschließlich im Ansässigkeitsstaat Österreich besteuert. Lediglich für Einkünfte aus partiarischem Darlehen, aus echter stiller Beteiligung sowie aus Gewinnobligationen wird daneben dem Quellenstaat Deutschland ein unbeschränktes Quellenbesteuerungsrecht zuerkannt (Art. 11 Abs. 2). Für den Fall, dass auf dieser Grundlage im Quellenstaat Deutschland eine Steuer erhoben werden sollte, sieht Art. 23 Abs. 2 lit. b DBA eine Anrechnung derselben auf die österreichische Einkommensteuer vor[931].

(5) Portugal

(a) Besteuerung von Inlandssachverhalten

(i) Unbeschränkte Steuerpflicht

Unbeschränkt steuerpflichtig sind in Portugal natürliche Personen, die im Inland ansässig sind. Ansässigkeit liegt vor, wenn sich eine natürliche Person mehr als 183 Tage in einem Kalenderjahr in Portugal aufhält oder eine Person bei einem kürzeren Aufenthalt am 31.12. in Portugal einen Wohnsitz innehält und die Umstände darauf schließen lassen, dass sie diesen als dauerhaften Wohnsitz behalten und nutzen will[932]. Diese Personen unterliegen der Ein-

925 Schuch/ Haslinger, in: Debatin/ Wassermeyer, Doppelbesteuerung, Band IV, Österreich, Art. 11, Rz. 11.
926 IBFD, Taxation of Private Investment Income, Suppl. No. 88, Aug. 2003, Austria, p. 17; Dinse, Besteuerung von Portfolio-Kapitalerträgen, S. 365.
927 Flick, DStZ 1998, 186 (189).
928 Dinse, Besteuerung von Portfolio-Kapitalerträgen, S. 414.
929 IBFD, Taxation of Private Investment Income, Suppl. No. 88, Aug. 2003, Austria, p. 7.
930 Dinse, Besteuerung von Portfolio-Kapitalerträgen, S. 415.
931 IBFD, Taxation of Private Investment Income, Suppl. No. 88, Aug. 2003, Austria, p. 8.
932 IBFD, StB Handbuch, Bd. 1, Fach C, Portugal, 31. EL, September 2002, Rz. 3.

kommensteuer (Imposto sobre o Rendimento das Pessoas Singulares, IRS) mit ihrem Welteinkommen[933]. Grundsätzlich werden auch natürliche Personen, die aus Portugal wegziehen, dann weiterhin als unbeschränkt steuerpflichtig behandelt, wenn sie ihren Wohnsitz in ein „Steuerparadies" i. S. d. Erlasses Nr. 1272/2001 vom 9.11.2001 verlegen (Wegzugsbesteuerung)[934].

(ii) Einordnung der Zinsen in das Einkommensteuerrecht

Steuergegenstand

Das portugiesische Einkommensteuergesetz (Código do Imposto sobre o Rendimentos das Pessoas Singulares (CIRS), geregelt im Gesetzesdekret Nr. 442-A/88 vom 20.11.1988 i. d. F. des Haushaltsgesetzes Nr. 32-B/2002 vom 30.12.2002, unterscheidet sechs Einkunftsarten, darunter als Kategorie E die Einkünfte aus Kapital[935].
Unter diese fallen u. a. Zinsen aus Darlehensverträgen, aus Sicht- und Termineinlagen bei Kreditinstituten, aus öffentlichen Schuldverschreibungen und anderen Wertpapieren, die von öffentlichen oder privaten Körperschaften ausgegeben werden, Zinsen aus Gesellschafterdarlehen, Guthabenzinsen aus Kontokorrentkonten etc[936].

Sachliche Steuerbefreiung (Sparförderung)

Sachlich steuerbefreit sind bei unbeschränkt Steuerpflichtigen demgegenüber Zinsen aus Rentensparplänen, soweit das Kapital der Rentenversicherung nicht 10.167,78 € übersteigt. Ebenso gibt es Steuerbefreiungen bzw. -ermäßigungen für Zinsen aus Unternehmensobligationen, die vor dem 1.1.1989 ausgegeben wurden[937]. Zinsen aus öffentlichen Anleihen, die zwischen dem 1.1.1989 und dem 3.5.1989 emittiert wurden, sind ebenfalls steuerfrei[938].

Steuerbemessungsgrundlage

Das zu versteuernde Einkommen ermittelt sich aus der Summe der Nettoeinkünfte aus den Einkunftskategorien, von der Freibeträge abgezogen werden[939]. Innerhalb der Einkünfte aus Kapital ist ein Abzug von Aufwendungen, die der Einkunftserzielung dienen, grundsätzlich zulässig. Indessen müssen Einkünfte, die, wie z. T. Zinsen, bereits einer abgeltenden Quellensteuer unterlagen, nicht in die Veranlagung mit einbezogen werden. In diesem Fall ist auch ein Aufwendungsabzug nicht möglich. Eine Ausnahme vom Grundsatz der Besteuerung aufgrund des veranlagten Einkommens bildet in Portugal die Besteuerung nach Anzeichen von Reichtum (manifestações de fortuna), welche in Fällen, in denen der Steuerpflichtige weniger als 20 % des Wertes von Wohnungen und Gebäuden bis zu einem bestimmten Gesamtwert deklariert, in Betracht kommt[940].

---

933 Stieb, in: Mennel/ Förster, Steuern in Europa, 50. EL 2003, Portugal, Rz. 11.
934 Stieb, in: Mennel/ Förster, Steuern in Europa, 50. EL 2003, Portugal, Rz. 12. IBFD, StB Handbuch, Bd. 1, Fach C, Portugal, 31. EL, September 2002, Rz. 3.
935 Stieb, in: Mennel/ Förster, Steuern in Europa, 50. EL 2003, Portugal, Rz. 16; IBFD, StB Handbuch, Bd. 1, Fach C, Portugal, 31. EL, September 2002, Rz. 6.
936 Stieb, in: Mennel/ Förster, Steuern in Europa, 50. EL 2003, Portugal, Rz. 69.
937 Dinse, Besteuerung von Portfolio-Kapitalerträgen, S. 368.
938 Dinse, Besteuerung von Portfolio-Kapitalerträgen, S. 368.
939 Stieb, in: Mennel/ Förster, Steuern in Europa, 50. EL 2003, Rz. 18.
940 Stieb, in: Mennel/ Förster, Steuern in Europa, 50. EL 2003, Portugal, Rz. 18.

(iii) Besteuerungsverfahren/ Steuersatz

Zinsen, die unbeschränkt Steuerpflichtige beziehen, werden in Portugal grundsätzlich einer abgeltenden Quellensteuer (taxa liberatória) unterworfen[941]. Indessen kann der Steuerpflichtige auch zu einer Einbeziehung der Zinsen in die Bemessungsgrundlage optieren, mit der Folge, dass die entrichtete Quellensteuer auf die endgültige Einkommensteuerschuld anrechenbar ist und die Einkünfte dem progressiven Einkommensteuersatz von bis zu 40 % unterliegen[942]. Zu unterscheiden sind in Portugal grundsätzlich 3 unterschiedliche Quellensteuersätze auf Zinsen: Grundsätzlich beträgt die Quellensteuer auf Zinsen 20 %. Dieser Satz ermäßigt sich auf 8 % bzw. 16 % bei Zinsen auf nicht übertragbare Einlagenzertifikate oder langfristige Einlagen (Laufzeit über 5 Jahre), je nachdem, ob die vertraglich vereinbarte Laufzeit 8 Jahre über- oder unterschreitet[943]. Ein Quellensteuersatz von 15 % gilt für Darlehenszinsen, sofern es sich nicht um solche von Banken handelt[944]. Für Zinsen aus Unternehmensobligationen, die vor dem 16.10.1994 ausgegeben wurden, gilt demgegenüber ein Quellensteuersatz von 25 %[945].

(iv) Bankgeheimnis

Das Bankgeheimnis ist in Portugal seit 1978 gesetzlich verankert (Gesetzesdekret Nr. 2/78) und bedeutet eine umfassende Verschwiegenheitspflicht der Banken und ihrer Angestellten für sämtliche Kenntnisse, die Bankkunden betreffen und im Rahmen der bankgeschäftlichen Tätigkeit erlangt wurden[946]. Das zivilrechtlich geschützte und auch strafrechtlich sanktionierte Bankgeheimnis ist gegenüber den Steuerbehörden nur geringfügig durchbrochen. Grundsätzlich erhalten die Finanzbehörden von den Banken zur Durchführung des Besteuerungsverfahrens keine Auskünfte darüber, ob ein Steuerpflichtiger ein Konto unterhält[947]. Etwas anderes gilt nur im Steuerstrafverfahren. Im Besteuerungsverfahren können Auskünfte von Bankbediensteten demgegenüber nur für Konten angefordert werden, für die eine Steuerermäßigung (Sparförderung) in Anspruch genommen wird, ansonsten dann, wenn die Finanzbehörde eine gerichtliche Anordnung erwirkt hat[948]. Die Auskunftspflicht wurde in der Folge des OECD-Berichts 2000 u. a. auf Fälle erweitert, in denen konkrete Anhaltspunkte für Steuerhinterziehung vorliegen, sowie Fälle, in denen das durchschnittliche Einkommen in der Steuererklärung unterschritten wird[949].

(b) Besteuerung von inländischen Zinserträgen bei Nichtansässigen

Nichtansässige natürliche Personen, die im portugiesischen Staatsgebiet weder Wohnsitz noch gewöhnlichen Aufenthalt haben, sind nur mit ihren inländischen Einkünften steuerpflichtig (beschränkte Steuerpflicht).

---

941 Stieb, in: Mennel/ Förster, Steuern in Europa, 50. EL 2003, Portugal, Rz. 104.
942 Dinse, Besteuerung von Portfolio-Kapitalerträgen, S. 366.
943 IBFD, Taxation of Private Investment Income, Suppl. No. 87, Apr. 2003, Portugal, p. 3.
944 IBFD, Taxation of Private Investment Income, Suppl. No. 87, Apr. 2003, Portugal, p. 3.
945 IBFD, Taxation of Private Investment Income, Suppl. No. 87, Apr. 2003, Portugal, p. 3.
946 Carl/ Klos, Bankgeheimnis und Quellensteuer, S. 139; Sichtermann/ Feuerborn, Bankgeheimnis und Bankauskunft, S. 475.
947 OECD-Report, Improving Access to Bank Information, 2000, S. 80, Tz. 3.4.
948 OECD-Report, Improving Access to Bank Information, 2000, S. 78, Tz. 3.2.
949 OECD-Report, Improving Access to Bank Information, 2003, S. 13.

Hierzu zählen Einkünfte aus Kapital, die von im Inland ansässigen Schuldnern gezahlt, zur Verfügung gestellt oder besichert werden[950].
Hingegen sind Zinsen aus bestimmten Schatzanweisungen, die beschränkt steuerpflichtige Privatanleger halten, welche nicht in einem Steuerparadies i. S. d. portugiesischen Steueroasenerlasses ansässig sind, steuerfrei[951].
Zinserträge beschränkt Steuerpflichtiger unterliegen einer abgeltenden Quellensteuer, deren Steuersatz nach innerstaatlichem Recht identisch ist mit dem Steuersatz, der für Zinserträge unbeschränkt Steuerpflichtiger gilt[952]. Ein Abzug von einkunftsbezogenen Aufwendungen ist demnach unzulässig.
Nach Art. 11 Abs. 1 des vorrangigen deutsch-portugiesischen DBA vom 15. Juli 1989[953] werden Zinsen, die aus einem Vertragsstaat – hier Portugal – stammen und an eine im anderen Vertragsstaat – hier Deutschland – ansässige Person gezahlt werden, grundsätzlich im Ansässigkeitsstaat, also Deutschland, besteuert. Daneben steht nach Art. 11 Abs. 2 DBA aber auch dem Quellenstaat – hier Portugal – ein der Höhe nach begrenztes Besteuerungsrecht von 10 % für Zinsen aus Bankdarlehen und 15 % für sämtliche andere Zinsen, die an einen nutzungsberechtigten Empfänger gezahlt werden, zu. Für die Anrechnung wird die in Portugal erhobene Einkommensteuer auf Zinsen nach Art. 24 Abs. 2 lit. b DBA fiktiv mit 15 % veranschlagt (Art. 24 Abs. 2 lit. c DBA)[954].

(c) Besteuerung von ausländischen Zinserträgen bei Ansässigen

Unbeschränkt Steuerpflichtige unterliegen mit ihren ausländischen Zinseinkünften nach dem Welteinkommensprinzip der portugiesischen Einkommensteuer. Die Einkünfte werden mit einem progressiven Einkommensteuersatz von bis zu 40 % veranlagt. Die für verschiedene inländische Zinserträge geltende Pauschalbesteuerung findet keine Anwendung[955]. Eine bislang fehlende unilaterale Regelung zur Vermeidung der Doppelbesteuerung[956] wurde zum 1.1.2001 in Form der Anrechnungsmethode eingeführt[957].
Nach Art. 24 Abs. 1 lit. a des deutsch-portugiesischen DBA vom 15.7.1980 wird für den Fall, dass in Deutschland eine Quellensteuer auf Zinsen von in Portugal ansässigen Personen in Höhe von 10 bzw. 15 % nach Art. 11 Abs. 2 DBA erhoben werden sollte, diese auf die portugiesische Einkommensteuer angerechnet.

c) Keine Quellensteuer in Luxemburg

Gegenüber den in dieser Arbeit bislang dargestellten Zinsbesteuerungssystemen in der EU (Stichtag: 3.6.2003) nimmt das luxemburgische Besteuerungssystem eine Sonderstellung ein. Hier wird weder eine Quellensteuer auf Zinserträge erhoben, noch wird die Besteuerung von Zinsen über Kontrollmitteilungen von Banken an die Finanzbehörden sichergestellt.

---

950 Stieb, in: Mennel/ Förster, Steuern in Europa, 50. EL 2003, Portugal, Rz. 14.

951 IBFD, Taxation of Private Investment Income, Suppl. No. 87, Apr. 2003, Portugal, p. 9; Stieb, in: Mennel/ Förster, Steuern in Europa, 50. EL 2003, Portugal, Rz. 72, 101.

952 IBFD, Taxation of Private Investment Income, Suppl. No. 87, Apr. 2003, Portugal, p. 9; Dinse, Besteuerung von Portfolio-Kapitalerträgen, S. 394.

953 Abkommen zwischen der Bundesrepublik Deutschland und der Portugiesischen Republik zur Vermeidung der Doppelbesteuerung auf dem Gebiet der Steuern vom Einkommen und vom Vermögen v. 15.7.1980, BGBl. II 1982, S. 129 ff.

954 Wassermeyer, in: Debatin/ Wassermeyer, Doppelbesteuerung, Band V, Portugal, Art. 24, Rz. 48.

955 Dinse, Besteuerung von Portfolio-Kapitalerträgen, S. 418.

956 Dinse, Besteuerung von Portfolio-Kapitalerträgen, S. 417.

957 IBFD, Taxation of Private Investment Income, Suppl. No. 86, Dec. 2002, Portugal, p. 5.

(1) Besteuerung von Inlandssachverhalten

(a) Unbeschränkte Steuerpflicht

Ansässige natürliche Personen, also solche mit Wohnsitz (domicile) oder gewöhnlichem Aufenthalt (séjour habituel) in Luxemburg, unterliegen gem. Art. 2 der „Loi concernant l'Impôt sur le Revenu" (LIR) mit ihrem Welteinkommen der luxemburgischen Einkommensteuer (unbeschränkte Steuerpflicht).

(b) Einordnung der Zinsen in das Einkommensteuerrecht

Steuergegenstand

Das LIR differenziert in Art. 10 zwischen acht Einkunftsarten, unter denen sich die Einkünfte aus Kapitalüberlassung (revenus des capitaux mobiliers) befinden, welche in Art. 97 LIR konkretisiert werden[958]. Danach fallen unter diese Einkunftsart alle Arten von Zinsen[959], nämlich Zinsen aus Obligationen und vergleichbaren Wertpapieren, Zinsen aus Hypotheken- und sonstigen Forderungen sowie Diskonte und neben oder anstelle der genannten Erträge gewährten Entgelte oder Vorteile [960].

Sachliche Steuerbefreiung/ sonstige Steuervergünstigung (Sparförderung)

Das luxemburgische Einkommensteuerrecht gewährt eine Reihe von Steuervergünstigungen[961] zum Zwecke der Spar- bzw. Investitionsförderung. So wird auf Einkünfte aus Kapitalüberlassung ein Freibetrag von 1500 € (verdoppelt bei Zusammenveranlagung) gewährt[962]. Zudem sind die Kosten für Investmentzertifikate, die von der SNCI (Société Nationale de Crédit et d'Investissement) ausgegebenen werden, von der Bemessungsgrundlage absetzbar, sofern die Zertifikate für mindestens 4 Jahre gehalten werden und ein Gesamtbetrag von 1500 € (verdoppelt bei Zusammenveranlagung) nicht überschritten wird[963]. Und schließlich sind Zinsen aus Gewinnobligationen zur Hälfte steuerfrei[964].

Steuerbemessungsgrundlage

Die luxemburgische Einkommensteuer wird auf das veranlagte Einkommen in einem Kalenderjahr erhoben. Hierzu wird der Gesamtbetrag der Einkünfte, also die Summe der Nettoeinkünfte aus den verschiedenen Einkunftsarten, um Sonderausgaben, Abschläge für außergewöhnliche Belastungen und bestimmte Freibeträge reduziert[965]. Innerhalb der Einkünfte aus Kapitalüberlassung sind für Zinsen die unmittelbar zum Zwecke der Einkunftserzielung aufgewandten Werbungskosten (frais d'obtention) von den Zinserträgen abziehbar[966].

---

958 Fleißig, Harmonisierung der Zinsbesteuerung, S. 92.

959 Fort, in: Mennel/ Förster, Steuern in Europa, 44. EL 2001, Luxemburg, Rz. 150.

960 Vgl. dazu umfassend Fleißig, Harmonisierung der Zinsbesteuerung, S. 92 ff.

961 Vgl. Frick, Einkommensteuerliche Steuervergünstigungen, S. 27 ff.: Unter den Begriff der Steuervergünstigungen fallen Steuerbefreiungen, -ermäßigungen, Bewertungsfreiheiten, Sonderabschreitungen, Freibeträge und Freigrenzen sowie sonstige die Bemessungsgrundlage verändernde Abzüge.

962 IBFD, Taxation of Private Investment Income, Suppl. No. 84, Apr. 2002, Luxembourg, p. 2.

963 IBFD, Taxation of Private Investment Income, Suppl. No. 84, Apr. 2002, Luxembourg, p. 2; Dinse, Besteuerung von Portfolio-Kapitalerträgen, S. 369.

964 IBFD, Taxation of Private Investment Income, Suppl. No. 84, Apr. 2002, Luxembourg, p. 2.

965 Fort, in: Mennel/ Förster, Steuern in Europa, 44. EL 2001, Luxemburg, Rz. 38 f.

966 IBFD, Taxation of Private Investment Income, Suppl. No. 84, Apr. 2002, Luxembourg, p. 2; Fleißig, Harmonisierung der Zinsbesteuerung, S. 97.

(c) Besteuerungsverfahren/ Steuersatz

Auf Zinserträge unbeschränkt Steuerpflichtiger wird in Luxemburg grundsätzlich keine Quellensteuer einbehalten[967]. Sie werden zur Einkommensteuer mit einem nach Zivilstand in drei Steuerklassen unterteilten, progressiven Staffeleinkommensteuersatz von bis zu 38 % veranlagt[968]. Hingegen wird für Einkünfte aus Kapitalvermögen, die sich wirtschaftlich auf einen Zeitraum von mehr als einem Jahr beziehen, die Progression dahingehend abgemildert, dass dem sonstigen Einkommen nur ein Viertel dieser außerordentlichen Einkünfte zugerechnet wird und die auf dieses Viertel entfallende Einkommensteuer mit vier multipliziert wird[969].
Etwas anderes gilt lediglich für Zinsen aus Gewinnobligationen[970]. Diese werden einkommensteuerrechtlich wie Dividenden behandelt und als solche einer Quellensteuer in Höhe von 20 % unterworfen, die Vorauszahlungscharakter auf die endgültige Einkommensteuerschuld hat[971].

(d) Bankgeheimnis

Nach Art. 41 des Gesetzes über den Finanzsektor vom 5.4.1993[972] sind alle Bankbediensteten zur Verschwiegenheit über Tatsachen verpflichtet, die ihnen im Rahmen der Ausübung ihrer Tätigkeit bekannt wurden. Dies gilt selbst dann, wenn der Bankkunde in die Offenlegung einwilligt[973].
Den Finanzbehörden ist es im Besteuerungsverfahren, außer bei Erbschaftssteuern und Stempelabgaben, nach § 178 b LAO untersagt, Auskunft von Banken und sonstigen Finanzinstitutionen und den diesen gleichgestellten professionellen Vermögensverwaltern zu fordern[974]. Auch das Anfertigen von Kontrollmitteilungen anlässlich von Außenprüfungen bei Banken ist nach dieser Norm unzulässig[975].
Eine Verletzung des Bankgeheimnisses wird von Art. 458 Code Penal strafrechtlich sanktioniert[976] und gem. Art. 1142 ff. Code Civil mit umfassenden zivilrechtlichen Schadensersatzpflichten belegt[977].
Zwar sind die Bankbediensteten gem. Art. 39 des Gesetzes über den Finanzsektor mittlerweile zur Identitätsfeststellung des Kontoinhabers sowie des wirtschaftlich Berechtigten verpflich-

---

967 Müssener, IWB Nr. 4 v. 28.2.1996, Fach 10, Gruppe 2, 1101 (1105); Götzenberger, Steueramnestie, S. 156.
968 IBFD, Taxation of Private Investment Income, Suppl. No. 84, April 2002, p. 2; Fort, in: Mennel/ Förster, Steuern in Europa, 44. EL 2001, Luxemburg, Rz. 188.
969 Fort, in: Mennel/ Förster, Steuern in Europa, 44. EL 2001, Luxemburg, Rz. 191.
970 Fort, in: Mennel/ Förster, Steuern in Europa, 44. EL 2001, Luxemburg, Rz. 223.
971 IBFD, Taxation of Private Investment Income, Suppl. No. 87, Apr. 2003, Luxembourg, p. 3.
972 Mémorial A 1993, 461 (478); abgedruckt bei: Till, Zwischenstaatliche Amts- und Rechtshilfe, S. 225.
973 Carl/ Klos, Bankgeheimnis und Quellensteuer, S. 117; Fleißig, Harmonisierung der Zinsbesteuerung, S. 103; Till, Zwischenstaatliche Amts- und Rechtshilfe, S. 193.
974 Esskandari, Zur „Misere der Zinsbesteuerung", S. 150; Carl/ Klos, Bankgeheimnis und Quellensteuer, S. 117 f.; Carl/ Klos, DStZ 1991, 577 (578); Ruegenberg, Steuergeheimnis, S. 125; Fleißig, Harmonisierung der Zinsbesteuerung, S. 103. Auskünfte müssen nur im Steuerstrafverfahren erteilt werden. Vgl. OECD-Bericht, Improving Access to Bank Information, 2000, S. 80, Tz. 3.4.
975 Esskandari, Zur „Misere der Zinsbesteuerung", S. 150; Fleißig, Harmonisierung der Zinsbesteuerung, S. 103; Müssener, IWB Nr. 4 v. 28.2.1996, Fach 10, Gruppe 2, 1101 (1105).
976 App, DStZ 1993, 201 (203); Till, Zwischenstaatliche Amts- und Rechtshilfe, S. 193.
977 Fleißig, Harmonisierung der Zinsbesteuerung, S. 103.

tet[978], so dass es keine wirklich anonymen Konten mehr gibt. Doch ist das Führen von Nummernkonten nach Identitätsprüfung zulässig[979].
Das Bankgeheimnis wird im Steuerstrafverfahren zwar nicht bei einfacher Steuerhinterziehung („fraude fiscale simple"), wohl aber bei Steuerbetrug („escroquerie fiscale") gemäß § 396 Abs. 5 LGI (Loi Generale des Impôts) durchbrochen[980].

(2) Besteuerung von inländischen Zinserträgen bei Nichtansässigen

Beschränkt Steuerpflichtige ohne Wohnsitz oder dauerhaften Aufenthalt in Luxemburg unterliegen der luxemburgischen Einkommensteuer nur mit ihren in Art. 156 Nr. 6 LIR abschließend enumerierten, inländischen Einkünften[981].
Zu diesen Einkünften zählen Zinsen aus Darlehen, die im Inland hypothekarisch gesichert sind[982], sowie Zinsen aus Forderungen, deren Schuldner inländischer Art ist[983].
Die Einkommensteuer beschränkt Steuerpflichtiger wird grundsätzlich nach Veranlagung festgesetzt. Dies gilt insbesondere für nicht dem Steuerabzug unterliegende Zinsen aus gewinnunabhängigen Forderungen gegen Inländer[984] sowie aus im Inland hypothekarisch gesicherten Forderungen. Bei Letzteren kann die Steuerverwaltung allerdings einen Abzug anordnen, wenn dies zur Sicherung des Steueranspruchs erforderlich erscheint[985]. Dann ist die erhobene Quellensteuer auf die endgültige Einkommensteuerschuld anrechenbar[986].
Zinsen aus Gewinnobligationen, die unmittelbar von einem ansässigen Unternehmen ausgezahlt werden, unterliegen einem Steuerabzug in Höhe von 20 % an der Quelle mit Abgeltungswirkung)[987].
Im Rahmen der Veranlagung können beschränkt Steuerpflichtige Werbungskosten in demselben Umfang wie unbeschränkt Steuerpflichtige abziehen[988]. Grundsätzlich unterliegen ihre Einkünfte demselben teilmengengestaffelten, progressiven Steuersatz von bis zu 38 % wie Einkünfte unbeschränkt Steuerpflichtiger[989]. Indessen fallen beschränkt Steuerpflichtige stets in die Steuerklasse 1 und es gilt ein Mindeststeuersatz von 15 %[990].
Nach Art. 14 Abs. 1 des vorrangigen deutsch-luxemburgischen DBA vom 23.8.1958[991] in der Fassung des Ergänzungsprotokolls vom 15.6.1973[992] werden Zinsen, die eine Person mit

---

978 Carl/ Klos, DStZ 1991, 577 (578 f.); App, DStZ 1993, 201 (203); Fleißig, Harmonisierung der Zinsbesteuerung, S. 103 f.

979 Carl/ Klos, Bankgeheimnis und Quellensteuer, S. 118; Carl/ Klos, DStZ 1991, 577 (578 f.); Esskandari, Zur „Misere der Zinsbesteuerung", S. 145; Fleißig, Harmonisierung der Zinsbesteuerung, S. 104; Till, Zwischenstaatliche Amts- und Rechtshilfe, S. 195.

980 Vgl. Götzenberger, Steueramnestie, S. 22 f.

981 Fort, in: Mennel/ Förster, Steuern in Europa, 44. EL 2001, Luxemburg, Rz. 31; Fleißig, Harmonisierung der Zinsbesteuerung, S. 98.

982 IBFD, Taxation of Private Investment Income, Suppl. No. 87, Apr. 2003, Luxembourg, p. 9.

983 Fleißig, Harmonisierung der Zinsbesteuerung, S. 98 f.

984 IBFD, Taxation of Private Investment Income, Suppl. No. 87, Apr. 2003, Luxembourg, p. 10; Fleißig, Harmonisierung der Zinsbesteuerung, S. 101.

985 Fleißig, Harmonisierung der Zinsbesteuerung, S. 101.

986 IBFD, Taxation of Private Investment Income, Suppl. No. 87, Apr. 2003, Luxembourg, p. 9.

987 IBFD, Taxation of Private Investment Income, Suppl. No. 87, Apr. 2003, Luxembourg, p. 9.

988 Fleißig, Harmonisierung der Zinsbesteuerung, S. 99.

989 IBFD, Taxation of Private Investment Income, Suppl. No. 87, Apr. 2003, Luxembourg, p. 9.

990 Fort, in: Mennel/ Förster, Steuern in Europa, 44. EL 2001, Luxemburg, Rz. 192.

991 Abkommen zwischen der Bundesrepublik Deutschland und dem Großherzogtum Luxemburg zur Vermeidung der Doppelbesteuerungen und über die gegenseitige Amts- und Rechtshilfe auf dem Gebiete der

Wohnsitz in einem der Vertragsstaaten aus dem anderen Staat bezieht, ausschließlich im Wohnsitzstaat besteuert (Wohnsitzprinzip). Damit sind Zinsen von in Deutschland Ansässigen in Luxemburg sachlich steuerbefreit.

(3) Besteuerung von ausländischen Zinserträgen bei Ansässigen

Ausländische Einkünfte unterliegen nach dem Welteinkommensprinzip bei unbeschränkt Steuerpflichtigen der Einkommensteuerpflicht[993].

Zur Anwendung kommt derselbe progressive Einkommensteuersatz (Teilmengenstaffelung) von bis zu 38 % wie bei inländischen Einkünften (s. o.). Allerdings gilt der für Einkünfte aus Kapitalüberlassung geltende Freibetrag von 1500 € (bei Zusammenveranlagung verdoppelt) für ausländische Zinseinkünfte nicht, so dass die Progression bei ausländischen Zinseinkünften früher einsetzt[994].

Zahlt ein EU-ansässiges Unternehmen oder eine in einem DBA-Staat ansässige Kapitalgesellschaft Zinsen aus Gewinnobligationen, sind diese zur Hälfte steuerfrei, sofern das Unternehmen einer der luxemburgischen Körperschaftsteuer vergleichbaren Steuer unterliegt[995].

Eine Doppelbesteuerung soll auf unliateraler Ebene durch die Anrechnungsmethode verhindert werden, wobei das Anrechnungsguthaben für jeden Staat gesondert berechnet wird (per-country limitation)[996]. Bei ausländischen Zinseinkünften kann der Steuerpflichtige dazu optieren, dass die Berechnung des Anrechnungsbetrags nicht gesondert für jeden Staat berechnet wird; dann darf die Anrechnung pro ausländischem Einkommensposten 25 % des Einkommens nicht übersteigen; die gesamte Anrechnung ist auf 20 % des Gesamtbetrags der luxemburgischen Einkommensteuer beschränkt, der sich ohne eine Berücksichtigung der ausländischen Steuern ergibt[997].

Im Ausland entrichtete Steuern, die wegen der genannten Beschränkungen nicht anrechenbar sind, können, sofern die Steuerbelastung nicht durch DBA fingiert wird (no tax sparing credits), von der Bemessungsgrundlage abgezogen werden (Abzugsmethode[998])[999].

Nach Art. 14 Abs. 1 des vorrangigen deutsch-luxemburgischen DBA vom 23.8.1958 werden Zinsen, die eine Person mit Wohnsitz in einem der Vertragsstaaten, hier Luxemburg, aus einem anderen Vertragsstaat, hier Deutschland, bezieht, ausschließlich im Wohnsitzstaat, also Luxemburg, besteuert (Wohnsitzprinzip). Da Zinsen im Quellenstaat Deutschland damit sachlich steuerbefreit sind, also eine Doppelbesteuerung ausgeschlossen ist, findet Art. 20 DBA (Methoden zur Vermeidung von Doppelbesteuerung) bei Zinsen von Privatpersonen keine Anwendung.

Steuern vom Einkommen und vom Vermögen sowie der Gewerbesteuern und der Grundsteuern v. 3.8.1958, BGBl. II 1959, S. 1270 ff.

992 BGBl. II 1978, S. 109 ff.

993 IBFD, Taxation of Private Investment Income, Suppl. No. 87, Apr. 2003, Luxembourg, p. 5.

994 Confédération Fiscale Européenne, Taxation of Savings, 1997, S. 198; Dinse, Besteuerung von Portfolio-Kapitalerträgen, S. 420 f.

995 IBFD, Taxation of Private Investment Income, Suppl. No. 87, Apr. 2003, Luxembourg, p. 5.

996 IBFD, Taxation of Private Investment Income, Suppl. No. 87, Apr. 2003, Luxembourg, p. 5.

997 IBFD, StB Handbuch, Bd. 1, Fach C, Luxemburg, 37. EL, Oktober 2003, Rz. 54.

998 Dazu: Rose, Internationales Steuerrecht, S. 69.

999 IBFD, Taxation of Private Investment Income, Suppl. No. 87, Apr. 2003, Luxembourg, p. 5; IBFD, StB Handbuch, Bd. 1, Fach C, Luxemburg, 37. EL, Oktober 2003, Rz. 53.

3. Zusammenfassung

Zusammenfassend lassen sich die mitgliedsstaatlichen Zinsbesteuerungssysteme, die der Verabschiedung der Zinsrichtlinie vom 3.6.2003 zugrunde liegen, wie folgt darstellen:

Einordnung der Zinsbesteuerung in die Einkommensteuersysteme

Die mitgliedsstaatlichen Einkommensteuersysteme, in die die Besteuerung von Zinsen aus dem Privatvermögen von natürlichen Personen eingebettet ist, sind in Systeme synthetischer Einkommenbesteuerung sowie in Schedulensteuersysteme – zum Teil in Form der dualen Einkommensteuer – zu unterscheiden. „Synthetische Einkommensteuer" in diesem Sinne ist eine Steuer, die das gesamte besteuerbare Einkommen oder alle Arten von Einkünften zu einer Summe der Einkünfte zusammenfasst, an die die gleichen Rechtsfolgen geknüpft sind[1000]. Dabei ist eine Verrechnung negativer und positiver Einkünfte zwischen den Einkunftsarten möglich[1001]. Im Gegensatz dazu trennt die „Schedulensteuer" die Einkunftsarten und knüpft an sie jeweils unterschiedliche Rechtsfolgen. Sie lässt keine Verrechnung negativer und positiver Einkünfte aus verschiedenen Einkunftsarten zu bzw. beschränkt diese[1002]. Eine „Abgeltungssteuer" auf Kapitaleinkünfte, d. h. auf Zinsen und Dividenden, stellt eine schedulare Maßnahme dar[1003]. Sie belastet Kapitalerträge mit einem verhältnismäßig geringen, konstanten Tarif[1004]. Unter „dualer Einkommensteuer" ist eine Schedulensteuer mit separaten Tarifen für Arbeits- und Kapitaleinkommen zu verstehen[1005]. Zum Kapitaleinkommen zählen dabei – über die reine „Abgeltungsteuer", welche nur für Zinsen und Dividenden gilt, hinaus – auch Mieten und Pachten sowie Patent- und Lizenzeinnahmen[1006].

Eine (reine) Schedulensteuer erheben im Jahr 2003 nur drei der fünfzehn Mitgliedsstaaten, nämlich Finnland, Schweden und die Niederlande[1007]. Dabei sind die finnische sowie die schwedische Einkommensteuer dualer Art. Nur die finnische Schedulensteuer auf Kapitalerträge ist (großteils) als abgeltende Quellensteuer ausgestaltet. Die schwedische Quellensteuer hat Abschlagscharakter, ist also auf die im Wege der Veranlagung zu ermittelnde Einkommensteuerschuld anrechenbar.

Demgegenüber folgt im Jahr 2003 die Mehrzahl, nämlich zwölf der fünfzehn Mitgliedsstaaten, dem Prinzip der synthetischen Einkommensbesteuerung. Immerhin wenden wiederum sieben dieser Einkommensteuersysteme, nämlich das belgische, griechische (nur z. T.), irische (nur z. T.), italienische (nur z. T.), französische, österreichische sowie portugiesische Einkommensteuerrecht eine abgeltende Quellensteuer auf Zinserträge, also eine schedulare Maßnahme, an. In vier von diesen sieben Einkommensteuersystemen, nämlich in Belgien, Frankreich, Österreich und Portugal, ist den Steuerpflichtigen dabei die Option zur Veranla-

1000 Tipke, Die Steuerrechtsordnung, Bd. 2, 2. Aufl., S. 668.

1001 Tipke, Die Steuerrechtsordnung, Bd. 2, 2. Aufl., S. 668.

1002 Tipke, Die Steuerrechtsordnung, Bd. 2, 2. Aufl., S. 668.

1003 Tipke, Die Steuerrechtsordnung, Bd. 2, 2. Aufl., S. 712; BMF, Reform der internationalen Kapitaleinkommensbesteuerung, S. 86.

1004 BMF, Reform der internationalen Kapitaleinkommensbesteuerung, S. 86.

1005 BMF, Reform der internationalen Kapitaleinkommensbesteuerung, S. 84.

1006 BMF, Reform der internationalen Kapitaleinkommensbesteuerung, S. 87.

1007 Demgegenüber weisen das britische und irische Einkommensteuersystem als traditionelle Schedulensysteme zunehmend Elemente einer synthetischen Einkommensteuer auf. Vgl. Fleißig, Harmonisierung der Zinsbesteuerung, S. 67; Hamaekers, Taxation Trends in Europe, in IBFD, Asia-Pacific Tax Bulletin, 02/2003, 42 (47). Das dänische Einkommensteuersystem unterwirft im Übrigen nur Dividenden, nicht aber Zinsen einem ermäßigten Steuersatz. Vgl. dazu Rehm, Die Zinsbesteuerung in der Europäischen Union, S. 13; vgl. Schratzenstaller/ Wehner, Wirtschaftsdienst 2000, 675 (681) Fn. 28.

gung unter Anrechnung der Quellensteuer eröffnet („relative Abgeltungssteuer“[1008]). Dies bekräftigt den synthetischen Charakter der jeweiligen Einkommensteuer.

Besteuerung von inländischen Zinsen Ansässiger

Zahlreiche Mitgliedsstaaten sichern bei inländischen Zinseinkünften ansässiger natürlicher Personen einen effektiven Steuervollzug über die Erhebung einer Quellensteuer auf Zinserträge. Nur in drei Staaten wird auf inländische Zinserträge Ansässiger keine Quellensteuer einbehalten; dies sind Dänemark, Niederlande und Luxemburg. Eine abgeltende Quellensteuer erheben acht Staaten, nämlich Belgien (15 %), (nur z. T.) Griechenland (10 % / 15 %), (nur z. T.) Italien (12,5% / 27 %), (nur z. T.) Irland (20 %), Finnland (29 %) (Ausnahme z. B. Zinsen aus Privatdarlehen[1009]), Frankreich (15 %–35 %), Österreich (25 %) und Portugal (20 % / 16 % / 8 %). Dabei besteht in Belgien, Frankreich, Österreich und Portugal die Option zur Veranlagung („relative Abgeltungssteuer“). Die weiteren vier Staaten, nämlich Deutschland, Großbritannien, Schweden und Spanien erheben eine auf die Einkommensteuerschuld anrechenbare Quellensteuer. In Griechenland, Italien und Irland ist zwischen Zinsen aus verschiedenen Anlageformen zu differenzieren; entsprechend wird die Quellensteuer auf die Einkommensteuerschuld angerechnet oder hat abgeltenden Charakter.

Sparförderung

Zinsen aus bestimmten inländischen Anlageformen sind bei Ansässigen in sieben Mitgliedsstaaten, nämlich in Frankreich, Griechenland, Großbritannien, Irland, Luxemburg, Portugal und Spanien sachlich von der Einkommensteuer befreit (Sparförderung). Eine entsprechende Sparförderung besteht für Zinsen aus ausländischen Anlageformen nicht.

Besteuerung von inländischen Zinsen Nichtansässiger

Von den zwölf Mitgliedsstaaten, die für rein inländische Sachverhalte eine Quellensteuer erheben, behalten nach innerstaatlichem Recht – d. h. ohne Einbeziehung von DBA-Regelungen – nur zwei Staaten auf Zinszahlungen an Nichtansässige in umfassender Weise eine Quellensteuer ein, nämlich Finnland und Portugal. In zwei der zwölf Staaten, nämlich in Schweden und Spanien (nur für EU-Ansässige) sind Zinszahlungen an Nichtansässige nach innerstaatlichem Recht umfassend nicht steuerbar bzw. steuerbefreit, so dass ein Steuerabzug unterbleibt. Vier der zwölf Staaten, nämlich Großbritannien, Frankreich, Irland[1010] und Österreich nehmen Zinsen Nichtansässiger nach innerstaatlichem Recht weitgehend vom Steuerabzug aus (Nicht-Steuerbarkeit bzw. Steuerbefreiung). Immerhin teilweise nicht steuerbar bzw. steuerbefreit sind Zinsen Nichtansässiger nach innerstaatlichem Recht in Deutschland[1011], Belgien, Griechenland und Italien.
Bezieht man bei sämtlichen 15 Mitgliedsstaaten die bestehenden DBA-Regelungen (jeweils mit Deutschland) mit ein, so sind Zinsen, die in Deutschland Ansässige in folgenden neun Mitgliedsstaaten erzielen, steuerfrei: Dänemark, Finnland[1012], Frankreich, Großbritannien,

---

1008 BMF, Reform der internationalen Kapitaleinkommensbesteuerung, S. 87.

1009 In diesen Fällen findet zwar kein Quellensteuerabzug statt, aber die Zinsen werden zum Pauschalsteuersatz von 29 % veranlagt.

1010 Hier gibt es keine Befreiung vom Quellensteuerabzug, sondern nur ein Erstattungsverfahren.

1011 Nach § 50 d EStG gibt es hier keine Befreiung vom Quellensteuerabzug, sondern nur ein Erstattungsverfahren.

1012 Ausnahme: Kapitaleinkünfte aus partiarischen Darlehen, typisch stiller Beteiligung und Gewinnschuldverschreibungen.

Irland, Luxemburg, Niederlande[1013], Österreich[1014] und Schweden. Dasselbe gilt für Zinsen, die in den genannten DBA-Vertragsstaaten ansässige natürliche Personen in Deutschland erzielen[1015]. Lediglich nach den bestehenden DBAs mit Belgien, Griechenland, Italien (weitgehend), Portugal und Spanien wird auf Zinsen von in Deutschland Ansässigen in diesen Quellenstaaten eine Quellensteuer zwischen 10 und 15 % einbehalten. Dies bedeutet, dass nach der Mehrzahl der DBAs ausschließlich der Wohnsitzstaat Zinsen besteuert, welche seine Ansässigen in den anderen Vertragsstaaten erzielen. Dagegen sind die Zinsen im Quellenstaat abkommensrechtlich von der Besteuerung freigestellt, also sachlich steuerbefreit. In den Fällen, in denen der Quellenstaat daneben ein begrenztes Quellenbesteuerungsrecht erhält, beseitigt der Wohnsitzstaat die Doppelbesteuerung gemäß DBA nach der Anrechnungsmethode.

Besteuerung von ausländischen Zinsen Ansässiger

Ausländische Zinsen ansässiger natürlicher Personen werden in sämtlichen Mitgliedsstaaten nach dem Welteinkommensprinzip der Veranlagung im Wohnsitzstaat zum individuellen Steuertarif unterworfen. Dies gilt insbesondere auch in den Mitgliedsstaaten, die für inländische Zinsen eine abgeltende Quellensteuer vorsehen (Belgien, Griechenland, Italien, Finnland, Frankreich, Österreich und Portugal). Soweit Zinsen im Quellenstaat ausnahmsweise einer Quellensteuer unterliegen, wird diese auf die Einkommensteuerschuld im Wohnsitzstaat angerechnet[1016].

Bankgeheimnis/ Kontrollmitteilungen

Von denjenigen Mitgliedsstaaten, die eine Quellensteuer auf private Zinserträge natürlicher Personen erheben, stellen sechs Mitgliedsstaaten, nämlich Finnland, Großbritannien, Frankreich, Irland, Schweden und Spanien, einen effektiven Steuervollzug zusätzlich über Kontrollmitteilungspflichten für Banken an die Finanzbehörden sicher. Diese Kontrollmitteilungen erfassen teilweise nicht nur Informationen über ausgezahlte Erträge, sondern auch Meldungen über Kontoeröffnungen, -schließungen und -salden[1017]. Lediglich Dänemark und Niederlande verzichten auf die Einbehaltung einer Quellensteuer und sichern ihr Besteuerungsrecht ausschließlich durch Kontrollmitteilungen seitens der Banken. Unter denjenigen Mitgliedsstaaten, die auf Kontrollmitteilungspflichten für Banken verzichten, nimmt Deutschland insoweit eine Sonderstellung ein, als es zur Verifikation der Zinsbesteuerung lediglich eine Abschlagsteuer, also eine anrechenbare Quellensteuer erhebt. Eine absolute Sonderposition nimmt auch Luxemburg ein: Hier wird auf eine Verifikation von Zinszahlungen gänzlich verzichtet. Es werden weder Banken zu Kontrollmitteilungen verpflichtet, noch wird auf Zinsen eine Quellensteuer einbehalten.

Die Ausführungen zum Bankgeheimnis der Mitgliedsstaaten zeigen, dass in sämtlichen Staaten das Bankgeheimnis zwar zivilrechtlich anerkannt ist. In der Mehrzahl der Mitgliedsstaaten ist das Bankgeheimnis jedoch in seinem Bestand gegenüber den Finanzbehörden mindestens durchbrochen. So sind in Dänemark, Finnland, Frankreich, Griechenland, Großbritannien,

---

1013 Ausnahme: Kapitaleinkünfte aus Gewinnschuldverschreibungen.

1014 Ausnahme: Kapitaleinkünfte aus typisch stiller Beteiligung und partiarischem Darlehen, sofern in Österreich hypothekarisch gesichert.

1015 Ausnahme: z. B. DBA mit Schweden: Kapitaleinkünfte aus Gewinnobligationen, partiarischem Darlehen und stiller Beteiligung aus Deutschland.

1016 Ausnahme: im deutsch-belgischen DBA für den Wohnsitzstaat Belgien.

1017 BMF, Monatsbericht 01/2004, S. 61. Vgl. dazu die Übersicht bei: OECD, Improving Access to Bank Information for Tax Purposes, S. 72.

Irland, Italien, Niederlanden, Schweden und Spanien die Finanzbehörden in der Regel, in Deutschland nur unter bestimmten Voraussetzungen[1018] berechtigt, im Besteuerungsverfahren einzelfallbezogene Auskünfte über kundenbezogene Daten von Kreditinstituten einzuholen.
Das Bankgeheimnis ist gegenüber den Finanzbehörden im Besteuerungsverfahren lediglich in Österreich, Luxemburg und Belgien umfassend geschützt: In Luxemburg sind Banken im Besteuerungsverfahren generell nicht zur Auskunftserteilung an die Finanzbehörden verpflichtet, in Österreich nur mit Zustimmung des Steuerpflichtigen. In Belgien müssen Banken Auskunft nur beim Verdacht der Steuerhinterziehung erteilen[1019]. In Portugal ist das Bankgeheimnis gegenüber dem Fiskus immerhin teilweise durchbrochen; hier haben die Finanzbehörden Anspruch auf Auskunftserteilung durch Banken nur beim Verdacht der Steuerhinterziehung, bei Inanspruchnahme von staatlicher Sparförderung, bei Unterschreitung des durchschnittlichen Einkommens oder aber im Fall einer gerichtlichen Anordnung.

1018 Siehe Teil E III.2.a)(1)(d)(ii).

1019 Siehe zu den Auskunftspflichten der Banken im internationalen Vergleich insgesamt Teil E III sowie die Übersicht im OECD-Report, Improving Access to Bank Information 2000, S. 74, Tz. 3.2.

Übersicht über die Besteuerung von Zinsen aus dem Privatvermögen von natürlichen Personen durch die EU-Mitgliedsstaaten im Jahr 2003

EU-Staaten	**Besteuerung von inländischen Zinsen bei Ansässigen**	**Besteuerung von inländischen Zinsen bei Nichtansässigen nach nationalem Recht**	**Besteuerung von inländischen Zinsen bei Nichtansässigen nach DBA mit Deutschland**	**Nationale Sparförderung**	**Bankgeheimnis/ Kontrollmitteilungen durch Banken**
Belgien	abgeltende Quellensteuer 15 % Veranlagungsoption	z. T. steuerfrei / z. T. 15 %	15 %		*steuerliches Bankgeheimnis*, keine Kontrollmitteilungen durch Banken
Dänemark	keine Quellensteuer	nicht steuerbar	*steuerfrei*		kein steuerliches Bankgeheimnis, *Kontrollmitteilungen durch Banken*
Deutschland	anrechenbare Quellensteuer Übernahme durch Gläubiger: 20 % / 25 % / 30 % / 35 % / Übernahme durch Schuldner: 25 % / 33 1/3 % / 42, 85 % / 53, 84 %	z. T. steuerpflichtig / z. T. nicht steuerbar	*steuerfrei* (Ausn: Wandelanleihen, Gewinnobligationen, partiarische Darlehen)		kein steuerliches Bankgeheimnis, *eingeschränkte Ermittlungsmöglichkeiten* im Besteuerungsverfahren, keine Kontrollmitteilungen durch Banken
Finnland	abgeltende Quellensteuer 29 %	steuerfrei (Ausn: langfristige, eigenkapitalersetzende Darlehen 25 %)	*steuerfrei* (Ausn: Gewinnobligationen, typ. stille Gesellschaft, partiar. Darlehen 25 %)		kein steuerliches Bankgeheimnis, *Kontrollmitteilungen durch Banken*
Frankreich	abgeltende Quellensteuer 15-35 % Veranlagungsoption	überwiegend steuerfrei	*steuerfrei*	+	kein steuerliches Bankgeheimnis, *Kontrollmitteilungen durch Banken*

EU-Staaten	**Besteuerung von inländischen Zinsen bei Ansässigen**	**Besteuerung von inländischen Zinsen bei Nichtansässigen nach nationalem Recht**	**Besteuerung von inländischen Zinsen bei Nichtansässigen nach DBA mit Deutschland**	**Nationale Sparförderung**	**Bankgeheimnis/ Kontrollmitteilungen durch Banken**
Griechenland	abgeltende Quellensteuer (z. T.) 10% / 15 %	steuerpflichtig 15 % / 40 % (Ausn: griech. Staatsanleihen, Schatzbriefe, Industrieobligationen)	10 %	+	kein steuerliches Bankgeheimnis, Auskunftspflicht im Besteuerungsverfahren auf konkretes Ersuchen, *keine Kontrollmitteilungen durch Banken*
Großbritannien	anrechenbare Quellensteuer 20 %	z. T. steuerfrei / z. T. 20 %	*steuerfrei*	+	kein steuerliches Bankgeheimnis, *Kontrollmitteilungen durch Banken*
Irland	i. d. R. anrechenbare Quellensteuer 20% (Ausn: Deposit Interest Retention Tax: 20 %, abgeltend)	z. T. steuerfrei / z. T. 20 %	*steuerfrei*	+	kein steuerliches Bankgeheimnis, *Kontrollmitteilungen durch Banken*
Italien	abgeltende Quellensteuer (z. T.) 12,5 % / 27 %	z. T. steuerfrei / z. T. 12,5 % / 27 %	10 % (Ausn: Bankeinlagen, Staatsanleihen: steuerfrei)		kein steuerliches Bankgeheimnis, Offenlegungspflicht von Konten auf konkretes Ersuchen, Datenbank mit Konten ab best. Mindestkontenständen, *keine Kontrollmitteilungen durch Banken*
Luxemburg	keine Quellensteuer	steuerpflichtig 20 %	*steuerfrei*	+	*Steuerliches Bankgeheimnis*, keine Kontrollmitteilungen durch Banken

EU-Staaten	**Besteuerung von inländischen Zinsen bei Ansässigen**	**Besteuerung von inländischen Zinsen bei Nichtansässigen nach nationalem Recht**	**Besteuerung von inländischen Zinsen bei Nichtansässigen nach DBA mit Deutschland**	**Nationale Sparförderung**	**Bankgeheimnis/ Kontrollmitteilungen durch Banken**
Niederlande	keine Quellensteuer	Nicht steuerbar (Ausn: Gewinnobligationen, partiarische Darlehen 25 %)	*steuerfrei* (Ausn: Gewinnobligationen 15 %)		kein steuerliches Bankgeheimnis, *Kontrollmitteilungen durch Banken*
Österreich	abgeltende Quellensteuer 25 % Veranlagungsoption	nicht steuerbar (Ausn: Darlehen gesichert durch inländ. Grundbesitz)	*steuerfrei* (Ausn: Gewinnobligationen, partiarische Darlehen, echte stille Gesellschaft: Besteuerung nach inländ. Tarif)		*steuerliches Bankgeheimnis*, keine Kontrollmitteilungen durch Banken
Portugal	abgeltende Quellensteuer 20% / 16 % / 8 % Veranlagungsoption	steuerpflichtig (Ausn. Zinsen aus bestimmten Schatzanweisungen)	10 % Bankdarlehen, 15 % im Übrigen	+	*steuerliches Bankgeheimnis* nur durchbrochen, wenn Anhaltspunkte für Steuerhinterziehung oder Inanspruchnahme von Sparförderung bzw. Unterschreitung des durchschnittlichen Einkommens, keine Kontrollmitteilungen durch Banken
Schweden	anrechenbare Quellensteuer 30 %	nicht steuerbar	*steuerfrei*		kein steuerliches Bankgeheimnis, *Kontrollmitteilungen durch Banken*
Spanien	anrechenbare Quellensteuer 15 %	z. T. steuerfrei / z. T. 15 %	10 % (Ausn: Bankeinlagen, Staatsanleihen: steuerfrei)	+	kein steuerliches Bankgeheimnis, *Kontrollmitteilungen durch Banken*

IV. Vereinbarkeit mitgliedsstaatlicher Zinsbesteuerung mit der Freiheit des Kapital- und Zahlungsverkehrs

Im Folgenden wird geprüft, inwieweit verschiedene nationale Normen der Zinsbesteuerung bei privaten Investoren mit den Prämissen der Freiheit des Kapital- und Zahlungsverkehrs nach Art. 56 EG vereinbar sind[1020].

1. Nationale Sparförderung

Es stellt sich insbesondere die Frage, ob die dargestellten nationalen Maßnahmen der Sparförderung gegen die Freiheit des Zahlungsverkehrs nach Art. 56 Abs. 2 EG verstoßen.

a) Prüfungsgegenstand des Art. 56 Abs. 2 EG

Dabei ist zwischen zwei Grundformen nationaler Sparförderung zu differenzieren.

(1) Förderung nationaler öffentlicher Anleihen und Zertifikate

Zum einen sind in diversen Mitgliedsstaaten Zinsen, die unbeschränkt Steuerpflichtige aus inländischen öffentlichen Anleihen und ähnlichen, vom jeweiligen Mitgliedsstaat ausgegebenen Zertifikaten erzielen, sachlich steuerbefreit bzw. unterliegen gewissen Steuervergünstigungen[1021]. Für Zinsen aus ausländischen Papieren gelten die jeweiligen Vergünstigungen nicht. So sind in Frankreich, Spanien, Irland und Portugal Zinsen aus inländischen öffentlichen Anleihen für unbeschränkt Steuerpflichtige sachlich steuerbefreit. In Großbritannien gilt eine sachliche Steuerbefreiung für Zinsen aus staatlichen Sparzertifikaten (National Saving Certificates). In Griechenland wird auf Zinsen, die Ansässige aus Schuldverschreibungen, Schatzwechseln und sog. Nullkuponanleihen des griechischen Staates erzielen, eine Abgeltungssteuer zum ermäßigten Tarif von 10 % einbehalten. Ansässigen, die Zinsen aus *ausländischen* öffentlichen Anleihen und Zertifikaten (Mitgliedsstaaten/ Drittstaaten) erzielen, werden keine entsprechenden Steuerbefreiungen bzw. Steuerermäßigungen gewährt.

(2) Förderung sonstiger nationaler Sparinstrumente

Zum anderen werden durch das Steuerrecht diverser Mitgliedsstaaten Zinsen aus weiteren Formen des privaten Sparens, nämlich aus Kapitalanlagen Ansässiger bei inländischen Finanzinstituten öffentlich-rechtlicher oder privatrechtlicher Art, gegenüber Zinsen aus vergleichbaren ausländischen Kapitalanlagen privilegiert. Zu diesen Maßnahmen nationaler Sparförderung zählt die in Frankreich gewährte sachliche Steuerbefreiung für Zinsen, die im Rahmen eines staatlich geförderten „plan d'épargne" erzielt werden. Ebenso zählt dazu in Großbritannien die sachliche Steuerbefreiung für Zinsen unbeschränkt Steuerpflichtiger bis zu 70 £ aus Konten bei der National Savings Bank sowie die sachliche Steuerbefreiung für Zinsen aus bestimmten staatlich geförderten Sparkassenplänen (save as you earn, SAYE). Auch die vom persönlichen, möglicherweise höheren Einkommensteuersatz unabhängige „Deposit Interest Retention Tax " in Höhe von 20 % mit Abgeltungswirkung auf alle Zinsen aus Einlagen bis zu 50.000 £ in sog. special savings accounts in Irland gilt nur für Zinserträge aus Ein-

1020 Es werden dabei ausgewählte Steuernormen zugrunde gelegt. Eine abschließende Prüfung der Gemeinschaftsrechtskonformität sämtlicher mitgliedsstaatlichen Normen der Zinsbesteuerung kann im Rahmen dieser Arbeit nicht erfolgen.

1021 Vgl. Frick, Einkommensteuerliche Steuervergünstigungen, S. 27 ff.: Unter den Begriff der Steuervergünstigungen fallen Steuerbefreiungen, -ermäßigungen, Bewertungsfreiheiten, Sonderabschreitungen, Freibeträge und Freigrenzen sowie sonstige die Bemessungsgrundlage verändernde Abzüge.

lagen bei inländischen Banken. In Griechenland wird auf Zinsen Ansässiger aus Bank- und Spareinlagen bei inländischen Banken und aus Bausparguthaben und Schuldverschreibungen griechischer Banken oder Kommunen eine abgeltende Quellensteuer zum ermäßigten Steuersatz von 15 % (vgl. allgemeiner Tarif: 20 %) gewährt. Auf Zinsen aus Schuldverschreibungen von inlandsansässigen Gesellschaften (einschließlich Banken und Versicherungsgesellschaften) wird eine Quellensteuer zum ermäßigten Steuersatz von 10 % einbehalten. In Luxemburg werden Ansässigen spezielle Steuervergünstigungen für Zinsen aus Investmentzertifikaten der Société Nationale de Crédit et d'Investissement gewährt: Die Kosten dieser Zertifikate sind unter bestimmten Voraussetzungen von der Bemessungsgrundlage absetzbar.
In all diesen Fällen werden die sachlichen Steuerbefreiungen bzw. Steuerermäßigungen auf Zinsen aus nationalen Sparinstrumenten nicht auf Zinserträge Gebietsansässiger aus entsprechenden Einlagen bei Finanzinstituten mit Sitz in anderen Mitgliedsstaaten oder in Drittstaaten ausgedehnt. Hierin liegt möglicherweise ein Verstoß gegen die Zahlungsverkehrsfreiheit nach Art. 56 Abs. 2 EG.

b) Schutzbereich des Art. 56 Abs. 2 EG

Die steuerliche Belastung von Zinserträgen, welche Ansässige, also unbeschränkt Steuerpflichtige, in anderen Mitgliedsstaaten erzielen, eröffnet in sachlicher Hinsicht den Schutzbereich der Zahlungsverkehrsfreiheit nach Art. 56 Abs. 2 EG. Dies gilt nicht nur für Zinszahlungen aus Einlagen bei Kreditinstituten, sondern auch für Zinszahlungen aus öffentlichen Anleihen. Zwar sah Art. 68 Abs. 3 EGV a. F. vor, dass öffentliche Anleihen in einem anderen Mitgliedsstaat nur nach vorheriger Verständigung mit diesem aufgelegt oder untergebracht werden durften. Im Umkehrschluss aus seiner Aufhebung folgt jedoch, dass Art. 56 EG nunmehr auch insoweit eine Liberalisierung des Kapitalverkehrs vorsieht[1022]. Aufgrund des Annexcharakters der Freiheit des Zahlungsverkehrs fällt damit auch die Zinszahlung aus öffentlichen Anleihen in den grundfreiheitlich geschützten Bereich.
Zudem ist Art. 56 Abs. 2 EG in räumlicher Hinsicht einschlägig. Da der ausländische Kapitalschuldner, d. h. das im Ausland niedergelassene Kreditinstitut bzw. bei öffentlichen Anleihen der ausländische Staat, die Zinsen entweder über die Grenze hinweg auszahlt oder der Zinsempfänger als solcher die Grenze überschreitet, liegt ein für den Zahlungsverkehr spezifischer grenzüberschreitender Bezug vor[1023]. Insbesondere ist der freie Zahlungsverkehr – als Annex zum freien Kapitalverkehr – auch über die Gemeinschaftsgrenzen hinaus gegenüber Drittstaaten gesichert (Erga-omnes Prinzip). Damit sind nicht nur Zahlungen über eine Binnengrenze, sondern auch solche von einem Drittstaat in einen Mitgliedsstaat erfasst. Es muss lediglich ein am Zahlungsverkehrsvorgang Beteiligter in einem Mitgliedsstaat ansässig sein. Subjektiv berechtigt aus Art. 56 Abs. 2 EG ist grundsätzlich der Empfänger einer Zinszahlung. Fraglich ist allerdings, ob er sich auch gegenüber seinem Ansässigkeitsstaat auf die Grundfreiheit berufen kann. Nach dem Sinn und Zweck der Grundfreiheit[1024] ist dies zu bejahen, wenn sich der Inländer „in einer Lage befindet, die mit derjenigen aller anderer Personen, die in den Genuss der durch den Vertrag garantierten Rechte und Freiheiten kommen, ver-

---

1022 Kiemel, in: von der Groeben/ Schwarze, EUV/ EGV, 6. Aufl., Bd. 1, Art. 56 EG Rz. 10.
1023 Siehe Teil E II.2.b.
1024 Vgl. zur ratio des Art. 12 EG als lex generalis zu den Diskriminierungsverboten der Grundfreiheiten: Eckhoff, in: Birk, Handbuch des Europäischen Steuer- und Abgabenrechts, 461 (493 f.) Rz. 42

gleichbar ist“ [1025]. Bei der Entgegennahme einer grenzüberschreitenden Zinszahlung aufgrund einer Auslandsinvestition ist dies der Fall.
Im Ergebnis ist der Schutzbereich der Freiheit des Zahlungsverkehrs eröffnet, wenn Zinsen aus ausländischen Portfolioinvestitionen, insbesondere aus ausländischen öffentlichen Anleihen über die Grenze zwischen zwei Mitgliedsstaaten hinweg bzw. von einem Drittstaat in einen Mitgliedsstaat gezahlt werden.

(1) Diskriminierungsverbot des Art. 56 Abs. 2 EG

Stellt aber die Nichtgewährung der Steuervergünstigungen für grenzüberschreitende Zinszahlungen eine gegen Art. 56 Abs. 2 EG verstoßende Diskriminierung dar?
Dann müssen durch die mitgliedsstaatliche Maßnahme zwei Personengruppen unterschiedlich behandelt werden, obwohl bei materieller Betrachtungsweise neben der Staatsangehörigkeit bzw. der Grenzüberschreitung als solcher keine weiteren sachlichen Unterschiede bestehen, die eine Ungleichbehandlung zu begründen vermögen[1026]. Die unterschiedlich behandelten Gruppen müssen sich bei wirtschaftlicher Betrachtungsweise in einer gleichartigen Lage befinden[1027]. Eine solche Diskriminierung ist grundsätzlich unzulässig. Sie kann aber aufgrund höherrangiger Rechtswerte gerechtfertigt sein[1028].
Durch die Versagung der Steuervergünstigung werden Ansässige, die Zinsen aus Kapitalanlagen bei ausländischen Kreditinstituten aus ausländischen öffentlichen Anleihen und Zertifikaten beziehen, steuerrechtlich schlechter gestellt als Ansässige, die Zinsen aus Kapitalanlagen bei inländischen Kreditinstituten bzw. aus inländischen öffentlichen Anleihen und Zertifikaten beziehen[1029] (sog. „outbound“-situation[1030]).
Für die Frage, ob sich beide Gruppen wirtschaftlich in vergleichbarer Lage befinden, kann allein der inhaltliche Bezug der konkreten nationalen Steuernorm maßgeblich sein[1031]. Steuernormen, die – wie die eingangs bezeichneten Normen – das Steuerobjekt bzw. den Steuertarif festlegen, stellen auf die objektive Leistungsfähigkeit des Steuerpflichtigen ab. Im Hinblick auf diese befinden sich Ansässige, die Zinsen aus inländischen Kapitalanlagen, insbesondere auch öffentlichen Anleihen, erzielen, und solche, die Zinsen in gleicher Höhe aus entsprechenden ausländischen Kapitalanlagen erzielen, durchaus in gleichartiger Lage. Dabei

---

1025 EuGH v. 7.2.1979, C-115/ 78, Knoors, EuGHE 1979, I-400 (I-410).
1026 Siehe Teil E II.3.b)(4).
1027 Reimer, in: Lehner, Grundfreiheiten im Steuerrecht der EU-Staaten, 39 (46).
1028 Schön, GS Knobbe-Keuk, 743 (759).
1029 Vgl. demgegenüber Dinse, Besteuerung von Portfolio-Kapitalerträgen, S. 338 f. sowie Kiemel, in: von der Groeben/ Thiesing/ Ehlermann, EUV/ EGV, 5. Aufl., Bd. 1, Art. 73 d Rz. 14, Fn. 20: Diese wählen zur Beurteilung der EG-Rechtskonformität im vorliegenden Fall als Vergleichsgruppe zu den Gebietsansässigen, die in steuerbegünstigte Staatsanleihen investieren, solche Gebietsansässige, die in sonstige inländische Wertpapiere investieren. Dinse zieht insoweit – trotz mangelnder Anknüpfung der Differenzierung an eine Grenzüberschreitung - eine EG-rechtswidrige mittelbare Diskriminierung in Betracht. Kiemel sieht die Kapitalverkehrsfreiheit lediglich als „Wettbewerbsfreiheit“ verletzt. Demgegenüber wie hier: Kiemel, in: von der Groeben/Schwarze, EUV/ EGV, 6. Aufl., Bd. 1, Art. 58 EG Rz. 15.
1030 Vgl. zur Terminologie Cordewener, Europäische Grundfreiheiten, S. 827. Dieser unterscheidet zutreffend bei der Prüfung der Diskriminierungsverbote zwischen „outbound“-Situationen, in denen Gebietsansässige bei einer Investition aus dem Inland hinaus gegenüber einem rein inlandsbezogenen Vorgang gleicher Natur benachteiligt werden und sog. „inbound“-Situationen, in denen Nichtansässige bei der Investition aus dem EG-Ausland in das Inland hinein gegenüber dem rein inlandsbezogenen Vorgang gleicher Natur benachteiligt werden.
1031 So Schön, GS Knobbe-Keuk, 743 (760 f.).

wird die Gruppe der Auslandsanleger durch die Vorenthaltung der Steuervergünstigung faktisch benachteiligt. Es liegt also eine grundsätzlich unzulässige Diskriminierung vor.

(2) Rechtfertigung

Die Diskriminierung könnte aber möglicherweise aufgrund höherrangiger Rechtswerte gerechtfertigt sein.

(a) Art. 58 Abs. 1 lit. a EG

Insbesondere könnte die Steuerklausel des Art. 58 Abs. 1 lit. a EG als Rechtfertigungsgrund eingreifen. Wie bereits erörtert wurde, ist diese Klausel auch auf solche Steuernormen anwendbar, die erst nach dem 1.1.1994 durch die Mitgliedsstaaten verabschiedet wurden[1032]. Sie vermag sowohl Beschränkungen des Art. 56 Abs. 2 EG zwischen den Mitgliedsstaaten als auch gegenüber Drittstaaten zu rechtfertigen[1033]. Indessen ist der Regelungsgehalt des Art. 58 Abs. 1 lit. a EG, wie bereits dargelegt, umstritten[1034].

Folgt man der Auslegung der Steuerklausel als tatbestandlicher Rückausnahme vom Verbot des Art. 56 Abs. 2 EG, so bezieht sich eine solche Rückausnahme nach dem Wortlaut der Vorschrift lediglich auf Diskriminierungen zu Lasten bestimmter Steuerpflichtiger[1035]. Nicht vom Wortlaut der Norm erfasst sind indessen Differenzierungen zu Lasten bestimmter Kapitalschuldner[1036]. Wird also – wie durch die vorliegenden Steuernormen – zwischen nationalen und ausländischen Kreditinstituten bzw. zwischen nationaler und fremdstaatlicher öffentlicher Hand als Kapitalschuldner differenziert, so greift Art. 58 Abs. 1 lit. a EG, verstanden als tatbestandliche Rückausnahme, nicht ein.

Dasselbe gilt, wenn man der Steuerklausel – der Rechtsprechung des EuGH und einem Teil der Literatur[1037] folgend – lediglich Klarstellungsfunktion beimisst. Nach dieser Ansicht bestätigen Art. 58 Abs. 1 lit. a EG und Abs. 3 lediglich die ohnehin bestehende Möglichkeit, dass mitgliedsstaatliche Vorschriften mit dem Gemeinschaftsrecht vereinbar sind, sofern sie in Situationen angewandt werden, die nicht objektiv vergleichbar sind oder sie durch zwingende Gründe des Allgemeinwohls gerechtfertigt sind[1038]. Als rechtfertigender Grund des Allgemeinwohls in diesem Sinne kommt für die steuerliche Benachteiligung ausländischer Finanzinstrumente, insbesondere öffentlicher Anleihen allein ein haushaltspolitisches Argument in Betracht. Aufgrund der steuerlichen Benachteiligung von Zinsen aus ausländischem Portfolioinvestitionen haben nationale Portfolioinvestitionen für Ansässige – relativ gesehen – eine erhöhte Rentabilität nach Steuern. Im globalen Wettbewerb um Kapital vermag sich der jeweilige Mitgliedsstaat durch die Förderung nationaler öffentlicher Anleihen also einen wirtschaftlichen Vorteil zu sichern. Da aber der Finanzbedarf des Staates absolut ist, also sämtliche Steuerpflichtigen gleichermaßen trifft, stellt er kein taugliches Differenzierungskriterium

---

1032 Siehe Teil E II.4.a)(2).

1033 Siehe Teil E.II.4.a)(2).

1034 Siehe Teil E.II.e.a)(3)(c).

1035 Herzig, GS Knobbe-Keuk, 627 (638); Dautzenberg, RIW 1998, 537 (540).

1036 Ress/ Ukrow, in: Grabitz/ Hilf, EUV/ EGV, Art. 58 EG Rz. 12; Kiemel, in: von der Groeben/ Schwarze, EUV/ EGV, 6. Aufl., Bd. 1, Art. 58 EG Rz. 15.

1037 So Schön, GS Knobbe-Keuk, 743 (768); Freitag, EWS 1997, 186 (194); Sedlaczek, in: Lechner/ Staringer/ Tumpel, Kapitalverkehrsfreiheit und Steuerrecht, 27 (52); Ruppe, in: Lechner/ Staringer/ Tumpel, Kapitalverkehrsfreiheit und Steuerrecht, 11 (21); Dautzenberg, RIW 1998, 537 (544).

1038 Vgl. zu dieser Argumentation: EuGH v. 6.6.2000, C-35/ 98, Verkooijen, EuGHE 2000, I- 4113 (I-4129) Rz. 43

dar[1039]. Der EuGH[1040] lehnt unter Zustimmung aus der Literatur[1041] das Ziel der Sicherung von Staatseinnahmen – weil wirtschaftspolitisch motiviert – als rechtfertigenden Grund des Allgemeinwohls ab. Entsprechendes muss auf Grundlage dieser Auffassung für die Sicherung von Wohlfahrtsgewinnen gelten, die der Staat zu erzielen sucht, indem er durch Steuervergünstigungen für Zinsen aus Einlagen bei nationalen Kreditinstituten Kapital ins Inland lockt. Auch dies vermag als rein wirtschaftspolitische Erwägung eine Beschränkung des freien Kapitalverkehrs nicht zu rechtfertigen. Dies bedeutet, dass auch nach diesem Interpretationsansatz Art. 58 Abs. 1 lit. a EG nicht einschlägig ist.
Nichts anderes ergibt sich, wenn man mit der hier vertretenen Ansicht[1042] in Art. 58 Abs. 1 lit. a EG den Rechtfertigungsgrund der steuerlichen „Kohärenz“ verankert sieht: Die Versagung der Steuervergünstigung für Zinszahlungen aus ausländischen Kapitalanlagen, insbesondere öffentlichen Anleihen, lässt sich nicht damit rechtfertigen, dass ein Vorteilsausgleich in Form der Gewährung von Steuervorteilen erfolgt („Mikro-Kohärenz“ im Sinne der EuGH-Rechtsprechung[1043]). Insbesondere stellt die Steuervergünstigung als solche gerade eine Abweichung vom System des nationalen Steuerrechts dar, vermag also dessen „Kohärenz“ nicht zu dienen[1044]. Auch greift die von der Literatur vertretene „Makro-Kohärenz“ [1045] nicht ein. Insbesondere kann das Argument, dass auch andere Mitgliedsstaaten Steuervergünstigungen jeweils nur für ihre eigenen öffentlichen Anleihen gewähren, die steuerrechtliche Benachteiligung grenzüberschreitender Zinszahlungen nicht rechtfertigen. Verhielten sich nämlich sämtliche Mitgliedsstaaten in diesem Sinne, so führte dies lediglich zu einer Kumulation von Diskriminierungstatbeständen für grenzüberschreitende Zinszahlungen. Der internationalen Abgrenzungsgerechtigkeit (inter country equity) wäre damit nicht gedient.
Als Zwischenergebnis ist daher festzuhalten: Art. 58 Abs. 1 lit. a EG ist nach sämtlichen zu seiner Auslegung vertretenen Ansichten vorliegend nicht einschlägig.

(b) Art. 58 Abs. 1 lit. b, Alt. 1 EG

Möglicherweise aber ist Art. 58 Abs. 1 lit. b, Alt. 1 EG als Rechtfertigungsgrund einschlägig. Die steuerliche Schlechterstellung von Zinserträgen aus ausländischen öffentlichen Anleihen gegenüber Zinserträgen aus vergleichbaren inländischen Anleihen bei Ansässigen müsste dann geeignet sein, um eine „wirksame steuerliche Kontrolle“ zu gewährleisten.
Wie bereits erörtert, rechtfertigt Art. 58 Abs. 1 lit. b Alt. 1 EG nicht per se sämtliche staatlichen Maßnahmen, die der Verhinderung von „Steuerflucht“ im Sinne eines Oberbegriffs für Verhaltensweisen dienen, die bewirken, dass das Steuerfluchtland den Zugriff auf ein Besteu-

---

1039 Reimer, in: Lehner, Grundfreiheiten im Steuerrecht der EU-Staaten, 39 (64).

1040 EuGH v. 14.11.1995, C-484/ 93, Svensson und Gustavsson, EuGHE 1995, I-3971 (I-3976) Rz. 15; EuGH v. 257.1991, C-288/ 89, Collective Antennevoorziening Gouda u. a., EuGHE 1991, I-4007 (I-4040) Rz. 11.

1041 Reimer, in: Lehner, Grundfreiheiten im Steuerrecht der EU-Staaten, 39 (64).

1042 Siehe Teil E II.4.a)(3)(c).

1043 EuGH v. 16.7.1998, C-264/ 96, ICI, EUGHE 1998, I-4695 (I-4708) Rz. 29; v. 27.6.1996, C-107/ 94, Asscher, EUGHE 1996, I-3089 (I-3100) Rz. 58-60; v. 14.11.1995, C-484/ 93, Svensson und Gustavson, EUGHE 1995, I-3971 (I-3977) Rz. 18; v. 28.1.1992, C-104/ 90, Bachmann, EUGHE 1992, I-276 (282) Rz. 22 f.; v. 28.1.1992, C-300/ 90, Kommission/ Belgien, EUGHE 1992, I-314 (I-319) Rz. 14-16.

1044 Vgl. dazu unter Teil E III.1.a) die Erläuterung des Begriffs der begünstigenden „Sozialzwecknorm“, die aus wirtschafts- oder sozialpolitischen Gründen von der Belastungsstruktur des Steuerrechts (Leistungsfähigkeitsprinzip) abweicht.

1045 Cordewener, Europäische Grundfreiheiten und nationales Steuerrecht, S. 973.

erungsgut verliert, während das Steuerzufluchtsland ihn erhält[1046]. Vielmehr muss auf einem liberalisierten Kapitalmarkt eine Verlagerung des Steueraufkommens grundsätzlich als Folge mangelnder Steuerharmonisierung hingenommen werden. Demnach sind die Mitgliedsstaaten zwar berechtigt, eine Wahrnehmung widerrechtlicher Steuervorteile infolge vorsätzlicher Steuerhinterziehung oder fahrlässiger Steuerverkürzung zu verhindern[1047]. Bei Steuerumgehungen gilt es jedoch, diejenigen Fälle, in denen die Verlagerung von Steueraufkommen die *Folge* einer ökonomisch indizierten, grundfreiheitlich geschützten Tätigkeit ist, negativ abzugrenzen von denjenigen Einzelfällen, in denen das *Motiv* der Steuervermeidung ausschlaggebend für eine bestimmte Sachverhaltsgestaltung ist[1048]. Nur letztgenannten Transaktionen darf zum Zwecke einer „wirksamen steuerlichen Kontrolle" nach Art. 58 Abs. 1 lit. b Alt. 1 EG entgegengetreten werden.

Fraglich ist, ob die Versagung der für Zinsen aus inländischen Sparinstrumenten und inländischen öffentlichen Anleihen gewährten sachlichen Steuerbefreiung bei Zinsen aus entsprechenden ausländischen Kapitalanlagen als solche geeignet, erforderlich und angemessen ist (Art. 58 Abs. 3 EG), um Steuerumgehung oder Steuerhinterziehung bzw. -verkürzung zu verhindern.

Versteht man unter Steuerumgehung grenzüberschreitenden Sachverhaltsgestaltungen, die darauf abzielen, ein bestimmtes ökonomisches Ergebnis zu erzielen, ohne den Besteuerungstatbestand auszulösen, der typischerweise mit diesem wirtschaftlichen Vorgang verbunden ist[1049], so gilt Folgendes: Infolge der sachlichen Steuerbefreiung für Zinsen aus inländischen öffentlichen Anleihen und sonstigen Sparinstrumenten besteht im Ansässigkeitsstaat bereits kein inländischer Besteuerungstatbestand, der über eine entsprechende Auslandsinvestition umgangen werden könnte. Vielmehr antizipiert der Ansässigkeitsstaat über die Steuerbefreiung für Zinsen aus inländischen Kapitalanlagen bereits den Verlust des Besteuerungszugriffs, den er im Falle von entsprechenden Auslandsanlagen erwartet. Die isolierte Gewährung einer sachlichen Steuerbefreiung für Zinsen aus inländischen öffentlichen Anleihen und sonstige Sparinstrumente erscheint im Ergebnis also nicht geeignet, Steuerumgehung zu verhindern.

Betrachtet man demgegenüber das Ziel der Vermeidung von Steuerhinterziehung bzw. -verkürzung, so ergibt sich Folgendes: Es besteht die Möglichkeit, dass Zinsen aus ausländischen Kapitalanlagen im Ansässigkeitsstaat, dem abkommensrechtlich zumeist das ausschließliche Besteuerungsrecht zusteht[1050], nicht deklariert werden[1051]. Zudem wird als These vorweggenommen, dass dem Ansässigkeitsstaat zur Realisierung seines Besteuerungsanspruchs bei Zinserträgen aus dem Ausland nur unzureichende Verifikationsmöglichkeiten zur Verfügung stehen. Tatsächlich besteht damit bei Zinsen aus ausländischen Kapitalanlagen eine nicht unerhebliche Gefahr der Steuerhinterziehung.

Indessen ist zweifelhaft, ob eine Maßnahme, durch welche eine für Zinsen aus inländischen Kapitalanlagen geltende Steuerbefreiung bzw. tarifliche Vergünstigung für Zinsen aus vergleichbaren Kapitalanlagen versagt wird, geeignet ist, eine solche Steuerhinterziehung zu verhindern. Vielmehr ist davon auszugehen, dass sich gerade hinterziehungswillige Anleger nicht

---

1046 Tipke/Lang, Steuerrecht, 17. Aufl., § 7 Rz. 21. Diese weisen darauf hin, dass der Begriff der „Steuerflucht" insoweit unpräzise ist, als er sowohl legale Steuervermeidung als auch Steuerumgehung und -hinterziehung umfasst.

1047 Cordewener, Europäische Grundfreiheiten und nationales Steuerrecht, S. 952 f.

1048 Cordewener, Europäische Grundfreiheiten und nationales Steuerrecht, S. 955.

1049 Cordewener, Europäische Grundfreiheiten und nationales Steuerrecht, S. 954.

1050 Siehe Teil E III.3.

1051 Siehe Teil E II.e.b)(1)(e).

durch einen (ggf. höheren) materiellen Steueranspruch ihres Ansässigkeitsstaats von Auslandsinvestitionen abschrecken lassen. Dies gilt umso mehr, als die Verifikationsmöglichkeiten des Ansässigkeitsstaats in diesem Falle unzureichend sind, er insoweit also auf die Deklaration der ausländischen Zinserträge angewiesen ist. Unterstellt man gleichwohl, dass die Versagung der Steuerbefreiung für Zinserträge aus ausländischen Kapitalanlagen dazu führt, dass weniger in diese investiert wird, dann bedeutet dies nichts anderes, als dass die Verwirklichung des Steuertatbestandes, also die Entstehung des Steueranspruchs, verhindert wird. Der Verkürzung eines bestehenden Steueranspruchs wird damit gerade nicht begegnet.
Im Ergebnis ist die Versagung der für Zinsen aus inländischen öffentlichen Anleihen und anderen Sparinstrumenten geltenden Steuervergünstigung für Zinsen aus entsprechenden ausländischen Kapitalanlagen daher nicht geeignet, Steuerumgehung oder Steuerhinterziehung bzw. -verkürzung zu verhindern. Eine solche Maßnahme ist nicht zum Zwecke „wirksamer steuerlicher Kontrolle" nach Art. 58 Abs. 1 lit. b, Alt. 1 EG gerechtfertigt.

(c) Art. 58 Abs. 1 lit. b, Alt. 2 EG

Möglicherweise aber greift vorliegend der „ordre public"-Vorbehalt des Art. 58 Abs. 1 lit. b, Alt. 2 EG als Rechtfertigungsgrund. Nach hier vertretener Auffassung dient diese Vorschrift der Bekämpfung von Steuerflucht, welche durch „schädlichen Steuerwettbewerb" zwischen den Mitgliedsstaaten motiviert ist[1052]. Fraglich ist, ob die Versagung der für Zinsen aus Spareinlagen bei inländischen Kreditinstituten sowie für Zinsen aus inländischen öffentlichen Anleihen geltenden Steuervergünstigungen für Zinsen aus entsprechenden ausländischen Kapitalanlagen geeignet, erforderlich und angemessen (Art. 58 Abs. 3 EG) ist, einer durch „schädlichen Steuerwettbewerb" motivierten Kapitalflucht[1053] entgegenzutreten.

(i) Verhinderung von „schädlichem Steuerwettbewerb"

Die Voraussetzungen „schädlichen Steuerwettbewerbs" werden an anderer Stelle im Einzelnen erläutert[1054]. Hier sei als These vorweggenommen, dass „schädlicher Steuerwettbewerb" durch die gezielte Gewährung von Steuervorteilen an nichtansässige Anleger charakterisiert wird, durch die es zu EG-rechtswidrigen Verzerrungen im Wettbewerb zwischen Unternehmen bei der Kapitalakquise kommt (Art. 2, 3 lit. g EG). Vorliegend könnte die steuerliche Benachteiligung von Zinsen aus ausländischen öffentlichen Anleihen und sonstigen ausländischen Sparinstrumenten darauf abzielen, eine Kapitalflucht zu verhindern, die durch Steuerbefreiungen motiviert ist, welche der Quellenstaat seinerseits isoliert an Nichtansässige gewährt und welche zu EG-rechtswidrigen Verzerrungen im Wettbewerb zwischen Unternehmen bei der Kapitalakquise führen[1055].
Vorliegend ist indessen bereits zweifelhaft, ob der Quellenstaat als Steuerzufluchtsland überhaupt eine isolierte Steuerbefreiung für Zinsen Nichtansässiger aus seinen eigenen öffentlichen Anleihen bzw. aus inländischen Spareinlagen gewährt. Vielmehr werden, wie die bisherigen Erörterungen zeigen, in einer Vielzahl von Mitgliedsstaaten gerade auch Ansässigen sachliche Steuerbefreiungen für Zinsen aus inländischen öffentlichen Anleihen bzw. bestimmten inländischen Spareinlagen gewährt (nationale Sparförderung). In diesen Fällen mangelt es

---

1052 Siehe Teil E II.4.b)(2).
1053 Darunter wird vorliegend die Steuerflucht des Kapitals verstanden. Zum Begriff der Steuerflucht siehe Teil E II.4.b)(d)(ii).
1054 Siehe Teil F II.2.
1055 Vgl. auch Honrath, Umfang und Grenzen der Freiheit des Kapitalverkehrs, S. 93 f.

bereits an der isolierten Vorteilsgewährung an Nichtansässige, die „schädlichen Steuerwettbewerb" charakterisiert. Eine Rechtfertigung nach Art. 58 Abs. 1 lit. b, Alt. 2 EG scheidet dann aus.

Gewährt indessen im Einzelfall ein Quellenstaat für Zinsen aus nationalen Sparinstrumenten bzw. nationalen öffentlichen Anleihen eine Steuerbefreiung lediglich an Nichtansässige, so stellt sich die Frage, ob es dadurch zu EG-rechtswidrigen Verzerrungen im Wettbewerb zwischen Unternehmen bei der Kapitalakquise kommt (Art. 2, 3 lit. g EG).

Im Fall von Zinsen aus öffentlichen Anleihen erscheint dies schon deshalb fraglich, weil von einer entsprechenden Wettbewerbsverzerrung lediglich die Mitgliedsstaaten in ihrer Funktion als Emittenten öffentlicher Anleihen betroffen wären. Möglicherweise zählen diese nicht zum Kreis derjenigen Unternehmen, die das EG-vertragliche System eines unverfälschten Wettbewerbs schützt. Dafür spricht, dass die Mitgliedsstaaten Adressaten des Beihilfeverbots nach Art. 87 Abs. 1 EG sind. Können sie dann zugleich aus der Wettbewerbsordnung subjektiv berechtigt sein?

Andererseits ergibt sich aus Art. 86 Abs. 1 EG, dass die Wettbewerbsregeln des EG-Vertrags gleichermaßen für privatrechtliche wie auch öffentlich-rechtliche Unternehmen zu gelten haben[1056]. Daher erscheint es überzeugend, wenn der EuGH unter den Begriff des „Unternehmens" als autonom gemeinschaftsrechtlichen Begriff jede wirtschaftlich tätig werdende Einheit, unabhängig von ihrer Rechtsform und ihrer Finanzierungsart fasst[1057]. Fehlende Gewinnerzielungsabsicht steht dem nicht entgegen, sofern es für die ausgeübte Tätigkeit einen Markt gibt, in dem mehrere Teilnehmer in einem Wettbewerbsverhältnis zueinander stehen[1058]. Soweit der Wettbewerb zwischen Mitgliedsstaaten als Emittenten von öffentlichen Anleihen betroffen ist, ist eine EG-rechtswidrige Wettbewerbsverzerrung also nicht von vorneherein ausgeschlossen. Diese Ausführungen gelten für den Wettbewerb zwischen öffentlich-rechtlichen Kreditinstituten entsprechend.

Insgesamt ist also zu prüfen, ob die steuerliche Privilegierung von Zinsen Nichtansässiger im Quellenstaat – sei es von Zinsen aus Einlagen bei inländischen privat- oder öffentlich-rechtlichen Kreditinstituten, sei es von Zinsen aus inländischen öffentlichen Anleihen – eine EG-rechtswidrige Wettbewerbsverzerrung zwischen Unternehmen bei der Kapitalakquise bewirkt. Dazu wird Folgendes als These vorweggenommen[1059]: Der Ansässigkeitsstaat hat bei ausländischen Zinserträgen zur Durchsetzung seines Besteuerungsanspruchs (Welteinkommensprinzip) nur unzureichende Verifikationsmöglichkeiten. Dies gilt jedenfalls dann, wenn Zinsen auf Bankkonten im Quellenstaat gutgeschrieben werden und dort ein Bankgeheimnis gegenüber den Finanzbehörden besteht bzw. die Finanzbehörden nur beschränkte Ermittlungsbefugnisse gegenüber Kreditinstituten haben. In diesem Fall führt die abkommensrechtliche Steuerbefreiung von Zinsen Nichtansässiger im ausländischen Quellenstaat[1060] in Verbindung mit der mangelnden Durchsetzbarkeit des Besteuerungsanspruchs des Ansässigkeits-

---

1056 Koenig/ Kühling/ Ritter, EG-Beihilfenrecht, S. 76; Cremer, in: Calliess/ Ruffert, EUV/ EGV, Art. 87 EG Rz. 8.

1057 EuGH v. 19.1.1994, C-364/92, SAT Fluggesellschaft/ Eurocontrol, EuGHE 1994, I-43 (I-61) Rz. 18; v. 17.2.1993 C-159/91, C-160/91, Poucet und Pistre, EuGHE 1993, I-637 (I-669) Rz. 17; v. 23.4.1991, C-41/90, Höfner und Elser, EuGHE 1991, I-1979 (I-2016) Rz. 21. Vgl. dazu: Koenig/ Kühling/ Ritter, EG-Beihilfenrecht, S. 76.

1058 Kommission der Europäischen Gemeinschaften v. 16.9.1997, Gemeinnützige Abfallverwertung GmbH, ABl. EG 1998 Nr. L 159/58, S. 62.

1059 Siehe dazu Teil F.I.4.

1060 Siehe Teil E III.3.

staats jedenfalls für hinterziehungswillige Anleger dazu, dass Auslandsinvestitionen wirtschaftlich attraktiver werden als entsprechende Inlandsinvestitionen. Dies bewirkt eine EG-rechtswidrige Verzerrung des Wettbewerbs zwischen Unternehmen mit Sitz innerhalb bzw. außerhalb des Ansässigkeitsstaats eines Anlegers bei der Kapitalakquise.
Dementsprechend kommt es vorliegend zu einer Wettbewerbsverzerrung zwischen Kreditinstituten mit Sitz im Quellenstaat des Anlegers und Kreditinstituten bzw. Kapitalanlagegesellschaften mit Sitz in dessen Ansässigkeitsstaat. Dies bedeutet, dass eine Maßnahme „schädlichen Steuerwettbewerbs" vorliegt[1061]. Entsprechendes gilt für den Wettbewerb zwischen Quellen- und Wohnsitzstaat in ihrer Funktion als Emittenten, sofern eine Gutschrift der Zinsen auf Bankkonten im jeweiligen Investitionsstaat erfolgt.
Wenn eine Maßnahme „schädlichen Steuerwettbewerbs" in den genannten Fällen also vorliegt, ist der Ansässigkeitsstaat grundsätzlich nach Art. 58 Abs. 1 lit. b, Alt. 2 EG berechtigt, die dadurch motivierte Steuerflucht zu verhindern, um auf diese Weise die aufgezeigten Wettbewerbsverzerrungen auf dem europäischen Kapitalmarkt zu beseitigen.

(ii) Geeignetheit und Erforderlichkeit der Maßnahme

Fraglich ist allein, ob die Maßnahme des Ansässigkeitsstaats, seinerseits Zinsen aus Spareinlagen bei inländischen Kreditinstituten bzw. Zinsen aus inländischen öffentlichen Anleihen gegenüber Zinsen aus entsprechenden ausländischen Kapitalanlagen steuerlich zu privilegieren, geeignet, erforderlich und angemessen ist, um die aufgezeigten Wettbewerbsverzerrungen zu beseitigen (Art. 58 Abs. 3 EG).
Zur Geeignetheit der Maßnahme sind folgende Überlegungen anzustellen: Werden Zinsen Ansässiger aus inländischen Kapitalanlagen sachlich steuerbefreit bzw. tariflich begünstigt, während Zinsen aus entsprechenden ausländischen Kapitalanlagen mit einer (ggf. höheren) materiellen Steuerpflicht belegt werden, so verringert sich – bei gegebenem Bruttoertrag – die Nettorendite der ausländischen Kapitalanlagen gegenüber derjenigen der inländischen Kapitalanlagen. Die inländischen Kapitalanlagen werden damit – jedenfalls für steuerehrliche Anleger – wirtschaftlich attraktiver als entsprechende Auslandsinvestitionen. Dies wirkt einer durch die Wahrnehmung von Steuervorteilen im Quellenstaat motivierten Steuerflucht entgegen. Es kann jedoch nicht ausgeschlossen werden, dass die Steuerprivilegierung im Ansässigkeitsstaat zu neuen – wenn auch entgegengesetzt wirkenden – Wettbewerbsverzerrungen führt. Insofern erscheint es bereits zweifelhaft, ob der Ansatz geeignet ist, „schädlichen Steuerwettbewerb" zu unterbinden.
Jedenfalls aber könnte die von der isolierten Steuerbefreiung von Zinsen Nichtansäs siger im Quellenstaat ausgehende Verzerrungswirkung für private Anlageentscheidungen (mindestens) ebenso wirksam beseitigt werden, wenn der Ansässigkeitsstaat Zinserträge aus inländischen wie ausländischen öffentlichen Kapitalanlagen gleichermaßen steuerfrei stellen würde. Auch in diesem Fall gäbe es für private Anleger keinen steuerlichen Anreiz zur Auslandsinvestition mehr. Ebenso wenig würden private Anlageentscheidungen – und damit der Wettbewerb von Unternehmen um Kapital – in die umgekehrte Richtung verzerrt.
Diese Maßnahme wäre aus gemeinschaftsrechtlicher Sicht nicht nur ebenso geeignet wie die isolierte Steuerbefreiung von Zinsen aus inländischen öffentlichen Anleihen, um „schädlichen Steuerwettbewerb" zu unterbinden; sie wäre auch weniger belastend im Hinblick auf die Zahlungsverkehrsfreiheit. Die Diskriminierung von Zinsen aus ausländischen öffentlichen Anlei-

1061 Siehe dazu ausführlich Teil F II.2.b).

hen erscheint damit zur Unterbindung von „schädlichem Steuerwettbewerb" nicht erforderlich.

(iii) Zwischenergebnis

Die diskutierte Maßnahme ist zum Zweck der Verhinderung von „schädlichem Steuerwettbewerb" nicht erforderlich. Daher kann sie nicht auf den Rechtfertigungsgrund des Art. 58 Abs. 1, lit. b, Alt. 2 EG gestützt werden.

(3) Ergebnis

Im Ergebnis stellt die steuerliche Benachteiligung der Zinsen aus ausländischen öffentlichen Anleihen und Zertifikaten sowie von Zinsen aus sonstigen ausländischen Sparinstrumenten gegenüber Zinsen aus entsprechenden inländischen Anlageformen eine gegen die Zahlungsverkehrsfreiheit nach Art. 56 Abs. 2 EG verstoßende Diskriminierung dar.

2. Veranlagung zum progressiven Steuersatz bei ausländischen Zinsen Ansässiger

Möglicherweise verstoßen auch solche Steuerregelungen gegen die Zahlungsverkehrsfreiheit, die im Ausland erzielte Zinsen bei Ansässigen, also unbeschränkt Steuerpflichtigen, zwingend der Veranlagung zum individuellen, progressiven Steuersatz unterwerfen, während inländische Zinserträge (zumindest optional) einer pauschalierten Abgeltungssteuer (an der Quelle) unterworfen werden. Solche Regelungen finden sich in Frankreich, Griechenland, Irland, Österreich und Portugal.

a) Prüfungsgegenstand des Art. 56 Abs. 2 EG

In Frankreich können sich Gebietsansässige für inländische Zinserträge statt für eine Einbeziehung in die Bemessungsgrundlage mit der Folge der Veranlagung der Einkünfte zum individuellen progressiven Steuersatz für eine Pauschalbesteuerung (prélèvement forfaitaire) entscheiden. In diesem Fall ist ein Aufwendungsabzug nicht zulässig (Bruttobasis), der Tarif der Abgeltungssteuer liegt – je nach Finanzinstrument – zwischen 15 % und 35 %. Die erhobene Quellensteuer wird auf die individuelle Einkommensteuerschuld oder – im Fall der Option – auf die Pauschalsteuer angerechnet. Die Option zur Pauschalbesteuerung steht Gebietsansässigen für ihre ausländischen Zinserträge nicht offen. Sie unterliegen zwingend der Veranlagung zum progressiven (Teilmengen-)Tarif auf Nettobasis von bis zu 49,58 % .
In Irland wird die auf manche inländische Kapitalerträge angewandte abgeltende Deposit Interest Retention Tax (DIRT) in Höhe von 20 % auf Zinserträge ausländischer Kapitalschuldner nicht angewandt. Letztere werden bei unbeschränkt Steuerpflichtigen auf der arising basis je nach Einkommenshöhe im Rahmen der Veranlagung mit der standard rate von 20 % oder der higher rate von 46 % besteuert.
In Griechenland unterliegen Zinserträge aus bestimmten inländischen Anlageformen bei unbeschränkt Steuerpflichtigen einer abgeltenden Quellensteuer (auf Bruttobasis) anstelle der Veranlagung auf Nettobasis zum progressiven Tarif. Hierzu zählen Zinsen aus Bank- und Spareinlagen bei inländischen Banken (Tarif: 15 %). Für ausländische Zinseinkünfte unbeschränkt Steuerpflichtiger hingegen gilt zwingend das Veranlagungsprinzip mit einem progressiven Teilmengentarif von bis zu 40 %. Die Anwendung einer pauschalierten Besteuerung ist hier unzulässig.
In Österreich unterliegen inländische Zinserträge unbeschränkt Steuerpflichtiger, also Zinsen aus Geldeinlagen bei inländischen Kreditinstituten, im Inland bezogene Zinsen aus Wertpapieren und Schuldverschreibungen – nicht aber Zinsen aus Privatdarlehen – dem Abzug einer abgeltenden Quellensteuer in Höhe von grundsätzlich 25 % (Kapitalertragsteuer). Sofern der

Steuerpflichtige einem individuellen Steuersatz von unter 25 % unterliegt, kann er stattdessen für eine Veranlagung optieren. Für Zinsen unbeschränkt Steuerpflichtiger aus ausländischen Quellen gilt Folgendes: Werden Zinscoupons durch ein inländisches Finanzinstitut ausbezahlt, so wird ebenfalls eine abgeltende Kapitalertragsteuer in Höhe von 25 % erhoben. In allen anderen Fällen werden die Zinsen aus ausländischen Investitionen im Rahmen der Veranlagung mit dem progressiven Steuersatz des Steuerpflichtigen von bis zu 50 % besteuert.
In Portugal werden Zinsen, die unbeschränkt Steuerpflichtige beziehen, grundsätzlich einer abgeltenden Quellensteuer von 20 %, 8 %, 15 %, 16 % oder 25 % je nach Art der Finanzanlage und Anlagedauer unterworfen (taxa liberatória). Stattdessen kann der unbeschränkt Steuerpflichtige aber auch zu einer Einbeziehung der Zinsen in die Bemessungsgrundlage optieren, mit der Folge, dass die entrichtete Quellensteuer auf die endgültige Einkommensteuerschuld anrechenbar ist. Unbeschränkt Steuerpflichtige unterliegen mit ihren ausländischen Zinserträgen ebenfalls der portugiesischen Einkommensteuer. Die Einkünfte werden stets mit einem progressiven Einkommensteuersatz von bis zu 40 % veranlagt.

b) Regelungsumfang des Art. 56 Abs. 2 EG

Fraglich ist, ob diejenigen Normen, die im Ausland erzielte Zinsen Gebietsansässiger der Veranlagung zum progressiven Steuersatz unterwerfen, im Hinblick auf die für inländische Zinserträge geltende Abgeltungssteuer mit der Zahlungsverkehrsfreiheit nach Art. 56 Abs. 2 EG vereinbar sind[1062].

(1) Schutzbereich

Auch hier ist der Schutzbereich des Art. 56 Abs. 2 EG eröffnet. Dies gilt sowohl für Zinszahlungen, die Gebietsansässige aus anderen Mitgliedsstaaten erhalten, als auch für solche, die sie aus Drittstaaten erhalten (Erga-omnes Prinzip).

(2) Diskriminierung

Eine gegen Art. 56 Abs. 2 EG verstoßende Diskriminierung setzt voraus, dass zwischen inländischen und grenzüberschreitenden Zinszahlungen zu Lasten letzterer differenziert wird, obwohl sich für die Differenzierung keine sachlichen Gründe finden, die über die Grenzüberschreitung als solche hinausgehen.
Vorliegend kommt eine solche Diskriminierung grenzüberschreitender Zinszahlungen unter folgendem Aspekt in Betracht: Während auf Zinsen Ansässiger aus Kapitalanlagen im Ausland der individuelle, progressive Steuersatz des Steuerpflichtigen angewandt wird, kommt auf Zinsen Ansässiger aus inländischen Kapitalanlagen ein linearer (Abgeltungs-) Tarif zur Anwendung. Eine nach Art. 56 Abs. 2 EG unzulässige Diskriminierung setzt indessen voraus, dass sich beide Vergleichsgruppen im Hinblick auf die konkrete Steuernorm in gleichartiger Lage befinden. Die konkrete Steuernorm regelt vorliegend die Anwendung des Steuersatzes. Da sie somit an die objektive Leistungsfähigkeit des Steuerpflichtigen anknüpft, befinden sich bei gegebenem Zinsertrag Ansässige mit inländischen bzw. ausländischen Zinserträgen im Hinblick auf die konkrete Steuernorm in gleichartiger Lage. Dennoch werden Ansässige mit ausländischen Zinserträgen gegenüber solchen mit inländischen Zinserträgen tariflich benachteiligt, wenn ihr individueller Steuersatz über dem Tarif der Abgeltungssteuer liegt. Dies kommt in sämtlichen hier relevanten Mitgliedsstaaten für Ansässige mit hohem steuerlichem

---

1062 Birk, in: Schick, Veranlagung, 23 (24) lässt diese Frage ausdrücklich offen.

Einkommen in Betracht, da der Spitzengrenzsteuersatz in diesen Staaten jeweils weit über dem linearen Steuersatz der Abgeltungssteuer liegt.
Möglicherweise aber wird die tariflich bedingte Benachteiligung kompensiert, wenn man die Bemessungsgrundlage in die Vergleichsbetrachtung mit einbezieht. Da bei der Veranlagung ausländischer Zinserträge ein Aufwendungsabzug möglich ist, die Abgeltungssteuer hingegen als Bruttosteuer einbehalten wird, kommt insoweit ein Vorteilsausgleich in Betracht. Indessen beschränkt der EuGH in ständiger Rechtsprechung seine Vergleichsbetrachtung auf die konkrete Steuernorm, so dass ein Vorteilsausgleich immer dann ausgeschlossen ist, wenn er auf einer Rechtsnorm beruht, die von der diskriminierenden Norm verschieden ist[1063]. Dies bedeutet, dass die Benachteiligung der ausländischen Zinserträge beim Steuertarif nicht durch die Besserstellung infolge des Werbungskostenabzugs aufgehoben wird. Ein Vorteilsausgleich auf tatbestandlicher Ebene muss ausscheiden.
Dasselbe gilt für die Überlegung, dass der Wohnsitzstaat für ausländische Zinserträge nur wenig Verifikationsmöglichkeiten hat, so dass die tarifliche Schlechterstellung der ausländischen Zinserträge faktisch durch Vollzugsdefizite kompensiert werden könnte. Diese Kompensation beruht jedenfalls nicht auf derselben Rechtsnorm wie die Belastungswirkung, so dass ein Vorteilsausgleich nach ständiger Rechtsprechung des EuGH auch insoweit ausscheiden muss.
Es lassen sich für die Benachteiligung beim Steuertarif daher keine – über die Grenzüberschreitung als solche hinausgehende – sachliche Gründe finden. Deshalb liegt eine grundsätzlich gegen Art. 56 Abs. 2 EG verstoßende Diskriminierung vor.

(3) Rechtfertigung

Fraglich ist, ob diese Diskriminierung aufgrund höherrangiger Rechtswerte gerechtfertigt ist.

(a) Art. 58 Abs. 1 lit. a, Abs. 3 EG

Es könnte insbesondere die Steuerklausel des Art. 58 Abs. 1 lit. a EG i. V. m. Abs. 3 der Norm eingreifen.

(i) Steuerklausel (Abs. 1 lit. a)

Versteht man Art. 58 Abs. 1 lit. a EG als Bereichsausnahme, so gilt, was bereits zur nationalen Sparförderung und zur steuerlichen Besserstellung nationaler Anleihen ausgeführt wurde: Die Norm vermag die vorliegende Differenzierung zwischen in- und ausländischen Kapitalschuldnern schon ihrem Wortlaut nach nicht zu erfassen.
Versteht man die Vorschrift im Sinne einer Bestätigung des Grundsatzes, dass Diskriminierungen aus Gründen des Allgemeinwohls gerechtfertigt sein können (so der EuGH), kommt als gesetzgeberisches Motiv die Stärkung der Wettbewerbsfähigkeit inländischer Finanzinstitute in Betracht. Durch eine steuerliche Begünstigung der Zinseinkünfte, die gerade einkommensstarke Anleger von inländischen Finanzinstituten beziehen, soll die Anlage bei Letzteren für Gebietsansässige finanziell attraktiver werden. Solch wirtschaftspolitische Erwägungen

1063 EuGH v. 28.1.1986, C-170/ 83, Kommission/ Französische Republik (avoir fiscal), EuGHE 1986, I-273 (I-305) Rz. 21; EuGH v. 6.6.2000, C-35/ 98, Verkooijen, EuGHE 2000, I- 4113 (I-4133) Rz. 61 m. w. N. zur stRspr.; zustimmend auch die Schlussanträge von GA Tizzano zu EuGH v. 30.5.2002, Schmid, EuGHE 2002, I-4573 (I-4591), Rz. 53; Lang, IWB Nr. 4 v. 27.2.2002, Fach 5, Gruppe 2, 555 (557).

sind indessen nach der Rechtsprechung des EuGH nicht geeignet, eine Beschränkung der Grundfreiheiten zu rechtfertigen[1064].

Fraglich ist indessen, ob Art. 58 Abs. 1 lit. a EG als Verankerung des „Kohärenzgedankens" eingreift. Der EuGH hat den Begriff der Kohärenz in ständiger Rechtsprechung dahingehend konkretisiert, dass eine strenge Wechselbeziehung im Sinne eines *funktionellen* Zusammenhangs zwischen der grundfreiheitsbeeinträchtigenden Norm und anderen steuerlichen Bestimmungen bestehen müsse, welche die Beeinträchtigung kompensierten[1065]. Zudem müsse ein *persönlicher* sowie *unmittelbarer* Zusammenhang der Art vorliegen, dass sich die konkreten Steuervor- und -nachteile „ein und denselben Steuerpflichtigen" (...) im Rahmen einer einzigen Besteuerung"[1066] beträfen. Dies impliziert, dass sich die geforderte Wechselbeziehung nach Ansicht des EuGH aus ein und derselben Steuerrechtsordnung ergeben muss („Mikro-Kohärenz"). Die Kohärenz, wie sie sich aus der Rs. Bachmann ergibt, zielt auf eine Systemgerechtigkeit innerhalb der nationalen Steuerrechtsordnung sowie eine Lastengleichheit zwischen allen von bestimmten mitgliedsstaatlichen Regelungskomplexen betroffenen Steuerpflichtigen ab[1067].

Vorliegend kommt den Gebietsansässigen, deren ausländische Zinsen zum progressiven Steuersatz veranlagt werden, die Gewährung eines Aufwendungsabzugs im Rahmen der Bemessungsgrundlage zugute. Ein funktioneller Zusammenhang zwischen der Anwendung des progressiven Steuertarifs und der Gewährung eines Aufwendungsabzugs ist in der Verwirklichung von Steuergerechtigkeit zu sehen. Diese soll bei ausländischen Zinserträgen in normativer Hinsicht über das objektive Nettoprinzip als Ausdruck einer Besteuerung nach der Leistungsfähigkeit realisiert werden. Auch ein persönlicher und unmittelbarer Zusammenhang im Sinne der Bachmann-Rechtsprechung ist dabei zu erkennen, da sich die – belastend wirkende – Steuertarifnorm und die – entlastend wirkende – Norm zur steuerlichen Bemessungsgrundlage innerhalb ein und desselben Besteuerungsvorgangs bei demselben Steuerpflichtigen auswirken.

Die innere Kohärenz der Steuerrechtsordnung im Sinne einer Systemgerechtigkeit bzw. des Prinzips der Lastengleichheit scheint daher als Rechtfertigungsgrund greifbar.

(ii) Verhältnismäßigkeit (Abs. 3)

Eine Rechtfertigung setzt aber nicht nur voraus, dass die steuerliche Maßnahme die Kohärenz der nationalen Besteuerung bezweckt (Art. 58 Abs. 1 lit. a EG), sondern auch dass sie zur Erreichung dieses Ziels verhältnismäßig ist (Art. 58 Abs. 3 EG)[1068]. Letzteres gilt es zu überprüfen.

Die Anwendung eines progressiven Steuertarifs auf Nettobasis zum Zwecke der Realisierung des objektiven Nettoprinzips ist als Ausfluss des Prinzips der Besteuerung nach der Leis-

1064 Siehe Teil E IV.1.b)(a).

1065 EuGH v. 16.7.1998, C-264/ 96, ICI, EuGHE 1998, Seite I-4695 (I-4723) Rz. 29; v. 27.6.1996, C-107/ 94, Asscher, EuGHE 1996, I-3089 (I-3128) Rz. 58-60; v. 14.11.1995, C-484/ 93, Svensson und Gustavsson, EuGHE 1995, I-3971 (3977) Rz. 18; v. 28.1.1992, C-204/ 90, Bachmann, EuGHE 1992, I-276 (I-282) Rz. 22 f.; v. 28.1.1992, C-300/ 90, Kommission/ Belgien, EuGHE 1992, I-314 (I-319) Rz. 14-16.

1066 EuGH v. 6.6.2000, C-35/ 98, Verkooijen, EuGHE 2000, I- 4113 (I-4132) Rz. 57 f. unter Bezugnahme auf die Urteile in den Rs. Bachmann und Kommission/ Belgien.

1067 Cordewener, Europäische Grundfreiheiten und nationales Steuerrecht, S. 961.

1068 Ähnlich Honrath, Umfang und Grenzen der Freiheit des Kapitalverkehrs, S. 87; Rohde, Freier Kapitalverkehr in der Europäischen Gemeinschaft, S. 167.

tungsfähigkeit geeignet, normative Belastungsgleichheit zu verwirklichen[1069]. Da zum Zwecke der Herstellung von Besteuerungsgleichheit indessen auch eine Gleichheit im Belastungserfolg gesichert sein muss, bedarf das der Veranlagung zugrunde liegende Deklarationsprinzip grundsätzlich der Ergänzung durch geeignete Verifikationsmaßnahmen. Diese sind gerade für grenzüberschreitende Investitionen bislang äußerst beschränkt[1070], so dass die Geeignetheit der Maßnahme zur Verwirklichung umfassender Belastungsgleichheit in Frage gestellt werden muss. Da man in diesem Bereich – handelt es sich doch um einen Kernbereich mitgliedsstaatlicher Steuersouveränität – den Mitgliedsstaaten aber stets einen gewissen Gestaltungsspielraum zuerkennen muss, soll die Geeignetheit der Maßnahme zunächst unterstellt werden.

Die folgenden Ausführungen beschäftigen sich demgemäß mit der Frage, ob die Anwendung des progressiven Steuertarifs auf Nettobasis für im Ausland erzielte Zinsen aus gemeinschaftsrechtlicher Sicht erforderlich ist (Art. 58 Abs. 3 EG), um Besteuerungsgleichheit zu realisieren. Wenn die jeweiligen Mitgliedsstaaten für *inländische* Zinserträge die Option einer Abgeltungssteuer vorsehen, so führt diese gerade bei Steuerpflichtigen mit hohem Einkommen im Vergleich zur hypothetischen Veranlagung zum progressiven Steuertarif im Einzelfall zu einer geringeren Steuerbelastung. Im Hinblick auf die Zahlungsverkehrsfreiheit wäre in einer solchen Besteuerung auch für *ausländische* Zinserträge ein „weniger belastendes" Mittel zu sehen. Zugleich aber erkennen die jeweiligen Mitgliedsstaaten durch die Eröffnung der Abgeltungsoption an, dass auch die Abgeltungssteuer – obwohl sie gegebenenfalls (so in Frankreich, Griechenland, Österreich und Portugal) das Prinzip der synthetischen Einkommensbesteuerung durchbricht – mit dem Gedanken der Belastungsgleichheit vereinbar ist. Eine Abweichung vom objektiven Nettoprinzip, also von der normativen Belastungsgleichheit, wird insbesondere damit gerechtfertigt, dass bestehende Erhebungsdefizite aufgrund mangelnder Deklaration durch eine Abgeltung an der Quelle verringert werden sollen. Hierdurch soll tatsächliche Belastungsgleichheit hergestellt werden[1071].

Wenn aber die Mitgliedsstaaten diese Systemabweichung für inländische Zinserträge im Ergebnis als der Besteuerungsgleichheit dienlich anerkennen, so stellt sich die Frage, ob es ihnen nicht für ausländische Zinserträge verwehrt sein muss, sich auf eine Kohärenz ihrer Steuerrechtsordnung zu berufen, die darin bestehen soll, dass das objektive Nettoprinzip für eine Realisierung von Besteuerungsgleichheit unerlässlich sei.

Müssen sich die Mitgliedsstaaten deshalb nicht auch für ausländische Zinserträge das – für Binnensachverhalte anerkannte – Argument entgegenhalten lassen, die Erhebung einer Abgeltungssteuer sei zum Zweck der Herstellung von Besteuerungsgleichheit (mindestens) ebenso geeignet wie die Veranlagung zum progressiven Tarif?

Hiergegen wird vorgebracht, dass ausländische Kapitaleinkünfte von einer abgeltenden Quellensteuer grundsätzlich nicht erfasst werden könnten, weil es an einem inländischen Steuerab-

---

1069 Nur ergänzend sei darauf hingewiesen, dass zur Realisierung von Besteuerungsgleichheit auch die faktische Umsetzung der normativen Steuerpflicht sichergestellt werden muss. Das Deklarationsprinzip bedarf der Ergänzung durch das Verifikationsprinzip. Vgl. BVerfG v. 27.6.1991, 2 BvR 1493/89, BStBl II 1991, 654. Dies ist jedoch Aufgabe des Steuerverfahrensrechts, auf das erst im Folgenden eingegangen wird.

1070 Siehe Teil F.I.4.

1071 So Jachmann, in: Schick, Veranlagung, 15 (17 f.); Schumacher, FR 1997, 1 (4); vgl. auch BVerfG v. 27.6.1991, 2 BvR 1493/89, BStBl. II 1991, 654; kritisch Scheurle, DB 1995, 543 (544).

zugsverpflichteten mangle[1072]. Da die Abgeltungssteuer somit keinen Verifikationsgewinn bringe[1073], sei sie nicht geeignet, steuerliche Belastungsgleichheit herzustellen.
Dem wird entgegnet, dass es neben einer Einbehaltung der Abgeltungssteuer durch den Kapitalschuldner bzw. die Zahlstelle weitere technische Möglichkeiten zur Beitreibung einer Steuer mit Abgeltungswirkung gebe, die sich auch für ausländische Kapitalerträge eigneten[1074]. Hinsichtlich der Besteuerung ausländischer Dividenden verweist GA Tizzano in der Rs. Schmid darauf, dass in Fällen, in denen die Einbehaltung der Abgeltungssteuer an der Quelle nicht möglich sei, freiwillig ein der Abgeltungssteuer entsprechender Betrag an die Finanzverwaltung gezahlt werden könne[1075].
Diese Option lässt sich auch auf die Besteuerung von Zinsen übertragen, die im Ausland ausgezahlt werden, bei denen sich also die zum Steuerabzug verpflichtete Stelle (Kapitalschuldner bzw. Zahlstelle) nicht im Inland befindet. Sie stellt eine im Hinblick auf die Zahlungsverkehrsfreiheit „mildere" Alternative dar, denn die Wahrnehmung dieser Option entlastet gerade Steuerpflichtige mit hohem Einkommen, die infolge der Tarifprogression einem hohen persönlichen Steuersatz unterliegen, im Vergleich zur Veranlagung.
Genauer beleuchtet werden muss aber die Frage, ob die dargelegte Besteuerungsalternative zum Zwecke der Realisierung von Besteuerungsgleichheit ebenso geeignet ist wie die Veranlagung unter Anwendung des progressiven Steuersatzes auf Nettobasis[1076].
Während eingangs zunächst unterstellt wurde, dass die Veranlagung ausländischer Zinserträge zum progressiven Tarif auf Nettobasis geeignet sei, Besteuerungsgleichheit zu gewährleisten, sollte diese Frage nun v. a. im Hinblick auf die Gewährleistung einer Gleichheit im Belastungserfolg eingehender analysiert werden. Wird das der Veranlagung immanente Deklarationsprinzip zu diesem Zwecke durch geeignete Verifikationsmöglichkeiten ergänzt?
Für ausländische Zinserträge bringen sowohl bestehende erweiterte verfahrensrechtliche Mitwirkungspflichten der Steuerpflichtigen (vgl. z. B. § 90 Abs. 2 AO) als auch bestehende Möglichkeiten des grenzüberschreitenden Informationsaustauschs (DBA, Amtshilferichtlinie) keine hinreichenden Möglichkeiten zur Überprüfung, ob steuerlichen Pflichten nachgekommen wird[1077]. Die Deklarationspflicht ohne Verifikationsmöglichkeiten führt daher zu einer mangelnden Durchsetzung der normativen Steuerpflicht. Damit wird auf ausländische Zinserträge der progressive Steuertarif auf Nettobasis nur lückenhaft angewandt. Eine Gleichheit im Belastungserfolg ist damit nicht sichergestellt.

1072 Schratzenstaller/ Wehner, Wirtschaftsdienst 2000, 675 (679); Scheurle, DB 1995, 543 (544); Gilroy, FR 1991, 482 (483); Jachmann, in: Schick, Veranlagung, 15 (20); vgl. auch das Vorbringen der Republik Österreich in den Schlussanträgen des GA Tizzano zu EuGH v. 30.5.2002, Schmid, EuGHE 2002, I-4573 (I-4589) Rz. 46.

1073 Flick, DStZ 1998, 186 (192 f.); Tipke, BB 1998, 241 (245); Scheurle, DB 1995, 543 (544); Jachmann, in: Schick, Veranlagung, 15 (20).

1074 GA Tizzano in seinen Schlussanträgen zu EuGH v. 30.5.2002, Schmid, EuGHE 2002, I-4573 (I-4589) Rz. 47.

1075 GA Tizzano in seinen Schlussanträgen zu EuGH v. EuGH v. 30.5.2002, Schmid, EuGHE 2002, I-4573 (I-4589) Rz. 47; Lang, IWB Nr. 4 v. 27.2.2002, Fach 5, Gruppe 2, 555 (557). Ebenso wäre aber die Einführung einer Steuerabzugsverpflichtung inländischer Zahlstellen für ausländische Zinseinkünfte nach dem Beispiel der deutschen Kapitalertragsteuer als „Zahlstellensteuer" denkbar. Vgl. dazu Eckhoff, Rechtsanwendungsgleichheit, S. 351.

1076 A. A. Schratzenstaller/ Wehner, Wirtschaftsdienst 200, 675 (679), die in einer Abgeltungssteuer generell einen Verstoß gegen das Gebot der horizontalen Gleichmäßigkeit der Besteuerung sehen.

1077 So Tipke, BB 1998, 241 (245). Zum zwischenstaatlichen Auskunftsverkehr siehe Teil F I.4.

Folglich aber sinken auch die Anforderungen, die an eine zur Verwirklichung von Besteuerungsgleichheit ebenso geeignete Besteuerungsalternative zu stellen sind.
Die Option der freiwilligen Zahlung eines der Abgeltungssteuer entsprechenden Betrags an die Finanzverwaltung könnte aufgrund der im Einzelfall geringeren Belastungswirkung gegenüber der Veranlagung gerade Steuerpflichtige mit hohem individuellen Steuersatz dazu motivieren, ihre normative Steuerpflicht zu erfüllen. Zwar bedeutet die Anwendung des pauschalierten Abgeltungstarifs auf Bruttobasis in der Sache eine Abweichung vom Grundsatz der normativen Besteuerungsgleichheit als Teil der Besteuerung nach der Leistungsfähigkeit. Eine solche Abweichung ist nur dann gerechtfertigt, wenn sie dazu dient, eine Gleichheit im Belastungserfolg durchzusetzen. Dies wird in der Regel dann gegeben sein, wenn ein dem Deklarationsprinzip immanentes Erhebungsdefizit durch Verifikationsgewinn überwunden wird.
Die Option der freiwilligen Zahlung bringt indessen zunächst gegenüber den Deklarationspflichten keinen weitergehenden Verifikationsgewinn. Andererseits aber führt der geringere Steuertarif gerade für Steuerpflichtige mit hohem Einkommen zu einer erhöhten Akzeptanz. Diese ist geeignet, die Bereitschaft der freiwilligen Erfüllung der normativen Steuerpflicht zu erhöhen. Greift der tarifliche Anreiz bei einem Steuerpflichtigen, leistet der Steuerpflichtige also eine freiwillige Zahlung in Höhe der Abgeltungssteuer, so lässt sich die Abweichung von der normativen Besteuerungsgleichheit damit rechtfertigen, dass faktisch Belastungsgleichheit erzielt wird. Greift der Anreiz im Einzelfall nicht, leistet der Steuerpflichtige also keine freiwillige Zahlung an die Finanzverwaltung, so bleibt es beim Grundsatz der Veranlagung zum progressiven Tarif auf Nettobasis. Es bleibt also bei der normativen Besteuerungsgleichheit mit Erhebungsdefiziten.
Damit aber ist die Eröffnung der Abgeltungsoption in Form der freiwilligen Zahlung eines der fiktiven Abgeltungssteuer entsprechenden Betrags – als Alternative zur Veranlagung von ausländischen Zinserträgen – ein mindestens ebenso geeignetes Mittel wie Letztere, um Besteuerungsgleichheit zu realisieren[1078]. Da diese Option zudem im Hinblick auf die Zahlungsverkehrsfreiheit eine weniger belastende Regelung darstellt, ist es den Mitgliedsstaaten verwehrt, die zwingende Anwendung des progressiven Steuertarifs auf ausländische Zinseinkünfte mit der Kohärenz ihrer Steuerrechtsordnung zu begründen. Dieses Mittel ist nicht verhältnismäßig i. S. d. Art. 58 Abs. 3 EG.

(iii) Zwischenergebnis

Als Zwischenergebnis lässt sich festhalten: Das griechische, irische, portugiesische und österreichische[1079] Steuerrecht verstoßen durch die zwingende Veranlagung ausländischer Zinser-

---

1078 Entsprechend auch: EuGH v. 15.7.2004, C-315/ 02, Anneliese Lenz/ Finanzlandesdirektion Tirol, RIW 2005, 73 (76) Rz. 47 f. (zur Möglichkeit einer "freiwilligen Leistung" zum Zwecke der Abgeltungsbesteuerung von Dividenden, die von im Ausland ansässigen Kapitalgesellschaften bezogen werden).

1079 Art. 97 Abs. 2 ÖEStG, der der von GA Tizzano empfohlenen freiwilligen Zahlung einer Abgeltungssteuer zugrunde liegt, gilt nur für inländische Zinsen. Er kann die Erforderlichkeit der Maßnahme zur Wahrung der Kohärenz also nicht begründen: Soweit im Inland bezogene Kapitalerträge aus Forderungswertpapieren nicht der KESt unteliegen, z. B. Emission vor 31.12.1983 in Schilling, gilt ESt dann als abgegolten, wenn die kuponauszahlende Stelle freiwillig angewiesen wird, einen Betrag in Höhe der KESt einzubehalten und an die Finanzverwaltung abzuführen (Optionserklärung). Vgl. Weyss, in: Schick, Veranlagung, 63 (65).

träge zum progressiven Steuertarif gegen das Diskriminierungsverbot des Art. 56 Abs. 2 EG[1080]. Dieser Verstoß ist nicht nach Art. 58 Abs. 1 lit. a, Abs. 3 EG gerechtfertigt.

(b) Art. 58 Abs. 1 lit. b, Alt. 2 EG

Zu prüfen bleibt, ob die im Veranlagungszwang zum progressiven Tarif liegende, gegen Art. 56 Abs. 2 EG verstoßende Diskriminierung nach Art. 58 Abs. 1 lit. b, Alt. 2 EG gerechtfertigt ist.

Möglicherweise dient die mit der Anwendung des progressiven Tarifs für einkommensstarke Steuerpflichtige verbundene höhere steuerliche Belastung von ausländischen Zinserträgen der Verhinderung von Steuerflucht, hier verstanden als Wahrnehmung der Chancen, die sich infolge eines schädlichen Steuerwettbewerbs bieten (Art. 58 Abs. 1 lit. b, Alt. 2 EG)[1081].

Treten Mitgliedsstaaten, wie die obigen Ausführungen zu den mitgliedsstaatlichen Systemen der Zinsbesteuerung zeigen, durch die Nichtbesteuerung von Zinserträgen bei Nichtansässigen in einen (ruinösen) Wettbewerb um Kapital zueinander, so führt dieser Steuerwettbewerb zur Verzerrung privater Anlageentscheidungen. Durch diesen Steuerwettbewerb werden Mitgliedsstaaten wechselseitig zu „Steueroasen" für Kapitalanleger aus anderen Mitgliedsstaaten[1082]. Damit aber wird der Wettbewerb um Kapital zwischen Unternehmen in den verschiedenen Mitgliedsstaaten verzerrt, was der Zielsetzung der Art. 2, 3 lit. g EG widerspricht[1083].

Es muss den Mitgliedsstaaten gemeinschaftsrechtlich zugebilligt werden, einem Anlageverhalten entgegenzutreten, das durch die Ausnutzung ruinösen Steuerwettbewerbs motiviert ist. Da Kapital umso mobiler sein dürfte, je umfangreicher es vorhanden ist, besteht gerade für Steuerpflichtige mit hohem Einkommen und Kapitalbesitz ein erhöhter Anreiz zur Steuerflucht[1084].

Hier könnte die erhöhte tarifliche Belastung ausländischer Zinserträge ansetzen. Fraglich ist aber, ob die Maßnahme zur Vereitelung der Steuerflucht geeignet ist (Art. 58 Abs. 3 EG).

Dies ist zu bezweifeln. Zwar macht die Mehrbelastung ausländischer Zinserträge eine Auslandsanlage weniger attraktiv als eine Inlandsanlage, dies gilt jedoch nur, wenn dafür Sorge getragen wird, dass die materielle Steuerpflicht auch praktisch umgesetzt wird. Gerade hier mangelt es den Mitgliedsstaaten aber – im Hinblick auf einen unzureichenden grenzüberschreitenden Informationsaustausch[1085] – an Möglichkeiten. Zutreffend wird bemerkt: „Das bekannte Wort von Abs[1086] ‚Kapital ist scheu wie ein Reh' ist eine Erfahrungstatsache. Wenn die ‚Rehe' weglaufen, hilft auch die ‚waidgerechteste Jagdmethode' nichts."[1087]. Mit anderen Worten: Kann die Einhaltung der materiellen Steuernorm mit verhaltenslenkender Wirkung durch die Mitgliedsstaaten nicht sichergestellt werden, bleibt die erhoffte Wirkung aus. Die materielle Steuernorm als solche ist nicht geeignet, Steuerflucht zu verhindern.

1080 So im Ergebnis – allerdings ohne Begründung – auch: Confédération Fiscale Européenne, IStR 1996, 226 (231); Dinse, Besteuerung von Portfolio-Kapitalerträgen, S. 338.

1081 Vgl. zur Einordnung dieser Problematik unter den „ordre public": Reimer, in: Lehner, Grundfreiheiten im Steuerrecht der EU-Staaten, 39 (63); a. A. Staringer, in: Lechner/ Staringer/ Tumpel, Kapitalverkehrsfreiheit und Steuerrecht, 93 (111), der die Herstellung steuerlicher Wettbewerbsneutralität als Teil des „Kohärenz"-Gedankens betrachtet.

1082 Schratzenstaller/ Wehner, Wirtschaftsdienst 2000, 675 (678).

1083 Vgl. auch Honrath, Umfang und Grenzen der Freiheit des Kapitalverkehrs, S. 93 f.

1084 Flick, DStZ 1998, 186 (193).

1085 Siehe dazu Teil F I.4.

1086 Zitat zwischen 1947 und 1949 getätigt von Herrmann-Joseph Abs.

1087 Zeitler, DStZ 1992, 513 (514); Flick, DStZ 1998, 186 (193).

(4) Ergebnis

Als Ergebnis bleibt damit festzuhalten: Die Diskriminierung ausländischer Zinserträge unbeschränkt Steuerpflichtiger durch die Anwendung eines progressiven Steuersatzes im Rahmen der Veranlagung ist nicht nach Art. 58 Abs. 1 lit. b, Alt. 2, Abs. 3 EG gerechtfertigt. Sie ist gemeinschaftsrechtswidrig[1088].

Lediglich ergänzend wird darauf hingewiesen, dass Italien im Bereich der Besteuerung ausländischer Zinserträge der hier für die Steuersysteme Griechenlands, Irlands, Portugals und Österreichs vorgeschlagenen europarechtskonformen Alternative der freiwilligen Zahlung eines der Abgeltungssteuer entsprechenden Betrags anstelle der Veranlagung folgt. Hier unterliegen Steuerpflichtige mit ausländischen Zinserträgen grundsätzlich einer Ersatzsteuer in Höhe der für vergleichbare inländische Zinsen geltenden Abgeltungssteuer oder optional der Veranlagung zum individuellen Steuersatz. Demgegenüber wählt das belgische Steuerrecht den ebenfalls europarechtskonformen Weg, ausländische Zinserträge der Veranlagung zu einem auf den Abgeltungstarif gedeckelten Steuersatz zu unterwerfen.

3. Steuerbefreiung von inländischen Zinserträgen Nichtansässiger

Eine Analyse der mitgliedsstaatlichen Systeme der Zinsbesteuerung bei privaten Investoren zeigt, dass Zinserträge Nichtansässiger in der Mehrzahl der Quellenstaaten nach deren innerstaatlichem Recht steuerfrei bzw. zum Teil nicht steuerbar sind.

a) Innerstaatliche und abkommensrechtliche Regelungen

In Deutschland sind bestimmte Zinserträge Nichtansässiger nicht Objekt der beschränkten Steuerpflicht, sind also nicht steuerbar; in Dänemark, den Niederlanden, Österreich und Schweden unterliegen inländische Zinserträge insgesamt nicht der beschränkten Steuerpflicht. In Belgien, Griechenland, Großbritannien, Irland, Italien und Spanien sind inländische Zinserträge Nichtansässiger nach innerstaatlichem Recht zum Teil, in Frankreich überwiegend, in Finnland sogar umfassend steuerfrei.

Berücksichtigt man die jeweils mit Deutschland abgeschlossenen Doppelbesteuerungsabkommen, die gegenüber innerstaatlichem Recht grundsätzlich Vorrang genießen, so sind inländische Zinserträge von in Deutschland Ansässigen in folgenden Quellenstaaten steuerfrei: Deutschland (Ausnahme: Zinsen aus Wandelanleihen, Gewinnobligationen, partiarischen Darlehen), Finnland (Ausnahme: Zinsen aus Gewinnobligationen, typisch stiller Gesellschaft und partiarischen Darlehen), Frankreich, Großbritannien, Irland, Luxemburg. Die abkommensrechtlich vorgesehene sachliche Steuerbefreiung von Zinserträgen Nichtansässiger in Dänemark, Deutschland (Ausnahme: siehe oben), Niederlande (Ausnahme: Zinsen aus Gewinnobligationen) und Österreich (Ausnahme: Zinsen aus Gewinnobligationen, partiarischen Darlehen, echter stiller Gesellschaft) greift jeweils insoweit nicht, als diese Zinserträge bereits nach innerstaatlichem Recht nicht Objekt der beschränkten Steuerpflicht, also nicht steuerbar sind.

Lediglich Belgien (15 %; Ausnahme: Zinsen aus inländischen Bankeinlagen), Griechenland (10 %; Ausnahme: Zinsen aus Staatsanleihen und Industrieschuldverschreibungen ab 1999), Italien (10 %; Ausnahme: Zinsen aus Bankeinlagen, Staatsanleihen und Schuldverschreibun-

1088 Zustimmend am Beispiel der österreichische Regelung: Dinse, Besteuerung von Portfolio-Kapitalerträgen, S. 365, 414; vgl. dazu auch Conféderation Fiscale Européenne, Zukünftiger Fortschritt bei der Harmonisierung der Besteuerung in der EU – Vorlage an die GD XV und GD XXI der Europäischen Kommission und an die Finanzministerien der Mitgliedsstaaten der EU, in: IStR 1996, 231.

gen von Banken und Unternehmen mit einer Laufzeit von über 18 Monaten, die sich in einem inländischen Depot befinden), Portugal (10 % / 15 %; Ausnahme: Zinsen aus Schatzanweisungen) und Spanien (10 %; Ausnahme: Zinsen aus Bankeinlagen und Staatsanleihen) sehen in ihren Doppelbesteuerungsabkommen mit Deutschland jeweils ein der Höhe nach begrenztes Besteuerungsrecht des Quellenstaats für Zinserträge vor, die in Deutschland ansässige natürliche Personen im Quellenstaat erzielen.

Demgegenüber erheben sämtliche der genannten Mitgliedsstaaten mit Ausnahme von Dänemark, Luxemburg und Niederlanden eine Quellensteuer auf inländische Zinserträge von Ansässigen, die zum Teil abgeltend wirkt, zum Teil auf die im Wege der Veranlagung zu ermittelnde Einkommensteuerschuld angerechnet wird. In Dänemark, Luxemburg und Niederlanden werden Zinsen Ansässiger unmittelbar zur Einkommensteuer veranlagt.

Insgesamt zeigt sich damit, dass unter Berücksichtigung des grundsätzlichen Vorrangs von Doppelbesteuerungsabkommen vor innerstaatlichem Steuerrecht in der EU das Prinzip der sachlichen Steuerbefreiung von Zinserträgen Nichtansässiger vorherrscht. Fraglich ist, ob diese abkommensrechtlich vorgesehene sachliche Steuerbefreiung von inländischen Zinserträgen Nichtansässiger im Quellenstaat bei gleichzeitigem Einbehalt einer Quellensteuer auf inländische Zinserträge von Ansässigen mit der Freiheit des Kapital- und Zahlungsverkehrs nach Art. 56 EG vereinbar ist.

b) Abkommensrecht als europarechtstauglicher Prüfungsgegenstand

Dazu ist vorab zu klären, ob die genannten Regelungen als Bestandteile von Doppelbesteuerungsabkommen überhaupt einer Überprüfung an den Grundfreiheiten des EG-Vertrags unterliegen. Hiergegen könnte Art. 293 EG, 2. Spiegelstrich sprechen, wonach die Mitgliedsstaaten untereinander Verhandlungen zur Beseitigung von Doppelbesteuerungsabkommen zu führen haben. Diese Vorschrift könnte einen Souveränitätsvorbehalt begründen, welcher eine Sperrwirkung für die Grundfreiheiten impliziert. Indessen gelten nach der Rechtsprechung des EuGH[1089] die gemeinschaftsrechtlichen Diskriminierungsverbote unbedingt; ihre Einhaltung ist nicht vom Inhalt eines Doppelbesteuerungsabkommens abhängig. Auch in der Literatur ist anerkannt, dass DBA-Regelungen am Maßstab der Grundfreiheiten zu überprüfen sind[1090].

c) Inländerdiskriminierung

Vorliegend stellt der Quellenstaat Zinserträge Nichtansässiger steuerlich besser als Zinserträge Ansässiger (sog. Inländerdiskriminierung). Hier vermag die Freiheit des Kapital- und Zahlungsverkehrs grundsätzlich weder als Diskriminierungs- noch als Beschränkungsverbot i. e. S. zu greifen[1091]. Indessen stellt Norbert Dautzenberg hierzu folgende Überlegungen an: „Sofern zwischen in- und ausländischen Kapitalanlagen eine vergleichbare steuerliche Situation besteht, ist eine Ungleichbehandlung von In- und Ausland durch die Bestimmungen zur Kapitalverkehrsfreiheit ab 1994 generell verboten. Dabei könnte es auch nicht zulässig sein, ausländischen Anlegern Vorzugsbedingungen einzuräumen, die über das Ausmaß hinausgehen,

---

1089 EuGH v. 28.1.1986, 207/ 83, Kommission/ Frankreich, EuGHE 1986, 273 (306) Rz. 26; v. 2.2.1989, 186/ 87, Cowan, EuGHE 1989, 195 (220) Rz. 12; vgl. auch GA Darmnon, Schlussanträge v. 17.3.1993, C-330/ 91, Commerzbank AG, EuGHE 1993, I-4017 (4030 f.) Rz. 20-23 m. w. N.

1090 Cordewener, Europäische Grundfreiheiten und nationales Steuerrecht, S. 422; Wassermeyer, DStJG 19 (1996), S: 151 ff.; Rainer, IStR 1995, 474 ff.; Lang, in: Gassner/ Lang/ Lechner, DBA und EU-Recht, 1996, 25 ff.; ders. IWB Nr. 14 v. 24.7.1996, Fach 11, Gruppe 2, 256; Schön, GS Knobbe-Keuk, 743 (763).

1091 Siehe Teil E II.3.

das nötig wäre, um den vorhandenen Unterschieden (...) Rechnung zu tragen. (...) Somit lässt sich ein Fall unfairen Steuerwettbewerbs nicht nur nach dem rechtlich unverbindlichen „Verhaltenskodex" beurteilen, sondern u. U. noch wesentlich effektiver bekämpfen, wenn es gelingt, eine ausländische steuerliche Regelung als Verstoß gegen die Vorgaben der Kapitalverkehrsfreiheit einzuordnen."[1092] Norbert Dautzenberg leitet ein solch umfassendes Verständnis des Art. 56 EG aus der Steuerklausel des Art. 58 Abs. 1 lit. a EG i. V. m. der Protokollerklärung Nr. 7 zum Maastrichter Vertrag her[1093]. Danach rechtfertige die Steuerklausel lediglich die *Anwendung* der zum 31.12.1993 bereits bestehenden Vorschriften des Steuerrechts, die Steuerpflichtige mit unterschiedlichem Wohnort oder Kapitalanlageort unterschiedlich behandeln. Ab dem 1.1.1994 dürften im Umkehrschluss wegen Verstoßes gegen Art. 56 EG solche Vorschriften, die zwischen vergleichbaren in- und ausländischen Sachverhalten differenzierten, generell nicht mehr eingeführt werden.
Es erscheint allerdings zu weitgehend, aus der Ausnahmevorschrift des Art. 58 EG, die als solche per se restriktiv zu interpretieren ist, auf den Umfang der limitierten Grundfreiheit schließen zu wollen. Vielmehr sprechen sowohl der Wortlaut des Art. 56 EG („Beschränkungen") als auch ihr Sinn und Zweck (Sicherstellung des grenzüberschreitenden Kapital- und Zahlungsverkehrs) sowie das systematische Argument einer parallelen Auslegung sämtlicher Grundfreiheiten dagegen, Art. 56 EG auch als Verbot der Besserstellung vergleichbarer grenzüberschreitender Sachverhalte gegenüber Inlandssachverhalten zu verstehen. Inländerdiskriminierungen sind von den Grundfreiheiten daher generell nicht verboten.

d) Ergebnis

Daher stellt die Besserstellung nichtansässiger Kapitalanleger durch den Quellenstaat gegenüber den ansässigen Kapitalanlegern als Inländerdiskriminierung keinen Verstoß gegen die Kapital- und Zahlungsverkehrsfreiheit nach Art. 56 EG dar.

4. Zusammenfassung

Als Ergebnis einer Analyse der normativen Auswirkungen der Freiheit des Kapital- und Zahlungsverkehrs auf die Besteuerung von Zinsen bei privaten Investoren lässt sich Folgendes festhalten:
Die Freiheit des Kapital- und Zahlungsverkehrs stellt eine „Oberschranke" für die Besteuerung grenzüberschreitender Zinszahlungen, d. h. Zinszahlungen an Nichtansässige, in dem Sinne dar, dass sie grundsätzlich solche Besteuerungsmaßnahmen verbietet, die spezifisch grenzüberschreitende Zinszahlungen belasten. Die Freiheit des Kapital- und Zahlungsverkehrs hat hingegen nicht die Aufgabe, eine Unterschreitung des im Quellenstaat für reine Inlandssachverhalte geltenden effektiven Besteuerungsniveaus für Zinserträge Nichtansässiger zu verhindern (keine „Unterschranke").
Gegen die Freiheit des Kapital- und Zahlungsverkehrs verstoßen in den Mitgliedsstaaten insbesondere diejenigen Steuerregelungen, die Zinszahlungen aus Auslandsinvestitionen gegenüber Zinszahlungen aus vergleichbaren Inlandsinvestitionen benachteiligen. Die einschlägigen Normenkomplexe untergliedern sich systematisch in Normen, die spezifische Steuerprivilegierungen für Zinserträge aus inländischen Kapitalanlagen gewähren (nationale Sparförderung), sowie Normen, die eine Veranlagung ausländischer Zinserträge von Ansässigen zum progressiven Tarif vorsehen, wohingegen inländische Zinsen der (linearen) Abgeltungsbe-

---

1092 Dautzenberg, RIW 1998, 537 (544).
1093 Dautzenberg, RIW 1998, 537 (544).

steuerung unterliegen. Beide Normenkomplexe sind Ausdruck des mitgliedsstaatlichen Interesses, inländische Investitionen aus wirtschaftspolitischen Erwägungen gegenüber Auslandsinvestitionen zu privilegieren. Sie sind als mitgliedsstaatliche Versuche zu werten, einem auf dem europäischen Kapitalmarkt freien Kapital(ab)fluss entgegenzuwirken, der durch das effektive zwischenstaatliche Besteuerungsgefälle induziert wird. Ursache für das effektive Besteuerungsgefälle zwischen Zinserträgen aus inländischen sowie ausländischen Kapitalanlagen ist die abkommensrechtliche Steuerbefreiung von Zinsen im Quellenstaat bei gleichzeitiger Zuweisung des Besteuerungsrechts an den Ansässigkeitsstaat, der seinerseits am Vollzug der Besteuerung ausländischer Zinserträge durch – im Folgenden noch näher zu erläuternde[1094] – Verifikationslücken gehindert ist.

Dem mitgliedsstaatlichen Ziel, Auslandsinvestitionen ihre wirtschaftliche Attraktivität zu nehmen und auf diese Weise das „scheue Reh" Kapital an der Flucht (in die effektive „Nullbesteuerung") zu hindern, setzen indessen nicht nur die Mobilität und Flexibilität des Faktors Kapital faktisch Grenzen. Es bestehen insbesondere auch normative Grenzen. Das Gemeinschaftsrecht ordnet das mitgliedsstaatliche Interesse an der Sicherung nationalen Steueraufkommens sowie an der Verfolgung wirtschaftspolitischer Ziele dem freien Kapital- und Zahlungsverkehr uneingeschränkt unter. Dies bedeutet, dass die von den Mitgliedsstaaten getroffenen Regelungen gemeinschaftsrechtswidrig sind. Die den einzelnen Mitgliedsstaaten zur Verhinderung von Kapitalflucht und zur Sicherung ihres nationalen Haushaltsaufkommens unilateral zur Verfügung stehenden Möglichkeiten sind damit nicht nur ineffektiv, sondern – aus gemeinschaftsrechtlicher Sicht – auch illegitim.

1094 Siehe Teil F I.

E. Steuerwettbewerb bei der Zinsbesteuerung im Lichte des Beihilfeverbots

Die Mehrzahl der zwischen den Mitgliedsstaaten bestehenden Doppelbesteuerungsabkommen sehen, wie bereits erörtert[1], vor, dass Zinsen, welche eine natürliche Person, die in dem einen Vertragsstaat ansässig ist, in dem anderen Vertragsstaat (Quellenstaat) erzielt, ausschließlich vom Ansässigkeitsstaat besteuert werden (Wohnsitzprinzip[2]). Bereits im vorherigen Abschnitt wurde im Wege der These vorweggenommen, dass Verifikationslücken bestehen, die den Wohnsitzstaat an der Realisierung seines Besteuerungsanspruchs bei Zinseinkünften aus einem anderen Mitgliedsstaat hindern. Dies wird im Folgenden verifiziert. Gegebenenfalls wird darauf eingegangen, ob die aus den Verifikationslücken resultierende „Nullbesteuerung" von grenzüberschreitenden Zinszahlungen durch das EG-rechtliche Beihilfeverbot (Art. 87 EG) missbilligt wird. Es wird also die Frage gestellt, ob das Beihilfeverbot eine normative „Unterschranke" für die Besteuerung grenzüberschreitender Zinszahlungen begründet. Dies kommt unter folgendem Blickwinkel in Betracht: Werden Zinsen privater Anleger aus Auslandsanlagen effektiv weder im Quellen- noch im Wohnsitzstaat besteuert, so bewirkt dies möglicherweise Verzerrungen im Wettbewerb zwischen Unternehmen mit Sitz innerhalb bzw. außerhalb des Wohnsitzstaates eines privaten Anlegers bei der Kapitalakquise. Unter diesem Aspekt könnte das zugrunde liegende (Nicht-) Besteuerungsverhalten des Quellen- bzw. des Wohnsitzstaates vom EG-rechtlichen Beihilfeverbot missbilligt sein. Ausschlaggebend hierfür könnte insbesondere die Qualifikation der „Nullbesteuerung" von grenzüberschreitenden Zinszahlungen als „schädlicher Steuerwettbewerb" zwischen den Mitgliedsstaaten sein. Dann bestünde für die Mitgliedsstaaten nicht nur eine gemeinschaftsrechtlich legitime Handlungsmöglichkeit, ja sogar der gemeinschaftsrechtliche Handlungsauftrag zur Beseitigung der jeweiligen Wettbewerbsverzerrung.

I. Grenzen zwischenstaatlichen Auskunftsverkehrs und Bedeutung für das Wohnsitzprinzip

Zunächst gilt es jedoch zu prüfen, inwieweit Verifikationsmängel den Wohnsitzstaat an der Durchsetzung seines Besteuerungsanspruchs bei Zinseinkünften von Ansässigen aus Quellen in einem anderen Mitgliedsstaat hindern. In diesem Zusammenhang werden die – vor Inkrafttreten der Zinsrichtlinie – bestehenden Möglichkeiten des Wohnsitzstaates untersucht, von steuerpflichtigen Zinserträgen unbeschränkt Steuerpflichtiger in anderen Mitgliedsstaaten Kenntnis zu erlangen.

Da die Finanzbehörden nach dem völkerrechtlichen Territorialitätsprinzip grundsätzlich lediglich zu Ermittlungen im eigenen Staatsgebiet befugt sind, hängt der Vollzug des Besteuerungsanspruchs bei ausländischen Zinserträgen grundlegend von den Möglichkeiten der Sachverhaltsaufklärung im Wege der zwischenstaatlichen Amtshilfe ab. Unter Amtshilfe wird die Hilfe verstanden, die eine Behörde einer anderen Behörde zur Erfüllung ihrer Verwaltungsaufgaben leistet[3]. Hat die zwischenstaatlichen Amtshilfe, wie vorliegend, die Aufklärung

---

1 Siehe Teil E.III.3.

2 Vgl. BMF, Reform der internationalen Kapitaleinkommensbesteuerung, S. 35; Rose, Internationales Steuerrecht, S. 30.

3 Tipke, in: Tipke/ Kruse, AO, Bd. 1, § 117 Rz. 6. Demgegenüber ist Rechtshilfe die Unterstützung von Gerichten bei Aufgaben der Rechtspflege. Der vorliegende Abschnitt beschäftigt sich lediglich mit den steuerverfahrensrechtlichen Aspekten der Besteuerung von ausländischen Zinserträgen, so dass sich die folgenden Ausführungen auf die Amtshilfe beschränken.

besteuerungsrelevanter Sachverhalte im Bereich der Zinsbesteuerung zum Ziel[4], so kann dies über einen Informationsaustausch zwischen Finanzbehörden über Konten, Kontensalden bzw. Zinserträge von Nichtansässigen in einem bestimmten Quellenstaat erfolgen (zwischenstaatlicher Auskunftsverkehr).

In diesem Zusammenhang werden insbesondere die Auswirkungen untersucht, die ein (zumindest partiell) gegenüber den Finanzbehörden geschütztes nationales Bankgeheimnisse auf den zwischenstaatlichen Auskunftsverkehr im Bereich der Zinsbesteuerung hat. Hier ist insbesondere das steuerliche Bankgeheimnis in Belgien, Luxemburg und Österreich von praktischer Relevanz; dort haben die Finanzbehörden im Besteuerungsverfahren keine Möglichkeit, auf kundenbezogene Daten von Kreditinstituten zuzugreifen; in Portugal genießt das Bankgeheimnis im Besteuerungsverfahren zumindest partiellen Schutz. Demgegenüber besteht in Deutschland zwar kein steuerliches Bankgeheimnis; gleichwohl werden die Ermittlungsmöglichkeiten der Finanzbehörden im Besteuerungsverfahren gegenüber den Kreditinstituten durch § 30 a AO eingeschränkt. Fraglich ist, welchen Einfluss die genannten Ermittlungsbeschränkungen auf die zwischenstaatliche Amtshilfe haben.

1. Amtshilfeersuchen durch deutsche Finanzbehörden ohne Gegenseitigkeit (§ 117 Abs. 1 AO)

Amtshilfeersuchen der deutschen Finanzbehörden an ausländische Behörden können auf § 117 Abs. 1 AO gestützt werden. Danach können die deutschen Finanzbehörden zwischenstaatliche Amtshilfe *nach Maßgabe des deutschen Rechts* in Anspruch nehmen. Die Inanspruchnahme der zwischenstaatlichen Amtshilfe unterliegt also gemäß § 117 Abs. 1 AO denselben Voraussetzungen wie die innerstaatliche Amtshilfe, vgl. §§ 111 ff. AO. Insbesondere müssen Auskunftsersuchen an ausländische Finanzbehörden zur Durchführung der deutschen Besteuerung, d. h. zur Rechts- oder Sachaufklärung (§§ 85, 88 AO) erforderlich sein (§ 111 Abs. 1 S. 1 AO). Dies bedeutet, dass zunächst diejenigen Informationsquellen auszuschöpfen sind, die im innerstaatlichen Besteuerungsverfahren zur Verfügung stehen, bevor ein anderer Staat um Auskunft ersucht wird (Subsidiarität)[5]. Zu den vorrangigen Sachaufklärungsmitteln zählt insbesondere die erweiterte Mitwirkungspflicht der Beteiligten (§ 78 AO) bei Steuerfällen mit Auslandsberührung gemäß § 90 Abs. 2 AO[6].

Die ersuchte ausländische Behörde ist ihrerseits zur Amtshilfeleistung verpflichtet, wenn sich dies entweder aus einem völkerrechtlichen Abkommen oder aus der (in nationales Recht umgesetzten) EG-Amtshilferichtlinie ergibt.

2. Amtshilfeleistung durch deutsche Finanzbehörden (§ 117 Abs. 2 AO)

Nach § 117 Abs. 2 AO können die deutschen Finanzbehörden zwischenstaatliche Amtshilfe aufgrund innerstaatlich anwendbarer völkerrechtlicher Vereinbarungen, innerstaatlich anwendbarer Rechtsakte der Europäischen Gemeinschaften sowie des EG-Amtshilfegesetzes leisten.

---

4 Im Folgenden wird lediglich die zwischenstaatliche Amtshilfe zum Zwecke der Sachverhaltsermittlung im Steuerfestsetzungsverfahren erörtert. Das Steuererhebungs- und das Steuervollstreckungsverfahren bleiben außer Betracht.

5 Tipke, in: Tipke/ Kruse, AO, Bd. 1, § 117 Rz. 11.

6 Seer, in: Tipke/ Kruse, AO, Bd. 1, § 90 Rz. 18.

a) Amtshilfe aufgrund bilateraler Abkommen

Eine völkerrechtliche Vereinbarung ist innerstaatlich anwendbar, wenn ihr die zuständigen gesetzgebenden Körperschaften nach Art. 59 Abs. 2 GG zugestimmt haben. Dann begründet das völkerrechtliche Abkommen – entgegen dem Wortlaut des § 117 Abs. 2 AO („können") – unter den abkommensrechtlichen Voraussetzungen eine Amtshilfepflicht[7]. Nur in den Fällen, in denen eine solche Amtshilfepflicht besteht, verstößt die jeweilige Mitteilung durch die Finanzbehörden nicht gegen das nationale Steuergeheimnis (§ 30 Abs. 4 Nr. 2 AO)[8].

(1) Grundsätzliches

In der mitgliedsstaatlichen Praxis wird der zwischenstaatliche Informationsaustausch zum Zwecke der Ermittlung von besteuerungsrelevanten Sachverhalten[9] überwiegend auf die Auskunftsklauseln der bestehenden Doppelbesteuerungsabkommen gestützt. Zum Teil werden auch gesondert abgeschlossene Amts- und Rechtshilfeabkommen angewandt[10]. Zahlreiche DBAs enthalten in Anlehnung an Art. 26 Abs. 1 des OECD-Musterabkommens (OECD-MA) 1963/1977/1992/2003[11] eine sog. große Auskunftsklausel[12]. Der insoweit maßgebliche Art. 26 Abs. 1 S. 1 OECD-MA 1977/1992/2003 lautet wie folgt[13]: „Die zuständigen Behörden der Vertragsstaaten tauschen die Informationen aus, die zur Durchführung dieses Abkommens oder des innerstaatlichen Rechts betreffend Steuern jeder Art und Bezeichnung, die für Rechnung der Vertragsstaaten oder ihrer Gebietskörperschaften erhoben werden, erforderlich sind, soweit die diesem Recht entsprechende Besteuerung nicht dem Abkommen widerspricht." Diese große Auskunftsklausel sieht im Gegensatz zur kleinen Auskunftsklausel insbesondere einen über die Durchführung des Doppelbesteuerungsabkommens hinausgehenden Informationsaustausch vor[14].

Art. 26 Abs. 1 MA 1963 unterscheidet sich von Art. 26 Abs. 1 MA 1977/1992/2003 im Wortlaut nur unwesentlich. Es bestehen jedoch Unterschiede in den für die Auslegung der Musterabkommen verbindlichen amtlichen Kommentaren. Danach umfassen die beiden Musterabkommen jeweils unterschiedliche Auskunftsarten. Während der Kommentar zum MA 1963 als Regelauskunftsform lediglich Auskünfte auf Ersuchen nennt, führt der Kommentar zum MA 1977/1992/2003 neben den Auskünften auf Ersuchen auch ausdrücklich Spontanauskünfte und automatische Auskünfte („internationale Kontrollmitteilungen"[15]) an[16]. Je nach Anleh-

---

7 Tipke, in: Tipke/ Kruse, AO, Bd. 1, § 117 Rz. 26.

8 Tipke, in: Tipke/ Kruse, AO, Bd. 1, § 117 Rz. 26.

9 Da sich die folgenden Erörterungen ausschließlich auf die Sachverhaltsermittlung im Steuerfestsetzungsverfahrens beziehen, wird auf den im Jahre 2003 neu eingefügten Art. 27 OECD-MA nicht eingegangen. Dieser regelt die zwischenstaatliche Amtshilfe im Bereich des Steuervollstreckungsverfahrens. Vgl. dazu: Krabbe, in: Debatin/ Wassermeyer, Doppelbesteuerung, Bd. I, Art. 27 MA Rz. 1.

10 Solche Verträge hat Deutschland mit Finnland, Italien, Österreich und Schweden abgeschlossen. Sie sind weiterhin neben dem Auskunftsverkehr nach DBA anwendbar. Vgl. dazu Engelschalk, in: Vogel/ Lehner, DBA, Art. 26, Rz. 95.

11 Abgedruckt bei Debatin/ Wassermeyer, Doppelbesteuerung, Bd. I, S. 1 ff.

12 Dazu zählen die deutschen DBAs mit Belgien, Dänemark, Finnland, Großbitannien, Italien, Norwegen, Österreich und Portugal. Vgl. Engelschalk, in: Vogel/ Lehner, DBA, Art. 26, Rz. 131. . Eine tabellarische Übersicht über die jeweiligen Auskunftsklauseln in den bestehenden DBAs findet sich bei Tipke, in: Tipke/ Kruse, AO, Bd. 1, § 117 Rz. 19 ff.

13 Abgedruckt bei Debatin/ Wassermeyer, Doppelbesteuerung, Bd. I, S. 1 ff. sowie bei Tipke, in: Tipke/ Kruse, AO, Bd. 1, § 117 Rz. 14.

14 Tipke, in: Tipke/ Kruse, AO, Bd. 1, § 117 Rz. 17 f.

15 Carl/ Klos, Bankgeheimnis, S. 68; dies., DStZ 1990, 341 (347); dies., Leitfaden, S. 183.

nung an das MA 1963 oder das MA 1977/1992/2003 unterscheiden sich daher auch die bislang abgeschlossenen DBAs in ihrem Auskunftsumfang. Auch ein DBA mit großer Auskunftsklausel umfasst also nicht notwendig sämtlichen Auskunftsarten[17].

(2) Grenzen der Amtshilfe

Jedenfalls aber unterliegen sämtliche Amtshilfeverpflichtungen des ersuchten Staates nach MA 1963/1977/1992/2003 gemäß Art. 26 Abs. 2 OECD-MA bedeutenden Einschränkungen: Es besteht *keine Verpflichtung*, aufgrund eines Informationsersuchens Verwaltungsmaßnahmen durchzuführen, die von den Gesetzen und der Verwaltungspraxis des ersuchten oder des anderen Vertragsstaates abweichen (lit. a). Es besteht weiterhin *keine Verpflichtung*, Informationen zu erteilen, die nach den Gesetzen oder im üblichen Verwaltungsverfahren des ersuchten oder des anderen Vertragsstaates nicht beschafft werden können (lit. b). Und schließlich ist der ersuchte Staat *nicht verpflichtet*, Informationen zu erteilen, die ein Handels-, Industrie-, Gewerbe- oder Berufsgeheimnis oder ein Geschäftsverfahren preisgeben würden oder deren Erteilung der öffentlichen Ordnung widerspräche (lit. c).

(a) Abweichung von Gesetzen bzw. Verwaltungspraxis

Die Anwendungsbereiche von Art. 26 Abs. 2 lit. a und lit. b OECD-MA überschneiden sich weitgehend[18]. Nach beiden Normen besteht für den Fall, dass ein Informationsersuchen von den Gesetzen oder der Verwaltungspraxis des ersuchten Staates abweicht bzw. die ersuchten Informationen nach den Gesetzen oder der Verwaltungspraxis des ersuchten Staates nicht beschafft werden können, ein Amtshilfeverweigerungsrecht. Für die deutschen Finanzbehörden begründet § 117 Abs. 4 S. 1, 2 AO in diesen Fällen sogar ein Amtshilfeverbot: Danach gilt, dass die ersuchte Behörde, was sie nach geltendem deutschen Recht nicht darf, auch zur Durchführung eines zwischenstaatlichen Amtshilfeersuchens nicht darf[19].
Für die Mehrzahl der EU-Mitgliedsstaaten wird der Hauptanwendungsfall einer Auskunftsbeschränkung nach lit. a, b in einem nationalen Bankgeheimnis gesehen[20]. Insoweit erscheint eine Konkretisierung angebracht: Nach den bisherigen Ausführungen zum Bankgeheimnis der Mitgliedsstaaten besteht in sämtlichen Staaten zwar ein zivilrechtliches Bankgeheimnis im Sinne einer Pflicht zur Geheimhaltung von bankkundenbezogenen Daten gegenüber privaten Dritten; diese Geheimhaltungspflicht ist gegenüber den Finanzbehörden in der Mehrzahl der Mitgliedsstaaten jedoch (mindestens teilweise) durchbrochen. So sind in Dänemark, Finnland, Frankreich, Italien und Spanien die Finanzbehörden uneingeschränkt berechtigt, bankkundenbezogene Informationen von Kreditinstituten einzuholen[21]. In Deutschland wird die Befugnis der Finanzbehörden, im Besteuerungsverfahren Auskunftsersuchen an Kreditinstitute gemäß § 93 Abs. 1 S. 3 AO zu richten, für bankkundenbezogene Informationen durch § 30 a Abs. 2 AO eingeschränkt. Ein Auskunftsersuchen setzt danach stets *konkrete* Anhaltspunkte voraus, dass ein *einzelner* Steuerpflichtiger Konten bei einem Kreditinstitut unterhält,

---

16 Söhn, in: H/ H/ Sp, AO, Bd. 4, § 117 Rz. 145 a.

17 So sehen die DBAs mit Irland und Griechenland keinen spontanen und automatischen Auskunftsverkehr vor, vgl. Engelschalk, in: Vogel/ Lehner, DBA, Art. 26 Rz. 93.

18 Tipke, in: Tipke/ Kruse, AO, Bd. 4, § 117 Rz. 29.

19 Till, Zwischenstaatliche Amts- und Rechtshilfe, S. 151; Tipke, in: Tipke/ Kruse, AO, Bd. 4, § 117 Rz. 29. Vgl. dazu auch Schwarz, in: ders., AO, Bd. 2, § 117 Rz. 40.

20 Engelschalk, in: Vogel/ Lehner, DBA, Art. 26, Rz. 112; Benecke/ Schnitger, IWB Nr. 7 v. 11.4.2001, Fach 10, Gruppe 2, 363 (367).

21 OECD-Report, Improving Access to Bank Information 2000, S. 74, Tz. 3.2.

auf denen nicht versteuerte Kapitalerträge verbucht wurden[22]. Demgegenüber ist in Belgien, Luxemburg und Österreich das Bankgeheimnis auch in steuerlicher Hinsicht umfassend geschützt. So haben in Luxemburg die Finanzbehörden im Besteuerungsverfahren keinen Anspruch auf Auskunftserteilung gegen Banken, in Österreich nur mit Zustimmung des Steuerpflichtigen. In Belgien müssen Banken Auskunft über kundenbezogene Daten nur beim Verdacht der Steuerhinterziehung erteilen[23]. In Portugal ist das steuerliche Bankgeheimnis partiell durchbrochen. Es besteht ein Anspruch der Finanzbehörden auf Auskunftserteilung gegenüber Banken, wenn Anhaltspunkte für Steuerhinterziehung vorliegen; im Besteuerungsverfahren dürfen Banken nur dann um Auskunft über kunderelevante Informationen ersucht werden, wenn eine Unterschreitung des durchschnittlichen Einkommens vorliegt oder wenn staatliche Sparförderung in Anspruch genommen wurde; im Übrigen können Auskünfte von Banken nur bei gerichtlicher Anordnung eingeholt werden[24]. Zu erwähnen ist in diesem Kontext, dass in Belgien, Deutschland, Griechenland, Italien, Luxemburg, Österreich und Portugal keine Kontrollmitteilungspflichten über laufende Zinszahlungen für Banken bestehen[25].
Aus diesen Erkenntnissen resultiert nach Art. 26 Abs. 1 lit. a, b EG für den zwischenstaatlichen Auskunftsverkehr Folgendes: In dem Umfang, in dem die Ermittlungsbefugnisse der Finanzbehörden nach nationalem Gesetz bzw. nach nationaler Verwaltungspraxis gegenüber Kreditinstituten eingeschränkt sind, ist auch ihre Auskunftserteilungspflicht nach Art. 26 Abs. 2 lit. a, b OECD-MA eingeschränkt. Damit steht insbesondere in Belgien, Österreich und Luxemburg das steuerliche Bankgeheimnis der Amtshilfeerteilung in Steuerangelegenheiten gemäß Art. 26 Abs. 2 lit. a, b OECD-MA entgegen; es ist „amtshilferesistent“[26].

(b) Geschäftsgeheimnis

Möglicherweise folgt eine Amsthilferesistenz nationaler Bankgeheimnisse auch aus Art. 26 Abs. 2 lit. c OECD-MA. Nach Art. 26 Abs. 2 lit. c OECD-MA ist der ersuchte Staat *nicht verpflichtet*, Informationen zu erteilen, die ein Handels-, Industrie-, Gewerbe- oder Berufsgeheimnis oder ein Geschäftsverfahren preisgeben würden oder deren Erteilung der öffentlichen Ordnung widerspräche. Fraglich ist, ob ein nationales Bankgeheimnis unter den Begriff des „Geschäftsgeheimnisses“ i. S. d. Norm fällt.

(i) Sonderregelungen

Eine Sonderregelung hierfür findet sich für das luxemburgische Bankgeheimnis im Schlussprotokoll zu Art. 23 des deutsch-luxemburgischen DBA; hier wird das Bankgeheimnis wegen seines außerordentlichen Stellenwerts ausdrücklich als Unterfall des Geschäftsgeheimnisses genannt[27]. Für diesen Fall begründet Art. 23 Abs. 5 des deutsch-luxemburgischen DBAs –

---

22 Siehe Teil E III.2.a)(1)(d)(ii).

23 Vgl. zu den Auskunftspflichten der Banken im internationalen Vergleich ausführlich oben sowie die Übersicht im OECD-Report, Improving Access to Bank Information 2000, S. 74, Tz. 3.2.

24 Siehe Teil E. III.3.

25 Vgl. dazu die Übersicht zu Kontrollmitteilungen durch Banken im internationalen Vergleich im OECD-Report, Improving Access to Bank Information, 2000, S. 71, Tz. 3.1.1.

26 Vgl. Carl/ Klos, Bankgeheimnis, S. 71: Dieser qualifiziert das Bankgeheimnis in Österreich, Luxemburg, der Schweiz und Liechtenstein als „amtshilferesistent“.

27 Söhn, in: H/ H/ Sp, AO, Bd. 4, § 117 Rz. 124.

entgegen Art. 26 OECD-MA – nicht nur ein Auskunftsverweigerungs*recht*, sondern eine Auskunftsverweigerungspflicht, also ein *Auskunftsverbot* (absoluter Geheimnisvorbehalt)[28]. Eine spezielle Regelung für den Austausch von bankkundenrelevaten Informationen enthält auch das deutsch-niederländische DBA. Hiernach besteht generell keine *Verpflichtung* zur Durchführung ausgedehnter Ermittlungen sowie zum Austausch von Informationen, die die ersuchte Behörde von einer Bank erlangt hat[29]. Ein entsprechendes Amtshilfeverweigerungsrecht gilt auch für den Austausch von solchen Informationen, die von den Banken gleichgestellten Institutionen, insbesondere von Versicherungsgesellschaften, erlangt wurden[30].
Es bleibt zu unterstreichen, dass das deutsch-luxemburgische und das deutsch-niederländische DBA insoweit Sonderregelungen gegenüber dem OECD-MA enthalten. Die Frage, ob ein nationales Bankgeheimnis – über diese Sonderregelungen hinaus – unter den Geheimnisbegriff des Art. 26 Abs. 2 lit. c OECD-MA fällt und damit ein Amtshilfeverweigerungsrecht begründet[31], ist indessen umstritten[32].

(ii) Auslegung nach nationalem Steuerverfahrensrecht

Zum Teil wird zur Beantwortung dieser Frage der abkommensrechtliche Geheimnisbegriff entsprechend dem im nationalen Steuerverfahrensrecht vorherrschenden Begriff des Berufsgeheimnisses ausgelegt[33]. Im deutschen Recht wäre demnach der gleichlautende, weit auszulegende Begriff „Betriebs- und Geschäftsgeheimnis" i. S. d. § 30 Abs. 2 Nr. 2 AO heranzuziehen. Unter diesen fallen alle Tatsachen, die im Zusammenhang mit einem Geschäftsbetrieb stehen und nur einem eng begrenzten Personenkreis, also nicht allgemein bekannt oder zugänglich sind und die nach dem bekundeten Willen des Steuerpflichtigen oder Betriebsinhabers geheim gehalten werden sollen[34]. Die zivilvertragliche Nebenpflicht der Bank gegenüber dem Bankkunden bezieht sich indessen lediglich auf die Geheimhaltung gegenüber privaten Dritten, nicht aber gegenüber den Finanzbehörden. Nach dieser Ansicht lässt sich das in Deutschland nur privatrechtlich anerkannte Bankgeheimnis also nicht unter den Geheimnisbegriff des Art. 26 Abs. 2 lit. c DBA-MA einordnen.

(iii) Abkommensautonome Auslegung

Richtigerweise wird man den Geheimnisbegriff aber entgegen der dargelegten Ansicht nicht entsprechend dem jeweiligen nationalen Recht, sondern aus dem Abkommen heraus zu interpretieren haben. Hierfür spricht der Wortlaut des Art. 3 Abs. 2 OECD-MA, der eine Auslegung des Abkommens nach dem nationalen Steuerrecht nur dann vorsieht, „wenn der Zusammenhang nichts anderes erfordert". Diese Vorschrift begründet zwar keinen absoluten,

---

28 Söhn, in: H/ H/ Sp, AO, Bd. 4, § 117 Rz. 127. Dasselbe gilt im Übrigen nach dem deutsch-schweizerischen DBA, Art. 26 Abs. 1 S. 3.

29 Engelschalk, in: Vogel/ Lehner, DBA, Art. 26 Rz. 131, 134, 136.

30 Engelschalk, in: Vogel/ Lehner, DBA, Art. 26 Rz. 136.

31 Aus diesem resultiert indessen keine abkommensrechtliche Amtshilfeverweigerungspflicht. Die Amtshilfe steht vielmehr, wie in den anderen Fällen des Art. 26 Abs. 2 OECD-MA, im pflichtgemäßen Ermessen des ersuchten Staates. Vgl. dazu Söhn, in: H/ H/ Sp, AO, Bd. 4, § 117 Rz. 126 f.

32 Ablehnend Söhn, in: H/ H/ Sp, AO, Bd. 4, § 117 Rz. 112, 124 m. w. N; a. A. Tipke, in: Tipke/ Kruse, AO, § 117 Rz. 32; Duhnkrack, Grenzüberschreitender Steuerdatenschutz, S. 222; Engelschalk, in: Vogel/ Lehner, DBA, Art. 26 Rz. 118.

33 So Kluge, Das internationale Steuerrecht der Bundesrepublik, S. 195; Ritter, DStZ/ A 1974, 267 (271); Schwarz, in: ders., AO, § 117 Rz. 36; FG Hamburg, EFG 1978, 257.

34 BFH v. 10.7.1963 – I b ZR 21/ 62, NJW 1963, 2120 (2120); Alber, in: H/ H/ Sp, AO, Bd. 2, § 30, Rz. 91; Carl/ Klos, IStR 1995, 225 (229).

aber doch einen logischen Vorrang der abkommensautonomen Auslegung[35]. Für eine solche wird auch Ziff. 19 des amtlichen Kommentars zu Art. 26 OECD-MA angeführt[36]. Und schließlich bleibt darauf hinzuweisen, dass vergleichbare Geheimnisbegriffe des nationalen Rechts der Mitgliedsstaaten sehr unterschiedlichen Umfangs sind. Ein entsprechend divergierender Geheimnisschutz würde dem Gegenseitigkeitsprinzip als tragendem Grundsatz des Auskunftsverkehrs nach Art. 26 MA widersprechen[37] und die Amtshilfe de facto „lahm legen"[38].

Nach der hier vertretenen Auffassung erscheint daher eine am Sinn und Zweck des Art. 26 Abs. 2 lit. c OECD-MA orientierte Auslegung geboten[39]. Die Vorschrift dient der Verhinderung steuerlichen Auskunftsverkehrs zum Zwecke der Wirtschaftsspionage, weil und soweit diese nicht bereits durch das im OECD-MA statuierte internationale Steuergeheimnis hinreichend verhindert wird[40]. Daher ist Art. 26 Abs. 2 lit. c DBA-MA eng auszulegen[41]. Innerhalb des Gesamtbereichs grundsätzlich geschützter wirtschaftlicher Tätigkeit entzieht die Norm daher diejenigen Kenntnisse dem zwischenstaatlichen Auskunftsverkehr, die einem begrenzten Personenkreis zugänglich, wirtschaftlich verwertbar und im Fall der Offenlegung geeignet sind, Dritten einen Vorteil zu bringen[42].

Für ein nationales Bankgeheimnis folgt daraus, dass nur derjenige Teilbereich der grundsätzlich geschützten wirtschaftlichen Tätigkeit der Bank bzw. des Bankkunden unter den Geheimnisbegriff des Art. 26 Abs. 2 lit. c DBA-MA fällt, der die o. g. (engen) Voraussetzungen erfüllt. Danach ist insbesondere die wirtschaftliche Verwertbarkeit der bankkundenbezogenen Steuerdaten für private Dritte zu prüfen. Diese dürfte gerade bei Auskünften darüber, ob ein Konto unterhalten wird, in der Regel zu verneinen sein; auch bei Auskünften über Zinszahlungen dürfte die wirtschaftliche Verwertbarkeit der Information für Dritte der Ausnahmefall sein. Demgegenüber ist es nach dieser Auslegung unerheblich, ob das Bankgeheimnis im ersuchten Mitgliedsstaat auch in steuerrechtlicher Hinsicht gesetzlich verankert ist.

(c) Gegenseitigkeitsprinzip

Eine weitere Einschränkung des Auskunftsverkehrs ist im sog. Gegenseitigkeitsprinzip[43] nach Art. 26 Abs. 2 lit. a DBA-MA zu erblicken. Nach diesem Prinzip ist der *ersuchte* Vertragsstaat dann zur Verweigerung der Auskunftserteilung *berechtigt*, wenn er die zugrunde liegen-

---

35 So auch Söhn, in: H/ H/ Sp, AO, Bd. 4, § 117 Rz. 120; Engelschalk, in: Vogel/ Lehner, DBA, Art.26 Rz. 119. Hingegen begründet Art. 3 Abs. 2 DBA-MA keinen systematischen Vorrang der abkommensimmanenten Auslegung vor der Auslegung nach dem nationalen Recht. Er statuiert lediglich eine logische Wechselbezüglichkeit der beiden Auslegungsvorgänge. Vgl. dazu Vogel, in: Vogel/ Lehner, DBA, Art. 3 Rz. 119.

36 Engelschalk, in: Vogel/ Lehner, DBA, Art. 26 Rz. 119; Tipke, in: Tipke/ Kruse, AO, § 117 Rz. 33.

37 Engelschalk, in: Vogel/ Lehner, DBA, Art. 26 Rz. 119.

38 Söhn, in: H/ H/ Sp, AO, Bd. 4, § 117 Rz. 121.

39 So auch Söhn, in: H/ H/ Sp, AO, Bd. 4, § 117, Rz. 121; Tipke, in: Tipke/ Kruse, AO, § 117, Rz. 33.

40 Till, Zwischenstaatliche Amts- und Rechtshilfe, S. 137; Carl/ Klos, IStR 1995, 225 (228); Schaumburg, Internationales Steuerrecht, S. 1332; Söhn, in: H/ H/ Sp, AO, Bd. 4, § 117 Rz. 115 m. w. N.

41 BFH v. 20.2.1979, VII R 16/ 78, BStBl. II 1979, 268 (271); Runge, RIW/ AWD 1979, 73 (85); Söhn, in: H/ H/ Sp, AO, Bd. 4, § 117 Rz. 122; Tipke, in: Tipke/ Kruse, AO, § 117 Rz. 33; a. A. Duhnkrack, Grenzüberschreitender Steuerdatenschutz, S. 225 f.; Ritter, DStZ/ A 1974, 271; Fischer, DB 1984, 743 ff sowie FG Hamburg v. 12.12.1977, II 160 / 75, EFG 1978, 257, aufgehoben durch BFH, BStBl. II 1979, 268.

42 Engelschalk, in: Vogel/ Lehner, DBA, Art. 26 Rz. 121; Tipke, in: Tipke/ Kruse, AO, § 117 Rz. 33; ähnlich: Schaumburg, Internationales Steuerrecht, S. 1332; BFH v. 20.2.1979, VII R 16/ 78, BStBl. II 1979, 268 = BFHE 127, 104; vgl. auch Söhn, in: H/ H/ Sp, AO, Bd. 4, § 117 Rz. 115 ff. m. w. N.

43 Vgl. dazu Schaumburg, Internationales Steuerrecht, S. 1334.

de Ermittlungsmaßnahme zwar nach seinem Recht und seiner Verwaltungspraxis vornehmen dürfte, aber der *ersuchende* Staat sie nach seinen nationalen Gesetzen bzw. seiner Verwaltungspraxis nicht vornehmen dürfte[44]. Dies bedeutet, dass die jeweils niedrigste zulässige Ermittlungsintensität in beiden Staaten für die *Verpflichtung* zur Amtshilfeerteilung maßgeblich ist[45]. Diese Einschränkung gilt gleichermaßen für den automatischen sowie den spontanen Auskunftsverkehr[46] („internationale Kontrollmitteilungen“ [47]). Demnach sind auch die von Belgien, Österreich oder Luxemburg ersuchten Mitgliedsstaaten lediglich zur Amtshilfeerteilung nach Maßgabe des im ersuchenden Staat steuerrechtlich anerkannten Bankgeheimnisses verpflichtet.

(d) Zufallsfunde und spontaner Auskunftsverkehr

Weiterhin ist die ersuchte Behörde nach Art. 26 Abs. 2 lit. b OECD-MA nicht zur Auskunftserteilung verpflichtet, wenn sie zwar über die ersuchten Informationen bereits verfügt, sie also nicht mehr zu beschaffen braucht, die Informationen jedoch unter Verstoß gegen ein Beweiserhebungsverbot erlangt wurden, das ein Beweisverwertungsverbot begründet[48]. In diesem Fall besteht nach § 117 Abs. 4 S. 1, S. 2 AO ein Auskunftsverbot[49]. Von praktischer Bedeutung sind diejenigen Beweisverbote, die mit einem steuerlichen Bankgeheimnis bzw. mit innerstaatlichen Ermittlungseinschränkungen für Finanzbehörden gegenüber Kreditinstituten einhergehen. In Deutschland steht dabei § 30 a Abs. 3 AO im Mittelpunkt[50]. Nach hier vertretener Auffassung entfaltet § 30 a Abs. 3 AO konstitutive Wirkung, indem er das Anfertigen von Kontrollmitteilungen über legitimationsgeprüfte Konten gemäß § 194 Abs. 3 AO anlässlich von Außenprüfungen bei Kreditinstituten verbietet[51]. Wird entgegen diesem Beweis(erhebungs)verbot eine Kontrollmitteilung angefertigt, so resultiert daraus ein Beweisverwertungsverbot[52]; dieses führt über Art. 26 Abs. 2 lit. b OECD-MA nicht nur zu einem Auskunftsverweigerungs*recht* der Finanzbehörden, sondern gemäß § 117 Abs. 4 S. 1 AO zu einem Auskunfts*verbot*[53].

Im Übrigen wird aus § 26 Abs. 2 OECD-MA der Umkehrschluss gezogen, der deutsche Fiskus sei berechtigt, solche Zufallerkenntnisse und Zufallsfunde, die von den Steuerfahndungsbehörden im Rahmen der *allgemeinen Steueraufsicht* nach § 208 Abs. 1 S. 1 Nr. 2, 3 AO[54]

---

44 Den Gegenseitigkeitsvorbehalt hat u. a. das deutsche DBA mit Frankreich nicht aufgenommen. Vgl. Engelschalk, in: Vogel/ Lehner, DBA, Art. 26 Rz. 136.

45 Engelschalk, in: Vogel/ Lehner, DBA, Art. 26 Rz. 113.

46 Engelschalk, in: Vogel/ Lehner, DBA, Art. 26 Rz. 113.

47 Vgl. Söhn, in: H/ H/ Sp, AO, Bd. 4, § 117 Rz. 275: Dieser weist darauf hin, dass der automatische Auskunftsverkehr, welcher systematische, d. h. regelmäßige, eine bestimmte Fallgruppe gleichartiger Sachverhalte betreffenden Auskünfte beinhalte, ebenso wie die Spontanauskünfte unter den Begriff der „grenzüberschreitenden Kontrollmitteilungen“ falle.

48 Engelschalk, in: Vogel/ Lehner, DBA, Art. 26 Rz. 117.

49 Vgl. dazu: Till, Zwischenstaatliche Amts- und Rechtshilfe, S. 151.

50 Vgl. BFH v. 4.9.2000, BStBl. II, 2000, 648 (650 ff.) zu § 3 EG-AHG.

51 Siehe Teil E III.2.a)(1)(d)(iii).

52 § 30 a Abs. 3 AO begründet ein sog. echtes Beweisverbot, d. h. aus der Verletzung von S. 1 resultiert nach S. 2 ein Beweisverwertungsverbot im Besteuerungsverfahren. Vgl. Tipke, in: Tipke/ Kruse, AO, § 30 a Rz. 19; § 88, Rz. 14 ff.; Krabbe, in: Koch/ Scholz, AO, § 30 a Rz. 11; so auch BFH v. 4.9.2000, I B 17/00, BStBl. II 2000, 649 (650, dort: lit. b, S. 1). Vgl. zum strittigen Verhältnis von § 30 a Abs. 3 S. 1 („dürfen nicht“) und S. 2 („soll“) ausführlich Ruegenberg, Steuergeheimnis, S. 112 ff.

53 Vgl. Engelschalk, in: Vogel/ Lehner, DBA, Art. 26 Rz. 117.

54 BFH v. 4.9.2000, I B 17/00, BStBl. II 2000, 648 (649) (zu § 3 EGAHG).

bzw. *im Steuerstrafverfahren*[55] rechtmäßig gewonnen worden seien, die jedoch den Finanzbehörden im *Besteuerungsverfahren* nach den Vorschriften der AO nicht hätten mitgeteilt werden müssen, im Rahmen des internationalen Informationsaustausches weiterzugeben. Es komme gerade nicht darauf an, ob die Informationen in einem ordentlichen *Besteuerungsverfahren hypothetisch* rechtmäßiger Weise hätten beschafft werden können. Da es im Fall eines rechtmäßig erlangten Zufallsfunds keiner erneuten Amtshandlung zur Erlangung der ersuchten Information bedürfe, stehe eine pflichtgemäße Ermessensausübung der Auskunftserteilung nicht entgegen[56].

Betrachtet man indessen den konkreten Bezugsfall, der dieser Auffassung zugrunde liegt, so kann den daraus gezogenen Schlussfolgerungen nicht zugestimmt werden[57]. Der I. Senat des BFH entschied in diesem Fall wie folgt: Wenn die Steuerfahndungsbehörden im Rahmen der Ermittlung unbekannter Steuerfälle (§ 208 Abs. 1 Nr. 3 AO) bei einem Kreditinstitut Zufallserkenntnisse über legitimationsgeprüfte Konten eines nichtansässigen Dritten erlangen, so stehe § 30 a Abs. 3 AO einer Spontanauskunft über diese Konten an den Ansässigkeitsstaat nicht entgegen[58]. Da die Tätigkeit der Steuerfahndung keine Außenprüfung „im Rechtssinne" sei, finde § 30 a Abs. 3 AO keine Anwendung.

Dem ist Folgendes entgegenzuhalten: Gegen die Institutionalisierung einer allgemeinen Steueraufsicht auf Grundlage von § 208 Abs. 1 Nr. 3 AO sprechen grundlegende Bedenken. Insbesondere gilt es, die von § 393 AO geforderte Trennung der steuerstraf- und steuerverfahrensrechtlichen Befugnisse der Finanzbehörden zu wahren[59]. Voraussetzung für ein Tätigwerden der Steuerfahndung nach § 208 Abs. 1 Nr. 3 AO ist nach hier vertretener Auffassung deshalb stets ein strafprozessualer Anfangsverdacht im Einzelfall. Werden anlässlich von strafverfahrensrechtlichen Ermittlungen bei einem Kreditinstitut (gegen Bankkunden oder Bankangestellte) zufällig legitimationsgeprüfte Konten weiterer, nichtansässiger Bankkunden festgestellt, so resultiert daraus noch kein entsprechender Anfangsverdacht gegen die Konteninhaber[60]. Der Steuerfahndung stehen dann nur diejenigen Befugnisse zu, die für das allgemeine Besteuerungsverfahren gelten. Lehnt man auf dieser Grundlage aber, dem I. Senat des BFH folgend, eine Anwendung des § 30 a Abs. 3 AO mangels Außenprüfung „im Rechtssinne" ab, so muss dasselbe für die Befugnis nach § 194 Abs. 3 AO gelten. Mangelt es also an einer Außenprüfung „im Rechtssinne", dann findet nicht nur § 30 a Abs. 3 AO keine Anwendung, sondern es mangelt bereits an einer Kontrollmitteilungsbefugnis nach § 194 Abs. 3 AO. Dann aber setzen sich die Finanzbehörden mit der deutschen Rechtsordnung in Widerspruch, wenn sie dem Ansässigkeitsstaat des Bankkunden eine Spontanauskunft über dessen Konto erteilen. Sie sind nach Art. 26 Abs. 2 lit. c OECD-MA nicht nur berechtigt, sondern nach § 117 Abs. 4 S. 1 AO auch verpflichtet, von einer solchen Auskunft abzusehen. Geht man indessen – entgegen der Auffassung des I. Senats und damit in Übereinstimmung mit dem VII. Senat des BFH – davon aus, dass die Steuerfahndungsbehörden bei ihren Ermittlungen

---

55 BFH v. 17.5.1995, I B 118/94, BStBl. II 1995, 497 (zu § 3 EGAHG); Engelschalk, in: Vogel/ Lehner, DBA, Art. 26 Rz. 117 (zu Art. 26 Abs. 2 OEDC-MA).

56 BFH v. 4.9.2000, I B 17/ 00, BStBl. II 2000, 648.

57 Kritisch auch Eilers, in: Debatin/ Wassermeyer, Doppelbesteuerung, Band I, Art. 26 MA Rz. 44.

58 BFH v. 4.9.2000, I B 17/00, BStBl. II 2000, 648 (649) (zu § 3 EGAHG).

59 Siehe Teil E III.2.a)(1)(d)(ii).

60 Vgl. BFH v. 6.2.2001, VII B 277/00, BStBl. II 2001, 306 (310 f.). Unter Hinweis auf die Kapitalverkehrsfreiheit wurde ein Anfangsverdacht der Steuerhinterziehung bei der Durchführung solcher Auslandsgeschäfte abgelehnt, die banküblich sind, die also im Wege direkter Überweistung von legitimationsgeprüften Konten namentlich bekannter Kunden auf ein Konto einer Auslandsbank erfolgen.

nach § 208 Abs. 1 Nr. 3 AO „funktional“ Aufgaben der Außenprüfung wahrnehmen, und lässt dies für eine Kontrollmitteilungsbefugnis nach § 194 Abs. 3 AO ausreichen, so schränkt das (konstitutiv wirkende) Kontrollmitteilungsverbot des § 30a Abs. 3 AO diese Befugnis ein[61]. Nach S. 1 dieser Norm dürfen die Finanzbehörden anlässlich der Außenprüfung bei einem Kreditinstitut legitimationsgeprüfte Konten nicht zum Zwecke der Nachprüfung ordnungsgemäßer Versteuerung feststellen oder abschreiben. Verstoßen sie gegen dieses Beweis(erhebungs)verbot, so resultiert daraus nach S. 2 der Norm ein Beweisverwertungsverbot[62]. Dieses begründet nach Art. 26 Abs. 2 lit. c OECD-MA das *Recht*, nach § 117 Abs. 4 S. 1 AO die *Pflicht* der Finanzbehörden, eine Spontanauskunft an die ausländischen Finanzbehörden zu unterlassen.

Damit lässt sich zusammenfassen: Wenn der I. Senat des BFH versucht, das – nach vorliegender Auffassung verfassungswidrige[63] – Kontrollmitteilungsverbot des § 30 a Abs. 3 AO im internationalen Auskunftsverkehr über den „Umweg“ einer als „allgemeine Steueraufsicht“ getarnten Steuerfahndung auszuhebeln, so kann dem nicht gefolgt werden. Vielmehr setzt die Erteilung einer zwischenstaatlichen Kontrollmitteilung über Konten Dritter, die anlässlich von Ermittlungen der Steuerfahndungsbehörden bei einem Kreditinstitut zufällig festgestellt werden, stets einen strafrechtlichen Anfangsverdacht gegen den (von der Kontrollmitteilung) konkret betroffenen Steuerpflichtigen voraus. Ein solcher Anfangsverdacht resultiert nicht etwa bereits aus der Vornahme von banküblichen, also solchen Auslandgeschäften, die von legitimationsgeprüften Konten aus getätigt werden.

Mangels (strafprozessualen) Anfangsverdachts ist die Steuerfahndung daher grundsätzlich nicht berechtigt, anlässlich von Ermittlungen bei einem Kreditinstitut (gegen Bankkunden oder Bankangestellte), auf Grundlage von § 208 Abs. 1 Nr. 3 AO legitimationsgeprüfte Konten nichtansässiger dritter Bankkunden festzustellen und hierüber Spontanauskünfte an den Ansässigkeitsstaat („internationale Kontrollmitteilungen“) zu erteilen.

b) Amtshilfe nach der EG-Amtshilfe-Richtlinie

(1) Grundsätzliches

Neben dem auf bilaterale Abkommen gestützten Auskunftsverkehr ist eine zwischenstaatliche Amtshilfe im Bereich der direkten Steuern auch aufgrund der für sämtliche Mitgliedsstaaten geltenden Amtshilferichtlinie 1977 i. d. F. v. 6.12.1979 möglich[64]. In Deutschland wurde diese Richtlinie durch Art. 2 des Steuerbereinigungsgesetzes 1986 v. 19.12.1985[65] in das Gesetz zur Durchführung der EG-Richtlinie über die gegenseitige Amtshilfe im Bereich der direkten Steuern und der Mehrwertsteuer (EG-AHG) transformiert.

Zunächst ist zu klären, in welchem Konkurrenzverhältnis die Amtshilfe nach der umgesetzten EG-Amtshilferichtlinie zur Amtshilfe nach den bestehenden bilateralen Abkommen sowie zur Amtshilfe nach nationalem Recht steht.

---

61 BFH v. 28.10.1997, VII B 40/97, BFH/ NV 1998, 424 (429 f.).

62 Tipke, in: Tipke/ Kruse, AO, Bd, 1, § 30 a Rz. 19; § 88, Rz. 14 ff.; Krabbe, in: Koch/ Scholz, AO, § 30 a Rz. 11; BFH v. 4.9.2000, I B 17/00, BStBl. II 2000, 649 (650, dort: lit. b, S. 1). Vgl. zum Verhältnis von § 30 a Abs. 3 S. 1 AO („dürfen nicht“) und S. 2 („soll“) ausführlich: Ruegenberg, Steuergeheimnis, S. 112 ff.

63 Siehe Teil E III.2.a)(1)(d)(vi) sowie Teil E III.2.a)(1)(d)(vii).

64 RL 77/ 799/ EWG, ABl. EG 1979, Nr. L 336/ 15; vgl. auch den Text der Richtlinie bei Söhn, in: H/ H/ Sp, AO, Bd. 4, § 117 Rz. 215 ff.

65 BGBl. I, 1985, 2436 (2441).

Der nach ständiger Rechtsprechung des EuGH bestehende Anwendungsvorrang des Gemeinschaftsrechts bezieht sich nicht nur auf nationales Recht, sondern auch auf völkerrechtliche Abkommen zwischen den Mitgliedsstaaten. Daher sind die Mitgliedsstaaten im Anwendungsbereich der EG-Amtshilfe-Richtlinie vorrangig an diese gebunden[66]. Nur soweit die Auskunftspflichten nach DBA oder nationalem Recht über die in der Richtlinie statuierten Auskunftspflichten hinausgehen, bleiben sie unberührt (Art. 11 RL, § 1 Abs. 3 EG-AHG)[67]. Ungeachtet des Anwendungsvorrangs der Richtlinie werden Auskunftsersuchen in der Praxis allerdings bislang überwiegend auf DBAs gestützt[68].

In sachlicher Hinsicht regeln EG-Amtshilferichtlinie (RL) und EG-AHG den steuerlichen Informationsaustausch zwischen Deutschland und den anderen Mitgliedsstaaten (Art. 1 Abs. 1 RL, § 1 Abs. 1 EG-AHG) u. a. im Bereich der direkten Steuern.

Dabei unterscheiden RL und EG-AHG zwischen Auskunft auf Ersuchen (Art. 2 RL), automatischem Auskunftsaustausch (Art. 3 RL) und spontanem Auskunftsaustausch (Art. 4 RL), vgl. § 2 EG-AHG. Voraussetzung für eine Auskunftserteilung ist jedenfalls, dass die Auskünfte für die zutreffende Steuerfestsetzung in dem ersuchenden Staat erheblich sein können (§ 1 Abs. 2 RL).

Spontanauskünfte sind dabei nur in den in § 2 Abs. 2 Nr. 1-6 EG-AHG abschließend enumerierten Fällen zulässig. Dies ist u. a. dann der Fall, wenn tatsächliche Anhaltspunkte die Vermutung rechtfertigen, dass Steuern des Mitgliedsstaates verkürzt worden sind oder werden könnten (Nr. 1)[69]. Ebenso sind Spontanauskünfte zulässig, wenn tatsächliche Anhaltspunkte die Annahme rechtfertigen, dass ein Sachverhalt, aufgrund dessen eine Steuerermäßigung oder -befreiung gewährt worden ist, für den Steuerpflichtigen zu einer Besteuerung oder Steuererhöhung in dem Mitgliedsstaat führen könnte (Nr. 5). In den abschließend enumerierten Fällen stehen Spontanauskünfte nach dem EG-AHG stets im pflichtgemäßen Ermessen der jeweiligen Behörde. Die „Soll"-Vorschrift des Art. 4 Abs. 1 RL wurde im EG-AHG in eine „Kann"-Vorschrift umgewandelt[70]. Auch ein automatischer Auskunftsverkehr ist nur in besonderen, in § 2 Abs. 3 EG-AHG abschließend aufgezählten Fallgruppen möglich. Diese systematischen, d. h. regelmäßigen, eine bestimmte Fallgruppe gleichartiger Sachverhalte betreffenden Auskünfte stellen begrifflich, ebenso wie die Spontanauskünfte, „internationale Kontrollmitteilungen" dar[71].

Automatische Auskünfte sind nach § 2 Abs. 3 Nr. 3 EG-AHG auf Grundlage der Gegenseitigkeit u. a. über Einkünfte, deren Kenntnis für die Besteuerung durch einen Mitgliedsstaat erforderlich sein könnte, zulässig. Davon umfasst sind – wie bereits von Abs. 3 Nr. 2 a. F. – u. a. Auskünfte über Freistellungs- und Erstattungsverfahren, die zur Ermäßigung der deutschen Quellensteuer nach DBA dienen, z. B. die Entlastung von der deutschen Kapitalertragsteuer[72].

---

66 So auch Valls, Vollzugsdefizite, S. 93; vgl. dagegen für eine parallele Anwendbarkeit: BFH v. 23.7.1986, I R 306/82, BStBl. II 1987, 92 (93); Söhn, in: H/ H/ Sp, AO, Bd. 4, § 117 Rz. 241; Till, Zwischenstaatliche Amts- und Rechtshilfe, S. 145 m. w. N.

67 Engelschalk, in: Vogel/ Lehner, DBA, Art. 26 Rz. 69.

68 Engelschalk, in: Vogel/ Lehner, DBA, Art. 26 Rz. 69.

69 Nach BFH v. 17.5.1995, I B 118/94, BStBl. II 1995, 497 (498) soll es hierfür ausreichend sein, wenn das Verhalten des Steuerpflichtigen nach der allgemeinen Lebenserfahrung den Rückschluss erlaubt, der Steuerpflichtige wolle verhindern, dass die zuständigen Finanzbehörden von einem steuerlich relevanten Sachverhalt Kenntnis erhalten. Vgl. dazu: Till, Zwischenstaatliche Amts- und Rechtshilfe, S. 142.

70 Kritisch Carl/ Klos, CR 1995, 134 (238); dies. Leitfaden, S. 184; Selling, StBp. 1988, 237 (238).

71 Söhn, in: H/ H/ Sp, AO, Bd. 4, § 117 Rz. 275.

72 Söhn, in: H/ H/ Sp, AO, Bd. 2, § 117 Rz. 279.

(2) Grenzen der Amtshilfe

Die Auskunftserteilung unterliegt gemäß § 3 EG-AHG bestimmten Grenzen.

(a) Unzulässigkeit der Amtshandlung nach Abgabenordnung bzw. Verwaltungsanweisung

Nach § 3 Abs. 1 Nr. 1 EG-AHG besteht ein striktes Auskunftsverbot, wenn die dazu dienende Amtshandlung in einem Besteuerungsverfahren nach der Abgabenordnung nicht vorgenommen werden könnte oder einer allgemeinen Verwaltungsanweisung zuwiderlaufen würde (vgl. Art. 8 Abs. 1 RL). Diese Regelung entspricht in ihren Voraussetzungen weitgehend denjenigen des Art. 26 Abs. 1 lit. a, b OECD-MA, so dass auf die dortigen Ausführungen Bezug genommen werden kann[73]. Diese lassen sich wie folgt zusammenfassen: Nach nationalem Steuerverfahrensrecht bestehen in Österreich, Luxemburg, Belgien, Portugal und Deutschland (dem Umfang nach sehr unterschiedliche) Ermittlungsbeschränkungen der Finanzbehörden gegenüber Kreditinstituten. Korrespondierend zu diesen Ermittlungsbeschränkungen bestehen bei Zinseinkünften im Rahmen des Besteuerungsverfahrens gemäß Art. 8 Abs. 1 RL bzw. § 3 Abs. 1 Nr. 1 EG-AHG Einschränkungen des zwischenstaatlichen Auskunftsverkehrs nach der EG-Amtshilferichtlinie[74].

(b) Geschäftsgeheimnis

Für den zwischenstaatlichen Auskunftsverkehr zum Zwecke der Zinsbesteuerung erscheint auch § 3 Abs. 1 Nr. 4 EG-AHG von Bedeutung. Danach besteht ein striktes Auskunftsverbot insoweit, als die Gefahr besteht, dass dem inländischen Beteiligten durch die Preisgabe eines Handels-, Industrie-, Gewerbe- oder Berufsgeheimnisses oder eines Geschäftsverfahrens ein mit dem Zweck der Auskunftserteilung nicht zu vereinbarender Schaden entsteht (vgl. demgegenüber Art. 8 Abs. 2 RL, der den Vorbehalt der Schadensgefahr nicht vorsieht).
Auch hier ist – wie auch bereits im Rahmen des Abkommensrechts diskutiert – fraglich, ob unter den Geheimnisbegriff i. S. d. Vorschrift ein mitgliedsstaatliches Bankgeheimnis zu subsumieren ist. Von der herrschenden Meinung wird dies verneint[75]. Der Geheimnisbegriff in § 3 Abs. 1 Nr. 4 EG-AHG sei – ebenso wie der abkommensrechtliche Geheimnisbegriff und derjenige in § 117 Abs. 3 Nr. 4 AO – teleologisch-restriktiv zu interpretieren[76]. Auch die vorliegende Norm diene im Wesentlichen der Verhinderung der Wirtschaftsspionage[77]. Unter den Begriff des Geschäfts- oder Betriebsgeheimnisses fielen demnach nur Tatsachen, die von erheblicher wirtschaftlicher Bedeutung und praktisch nutzbar seien und deren unbefugte Nutzung zu beträchtlichen Schäden führen könne[78]. Diese Voraussetzungen seien bei Daten, die unter das Bankgeheimnis fallen, nicht per se erfüllt[79]. Nach dieser Auffassung sind insbeson-

---

73 Siehe Teil F I.2.a)(2)(a).

74 So am Beispiel von Luxemburg und Österreich auch Valls, Vollzugsdefizite, S. 82.

75 Söhn, in: H/ H/ Sp, AO, Bd. 4, § 117 Rz. 286 a; Carl/ Klos, INF 1994, 238; Klos, INF 1995, 519 (520).

76 Söhn, in: H/ H/ Sp, AO, Bd. 4, § 117 Rz. 295; Tipke, in: Tipke/ Kruse, AO, Bd. 1, § 117 Rz. 75, 42; Ruegenberg, Steuergeheimnis, S. 347.

77 Carl/ Klos, Leitfaden, S. 195.

78 BFH v. 20.2.1979, BStBl. 1979 II, 268 (272); BMF-Schreiben v. 3.2.1999, IV B 4 – S 1320 – 3/ 99, BStBl. 1999 I, 228 (237) (Tz. 3.3.1.4); Carl/ Klos, Leitfaden, S. 195; dies., INF 1994, 238 (239); Schaumburg, Internationales Steuerrecht, S. 1322; Ruegenberg, Steuergeheimnis, S. 347.

79 Dahingehend: Brock, Auskunftsverkehr, S. 179; a. A. Carl/ Klos, Leitfaden, S. 195, der trotz Zustimmung zur o. g. Definition zwar nicht das deutsche, wohl aber das schweizerische und luxemburgische Bankgeheimnis als Geschäftsgeheimnis i. S. d. Norm betrachtet.

dere Auskünfte über bloße Zahlungsvorgänge auf ein ausländisches Bankkonto nicht wegen Verstoßes gegen ein Geschäftsgeheimnis unzulässig[80]. Zutreffend wird angeführt, das Bankgeheimnis berechtige schon deswegen nicht zur Auskunftsverweigerung, weil es in der abschließenden Aufzählung der Auskunftsverbote nach § 3 Abs. 1 Nr. 4 EG-AHG nicht namentlich erwähnt sei[81]. Banken sind im internationalen Auskunftsverkehr daher nach allgemeinen Grundsätzen auskunftspflichtig[82]. Dies muss für deutsche Banken schon deshalb gelten[83], weil das Bankgeheimnis nach nationalem Recht jedenfalls kein umfassendes Geschäftsgeheimnis gegenüber dem Fiskus begründet; dementsprechend ist es auch nicht „amtshilferesistent" im Sinne des EG-AHG[84].

(c) Gegenseitigkeitsprinzip

Ein Auskunftsverweigerungsrecht besteht nach § 3 Abs. 2 Nr. 2 EG-AHG indessen dann, wenn keine Gegenseitigkeit vorliegt. Dies ist zwar nach den – mittlerweile zu ergänzenden[85] – Feststellungen des BMF[86] für Frankreich, Griechenland, Italien, Luxemburg, Niederlande, Österreich, Portugal, Schweden, Spanien gewährleistet. Demgegenüber dürfte sich die Finanzverwaltung aber, wie Carl Klos bemerkt, gerade im Verhältnis zu Luxemburg und Österreich richtigerweise durchaus auf ein Auskunftsverweigerungsrecht berufen, da diese Staaten ihrerseits aufgrund ihres umfassenden steuerlichen Bankgeheimnisses nicht zur Auskunftserteilung über Steuerdaten von Bankkunden berechtigt sind[87].

(d) Zufallsfunde und spontaner Auskunftsverkehr

Nach § 3 Abs. 1 Nr. 1 EG-AHG besteht, wie bereits erwähnt, ein Auskunftsverbot, „wenn die dazu dienende Amtshandlung in einem Besteuerungsverfahren nach der Abgabenordnung nicht vorgenommen werden könnte oder einer allgemeinen Verwaltungsanweisung zuwiderlaufen würde". Indessen wird daraus – wie auch aus Art. 26 Abs. 2 lit. b OECD-MA[88] – der Umkehrschluss gezogen, der deutsche Fiskus sei berechtigt, Zufallsfunde, die innerhalb eines Steuerstrafverfahrens[89] oder im Rahmen der allgemeinen Steueraufsicht nach § 208 Abs. 1 Nr. 3 AO[90] rechtmäßig gewonnen worden seien, die jedoch im Besteuerungsverfahren nach den Vorschriften der AO nicht hätten mitgeteilt werden müssen, im Rahmen des internationalen Informationsaustausches weiterzugeben[91]. Es komme nicht darauf an, ob die Informationen in einem ordentlichen Besteuerungsverfahren *hypothetisch* rechtmäßiger Weise hätten beschafft werden können. Da es im Fall eines rechtmäßig erlangten Zufallsfunds keiner

---

80 BFH v. 20.01.1988, I B 72/ 87, BStBl. II 1988, 412 (413); Bächle/ Rupp, Internationales Steuerrecht, S. 540.

81 Söhn, in: H/ H/ Sp, AO, Bd. 4, § 117 Rz. 286 a; Carl/ Klos, INF 1994, 238; dies., Leitfaden, S. 7; Klos, INF 1995, 519 (520).

82 Söhn, in: H/ H/ Sp, AO, Bd. 4, § 117 Rz. 286 a.

83 Vgl. dazu: Brock, Auskunftsverkehr, S. 182 f. m. w. N.

84 So auch Carl/ Klos, INF 1994, 238 (238); dies., Leitfaden, S. 195; Ruegenberg, Steuergeheimnis, S. 347.

85 Söhn, in: H/ H/ Sp, AO, Bd. 4, § 117 Rz. 304 a.

86 BMF v. 1.12.1988, BStBl. I 1988, 466 (473).

87 Klos, IStR 1998, 142 (143).

88 Siehe Teil F I.2.a)(2)(d).

89 BFH v. 17.5.1995, I B 118/ 94, BStBl. II 1995, 497 (498).

90 BFH v. 4.9.2000, I B 17/ 00, BStBl. II 2000, 648 (650).

91 BMF v. 3.2.1999, IV B 4 – S 1320 – 3/ 99, BStBl. I 1999, 228 (238) (Tz. 4.2.1).

erneuten Amtshandlung zur Erlangung der ersuchten Information bedürfe, stehe eine pflichtgemäße Ermessensausübung der spontanen Auskunftserteilung nicht entgegen[92].
Bereits im Rahmen der Erörterungen zu Art. 26 Abs. 2 lit. b OECD-MA wurde ausgeführt, weshalb dieser Argumentation nach vorliegender Auffassung nicht gefolgt werden kann. Danach gilt vielmehr Folgendes: Mangels (strafprozessualen) Anfangsverdachts ist die Steuerfahndung grundsätzlich nicht berechtigt, anlässlich von Ermittlungen bei einem Kreditinstitut (gegen Bankkunden oder Bankangestellte), auf Grundlage von § 208 Abs. 1 Nr. 3 AO legitimationsgeprüfte Konten nichtansässiger dritter Bankkunden festzustellen und hierüber Spontanauskünfte an den Ansässigkeitsstaat („internationale Kontrollmitteilungen") zu erteilen. Den Steuerfahndungsbehörden fehlt in diesem Fall bereits die Kontrollmitteilungsbefugnis nach § 194 Abs. 3 AO; hilfsweise greift das Kontrollmitteilungsverbot des § 30 a Abs. 3 AO ein[93]; es besteht daher jedenfalls nach Art. 3 Abs. 1 Nr. 1 EG-AHG ein Auskunftsverbot.

3. Kulanzauskünfte (§ 117 Abs. 3 AO)

Eine ersuchte deutsche Behörde kann auch außerhalb völkerrechtlicher Vereinbarungen und außerhalb des Anwendungsbereichs der (umgesetzten) EG-Amtshilferichtlinie gemäß § 117 Abs. 3 AO *nach pflichtgemäßem Ermessen* Amtshilfe leisten (sog. Amtshilfe im Kulanzwege). Im Rahmen der Zinsbesteuerung sind der pflichtgemäßen Ermessensausübung indessen möglicherweise nach § 117 Abs. 3 Nr. 4 AO Grenzen gesetzt: Danach darf Amtshilfe dann nicht erteilt werden, wenn die Gefahr besteht, dass dem inländischen Beteiligten ein mit dem Zweck der Amtshilfe nicht zu vereinbarender Schaden entsteht, falls ein Handels-, Industrie-, Gewerbe- oder Berufsgeheimnis oder ein Geschäftsverfahren, das auf Grund des Ersuchens offenbart werden soll, preisgegeben wird.
Die wohl überwiegende Meinung interpretiert den Geheimnisbegriff in § 117 Abs. 3 Nr. 4 AO entsprechend dem abkommensrechtlichen Geheimnisbegriff des Art. 26 Abs. 2 lit. c OECD-MA sehr restriktiv[94]. Insoweit wird auf die dortigen Ausführungen verwiesen[95]. Im Ergebnis ist danach ein mitgliedsstaatliches Bankgeheimnis nicht unter den Begriff des „Geschäftsgeheimnisses" zu subsumieren.
Dasselbe gilt nach hier vertretener Auffassung auch dann, wenn man den Geheimnisbegriff des § 117 AO als originär deutschen Rechtsbegriff betrachtet und ihn aus der deutschen Rechtsordnung heraus auslegt. Insoweit ist Folgendes ausschlaggebend: Das Bankgeheimnis ist im deutschen Recht zwar als zivilrechtliche Geheimhaltungspflicht für bankkundenrelevante Informationen gegenüber privaten Dritten anerkannt; es hat als solches jedoch gegenüber den Normen des Steuerverfahrensrechts keinen Bestand[96]; insoweit bestehen nach § 30 a AO lediglich einzelne Ermittlungsbeschränkungen. Da das Bankgeheimnis somit keine generelle Geheimhaltungspflicht gegenüber den deutschen Finanzbehörden beinhaltet, kann eine solche auch der Amtshilfe gegenüber ausländischen Finanzbehörden nicht entgegenste-

---

92 BFH v. 4.9.2000, I B 17/ 00, BStBl. II 2000, 648.
93 Schaumburg, Internationales Steuerrecht, S. 1321.
94 Tipke, in: Tipke/ Kruse, AO, § 117 Rz. 42; Söhn, in: H/ H/ Sp, AO, Bd. 4, § 117 Rz. 184 ff.; Carl/ Klos, Bankgeheimnis, S. 70; Schaumburg, Internationales Steuerrecht, S. 1322; vgl. auch Ruegenberg, Steuergeheimnis, S. 347 m. w. N. Vgl. dagegen für eine weite Auslegung: Schwarz, in: ders, AO, Bd. 2, § 117 Rz. 36; Ritter, DStZ/ A 1974, 267 (271). Auch nach dieser Ansicht fällt das Bankgeheimnis jedoch nicht unter den Begriff des „Geschäftsgeheimnisses"; vgl. dazu: Till, Zwischenstaatliche Amts- und Rechtshilfe, S. 151 f.
95 Siehe Teil F I.2.a)(2)(b).
96 Siehe Teil E III.2.a)(1)(d)(vii).

hen. Die Subsumtion des Bankgeheimnisses unter den Geheimnisbegriff des § 117 Abs. 3 Nr. 4 AO scheidet daher auch nach vorliegender Auffassung aus[97].

4. Zusammenfassung

Die bisherigen Ausführungen lassen sich wie folgt zusammenfassen: Im Hinblick auf das völkerrechtliche Territorialitätsprinzip setzt eine effektive Besteuerung von im Ausland erzielten Zinserträgen durch den Ansässigkeitsstaat einen effektiven zwischenstaatlichen Auskunftsverkehr zum Zwecke der Ermittlung besteuerungsrelevanter Sachverhalte voraus. Grundlage eines solchen Auskunftsverkehrs sind sog. Auskunftsklauseln in bestehenden Doppelbesteuerungsabkommen, die EG-Amtshilferichtlinie sowie – für eine Amtshilfeleistung im Kulanzwege – auch nationales (unilaterales) Recht. Es besteht grundsätzlich die Möglichkeit der Auskunftserteilung auf Ersuchen, des spontanen Auskunftsverkehrs sowie – in bestimmten Fällen – auch des automatischen Auskunftsverkehrs. Hat der zwischenstaatliche Auskunftsverkehr, wie vorliegend, die Ermittlung besteuerungsrelevanter Sachverhalte im Rahmen der Zinsbesteuerung zum Ziel[98], so bezieht sich die Informationsübermittlung überwiegend auf Bankkonten, Depots sowie Zinserträge Nichtansässiger im Quellenstaat.

Indessen steht der Erteilung der entsprechenden Auskünfte in diversen Mitgliedsstaaten ein nationales Bankgeheimnis entgegen.

Zwar ist ein solches Bankgeheimnis grundsätzlich nicht als „amtshilferesistentes" Geschäftsgeheimnis zu qualifizieren; es begründet insoweit kein Auskunftshindernis nach bestehenden Doppelbesteuerungsabkommen (Art. 26 Abs. 2 lit. c OECD-MA; Ausnahme: deutsch-luxemburgisches DBA) sowie nach der EG-Amtshilfe-Richtlinie (Art. 8 Abs. 2 RL).

Jedoch sind in verschiedenen Mitgliedsstaaten die Ermittlungsbefugnisse der Finanzbehörden gegenüber Kreditinstituten im Besteuerungsverfahren eingeschränkt. Ermittlungen, zu denen die Finanzbehörden nach innerstaatlichem Recht nicht befugt sind, dürfen sie auch nicht zum Zwecke der zwischenstaatlichen Amtshilfe vornehmen. In diesen Fällen besteht auf abkommensrechtlicher Ebene nach Art. 26 Abs. 2 lit. a, b OECD-MA ein Amtshilfeverweigerungsrecht; aus diesem resultiert nach § 117 Abs. 4 S. 1, 2 AO für die deutschen Finanzbehörden eine Auskunftsverweigerungspflicht. Auch nach Art. 8 Abs. 2 der EG-Amtshilferichtlinie besteht in diesen Fällen ein striktes Auskunftsverbot. Leisten deutsche Finanzbehörden im Einzelfall außerhalb des Anwendungsbereichs bestehender Doppelbesteuerungsabkommen bzw. der EG-Amtshilferichtlinie Amtshilfe im Kulanzwege (§ 117 Abs. 3 AO), so dürfen Ermittlungen gegenüber Finanzbehörden, die nach § 30 a AO unzulässig sind, nach § 117 Abs. 4 S. 1, 2 AO auch nicht zum Zwecke der zwischenstaatlichen Auskunftserteilung vorgenommen werden.

Nach diesen Grundsätzen steht insbesondere in Luxemburg, Österreich und Belgien das steuerliche Bankgeheimnis der zwischenstaatlichen Auskunftserteilung umfassend entgegen. Auch in Portugal genießt das Bankgeheimnis im Besteuerungsverfahren weitgehenden Schutz. In Deutschland sind die Banken gegenüber den Finanzbehörden zwar nicht zur umfassenden Geheimhaltung berechtigt; gleichwohl bestehen nach § 30 a AO Ermittlungsbe-

---

97 Vgl. stellvertretend: Carl/ Klos, Bankgeheimnis, S. 70 m. w. N.

98 Es wird an dieser Stelle nochmals verdeutlicht, dass sich die Ausführungen nur mit der Sachverhaltsermittlung im Rahmen des Steuersfestsetzungsverfahrens beschäftigen. Daher findet der im Jahr 2003 neu eingefügte Art. 27 OECD-MA über die Amtshilfe zum Zwecke der Steuervollstreckung vorliegend keine Berücksichtigung.

schränkungen gegenüber Kreditinstituten im Besteuerungsverfahren; diese sind im Rahmen der zwischenstaatlichen Amtshilfe zu beachten.
Über das mitgliedsstaatliche Bankgeheimnis hinaus haben die Niederlande in ihrem DBA mit Deutschland kundenbezogene Informationen von Kreditinstituten und vergleichbaren Institutionen, insbesondere Versicherungsgesellschaften, ausdrücklich vom abkommensrechtlichen Auskunftsverkehr ausgenommen. Auch nach dem deutsch-luxemburgischen DBA besteht eine Sonderregelung, die ausdrücklich eine „Amtshilferesistenz" des luxemburgischen Bankgeheimnisses begründet.
Über den Vorbehalt der Gegenseitigkeit wird sowohl bei abkommensrechtlicher Amtshilfe als auch bei Amtshilfe aufgrund der EG-Amtshilfe-Richtlinie eine weitere Grenze des Auskunftsverkehrs eröffnet. Diese führt dazu, dass gerade im Hinblick auf die unterschiedlich ausgeprägten Ermittlungsbefugnisse der Finanzbehörden gegenüber Kreditinstituten im Besteuerungsverfahren jeweils der kleinste gemeinsame Ermittlungsstandard der Mitgliedsstaaten für den zwischenstaatlichen Auskunftsverkehr maßgeblich ist.
Im Ergebnis besteht also kein effektiver zwischenstaatlicher Auskunftsverkehr im Bereich der Zinsbesteuerung. Dies bedeutet, dass dem Ansässigkeitsstaat aufgrund des Territorialitätsprinzips eine effektive Besteuerung von Zinserträgen natürlicher Personen aus ausländischen Quellen nicht möglich ist.

II. Einordnung der Problematik in den Kontext schädlichen Steuerwettbewerbs

Die gewonnenen Erkenntnisse werden nun in den Kontext mitgliedsstaatlichen Steuerwettbewerbs eingeordnet. Es wird geprüft, ob die faktische Besserstellung von Zinserträgen, die Nichtansässige in einem ausländischen Quellenstaat erzielen (im Folgenden: „grenzüberschreitende Zinszahlungen") gegenüber Zinszahlungen aus Inlandsanlagen möglicherweise als „schädlicher Steuerwettbewerb" gemeinschaftsrechtlich missbilligt ist und welche Rolle in diesem Kontext der mangelnden zwischenstaatlichen Auskunftserteilung im Bereich der Zinsbesteuerung zukommt.

1. Kapitalmobilität vs. Sicherung nationalen Haushaltsaufkommens

Nach geltendem Doppelbesteuerungsrecht sind Zinseinkünfte, die eine in einem Vertragsstaat ansässige natürliche Person im anderen Vertragsstaat (Quellenstaat) erzielt, dort in der Regel sachlich steuerbefreit. Das Besteuerungsrecht steht ausschließlich dem Ansässigkeitsstaat zu, der die Zinseinkünfte auf der Grundlage des sog. Welteinkommensprinzips besteuert (Wohnsitzprinzip). Das Veranlagungsverfahren im Ansässigkeitsstaat bedarf indessen zwingend der Ergänzung durch das Verifikationsprinzip. Indessen ist es dem Ansässigkeitsstaat in der Regel weder nach nationalem Recht noch nach den Auskunftsklauseln der bestehenden Doppelbesteuerungsabkommen oder nach der Amtshilferichtlinie möglich, lückenlos Auskünfte über besteuerungsrelevante Daten von Bankkunden bei Kreditinstituten im Quellenstaat einzuholen. Dem zwischenstaatlichen Auskunftsverkehr sind vielmehr durch nationale Bankgeheimnisse bzw. steuerliche Ermittlungsbeschränkungen der Finanzbehörden gegenüber Kreditinstituten Grenzen gesetzt. Für im Ausland erzielte Zinserträge kommt es daher zu Steuererhebungsdefiziten im Ansässigkeitsstaat. Grenzüberschreitende Zinszahlungen werden effektiv weder im Quellen- noch im Wohnsitzstaat besteuert. Dies gilt jedenfalls in denjenigen Fällen, in denen die ausländischen Zinserträge vom Steuerpflichtigen im Ansässigkeitsstaat nicht deklariert werden. Während die Mehrzahl der Mitgliedsstaaten bei inländischen Sachverhalten den Besteuerungsanspruch durch einen Steuerabzug an der Quelle sichert, ist eine effektive Besteuerung bei grenzüberschreitenden Zinszahlungen nicht sichergestellt. Auslandsanlagen werden damit für Anleger bei rein ökonomischer Betrachtungsweise attraktiver als reine Inlandsanlagen. Folge der Abschaffung von Kapitalverkehrskontrollen im Zuge eines liberalisierten Kapitalmarktes ist eine Verschärfung des bereits vorher bekannten[99] Problems der „Kapitalflucht" im Sinne einer Steuerflucht[100] des Kapitals. Der Kapitalexport reagiert auf die unterschiedlichen Zinsbesteuerungssysteme. Wenn Kapitalanleger das Kapital als mobilen Faktor nicht mehr dorthin transferieren, wo der höchste Ertrag vor Steuern zu erwarten ist, sondern dorthin, wo die effektive Besteuerungslast am geringsten ist, d. h. wo sie ihr Kapital sicher vor dem Zugriff des Fiskus wähnen, dann läuft dies dem Gedanken der Allokationseffizienz zuwider[101]. Allokationseffizienz bedeutet, dass alle Güter den Ort erreichen, an dem sie – als Produktionsfaktor oder als Konsumgut – den größten Nutzen für den Wohlstand der europäischen Bevölkerung stiften[102]. Demnach dürfen Investitionsentscheidungen nicht durch zwischenstaatliche Besteuerungsunterschiede geleitet werden. Aus allokationspolitischer Sicht muss sich die Besteuerung von Zinserträgen international wettbewerbsneutral verhalten[103]. Mit der zunehmenden Deregulierung des Kapitalmarktes rücken die Unterschiede in der Besteuerung von Kapitaleinkünften, insbesondere Zinserträgen, jedoch immer mehr in den Vordergrund [104]. Auch private Anleger folgen nunmehr der bei Unternehmen schon lange üblichen Praxis, ihren Kapitalbedarf weltweit zu decken und ihre Liquiditätsüberschüsse weltweit anzulegen[105].

Diese Entwicklung wird angesichts einer zunehmenden Standardisierung der Finanzprodukte und einer wachsenden Vernetzung der Infrastrukturen künftig noch weiter fortschreiten[106]. Hieraus entstehen für die nationalen Finanzverwaltungen in der Praxis erhebliche Schwierigkeiten. Den mit der Liberalisierung des Kapitalverkehrs und den globale Anlagemöglichkeiten verbundenen Möglichkeiten der Kapitalanleger steht ein am „Welteinkommensprinzip" orientierter Steueranspruch gegenüber, den die Finanzverwaltungen mit ihren begrenzten Ermittlungsinstrumentarien durchzusetzen haben[107]. Die damit verbundenen Nöte der Finanzverwaltungen werden noch dadurch verstärkt, dass der EuGH die Einhaltung gemeinschaftsrechtlicher Liberalisierungsstandards auch für mutmaßlich „dubiose" Transaktionen fordert[108].

Der Steuerbefreiung von Zinsen Nichtansässiger in der Mehrzahl der Mitgliedsstaaten steht das Verhalten verschiedener Mitgliedsstaaten gegenüber, die ihrerseits Zinsen aus inländischen Anlagen Gebietsansässiger steuerlich privilegieren[109].

---

99 Vgl. das bereits zwischen 1947 und 1949 getätigte Zitat von Herrmann-Joseph Abs: „Kapital ist ein scheues Reh."

100 Nach Tipke/Lang, Steuerrecht, 17. Aufl., § 7 Rz. 21 ist unter dieser Steuerflucht ein Verhalten zu verstehen, das bewirkt, dass das Steuerfluchtland den Zugriff auf das Steuergut, hier das Kapital, verliert, das Steuerzufluchtsland ihn erhält. Der Begriff ist insoweit unpräzise, als Steuerflucht legale Steuervermeidung ebenso wie Steuerumgehung oder (illegale) Steuerhinterziehung sein kann.

101 Steichen, FS Fischer, 231 (234).

102 Schön, DStJG 23 (2000), 191 (194).

103 Schratzenstaller/ Wehner, Wirtschaftsdienst 2000, 675 (676).

104 Bergmann, in: Kübbeler/ Langer, Wirtschafts- und Finanzpolitik nach ordoliberalen Prinzipien, 3 (8).

105 A. A. wohl Gross, RIW 2002, 46 (48), der Individuen als Marktteilnehmer im Gegensatz zu Unternehmen als nicht hinreichend „informiert und uneingeschränkt mobil" betrachtet und daher einen mitgliedsstaatlichen Wettbewerb um deren Nachfrage verneint.

106 Krause, Harmonisierung der Zinsbesteuerung in Europa, S. 6.

107 Krause, Harmonisierung der Zinsbesteuerung in Europa, S. 6 f.

108 Krause, Harmonisierung der Zinsbesteuerung in Europa, S. 7 unter Hinweis auf EuGH v. 23.2.1995, C-358/ 93, C-416/ 93, ABl. EG Nr. C 87/ 2 vom 8.4.1995 =WM 1995, 1176 ff.

109 Siehe Teil E IV.1.; Teil D IV.2.; Teil E IV.4.

Darin kommt der mitgliedsstaatliche Versuch zum Ausdruck, einer dem zwischenstaatlichen Besteuerungsgefälle folgenden Kapitalflucht ins Ausland entgegenzuwirken. Über Investitionen in inländische Anlageformen soll der nationale Wirtschaftsstandort gestärkt und damit Wohlfahrtsgewinne erzielt werden. Ob sich damit langfristig das mitgliedsstaatliche Haushaltsaufkommen sichern lässt, erscheint indessen zweifelhaft.
Man kann also zusammenfassen: Private Marktteilnehmer reagieren auf ein bestehendes Besteuerungsgefälle auf dem liberalisierten Kapitalmarkt mit Kapitalflucht. Diese wiederum führt ihrerseits dazu, dass die von der Kapitalflucht betroffenen Mitgliedsstaaten ihre effektiven Besteuerungssätze nach unten korrigieren. Diese Gesetzmäßigkeit ist Ausdruck eines Steuerwettbewerbs zwischen den Mitgliedsstaaten. Darunter ist das Bemühen der Staaten zu verstehen, durch Steuersenkungsmaßnahmen finanzielle und ökonomische Ressourcen in das eigene Land zu holen, um auf diese Weise Wohlfahrtssteigerungen im Inland zu erreichen[110]. Ob der Steuerwettbewerb aus volkswirtschaftlicher Sicht überwiegend positiv oder negativ zu bewerten ist, bleibt umstritten[111]. Jedenfalls aber führt die hier dargelegte Ausprägung von Steuerwettbewerb zu einem steuerlichen „race to the bottom" und damit zu einer Erosion der mitgliedsstaatlichen Bemessungsgrundlage. Nachdem hier jeder EU-Staat für den anderen eine „Zinssteueroase" darstellt, ist dieser Wettbewerb negativ[112].
Damit wird deutlich, dass Steuerwettbewerb einen „Zielkonflikt zwischen angestrebter Mobilität der wirtschaftlichen Ressourcen und großer Sorge der Mitgliedsstaaten um ihre Steuereinnahmen"[113] zum Ausdruck bringt.
Von diesem Wettbewerb ist besonders das Kapital als mobilste Besteuerungsgrundlage betroffen, dessen Mobilität sich durch Globalisierung des Finanzsektors im Gegensatz zur weniger mobilen Besteuerungsgrundlage Arbeit noch erhöht hat.[114]
Die Vielschichtigkeit des Problems für die Mitgliedsstaaten zeigt sich bei folgender Gesamtbetrachtung: Einem wachsenden Finanzbedarf mitgliedsstaatlicher Sozialversicherungssysteme steht das Verbot einer weiteren Neuverschuldung der Mitgliedsstaaten nach den Maastrichter Kriterien im Zuge der Wirtschafts- und Währungsunion gegenüber[115]. Die Mitgliedsstaaten sind also auf das (ihnen verbleibende) Steueraufkommen als Finanzierungsquelle angewiesen[116].
Auf einem liberalisierten Kapitalmarkt vermag sich kein Staat der Gesetzmäßigkeit des Steuerwettbewerbs durch unilaterale Maßnahmen zu entziehen (volkswirtschaftlich: „Gefangenendilemma") [117]. Wenn Mitgliedsstaaten auf die steuerliche Privilegierung von Zinsen

---

110 Wieland, EuR 2001, 119 (119); Voß, ZEuS 1999, 335 (337); Monopolkommission, Systemwettbewerb, S.8.
111 Dazu siehe Teil F II.2.a).
112 Selling, IStR 200, 225 (226).
113 Lehner, StuW 1998, 159 (161).
114 Lehner, StuW 1998, 159 (161).
115 Vgl. das Diskussionspapier der Kommission der Europäischen Gemeinschaften, Die Steuern in der Europäischen Union v. 20.3.1996, SEK (96) 487 endg., Tz. II. 1; vgl. auch Runge, GS Knobbe-Keuk, 957 ff.; speziell zur Zinsbesteuerung: Böckli, ASA 2000, 529 (538).
116 Lehner, StuW 1998, 159 (161); vgl. auch die umfassende Darstellung von Bergmann, in: Kübbeler/ Langer, Wirtschafts- und Finanzpolitik nach ordoliberalen Prinzipien, 1999, 3 ff: Hier findet sich der Hinweis, dass seit Beginn der 80er Jahre die effektiven Steuersätze auf die mobileren Besteuerungsgrundlagen Kapital und Unternehmensgewinne rückläufig sind, während die Steuersätze auf Arbeitseinkommen nach wie vor steigen (wobei der Autor aus volkswirtschaftlicher Sicht allerdings die Sozialversicherungsbeiträge von Arbeitgebern und Arbeitnehmern als „Steuern" auf den Produktionsfaktor Arbeit interpretiert)
117 Vgl. dazu Anzinger, StuW 2002, 261 (262).

Nichtansässiger durch andere Mitgliedsstaaten ihrerseits mit einer Steuersenkung für inländische Zinsen Ansässiger reagieren, so ist dies weder geeignet, den genannten Zielkonflikt aufzulösen, noch mit geltendem Gemeinschaftsrecht vereinbar. Dieser Steuerwettbewerb führt zu einer Verlagerung von Besteuerungsgrundlagen entlang des Besteuerungsgefälles zwischen den Staaten[118]. Er erodiert die mitgliedsstaatliche Bemessungsgrundlage.

2. Gemeinschaftsrechtliche Missbilligung „schädlichen Steuerwettbewerbs"

Möglicherweise kann der bestehende Zielkonflikt zwischen gemeinschaftsrechtlich intendierter Mobilität des Produktionsfaktors Kapital und Sicherung mitgliedsstaatlichen Besteuerungsaufkommens auf der normativen Ebene des Gemeinschaftsrechts gelöst werden. Dies wäre der Fall, wenn sich die Steuerfreistellung von Zinsen Nichtansässiger im Quellenstaat bei Zuweisung des Besteuerungsrechts an den Wohnsitzstaat zusammen mit der mangelnden Übermittlung von Informationen im internationalen Auskunftsverkehr an den Wohnsitzstaat als gemeinschaftsrechtlich missbilligter „schädlicher Steuerwettbewerb" qualifizieren ließe.

Es wird vertreten, dass jedenfalls faktische Verschleierungshilfen bei der Hinterziehung von Steuern auf Kapitalvermögen, wie etwa die Verweigerung von Auskünften gegenüber ausländischen Finanzbehörden in Luxemburg, ein typisches Beispiel von schädlichem Steuerwettbewerb seien[119]. Ob dem gefolgt werden kann und woraus sich gegebenenfalls die gemeinschaftsrechtliche Missbilligung eines als „schädlicher Steuerwettbewerb" eingestuften Verhaltens ergibt, soll im Folgenden erörtert werden. Dabei soll zunächst der Begriff des „schädlichen Steuerwettbewerbs", wie er aus dem Bereich der Unternehmensbesteuerung bekannt ist, definiert werden.

a) „Schädlicher Steuerwettbewerb" i. S. d. Verhaltenskodex

Der Begriff des „schädlichen Steuerwettbewerbs" wurde maßgeblich durch den sog. „Verhaltenskodex zur Unternehmensbesteuerung"[120] geprägt. Den dort aufgestellten Grundsätzen sollen an dieser Stelle grundsätzliche Erwägungen vorangestellt werden.

Als Steuerwettbewerb wird, wie bereits erwähnt, das Bemühen der Staaten bezeichnet, durch Steuersenkungsmaßnahmen finanzielle und ökonomische Ressourcen in das eigene Land zu holen, um auf diese Weise Wohlfahrtssteigerungen im Inland zu erreichen[121]. Ein solcher Steuerwettbewerb stellt indessen nur einen Teilausschnitt eines weitergreifenden Systemwettbewerbs dar, bei dem eine Gesamtbetrachtung sämtlicher Wettbewerbsfaktoren vorzunehmen ist[122]. Nach der Theorie des Systemwettbewerbs[123] stehen staatliche Einheiten miteinander im Wettbewerb um Nachfrager (Individuen und Unternehmen) nach den von ihnen erbrachten öffentlichen Leistungen (Infrastruktur, Rechtsordnung, Sozialleistungen, Bildungssystem etc.). Als Gegenleistung und zur Finanzierung der öffentlichen Leistungen erheben sie von den Nachfragern Steuern. Konsequenz dieses Wettbewerbs ist nach der genannten Theorie ein

---

118 Vgl. Europäische Kommission, Die Steuern in der Europäischen Union, Bericht über die Entwicklung der Steuersysteme v. 22.10.1996, KOM (96) 546 endg., Tz. 3.12.

119 So Wieland, EuR 2001, 119 (122).

120 Schlussfolgerungen des Rates „Wirtschafts- und Finanzfragen" vom 1.12.1997 zur Steuerpolitik, Verhaltenskodex für die Unternehmensbesteuerung, ABl. EG v. 6.1.1998, C 2/ 1 ff.

121 Wieland, EuR 2001, 119 (119); Voß, ZEuS 1999, 335 (337); Monopolkommission, Systemwettbewerb, S. 8.

122 Vogel, StuW 1993, 380 ff.; Dautzenberg, Unternehmensbesteuerung im EG-Binnenmarkt, 1996.

123 Vgl. grundlegend zu dieser Theorie: Streit, FS Mestmäcker, 521 ff.; Ehlermann, Integration 1995, 11 ff., jeweils m. w. N.

gewisser Effizienzdruck für die Staatssektoren sowie ein Trend zu moderater Besteuerung[124]. Gerade durch mobile Nachfrager (Investoren) werde Druck auf den „Leviathan Staat" ausgeübt, der damit zu ökonomisch verantwortungsvoller Haushaltsführung angehalten werde[125].
Die Kritiker dieser Theorie, die ihrerseits eine Systemangleichung präferieren, sehen die gesamtwirtschaftlichen Nachteile eines Wettbewerbs der Steuersysteme im Vordergrund. Gerade beim mobilen Produktionsfaktor Kapital führe der Steuerwettbewerb nicht zur gewünschten Allokationseffizienz in dem Sinne, dass der Bürger sein Geld dort investiere, wo ein insgesamt angemessenes Verhältnis zwischen Steueraufkommen und Staatsausgaben bestehe. Eine Äquivalenz im dargelegten Sinne fehle gerade bei weniger „infrastrukturintensiven" Portfolioinvestitionen, die nur wenig staatliche Dienstleistungen in Anspruch nehmen. Eine Steuerordnung, die unter der Herrschaft des Steuerwettbewerbs einem individuellen „do ut des"-Prinzip gerecht werde, könne nicht zugleich dem Leistungsfähigkeitsprinzip als Ausdruck gesellschaftlicher Solidarität genügen[126]. Steuerwettbewerb führe zu einer massiven Ungleichbehandlung zwischen mobilen und weniger mobilen Einkunftsquellen. Insbesondere die steuerliche Ungleichbehandlung von Arbeitskraft einerseits und Geld- und Sachkapital andererseits sei statistisch anhand empirischer Daten über mehrere Jahre von der EU-Kommission nachgewiesen[127].
Letztlich muss der volkswirtschaftliche Theorienstreit[128] um die gesamtwirtschaftlichen Vor- und Nachteile eines steuerlichen Systemwettbewerbs im Vergleich zu einer Systemangleichung (Harmonisierung der Steuern) an dieser Stelle offen bleiben.
Festhalten lässt sich, dass zumindest bezüglich bestimmter Formen von Steuerwettbewerb Einigkeit darüber besteht, dass deren gesamtwirtschaftliche Nachteile überwiegen. Diese Formen des Steuerwettbewerbs werden als „schädlicher" bzw. „unfairer" Steuerwettbewerb bezeichnet[129].
Mit steuerschädlichen Aktivitäten nicht der Steuerpflichtigen, sondern der Mitgliedsstaaten befasste sich auf europäischer Ebene erstmals der Bericht der Europäischen Kommission vom Oktober 1996 (sog. Monti-Bericht) [130]. Dieser stellte fest, dass es an einem allgemeinen Maßstab dafür fehle, was als unfaire Maßnahme im Steuerwettstreit der Mitgliedsstaaten um die Steuereinnahmen anzusehen sei[131].
Versuche, solche Maßstäbe festzulegen, finden sich sowohl auf EU- als auch auf OECD-Ebene[132]. So bezeichnete der Rat der Europäischen Union (ECOFIN-Rat) im sog. „Verhaltenskodex" zur Bekämpfung des unfairen Steuerwettbewerbs bei der Unternehmensbesteuerung" vom 1.12.1997[133] solche steuerlichen Maßnahmen als potenziell „schädlich", die bezo-

---

124 Gross, RIW 2002, 46 (47); dazu umfassend auch Seling, IStR 2000, 225 (226).

125 In diesem Sinne Selling, IStR 2000, 225 (226).

126 So Schön, DStJG 23 (2000), 191 (201); Müller, Konjunkturpolitik 44 (1998), 313 (327 ff.).

127 Kommission der Europäischen Gemeinschaften, Die Steuern in der Europäischen Union, Bericht über die Entwicklung der Steuersysteme v. 22.10.1996, KOM (96) 546 endg., Tz. 2.3.

128 Vgl. hierzu die weiteren Nachweise bei Selling, IStR 2000, 225 (226), dort: Fn. 6.

129 Vgl. dazu BMF, Reform der internationalen Kapitaleinkommensbesteuerung, S. 29 ff.

130 Kommission der Europäischen Gemeinschaften, Die Steuern in der Europäischen Union, Bericht über die Entwicklung der Steuersysteme v. 22.10.1996, KOM (96) 546 endg.

131 So in: Kommission der Europäischen Gemeinschaften, Die Steuern in der Europäischen Union, Bericht über die Entwicklung der Steuersysteme v. 22.10.1996, KOM (96) 546 endg., Tz. 3.12.

132 OECD-Report, Harmful Tax Competition, Report, 1998. Vgl. auch: OECD-Report, OECD's Project on Harmful Tax Practices, Progress Report 2004.

133 Schlussfolgerungen des Rates „Wirtschafts- und Finanzfragen" vom 1.12.1997 zur Steuerpolitik, Verhaltenskodex für die Unternehmensbesteuerung, ABl. EG v. 6.1.1998, C 2/ 1 ff.

gen auf das in einem bestimmten Mitgliedsland bestehende Besteuerungsniveau eine deutlich niedrigere effektive Steuerbelastung bewirken. Dieses Besteuerungsniveau könne sich aus dem Nominalsteuersatz, aus der Bemessungsgrundlage oder aus anderen einschlägigen Faktoren ergeben.

Dementsprechend bezieht sich der Verhaltenskodex auch auf mitgliedsstaatliche Verwaltungsvorschriften. Die letztendliche Beurteilung, ob eine Steuermaßnahme als schädlich gelten soll, wird im „Verhaltenskodex“ anhand eines Kriterienkatalogs vorgenommen, der zur deutlich niedrigeren Effektivbesteuerung hinzutreten muss. Zu den genannten Kriterien zählt u. a., ob die Vorteile ausschließlich für Nichtansässige oder für Transaktionen mit Nichtansässigen gewährt werden[134] (sog. „Ring Fencing“[135]).

Wenn also ein Quellenstaat steuerliche Sonderkonditionen für Investitionen nichtansässiger Unternehmen gewährt und damit anderen Mitgliedsstaaten die steuerliche Bemessungsgrundlage entzieht, wird dieses Verhalten nicht nur um der mangelnden „inter-nations equity“[136] willen missbilligt bzw. als „Wilderei in fremden Revieren“ bezeichnet[137], sondern verstößt auch gegen den „Verhaltenskodex“.

Dieser Verhaltenskodex beinhaltet nicht nur eine „Stillstandserklärung“ in dem Sinne, dass die Mitgliedsstaaten vereinbaren, keine neuen schädlichen steuerlichen Maßnahmen zu treffen. Er sieht auch eine Beseitigung bestehender schädlicher Steuerregime bis spätestens 1.1.2005 vor. Es bleibt aber darauf hinzuweisen, dass der Verhaltenskodex als reine politische Absichtserklärung formuliert ist und als solche der rechtlichen Verbindlichkeit entbehrt[138].

b) „Schädlicher Steuerwettbewerb“ bei der Besteuerung von Zinserträgen privater Investoren

Die vorliegende Arbeit hat die Besteuerung von Zinsen aus dem Privatvermögen von natürlichen Personen, also die Besteuerung von Zinsen aus nichtunternehmerischen Portfolioinvestitionen, zum Gegenstand. Es stellt sich die Frage, ob die Grundsätze des „Verhaltenskodex zur Unternehmensbesteuerung“ auch auf diesen Fall übertragbar sind.

Für einen „schädlichen Steuerwettbewerb“ bei der Zinsbesteuerung spricht, dass die mittlerweile verabschiedete Zinsrichtlinie gemeinhin als „Kernstück“ im Kampf gegen „schädlichen Steuerwettbewerb“ bezeichnet wird[139].

Maßgeblich für eine entsprechende Anwendung der Grundsätze des „Verhaltenskodex“ kann indessen allein dessen Sinn und Zweck sein. Nach der Präambel des „Verhaltenskodex“ zielt dieser darauf ab, mitgliedsstaatliches Besteuerungsverhalten zu unterbinden, das zu Wettbewerbsverzerrungen führt, die mit dem Gemeinsamen Markt unvereinbar sind (Art. 2, EG)[140].

---

134 Schlussfolgerungen des Rates für „Wirtschafts- und Finanzfragen“ v. 1.12.1997 zur Steuerpolitik, ABl. EG v. 6.1.1998, C 2/ 1, Tz. B.

135 Vanistendael, DStJG 23 (2000), 299 (313 f.).

136 Dazu grundlegend: Jeffery, The Impact of State Sovereignity on Global Trade an International Taxation, 4 (11 f.); Musgrave, in: Musgrave/ Musgrave/ Kullmer, Die öffentlichen Finanzen in Theorie und Praxis, 4. Aufl., Bd. 3, 199 (201).

137 Schön, DStJG 23 (2000), 191 (201).

138 Vgl. Schön, CMLR (36) 1999, 910 (919).

139 Schön, CMLR (36) 1999, 910 (936); vgl. auch Schlussfolgerungen des Rates „Wirtschafts- und Finanzfragen vom 1.12.1997 zur Steuerpolitik, EG ABl. v. 6.1.1998, C 2/ 1, Anhang 2.

140 Schlussfolgerungen des Rates „Wirtschafts- und Finanzfragen“ vom 1.12.1997, in ABl. EG v. 6.1.1998, C 2/ 1, Präambel: „um zur Verwirklichung bestimmter Ziele wie des Abbaus der noch bestehenden Verzerrungen auf dem Binnenmarkt (…) beizutragen“; sowie Anhang 1, Präambel: „In Anerkennung der positiven Auswirkungen eines lauteren Wettbewerbs (…)“.

Als gleichwertiges Ziel des Vorgehens gegen „schädlichen Steuerwettbewerb" definiert der „Verhaltenskodex" die Vermeidung erheblicher Einbußen beim Steueraufkommen[141].
Gewährt ein Mitgliedsstaat Steuerprivilegierungen auf Zinsen aus Anlagen nichtansässiger privater Investoren, so profitieren davon bei ökonomischer Betrachtungsweise mittelbar auch diejenige Unternehmen[142], die die zugrunde liegenden Kapitaltransaktionen mit den Anlegern tätigen. Aufgrund der erhöhten Rentabilität ihrer Finanzinstrumente nach Steuern sind diese Unternehmen gegenüber ihren Konkurrenten mit Sitz im Wohnsitzstaat der betroffenen Anleger im Wettbewerbsvorteil.
Für die Beurteilung, ob dieser Vorteil dem lauteren Wettbewerb als Grundsatz des Gemeinsamen Marktes zuwiderläuft, ist zunächst die Art der gewährten Steuervergünstigung zu konkretisieren. Grundlegend ist zwischen materiellem Steuerwettbewerb und Vollzugswettbewerb zu differenzieren. Sowohl Normen, die die Steuerbemessungsgrundlage bzw. den Steuertarif bestimmen, als auch Normen des Steuerverfahrensrechts wirken sich nämlich auf die effektive Besteuerung aus. Beide Arten von Steuervergünstigungen sind grundsätzlich geeignet, einen „schädlichen Steuerwettbewerb" i. S. d. „Verhaltenskodex" zu begründen.
Die abkommensrechtliche Freistellung (sachliche Steuerbefreiung) von Zinsen nichtansässiger Anleger durch den Quellenstaat betrifft die steuerliche Bemessungsgrundlage. Durch die Freistellung wird eine spezifische steuerliche Privilegierung im Vergleich zu Zinsen Ansässiger bewirkt. Das Kriterium des „Ring Fencing" im Sinne des „Verhaltenskodex" ist damit erfüllt. Jedoch handelt es sich bei der Freistellung von Zinsen Nichtansässiger im Quellenstaat zum Zwecke der Besteuerung im Ansässigkeitsstaat um eine international anerkannte Methode zur Vermeidung von Doppelbesteuerung[143]. Danach werden Zinsen Nichtansässiger, ebenso wie die Zinsen Ansässiger des Quellenstaates, nach den steuerlichen Regeln des jeweiligen Ansässigkeitsstaates besteuert (Wohnsitzprinzip[144]). Die ausschließliche Besteuerung im Ansässigkeitsstaat dient der Herstellung von Kapitalexportneutralität. Diese stellt neben Kapitalimportneutralität eines der beiden grundlegenden Neutralitätskonzepte des internationalen Steuerrechts dar[145]. Kapitalexportneutralität liegt vor, „wenn ein Investor für ein bestimmtes Einkommen dieselbe Gesamtsteuer (heimische plus ausländische Steuer) zahlen muss, unabhängig davon, ob er das Einkommen aus inländischen oder heimischen Quellen bezieht"[146]. Dies bedeutet vorliegend, dass Zinserträge aus Auslandsinvestitionen insgesamt steuerlich nicht anders als solche aus Inlandsinvestitionen behandelt werden[147] (Wohnsitzprinzip). Demgegenüber bedeutet Kapitalimportneutralität, „dass Kapital aus verschiedenen Herkunftsländern zu gleichen Bedingungen auf dem Kapitalmarkt eines beliebigen Landes konkurrieren

---

141 Schlussfolgerungen des Rates „Wirtschafts- und Finanzfragen" vom 1.12.1997, in ABl. EG v. 6.1.1998, C 2/ 1, Präambel.

142 Vgl. dazu Schön, CMLR (36) 1999, 910 (931).

143 Es handelt sich dabei allerdings nicht um eine der in Art. 23 OECD-MA bezeichneten Methoden. Deren Anwendung bedarf es gerade nicht, wenn über die Verteilung der Besteuerungsgrundlagen in Art. 6-22 OECD-MA bereits eine abschließende Regelung zur Vermeidung von Doppelbesteuerung getroffen wird.

144 Vgl. BMF, Reform der internationalen Kapitaleinkommensbesteuerung, S. 35; Rose, Internationales Steuerrecht, S. 30.

145 Die Unterscheidung ist zurückzuführen auf: Musgrave, Criteria for Foreign Tax Credit, in: Taxation and Operations Abroad, Symposium, 83 (84 ff.). Vgl. dazu: Vogel, DStZ 1997, 269 (273): Steuergesetze sind in diesem Sinne „neutral", wenn sie die Verteilung der Produktionsfaktoren durch Marktkräfte, d. h. die daraus resultierende Produktionseffizienz, nicht beeinträchtigen.

146 Vogel, StuW 1993, 380 (386) unter Berufung auf Musgrave; Vogel, DStZ 1997, 269 (273).

147 Vgl. Kluge, Das Internationale Steuerrecht, 4. Aufl., S. 56.

kann"[148]. Dies würde vorliegend bedeuten, dass Zinserträge am Investitionsort, unabhängig vom Herkunftsort des Kapitals, steuerlich gleich behandelt würden (Quellenprinzip)[149].
Zwar ist umstritten, welchen Beitrag steuerliche Rahmenbedingungen zur Herstellung von Chancengleichheit in einem Wettbewerb der Systeme leisten[150], doch ist eine Annäherung an dieses Ziel ohne steuerliches Neutralitätskonzept nicht denkbar[151]. Dies muss insbesondere für den Bereich von Portfolioinvestitionen[152] gelten, bei denen, anders als bei infrastrukturintensiven Direktinvestitionen, außersteuerliche Standortfaktoren nur von nachrangiger Bedeutung für die Investitionsentscheidung sind.
Welches der genannten Neutralitätskonzepte im Bereich der direkten Steuern maßgeblich sein soll, ist wiederum streitig[153]. Hier ist, wie ich meine, eine differenzierende Betrachtung angebracht[154]. Werden, wie vorliegend, Zinserträge aus dem Privatvermögen von natürlichen Personen besteuert, werden nichtunternehmerische Einkünfte besteuert. Private Kapitalanleger stehen nicht im Wettbewerb zueinander[155]. Im Wettbewerb um das Kapital privater Anleger befinden sich jedoch Unternehmen, insbesondere Kapitalanlagegesellschaften und Banken aus verschiedenen Mitgliedsstaaten[156]. Werden Zinserträge aus Anlagekapital, unabhängig vom Anlageort, stets nach dem Steuerrecht des Wohnorts besteuert, so hat das Steuerrecht keinen Einfluss auf die Anlageentscheidungen der privaten Anleger. Es verhält sich somit im Wettbewerb bei der Kapitalakquise zwischen Unternehmen mit Sitz in verschiedenen Mitgliedsstaaten neutral. Das Wohnsitzprinzip dient damit der Vermeidung von Wettbewerbsverzerrungen auf dem Gemeinsamen Markt. Die abkommensrechtliche Freistellung (sachliche Steuerbefreiung) von Zinserträgen im Quellenstaat bei gleichzeitiger Zuweisung des Besteuerungsrechts an den Ansässigkeitsstaat führt nicht zu EG-rechtswidrigen Wettbewerbsverzerrungen, sie ist vielmehr geeignet, solche zu verhindern. Ebenso wenig führt die Zuweisung des ausschließlichen Besteuerungsrechts an den Ansässigkeitsstaat als solche bereits zu einer Gefährdung des Steueraufkommens, wie sie der Verhaltenskodex zu verhindern beabsichtigt. Damit greift der Schutzzweck des „Verhaltenskodex" nicht ein. Die steuerliche Freistellung von Zinsen Nichtansässiger im Quellenstaat kann per se nicht als „schädlicher Steuerwettbewerb" bezeichnet werden.
Möglicherweise aber übt ein Quellenstaat, der für die Zinsbesteuerung erforderliche Steuerdaten nicht an den für die Besteuerung zuständigen Wohnsitzstaat übermittelt, „schädlichen Steuerwettbewerb" (Vollzugswettbewerb) im Sinne des „Verhaltenskodex" aus. Weder das

148 Vogel, StuW 1993, 380 (386) unter Berufung auf Musgrave; Vogel, DStZ 1997, 269 (273).
149 Vgl. BMF, Reform der internationalen Einkommensbesteuerung, S. 59.
150 Dazu Kluge, Das Internationale Steuerrecht, S. 54 f. Zum Meinungsstand siehe Teil F II.2.a).
151 Vgl. auch Hey, Harmonisierung der Unternehmensbesteuerung in Europa, S. 151: Erforderlichkeit der Neutralitätskonzepte für die Suche nach einer „effizienten und gerechten Verteilung". A. A. Herzig in Lehner, Steuerrecht im Europäischen Binnenmarkt, 121 (134).
152 Vgl. zur Abgrenzung von sog. „Portfolioinvestitionen" von sog. „Direktinvestitionen": Dinse, Besteuerung von Portfolio-Kapitalerträgen, S. 121 f.: Während bei Direktinvestitionen die Kapitalübertragung u. a. dem Erwerb einer Unternehmensbeteiligung dient, welche entscheidenden Einfluss auf die Unternehmenspolitik gewährleistet, erfolgt bei Portfolioinvestitionen die Übertragung des Kapitals allein zum Zweck des Forderungserwerbs ohne Begründung einer Eigentumspostion und ohne Möglichkeit der unternehmerischen Einflussnahme auf die Investition.
153 Vgl. dazu BMF, Reform der internationalen Kapitaleinkommensbesteuerung, S. 35 ff., S. 59 ff.; vgl. Überblick zum Meinungsstand bei Hey, Harmonisierung der Unternehmensbesteuerung in Europa, S. 154 f.
154 Dazu Zuber, Anknüpfungsmerkmale und Reichweite der internationalen Besteuerung, S. 118 ff.
155 So auch Anzinger, StuW 2002, 261 (268).
156 Vgl. Anzinger, StuW 2002, 261 (268).

nationale Recht der meisten EU-Quellenstaaten noch die von diesen abgeschlossenen Doppelbesteuerungsabkommen sichern, wie die obigen Ausführungen zeigen, eine ausreichende Übermittlung von zinsbesteuerungsrelevanten Daten an den Ansässigkeitsstaat zu. Der Auskunftserteilung steht in der Regel ein innerstaatliches Bankgeheimnis entgegen, das rechtlich zumindest auch partiell gegenüber den Finanzbehörden anerkannt ist.

Betrachtet man dieses Defizit im internationalen Auskunftsverkehr indessen völlig losgelöst von der Freistellung der Zinsen im Quellenstaat bei gleichzeitiger Zuweisung des Besteuerungsrechts an den Wohnsitzstaat, so ist hierin noch keine isolierte Vorteilsgewährung an Nichtansässige durch den Quellenstaat im Sinne des Verhaltenskodex zu sehen. Auch hinsichtlich Gebietsansässiger werden solche Informationen (selbstverständlich) nicht an ausländische Finanzbehörden übermittelt. Insoweit ist also eine entsprechende Anwendung der Grundsätze des „Verhaltenskodex" nicht geboten.

Einschlägig könnte aber eine Gesamtbetrachtung der Freistellung der Zinsen im Quellenstaat bei Zuweisung des Besteuerungsrechts an den Ansässigkeitsstaat und mangelnder Übermittlung von Steuerdaten an letztgenannten Staat sein[157]. Dieser Gesamtsachverhalt setzt für den Steuerpflichtigen einen Anreiz zur Hinterziehung der ausländischen Zinsen in seinem Ansässigkeitsstaat durch Verschweigen[158]. Im Ergebnis werden Zinsen, die Nichtansässige im Ausland erzielen, weder im Quellen- noch im Ansässigkeitsstaat besteuert. Der materielle Steueranspruch wird nicht durchgesetzt, während die Besteuerung inländischer Zinsen Ansässiger unter Anwendung des jeweiligen nationalen Steuerverfahrensrechts realisiert wird. Die effektive „Nullbesteuerung" von grenzüberschreitenden Zinszahlungen privilegiert Nichtansässige selektiv gegenüber inländischen Anlegern des Quellenstaates. Mittelbar werden dadurch Unternehmen, insbesondere Banken, mit Sitz im Quellenstaat bei der Kapitalakquise gegenüber Unternehmen mit Sitz im Ansässigkeitsstaat der Anleger privilegiert. Diese Privilegierung führt zu einer Wettbewerbsverzerrung, die dem Gemeinsamen Markt (Art. 2, 3 EG) zuwiderläuft[159].

Nach dem Schutzzweck des „Verhaltenskodex zur Unternehmensbesteuerung", nämlich dem Zweck der Sicherung eines lauteren Wettbewerbs, sind die Kriterien des Verhaltenskodex in diesem Fall entsprechend anzuwenden.

Die Frage, ob die missbilligte Maßnahme subjektiv allein dem Quellenstaat zugerechnet werden kann oder ob nicht Quellen- und Ansässigkeitsstaat ähnlich einer Gesamtschuld gehalten sind, dem „schädlichen Steuerwettbewerb" über ein bilaterales Abkommen zum umfassenden Informationsaustausch Einhalt zu gebieten[160], soll kurz aufgeworfen werden. Mangels rechtlicher Verbindlichkeit des „Verhaltenskodex" erscheint ihre Klärung aber nicht von praktischer Bedeutung.

---

157 So sind auch nach den geltenden OECD-Richtlinien neben einer niedrigen Effektivbesteuerung ein fehlender Informationsaustausch und ein weitreichendes Bankgeheimnis ergänzende Kriterien für ein schädliches Präferenzsystem. Vgl. dazu: OECD-Report, Harmful Tax Competition, Report, 1998, p 29 sq., sect. 64 sq; dazu auch Gross, RIW 2002, 46 (48) sowie Selling, IStR 2002, 225 (227); vgl. auch Tipke, Die Steuerrechtsordnung, Bd. 2, 2. Aufl., S. 712.

158 BMF, Reform der internationalen Kapitaleinkommensbesteuerung, S. 47.

159 So auch Valls, Vollzugsdefizite, S. 138.

160 Vgl. unter Teil E II.4.a)(3)(c)(ii) die Ausführungen zum entgegengesetzten Fall der Doppelbesteuerung. Dort wurde eine Gesamtschuld von Wohnsitz- und Quellenstaat zur Beseitigung angenommen.

3. Zusammenfassung

Zusammenfassend lässt sich festhalten: Private Marktteilnehmer reagieren auf das zwischenstaatliche Besteuerungsgefälle auf einem liberalisierten Kapitalmarkt mit Kapitalflucht. Im Bereich der Zinsbesteuerung ist dafür ausschlaggebend, dass nach bestehenden Doppelbesteuerungsabkommen Zinserträge Nichtansässiger in der Mehrzahl der Mitgliedsstaaten sachlich steuerbefreit sind. Dies führt zusammen mit dem abkommensrechtlich zwar dem Wohnsitzstaat zugewiesenen, jedoch für diesen angesichts der bestehenden Verifikationsdefizite nicht durchsetzbaren Besteuerungsanspruch dazu, dass grenzüberschreitende Zinszahlungen weder im Quellen- noch im Wohnsitzstaat effektiv besteuert werden („effektive Nullbesteuerung").

Ansässigkeitsstaaten reagieren, indem sie ihrerseits die effektiven Besteuerungssätze für Zinserträge nach unten korrigieren: Zinserträge Ansässiger aus diversen nationalen Anlageformen werden von der Einkommensteuer befreit (Sparförderung). Diese Gesetzmäßigkeit ist Ausdruck eines Steuerwettbewerbs zwischen den Mitgliedsstaaten. Darunter ist das Bemühen der Staaten zu verstehen, durch Steuersenkungsmaßnahmen finanzielle und ökonomische Ressourcen in das eigene Land zu holen, um auf diese Weise Wohlfahrtssteigerungen im Inland zu erreichen. Auf einem liberalisierten Kapitalmarkt vermag sich kein Staat der Gesetzmäßigkeit des Steuerwettbewerbs durch unilaterale Maßnahmen zu entziehen. Der Steuerwettbewerb führt zu einem steuerlichen „race to the bottom", letztlich also zur Erosion der mitgliedsstaatlichen Bemessungsgrundlage. Es wird deutlich, dass Steuerwettbewerb einen „Zielkonflikt zwischen angestrebter Mobilität der wirtschaftlichen Ressourcen und großer Sorge der Mitgliedsstaaten um ihre Steuereinnahmen"[161] zum Ausdruck bringt.

Der Rat der Europäischen Union bezeichnete im sog. „Verhaltenskodex zur Bekämpfung des unfairen Steuerwettbewerbs bei der Unternehmensbesteuerung" solche steuerlichen Maßnahmen als potenziell „schädlich", die bezogen auf das in einem bestimmten Mitgliedsland bestehende Besteuerungsniveau eine deutlich niedrigere effektive Steuerbelastung bewirken. Zur deutlich niedrigeren Effektivbesteuerung müssen weitere Kriterien hinzutreten. Zu diesen zählt u. a. ob die Vorteile ausschließlich für Nichtansässige oder für Transaktionen mit Nichtansässigen gewährt werden (sog. „Ring Fencing"). Wenn also ein Quellenstaat steuerliche Sonderkonditionen für Investitionen nichtansässiger Unternehmen gewährt und damit anderen Mitgliedsstaaten die steuerliche Bemessungsgrundlage entzieht, verstößt dies gegen den „Verhaltenskodex".

Die Grundsätze des „Verhaltenskodex" lassen sich auf die Besteuerung von Zinsen aus dem Privatvermögen von natürlichen Personen wie folgt übertragen: Betrachtet man die abkommensrechtliche Freistellung von Zinsen Nichtansässiger im Quellenstaat bei gleichzeitiger Zuweisung des Besteuerungsrechts an den Ansässigkeit in der Zusammenschau mit der mangelnden Übermittlung von steuerlichen Auskünften an den Ansässigkeitsstaat, so setzt dies für den Steuerpflichtigen einen Anreiz dafür, ausländische Zinserträge im Ansässigkeitsstaat durch Verschweigen zu hinterziehen. Der materielle Steueranspruch des Ansässigkeitsstaates wird nicht durchgesetzt. Die effektive „Nullbesteuerung" von grenzüberschreitenden Zinszahlungen privilegiert Nichtansässige im Quellenstaat selektiv gegenüber dort ansässigen Anlegern; deren Zinsen werden effektiv besteuert. Mittelbar werden dadurch Unternehmen, insbesondere Banken, mit Sitz außerhalb des Wohnsitzstaates des privaten Anlegers gegenüber Unternehmen mit Sitz im Ansässigkeitsstaat des Anlegers bei der Kapitalakquise privilegiert. Die daraus resultierenden Wettbewerbsverzerrungen laufen dem Gemeinsamen Markt zuwi-

161 Lehner, StuW 1998, 159 (161).

der. Da steuerlich bedingte Wettbewerbsverzerrungen nach dem Schutzzweck des „Verhaltenskodex zur Unternehmensbesteuerung“ verhindert werden sollen, müssen die Kriterien des „Verhaltenskodex“ entsprechend anwendbar sein. Danach liegt eine Maßnahme „schädlichen Steuerwettbewerbs“ bei der Zinsbesteuerung vor.

III. Bedeutung des Beihilfeverbots für den Steuerwettbewerb

Während der „Verhaltenskodex zur Unternehmensbesteuerung“ lediglich eine politische Missbilligung gewisser Steuerpraktiken zum Ausdruck bringt, entfaltet das EG-rechtliche Beihilfeverbot nach Art. 87 Abs. 1 EG verbindliche Rechtswirkung.
Aus diesem Grunde wird untersucht, ob das den meisten Besteuerungssystemen in der EU zugrunde liegende Prinzip der Steuerverschonung von Zinserträgen nichtansässiger Privatanleger über die politische Missbilligung im Sinne des „Verhaltenskodex“ hinausgehend wegen Verstoßes gegen das Beihilfeverbot des Art. 87 Abs. 1 EG rechtswidrig ist.
Zunächst wird dabei die grundsätzliche Bedeutung des Beihilferechts für eine bereits als „schädliche Steuerpraktik“ qualifizierte selektive Gewährung von Steuervergünstigungen an nichtansässige Unternehmen erläutert. Die dabei gewonnenen Erkenntnisse werden im nächsten Abschnitt daraufhin überprüft, inwieweit sie sich auf Steuervergünstigungen übertragen lassen, die auf Zinsen von nichtansässigen privaten Investoren gewährt werden.

1. Beihilfeverbot und „schädlicher Steuerwettbewerb“ i. S. d. Verhaltenskodex zur Unternehmensbesteuerung

Die Bedeutung des Beihilfeverbots für selektive Steuervergünstigungen an Nichtansässige lässt sich bestens am Beispiel der vom Verhaltenskodex missbilligten Steuervergünstigungen für nichtansässige Unternehmen erläutern.
Stellen solche Steuervergünstigungen[162], die von spezifisch an nichtansässige Unternehmen gewährt werden, um deren Investitionen in den Unternehmensstandort (d. h. die Betriebsstätte[163]) im Quellenstaat zu fördern, unzulässige Beihilfen im Sinne des Art. 87 Abs. 1 EG dar?
Die Anwendung des Art. 87 Abs. 1 EG obliegt der Europäischen Kommission im Verfahren nach Art. 88 EG. Dabei kommt dieser nach Ansicht des Europäischen Gerichts I. Instanz (EuG)[164] ein sehr weiter Beurteilungsspielraum zu, den sie in der Praxis durch Leitlinien und Einzelentscheidungen ausfüllt. Diese Leitlinien geben zwar keine eindeutige Antwort auf die Frage nach der Bedeutung des Beihilferechts für den „schädlichen Steuerwettbewerb“. Doch verpflichtet sich die Kommission in einer Mitteilung vom 10.12.1998, „die Vereinbarkeit von steuerlichen Beihilfen mit dem Gemeinsamen Markt auch unter Berücksichtigung der Auswirkungen dieser Beihilfen, die durch die Anwendung des Verhaltenskodex erkennbar wer-

---

162 Zur Begriffsabgrenzung: Frick, Einkommensteuerliche Steuervergünstigungen, S. 27 ff.: Unter den Begriff der Steuervergünstigungen fallen Steuerbefreiungen, -ermäßigungen, Bewertungsfreiheiten, Sonderabschreitungen, Freibeträge und Freigrenzen sowie sonstige die Bemessungsgrundlage verändernde Abzüge.

163 Dabei ist abkommensrechtlich das sog. Betriebsstättenprinzip zugrunde zu legen. Danach können, abweichend vom Grundsatz, dass Unternehmensgewinne nur im Anässigkeitsstaat besteuert werden, Unternehmensgewinne auch im Quellenstaat besteuert werden, wenn das Unternehmen dort eine Betriebsstätte unterhält und der Gewinn der Betriebsstätte zuzuordnen ist (Art. 7 Abs.1 OECD-MA). Vgl. dazu: Wassermeyer, in: ders./ Debatin, Doppelbesteuerung, Bd. 1, Art. 7 Rz. 2.

164 EuG v. 12.12.2000, T-296/97, Alitalia/ Kommission, EuGHE 2000, II-3871 (II-2907) Rz. 105; v. 15.9.1998, T-126/96, T 127/96, BFM u. EFIM/ Kommission, EuGHE 1998 II-3437 (II-3467) Rz. 81; vgl. dazu: Cremer, in: Callies/ Ruffert, EUV/ EGV, Art. 87 EG Rz. 7;

den“, zu überprüfen[165]. Auch der Rat vertritt im sog. „Verhaltenskodex“[166] zur Unternehmensbesteuerung den Standpunkt, dass ein Teil der unter den Kodex fallenden steuerlichen Maßnahmen in den Geltungsbereich der staatlichen Beihilfen nach Art. 92 bis 94 des Vertrags fallen könne und sich die Kommission verpflichte, genauestens auf die strikte Anwendung der Vorschriften über die betreffenden Beihilfen zu achten, wobei u. a. die negativen Auswirkungen dieser Beihilfen zu berücksichtigen seien, die durch die Anwendung des Kodex erkennbar würden.

Nach Art. 87 Abs. 1 EG sind staatliche Beihilfen oder aus staatlichen Mitteln gewährte Beihilfen gleich welcher Art, die durch die Begünstigung bestimmter Unternehmen oder Produktionszweige den Wettbewerb verfälschen oder zu verfälschen drohen, mit dem Gemeinsamen Markt unvereinbar, soweit sie den Handel zwischen den Mitgliedsstaaten beeinträchtigen.

a) Meinungsstand

Dabei kommen dem Beihilfebegriff und dem Kriterium der Selektivität zentrale Bedeutung zu. Zunächst stellt sich die Frage, ob die Beihilfe im Sinne des Art. 87 Abs. 1 EG begrifflich auch Steuervergünstigungen umfasst.

Da sog. Verschonungssubventionen (verdeckte Subventionen) dieselbe Wirkung wie staatliche Leistungssubventionen (offene Subventionen) entfalten, insbesondere Steuervergünstigungen über die Steuerverrechnung dieselben Wirkungen wie Transferleistungen entfalten, werden Steuervergünstigungen allgemein als Beihilfen im EG-rechtlichen Sinne qualifiziert[167].

Für den konkreten Fall der Gewährung einer Steuervergünstigung an nichtansässige Unternehmen, die im Inland investieren wollen, wird demgegenüber das Vorliegen einer Beihilfe in Frage gestellt. Durch diese Steuervergünstigung werde nämlich nicht – wie jedenfalls für offene Subventionen charakteristisch – das Steueraufkommen des gewährenden Mitgliedsstaates belastet, sondern – aufgrund der Lenkungswirkung – im Ergebnis dasjenige anderer Mitgliedsstaaten[168].

Liegt eine Beihilfe vor, dann ist diese nach Art. 87 Abs. 1 EG unzulässig, wenn sie das sog. Selektivitätskriterium erfüllt, also „bestimmte Unternehmen oder Produktionszweige“ begünstigt. Wann dies zu bejahen ist, ist umstritten. Einig ist man sich nur insoweit, als die Funktion des Selektivitätskriteriums darin gesehen wird, Beihilfen von allgemein wirkenden Maßnahmen der Wirtschaftspolitik abzugrenzen. Letztere sollen Teil der mitgliedsstaatlichen Souveränität bleiben. Danach werden jedenfalls Maßnahmen zugunsten sämtlicher Marktteilnehmer eines Mitgliedsstaates vom Beihilferecht nicht berührt[169].

---

165 Kommission der Europäischen Gemeinschaften, Mitteilung v. 10.12.1998 über die Anwendung der Vorschriften über staatliche Beihilfen auf Maßnahmen im Bereich der direkten Unternehmensbesteuerung, ABl. EG 1998, Nr. C 384/ 3, Rz. 30.

166 Schlussfolgerungen des Rats „Wirtschafts- und Finanzfragen“ vom 01.12.1997, Verhaltenskodex zur Unternehmensbesteuerung, ABl. EG 1998, Nr. C 2/ 1, Tz. J.

167 So Mederer/ van Ysendyck, in: von der Groeben/ Schwarze, EUV/ EGV, 6. Aufl., Bd. 2, Art. 87 EG Rz. 5; Tipke, Die Steuerrechtsordnung, Bd. 1, 2. Aufl., S. 78 f., S. 340; Lang, FS Flick, 873 (891); Müller-Graff, ZHR 152 (1988), 403 (410); vgl. dazu ausführlich: Frick, Einkommensteuerliche Steuervergünstigungen, S. 20 ff. Demgegenüber zweifelnd: Schröder, ZHR 152 (1988), 391 (393).

168 Nanetti/ Mameli, EC Tax Review 2002, 185 (188); Vanistendael, DStJG 23 (2000), 299 (314).

169 Kommission der Europäischen Gemeinschaften, Mitteilung v. 10.12.1998 über die Anwendung der Vorschriften über staatliche Beihilfen auf Maßnahmen im Bereich der direkten Unternehmensbesteuerung, ABl. EG 1998, Nr. 384/ 3 Rz. 13.

Fraglich ist, ob das Selektivitätskriterium erfüllt ist, wenn Steuervergünstigungen gezielt, aber nicht branchenspezifisch an ausländische Unternehmen, die im Inland investieren wollen, gewährt werden (d. h. „schädlicher Steuerwettbewerb" im Sinne des Verhaltenskodex).
Dies wird von einem Teil der Literatur unter Berufung auf den Wortlaut des Art. 87 EG („bestimmte Unternehmen oder Produktionszweige") bezweifelt[170]. Demgegenüber interpretieren EuGH[171] und Europäische Kommission[172] unter Zustimmung eines weiteren Teils der Literatur[173] das Tatbestandsmerkmal weit. Sie grenzen es negativ ab und fassen darunter sämtliche Vergünstigungen, die eine Abweichung von der dem jeweiligen Steuersystem eigenen Belastungsstruktur darstellen[174]. Solche könnten nur auf Grund der Natur und des inneren Aufbaus des Steuersystems gerechtfertigt werden[175]. Eine Angleichung des Steuerniveaus an andere Mitgliedsstaaten scheide demgegenüber als Rechtfertigungsgrund für eine Steuervergünstigung aus[176]. Die Mitgliedsstaaten treffe dementsprechend die Nachweispflicht dafür, welche Grund- oder Leitprinzipien die Natur ihres Steuersystems ausmachten bzw. welche Normen zu dessen innerem Aufbau gehörten[177]. Zu diesen Prinzipien wird jedenfalls „die Leistungsfähigkeit des Steuerpflichtigen" als Differenzierungskriterium gezählt[178]. Bemerkenswert ist, dass die Europäische Kommission daneben auch „die Leistungsfähigkeit des Systems" als Rechtfertigungsgrund für eine Steuervergünstigung anerkennt[179].
Es bleibt anzumerken, dass diese Meinung dem Selektivitätskriterium kaum einen weitergehenden Regelungsgehalt zumisst, als er schon dem Beihilfebegriff immanent wäre, würde man unter diesen nur begünstigende Sozialzwecknormen („tax expenditures"[180]) im Sinne des deutschen Steuerrechts, nicht aber Fiskalzwecknormen („structural components")

---

170 Schön, DStJG 23 (2000), 190 (215); ders., CMLR 36 (1999), 911 (935).

171 Vgl. EuGH v. 2.7.1974, Italien/ Kommission, C-173/ 73, EuGHE 1974, 709 ff.

172 Vgl. Kommission der Europäischen Gemeinschaften, Mitteilung vom 10.12.1998 über die Anwendung der Vorschriften über staatliche Beihilfen auf Maßnahmen im Bereich der direkten Unternehmensbesteuerung, ABl. EG 1998, Nr. C 384/ 3, Rz. 8 ff.

173 Cremer, in: Calliess/ Ruffert, EUV/ EGV, Art. 87 EG, Rz. 9; Wieland, EuR 2001, 119 (126); Gross, Das Europäische Beihilferecht, S. 29.

174 Gross, RIW 2002, 46 (50 f.); Voß, in: Dauses, Handbuch des EU-Wirtschaftsrechts, Bd. 2, J, Rz. 68 ff.; umfassend dazu Koschyk, Steuervergünstigungen als Beihilfen, S. 171 ff. So auch Kommission der Europäischen Gemeinschaften, Mitteilung vom 10.12.1998 über die Anwendung der Vorschriften über staatliche Beihilfen auf Maßnahmen im Bereich der direkten Unternehmensbesteuerung, ABl. EG 1998, Nr. C-384/ 3, Rz. 16.

175 Kommission der Europäischen Gemeinschaften, Mitteilung vom 10.12.1998 über die Anwendung der Vorschriften über staatliche Beihilfen auf Maßnahmen im Bereich der direkten Unternehmensbesteuerung, ABl. EG 1998, Nr. C 384/ 3, Rz. 16, 23 ff. Diese nimmt Bezug auf EuGH v. 2.7.1974, Italien/ Kommission, Rs. 173/ 73, EuGHE 1974, I-709; vgl. auch GA Darmon, Schlussanträge zu EuGH v. 17.3.1993, Sloman Neptun, C-72/ 91, C-73/ 91, EuGHE 1993, I-887 (I-917) Rz. 62 m. w. N; ebenso Gross, RIW 2002, 46 (50 f.).

176 EuGH v. 2.7.1974, Italien/ Kommission, Rs. 173/ 73, EuGHE 1974, I-709 (I-719), Rz. 29, 32.

177 Kommission der Europäischen Gemeinschaften, Mitteilung vom 10.12.1998 über die Anwendung der Vorschriften über staatliche Beihilfen auf Maßnahmen im Bereich der direkten Unternehmensbesteuerung, ABl. EG 1998, Nr. C 384/ 3, Rz. 23.

178 Gross, RIW 2002, 46 (51), offen insoweit: Kommission der Europäischen Gemeinschaften, Mitteilung vom 10.12.1998 über die Anwendung der Vorschriften über staatliche Beihilfen auf Maßnahmen im Bereich der direkten Unternehmensbesteuerung, ABl. EG 1998, Nr. C 384/ 3, Rz. 24.

179 Kommission der Europäischen Gemeinschaften, Mitteilung vom 10.12.1998 über die Anwendung der Vorschriften über staatliche Beihilfen auf Maßnahmen im Bereich der direkten Unternehmensbesteuerung, ABl. EG 1998, Nr. C 384/ 3, Rz. 23.. Diese verweist auf die Entscheidung der Kommission v. 13.5.1996, 96/ 369/ EG, ABl. 1996, Nr. L 146/ 42.

180 Zur Terminologie: Tipke, Die Steuerrechtsordnung, Bd. 1, 2. Aufl., S. 340.

deutschen Steuerrechts, nicht aber Fiskalzwecknormen („structural components") fassen[181]. Unter Sozialzwecknormen sind danach solche Normen mit Lenkungswirkung zu verstehen, die nicht fiskalisch, sondern wirtschafts- oder sozialpolitisch motiviert sind[182]. Solche Gründe liegen aber jedenfalls außerhalb des Steuerrechts, von dessen Belastungsstruktur (Leistungsfähigkeitsprinzip) die Sozialzwecknorm gerade abweicht. Dann aber liegt stets auch eine im Sinne der Europäischen Kommission „selektive" Beihilfe vor.

Losgelöst von der dogmatischen Verortung der genannten Kriterien gelangt man zu folgendem Ergebnis: Wird – trotz wirtschaftlich gleichen Lebenssachverhaltes und gleicher (objektiver) Leistungsfähigkeit – nichtansässigen Unternehmen, die im Inland investieren, gegenüber inländischen Unternehmen ein Steuervorteil gewährt, so ist dies als EG-rechtlich unzulässige – weil selektive – Beihilfe zu qualifizieren[183].

b) Eigene Ansicht

Gerade weil es das Beihilferecht der Europäischen Kommission in erheblichem Maße ermöglicht, ohne Einbindung des Gemeinschaftsgesetzgebers auf das mitgliedsstaatliche Haushaltsaufkommen Einfluss zu nehmen[184], soll die dargestellte Auffassung im Folgenden kritisch hinterfragt werden. Die Bedeutung des Beihilfeverbots für Maßnahmen „schädlichen Steuerwettbewerbs" im Sinne des Verhaltenskodex soll anhand der bekannten Auslegungsmethoden näher beleuchtet werden.

(1) Beihilfebegriff

Der Begriff der Beihilfe i. S. d. Art. 87 Abs. 1 EG ist ein autonomer, d. h. gemeinschaftsrechtlicher Rechtsbegriff. Für die Interpretation eines solchen Rechtsbegriffs sind diejenigen Auslegungsmethoden heranzuziehen, die den nationalen Rechtsordnungen der Mitgliedsstaaten übereinstimmend bekannt sind[185]. Hierzu zählen die grammatikalische, systematische sowie die teleologische Auslegung[186].

Untersucht wird demgemäß zunächst, ob der Beihilfebegriff auch Steuersubventionen umfasst. Neben dem (insoweit offenen) Wortlaut der Norm können dabei zunächst historische und systematische Argumente herangezogen werden.

In Art. 95 Abs. 2 EG (Art. 101 a Abs. 2 EWGV) kommt die Grundentscheidung des historischen Gemeinschaftsgesetzgebers zum Ausdruck, jegliche Harmonisierung der Steuern auf das Einstimmigkeitsprinzip zu stützen. Dahinter steht die Überlegung der Mitgliedsstaaten, dass die Steuergesetzgebung die Grundlage mitgliedsstaatlicher Haushalts- und Wirtschaftspolitik bilde und daher in diesem Bereich die Souveränität der Mitgliedsstaaten gewahrt werden müsse[187]. Dass die Mitgliedsstaaten weiterhin an diesem Grundsatz festhalten, zeigt sich

---

181 Für eine Übertragung dieser Differenzierung auf den europarechtlichen Beihilfebegriff: Schön, CMLR (36) 1999, 911 (925 f.); Frick, Einkommensteuerliche Steuervergünstigungen, S. 29 ff.

182 Tipke, Die Steuerrechtsordnung, Bd. 1, 2. Aufl., S. 74, 77 f. m. umfassenden weiteren Nachweisen. Dieser weist darauf hin, dass Fiskalzwecknormen demgegenüber Steuerwürdigkeitsentscheidungen nach Kriterien oder Maßstäben zuteilender Gerechtigkeit (v. a. Leistungsfähigkeitsprinzip) treffen.

183 So im Ergebnis Bär-Bouyssière, in: Schwarze, EUV/ EGV, Art. 87 EG Rz. 43; Wieland, EuR 2001, 119 (126)

184 Dazu kritisch: Vanistendael, DStJG 23 (2000), 299 (309).

185 Wegener, in: Calliess/ Ruffert, EUV/ EGV, Art. 220 EG Rz. 11. Demgegenüber für eine lediglich deskriptive Begriffserfassung: Gross, Das Europäische Beihilferecht, S. 25.

186 Dazu: Bleckmann, Europarecht, Rz. 537.

187 Pipkorn/ Bardenhewer-Rating/ Taschner, in: von der Groeben/ Schwarze, EUV/ EGV, 6. Aufl., Bd. 2, Art. 95 EG, Rz. 56; Kahl, in: Calliess/ Ruffert, EUV/ EGV, Art. 95 EG Rz. 6.

darin, dass es auch bei Verabschiedung der Einheitlichen Europäischen Akte (EEA) dabei blieb, obwohl die Kommission sich für eine Aufgabe des Einstimmigkeitserfordernisses im steuerlichen Bereich aussprach[188]. Auch dass es lediglich gelang, den sog. Verhaltenskodex zur Unternehmensbesteuerung als unverbindliche politische Absichtserklärung zu verabschieden, deutet darauf hin, dass die Mitgliedsstaaten weiterhin nicht gewillt sind, ihre Souveränität im Bereich der Besteuerung dem Gemeinschaftsinteresse unterzuordnen. Diese Grundentscheidung des Gemeinschaftsgesetzgebers würde indessen in Frage gestellt, wenn man mit der herrschenden Meinung eine Kompetenz der Europäischen Kommission zur Überprüfung steuerlicher Regelungen am gemeinschaftlichen Beihilferecht bejahte. Über die Zuerkennung eines weiten Beurteilungsspielraums durch den EuGH würde der Europäischen Kommission nämlich im steuerlichen Bereich eine „schleichende normative Rolle“ zugebilligt[189]. Eine Harmonisierung der Steuern auf diesem Wege stünde insbesondere im Widerspruch zu Art. 95 Abs. 2 EG. Sie wäre aber auch vor dem Hintergrund des Prinzips der begrenzten Einzelermächtigung nicht unproblematisch[190]. Danach kennt der EG-Vertrag keine Generalermächtigung der Gemeinschaftsorgane. Vielmehr muss sich jeder Rechtsakt der Gemeinschaft auf eine spezifische Kompetenzgrundlage stützen. Bestehende Kompetenzgrundlagen dürfen demnach nicht beliebig weit interpretiert werden. Der Berufung auf Art. 95 Abs. 2 EG würde man demgegenüber den Boden entziehen, wenn man in der gemeinschaftsrechtlichen Beurteilung Klaus Tipke folgte, der Steuervergünstigungen als begünstigende Sozialzwecknormen sachlich nicht dem Steuerrecht, sondern anderen Rechtsbereichen, insbesondere dem Wirtschaftsrecht, zuordnet[191]. Dann würde der Einstimmigkeitsvorbehalt der Mitgliedsstaaten nicht greifen[192]. Letztlich kann dies aber offen bleiben, wenn eine teleologische Betrachtungsweise hier die systematischen Argumente überwiegt. Einer den Vertragszielen orientierten Auslegung kommt im Gemeinschaftsrecht nämlich besondere Bedeutung zu[193]. Sie bildet zumeist die Grundlage für eine integrationsfreundliche Interpretation.

Art. 87 EG dient der Verwirklichung des in Art. 2, 3 lit. g EG verankerten Ziels, ein „System“ zum Schutz des Wettbewerbs innerhalb des Binnenmarktes zu errichten. Dieses Ziel ist für seine Auslegung maßgebend[194] und ebnet über die Forderung nach einer kohärenten Wettbewerbspolitik (zumindest) einer dynamischen Auslegung den Weg[195]. Bei Auslegung und Anwendung des Art. 87 EG ist daher der fortschreitende Stand der Integration in besonderem Maße zu berücksichtigen. Nach Vollendung des Binnenmarktes, d. h. einer Deregulierung der Märkte, spielen steuerliche Belastungsunterschiede eine wachsende Rolle für die Wettbewerbsfähigkeit von Unternehmen. Steuervergünstigungen sind daher in zunehmendem Maße geeignet, Wettbewerbsverfälschungen hervorzurufen und verstoßen damit gegen das von Art.

---

188 Kommission der Europäischen Gemeinschaften, Weißbuch über die Vollendung des Binnenmarktes v. 14.6.1985, KOM (85) 310 endg., Tz. 150 f.

189 Nanetti/ Mameli, EC Tax Review 2002, 185 (189).

190 Nanetti/ Mameli, EC Tax Review 2002, 185 (190).

191 Tipke, Die Steuerrechtsordnung, Bd. 1, 2. Aufl., S. 78 f.

192 So auch Kreibohm, Der Begriff der Steuer, S. 175 f.

193 Wegener, in: Calliess/ Ruffert, EUV/ EGV, Art. 220 Rz. 14; Bleckmann, Europarecht, Rz. 547.

194 Bogdandy, in: Grabitz/ Hilf, Das Recht der Europäischen Union, Art. 3 Rz. 14; EuGH v. 21.2.1973, 6/ 72, Europemballage, EuGHE 1973, 215 (244); EuGH v. 14.5.1973, 4/ 73, 7/ 73, Commercial Solvence, EuGHE 1974, 223 (254).

195 Bogdandy, in: Grabitz/ Hilf, Das Recht der Europäischen Union, Art. 3, Rz. 15 sieht hierin sogar eine Legitimation zur Rechtsfortbildung.

2, 3 lit. g, 87 EG verfolgte Ziel eines unverfälschten Wettbewerbs[196]. Diesem Vertragsziel soll zum „effet utile“ (Art. 10 EG), d. h. zu praktischer Wirksamkeit verholfen werden[197]. Im Ergebnis ist deshalb der herrschenden Meinung darin zuzustimmen, dass Steuervergünstigungen unter den Beihilfebegriff fallen[198].

Für den konkreten Fall der Gewährung spezifischer Steuervorteile an nichtansässige Unternehmen wird demgegenüber vorgebracht, sie falle nicht unter den Begriff der Steuervergünstigungen, weil ein solcher Steuervorteil – anders als bei offenen Subventionen üblich – nicht das Haushaltsaufkommen des gewährenden Mitgliedsstaates belaste. Vielmehr werde über die Lenkungswirkung, die zur Verlagerung von Unternehmensstandorten führe, gerade das Steueraufkommen ausländischer Mitgliedsstaaten belastet[199]. Zwar ist eine solche negative Auswirkung auf die Bemessungsgrundlage anderer Mitgliedsstaaten durchaus einzuräumen; sie ist dem „schädlichen Steuerwettbewerb“ gerade immanent. Eine Steuervergünstigung liegt jedoch bereits dann vor, wenn der gewährende Mitgliedsstaat im konkreten Besteuerungsverfahren auf Steuereinnahmen verzichtet, die er bei anderen Steuerpflichtigen nach der Systementscheidung des nationalen Steuerrechts erhebt[200]. Wenn also nichtansässige Unternehmen anders als ansässigen Unternehmen steuerlich privilegiert werden, ist dies als Steuervergünstigung und damit als Beihilfe im Sinne des Art. 87 EG zu qualifizieren. Dass ein solch „schädlicher Steuerwettbewerb“ dadurch motiviert ist, die im Einzelfall zu verzeichnenden Steuerausfälle über eine Verlagerung von Unternehmensstandorten (Betriebsstätten) ins Inland und damit eine faktische Erweiterung der Bemessungsgrundlage zu kompensieren, kann dieser Beurteilung nicht entgegenstehen. Vielmehr ist eine solch wirtschaftspolitische Motivation bei Steuervergünstigungen häufig zu finden. Nicht umsonst werden sie im deutschen Steuerrecht als sog. Sozialzwecknormen bezeichnet[201].

(2) Selektivitätskriterium

Nach allgemeinem Begriffsverständnis dienen staatliche Beihilfen, d. h. auch Steuervergünstigungen, vornehmlich der Förderung bestimmter Produktionszweige der heimischen Wirtschaft. Abweichend davon wird vorliegend die Frage gestellt: Fördern Steuervergünstigungen, die spezifisch nichtansässigen Unternehmen gewährt werden, um deren Investition (in Betriebsstätten) im Inland zu fördern – also Steuervergünstigungen, die grenzüberschreitende Sachverhalte privilegieren, – „bestimmte Unternehmen oder Produktionszweige“ im Sinne des Art. 87 Abs. 1 EG[202]?

Mit anderen Worten: Trifft das Beihilferecht eine Entscheidung im finanzwissenschaftlichen Streit um die Alternativen Steuerwettbewerb und Steuerharmonisierung[203]?

Auch diese Frage sollte, wie ich meine, nach allgemeinen Auslegungsgrundsätzen beantwortet werden. Auszugehen ist hier vom Wortlaut. Würde man der Formulierung „bestimmt“ das

---

196 A. A. Fleißig, Harmonisierung der Zinsbesteuerung, S. 211: Weil der Wettbewerb der Steuersysteme den Wettbewerb der Emittenten nur sekundär betreffe, verstoße er nicht gegen Art. 3 lit. h EG.

197 Wegener, in: Calliess/ Ruffert, EUV/ EGV, Art. 220, Rz. 14 unter Verweis auf die stRspr. des EuGH.

198 Mit ähnlicher Begründung Wieland, EuR 2001, 119 (126).

199 Nanetti/ Mameli, EC Tax Review 2002, 185 (188).

200 Vgl. Tipke, Die Steuerrechtsordnung, Bd. 1, S. 340.

201 Vgl. Tipke, Die Steuerrechtsordnung, Bd. 1, S. 77 ff.

202 Dagegen wohl unter Berufung auf die bisherige Beihilfekontrollpraxis der Kommission und des EuGH: Gross, Das Europäische Behilferecht, S. 108 f.: „Diese Ausblendung des Systemwettbewerbs durch die Beihilfenkontrolle führt dazu, dass mögliche grenzüberschreitende Externalitäten von Beihilfen bei Entscheidungen der Kommission regelmäßig unbeachtet bleiben“.

203 Einen Überblick über diesen Streit gibt Schön, DStJG 23 (2000), 191 (216).

im deutschen Rechtsgebrauch übliche Verständnis zugrunde legen, wonach der betroffene Unternehmenskreis nicht nur *bestimmbar*, sondern zahlenmäßig abschließend *bestimmt* sein muss, so wäre die eingangs gestellte Frage zu verneinen. Man wäre damit bei der Frage nach den Grenzen zulässiger Rechtsfortbildung angelangt. Indessen sind bei der Auslegung des EG-Vertrags sämtliche Sprachfassungen bindend. Insbesondere die italienische Fassung weicht hier von der deutschen signifikant ab. Sie bezieht sich auf solche Beihilfen, die „manche" / „einige" Unternehmen oder Produktionszweige begünstigen („aiuti (...) favorendo talune imprese o talune produzioni"). Gerade aufgrund solcher Divergenzen kommt dem Wortlautargument im Gemeinschaftsrecht untergeordnete Bedeutung zu[204].
Hier sind deshalb weiterhin systematische Erwägungen anzustellen. Trifft der EG-Vertrag an anderer Stelle eine normative Entscheidung im Streit um die Alternativen Steuerwettbewerb und Steuerharmonisierung, welche in die Auslegung des Art. 87 EG einfließen muss, um dem Gebot der Widerspruchsfreiheit der Gemeinschaftsrechtsordnung zu genügen?
Möglicherweise findet sich eine solche Entscheidung in den Grundfreiheiten.
GA Darmon führte in der Rs. Daily Mail aus, dass die mit der Ausübung wirtschaftlicher Tätigkeiten in einem anderen Mitgliedsstaat verbundene Verlagerung potentieller Steueraufkommen als Folge fehlender Steuerrechtsharmonisierung hingenommen werden müsse[205].
Gesichtspunkte der Verlagerung von Steueraufkommen zwischen den Mitgliedsstaaten können nach der Rechtsprechung des EuGH allgemein Beschränkungen der Mitgliedsstaaten nicht rechtfertigen[206]. „Steuerflucht"[207] in Niedrigsteuerländer mit der Folge einer Verringerung des Gesamtsteueraufkommens der Mitgliedsstaaten sowie einer partiellen Verschiebung der Steueraufkommen zwischen den Mitgliedsstaaten aufgrund der Inanspruchnahme der Grundfreiheiten sei eine Folge der mangelnden Harmonisierung der direkten Steuern. Die mangelnde Harmonisierung allein liefere demgegenüber keine Rechtfertigung für die Beschränkung der Grundfreiheiten, insbesondere der Kapitalverkehrsfreiheit[208].
Eine solche Interpretation spricht dafür, dass Steuerwettbewerb grundsätzlich normativ durch die Grundfreiheiten abgesichert ist.
Indessen kann dies nur bis zu einem gewissen Ausmaß gelten. Dafür spricht schon der den Grundfreiheiten zugrunde liegende Gedanke der Allokationseffizienz. Ziel der Grundfreiheiten ist es danach, dass alle Güter den Ort erreichen, an dem sie den größten *Nutzen für den Wohlstand der europäischen Bevölkerung* stiften[209]. Dies bedeutet, dass Investitionsentscheidungen nicht durch zwischenstaatliche Besteuerungsunterschiede geleitet werden dürfen. Aus allokationspolitischer Sicht muss sich insbesondere die Besteuerung von Kapitalerträgen international wettbewerbsneutral verhalten[210]. Indessen führen gerade Maßnahmen „schädlichen Steuerwettbewerbs" im Sinne des Verhaltenskodex zur Unternehmensbesteuerung zu Wettbewerbsverzerrungen, die dem Gemeinsamen Markt zuwiderlaufen. Dann aber kann Steuer-

---

204 Wegener, in: Calliess/ Ruffert, EUV/ EGV, 2. Aufl., Art. 220 Rz. 11.

205 GA Darmon, Schlussanträge v. 7.6.1988, C-81/ 87, Daily Mail, EuGHE 1988, I-5483 (I-5503) Rz. 12; in diesem Sinne auch EuGH v. 6.6.200, C-35/ 98, Verkooijen, EuGHE 2000, I-4113 (I-4133) Rz. 59.

206 EuGH v. 6.6.200, C-35/ 98, Verkooijen, EuGHE 2000, I-4113 (I-4133) Rz. 59.

207 Vgl. Tipke/Lang, Steuerrecht, 17. Aufl., § 7 Rz. 21: Steuerflucht ist ein Verhalten, das bewirkt, dass das Steuerfluchtland den Zugriff auf das Steuergut verliert, das Steuerzufluchtsland ihn erhält. Der Begriff ist insoweit unpräzise, als Steuerflucht legale Steuervermeidung ebenso wie Steuerumgehung oder (illegale) Steuerhinterziehung sein kann.

208 Thömmes, GS Knobbe-Keuk, 795 (821); Seer/ Haken, SteuerStud 2001, 344 (349); Scherer, Doppelbesteuerung, S. 175.

209 Schön, DStJG 23 (2000), 191 (194).

210 Schratzenstaller/ Wehner, Wirtschaftsdienst 2000, 675 (676).

flucht, die durch die Wahrnehmung von ökonomischen Chancen im Zuge „schädlichen Steuerwettbewerbs“ motiviert ist, nicht vom Schutzzweck der Grundfreiheiten umfasst sein. Beschränkungen der Grundfreiheiten müssen nach meiner Auffassung hingenommen werden, wenn sie dazu dienen, Steuerflucht zu verhindern, die durch „schädlichen Steuerwettbewerb“ motiviert ist. Aus mitgliedsstaatlicher Sicht spricht für eine solche Betrachtungsweise im Übrigen, dass den Mitgliedsstaaten, solange sie nach der Konzeption der Gemeinschaft ihre eigene Haushaltsverantwortung tragen, gemeinschaftsrechtlich eine legitime Möglichkeit zugebilligt werden muss, einer durch „schädlichen Steuerwettbewerb“ verursachten Aushöhlung ihrer Haushaltssouveränität entgegenzutreten. Danach gilt Folgendes: Wenn auch die Ausnutzung zwischenstaatlichen Besteuerungsgefälles grundsätzlich vom Schutzzweck der Grundfreiheiten umfasst ist, so gilt dies nach vorliegender Auffassung nicht für diejenigen Fälle, in denen eine Transaktion durch die Wahrnehmung von ökonomischen Chancen motiviert ist, die sich im Zuge eines „schädlichen Steuerwettbewerbs“ ergeben.

Zu fragen bleibt dann aber, ob nicht eine Entscheidung zugunsten mitgliedsstaatlichen Steuerwettbewerbs im Subsidiaritätsprinzip des Art. 5 EG verankert ist[211]. Dieses Prinzip fordert eine Überprüfung, ob ein bestimmtes Ziel auf Ebene der Mitgliedsstaaten ebenso effektiv erreicht werden kann. Wenn die Mitgliedsstaaten das Ziel einer allgemeinen und uneingeschränkten Wettbewerbsneutralität im Gemeinsamen Markt verfolgen, dann stellt das Subsidiaritätsprinzip nicht etwa dieses Ziel in Frage. Es ist vielmehr zu überprüfen, auf welcher Ebene dieses Ziel wirksam erreicht werden kann. Ob aber ein Wettbewerb der Steuersysteme oder Teil- bzw. Vollharmonisierung hierfür geeignete Instrumentarien darstellen, lässt das Subsidiaritätsprinzip offen. Diese Frage knüpft an den finanzwissenschaftlichen Theorienstreit um die gesamtwirtschaftlichen Vor- und Nachteile eines Wettbewerbs der Steuersysteme und einer Harmonisierung der Steuern an[212]. Sie muss an dieser Stelle, wie auch bereits unter Teil F II.2.a), offen bleiben. Bezüglich bestimmter Formen des Steuerwettbewerbs, nämlich derjenigen, die sich transnationale Gestaltungen zunutze machen, um gezielt anderen Mitgliedsstaaten z. B. durch die Gewährung von Steuervorteilen an Nichtansässige die Besteuerungsgrundlage zu entziehen, ist jedenfalls mittlerweile anerkannt, dass deren volkswirtschaftlich negative Auswirkungen überwiegen[213]. Sie implizieren insbesondere eine Gefährdung der Wettbewerbsneutralität[214], so dass bezweifelt werden muss, ob Steuerwettbewerb als solcher geeignet ist, Wettbewerbsneutralität im Gemeinsamen Markt herzustellen. Festzuhalten bleibt damit, dass das Subsidiaritätsprinzip jedenfalls keine positive Entscheidung zugunsten eines Steuerwettbewerbs trifft.

Findet sich stattdessen nicht möglicherweise im EG-Vertrag an anderer Stelle eine Grundentscheidung gegen Steuerwettbewerb?

Kritiker der volkswirtschaftlichen Lehre vom Steuerwettbewerb bringen in diesem Zusammenhang vor, Steuerwettbewerb eröffne ein mitgliedsstaatliches „race to the bottom“, welches das staatliche Steueraufkommen minimiere[215]. Aufgrund der damit verbundenen Einschränkung staatlicher Handlungsmöglichkeiten seien Steuern nicht länger am Leistungsfähigkeitsprinzip, sondern am Äquivalenzprinzip auszurichten. Dies werfe aber im Rahmen des

---

211 So Schön, DStJG 23 (2000), 191 (216).

212 Dazu Schön, 191 (216).

213 Dazu: Schön, DStJG 23 (2000), 191 (206 f.).

214 So auch Zorn, DStJG 23 (2000), 228 (240).

215 Wieland, EuR 2001, 119 (127 f.); Musgrave/ Musgrave, in: McLure/ Sinn/ Musgrave u. a., Influence of Tax Differentials on International Competitiveness, 59 (68 f.); Larbig, Wirtschaftsdienst 1998, 743 (745 f.).

gemeinsamen europäischen Interesses über das Binnenmarktkonzept hinausgehende Fragen des Selbstverständnisses der EU auf[216]. Insbesondere seien in Art. 2 EG als Ziele der Gemeinschaft die Förderung des sozialen Fortschritts und eines hohen Beschäftigungsniveaus genannt. Mit diesen Grundsätzen sei es nicht vereinbar, wenn in der Folge des Steuerwettbewerbes der mobilere Produktionsfaktor Kapital zu Lasten des Produktionsfaktors Arbeit immer stärker entlastet werde und wenn weder das den Gleichheitssatz konkretisierende Leistungsfähigkeitsprinzip beachtet noch sozialstaatliche Leistungen mit Umverteilungswirkung gewährt werden könnten[217].
Dieser Betrachtungsweise ist indessen entgegenzuhalten, dass auf Gemeinschaftsebene im Bereich der Besteuerung kein über die sog. „Kästchengleichheit" hinausgehender Grundsatz der Besteuerungsgleichheit anzuerkennen ist[218]. Der materielle Gehalt der in Art. 2 EG verankerten Ziele kann bereits deshalb nicht als eine Entscheidung gegen jeglichen Steuerwettbewerb gewertet werden, weil mit der Verankerung eines Ziels nicht zugleich das Instrument zur Erreichung desselben vorgegeben wird. Ob auch Steuerwettbewerb grundsätzlich als Mittel auf dem Weg zu sozialem Wohlstand und hoher Beschäftigung in Betracht kommt, ist volkswirtschaftliche umstritten[219]. Dieser Streit wird von Art. 2 EG nicht entschieden. Einigkeit besteht, wie bereits erörtert, lediglich darüber, dass gewisse Ausprägungen des Steuerwettbewerbs, welche an grenzüberschreitende Vorgänge anknüpfen, insbesondere die selektive Gewährung Steuervorteile an Nichtansässige als volkswirtschaftlich „schädlich" zu qualifizieren sind[220]. Sie stehen somit der Erreichung der in Art. 2 EG verankerten Ziele entgegen.

Diese Überlegungen sind wie folgt zusammenzufassen: Bei der Einordnung des Art. 87 EG in den systematischen Zusammenhang des EG-Vertrages ist zwar unter Berücksichtigung der ständigen Rechtsprechung des EuGH eine in den Grundfreiheiten zum Ausdruck kommende Grundentscheidung des Vertrags zugunsten eines mitgliedsstaatlichen Steuerwettbewerbs zu beachten. Jedoch betrifft die Frage, ob Steuervergünstigungen, die gezielt an Nichtansässige gewährt werden, als „selektive" Beihilfen im Sinne des Art. 87 Abs. 1 EG zu qualifizieren sind, der Sache nach solche Steuervorschriften, deren negative Auswirkungen aus volkswirtschaftlicher Sicht überwiegen, die also „schädlichen Steuerwettbewerb" darstellen[221]. Solche Maßnahmen aber werden insbesondere von Art. 2 EG missbilligt. Deshalb sprechen systematische Erwägungen dafür, das Selektivitätsmerkmal des Art. 87 Abs. 1 EG so auszulegen, dass hierunter auch Steuervergünstigungen fallen, die gezielt an Nichtansässige gewährt werden.

Bei der Auslegung von Gemeinschaftsrecht muss zudem insbesondere auch auf den Sinn und Zweck der Norm abgestellt werden[222]. Dieser besteht darin, ein System des Wettbewerbsschutzes im Sinne des Art. 3 lit. g EG zu gewährleisten, also die Marktteilnehmer vor Wettbewerbsverfälschungen zu schützen[223]. Steuervergünstigungen, die gezielt nichtansässige ge-

216 Wieland, EuR 2001, 119 (127).
217 Wieland, EuR 2001, 119 (127 f.).
218 Siehe Teil E II.3.b)(5).
219 Dazu: Schön, DStJG 23 (2000), 191 (198 ff.).
220 Siehe dazu: Teil F II.2.a) sowie Teil F II.2.b); vgl. dazu auch: Schön, DStJG 23 (2000), 191 (206 f.).
221 Dazu Schön, DStJG 23 (2000), 191 (206 f.).
222 EuGH in stRspr., vgl. z. B. EuGH v. 4.12.1974, van Duyn, C-41/ 74, EuGHE 1974, 1337 (1348), Rz. 12; EuGH v. 1.2.1977, Nederlandse Ondernemingen, C-51/ 76, EuGHE 1977, 113 (148, 149), Rz. 20, 29; Wegener, in: Calliess/ Ruffert, EUV/ EGV, Art. 220 EG Rz. 14.
223 Frick, Einkommensteuerliche Steuervergünstigungen, S. 59 ff.

genüber ansässigen Unternehmen bevorzugen sind v. a. angesichts des gegenwärtigen Integrationsstandes geeignet, in das Wettbewerbsverhältnis zwischen inländischen Marktteilnehmern und solchen aus anderen Mitgliedsstaaten einzugreifen. Damit spricht auch eine dynamische, an den Vertragszielen orientierte Auslegung dafür, das Selektivitätskriterium auf die genannten Steuervergünstigungen zu erstrecken. Solche Maßnahmen sind, wie von Art. 87 Abs. 1 EG gefordert, geeignet, den Wettbewerb zu verfälschen. Zudem müssen sie den Handel zwischen den Mitgliedsstaaten beeinträchtigen. Unter Handel wird im Allgemeinen der sog. produktbezogene Wirtschaftsverkehr verstanden[224]. Dazu zählen Waren-, Dienstleistungs- und auch Kapitalverkehr. Der Handel ist dann beeinträchtigt, wenn durch eine staatliche Maßnahme die Einfuhr oder Ausfuhr für bestimmte Marktteilnehmer im Vergleich zu ihren Konkurrenten erleichtert wird[225]. Selektive Steuervergünstigungen zugunsten von Nichtansässigen bringen eine solche Beeinträchtigung mit sich.

Als Ergebnis bleibt festzuhalten, dass steuerliche Vergünstigungen, die als „schädlicher Steuerwettbewerb" einzuordnen sind, weil sie spezifisch an nichtansässige Unternehmen gewährt werden, die im Inland investieren, grundsätzlich als unzulässige Beihilfe im Sinne des Art. 87 Abs. 1 EG zu qualifizieren sind. Das Beihilferecht stellt damit zwar nicht den Steuerwettbewerb als solchen in Frage, doch setzt es diesem Grenzen[226].

(3) Allgemeine Rechtsgrundsätze

Zu prüfen bleibt, ob nicht der Anwendung des Beihilferechts auf die genannte Fallkonstellation – über den EG-Vertrag hinausgehend – ungeschriebenes Gemeinschaftsrecht entgegensteht. Aus den gemeinsamen Verfassungstraditionen der Mitgliedsstaaten wurden vom EuGH sog. allgemeine Rechtsgrundsätze entwickelt, welche in der Normenhierarchie des Gemeinschaftsrechts denselben Rang genießen wie der EG-Vertrag[227]. Zu diesen Grundsätzen zählen u. a. die Rechtssicherheit als Ausprägung des Rechtstaatsprinzips[228] sowie das Demokratieprinzip[229]. In der Praxis der Europäischen Kommission, welche der Ausfüllung eines weiten Beurteilungsspielraums dient, sind viele der hier diskutierten Fragen noch ungeklärt. Dies schränkt die Rechtssicherheit der Betroffenen ebenso wie die der Mitgliedsstaaten ein[230]. Die Beurteilung nationaler Steuerregelungen nach dem Beihilferecht nimmt aber erheblichen Einfluss auf das Haushaltsaufkommen der Mitgliedsstaaten. Deshalb wird gefordert, dass der Rechtssicherheit eine tragende Rolle zukommen müsse[231]. Dies stehe insbesondere einer weiten Interpretation des Art. 87 EG entgegen. Der Grundsatz der Rechtssicherheit kollidiert hier mit einem effektiven Schutz des Wettbewerbs privater Marktteilnehmer (Art. 2, 3 lit. g EG). Dieser Konflikt kann nur gelöst werden, indem die kollidierenden Belange gegeneinander abgewogen werden und im Wege einer praktischen Konkordanz einem beide Güter möglichst schonenden Ausgleich zugeführt werden. Dabei kann der Rechtssicherheit nach hier vertretener Auffassung auch durch eine Selbstbindung der Europäischen Kommission im Rahmen

---

224 Mederer, in: von der Groeben/ Schwarze, EUV/ EGV, 6. Aufl., Bd. 2, Art. 87 EG Rz. 47.

225 Cremer, in: Calliess/ Ruffert, EUV/ EGV, Art. 87 EG Rz. 16; v. Wallenberg in Grabitz/ Hilf, EWGV, Altband I, Art. 92 EGV Rz. 28; vgl. auch Frick, Einkommensteuerliche Steuervergünstigungen, S. 61.

226 Schön, DStJG 23 (2000), 191 (216).

227 Wegener, in: Calliess/ Ruffert, EUV/ EGV, Art. 220 EG Rz. 33.

228 Wegener, in: Calliess/ Ruffert, EUV/ EGV, Art. 220 EG Rz. 34.

229 Vgl. Beutler, in: Schwarze, EUV/ EGV, Art. 6 EU Rz. 10 f.

230 Bär/ Boussière, in: Schwarze, EUV/ EGV, Art. 87 EG Rz. 43.

231 Grau/ Herrera, EC Tax Review, 2003, 28 (34).

von Leitlinien Genüge getan werden, die im Amtsblatt der EG veröffentlicht sind. Ein schonender Ausgleich der Rechtspositionen könnte also darin bestehen, dass die Kommission die Zusammenhänge zwischen Maßnahmen, die sich als „schädlicher Steuerwettbewerb“ im Sinne des sog. Verhaltenskodex darstellen, und einer Qualifizierung als unzulässiger Beihilfe in Leitlinien konkretisiert. Bisher hat sich die Europäische Kommission zwar zu einer Überprüfung dieser Frage im Einzelfall verpflichtet[232]. Damit ist die Rechtssicherheit indessen kaum gewährleistet.

Andererseits wird gegen eine Anwendung des Art. 87 Abs. 1 EG auf Steuervergünstigungen vorgebracht, sie verstoße gegen den in sämtlichen Mitgliedsstaaten als Ausfluss des Demokratieprinzips anerkannten Grundsatz „no taxation without representation“[233]. Die Verabschiedung von Steuernormen unterliege als „wesentliche“ Entscheidung nach den Verfassungen aller Mitgliedsstaaten dem Parlamentsvorbehalt. Hieraus resultiere auf Gemeinschaftsebene ein allgemeiner Rechtsgrundsatz. Gegen diesen werde indessen verstoßen, wenn der Europäischen Kommission über die Anwendung des Beihilferechts auf Steuernormen eine „schleichende normative Rolle“ zugestanden werde[234].

Dem ist jedoch entgegenzuhalten, dass im Rahmen des Art. 87 EG keine Steuernormen verabschiedet werden, sondern lediglich im Einzelfall solche Steuervergünstigungen, die eine Abweichung vom Systemgedanken darstellen (dazu s. o.), für unzulässig erklärt werden. Es muss nach Auffassung von Klaus Tipke bereits bezweifelt werden, ob solche Steuervergünstigungen, die einen sozialpolitischen Zweck haben, der Sache nach überhaupt als Steuerrecht zu qualifizieren sind[235]. Jedenfalls aber kommt die Aufhebung der Steuervergünstigung in einem Verfahren gemäß Art. 88 Abs. 2, 3 EG durch den betroffenen Mitgliedsstaat einer Anpassung an das bestehende Steuersystem gleich, das als solches eine Grundentscheidung des parlamentarischen Gesetzgebers darstellt. Damit aber wird der Parlamentsvorbehalt nur relativ geringfügig beeinträchtigt. Demgegenüber würde eine Nichtanwendung des Beihilfeverbots auf Maßnahmen „schädlichen Steuerwettbewerbs“ angesichts der Deregulierung der Märkte den Wettbewerb erheblich verfälschen.

(4) Ergebnis

Es ist daher festzuhalten, dass Steuervergünstigungen, die gezielt an nichtansässige Unternehmen gewährt werden, grundsätzlich unzulässige Beihilfen im Sinne des Art. 87 EG darstellen. Dieses Ergebnis beruht auf einer Prüfung „de lege lata“.

Über diese Beurteilung hinaus stellt sich die Frage nach einer sinnvollen Weiterentwicklung des Gemeinschaftsrechts. Insoweit rufen die gegen eine Anwendung des Beihilferechts vorgebrachten Argumente den berechtigten Wunsch nach (Teil-)Harmonisierung als Mittel zur Bekämpfung „schädlichen Steuerwettbewerbs“ hervor. Zum Zwecke der Verwirklichung eines politischen Systemgedankens erscheint es sinnvoll, einer solchen Harmonisierung – unter der Prämisse einer Beteiligung des Europäischen Parlaments und einer gesicherten Kompetenzgrundlage – den Vorzug zu geben gegenüber einer auf Einzelfallentscheidungen beruhenden „stillen“ Harmonisierung im Wege des Beihilferechts[236].

---

232 Vgl. Kommission der Europäischen Gemeinschaften, Mitteilung über die Anwendung der Vorschriften über staatliche Beihilfen auf Maßnahmen der direkten Unternehmensbesteuerung v. 10.12.1998, ABl. EG 1998, Nr. C 384/ 03, Rz. 30.

233 Nanetti/ Mameli, EC Tax Review, 2003, 185 (191).

234 Nanetti/ Mameli, EC Tax Review, 2003, 185 (190 f.).

235 Tipke, Die Steuerrechtsordnung, Bd. 1, 2. Aufl., S. 78.

236 So auch Grau/ Herrera, EC Tax Review, 2003, 28 (34).

2. Beihilfeverbot und „schädlicher Steuerwettbewerb" bei der Besteuerung privater Zinserträge

Die vorliegende Arbeit hat die Besteuerung von Zinsen aus dem Privatvermögen von natürlichen Personen zum Gegenstand. Können die für Unternehmenssteuersubventionen gewonnenen Ergebnisse auf die sachliche Steuerbefreiung von Zinserträgen nichtansässiger natürlicher Personen übertragen werden? Greift auch hier das Beihilfeverbot nach Art. 87 Abs. 1 EG? Grundsätzlich wirken sich Steuervergünstigungen auf Zinserträge nichtansässiger Investoren bei ökonomischer Betrachtungsweise mittelbar stets auch positiv auf die emittierenden Unternehmen aus. Ob hierin allerdings eine EG-rechtliche Beihilfe zu sehen ist, muss gesondert nach der Art der jeweiligen Steuervergünstigung, d. h. danach, ob diese Steuerbemessungsgrundlage, Steuertarif oder Steuerverfahren betrifft, beurteilt werden.

a) Beihilfe durch Steuerbefreiung von Zinserträgen Nichtansässiger

Zunächst ist zu untersuchen, ob die Steuerbefreiung für Zinserträge nichtansässiger privater Anleger im Quellenstaat eine Beihilfe im Sinne des Art. 87 EG darstellt. Nach Ansicht der Europäischen Kommission handelt es sich bei den anerkannten Methoden zur Vermeidung von Doppelbesteuerung[237] um eine rein steuertechnische Maßnahmen, die unter der Voraussetzung, dass sie gleichermaßen für alle Unternehmen und Produktionszweige gelten, nicht als Beihilfe betrachtet werden[238]. In der Literatur wird dem zugestimmt[239]. Nichts anderes kann nach diesen Maßstäben gelten, wenn, wie vorliegend, durch eine abkommensrechtliche Verteilungsnorm[240], nämlich durch die Freistellung im Quellenstaat bei gleichzeitiger uneingeschränkter Zuweisung des Besteuerungsrechts an den Ansässigkeitsstaat eine Doppelbesteuerung abschließend vermieden wird. In diesem Fall ist eine Anwendung der anerkannten Methoden zur Vermeidung von Doppelbesteuerung nicht mehr erforderlich.
Fasst man unter den Beihilfebegriff nach der im deutschen Steuerrecht gängigen Differenzierung nur begünstigende Sozialzwecknormen[241], nicht aber Fiskalzwecknormen, kommt man zum selben Ergebnis: Zwar vermag das Leistungsfähigkeitsprinzip nur innerhalb des nationalen Kästchens zu greifen, doch dient die Freistellung im Quellenstaat gerade dem Ziel der Vermeidung von Doppelbesteuerung und damit der internationalen Abgrenzungsgerechtigkeit („inter-country equity"). Auch nach diesem Verständnis stellt die Freistellung, weil fiskalisch motiviert, also keine Beihilfe dar.
Dasselbe muss nach dem Sinn und Zweck des Beihilfeverbots, der Vermeidung von EG-rechtswidrigen Wettbewerbsverfälschungen (Art. 2, 3 lit. g EG) gelten. Indem die Steuerbefreiung im Quellenstaat – bei gleichzeitiger Zuweisung des Besteuerungsrechts an den Wohnsitzstaat – sicherstellt, dass – losgelöst vom jeweiligen Investitionsort – eine Besteuerung stets nach dem Recht des Wohnsitzstaates des Anlegers erfolgt (Wohnsitzprinzip), dient sie der Herstellung von sog. Kapitalexportneutralität. Diese ist neben Kapitalimportneutralität eines der beiden grundlegenden Neutralitätskonzepte des internationalen Steuerrechts. Es bedeutet

---

237 Vgl. Art. 23 OECD-MA: Anrechnungs-und Freistellungsmethode.

238 Kommission der Europäischen Gemeinschaften, Mitteilung über die Anwendung der Vorschriften über staatliche Beihilfen auf Maßnahmen im Bereich der direkten Unternehmensbesteuerung, ABl. EG v. 10.12.1998, Nr. C 384/ 03, Rz. 13.

239 Schön, CMLR (36) 1999, 911 (926); ders., DStJG (23) 2000, 191 (215); Gross, RIW 2002, 46 (50); Pinto, European Taxation 1999, 343 (344);

240 Als „Verteilungsartikel" werden die Art. 6-22 OECD-MA bezeichnet. Vgl. Frotscher, Internationales Steuerrecht, S. 111.

241 Zum Begriff siehe Teil F III.1.a).

im vorliegenden Kontext, dass Zinserträge aus Auslandsinvestitionen steuerlich nicht anders als solche aus Inlandsinvestitionen behandelt werden[242] (Wohnsitzprinzip). Demgegenüber würde Kapitalimportneutralität bedeuten, dass Zinserträge am Investitionsort, unabhängig vom Herkunftsort des Kapitals, steuerlich gleich behandelt werden[243] (Quellenprinzip). Zwar ist umstritten, welchen Beitrag steuerliche Rahmenbedingungen zur Herstellung von Chancengleichheit in einem Wettbewerb der Systeme zu leisten vermögen[244], doch ist eine Annäherung an dieses Ziel ohne steuerliches Neutralitätskonzept nicht denkbar[245]. Welches der genannten Neutralitätskonzepte im Bereich der direkten Steuern allerdings maßgeblich sein soll, ist wiederum streitig[246]. Hier ist nach meiner Auffassung eine differenzierende Betrachtung angebracht[247]. Werden, wie vorliegend, Zinserträge von natürlichen Personen aus deren Privatvermögen besteuert, so ist zu bedenken, dass private Kapitalanleger nicht im Wettbewerb zueinander stehen. Im Wettbewerb um das Kapital privater Anleger befinden sich jedoch Unternehmen, insbesondere Kapitalanlagegesellschaften und Banken, aus verschiedenen Mitgliedsstaaten. Werden Zinserträge aus Anlagekapital, unabhängig vom Anlageort, stets nach dem Steuerrecht des Wohnorts besteuert, so hat das Steuerrecht keinen Einfluss auf die zugrunde liegenden Anlageentscheidungen. Es ist für den Wettbewerb zwischen den Unternehmen neutral. Das Wohnsitzprinzip dient damit der Vermeidung von Wettbewerbsverzerrungen auf dem Gemeinsamen Markt.
Als Zwischenergebnis ist festzuhalten: Nach dem Sinn und Zweck des Beihilfeverbots, der Vermeidung von Wettbewerbsverzerrungen, stellt die Freistellung von Zinsen im Quellenstaat bei gleichzeitiger Zuweisung des Besteuerungsrechts an den Wohnsitzstaat daher keine Beihilfe im Sinne des Art. 87 EG dar.

b) Beihilfe durch mangelnde Auskunftserteilung über Zinsen

Möglicherweise ist aber die mangelnde Übermittlung von Steuerdaten an den Wohnsitzstaat als Beihilfe zu qualifizieren. Da in diversen Mitgliedstaaten das nationale Bankgeheimnis auch gegenüber den Finanzbehörden Bestand hat bzw. zumindest die Ermittlungsbefugnisse der Finanzbehörden im Besteuerungsverfahren gegenüber Kreditinstituten beschränkt sind, sehen weder das nationale Recht noch die geltenden Doppelbesteuerungsabkommen dieser Staaten einen umfassenden zwischenstaatlichen Auskunftsverkehr im Bereich der Zinsbesteuerung vor[248]. Dies führt im Ergebnis dazu, dass der Wohnsitzstaat seinen Besteuerungsanspruch nicht durchzusetzen vermag. Die zugrunde liegenden Verfahrensnormen könnten daher als Beihilfe im Sinne des Art. 87 EG qualifiziert werden. Nach Ansicht der Europäischen Kommission[249] sowie der Literatur[250] setzt eine solche Qualifikation voraus, dass eine Aus-

---

242 Vgl. Kluge, Das Internationale Steuerrecht, S. 56.

243 Vgl. Kluge, Das Internationale Steuerrecht, S. 54.

244 Dazu Kluge, Das Internationale Steuerrecht, S. 54 f.

245 In diesem Sinne Hey, Harmonisierung der Unternehmensbesteuerung in Europa, S. 151: Erforderlichkeit der Neutralitätskonzepte für die Suche nach einer „effizienten und gerechten Verteilung". A. A. Herzig, in: Lehner, Steuerrecht im Europäischen Binnenmarkt, 121 (134).

246 Vgl. zum Meinungsstand: Hey, Harmonisierung der Unternehmensbesteuerung in Europa, S. 154 f.

247 Dazu Zuber, Anknüpfungsmerkmale und Reichweite der internationalen Besteuerung, S. 118 ff.

248 Siehe Teil F II.1.

249 Kommission der Europäischen Gemeinschaften, Mitteilung über die Anwendung der Vorschriften über staatliche Beihilfen auf Maßnahmen im Bereich der direkten Unternehmensbesteuerung, ABl. EG v. 10.12.1998, Nr. C 384/ 03, Rz. 16.

nahme von der Anwendung des allgemein geltenden Steuersystems gemacht wird bzw. vom „Normalmaß“ der Besteuerung abgewichen wird (sog. „Benchmark-Methode“). Nachdem das mitgliedsstaatliche Bankgeheimnis für sämtliche Zinszahlungen durch Banken, also auch diejenigen an gebietsansässige Anleger gilt, und im Übrigen nicht nur bei nichtansässigen, sondern gerade auch bei gebietsansässigen Zinsempfängern keine Steuerdaten an ausländische Finanzbehörden übermittelt werden, ist insoweit keine Abweichung vom geltenden Steuersystem festzustellen. Zwar könnte man das steuerliche Bankgeheimnis als solches grundsätzlich als dem Systemgedanken einer Besteuerung nach der Leistungsfähigkeit (faktische Belastungsgleichheit) zuwiderlaufend betrachten. Indessen vermag der allgemeine Gleichheitsgrundsatz nur innerhalb des nationalen „Kästchens“, nicht aber in den Fällen zu greifen, in denen eine Steuerfreistellung grenzüberschreitender Zinszahlungen zugunsten einer Besteuerung im anderen Mitgliedsstaat erfolgt. Auch hierin ist also keine Ausnahme vom allgemein geltenden Steuersystem zu erblicken.
Damit ist als Zwischenergebnis festzuhalten: Betrachtet man die genannten Verfahrensnormen isoliert, sind sie nicht als Beihilfen zu qualifizieren.

c) Beihilfe durch Steuerbefreiung von Zinsen Nichtansässiger in Verbindung mit mangelnder Auskunftserteilung

Etwas anderes könnte für eine Gesamtbetrachtung der Freistellung im Quellenstaat zugunsten einer Besteuerung durch den Wohnsitzstaat und mangelnder Informationsübermittlung gelten. Erst aus deren Zusammenwirken ergibt sich die faktische „Nullbesteuerung“ grenzüberschreitender Zinszahlungen von Banken. Diese begünstigt nicht nur nichtansässige private Anleger gegenüber ansässigen Anlegern, sondern wirkt sich bei ökonomischer Betrachtungsweise auch vorteilhaft für diejenigen Kreditinstitute aus, die entsprechende Finanzanlagen an nichtansässige Anleger ausgeben. Durch eine (jedenfalls für hinterziehungswillige Anleger) erhöhte effektive Nettorendite ihrer Anlageinstrumente sind im Quellenstaat niedergelassene Kreditinstitute gegenüber ihren Konkurrenten im jeweiligen Heimatstaat des Anlegers im Wettbewerbsvorteil. Dies führt zu Wettbewerbsverzerrungen, die mit dem Gemeinsamen Markt unvereinbar sind[251]. Nach dem Sinn und Zweck des Beihilfeverbots, wettbewerbliche Chancengleichheit zu gewährleisten, sollte das Beihilfeverbot hier eingreifen. Hierfür spricht auch, dass die „Nullbesteuerung“ vom „Normalmaß“ der Besteuerung sowohl im Quellen- als auch im Wohnsitzstaat abweicht (Benchmark-Kriterium). In (fast[252]) sämtlichen Mitgliedsstaaten werden Zinsen Gebietsansässiger nämlich effektiv besteuert.
Zu prüfen bleibt indessen, ob einer Anwendung des Beihilfeverbots nicht möglicherweise durch den Wortlaut des Art. 87 EG Grenzen gesetzt sind. Dieser verbietet nur solche Beihilfen, die „bestimmte Unternehmen und Produktionszweige“ begünstigen. Die Maßnahme darf danach nicht allen Wirtschaftsteilnehmern im Gebiet eines Mitgliedsstaates gleichermaßen zugutekommen[253]. Von der „Nullbesteuerung“ profitieren zwar nur nichtansässige Anleger; damit kommt nicht die gesamte Gruppe dieser Marktteilnehmer im Quellenstaat in den Genuss der Steuervergünstigung. Im Rahmen des Art. 87 EG kommt es indessen allein darauf

250 Schön, DStJG (23) 2000, 191 (214); ders., CMLR (36) 1999, 911 (927); Pinto, European Taxation 1999, 343 (343); Gross, RIW 2002, 46 (51), der diese Prüfung aber beim Selektivitätskriterium verortet; ebenso wie dieser: Wieland, EuR 2001, 119 (126).
251 So auch: Valls, Vollzugsdefizite, S. 138.
252 Auszunehmen ist hier wohl Luxemburg, das eine effektive Besteuerung von Zinsen im Privatvermögen weder durch Quellensteuer noch durch automatische Mitteilungspflichten für Banken sicherstellt.
253 Siehe Teil F III.1.b.(2).

an, ob die steuerliche Maßnahme allen *Unternehmen* im Gebiet des Mitgliedsstaates gleichermaßen offen steht. Hier ist zu bedenken, dass das Bankgeheimnis nur zugunsten des Bankensektors eingreift. Akquirieren *andere* Unternehmen unmittelbar (Fremd-)Kapital bei privaten Investoren aus anderen Mitgliedsstaaten, so kann ein zwischenstaatlicher Auskunftsverkehr über die gezahlten Zinsen unbeschränkt stattfinden. Das Zusammenwirken von Freistellung im Quellenstaat zugunsten einer Besteuerung durch den Wohnsitzstaat und mangelnder Informationsübermittlung kommt im Ergebnis ausschließlich dem Bankensektor des Quellenstaates zugute. Es begünstigt daher „bestimmte Produktionszweige" im Sinne des Art. 87 EG. Die Begünstigung ist dann unzulässig, wenn sie den Handel zwischen Mitgliedsstaaten beeinträchtigt. Voraussetzung ist eine Wirtschaftstätigkeit des Begünstigten, die Gegenstand eines Handels zwischen den Mitgliedsstaaten ist[254]. Unter Handel ist der sog. produktbezogene Wirtschaftsverkehr zu verstehen[255]. Dazu zählen Waren-, Dienstleistungs- und auch Kapitalverkehr. Der Handel ist beeinträchtigt, wenn die Einfuhr oder Ausfuhr für einen Marktteilnehmer im Vergleich zu seinen Konkurrenten erleichtert wird[256]. Folge des Zusammenwirkens von Freistellung im Quellenstaat zugunsten einer Besteuerung im Wohnsitzstaat und mangelnder Informationsübermittlung an diesen ist, dass grenzüberschreitende Finanzanlagen bei Banken (jedenfalls für hinterziehungswillige Anleger) bei rein ökonomischer Betrachtungsweise attraktiver erscheinen als inländische Finanzanlagen. Die Kreditinstitute mit Sitz in einem Quellenstaat, der Freistellung und Bankgeheimnis gleichermaßen praktiziert, sind im Wettbewerb um Kapital von Anlegern aus einem anderen Mitgliedsstaat gegenüber ihren Konkurrenten mit Sitz in diesem Staat also im Vorteil. Da zudem die Einfuhr von Kapital für Banken faktisch gegenüber solchen Unternehmen erleichtert wird, die außerhalb des Bankensektors tätig sind, resultiert hieraus eine Beeinträchtigung des Handels zwischen den Mitgliedsstaaten. Dies bedeutet, dass eine EG-rechtswidrige Beihilfe vorliegt.

Dass die Mehrzahl der Mitgliedsstaaten der EU aufgrund der Freistellung von Zinsen Nichtansässiger zugunsten einer Besteuerung derselben durch den Wohnsitzstaat und aufgrund eines zumindest partiell gegenüber den Finanzbehörden anerkannten nationalen Bankgeheimnisses ihren Banken die Einfuhr von Kapital erleichtert, kann als Rechtfertigung nicht dienen. Vielmehr wird auch in diesen Staaten eine unzulässige – weil Unternehmen außerhalb des Bankensektors verwehrte und damit selektive – Beihilfe gewährt.

Es lässt sich also festhalten, dass die Steuerfreistellung von Zinsen Nichtansässiger im Quellenstaat zugunsten einer Besteuerung durch den Wohnsitzstaat ohne umfassende Übermittlung von Steuerdaten über Bankkunden an den Wohnsitzstaat gegen das Beihilfeverbot des Art. 87 EG verstößt.

Ein solches mitgliedsstaatliches Handeln ist objektiv EG-rechtswidrig. Fraglich ist, welche Rechtsfolge daran geknüpft ist. Diese Frage ist eng verknüpft mit derjenigen der subjektiven Zurechenbarkeit des Gemeinschaftsrechtsverstoßes. Fraglich ist, ob die EG-rechtswidrige Maßnahme dem Quellenstaat allein zuzurechnen ist. Hierfür spricht, dass das mitgliedsstaatliche Bankgeheimnis, das einer umfassenden Auskunftserteilung an den Wohnsitzstaat entgegensteht, Teil der nationalen Rechtsordnung des Quellenstaates ist. Andererseits aber haben

---

254 Kommission der Europäischen Gemeinschaften, Mitteilung über die Anwendung der Vorschriften über staatliche Beihilfen auf Maßnahmen im Bereich der direkten Unternehmensbesteuerung, ABl. EG v. 10.12.1998, Nr. C 384/ 3, Rz. 11.

255 Mederer/ Strohschneider, in: von der Groeben/ Schwarze, EUV/ EGV, 6. Aufl., Bd. 2, Art. 87 Abs. 1 EG Rz. 47.

256 Cremer, in: Calliess/ Ruffert, EUV/ EGV, Art. 87 EG Rz. 16; v. Wallenberg, in: Grabitz/ Hilf, EWGV, Altband I, Art. 92 EGV Rz. 28.

Wohnsitz- und Quellenstaat im Doppelbesteuerungsabkommen einvernehmlich die Steuerfreistellung im Quellenstaat bei gleichzeitiger Besteuerung durch den Wohnsitzstaat vereinbart. Hier hätte – bei bestehendem Bankgeheimnis im Quellenstaat – als Alternative die Erhebung einer im Wohnsitzstaat anrechenbaren Quellensteuer vereinbart werden können. Damit wäre ein Mindestmaß an effektiver Besteuerung von grenzüberschreitenden Zinszahlungen im Quellenstaat sichergestellt gewesen (Ziel: Kapitalimportneutralität). Die Zuweisung der Besteuerungsrechte[257] wurde vorliegend, ebenso wie grundsätzlich auch die Wahl der Methode zur Vermeidung der Doppelbesteuerung[258], von beiden Mitgliedsstaaten einvernehmlich getroffen. Der Gemeinschaftsrechtsverstoß ist damit beiden Abkommensparteien gleichermaßen anzulasten. Da eine Einigung über die Zuweisung von Besteuerungsrechten für grenzüberschreitende Zinszahlungen ebenso wie die faktische Durchführung eines zwischenstaatlichen Auskunftsverkehrs des Zusammenwirkens beider Staaten bedürfen, sind beide Mitgliedsstaaten gemeinsam verpflichtet, den bestehenden Gemeinschaftsrechtsverstoß zu beseitigen. Daher sollten beide Staaten gemeinsam im Wege des Verfahrens nach Art. 87 ff. EG zu einer Aufhebung der Beihilfe verpflichtet werden. Anders als bei einer echten Gesamtschuld kann die Europäische Kommission nicht von dem einen oder anderen Gesamtschuldner wahlweise Erfüllung verlangen. Auch muss es den Mitgliedsstaaten im Rahmen ihrer nationalen Steuersouveränität freistehen, die Art und Weise der Beseitigung des Gemeinschaftsrechtsverstoßes in gegenseitigem Einvernehmen zu wählen. Hier kommt die Beseitigung über eine andere abkommensrechtliche Verteilung der Besteuerungsrechte bzw. die Wahl einer anderen Methode zur Vermeidung der Doppelbesteuerung, d. h. die Entscheidung für Kapitalimportneutralität, ebenso wie die Etablierung eines funktionierenden Informationsaustausches zur Realisierung von Kapitalexportneutralität in Betracht.

3. Zusammenfassung

Es bleibt zusammenzufassen, dass das Beihilfeverbot „schädlichen Steuerwettbewerb" im Sinne des Verhaltenskodex zur Unternehmensbesteuerung nach der hier vertretenen Auffassung ebenso wie „schädlichen Steuerwettbewerb" im Rahmen der Besteuerung von Zinsen aus dem Privatvermögen von natürlichen Personen verbietet. Unter dieses Verbot fällt es, wenn Mitgliedsstaaten, wie in der Abkommenspraxis üblich, Zinsen Nichtansässiger im Quellenstaat zugunsten einer ausschließlichen Besteuerung im Ansässigkeitsstaat freistellen, zugleich aber dem Ansässigkeitsstaat aufgrund eines innerstaatlichen steuerlich zumindest teilweise anerkannten Bankgeheimnisses nur unzureichend Steuerdaten übermittelt werden. Die Verbotswirkung des Art. 87 EG trifft dabei die Normen des Quellen- und den Wohnsitzstaates zugleich, so dass beide Staaten einvernehmlich den Gemeinschaftsrechtsverstoß zu beseitigen haben, wobei ihnen die Art und Weise der Beseitigung freisteht.

257 Vgl. Verteilungsartikel nach Art. 6-22 OECD-MA.
258 Vgl. Methodenartikel nach Art. 23 OECD-MA.

F. Zinsrichtlinie im Lichte des Gemeinschaftsrechts

Nach der hier vertretenen Auffassung ermöglicht es das Beihilfeverbot der Europäischen Kommission, im Wege des Verfahrens nach Art. 87 ff. EG gegen DBA-rechtliche Regelungen vorzugehen, nach denen das Besteuerungsrecht für Zinsen nichtansässiger privater Anleger ausschließlich dem Wohnsitzstaat zugewiesen wird, wenn zugleich ein mangelnder Austausch von Steuerdaten zu einer faktischen Aushöhlung dieses Besteuerungsrechts führt. Adressaten einer Entscheidung nach Art. 88 Abs. 2 EG sind dabei jedoch nur die im Einzelfall betroffenen Vertragsparteien des Doppelbesteuerungsabkommens. Damit sind zwar punktuelle Korrekturen möglich, doch ist ein solcher Weg kaum geeignet, einen EU-weiten Systemgedanken für ein steuerliches Neutralitätskonzept im Bereich der Zinsbesteuerung zu verwirklichen. Zu diesem Zweck erscheint eine Harmonisierung der Zinsbesteuerung auf Gemeinschaftsebene mit Bindungswirkung für sämtliche Mitgliedsstaaten besser geeignet.

I. Harmonisierungsvorschläge

Der Gedanke einer solchen Harmonisierung reicht bis in das Jahr 1962 zurück. Damals kam der sog. Neumark-Ausschuss, von der Europäischen Kommission zur Klärung von Grundsatzfragen der Steuerharmonisierung eingesetzt, zu dem Schluss, dass es aufgrund von Defiziten bei der tatsächlichen Besteuerung von Zinserträgen zu Verfälschungen des internationalen Wettbewerbs sowie zu Steuerhinterziehungen komme[1]. Um dies zu vermeiden, schlug der Ausschuss die Einführung einer einheitlichen, im Wohnsitzstaat anrechenbaren Quellensteuer auf Kapitalerträge[2] sowie einen gemeinschaftlichen Informationsaustausch zum Zwecke der wirksamen Steuerkontrolle[3] vor. Abgesehen von der Amtshilferichtlinie – welche für den zwischenstaatlichen Auskunftsverkehr über Zinszahlungen aufgrund der mitgliedsstaatlichen Bankgeheimnisse faktisch ohne Bedeutung ist – folgten dem Neumark-Bericht indessen bis zum Ende der 80er Jahre keine konkreten Umsetzungsvorschläge[4].

Stattdessen wurde in einer Mitteilung der Kommission an den Rat vom November 1987 erneut auf die verstärkte Gefahr der Steuerflucht nach einer vollständigen Liberalisierung des Kapitalverkehrs hingewiesen[5]. Daraufhin forderte der Rat die Kommission in Art. 6 Abs. 5 der Kapitalverkehrsrichtlinie vom 14.6.1988[6] auf, bis spätestens 31.12.1988 Vorschläge zu unterbreiten, um „Gefahren von Steuerumgehungen, Steuerflucht und Steuerhinterziehung infolge der Unterschiede in den nationalen Regelungen zur Besteuerung von Sparerträgen und in der Kontrolle der Anwendung dieser Regelungen zu beseitigen oder zu vermindern“.

1. Mindestquellensteuermodell

Die Kommission kam dieser Aufforderung am 8.2.1989 mit dem ersten Richtlinienvorschlag über eine einheitliche Besteuerung von Zinsen in der EG nach[7]. Dieser sah im Wesentlichen

1 Kommission der Europäischen Wirtschaftsgemeinschaft, Bericht des Steuer- und Finanzausschusses (Neumark-Bericht), 1962, S. 62 f.

2 Kommission der Europäischen Wirtschaftsgemeinschaft, Bericht des Steuer- und Finanzausschusses (Neumark-Bericht), 1962, S. 63, 67.

3 Kommission der Europäischen Wirtschaftsgemeinschaft, Bericht des Steuer- und Finanzausschusses (Neumark-Bericht), 1962, S. 93.

4 Fleißig, Harmonisierung der Zinsbesteuerung, S. 132 f.

5 Kommission der Europäischen Gemeinschaften, KOM (87) 550 endg. = ABl. EG v. 8.7.1988, Nr. L 178.

6 Richtlinie 88/ 361/ EWG v. 24.6.1988, ABl. EG 1988, Nr. L 178, S. 5 ff.

7 KOM (89) 60 endg. v. 12.5.1989 = ABl. EG v. 7.6.1989, Nr. C 141/ 5 ff.

die obligatorische Einbehaltung einer Quellensteuer in Höhe von mindestens 15 % vor (Art. 4 Nr. 1 RL-Entwurf), welche im Wohnsitzstaat anrechenbar und erstattungsfähig sein sollte (Art. 7 RL-Entwurf) (sog. Mindestquellensteuermodell). Der Quellenstaat sollte die einbehaltene Steuer nach einem nicht weiter spezifizierten Verfahren an den Wohnsitzstaat abführen (Art. 3 Nr. 1 RL-Entwurf). Ausschlaggebend für dieses Modell, d. h. eine Ablehnung des Alternativmodells der Kontrollmitteilungen, war letztlich das in diversen Mitgliedsstaaten anerkannte Bankgeheimnis. Im Hinblick auf dieses erschien der Kommission die Einführung von Kontrollmitteilungen politisch nicht durchsetzbar[8]. Schließlich aber scheiterte das Mindestquellensteuermodell u. a. am Veto von Deutschland[9]. Nachdem die dort im Januar 1989 eingeführte sog. kleine Kapitalertragsteuer zu einer massiven Kapitalflucht geführt hatte, woraufhin man die Steuer bereits zum 1.7.1989 wieder abgeschafft hatte, lehnte man nun auch auf EG-Ebene eine Quellensteuer auf Zinserträge ab[10]. Zu groß erschien offensichtlich die Gefahr einer Kapitalabwanderung in das außereuropäische Ausland, zumal einer solchen aufgrund der einseitigen Liberalisierung des Kapitalverkehrs gegenüber Drittstaaten nicht mit Kapitalverkehrskontrollen begegnet werden konnte[11].

2. Koexistenzmodell

Dem gescheiterten Richtlinienvorschlag von 1989 folgte im Jahr 1998 ein zweiter Vorschlag[12]. Dieser ließ den Mitgliedsstaaten das Wahlrecht, entweder von den nichtansässigen Kapitalanlegern eine (anrechenbare) Quellensteuer in Form der Zahlstellensteuer auf Zinserträge von mindestens 20 % zu erheben (Art. 8 RL-Entwurf) oder die inländischen Zahlstellen zur automatischen Auskunftserteilung über Zinszahlungen an den Wohnsitzstaat zu verpflichten (Art. 7 RL-Entwurf) (sog. Koexistenzmodell)[13]. Der Vorschlag ging auf eine Initiative der Deutschen Bundesregierung während ihrer Ratspräsidentschaft im zweiten Halbjahr 1994 zurück[14]. Nachdem das sog. Zinsurteil des BVerfG[15] vom 27.6.1991 den deutschen Gesetzgeber zur Einführung der Zinsabschlagsteuer gezwungen hatte, war es erneut zu einer massiven Kapitalflucht v. a. nach Luxemburg gekommen[16]. Das von Deutschland daraufhin vorgeschlagene Koexistenzmodell fand aber zunächst noch kein Einvernehmen. Erst im Hinblick auf die unmittelbar bevorstehende Währungsunion und den damit einhergehenden Konsolidierungsdruck wuchs die Kompromissbereitschaft der Mitgliedsstaaten[17]. Gerade Deutschland und Frankreich hatten Schwierigkeiten, die Maastrichter Kriterien einzuhalten, und beabsichtigten, die negativen Auswirkungen von „schädlichem Steuerwettbewerb" auf die nationalen Haushalte im Wege der Harmonisierung zu vermeiden[18]. Auf dieser Grundlage verabschiedete der ECOFIN-Rat am 1.12.1997 das sog. Steuerpaket, das neben dem „Verhaltenskodex"

---

8 KOM (89) 60 endg. v. 12.5.1989 = ABl. EG v. 7.6.1989, Nr. C 141/ 5 (6).

9 Krause, Harmonisierung der Zinsbesteuerung, S. 19. Daneben legte auch Luxemburg ein Veto ein. Vgl. Schratzenstaller/ Wehner, Wirtschaftsdienst 2000, 675 (682).

10 Genschel, Steuerharmonisierung und Steuerwettbewerb, S. 147 f.

11 Vgl. dazu Geschel, Steuerharmonisierung und Steuerwettbewerb, S. 144.

12 KOM (1998) 295 endg. v. 4.6.1998 = ABl. EG Nr. C 212 v. 8.7.1998, S. 13 ff.

13 Dazu ausführlich: Böckli, ASA 2000, 529 (534 ff.); Nachreiner, DStZ 1999, 486 ff.

14 Fleißig, Harmonisierung der Zinsbesteuerung, S. 137; Krause, Harmonisierung der Zinsbesteuerung, S. 20.

15 BVerfG v. 27.6.1991, 2 BvR 1493/ 89, BStBl. II 1991, 654 = BVerfGE 84, 239.

16 Genschel, Steuerharmonisierung und Steuerwettbewerb, S. 148; Krause, Harmonisierung der Zinsbesteuerung, S. 20.

17 Krause, Harmonisierung der Zinsbesteuerung, S. 20.

18 Genschel, Steuerharmonisierung und Steuerwettbewerb, S. 150.

auf dem Gebiet der Unternehmensbesteuerung u. a. eine Harmonisierung der Besteuerung von Zinsen bei privaten Anlegern vorsah[19]. Hierauf legte die Kommission den neuen, auf dem „Koexistenzmodell“ beruhenden Richtlinienvorschlag vor.

Auch dieser Vorschlag stieß aber im Rat auf Vorbehalte: Streitig war neben der Höhe des Quellensteuersatzes insbesondere die Steueraufteilung. So wurde gefordert, dass Quellenländer, die das Informationsmodell anwenden würden, am Steueraufkommen der Wohnsitzstaaten partizipieren sollten[20]. Großbritannien leistete zudem Widerstand gegen die geplante Einbeziehung von Eurobonds (Euro-Anleihen) in den Richtlinienentwurf, die nach Ansicht der britischen Regierung zu einer massiven Gefährdung des Finanzplatzes London führen würde[21].

Nachdem keine endgültige Einigung erzielt werden konnte[22], fasste man auf dem Gipfeltreffen der Staats- und Regierungschefs im portugiesischen Santa Maria da Feira im Juni 2000 folgenden Beschluss: Die Einheit aller Bestandteile des geplanten Steuerpakets wurde betont. Man wolle bis zum Jahresende 2000 Einvernehmen über das Paket erzielen. Als Eckpunkte für eine innerhalb der folgenden zwei Jahre zu verabschiedende Richtlinie wurde für einen Übergangszeitraum das Nebeneinander von Quellensteuer- und Informationsmodell vorgesehen. Als endgültiges Ziel wurde jedoch, unter Aufgabe des Koexistenzmodells, ein EU-weiter Informationsaustausch formuliert[23].

3. Informationsmodell mit Übergangslösung

Die Kommission legte daraufhin einen dritten Richtlinienvorschlag vor (sog. Informationsmodell mit Übergangslösung)[24]. Nach diesem Vorschlag sollten die Besteuerungssysteme der Mitgliedsstaaten in materieller Hinsicht grundsätzlich unverändert bleiben. Vielmehr sollte eine effektive Zinsbesteuerung innerhalb der EU grundsätzlich über ein Kontrollmitteilungssystem sichergestellt werden. Danach sollten Banken bei der Auszahlung von Zinserträgen zur Erteilung von Kontrollmitteilungen über Zinserträge Nichtansässiger an die Finanzbehörden des Quellenstaates und diese zur Weiterleitung an den Wohnsitzstaat verpflichtet sein. Gegenstand der Mitteilungen sind Höhe der Zinserträge sowie Kontonummer, Name und Wohnsitz des Berechtigten. Denjenigen Mitgliedsstaaten, deren Bankgeheimnis besonders ausgeprägt war, also Belgien, Luxemburg und Österreich, wurde die Option eingeräumt, anstelle einer automatische Auskunftserteilungspflicht über Zinsen Nichtansässiger während eines Übergangszeitraums von 7 Jahren eine Quellensteuer in Höhe von zunächst 15 % (für die ersten drei Jahre), danach 20 % (für die weiteren vier Jahre) zu erheben. Während dieses Zeitraums sollte somit zumindest ein Minimum an effektiver Besteuerung in den genannten Staaten sichergestellt werden. Dem Wohnstaatprinzip entsprechend sollte die vorübergehend im Quellenstaat erhobene Steuer im Ansässigkeitsstaat voll anrechenbar bzw. erstattungsfähig sein[25].

---

19 ABl. EG v. 6.1.1998, Nr. C 2/ 1.

20 Vgl. Genschel, Steuerharmonisierung und Steuerwettbewerb, S. 151 f. m. w. N.

21 Genschel, Steuerharmonisierung und Steuerwettbewerb, S. 152; Fleißig, Harmonisierung der Zinsbesteuerung, S. 141; Krause, Harmonisierung der Zinsbesteuerung, S. 21; Rihs, EU-Zinsbesteuerung, S. 48.

22 Rihs, EU-Zinsbesteuerung, S. 49 ff.

23 Schratzenstaller/ Wehner, Wirtschaftsdienst 2000, 675 (683); Genschel, Steuerharmonisierung und Steuerwettbewerb, S. 154 f.; Rihs, EU-Zinsbesteuerung, S. 50 ff.

24 KOM (2001) 400 endg. v. 18.7.2001 = ABl. EG v. 29.9.2001, Nr. C 270 E/ 259.

25 Dabei handelt es sich nach der Terminologie der deutschen Sprachfassung des Richtlinienentwurfs um eine „Quellensteuer“. Jedoch wird zu Recht darauf hingewiesen, dass der Einbehalt nicht an der eigentli-

Einige Mitgliedsstaaten machten ihre endgültige Zustimmung zum Richtlinienvorschlag davon abhängig, dass Drittstaaten, insbesondere die Schweiz, Liechtenstein und die USA, im Wege bilateraler Vereinbarungen freiwillig eine gleichwertige Verpflichtung eingehen würden und die Mitgliedsstaaten auch alle Verpflichtungen aus dem sog. „Verhaltenskodex" zur Unternehmensbesteuerung erfüllen würden[26]. Am 3.6.2003 wurde schließlich auf Grundlage des Vorschlags der Kommission die Richtlinie 2003/48/EG im Bereich der Besteuerung von Zinserträgen verabschiedet[27].
Dem Wunsch der genannten Mitgliedsstaaten folgend, sollen nach Ziff. 18 der Erwägungsgründe Österreich, Belgien und Luxemburg nicht verpflichtet sein, die automatische Auskunftserteilung anzuwenden, bevor die Schweiz, Andorra, Liechtenstein, Monaco und San Marino die effektive Auskunftserteilung über Zinszahlungen auf Ersuchen sicherstellen.

II. Primärrechtliche Prämissen für die Zinsrichtlinie

Bevor auf die Einzelheiten der Zinsrichtlinie eingegangen wird, werden im Folgenden zunächst die primärrechtlichen Prämissen für eine Harmonisierung der Zinsbesteuerung und damit für die verabschiedete Zinsrichtlinie erörtert. Erst danach werden die einzelnen Regelungen der Zinsrichtlinie anhand der gewonnenen Erkenntnisse auf ihre Gemeinschaftsrechtskonformität hin überprüft. Jegliche Harmonisierung der Zinsbesteuerung muss nämlich als Ausprägung des sekundären Gemeinschaftsrechts im Hinblick auf die strikte Normenhierarchie des Gemeinschaftsrechts mit denjenigen Normen des Gemeinschaftsrechts vereinbar sein, welche Vertragsrang haben[28]. Hierzu zählen neben dem kodifizierten Primärrecht auch die sog. allgemeinen Rechtsgrundsätze[29].

1. Kompetenz, Art. 5 Abs. 1 EG

Nach dem Grundsatz der begrenzten Einzelermächtigung (vgl. Art. 5 Abs. 1 EG) bedarf die Gemeinschaft für jeden verbindlichen Rechtsakt einer ausdrücklichen Kompetenzgrundlage[30]. Insbesondere Harmonisierungsmaßnahmen müssen auf die richtige Rechtsgrundlage gestützt werden, da diese maßgeblich für den jeweiligen Abstimmungsmodus im Ministerrat (d. h. Einstimmigkeit oder qualifizierte Mehrheit) ist.
Anders als für den Bereich der indirekten Steuern (Art. 93 EG) enthält der EG-Vertrag keine explizite Rechtsgrundlage für eine Harmonisierung der direkten Steuern. Zwar sieht Art. 6 Abs. 5 der Kapitalverkehrsrichtlinie von 1988 sekundärrechtliche Maßnahmen vor, um die Gefahr von Steuerumgehungen, Steuerflucht und Steuerhinterziehung infolge der Unterschiede in den nationalen Regelungen zur Besteuerung von Sparerträgen und der Defizite in den diesbezüglichen Kontrollen zu vermindern. Indessen stellt diese Regelung keine (primär-

---

chen „Quelle", d. h. durch den Schuldner der Kapitalerträge, sondern durch die „Zahlstelle" erfolgt. Es handelt sich daher um eine unechte Quellensteuer in Form der Zahlstellensteuer. Vgl. Böckli, ASA 2000, 529 (529 f.).

26 So Luxemburg und Belgien; vgl. dazu: Anzinger, StuW 2002, 261 (265); Schratzenstaller/ Wehner, Wirtschaftsdienst 2000, 675 (683); Rihs, EU-Zinsbesteuerung, S. 55.

27 RL 2003/ 48/ EG v. 3.6.2003, ABl. EG v. 26.6.2003, Nr. L 157/ 38.

28 Vgl. Cremer, in: Calliess/ Ruffert, EUV/ EGV, Art. 230 Rz. 78.

29 Vgl. dazu Wegener, in: Callies/ Ruffert, EUV/ EGV, Art. 220 EGV Rz. 32 ff.

30 Zuleeg, in: von der Groeben/ Schwarze, EUV/ EGV, 6. Aufl., Bd. 1, Art. 5 EG Rz. 2

rechtliche) Rechtsgrundlage für Harmonisierungsmaßnahmen in diesem Bereich dar, sondern begründet allenfalls eine Selbstbindung des Rates[31].

a) Art. 95 EG

Als Rechtsgrundlage für eine Harmonisierung der Zinsbesteuerung kommt Art. 95 EG in Betracht. Art. 95 Abs. 1 sieht die Angleichung der Rechts- und Verwaltungsvorschriften der Mitgliedsstaaten vor, welche die Errichtung und das Funktionieren des Binnenmarktes zum Gegenstand haben. Abs. 2 der Norm nimmt indessen Bestimmungen über Steuern ausdrücklich vom Anwendungsbereich des Art. 95 EG aus. Möglicherweise kann deshalb eine Richtlinie zur Harmonisierung der Zinsbesteuerung nicht auf diese Norm gestützt werden. Der jüngste Richtlinienvorschlag – Grundlage der aktuellen Zinsrichtlinie – begründet jedoch überwiegend Handlungspflichten der Mitgliedsstaaten auf dem Gebiet des Steuerverfahrensrechts. Er enthält nur für Belgien, Luxemburg und Österreich Übergangsbestimmungen zur Quellenbesteuerung. Ob auch Bestimmungen des Steuerverfahrensrechts unter die Bereichsausnahme des Abs. 2 fallen, ist umstritten.

Ein Teil der Literatur beruft sich auf einen einheitlichen, nur materielles Steuerrecht umfassenden Steuerbegriff in den Art. 99, 220, 100 a Abs. 2 EGV[32]. Maßgeblich für die Auslegung des Steuerbegriffs muss indessen die ratio legis sein. Art. 95 Abs. 2 EG dient der Absicherung des Einstimmigkeitserfordernisses im Bereich der Steuerharmonisierung. Obwohl die Kommission in ihrem Weißbuch ein Abrücken hiervon für die Vollendung des Binnenmarktes für erforderlich erachtete, hielten die Mitgliedsstaaten auch bei Abschluss der Einheitlichen Europäischen Akte daran fest[33], um ihre Souveränität im Bereich der Wirtschafts- und Haushaltspolitik abzusichern. Hierin liegt auch der Sinn und Zweck der Bereichsausnahme des Art. 95 Abs. 2 EG[34]. Für die Wirtschafts- und Haushaltspolitik sind aber nicht nur Bestimmungen des materiellen Steuerrechts von Bedeutung. Vielmehr sind gerade auch steuerverfahrensrechtliche Normen für eine effektive Besteuerung unerlässlich. Nachdem auch sie sich auf die genannten Politikbereiche auswirken, müssen auch sie unter die Bereichsausnahme des Art. 95 Abs. 2 EG fallen[35].

Gerade im vorliegenden Kontext zeigt sich, dass erst der von der Zinsrichtlinie vorgesehene Informationsaustausch zwischen den nationalen Steuerverwaltungen dem Wohnsitzstaat die nötige Kenntnis vermittelt, um sein durch DBA zugewiesenes Besteuerungsrecht faktisch wahrzunehmen. Damit aber berührt die Zinsrichtlinie den „souveränitätssensiblen" Bereich der Besteuerung. Sie kann aufgrund der Bereichsausnahme des Art. 95 Abs. 2 EG nicht auf Art. 95 EG als Rechtsgrundlage gestützt werden. Dies muss umso mehr gelten, als die Zinsrichtlinie mit ihren Übergangsbestimmungen zur Erhebung einer Quellensteuer in Belgien, Luxemburg und Österreich auch materielle Steuerregelungen enthält.

---

31 So Kiemel, in: von der Groeben/ Schwarze, EUV/ EGV, 6. Aufl., Bd. 1, Art. 56 EG Rz. 43.

32 Pipkorn/ Bardenhewer-Rating/ Taschner, in: von der Groeben/ Schwarze, EUV/ EGV, 6. Aufl., Bd. 2, Art. 96 EG Rz. 56; Zorn, DStJG 23 (2000), 227 (245); Kuntze, Die Kompetenzen der Europäischen Gemeinschaft, S. 162.

33 Kommission der Europäischen Gemeinschaften, Weißbuch über die Vollendung des Binnenmarktes v. 14.6.1985, KOM (85) 310 endg., Tz. 150 f.

34 Pipkorn/ Bardenhewer-Rating/ Taschner, in: von der Groeben/ Schwarze, EUV/ EGV, 6. Aufl., Bd. 2, Art. 95 EG, Rz. 56; Kahl, in: Calliess/ Ruffert, EUV/ EGV, Art. 95 EG Rz. 6; Kreibohm, Der Begriff der Steuer, S. 187.

35 So im Ergebnis auch Ritter, in: Mellwig/ Moxter, Steuerreform und Steuerharmonisierung, 11 (15); Fleißig, Harmonisierung der Zinsbesteuerung, S. 156; a. A. Kreibohm, Der Begriff der Steuer, S. 188.

b) Art. 96 EG

Als weitere Kompetenzgrundlage für die Zinsrichtlinie kommt Art. 96 EG in Betracht. Diese Vorschrift enthält – im Gegensatz zu Art. 95 Abs. 2 EG – keine Bereichsausnahme für steuerliche Vorschriften und bietet sich daher grundsätzlich als Rechtsgrundlage eine Harmonisierungsmaßnahme auf dem Gebiet der Besteuerung an[36]. Auf dieser Kompetenzgrundlage kommt, abweichend vom Grundsatz der Einstimmigkeit nach Art. 94 EG, eine Rechtsangleichung nach folgendem Verfahren in Betracht: Stellt die Kommission fest, dass vorhandene Rechtsunterschiede zwischen den Mitgliedsstaaten zu einer Verfälschung und daraus folgenden Verzerrung der Wettbewerbsbedingungen auf dem Gemeinsamen Markt führen, so tritt sie in Beratungen mit den betreffenden Mitgliedsstaaten. Führen diese Beratungen nicht zur Beseitigung der Verzerrung, so erlässt der Rat mit qualifizierter Mehrheit auf Vorschlag der Kommission die erforderlichen Richtlinien.

In der Praxis hat die Vorschrift indessen bislang keine Rolle gespielt[37]. Dies wird mit Schwierigkeiten bei der Definition des Anwendungsbereichs der Vorschrift erklärt[38]. Gerade im steuerlichen Bereich, in dem die Mitgliedsstaaten auf ihre Souveränität großen Wert legen, war eine Abstimmung mit qualifizierter Mehrheit indessen wohl auch politisch bislang nicht gewünscht. Umso mehr verwundert es, dass die deutsche Bundesregierung in einem Vertragsverletzungsverfahren wegen einer im Jahre 1990 eingeführten Straßenbenutzungsgebühr vorbrachte, die Kommission hätte ihr Vorgehen besser auf Art. 96 und Art. 97 EG gestützt[39].

Wäre im vorliegenden Kontext also ein Verfahren nach Art. 96 EG mit abschließendem Erlass der Zinsrichtlinie denkbar gewesen? Hätten sich damit nicht die Schwierigkeiten bei der Suche nach einem politischen Kompromiss reduzieren lassen?

Ein Vorgehen nach Art. 96 EG setzt voraus, dass Unterschiede in den Rechts- und Verwaltungsvorschriften der Mitgliedsstaaten die Wettbewerbsbedingungen auf dem Gemeinsamen Markt verfälschen und dadurch eine zu beseitigende Wettbewerbsverzerrung hervorrufen. Eine Verfälschung der Wettbewerbsbedingungen in diesem Sinne wird überwiegend dann bejaht, wenn aufgrund einer staatlichen Beeinflussung der Wettbewerbsbedingungen im Gemeinsamen Markt einzelne Wirtschaftszweige oder Unternehmen gegenüber ihren Konkurrenten besonders bevorteilt werden[40]. Umstritten ist hingegen, welche zusätzlichen Anforderungen an eine „Verzerrung" der Wettbewerbsbedingungen zu stellen sind.

Bereits der sog. Spaak-Bericht aus dem Jahr 1956[41] unterscheidet Wettbewerbsverzerrungen aufgrund von Rechtsunterschieden in solche allgemeiner sowie solche spezifischer Art. *All-*

---

36 So Zorn, DStJG23 (2000), 227 (241); Rädler, StbJB 1992/ 93, 31 (36); Vogel, StuW 1993, 380 (384); Lechner, in: Gassner/ Lechner, Österreichisches Steuerrecht und europäische Integration, 1992, 1 (7); Lehner, in: Gassner/ Lang/ Lechner, Doppelbesteuerungsabkommen und EU-Recht 1996, 11 (18); Pipkorn/ Bardenhewer-Rating/ Taschner, in: von der Groeben/ Schwarze, EUV/ EGV, 6. Aufl., Bd. 2, Art. 95 EG Rz. 55.

37 Pipkorn/ Bardenhewer-Rating, in: von der Groeben/ Schwarze, EUV/ EGV, 6. Aufl., Bd. 2, Art. 96 EG Rz. 1.

38 Pipkorn/ Bardenhewer-Rating, in: von der Groeben/ Schwarze, EUV/ EGV, 6. Aufl., Bd. 2, Art. 96 EG Rz. 1.

39 Vgl. die Wiedergabe dieser Ausführungen bei GA Jacobs, Schlussanträge v. 13.3.1992, EuGHE 1992, I-3141 Rz. 28. Vgl. dazu: Zorn, DStJG 23 (2000), 227 (244).

40 Kahl, in: Calliess/ Ruffert, EUV/ EGV, 2. Aufl., Art. 96 EG Rz. 3; Pipkorn/ Bardenhewer-Rating, in: von der Groeben/ Schwarze, EUV/ EGV, 6. Aufl., Bd. 2, Art. 96 EG Rz. 6; Zorn, DStJG 23 (2000), 227 (242).

41 Bericht des zur Vorbereitung der Römischen Verträge eingesetzten Regierungsausschusses unter dem Vorsitz von Paul Henri Spaak, eingesetzt von der Konferenz von Messina, v. 21.4.1956, S. 64 ff.; vgl. da-

gemein seien Verzerrungen, die auf einer unterschiedlichen globalen Kostenbelastung der einzelnen Volkswirtschaften, z. B. mit Steuern, beruhen. Diese könnten durch die allgemeinen Außenhandelsbeziehungen, etwa (aus der Sicht des Jahres 1956) durch den Wechselkurs, ausgeglichen werden. *Spezifische* Wettbewerbsverzerrungen ergäben sich demgegenüber durch zwischenstaatliche Unterschiede in den Wettbewerbsbedingungen, die konkrete Wirtschaftszweige benachteiligten oder begünstigten[42]. Sie seien dann zu beseitigen, wenn sich die Vor- und Nachteile für die betroffenen Unternehmen nicht ausglichen, sondern kumulierten. Nur solche Maßnahmen seien auf Art. 96 EG zu stützen[43].
Demgegenüber spricht sich eine im Vordringen befindliche Ansicht für eine extensive Interpretation des Art. 96 EG aus. Zu Recht wird eingewandt, dass der Wortlaut des Art. 96 EG eine Einschränkung auf spezifische Verzerrungen nicht rechtfertige[44]. Auch falle mit der Errichtung der Wirtschafts- und Währungsunion die Möglichkeit eines Ausgleichs von allgemeinen Verzerrungen über das Instrument der Wechselkurspolitik weg. Damit aber entfalle nicht nur die Grundlage für die im Spaak-Bericht vertretene Differenzierung. Zugleich träte die Bedeutung von Rechtssetzungsmaßnahmen zur Beseitigung von Wettbewerbsverzerrungen in den Vordergrund[45].
Zum Teil wird eine „Verzerrung" im Sinne der Norm qualitativ als eine Wettbewerbsverfälschung definiert, deren Beseitigung besonders vordringlich sei[46]. Von anderer Seite wird der Nachweis der Gravität gefordert. Demnach werde der Gemeinsame Markt dann aufgrund von Wettbewerbsverfälschungen" im Sinne des Art. 96 EG verzerrt, wenn eine Regelung tatsächlich in merklichem Umfang Einfluss auf die Standortentscheidung von Unternehmen genommen habe[47]. Wann aber die Beseitigung „vordringlich" oder aber der Einfluss „merklich" ist, bleibt eine Wertungsfrage. Die Gemeinschaftsorgane haben insoweit die Möglichkeit, im Rahmen einer Abwägung gesetzgeberischen Gestaltungsspielraum wahrzunehmen.
In diesem Kontext mehren sich die Stimmen, die in Art. 96 EG eine Rechtsgrundlage für Beseitigung von Wettbewerbsverzerrungen erblicken, die Ausdruck eines „schädlichen Steuerwettbewerbs" zwischen den Mitgliedsstaaten seien[48]. Wie bereits dargelegt[49], fallen die bislang anwendbaren Vorschriften zur Besteuerung grenzüberschreitender Zinszahlungen unter diese Qualifizierung. Die ausschließliche Zuweisung des Besteuerungsrechts für Zinsen Nichtansässiger per DBA an den Ansässigkeitsstaat bewirkt zusammen mit dem mangelnden Auskunftsverkehr, dass grenzüberschreitende Zinserträge nicht besteuert werden, wenn sie im Wohnsitzstaat nicht deklariert werden. Für hinterziehungswillige Anleger werden grenzüberschreitende Zinszahlungen damit ökonomisch attraktiver als Zinsen aus inländischen Anla-

---

zu Pipkorn/ Bardenhewer-Rating, in: von der Groeben/ Schwarze, EUV/ EGV, 6. Aufl., Bd. 2, Art. 96 Rz. 8 ff.

42 Pipkorn/ Bardenhewer-Rating, in: von der Groeben/ Schwarze, EUV/ EGV, 6. Aufl., Bd. 2, Art. 96 Rz. 8.

43 So Kommission der Europäischen Gemeinschaften, ABl. EG 1980, Nr. C 283, S. 1 f.; dies., ABl. EG 1983, Nr. C 257, S. 1 f. ; in diesem Sinne auch Tumpel, Harmonisierung der direkten Unternehmensbesteuerung in der EU, 1994, S. 8; Hellinger, RIW/ AWD 1976, 363 (365).

44 Pipkorn/ Bardenhewer-Rating, in: von der Groeben/ Schwarze, EUV/ EGV, 6. Aufl., Bd. 2, Art. 96 Rz. 11 ff.; Hey, Harmonisierung der Unternehmensbesteuerung, S. 83; Zorn, DStJG 23 (2000), 227 (243).

45 Hey, Harmonisierung der Unternehmensbesteuerung, S. 83.

46 Langeheine, in: Grabitz/ Hilf, EWGV, Altband I, Art. 101 EGV Rz. 8 ff.; Bardenhewer/ Pipkorn, in: von der Groeben/ Thiesing/ Ehlermann, EUV/ EGV, 5. Aufl., Art. 101 EGV Rz. 11 ff. jeweils m. w. N.

47 Zorn, DStJG 23 (2000), 227 (243).

48 Zorn, DStJG 23 (2000), 227 (243); Nanetti/ Mameli, EC Tax Review, 2002, 185 (190); Meussen, EC Tax Review 2002, 157 (158).

49 Siehe Teil F II.2.b)

gen. Durch die Abwanderung von Kapital verliert der Wohnsitzstaat seine Besteuerungsgrundlage. Nach entsprechender Anwendung der Kriterien des „Verhaltenskodex" zur Unternehmensbesteuerung handelt es sich bei den genannten Regelungen um „schädlichen Steuerwettbewerb": Anlageentscheidungen privater Anleger werden aus steuerlichen Gründen zugunsten von Unternehmen, insbesondere Banken, verzerrt, die ihren Sitz außerhalb des jeweiligen Wohnsitzstaates haben. Dies bedeutet eine Wettbewerbsverfälschung, die sich verzerrend auf den Gemeinsamen Markt auswirkt[50]. Da die Zinsrichtlinie mit ihren Regelungen über den Informationsaustausch geeignet ist, den Besteuerungsanspruch des Wohnsitzstaates durchzusetzen, dient sie der Vermeidung solcher Wettbewerbsverzerrungen. Demnach hätte die Zinsrichtlinie auf Art. 96 EG als Rechtsgrundlage gestützt werden können. Dies bedeutet, dass die Möglichkeit zur Abstimmung mit qualifizierter Mehrheit offen gestanden hätte.
Wenn die Zinsrichtlinie gleichwohl nach dem Einstimmigkeitsprinzip verabschiedet wurde, so kommt darin zum Ausdruck, welchen Stellenwert die Mitgliedsstaaten ihrer nationalen Steuersouveränität nach wie vor zumessen. Dafür findet sich im Wortlaut des Art. 96 EG jedoch kein Anhaltspunkt[51]. Auch darf bezweifelt werden, dass der grundsätzliche Wille zur Erhaltung nationaler Steuersouveränität durch das Einstimmigkeitsprinzip gerade auch den Bereich des „schädlichen Steuerwettbewerbs" betrifft. Ein solcher Wettbewerb setzt die Mitgliedsstaaten unter Handlungsdruck. Er eröffnet ein steuerliches „race to the bottom" durch das die normative Steuersouveränität faktisch ausgehöhlt wird. Hier muss es im Interesse der (Mehrzahl der) Mitgliedsstaaten liegen, einen gemeinschaftlich gangbaren Ausweg zu finden. Dieser darf nicht durch das Konsensprinzip in Frage gestellt werden.

c) Art. 94 EG

Folgt man der hier zu Art. 96 EG vertretenen Auffassung nicht, so kann die Zinsrichtlinie möglicherweise auf Art. 94 EG als Rechtsgrundlage gestützt werden. Danach ist eine Angleichung derjenigen Rechts- und Verwaltungsvorschriften der Mitgliedsstaaten möglich, die sich unmittelbar auf die Errichtung oder das Funktionieren des Gemeinsamen Marktes auswirken.
Es stellt sich dabei die Frage, wie der „Gemeinsame Markt" zu definieren ist. Insbesondere gilt es, diesen Rechtsbegriff von dem des „Binnenmarkts" im Sinne des Art. 95 Abs. 1 EG abzugrenzen. Nachdem die Rechtsgrundlagen des Art. 94 und Art. 95 EG ein unterschiedliches Verfahren voraussetzen – hier Einstimmigkeitsprinzip, dort Beschlussfassung mit qualifizierter Mehrheit – liegt es nahe, dass sich ihr sachlicher Anwendungsbereich unterscheidet.

(1) Begriff des Gemeinsamen Marktes

Die Abgrenzung der Begriffe „Gemeinsamer Markt" i. S. d. Art. 94, Art. 3 EG und „Binnenmarkt" i. S. d. Art. 95, Art. 14 EG ist umstritten[52]. Die hierzu vertretenen Auffassungen reichen von der Meinung, der Binnenmarkt gehe über den Gemeinsamen Markt hinaus[53], über

50 So auch Honrath, Umfang und Grenzen der Freiheit des Kapitalverkehrs, S. 93. Vgl. auch Präambel zur Amtshilferichtlinie v. 19.12.1977, ABl. EG Nr. L 336/ 15 v. 27.12.1977, S. 15; A. A. Fleißig, Harmonisierung der Zinsbesteuerung, S. 156: Eine Wettbewerbsverzerrung liege auf wirtschaftlicher Ebene nicht vor, weil die Zinsbesteuerungsnormen den Wettbewerb der Emittenten nur mittelbar beeinflussten.

51 A. A. wohl Ohler, Die fiskalische Integration, S. 209, der aus Art. 95 Abs. 2 EG folgert, dass Art. 96 EG keine Rechtsgrundlage für eine Steuerharmonisierung sein könne.

52 Vgl. zum Streitstand: Beutler/ Bieber/ Pipkorn/ Streil, Die Europäische Union, 5. Aufl., Rz. 77; Streinz, Europarecht, 5. Aufl., Rz. 948 ff.; Kuntze, Die Kompetenzen der Europäischen Gemeinschaft, S. 102 ff.

53 So Bogdandy, in: Grabitz/ Hilf, EUV/ EGV, Art. 14 EG Rz. 7 f.; Hatje, in: Schwarze, EUV/ EGV, Art. 14 EG Rz. 4 ff.; Langeheine, in: Grabitz/ Hilf, EWGV, Altband I, Art. 100a EGV Rz. 20 ff.; Kahl,

die Auffassung, es bestehe weitgehende Identität, bis zur Meinung, der Gemeinsame Markt reiche über den Binnenmarkt hinaus[54].

(a) Gemeinsamer Markt als Teilmenge des Binnenmarktes

Gegen die Identitätsthese wird zutreffend eingewandt, dass beide Rechtsbegriffe von Art. 15 EG in unterschiedlichem Zusammenhang verwendet werden[55]. Für einen weiterreichenden Inhalt des Binnenmarkts werden der Wortlaut sowie systematische und historische Erwägungen angeführt. So beinhalte das entsprechende Weißbuch der Kommission in seinem Programm für den Binnenmarkt auch die Steuer- und Wettbewerbspolitik[56]. Weiterhin beziehe Art. 14 Abs. 2 EG durch die Verweisung auf die anderweitigen Vertragsbestimmungen („gemäß den Bestimmungen dieses Vertrages") diese und insbesondere auch den Begriff des „Raums ohne Binnengrenzen" in den Binnenmarkt ein, was für eine weite Auslegung spreche[57]. Daneben könne Art. 95 Abs. 2 EG als Bereichsausnahme nur solche Regelungsmaterien vom Mehrheitsprinzip ausschließen, welche grundsätzlich unter dieses fielen[58]. Wenn sich die Bereichsausnahme auf sämtliche Steuernormen beziehe, dann spreche der Umkehrschluss für eine weite Auslegung des Binnenmarktbegriffs.

Nach der dargelegten Ansicht werden neben Marktfreiheit und -gleichheit auch unverfälschte Wettbewerbsbedingungen als konstitutives Merkmal des Binnenmarktes erachtet. Die Herstellung gleicher Wettbewerbsbedingungen sei unabdingbare Voraussetzung für die Inanspruchnahme der Grundfreiheiten durch die Marktteilnehmer[59]. Dem schloss sich auch der EuGH in der Rs. Titandioxid an[60]. Demnach seien Bestandteile des Gemeinsamen Marktes lediglich Marktfreiheit und -gleichheit, nicht aber Wettbewerbsfreiheit.

Folgt man dieser Ansicht, dann ist zweifelhaft, ob eine Harmonisierung der Zinsbesteuerung auf Art. 94 EG als Rechtsgrundlage gestützt werden kann. Eine solche Harmonisierung wäre nach obigem Verständnis nicht geeignet, das Funktionieren des Gemeinsamen Marktes zu gewährleisten. Würden nämlich aufgrund der Richtlinie durch einen gemeinschaftsweiten Informationsaustausch grenzüberschreitende Zinszahlungen effektiv besteuert, dann würde dies zumindest eine potentiell abschreckende Wirkung auf den grenzüberschreitenden Kapitaltransfer entfalten. Eine solche Maßnahme erschiene weder geeignet, Marktfreiheit für grenzüberschreitende Zinszahlungen zu fördern, noch würde sie diese vor gemeinschaftsrechtswidrigen Diskriminierungen bewahren. Sie wäre konträr zur liberalistischen Grundkon-

---

in: Calliess/ Ruffert, EUV/ EGV, Art. 14 Rz. 6 ff m. w. N; Müller, Systemwettbewerb, S. 165; vgl. dazu Kuntze, Die Kompetenzen der Europäischen Gemeinschaft, S. 103 f. m. w. N.

54 So Beutler/ Bieber/ Piepkorn/ Streil, Die Europäische Union, 5. Aufl., Rz. 77; Bieber/ Epiney/ Haag, Die Europäische Union, 6. Aufl, S. 301 f.; Streinz, Europarecht, Rz. 953; Herzig, in: Lehner, Steuerrecht im Euopäischen Binnenmarkt, 121 (136); Zorn, DStJG 23, 227 (246); vgl. dazu Kuntze, Die Kompetenzen der Europäischen Gemeinschaft, S. 104 m. w. N.

55 Streinz, Europarecht, 5. Aufl., Rz. 950; Kuntze, Die Kompetenzen der Europäischen Gemeinschaft, S. 106.

56 Kuntze, Die Kompetenzen der Europäischen Gemeinschaft, S. 104 ff.; vgl. im Übrigen die Regierungskonferenz zu Art. 8 a EWGV a. F., die auf das Weißbuch verweist, ABl. EG 1987, Nr. L 169/ 24.

57 Kuntze, Die Kompetenzen der Europäischen Gemeinschaft, S. 106.

58 Vgl. Bogdandy, in: Grabitz/ Hilf, EUV/ EGV, Art. 14 EG Rz. 7 f.; Hatje, in: Schwarze, EUV/ EGV, Art. 14 Rz. 4 ff.; Kahl, in: Calliess/ Ruffert, EUV/ EGV, Art. 14 Rz. 6 ff m. w. N.

59 So Langeheine, in: Grabitz/ Hilf, EWGV, Altband I, Art. 100 a Rz. 20; Beutler/ Bieber/ Pipkorn/ Streil, Die Europäische Union, 5. Aufl., Rz. 77.

60 EuGH v. 28.9.1989, C-300/ 89, Titandioxid, EuGHE 1991, I-2867 (I-2899) Rz. 14; vgl. dazu Nettersheim, Jura 1994, 339 ff.

zeption des freien Kapitalmarkts. Demnach würde Art. 94 EG als Rechtsgrundlage für eine Harmonisierung der Zinsbesteuerung ausscheiden.

(b) Binnenmarkt als Teilmenge des Gemeinsamen Marktes

Gegen die dargelegte Ansicht wird indessen eingewandt, dass der in Art. 14 Abs. 2 EG genannte „Raum ohne Binnengrenzen“ bereits in der Präambel des EGV angeführt sei, er also bereits vor Einführung des Binnenmarktkonzepts durch die Einheitliche Europäische Akte als grundlegendes Ziel der Gemeinschaft verankert gewesen sei[61]. Die Verweisung hierauf könne also nicht als Argument für eine weite Auslegung des Binnenmarktbegriffs gewertet werden. Zudem differenziere das Weißbuch, auf das sich die Gegenansicht berufe, in Ziff. 4 gerade zwischen „Binnenmarkt“ und weiterreichendem „Gemeinsamen Markt“[62]. Und schließlich sei die Formulierung „gemäß den Bestimmungen dieses Vertrages“ in Art. 14 Abs. 2 EG als Einschränkung des Binnenmarktprinzips zu verstehen[63]. Daher sei der Binnenmarkt als eine Teilmenge des Gemeinsamen Marktes zu qualifizieren[64]. Nach dem Wortlaut der Art. 14 Abs. 2 EG, Art. 3 Abs. 1 lit. c EG beschränke sich der Binnenmarkt auf die freie Mobilität der vier Produktionsfaktoren Personen, Waren, Dienstleistungen und Kapital. Der Gemeinsame Markt beinhalte demgegenüber neben den vier Grundfreiheiten jedenfalls eine gemeinschaftliche Verkehrs-, Landwirtschafts- und Außenhandelspolitik sowie ein System des unverfälschten Wettbewerbs (u. a. auch hinsichtlich des Steuerrechts)[65]. Konstitutive Elemente des Gemeinsamen Marktes seien Marktfreiheit, Marktgleichheit und Wettbewerbsfreiheit[66].
Diese Ansicht erscheint vorzugswürdig. Für sie spricht zunächst eine teleologische Betrachtung der Art. 94, 95 EG. Wenn Art. 95 das Mehrheitsprinzip den Maßnahmen mit Binnenmarktrelevanz vorbehält, dann zeigt dies, dass sein Anwendungsbereich enger ist als derjenige des auf dem Einstimmigkeitsprinzip beruhenden Art. 94 EG. Das Bestehen beider Bestimmungen nebeneinander macht nur dann Sinn, wenn außerhalb des Anwendungsbereichs des Art. 95 EG Raum für solche Maßnahmen bleibt, die zwar den Gemeinsamen Markt, nicht aber den – enger zu verstehenden – Binnenmarkt betreffen[67].
Es bleibt indessen zu fragen, worin die weitergehende Bedeutung des Gemeinsamen Marktes gegenüber dem Binnenmarkt besteht. Ist sie u. a. in Maßnahmen zum Schutz vor Wettbewerbsverfälschungen (Wettbewerbspolitik) zu suchen?
Das Wortlautargument ermöglicht hier keine eindeutige Aussage. Zwar ließe sich für die Einbeziehung des unverfälschten Wettbewerbs in den Begriff des „Gemeinsamen Marktes“ der Wortlaut von Art. 2 EG anführen, der die Errichtung eines Gemeinsamen Marktes als Aufgabe der Gemeinschaft anführt und dabei auf Art. 3, 4 EG, d. h. u. a. auf die Wettbewerbspolitik (Art. 3 Abs. 1 lit. g, Art. 4 EG) verweist. Indessen ist nach dem Wortlaut des Art. 2 EG der

---

61 Vgl. EuGH v. 13.7.1966, 56/ 64, 58/ 64, Consten und Grundig, EuGHE 1966, 321 (388); unter Verweis hierauf Streinz, Europarecht5, Rz. 953.

62 Kommission der Europäischen Gemeinschaften, Weißbuch über die Vollendung des Binnenmarktes v. 14.6.1985, KOM (85) 310 endg.

63 Streinz, Europarecht5, Rz. 953.

64 So Zorn, DStJG 23 (2000), 227 (230); Herzig, DStJG 23 (2000), 121 (136); vgl. zum Begriff „Binnenmarkt“ auch Kommission der Europäischen Gemeinschaften, Weißbuch über die Vollendung des Binnenmarktes v. 14.6.1985, KOM (85) 310 endg.

65 So Zorn, DStJG 23 (2000), 227 (230 f.); Hoppe, Erhebungsdefizit, S. 116 m. w. N.

66 Zorn, DStJG 23 (2000), 227 (246) m. w. N.

67 So auch Streinz, Europarecht, 5. Aufl., Rz. 953.

Gemeinsame Markt nicht „durch“ die in Art. 3 und 4 genannten Maßnahmen zu errichten, sondern kumulativ zu diesen.

Umgekehrt ist nach dem Wortlaut von Art. 3 Abs. 1 lit. c EG und Art. 14 Abs. 2 EG der Binnenmarkt (nur) durch die vier Grundfreiheiten gekennzeichnet.

Angesichts des offensichtlich widersprüchlichen Wortlauts des EG-Vertrags erscheint dessen Systematik für die Auslegung ausschlaggebend. Wenn der EG-Vertrag neben der Binnenmarktdefinition in Art. 3 Abs. 1 lit. c EG unter lit. g der Norm den Schutz des Wettbewerbs vor Verfälschungen als gesonderte Tätigkeit der Gemeinschaft aufführt, dann kann diese Differenzierung gesetzessystematisch nur so verstanden werden, dass der Binnenmarkt – als Teilmenge des Gemeinsamen Marktes – diesen Schutz des Wettbewerbs gerade nicht garantiert[68]. Zu folgen ist daher derjenigen Ansicht, wonach der Begriff des Gemeinsamen Marktes die Prinzipien der Marktgleichheit, Marktfreiheit und Wettbewerbsfreiheit umfasst[69].

Eine Harmonisierung der Zinsbesteuerung kann auf Art. 94 EG gestützt werden, wenn sie dazu dient, Marktgleichheit, Marktfreiheit oder Wettbewerbsfreiheit als integrale Bestandteile des Gemeinsamen Marktes zu verwirklichen.

Wie erörtert, erscheint ein grenzüberschreitender Austausch von Informationen über Zinszahlungen nicht geeignet, Marktfreiheit herzustellen bzw. Diskriminierungen zu Lasten grenzüberschreitender Zinszahlungen zu beseitigen. Insoweit scheidet eine Anwendung von Art. 94 EG nach wie vor aus[70]. Die Harmonisierung der Zinsbesteuerung könnte jedoch Wettbewerbsverfälschungen verhindern, welche dem Gemeinsamen Markt zuwiderlaufen.

Die Kompetenzgrundlage des Art. 94 EG verlangt in diesem Kontext, dass die Harmonisierung einen Sachbezug zum Gemeinsamen Markt, also zur Herstellung eines unverfälschten Wettbewerbs, hat.

Dass die Harmonisierung der Zinsbesteuerung daneben über die Ermöglichung einer effektiven Besteuerung auch der Sicherung der nationalen Staatshaushalte, also einem nicht vom EG-Vertrag als Gemeinschaftsaufgabe betrachtetem Zweck dient, kann dem nicht von vorneherein entgegenstehen[71]. Fraglich ist jedoch, ob dem Sachbezug nicht entgegensteht, dass Art. 3 Abs. 1 lit. g EG nur den Wettbewerb zwischen privaten Marktteilnehmern, nicht aber den Wettbewerb zwischen Staaten um internationale Besteuerungsgrundlagen (Steuerwettbewerb) schützt. Indessen wurde bereits aufgezeigt, dass effektive steuerliche Belastungsunterschiede, u. a. die faktische Nichtbesteuerung grenzüberschreitender Zinszahlungen maßgeblichen Einfluss auf die Investitionsentscheidungen privater Anleger haben (s. o.). Damit führen sie mittelbar zu Verfälschungen des Wettbewerb zwischen Unternehmen, insbesondere Banken und Kapitalanlagegesellschaften, auf dem europäischen Kapitalmarkt (s. o.)[72]. Die Harmonisierung der Zinsbesteuerung steht daher in sachlichem Bezug zum Gemeinsamen Markt.

(2) Unmittelbarkeit der Auswirkung

Indessen ist eine Harmonisierung nach Art. 94 EG nur dann zulässig, wenn sie eine *unmittelbare* Auswirkung auf die Errichtung oder das Funktionieren des Gemeinsamen Marktes hat. Nicht ein irgendwie gearteter Sachbezug zum Gemeinsamen Markt reicht aus. Vielmehr muss

---

68 So im Ergebnis Streinz, Europarecht, 5. Aufl., Rz. 954.

69 Zorn, DStJG 23 (2000), 227 (246) m. w. N.

70 A. A. Schön, DStJG 23 (2000), 191 (223), der Art. 94 EG schon deshalb anwenden will, weil es sich bei den Problemen der Steuervermeidung und des Steuerwettbewerbs um Folgeerscheinungen der Grundfreiheiten handle.

71 So auch Schön, DStJG 23 (2000), 191 (223).

72 Ebenso Fleißig, Harmonisierung der Zinsbesteuerung, S. 161 m. w. N.

der geforderte Sachbezug so eng sein, dass die Rechtsangleichung sich unmittelbar auf die Funktionsfähigkeit des Gemeinsamen Markts auswirkt.

(a) Meinungsstand

Wann eine solche Unmittelbarkeit gegeben ist, ist wiederum umstritten[73]. Eine weite Auslegung nimmt sie bereits dann an, wenn die Harmonisierung für die Verwirklichung des Gemeinsamen Marktes nützlich ist[74]. Der wohl überwiegende Teil der Literatur fordert demgegenüber eine spürbare negative Auswirkung der anzugleichenden mitgliedsstaatlichen Rechtsnormen auf das Funktionieren des Gemeinsamen Marktes[75]. Von anderer Seite wird eine unmittelbare Kausalität im Sinne einer conditio sine qua non zwischen Rechtsangleichung und Zielerreichung propagiert[76]. Dies erscheint verschiedenen Verfassern zu restriktiv. Ausreichend sei eine in sich geschlossene Kausalkette, für die Mitursächlichkeit genüge[77]. Darüber hinaus verlangt ein Teil der Literatur einen engen und notwendigen Zusammenhang[78].

(b) Stellungnahme

Ausschlaggebend für die Interpretation müssen, wie ich meine, die gängigen Auslegungsregeln sein. Danach spricht der Wortlaut „unmittelbar" gegen die weiteste der genannten Interpretationen, welche die bloße Zielsetzung bzw. Nützlichkeit für den Gemeinsamen Markt ausreichen lässt. Der geforderte Sachbezug muss vielmehr eine gewisse Nähe aufweisen. Wie intensiv diese zu sein hat, lässt der Wortlaut indessen offen. Der Sinn und Zweck der Kompetenzgrundlage des Art. 94 EG ist im Gesamtzusammenhang des EG-Vertrags zu sehen. Danach ist eine Dynamisierung des Gemeinsamen Marktes erstrebt. Dies spricht gegen die allzu restriktive Interpretation der „Unmittelbarkeit" als eine echte und unmittelbare Kausalität[79]. Eine solche lässt sich nämlich angesichts der Komplexität wirtschaftlicher Vorgänge kaum nachweisen[80]. Demnach käme man mit Zeitler/Jüptner zu dem Schluss, dass unterschiedliche direkte Steuern niemals das Funktionieren des Gemeinsamen Marktes „unmittelbar" beeinträchtigen könnten, weil stets auch andere Faktoren (Einkommenserwartung, Personal-, Sachkosten etc.) Einfluss auf die Grundfreiheiten hätten[81]. Dies würde aber bedeuten, dass eine Rechtsangleichung im Bereich der Steuern und darüber hinaus weitgehend blockiert würde.

---

73 Vgl. zum Meinungsstand: Kuntze, Die Kompetenzen der Europäischen Gemeinschaft, S. 205 f.

74 Dafür wird der Ermessensspielraum des Gemeinschaftsgesetzgebers angeführt: So Voß, StuW 1993, 155 (160); ders. in: Dauses, Handbuch des EU-Wirtschaftsrechts, Bd. 2, J, Rz. 58. Ähnlich auch Schön, DStJG 23 (2000),191 (221), der das Kriterium der Erforderlichkeit aufgrund des weiten politischen Gestaltungsspielraums als konturen- und damit bedeutungslos betrachtet und zugleich auch dem Subsidiaritätsgedanken nur eine psychologische Bedeutung beimisst.

75 Vogel, StuW 1993, 380 (384); Förster, in: Birk, Handbuch des Europäischen Steuer- und Abgabenrechts, 761 (766) Rz. 8; Zorn, DStJG 23 (2000), 227 (233); Bieber/ Epiney/ Haag, Die Europäische Union, 6. Aufl, S. 306; vgl. dazu auch Kuntze, Die Kompetenzen der Europäischen Gemeinschaft, S. 205 m. w. N.

76 Taschner, in: von der Groeben/ Schwarze, EUV/ EGV, 6. Aufl., Bd. 2, Art. 94 EG Rz. 37; Zeitler/ Jüptner, BB 1988, Beil. 17 zu Heft 32, 1 (3).

77 Hey, Harmonisierung der Unternehmensbesteuerung, S. 96; Eiden, Rechtsangleichung, S. 57 ff.

78 Mick, in: Birk, Handbuch des Europäischen Steuerrechts, 637 (659) Rz. 40; ders., Die Steuerkonzeption, S. 71 f.

79 Ähnlich Kuntze, Die Kompetenzen der Europäischen Gemeinschaft, S. 207.

80 Kuntze, Die Kompetenzen der Europäischen Gemeinschaft, S. 206; ähnlich Fleißig, Harmonisierung der Zinsbesteuerung, S. 162.

81 Zeitler/ Jüptner, BB 1988, Beil. 17 zu Heft 32, 1 (3 f.).

Ausreichend muss aus diesem Grunde die bloße Mitursächlichkeit im Rahmen der Kausalkette sein[82]. Stellt man mit dieser Ansicht darauf ab, ob die anzugleichenden Rechtsvorschriften mitursächlich für eine Beeinträchtigung des Gemeinsamen Marktes sind, so stellt sich die Frage, ob darüber hinaus ein „enger und notwendiger" Zusammenhang zwischen der Rechtsangleichung und der Funktionsfähigkeit des Gemeinsamen Marktes zu fordern ist. Hierfür lässt sich der systematische Zusammenhang des EG-Vertrags anführen. Wenn Art. 3 Abs. 1 lit. h EG nämlich die Angleichung innerstaatlicher Rechtsvorschriften nur insoweit vorsieht, als dies für das Angleichen des Gemeinsamen Marktes *erforderlich* ist, dann ist das Kriterium der „Unmittelbarkeit" in Art. 94 EG als spezifische Ausprägung dieses Grundsatzes zu betrachten[83].

(i) Erforderlichkeit

Zu klären bleibt dann, wie die „Erforderlichkeit" im Sinne des Art. 3 Abs. 1 lit. h zu verstehen ist. Sie könnte ihrerseits eine Ausprägung des allgemeinen Verhältnismäßigkeitsgrundsatzes nach Art. 5 Abs. 3 EG[84] bzw. des Subsidiaritätsgrundsatzes nach Art. 5 Abs. 2 EG[85] darstellen[86], wodurch zugleich das Kriterium der „Unmittelbarkeit" in Art. 94 EG konkretisiert würde[87].

Dagegen ließe sich anführen, dass sich insbesondere das Verhältnismäßigkeitsprinzip nur auf das „Wie", d. h. Art, Umfang und Intensität der Harmonisierung erstrecke[88]. Zudem könnte man vorbringen, der Subsidiaritätsgrundsatz diene der Kompetenzbegrenzung[89], setze also eine (nicht ausschließliche) Kompetenz der Gemeinschaft bereits voraus.

Tatsächlich dürfen die materiell-rechtlichen Wertungen der Subsidiarität und der Verhältnismäßigkeit nur insoweit in die Auslegung des Art. 94 EG einfließen, als dessen Sinn und Zweck reicht. Art. 94 EG stellt eine Ermächtigungsgrundlage für das Handeln der Gemein-

---

82 Hey, Harmonisierung der Unternehmensbesteuerung, S. 100 f.; Fleißig, Harmonisierung der Zinsbesteuerung, S. 162.

83 So Herrnfeld, in: Schwarze, EUV/ EGV, Art. 94 EG Rz. 16; Zorn, DStJG 23, 227 (233); Mick, Die Steuerkonzeption, S. 71; Anzinger, StuW 2002, 261 (268); Fleißig, Harmonisierung der Zinsbesteuerung, S. 166.

84 So Ohler, Die fiskalische Integration, S. 205; Vogel, StuW 1993, 380 (385).

85 Zuleeg, in: von der Groeben/ Schwarze, EUV/ EGV, 6. Aufl., Bd. 1, Art. 3 EG Rz. 9; Herrnfeld, in: Schwarze, EUV/ EGV, Art. 94 EG Rz. 16; Fleißig, Harmonisierung der Zinsbesteuerung, S. 166 ff.; Klein, DStJG 19 (1996), 7 (24) unter Verweis auf Kommission der Europäischen Gemeinschaften, Mitteilung an das Parlament und den Rat über Leitlinien zur Unternehmensbesteuerung, BR-Drs. 360/ 90, 1 (2).

86 Richtigerweise stellt die Erforderlichkeit eine Ausprägung des Subsidiaritätsprinzips dar. So Zuleeg, in: von der Groeben/ Schwarze, EUV/ EGV, 6. Aufl., Bd. 1, Art. 5 EG, Rz. 37; Lienbacher, in: Schwarze, EUV/ EGV, Art. 5 EG Rz. 17 f.; Kahl, AöR 118 (1993), 414 (426 f.); Bogdandy/ Nettesheim in Grabitz/ Hilf, EWGV, Altband I , Art. 3 b Rz. 33; v. Borries, EuR 1994, 263 (277); Stein, in: Merten, Die Subsidiarität Europas, 23 (29 f.); A. A.. Calliess, in: Calliess/ Ruffert, EUV/ EGV, Art. 5 EG Rz. 39.

87 So Hey, Harmonisierung der Unternehmensbesteuerung, S. 100 f.; Vogel, StuW 1993, 380 (385); Mick, in: Birk, Handbuch des Europäischen Abgabenrechts, 637 (659) Rz. 41; ders., Die Steuerkonzeption, S. 71; Fleißig, Harmonisierung der Zinsbesteuerung, S. 168; 170; Anzinger, StuW 2002, 261 (269).

88 So bzgl. des Subsidiaritätsprinzips nach Art. 5 Abs. 2 EG: Schwartz, FS Everling, 1331 (1348). Dem sind jedoch der klare Wortlaut des Art. 5 Abs. 2 EG („ sofern und soweit") sowie die allgemeine Formulierung der Subsidiarität in der Präambel des EUV entgegen zu halten. Bzgl. des Verhältnismäßigkeitsprinzips nach Art. 5 Abs. 3 EG: Lienbacher, in: Schwarze, EUV/ EGV, Art. 5 EG Rz. 25. Dafür könnte der Wortlaut des Art. 5 Abs. 3 EG („Maß") sprechen. Betrachtet man allerdings diesen Grundsatz als Ausfluss eines allgemeinen Subsidiaritätsgedankens, dann hat er auch hinsichtlich des „Ob" der Harmonisierung zu gelten. Vgl. dazu Calliess, in: Calliess/ Ruffert, EUV/ EGV, Art. 5 EG Rz. 45.

89 Zuleeg, in: von der Groeben/ Schwarze, EUV/ EGV, 6. Aufl., Bd. 1, Art. 5 EG Rz. 41.

schaftsorgane dar[90]. Hat eine Rechtsangleichung „unmittelbare Auswirkung" auf den Gemeinsamen Markt, dann besteht eine grundsätzliche Handlungsermächtigung der Gemeinschaft für dieses Ziel („ob") [91]. Es bleibt indessen noch zu prüfen, „wie" das Handeln auszusehen hat, um gemeinschaftsrechtskonform zu sein.

Die Kohärenz der Gemeinschaftsrechtsordnung[92] und die Systematik des EG-Vertrags sprechen daher dafür, das Kriterium der „Unmittelbarkeit" in Art. 94 EG nur insoweit durch die Wertungen der Subsidiarität und der Verhältnismäßigkeit zu konkretisieren, als es um das „Ob" der Harmonisierung geht[93].

Dem kann insbesondere nicht entgegengehalten werden, dass die Gemeinschaft zur Rechtsangleichung „ausschließlich" zuständig sei, somit das Subsidiaritätsprinzip keine Anwendung finden könne[94]. Richtigerweise darf nämlich die Einteilung in ausschließliche und konkurrierende Kompetenzen nicht nach dem Ziel der Maßnahme (Harmonisierung), sondern allein nach der betroffenen Sachmaterie (Steuerrecht) getroffen werden[95]. Gerade im Bereich des souveränitätssensiblen Steuerrechts dürfen die Mitgliedsstaaten ihrer Zuständigkeit nicht entkleidet werden[96]. Diese Grundentscheidung des EG-Vertrags kommt bereits in der Verankerung des Einstimmigkeitsprinzips für eine Harmonisierung der Steuern nach Art. 95 Abs. 2 EG zum Ausdruck.

Versteht man nach diesen Erwägungen das Kriterium der „Unmittelbarkeit" in Art. 94 EG als spezielle Ausprägung der Subsidiarität bzw. Verhältnismäßigkeit[97], dann hat die Rechtsangleichung eine unmittelbare Auswirkung auf den Gemeinsamen Markt, wenn dessen Funktionsfähigkeit nicht in geeigneter Weise[98] auf der Ebene der Mitgliedsstaaten – also unter Schonung von deren Souveränität – hergestellt werden kann[99].

Die Erforderlichkeitsprüfung ist somit am Ziel des unverfälschten Wettbewerbs auszurichten; als Maßstab dient die mitgliedsstaatliche Steuersouveränität. Dabei steht den Gemeinschaftsorganen ein gesetzgeberischer Beurteilungsspielraum (Einschätzungsprärogative) zu[100].

---

90 Kuntze, Die Kompetenzen der Europäischen Gemeinschaft, S. 204; a. A. Schwartz, FS Everling, 1331 (1348), der eine Handlungspflicht annimmt.

91 A. A. wohl Ohler, Die fiskalische Integration, S. 205: Dieser prüft als Ausdruck des Verhältnismäßigkeitsgrundsatzes im Rahmen der Kompetenz auch das „Wie" der Harmonisierung.

92 Vgl. neben Art. 5 Abs. 2, 3 EG auch das Subsidiariätsprinzip in der Präambel des EU-Vertrags i. V. m. dem Kohärenzgedanken nach Art. 3 EU.

93 Vgl. zur Anwendung das Subsidiaritätsprinzips auf das „Ob" des Tätigwerdens: Langguth, in: Lenz/ Borchardt, EUV/ EGV, Art. 5 EG Rz. 18.

94 So aber Taschner, in: von der Groeben, EUV/ EGV, 6. Aufl., Bd. 2, Art. 94 EG Rz. 18; vgl. auch Voß, StuW 1993, 155 (161).

95 So Zuleeg, in: von der Groeben/ Schwarze, EUV/ EGV, 6. Aufl., Bd.1, Art. 5 EG Rz. 7; Schön, DStJG 23 (2000), 191 (222); Zorn, DStJG 23 (2000), 227 (234 f.); Klein, DStJG 19 (1996), 7(23 ff). A. A. Lienbacher, in: Schwarze, EUV/ EGV, Art. 5 EG Rz. 13 f.: Danach sei auf die Zielformulierung abzustellen. So fielen der gemeinsame Binnenmarkt ebenso wie die allgemeinen Wettbewerbsregeln in die ausschließliche Zuständigkeit der Gemeinschaft.

96 So im Ergebnis auch Zorn, DStJG 23 (2000), 227 (235); Fleißig, Harmonisierung der Zinsbesteuerung, S. 167.

97 Streinz, in: ders., EUV/ EGV, Art. 5 EG Rz. 49.

98 Der Grundsatz der Erforderlichkeit ist sowohl Teil der Subsidiarität i. e. S. (Art. 5 Abs. 2 EG) als auch der Verhältnismäßigkeit (Art. 5 Abs. 3 EG). Vgl. dazu Lienbacher, in: Schwarze, EUV/ EGV, Art. 5 Rz. 17, 37.

99 In diesem Sinne auch Vogel, StuW 1993 380 (385).

100 Zuleeg, in: von der Groeben/ Schwarze, EUV/ EGV, 6. Aufl., Bd. 1, Art. 5 EG Rz. 38 f.; Streinz, in: ders., EUV/ EGV, Art. 5 EG Rz. 41.

(ii) Bedeutung des Steuerwettbewerbs

Eine Rechtsangleichung, wie sie die Zinsrichtlinie vorsieht, gewährleistet auf der Grundlage eines EU-weiten Informationsaustauschs die Durchsetzung des materiellen Besteuerungsanspruchs des Wohnsitzstaates. Werden damit Zinsen, unabhängig vom Investitionsort, jeweils nach dem Steuerrecht des Wohnsitzstaates besteuert, so werden Investitionsentscheidungen privater Anleger nicht länger von steuerlichen Belastungsunterschieden im Wohnsitz- und Quellenstaat beeinflusst. Bislang bestehende Wettbewerbsverzerrungen zwischen Unternehmen, insbesondere Banken und Kapitalanlagegesellschaften, im Wohnsitz- und Quellenstaat werden auf diese Weise beseitigt. Daher ist die Rechtsangleichung geeignet, einen unverfälschten Wettbewerb herzustellen.

Fraglich ist, ob anstelle der Harmonisierung nicht eine geeignete Alternative auf mitgliedsstaatlicher Ebene zur Verfügung stünde, durch welche die Steuersouveränität der Mitgliedsstaaten weniger eingeschränkt würde.

Als solche Alternative kommt der Steuerwettbewerb in Betracht. Möglicherweise ist ein solcher Wettbewerb der Steuersysteme geeignet, einen unverfälschten Wettbewerb der privaten Marktteilnehmer zu garantieren. Dies könnte dann der Fall sein, wenn sich aufgrund des Steuerwettbewerbs die Steuersysteme der Mitgliedsstaaten einander annähern würden („stille Harmonisierung")[101]. Folgt man der klassischen, am Ideal der internationalen Steuerneutralität orientierten finanzwissenschaftlichen Lehre, würden in diesem Fall ökonomische Entscheidungen über die Allokation von Ressourcen unabhängig von den Unterschieden der diversen Steuerrechtsordnungen getroffen[102].

Allerdings werden die negativen volkswirtschaftlichen Auswirkungen eines freien Steuerwettbewerbs zum Teil in einem Unterbietungswettbewerb zwischen den Mitgliedsstaaten, einem steuerlichen „race to the bottom" gesehen, das Sonderregelungen für ausländische Investoren impliziere[103]. Dies aber bedeute, dass aus der „Steuerspirale nach unten" Belastungsdifferenzen resultierten, die zu immer weiteren Verzerrungen auf dem gemeinsamen Kapitalmarkt führten.

Demgegenüber vergleicht ein anderer Teil der Literatur, der finanzwissenschaftlichen „Public-Choice-Lehre"[104] folgend, nicht die steuerlichen Belastungsunterschiede als solche, sondern die Gesamtpakete wettbewerbsrelevanter Faktoren der nationalen Systeme[105]. Der Wettbewerb zwischen Marktteilnehmern werde dann nicht verfälscht, wenn sich die Systeme in ihren Auswirkungen insgesamt entsprächen. Gefordert wird von dieser Ansicht nicht eine internationale Steuerneutralität, sondern eine Neutralität der staatsinduzierten Transaktions-

---

101 Dazu: Fleißig, Harmonisierung der Zinsbesteuerung, S. 172.

102 Dazu: Lehner, StuW 1998, 159 (164 f); Vogel, StuW 1993, 380 (387); Wieland, EuR 2001, 119 (123).

103 Runge, FS Fischer, 558 (563); ders., FS Flick, 956 ff. Vgl. zu diesem Szenario auch: Fleißig, Harmonisierung der Zinsbesteuerung, Rz. 205; Hey, Die Harmonisierung der Unternehmensbesteuerung, S. 104 f.; Selling, IStR 2000, 225 (226); Wieland, EuR 2001, 119 (122); Vanistendael, DStJG 23 (2000), 299 (308 f.).

104 Vgl. dazu grundlegend: Brennan/ Buchanan, in: Folkers, Besteuerung und Staatsgewalt: Eine effiziente Allokation von Ressourcen sei gegeben, wenn die Besteuerung das Niveau erreiche, auf dem der Grenznutzen, den die Steuerpflichtigen aus den Staatsleistungen zögen, die ihnen erwachsenden Grenzkosten gerade noch übersteige. Dieser Zustand könne nur durch Steuerwettbewerb erreicht werden; vgl. Wieland, EuR 2001, 119 (127). Vgl. auch den Überblick bei Oates, National Tax Journal 2001, Vol. LIV, No. 3, 507 ff.

105 Zorn, DStJG 23 (2000), 227 (239); Herzig, DStJG 19 (1996), 121 (132); vgl. auch Mick, Die Steuerkonzeption. S. 73; Gross, Das Europäische Beihilferecht, S. 107 f. Siehe auch Teil F II 2.a) m. w. N.

kosten[106]. Diese liege dann vor, wenn der Saldo von Abgabenbelastung und daraus resultierenden öffentlichen Leistungen des Staates sich in den verschiedenen Mitgliedsstaaten jeweils entspräche [107]. Eine solche Äquivalenz ergäbe sich in der Regel aus der Systemeffizienz, nämlich einer „optimalen Faktorallokation bei Minimierung der staatsinduzierten Transaktionskosten“[108]. Diese komme zum Tragen, wenn auf abkommensrechtlicher Ebene zwischen den Mitgliedsstaaten das Quellenprinzip verwirklicht werde, indem man eine Freistellung der grenzüberschreitenden Einkünfte im Wohnsitzstaat vereinbare[109]. Dann spiegle das Besteuerungsniveau im Quellenstaat stets das dort vorhandene Angebot an öffentlichen Leistungen, u. a. die Infrastruktur wider[110].

Nach dieser Ansicht ist der Wettbewerb der Systeme im Subsidiaritätsgrundsatz verankert[111]. Rechtsangleichung habe gegenüber dem Systemwettbewerb nur dort ihren Platz, wo die Systemeffizienz ausnahmsweise nicht eingreife[112]. Dies wird u. a. bei transnationalen Gestaltungen bejaht, welche sich der Systemkonkurrenz weitgehend entzögen[113].

Gerade diese Ausnahme wird von der Gegenmeinung als der Regelfall betrachtet[114]. Danach sei die behauptete Systemeffizienz den Besteuerungssystemen der Mitgliedsstaaten nicht immanent. Die Höhe der Besteuerung spiegle nicht notwendig das Niveau der öffentlichen Leistungen wider[115]. Dies aber bedeute, dass die Effekte von steuerlichen Belastungsunterschieden nicht automatisch durch andere Standortfaktoren kompensiert würden. Der Systemwettbewerb führe damit nicht zu unverfälschten Wettbewerbsbedingungen auf dem europäischen Markt. Dies müsse umso mehr gelten, wenn punktuelle Steuerentlastungen vorgenommen würde, die ausschließlich nichtansässigen Investoren zugute kämen. Diese führten zu weitreichenden Verzerrungen im Wettbewerb auf dem gemeinsamen Kapitalmarkt[116].

Letztlich wäre eine grundlegende volkswirtschaftliche Analyse[117] erforderlich, um zu entscheiden, welcher der beiden Meinungen der Vorzug zu geben ist.

Jedoch bedarf es einer solchen Entscheidung nicht, wenn beide Ansichten für die gegenständlichen Kapitalanlagen natürlicher Personen in deren Privatvermögen zum gleichen Ergebnis kommen. Die Theorie der Transaktionskostenneutralität legt ihrer Betrachtungsweise Direktinvestitionen zugrunde, also Investitionen, bei denen der Investor selbst unmittelbar auf die wirtschaftliche Tätigkeit des ausländischen Unternehmens Einfluss nimmt. Bei diesen sei für die Investitionsentscheidung der Saldo von Abgabenlast und staatlichen Leistungen (Infrastruktur) maßgeblich. Aufgrund der Systemeffizienz stelle sich – bei Steuerfreistellung der Einkünfte im Wohnsitzstaat – Wettbewerbsneutralität im Quellenstaat ein. Hingegen wird

106 Vogel, StuW 1993, 380 (387); Herzig, DStJG 19 (1996), 121 (132 f.).
107 Vogel, StuW 1993, 380 (387); Herzig, DStJG 19 (1996), 121 (132).
108 Vogel, StuW 1993, 380 (387).
109 Vogel, StuW 1993, 380 (387 f.); Zorn, DStJG 23 (2000), 227 (239 f.)
110 Zorn, DStJG 23 (2000), 227 (239 f.)
111 Herzig, DStJG 19 (1996), 121 (123). A. A. Lang, FS Flick, 873 (876): Das Subsidiaritätsprinzip sei ein Harmonisierungsprinzip.
112 Vgl. dazu Vogel, StuW 1993, 380 (388).
113 Zorn, DStJG 23 (2000), 227 (240).
114 Kritisch gegenüber der Lehre von der Transaktionskostenneutralität: Ohler, Die fiskalische Integration, S. 186.
115 Hey, Die Harmonisierung der Unternehmensbesteuerung, S. 103; Lang, FS Flick, 873 (887); Schön, DStJG 23 (2000), 191 (219).
116 Hey, Die Harmonisierung der Unternehmensbesteuerung, S. 104.
117 Vgl. dazu beispielsweise: Hensberg, Regierungen im fiskalischen Wettbewerb; Brosius, Internationaler Steuerwettbewerb und Koordination der Steuersysteme.

eingeräumt, dass bei Portfolioinvestitionen[118], bei denen der Kapitalanlagecharakter dominiere, der Investor selbst nicht im Quellenstaat unternehmerisch tätig werde[119]. Da er nicht dem dortigen Wettbewerb ausgesetzt sei, sei das Quellenprinzip nicht zwingend vorzugswürdig[120]. Wird damit eingeräumt, dass das Prinzip der Transaktionskostenneutralität bei Portfolioinvestitionen keine Anwendung finde, dann bedeutet dies nichts anderes als dass Investitionsentscheidungen privater Anleger maßgeblich von steuerlichen Belastungsunterschieden – nicht aber von einem Gesamtpaket wettbewerbsrelevanter Faktoren – geleitet werden[121].
Im Bereich der Investitionen privater Anleger dürfen daher nach beiden dargelegten Ansichten die steuerlichen Aspekte der verschiedenen Mitgliedsstaaten isoliert betrachtet werden, um zu beurteilen, ob sich ein unverfälschter Wettbewerb auf dem europäischen Kapitalmarkt – auch ohne Harmonisierung – einstellt. Ist in diesem Bereich also der Steuerwettbewerb (isoliert betrachtet) geeignet, Wettbewerbsverzerrungen zwischen den Marktteilnehmern aus den Mitgliedsstaaten zu beseitigen?
Da die Mitgliedsstaaten im Steuerwettbewerb das Ziel verfolgen, Ressourcen ins eigene Land zu holen, impliziert Steuerwettbewerb stets die Gefahr, dass dies geschieht, indem man gezielt Steuervergünstigungen an nichtansässige Investoren gewährt[122]. Damit wird Steuerwettbewerb zum „Wettbewerb der Steuergeschenke“[123]. Dieser Steuerwettbewerb wird nicht umsonst, sondern um seiner negativen volkswirtschaftlichen Auswirkungen willen als „schädlich“ bezeichnet. Er führt letztlich zu einer Erosion der mitgliedsstaatlichen Bemessungsgrundlage[124]. Die Mitgliedsstaaten vermögen sich ihm nicht aus eigener Kraft zu entziehen. Wenn die Mitgliedsstaaten dem Modell der „Steuergeschenke“ an nichtansässige Investoren folgen, dann mag damit zwar eine „stille Harmonisierung“ erfolgen. Doch werden durch diese Art der Harmonisierung bestehende Wettbewerbsverzerrungen noch verstärkt. Sie läuft dem Gemeinsamen Markt zuwider. Zugleich werden unter dem Druck des internationalen Steuerwettbewerbs die fiskalischen Gestaltungsmöglichkeiten der Staaten weitaus stärker beeinträchtigt als durch eine (echte) gemeinschaftsrechtliche Harmonisierung[125]. Steuerwettbewerb ist damit grundsätzlich keine geeignete Alternative zur Harmonisierung der Zinsbesteuerung auf Gemeinschaftsebene. Er macht diese nicht entbehrlich, sondern erforderlich[126].

(iii) Bedeutung bilateraler Vereinbarungen

Möglicherweise muss diese Aussage aber relativiert werden, wenn man die Möglichkeit der Mitgliedsstaaten einbezieht, auf bilateraler Ebene im Wege der Abkommenspraxis zu handeln. Es wird vielfach vertreten, dass sich Steuerneutralität im Wege der Abkommenspraxis herstellen lasse und auf diese Weise unverfälschte Wettbewerbsbedingungen realisiert werden könnten. Dabei stehen die Befürworter von Kapitalimportneutralität, herzustellen über das Quellenprinzip, also die Freistellung grenzüberschreitender Einkünfte im Wohnsitzstaat[127],

---

118 Zur Definition und Abgrenzung zu Direktinvestitionen siehe Teil E II.2.c)(2).
119 Vogel, in: Kirchhof, Der offene Finanz- und Steuerstaat, S. 108.
120 Vogel, in: Kirchhof, Der offene Finanz- und Steuerstaat, S. 128 ff. Kritisch dazu: Ohler, Die fiskalische Integration. S. 231.
121 Vgl. Schön, DStJG (23) 2000, 191 (220).
122 Hey, Die Harmonisierung der Unternehmensbesteuerung, S. 104 f.
123 Hey, Die Harmonisierung der Unternehmensbesteuerung, S. 105.
124 Schratzenstaller/ Wehner, Wirtschaftsdienst 2000, 675 (679).
125 In diesem Sinne auch Schön, DStJG 23 (1999), 191 (206).
126 So im Ergebnis auch Lang, FS Flick, 873 (887).
127 Lehner, StuW 1998, 159 (173); ders., in: Lüdicke, Fortentwicklung der Internationalen Unternehmensbesteuerung, 1 (7) leitet eine europarechtliche Präferenz der Kapitalimportneutralität aus der Entfaltung der Grundfreiheiten zu Beschränkungsverboten her. Wie unter Teil E II.e.a)(3)(c)(ii)

den Befürwortern von Kapitalexportneutralität[128], herzustellen über das Wohnsitzprinzip, also die Anrechnung der Quellensteuer auf grenzüberschreitende Einkünfte im Ansässigkeitsstaat, gegenüber[129].

Beide Theorien unterscheiden sich in der Wahl des örtlichen Anknüpfungspunktes für die Gleichbehandlung und damit für die Wettbewerbsneutralität. Kapitalimportneutralität stellt auf den Quellenstaat, Kapitalexportneutralität auf den Wohnsitzstaat ab[130]. Wie oben bereits erwähnt, wird die Freistellungsmethode v. a. im Bereich unternehmerischer Investitionen propagiert, während bei nichtunternehmerischen Investitionen, sog. Portfolioinvestitionen, die Besteuerung im Wohnsitzstaat in Betracht gezogen wird[131]. Nachdem vorliegend zwischen den privaten Anlegern kein Wettbewerb stattfindet, also lediglich Unternehmen aus verschiedenen Mitgliedsstaaten um das Kapital dieser Anleger konkurrieren[132], genügt, wie ich meine, in diesem Fall jedenfalls das Wohnsitzprinzip dem Gedanken der Wettbewerbsneutralität[133]: Wird eine Investition unabhängig von ihrem Ort jeweils nach dem Steuerrecht des Wohnsitzstaates des Anlegers besteuert, gibt es im Wettbewerb der europäischen Unternehmen um das Kapital dieser Anleger keine Verzerrungen aufgrund steuerlicher Belastungsunterschiede. Vorzugswürdig erscheint daher für den Bereich privater Kapitalanlagen das Prinzip der Kapitalexportneutralität[134].

Es bleibt indessen darauf hinzuweisen, dass Kapitalexportneutralität auf abkommensrechtlicher Ebene jeweils nur im bilateralen Verhältnis der beiden Vertragsstaaten erreicht werden kann. Daher könnte man zu dem Schluss gelangen, abkommensrechtliche Möglichkeiten seien per se weniger geeignet als eine EU-weite Harmonisierung, um unverfälschten Wettbewerb im Gemeinsamen Markt sicherzustellen[135].

Zuvor aber sollte gefragt werden, ob der Abschluss völkerrechtlicher Vereinbarungen bei der Prüfung des Subsidiaritätsgedankens überhaupt in Betracht gezogen werden darf. Ohne diese Frage zu problematisieren, bezieht die steuerrechtliche Literatur abkommensrechtliche Alternativen in die Subsidiaritätsprüfung ein. Sie gelangt zu dem Schluss, dass Doppelbesteu-

---

Grundfreiheiten zu Beschränkungsverboten her. Wie unter Teil E II.e.a)(3)(c)(ii) erörtert, wird diese Auffassung vorliegend nicht geteilt.

128 Selling, IStR 2000, 225 (230).

129 Vgl. dazu umfassend: Kluge, Das internationale Steuerrecht, S. 51 ff.

130 Vgl. dazu umfassend: Ohler, Die fiskalische Integraion, S. 227 ff.

131 Vogel, in: Kirchhof, Der offene Finanz- und Steuerstaat, S. 128 ff.

132 Vgl. Birk, in: Schick, Veranlagung, 23 (25).

133 So auch Selling, IStR 2000, 225 (231).

134 Die Frage, ob der EG-Vertrag eine Entscheidung im Streit zwischen Kapitalimport- und Kapitalexportneutralität trifft, ob es also ein europarechtlich zutreffendes Konzept der Steuerneutralität gibt, muss indessen im Namen der „Kohärenz“ der Gemeinschaftsrechtsordnung einheitlich beantwortet werden, so auch Lehner, in: Lüdicke, Fortentwicklung der internationalen Unternehmensbesteuerung, 1 (4), der insoweit allerdings zu einem anderen Ergebnis gelangt als im Folgenden vertreten: Nach meiner Auffassung treffen die den Binnenmarkt charakterisierenden Grundfreiheiten keine solche Entscheidung: Wie bereits in Teil E II 4 a)(3)(c)(ii) erörtert, steht es den Mitgliedsstaaten im Rahmen ihrer Steuersouveränität frei, eine die Kapitalverkehrsfreiheit beschränkende Doppelbesteuerung von grenzüberschreitenden Zinszahlungen durch Freistellung im Wohnsitzstaat (Kapitalimportneutralität) oder durch Anrechnung im Wohnsitzstaat (Kapitalexportneutralität) zu beseitigen. Das Gleiche muss für die spiegelbildliche Konstellation, nämlich für die Beseitigung von Wettbewerbsverfälschungen gelten, die aus einer faktischen „Nullbesteuerung“ von grenzüberschreitenden Zinszahlungen resultieren und dem Gemeinsamen Markt zuwiderlaufen: Auch hier muss es den Mitgliedsstaaten im Rahmen ihrer nationalen Steuersouveränität offen stehen, das Besteuerungsrecht dem Wohnsitz- oder dem Quellenstaat zuzuweisen, also Kapitalexport- oder Kapitalimportneutralität zu realisieren.

135 So Lang, FS Flick, 873 (888); Menck/ Mutén, Besteuerung privater Auslandszinsen, S. 11.

erungsabkommen eine geeignete Alternative darstellten, um unverfälschten Wettbewerb in der EU herzustellen[136].
Demgegenüber lehnt die europarechtlich geprägte Literatur eine Einbeziehung der Möglichkeit völkerrechtlicher Vereinbarungen in die Prüfung der gemeinschaftsrechtlichen Subsidiarität nach Art. 5 Abs. 2 EG ab[137]. Dieser Auffassung ist zuzugeben, dass das Subsidiaritätsprinzip im Gesamtzusammenhang des EG-Vertrags auszulegen ist. Zutreffend wird ausgeführt, das Wesen der Gemeinschaft liege darin, „in einem auf Integration ausgerichteten Verband Hoheitsgewalt auszuüben"[138]. Dieses Wesen würde „ausgehöhlt", würde man der Gemeinschaft die Kompetenz bereits dann absprechen, wenn ein Problem auch in den Formen herkömmlicher völkerrechtlicher Zusammenarbeit gelöst werden könnte. Richtigerweise dürfen intergouvernementale, d. h. abkommensrechtliche, Lösungen daher nicht in die Prüfung des Subsidiaritätsgedankens mit einbezogen werden[139].

(iv) Zwischenergebnis

Dies bedeutet, dass es im Bereich der Besteuerung von Zinsen privater Investoren auf mitgliedsstaatlicher Ebene keine geeignete Alternative zur Harmonisierung der Zinsbesteuerung gibt. Steuerwettbewerb ist nicht geeignet, einen unverfälschten Wettbewerb auf dem europäischen Kapitalmarkt zu garantieren. Im Rahmen des Subsidiaritätsprinzips haben insbesondere abkommensrechtliche Handlungsmöglichkeiten außer Betracht zu bleiben.
Die Harmonisierung der Zinsbesteuerung ist notwendig im Sinne des Art. 3 Abs. 1 lit. h EG zur Herstellung des Gemeinsamen Marktes. Sie wirkt sich „unmittelbar" auf dessen Funktionsfähigkeit im Sinne des Art. 94 EG aus und kann daher auf diese Kompetenzgrundlage gestützt werden.
Zugleich bewahrheitet sich, was zutreffend als „Europäisches Steuerparadoxon" bezeichnet wird: Die Mitgliedsstaaten können ihre Steuersouveränität gegenüber dem Druck des Marktes nur behaupten, indem sie sich einer Regelung auf Gemeinschaftsebene unterwerfen[140].

2. Subsidiarität und Verhältnismäßigkeit

Die Harmonisierung der Zinsbesteuerung muss weiterhin dem Umfang nach („Wie") mit den Grundsätzen der Subsidiarität und Erforderlichkeit vereinbar sein.

a) Anwendbarkeit

Bereits im Rahmen des Art. 94 EG wurde gegen eine Anwendung des Subsidiaritätsprinzips bei Harmonisierungsmaßnahmen vorgebracht, es bestehe eine ausschließliche Kompetenz der Gemeinschaft zur Harmonisierung. Einem solchen Verständnis stehen sowohl das Prinzip der begrenzten Einzelermächtigung als auch das Wesen des Subsidiaritätsprinzips als Kompetenzausübungsschranke entgegen[141]. Richtigerweise muss die Frage, ob eine ausschließliche

---

136 So Vogel, StuW 1993, 380 (388); Steichen, FS Fischer, 231 (250).

137 Zuleeg, in: von der Groeben/ Schwarze, EUV/ EGV, 6. Aufl., Bd. 1, Art. 5 EG Rz. 31; Streinz, in: ders., EUV/ EGV, Art. 5 EG Rz. 38; Calliess, in: Calliess/ Ruffert, EUV/ EGV, Art. 5 Rz. 41 m. w. N; Frowein, FS Lerche, 408 ff.

138 Zuleeg, in: von der Groeben/ Schwarze, EUV/ EGV, 6. Aufl., Bd. 1, Art. 5 EG Rz. 31; Frowein, FS Lerche, 408 ff..

139 Streinz, in: ders., EUV/ EGV, Art. 5 EG Rz. 38.

140 Vanistendael, European Taxation 1998, 331 (335); ebenso: Schön, DStJG 23 (2000), 191 (225); vgl. dazu auch Wieland, EuR 2001, 119 (122) sowie umfassend: Vanistendael, EC Tax Review 1998, 74 ff.

141 Ress/ Ukrow, in: Grabitz/ Hilf, EUV/ EGV, Art. 56 EG Rz. 3.

oder konkurrierende Kompetenz der Gemeinschaft besteht, nach der anzugleichenden Sachmaterie entschieden werden. Im Bereich des Steuerrechts wird, wie Art. 95 Abs. 2 EG zum Ausdruck bringt, die Souveränität der Mitgliedsstaaten vom Gemeinschaftsrecht respektiert. Für eine Angleichung dieser Rechtsmaterie ist die Gemeinschaft nicht ausschließlich zuständig.

Fraglich ist jedoch, ob für die Anwendung des Subsidiaritätsprinzips bzw. des Verhältnismäßigkeitsprinzips – über deren Bedeutung für die Auslegung von Art. 94 EG hinaus – überhaupt Raum bleibt. Dagegen könnte angeführt werden, dass Art. 94 EG in seiner Konkretisierung durch Art. 3 lit. h EG lex specialis zu Art. 5 Abs. 2, 3 EG sei[142]. Indessen kann Art. 94 EG nur im Umfang seines Regelungsbereichs Vorrangwirkung entfalten. Als Kompetenzgrundlage regelt Art. 94 EG, „ob" eine Handlungsermächtigung der Gemeinschaft zur Rechtsangleichung mit einem bestimmten Ziel grundsätzlich besteht. „Wie" das jeweilige Handeln der Gemeinschaft beschaffen sein muss, um gemeinschaftsrechtskonform zu sein, wird von weiteren Normen bestimmt. Zu diesen zählt der Verhältnismäßigkeitsgrundsatz nach Art. 5 Abs. 3 EG[143], der als Kompetenzausübungsschranke[144] eine Ausprägung des Subsidiaritätsprinzips darstellt[145].

Nach dem Verhältnismäßigkeitsgrundsatz ist eine Harmonisierungsmaßnahme nur rechtmäßig, wenn sie zur Erreichung des zulässigerweise verfolgten Ziels geeignet, erforderlich und angemessen ist. Bei mehreren – nach subjektiver Prognose des Gemeinschaftsgesetzgebers – (gleich) geeigneten Maßnahmen ist diejenige zu wählen, die die mitgliedsstaatliche Souveränität am wenigsten belastet[146].

Im Folgenden wird zunächst untersucht, welche Harmonisierungsansätze für den Gemeinschaftsgesetzgeber im Jahr 2003 unter Berücksichtigung seiner gesetzgeberischen Einschätzungsprärogative zur Beseitigung steuerlich bedingter Wettbewerbsverzerrungen als geeignet in Betracht kamen147.

b) Geeignetheit

Es werden also alle denkbaren Harmonisierungsansätze – unter Berücksichtigung gesetzgeberischen Beurteilungsspielraums – auf ihre Geeignetheit hin beleuchtet, diejenigen Verzerrungen im Wettbewerb von Unternehmen um privates Kapital auf dem europäischen Markt zu beseitigen, die aus der steuerlichen Belastungsdifferenz zwischen effektiv besteuerten inländischen Zinszahlungen und nicht effektiv besteuerten grenzüberschreitenden Zinszahlungen resultieren.

In Betracht kommen die bereits eingangs dargestellten Harmonisierungsansätze[148], d. h. ein umfassender Informationsaustausch zwischen den Steuerbehörden der Mitgliedsstaaten, eine

---

142 Streinz, in: ders., EUV/ EGV, Art. 5 EG Rz. 50; Zuleeg, in: von der Groeben/ Schwarze, EUV/ EGV, 6. Aufl., Bd. 1, Art. 5 EG Rz. 43.

143 Streinz, in: ders., EUV/ EGV, Art. 5 EG Rz. 45.

144 Streinz, in: ders., EUV/ EGV, Art. 5 EG Rz. 45.

145 Zuleeg, in: von der Groeben/ Schwarze, EUV/ EGV, 6. Aufl., Bd. 1, Art. 5 EG Rz. 37; Streinz, in: ders., EUV/ EGV, Art. 5 EG Rz. 45.

146 Zuleeg, in: von der Groeben/ Schwarze, EUV/ EGV, 6. Aufl., Bd. 1, Art. 5 EG Rz. 37.

147 Diese Prüfung stellt indessen keine Rechtmäßigkeitsprüfung der bereits verabschiedeten Zinsrichtlinie dar. Im Rahmen einer solchen ist der Verhältnismäßigkeitsgrundsatz – mit Rücksicht auf die gesetzgeberische Gestaltungsfreiheit – nämlich nur beschränkt justiziabel, mithin auf eine Evidenzprüfung beschränkt. Vgl. Dazu: Streinz, in: ders., EUV/ EGV, Art. 5 EG Rz. 47, 52; Zuleeg, in: von der Groeben/ Schwarze, EUV/ EGV, 6. Aufl., Bd. 1, Art. 5 EG Rz. 38.

148 Siehe Teil G I.

anrechenbare Mindestquellensteuer, die Koexistenz von Informationsaustausch und (Min dest-) Quellenbesteuerung sowie zusätzlich eine abgeltende Quellensteuer.

(1) Informationsmodell

Durch das Konzept einer Übermittlung von Kontrollmitteilungen wird der materielle Besteuerungsanspruch des Wohnsitzstaates realisiert. Zinsen werden unabhängig vom Investitionsort stets und effektiv nach dem Recht des Wohnsitzstaates besteuert. Dies bedeutet, dass steuerliche Unterschiede zwischen dem Quellen- und Wohnsitzstaat sich nicht auf die Nettorendite einer Kapitalanlage auswirken. Da Investitionsentscheidungen privater Anleger damit losgelöst von steuerlichen Erwägungen erfolgen, wird der Wettbewerb von Unternehmen um Kapital privater Anleger auf dem europäischen Markt nicht länger durch steuerliche Belastungsunterschiede verzerrt (Kapitalexportneutralität bzw. Produktionseffizienz[149]). Das Konzept einer Übermittlung von Kontrollmitteilungen an den Wohnsitzstaat stellt damit eine geeignete Maßnahme zur Beseitigung von Wettbewerbsverzerrungen auf dem europäischen Kapitalmarkt dar[150].

(2) Modell einer anrechenbaren Mindestquellensteuer

Fraglich ist, ob dies auch für das Modell einer anrechenbaren Mindestquellensteuer auf Zinsen im Quellenstaat in der bislang vorgeschlagenen Höhe von 15 % gilt. Nach diesem Modell werden grenzüberschreitende Zinszahlungen nur minimal belastet. Die Endbesteuerung bleibt weiterhin dem Wohnsitzstaat im Wege der Veranlagung vorbehalten. Da ein regelmäßig weit unter dem persönlichen Einkommensteuersatz liegender (Mindest-) Quellensteuersatz keinen Anreiz für eine Deklaration der Zinsen im Wohnsitzstaat setzt, folgt daraus, dass Zinsen weiterhin oft nicht im Wohnsitzstaat deklariert werden[151]. Mangels hinreichenden Auskunftsverkehrs ist der materielle Besteuerungsanspruch des Wohnsitzstaates faktisch weiterhin nicht durchsetzbar. Die effektiven steuerlichen Belastungsunterschiede zwischen inländischen und grenzüberschreitenden Zinszahlungen bleiben bestehen. Dieses Modell ist also ungeeignet, die aus den Belastungsunterschieden resultierenden Wettbewerbsverzerrungen auf dem europäischen Kapitalmarkt zu beseitigen[152].

(3) Modell einer abgeltenden Quellensteuer

Zu prüfen bleibt, ob eine abgeltende Quellensteuer zu diesem Zweck geeignet ist. Beschränkt man deren gemeinschaftsweite Einführung auf grenzüberschreitende Zinszahlungen (d. h. Zinszahlungen an Nichtansässige), so ist die aufgeworfene Frage gleichbedeutend mit derjenigen, ob Steuerneutralität in Form der Kapitalimportneutralität[153] im Rahmen der Besteue-

---

149 Kapitalexportneutralität bedeutet, dass alle aus einem bestimmten Staat stammenden Investitionsmittel, gleichgültig, in welchem Staat sie investiert werden, steuerlich gleichbehandelt werden. Sie wird durch das Wohnsitzprinzip bewirkt. Dazu: BMF, Reform der internationalen Kapitaleinkommensbesteuerung, S. 71, 97.

150 A. A. Krause, Harmonisierung der Zinsbesteuerung, S. 15, der das Ziel der Harmonisierung definiert als Schaffung einheitlicher Standards für die Besteuerung von Kapitalerträgen. Im Rahmen dieser Arbeit wird demgegenüber allein auf den unverfälschten Wettbewerb als Harmonisierungsziel abgestellt.

151 Böckli, ASA 2000, 529 (236); Anzinger, StuW 2002, 261 (269); Schratzenstaller/ Wehner, Wirtschaftsdienst 2000, 671 (682).

152 So auch Anzinger, StuW 2002, 261 (270).

153 Kapitalimportneutralität, also eine steuerliche Gleichbehandlung aller in einem bestimmten Staat getätigten Investitionen, ohne Rücksicht darauf, aus welchem Staat die Investitionsmittel stammen, resultiert aus dem Quellenprinzip. Das Quellenprinzip lässt sich technisch durch eine konsequente Freistellung aller

rung privater Zinsen geeignet ist, einen unverfälschten Wettbewerb nach Art. 3 lit. g EG herzustellen.

Abzustellen ist dabei vorliegend allein auf das Wettbewerbsverhältnis zwischen den Unternehmen, welche auf dem europäischen Markt Kapital privater Anleger zu akquirieren suchen; private Anleger stehen demgegenüber nicht in einem Wettbewerb zueinander[154]. Fraglich ist also, ob sich die steuerlich bedingten Verzerrungen im Wettbewerb der Kapitalnachfrager durch die Erhebung einer abgeltenden Quellensteuer – beschränkt auf grenzüberschreitende Zinszahlungen – beseitigen lassen. Wird im Quellenstaat eine abgeltende Quellensteuer erhoben, so pauschaliert diese – unter Berücksichtigung der dem Veranlagungsgrundsatz immanenten Erhebungsdefizite – eine der Veranlagung effektiv entsprechende Belastungswirkung. Zwar werden grenzüberschreitende Zinsen damit nicht exakt in derselben Höhe besteuert wie Zinszahlungen innerhalb des Wohnsitzstaates, doch wird zumindest eine effiziente Endbesteuerung auf dem Niveau des Quellenstaates bewirkt. Die steuerlichen Belastungsunterschiede zwischen inländischen und grenzüberschreitenden Zinszahlungen werden damit auf den Unterschied zwischen pauschaler Anwendung des Abgeltungssteuersatzes im Quellenstaat und Veranlagung zum persönlichen Einkommensteuersatz im Wohnsitzstaat reduziert. Dieser Belastungsunterschied fällt deutlich geringer aus als derjenige, der zur Zeit – für den Fall der Nichtdeklaration im Wohnsitzstaat – aus faktischer „Nullbesteuerung" grenzüberschreitender Zinszahlungen und Veranlagung von inländischen Zinszahlungen[155] bzw. Einbehalt einer Abgeltungssteuer auf inländische Zinszahlungen resultiert. Es muss dem Gemeinschaftsgesetzgeber daher im Rahmen seines Beurteilungsspielraums zugestanden werden, das Modell einer abgeltenden Quellensteuer auf grenzüberschreitende Zinszahlungen als geeigneten Ansatz für eine Beseitigung bestehender Wettbewerbsverzerrungen in Betracht zu ziehen[156].

Jedenfalls aber ist das Modell einer abgeltenden Quellensteuer zur Beseitigung der bestehenden Wettbewerbsverzerrungen geeignet, wenn die abgeltende Quellensteuer gemeinschaftsweit einheitlich, d. h. in gleicher Höhe, auf inländische wie grenzüberschreitende Zinszahlungen einbehalten würde. Durch die gemeinschaftsweite Angleichung von Steuersatz und Bemessungsgrundlage werden Kapitalimport- und Kapitalexportneutralität gleichermaßen verwirklicht[157].

(4) Koexistenzmodell

Fraglich ist, ob auch das sog. Koexistenzmodell zur Beseitigung der Wettbewerbsverzerrungen geeignet erscheint. Dieses Harmonisierungskonzept lässt den Mitgliedsstaaten die Wahl zwischen Erhebung einer Quellensteuer und Informationsübermittlung an den Wohnsitzstaat. Gestaltet man eine solche Quellensteuer – anders als im Richtlinienentwurf von 1998 – als *abgeltende Quellensteuer* aus, könnte für eine Geeignetheit des Koexistenzmodells zur Beseitigung der Wettbewerbsverzerrungen angeführt werden, dass sich aus der Verankerung des Systems unverfälschten Wettbewerbs in Art. 2, 3 lit. g EG grundsätzlich keine gemeinschaftsrechtliche Präferenz für ein steuerliches Neutralitätskonzept ableiten lässt. Der EG-Vertrag

---

Auslandseinkünfte im Wohnsitzstaat sichern. Dazu: BMF, Reform der internationalen Kapitaleinkommensbesteuerung, S. 61, 71.

154 Vgl. dazu auch Birk, in: Schick, Veranlagung, 23 (25).

155 Der Belastungsvergleich geht davon aus, dass eine effektive Besteuerung inländischer Zinszahlungen durch Kontrollmitteilungen sichergestellt ist, insoweit also keine Verifikationslücken bestehen.

156 Für die Geeignetheit des Abgeltungssteuermodells: Anzinger, StuW 2002, 261 (270); Krause, Die Harmonisierung der Zinsbesteuerung, S. 35.

157 Vgl. BMF, Reform der internationalen Kapitaleinkommensbesteuerung, S. 71, 98.

trifft, wie bereits erörtert, grundsätzlich keine verbindliche Entscheidung im finanzwissenschaftlichen Streit um Kapitalimport- und Kapitalexportneutralität. Der Bezugspunkt für die Herstellung von Chancengleichheit im Wettbewerb um Kapital auf dem europäischen Markt kann somit grundsätzlich entweder im Quellen- oder im Wohnsitzstaat gewählt werden. Jedoch kann ein unverfälschter Wettbewerb nur dann realisiert werden, wenn die Entscheidung für das eine oder andere Neutralitätskonzept gemeinschaftsweit einheitlich getroffen wird. Ein Nebeneinander beider Konzepte lässt Wettbewerbsverzerrungen insbesondere an den Schnittstellen beider Modelle bestehen. Es lässt insbesondere eine Bevorzugung von Vermögensanlagen in Quellensteuerstaaten und damit eine Benachteiligung von Emittenten in Mitgliedsstaaten mit Kontrollmitteilungssystem erwarten[158]. Ein solches Koexistenzmodell ist zur Herstellung eines unverfälschten Wettbewerbs nicht geeignet.
Dasselbe gilt für die Ausgestaltung des Koexistenzmodells als Kombination von Kontrollmitteilungen und *anrechenbarer Quellensteuer*[159]. Die Erhebung einer im Wohnsitzstaat anrechenbaren Quellensteuer mit einem (Mindest-) Satz von 20 % (vgl. Richtlinienvorschlag von 1998) setzt gerade für Steuerpflichtige mit hohem persönlichen Steuersatz (40-50 %) keinen Anreiz zur Deklaration im Wohnsitzstaat, während das Kontrollmitteilungssystem per se die Deklaration im Wohnsitzstaat sicherstellt. Gerade Steuerpflichtige mit hohem Einkommen werden daher stets Vermögensanlagen in Quellenstaaten bevorzugen, die eine (Mindest-) Quellensteuer einbehalten. Im Ergebnis bleiben auch hier Wettbewerbsverzerrungen an den Schnittstellen zwischen Quellensteuer- und Informationsmodell bestehen. Zudem weist der konkrete Richtlinienvorschlag eines Koexistenzmodells von 1998 an den Schnittstellen der beiden Modelle zahlreiche Ungereimtheiten auf[160]. Ein solches Modell ist nicht geeignet, um die bestehenden Wettbewerbsverzerrungen auf dem europäischen Kapitalmarkt zu beseitigen.

(5) Zwischenergebnis

Als Zwischenergebnis ist daher festzuhalten: Der Gemeinschaftsgesetzgeber hätte im Rahmen der Ausübung seines Beurteilungsspielraums aufgrund seiner subjektiven Einschätzung ex ante sowohl das Modell einer abgeltenden Quellensteuer als auch das Informationsmodell als geeignete Maßnahmen in Betracht ziehen können.

c) Erforderlichkeit

Fraglich ist, welches der beiden genannten Modelle das mildere Mittel zur Verwirklichung eines (steuerlich) unverfälschten Wettbewerbs darstellt, also die mitgliedsstaatliche Steuersouveränität weniger beeinträchtigt. Will man die Eingriffsintensität einer bestimmten Harmonisierungsmaßnahme in das nationale Recht der Mitgliedsstaaten ermitteln, muss man sowohl quantitative als auch qualitative Aspekte berücksichtigen[161]. In quantitativer Hinsicht ist maßgeblich, welche Anzahl von Mitgliedsstaaten durch ein bestimmtes Harmonisierungskonzept zu Anpassungsmaßnahmen gezwungen wird. In qualitativer Hinsicht kommt es darauf an, wie weit die jeweils erforderlichen Anpassungsmaßnahmen in das nationale Steuersystem eingreifen[162].

---

158 Vgl. Schratzenstaller/ Wehner, Wirtschaftsdienst 2000, 671 (682); vgl. Fischer/ Gulder, Sparkasse 1998, 415 (415).
159 Schratzenstaller/ Wehner, Wirtschaftsdienst 2000, 671 (682); Fischer/ Gulder, Sparkasse 1998, 415 (415).
160 Nachreiner, DStZ 1998, 486 (489).
161 Anzinger, StuW 2002, 261 (271).
162 Anzinger, StuW 2002, 261 (271).

(1) Quantitative Gesichtspunkte

Wie viele Mitgliedsstaaten wären also bei gemeinschaftsweiter Einführung einer *abgeltenden Quellensteuer* auf Zinserträge zu Anpassungsmaßnahmen gezwungen?

Von den im Rahmen dieser Arbeit untersuchten fünfzehn Mitgliedsstaaten erheben im VZ 2003 acht Staaten auf Zinsen Gebietsansässiger eine abgeltende Quellensteuer, nämlich Belgien, Griechenland, Italien, Irland, Finnland, Frankreich, Österreich und Portugal. Hingegen wird auf Zinsen nichtansässiger Anleger unter Berücksichtigung der jeweils mit Deutschland abgeschlossenen geltenden Doppelbesteuerungsabkommen nur in fünf Staaten (teilweise) eine Quellensteuer erhoben, nämlich in Belgien, Griechenland, Italien, Portugal und Spanien. Die erhobene Quellensteuer ist dabei jeweils im Wohnsitzstaat anrechenbar.

Die Einführung einer abgeltenden Quellensteuer *auf Zinserträge Nichtansässiger* verpflichtet demnach vornehmlich diejenigen zehn Mitgliedsstaaten zu Anpassungsmaßnahmen, die derzeit keine solche Quellensteuer erheben. Daneben sind aber auch die weiteren fünf Mitgliedsstaaten, die Zinserträge Nichtansässiger (teilweise) an der Quelle besteuern, zu Anpassungen von Tarif und Bemessungsgrundlage ihrer Quellensteuer gezwungen.

Wird die abgeltende Quellensteuer gemeinschaftsweit *nicht nur für Zinserträge Nichtansässiger, sondern auch Ansässiger* eingeführt, so betrifft dies vornehmlich diejenigen sieben Mitgliedsstaaten, die bislang eine solche Abgeltungssteuer nicht erheben; daneben müssen aber auch diejenigen acht Mitgliedsstaaten, die eine solche Quellensteuer bislang erheben, diese hinsichtlich Tarif und Bemessungsgrundlage an die gemeinschaftsweite Regelung anpassen.

Unter quantitativen Gesichtspunkten ist daher festzuhalten, dass die gemeinschaftsweite Einführung einer Quellensteuer auf Zinserträge Nichtansässiger sämtliche fünfzehn Mitgliedsstaaten zu Rechtsänderungen verpflichtet. Dasselbe gilt für die gemeinschaftsweite Einführung einer Quellensteuer, die Zinserträge Ansässiger wie Nichtansässiger gleichermaßen betrifft.

Hingegen verpflichtet die Einführung eines automatischen *zwischenstaatlichen Auskunftsverkehrs* über Zinszahlungen diejenigen Mitgliedsstaaten zu Rechtsänderungen, in denen ein steuerrechtlich anerkanntes Bankgeheimnis solchen Kontrollmitteilungen bislang entgegensteht. Zwar besteht in sämtlichen untersuchten Mitgliedsstaaten im VZ 2003 ein zivilrechtliches Bankgeheimnis, aufgrund dessen die Banken zur Geheimhaltung von Daten gegenüber Dritten verpflichtet sind. Dieses Bankgeheimnis ist gegenüber dem Fiskus in einer Vielzahl von Mitgliedsstaaten indessen zumindest teilweise durchbrochen. Innerhalb der fünfzehn untersuchten Mitgliedsstaaten bestehen demnach in neun Staaten, nämlich Dänemark, Finnland, Frankreich, Griechenland, Großbritannien, Irland, Niederlande, Schweden und Spanien, Kontrollmitteilungspflichten für Banken an den Fiskus über laufende Zinszahlungen. Lediglich in Belgien, Luxemburg und Österreich ist das Bankgeheimnis auch gegenüber dem Fiskus umfassend geschützt. In Deutschland bestehen Ermittlungsbeschränkungen der Finanzbehörden gegenüber Banken im allgemeinen Besteuerungsverfahren; Banken dürfen nach § 30 a Abs. 2 AO nicht zur Erteilung von Kontrollmitteilungen an die Finanzbehörden verpflichtet werden[163]. Auch in Italien und Portugal werden im VZ 2003 keine Kontrollmitteilungen durch Banken erteilt.

Daraus ergibt sich folgende quantitative Betrachtung: Die Einführung eines zwischenstaatlichen Auskunftsverkehrs über Zinszahlungen verpflichtet lediglich diejenigen sechs Mitgliedsstaaten zu Rechtsänderungen, die bislang keine Kontrollmitteilungspflichten für Banken statuiert haben.

---

163 Siehe dazu ausführlich unten Teil I. II.1.b)(1)(c).

(2) Qualitative Gesichtspunkte

In qualitativer Hinsicht werden durch die Einführung einer *abgeltenden Quellensteuer auf Zinserträge Nichtansässiger* vornehmlich diejenigen Mitgliedsstaaten, die auf Zinsen Nichtansässiger bislang keine Quellensteuer erheben, zu umfassenden Änderungen ihres nationalen Steuerrechts, nämlich hinsichtlich Bemessungsgrundlage und Steuertarif, gezwungen; sie werden darüber hinaus verpflichtet, ihre Doppelbesteuerungsabkommen insoweit zu ändern, als diese bislang eine ausschließliche Zuweisung des Besteuerungsrechts an den Wohnsitzstaat vorsehen (Wohnsitzprinzip). Daneben müssen aber auch diejenigen Mitgliedsstaaten ihre bestehenden Doppelbesteuerungsabkommen ändern, die bislang eine im Wohnsitzstaat anrechenbare Quellensteuer in Höhe von 10 %–15 % auf Zinsen Nichtansässiger erheben. Insgesamt sind damit weitreichende Rechtsänderungen verbunden.

Die gemeinschaftsweite Einführung einer *abgeltenden Quellensteuer auch auf Zinserträge Ansässiger* erfordert darüber hinaus umfassende Steuerrechtsänderungen selbst in denjenigen Mitgliedsstaaten, die eine abgeltende Quellensteuer bislang auf Zinserträge von Ansässigen erheben; hier variieren die Besteuerungsysteme bislang erheblich in Bemessungsgrundlage und Steuersatz[164]. Der Tarif der abgeltenden Quellensteuer beträgt in Belgien 15 %, in Finnland 29 %, in Frankreich 15 %–35 %, in Griechenland 10 % bzw. 15 %, in Italien 12,5 % / 27 %, in Irland 20 %, in Österreich 25 % und in Portugal 20 % / 16 % / 8 %. Unterschiede in der Bemessungsgrundlage bestehen u. a. insoweit, als in diversen Mitgliedsstaaten nur Zinsen aus bestimmten Anlageformen einer Abgeltungssteuer unterworfen werden, Zinsen aus anderen Anlageinstrumenten hingegen einer auf die endgültige Einkommensteuerschuld (Veranlagungsprinzip) anrechenbaren Quellensteuer unterliegen (so in Finnland, Griechenland, Italien, Irland, Österreich). Weiterhin sind in Frankreich, Griechenland, Irland und Portugal für Zinsen aus diversen Anlageformen sachliche Steuerbefreiungen vorgesehen. Diese Zinsen werden nicht der Abgeltungssteuer unterworfen. Als Sonderfall ist insbesondere die Bemessungsgrundlage der Quellensteuer in den Niederlanden hervorzuheben, wo der standardisierte Sollertrag zugrunde gelegt wird[165]. Zusätzlich besteht in einigen Mitgliedsstaaten, nämlich Belgien, Frankreich, Österreich und Portugal, die Option zur Veranlagung von Zinserträgen. All diese Unterschiede müssen bei der gemeinschaftsweiten Einführung einer abgeltenden Quellensteuer auf Zinserträge Ansässiger wie auch Nichtansässiger beseitigt werden.

Eine solche Maßnahme widerspricht in diversen Mitgliedsstaaten insbesondere dem Grundgedanken synthetischer Einkommensbesteuerung[166]. Eine Abgeltungssteuer auf Zinserträge führt als schedulare Maßnahme zur Durchbrechung der synthetischen Einkommenbesteuerung; einer solchen folgen im VZ 2003 immerhin zehn der fünfzehn Mitgliedsstaaten[167]. Davon erheben bislang nur sieben Mitgliedsstaaten, nämlich Belgien, Griechenland (nur z. T.), Irland[168] (nur z. T.) Italien (nur z. T.), Frankreich, Österreich und Portugal eine abgeltende Quellensteuer auf Zinserträge. Wiederum vier dieser Mitgliedsstaaten, nämlich Belgien, Frankreich, Österreich und Portugal eröffnen dabei die Option zur Veranlagung („relative

164 Vgl. Anzinger, StuW 2002, 261 (271).

165 So auch Anzinger, StuW 2002, 261 (271).

166 Vgl. Tipke, Die Steuerrechtsordnung, Bd. 2, S. 668: Als „synthetische Einkommensteuer“ wird eine Einkommensteuer bezeichnet, die das gesamte besteuerbare Einkommen oder alle Arten von Einkünften zu einer Summe der Einkünfte zusammenfasst, an die die gleichen Rechtsfolgen geknüpft sind.

167 Siehe Teil F I.4.

168 Das britische und irische Einkommensteuersystem weisen als traditionelle Schedulensysteme mittlerweile zahlreiche Elemente einer synthetischen Einkommensteuer auf. Siehe dazu: Teil E III.1.b)(2), Teil E III.1.b)(4) und Teil E III.3.

Abgeltungssteuer"[169]) und bekräftigen damit den synthetischen Charakter ihrer Einkommensteuersysteme.
Rechtsänderungen sind bei der Einführung einer gemeinschaftsweiten Quellensteuer auf Zinserträge darüber hinaus auch in denjenigen Einkommensteuersystemen erforderlich, die auf dem Prinzip der Schedulensteuer[170] beruhen. Auch diese erheben zum Teil keine abgeltende Quellensteuer auf Kapitalerträge. Einzig die finnische Schedulensteuer auf Kapitalerträge ist durchwegs als abgeltende Quellensteuer ausgestaltet. Die schwedische Quellensteuer ist anrechenbarer Art; die Niederlande behalten keine Quellensteuer auf Zinserträge ein. Die gemeinschaftsweite Einführung einer Abgeltungssteuer auf Zinserträge bedeutet damit auch für diese Rechtssysteme gewisse Änderungen.
Als Fazit lässt sich damit festhalten: In qualitativer Hinsicht greift die gemeinschaftsweite Einführung einer abgeltenden Quellensteuer auf Zinserträge Ansässiger wie auch Nichtansässiger weitreichend in die Steuerhoheit der Mitgliedstaaten ein. Dies ergibt sich zum einen daraus, dass eine solche Abgeltungssteuer dem synthetischen Grundgedanken zahlreicher Einkommensteuersysteme zuwiderläuft. Zum anderen ergibt sich dies aus dem Erfordernis einer Angleichung sowohl von Steuertarif als auch von Bemessungsgrundlage.

Demgegenüber lässt die gemeinschaftsweite Einführung zwischenstaatlicher *Kontrollmitteilungen* über grenzüberschreitende Zinszahlungen das materielle Steuerrecht sämtlicher Mitgliedsstaaten unberührt. Insbesondere bleibt in diesem Fall auch das in der Abkommenspraxis vorherrschende Wohnsitzprinzip erhalten. Von den Änderungen betroffen sind lediglich steuerverfahrensrechtliche Normen, die der Erteilung von zwischenstaatlichen Kontrollmitteilungen über Zinserträge zum Schutz eines bestehenden Bankgeheimnisses bislang entgegenstehen. Werden diese Normen aufgehoben, so ist ein spontaner Auskunftsverkehr zum Zwecke der steuerlichen Erfassung von ausländischen Zinserträgen im Wohnsitzstaat grundsätzlich bereits nach Amtshilferichtlinie möglich. Die entsprechenden Rechtsänderungen lassen die mitgliedsstaatlichen Bankgeheimnisse in ihrem Kern, d. h. als Geschäftsgeheimnisse vertraglichen Ursprungs, unberührt. Auch sind die Finanzbehörden ihrerseits aufgrund des Steuergeheimnisses zur Geheimhaltung der übermittelten Informationen gegenüber Dritten verpflichtet[171]. Lediglich in denjenigen Mitgliedsstaaten, in denen ein Bankgeheimnis auch in steuerlicher Hinsicht (mindestens) zu Ermittlungsbeschränkungen der Finanzbehörden gegenüber Banken führt, sind Rechtsänderungen erforderlich. Solches gilt für Deutschland, Belgien, Italien, Luxemburg, Österreich und Portugal, wo automatisierte Kontrollmitteilungen von Banken über laufende Zinszahlungen im VZ 2003 unzulässig sind. Da über einzelne Ermittlungsbeschränkungen hinaus das Bankgeheimnis steuerlich lediglich in Belgien, Österreich und Luxemburg umfassenden Schutz genießt, es mithin nur in Österreich und Luxemburg gesetzlich verankert ist, sind nur in diesen Staaten grundlegende Rechtsänderungen erforderlich.

(3) Zwischenergebnis

Insgesamt lässt sich also feststellen, dass die Einführung internationaler Kontrollmitteilungen im Bereich der Zinsbesteuerung weniger weit in die mitgliedsstaatliche Steuersouveränität

169 BMF, Reform der internationalen Kapitaleinkommensbesteuerung, S. 87.

170 Vgl. Tipke, Die Steuerrechtsordnung, Bd. 2, S. 668: Die „Schedulensteuer" trennt die Einkunftsarten und knüpft an sie jeweils unterschiedliche Rechtsfolgen. Sie lässt keine Verrechnung negativer und positiver Einkünfte aus verschiedenen Einkunftsarten zu bzw. beschränkt diese.

171 Vgl. Anzinger, StuW 2002, 261 (271).

eingreift als die Einführung einer abgeltenden Quellensteuer[172]. Während Letztere eine Vollharmonisierung von Bemessungsgrundlage und Steuertarif bedeutet, ist bei Ersterer lediglich eine Teilharmonisierung des Steuerverfahrensrechts erforderlich. Bei Berücksichtigung des Subsidiaritätsprinzips muss gerade im Bereich des souveränitätssensiblen Steuerrechts einer Teilharmonisierung grundsätzlich Vorrang gegenüber der Vollharmonisierung zukommen (Mittelhierarchie)[173]. Daher genügt – auch unter Berücksichtigung des gesetzgeberischen Beurteilungsspielraums – allein das auf einem zwischenstaatlichen Informationsaustausch beruhende Harmonisierungsmodell, nicht aber das Modell einer abgeltenden Quellensteuer dem Erforderlichkeitsgrundsatz[174].

d) Angemessenheit

Zu prüfen bleibt, unter welchen Voraussetzungen dieser Informationsaustausch angemessen, also verhältnismäßig i. e. S. ist. Das Erfordernis der Angemessenheit wird von der herrschenden Meinung als ungeschriebener Bestandteil des Verhältnismäßigkeitsprinzips betrachtet[175]. Danach müssen die auferlegten Belastungen in angemessenem Verhältnis zu den angestrebten Zielen stehen[176]. Vorliegend muss der mit der Harmonisierung verbundene Eingriff in die mitgliedsstaatliche Steuersouveränität in angemessenem Verhältnis zur Realisierung eines (vom Steuerrecht) unverfälschten Wettbewerbs auf dem europäischen Kapitalmarkt stehen.

Dies wäre dann nicht der Fall, wenn die Harmonisierung den unantastbaren, angleichungsresistenten Kernbereich steuerlicher Souveränität der Mitgliedsstaaten berührte[177]. Dieser Kernbereich wird dort verortet, wo die Steuersouveränität zugleich die nationale Haushaltssouveränität garantiert[178]. Dort bewirke eine Harmonisierung des Steuerrechts in Verbindung mit den strikten Verschuldungskriterien der Wirtschafts- und Währungsunion eine weitgehende Festlegung der Staatshaushalte. Eine solche Festlegung sei vom EG-Vertrag nicht gedeckt. Vielmehr müsse den nationalen Parlamenten die Budgethoheit verbleiben, damit eine demokratische legitimierte Entscheidung über Art und Umfang der Staatstätigkeit sichergestellt sei[179].

Die Einführung eines zwischenstaatlichen Informationsaustausches über Zinszahlungen berührt allerdings den Kernbereich nationaler Steuersouveränität nicht. Gerade im Bereich der Zinsbesteuerung vermögen sich die einzelnen Mitgliedsstaaten nach der Liberalisierung des Kapitalverkehrs dem „schädlichen Steuerwettbewerb" kraft nationaler Steuersouveränität nicht mehr zu entziehen. Dessen negative Auswirkungen, insbesondere die Erosion der steu-

---

172 Vgl. auch Rehm, Die Zinsbesteuerung in der Europäischen Union, S. 38; vgl. BMF, Reform der internationalen Kapitaleinkommensbesteuerung, S. 94 f.

173 Vgl. Streinz, in: ders., EUV/ EGV, Art. 5 Rz. 51; Zorn, DStJG 23 (2000), 226 (237).

174 A. A. Krause, Harmonisierung der Zinsbesteuerung, S. 16, der sich für eine Vollharmonisierung der materiellen Besteuerungsvorschriften ausspricht.

175 EuGH v. 11.7.1989, 265/ 87, Schräder/ Hauptzollamt Gronau, EuGHE 1989, 2237 (2269) Rz. 20 ff.; Schwarze, in: ders., EUV/ EGV, Art. 5 EG Rz. 39; Zuleeg, in: von der Groeben/ Schwarze, EUV/ EGV, 6. Aufl., Bd. 1, Art. 5 EG Rz. 40; a. A. wohl Langguth, in: Lenz/ Borchardt, EUV/ EGV, Art. 5 Rz. 36.

176 Schwarze, in: ders., EUV/ EGV, Art. 5 EG Rz. 39.

177 Dazu vgl. Schön, DStJG 23 (2000), 191 (223 f.). Ähnlich Lang, FS Flick, 873 (876), der diejenigen Normen als harmonisierungsfest betrachtet, die die nationale Identität eines Mitgliedsstaates garantieren (Art. F EUV). Eine hinreichende finanzielle Ausstattung durch Wahrung des Kernbestands nationaler Steuersouveränität dürfte dazu zählen. Vgl. auch Beutler/ Bieber/ Pipkorn/ Streil, Die Europäische Union, 5. Aufl., Rz. 89 f.: Wahrung nationaler Identität als Grenze der Zuständigkeitsübertragung.

178 Schön, DStJG 23 (2000), 191 (223 f.).

179 Schön, DStJG 23 (2000), 191 (224); Vogel, StuW 1993, 380 (383); Herzig, DStJG 19 (1996), 121 (133 f.).

erlichen Bemessungsgrundlage, erscheinen unausweichlich. Da nur die Einführung eines zwischenstaatlichen Informationsaustausches auf EG-Ebene letztlich zur Durchsetzbarkeit des materiellen Steueranspruchs des Wohnsitzstaates führt, vermag im Ergebnis nur eine Harmonisierung der Zinsbesteuerung die mitgliedsstaatliche Steuersouveränität zu bewahren. Dass faktisch einzig der formale Verzicht auf Steuersouveränität im Wege der Harmonisierung die nationale Steuer- und Haushaltssouveränität in materieller Hinsicht zu wahren vermag, wird zutreffend als „Steuerparadoxon"[180] bezeichnet. Dies zeigt aber zugleich, dass das Informationsmodell die nationale Steuersouveränität der Mitgliedsstaaten nicht in ihrem Kern in Frage stellt, sondern vielmehr die nationalen Besteuerungsgrundlagen sichert.
Im Rahmen einer Güterabwägung zwischen der Beeinträchtigung der nationalen Steuersouveränität der Mitgliedsstaaten und der Beseitigung von Wettbewerbsverzerrungen durch einen EU-weiten Informationsaustausch zeigt sich Folgendes: Indem dieser bewirkt, dass Zinsen aus Auslands- wie Inlandsinvestitionen gleichermaßen effektiv besteuert werden, dient er zum einen der Herstellung von Chancengleichheit im Wettbewerb der Unternehmen, insbesondere der Banken und Kapitalanlagegesellschaften, bei der Akquise von Kapital privater Anleger. Zum anderen dient er der Realisierung des materiellen Besteuerungsanspruchs der Wohnsitzstaaten und damit der Wahrung nationaler Steuersouveränität. Damit stehen die von der Harmonisierung ausgehenden Effekte für die nationale Steuersouveränität in einem angemessenen Verhältnis zum angestrebten Ziel eines Systems unverfälschten Wettbewerbs.

e) Ergebnis

Unter Berücksichtigung des gesetzgeberischen Beurteilungsspielraums genügt im Ergebnis nur eine auf dem Informationsmodell beruhende Harmonisierung der Zinsbesteuerung dem Verhältnismäßigkeitsgrundsatz nach Art. 5 Abs. 3 EG.
Eine solche Zinsrichtlinie regelt, dass Kreditinstitute, die natürlichen Personen mit Wohnsitz in einem anderen Mitgliedsstaat Zinsen gutschreiben bzw. auszahlen, den Finanzbehörden des Quellenstaates Kontrollmitteilungen über Kontonummer, Name und Wohnsitz des Berechtigten sowie Höhe der empfangenen Zinsen zu erteilen haben. Diese Kontrollmitteilungen werden jeweils an die Finanzbehörden des Wohnsitzstaates weitergeleitet.
Ob eine auf diesem Grundkonzept beruhende Zinsrichtlinie auch den weiteren, in formeller bzw. materieller Hinsicht bestehenden Anforderungen des Gemeinschaftsrechts genügt, wird im Folgenden untersucht.

3. Beschlussverfahren

In formeller Hinsicht ist für eine auf dem Kontrollmitteilungsmodell beruhende Harmonisierung im Rahmen des Verfahrens nach Art. 94 EG ein einstimmiger Beschluss des Rates über den Rechtsakt erforderlich. Der politische Einigungsprozess gestaltete sich in der Praxis der Verabschiedung der Zinsrichtlinie langwierig. Dies liegt u. a. daran, dass die Zustimmung zum Rechtsakt an sachfremde politische Forderungen geknüpft wurde. Insbesondere zielte Italien mit seiner Blockadehaltung gegenüber der Zinsrichtlinie noch im Frühjahr 2003 darauf ab, im Wege eines „Kuhhandels" Zugeständnisse der Gemeinschaft im Bereich der Milchquoten zu erzwingen[181].

---

180 Vanistendael, European Taxation 1998, 331 (335); vgl. dazu auch: ders., EC Tax Review 1998, 74 ff.

181 Vgl. SZ v. 10./ 11.5.2003 „Milchbauern fördern Steuerflucht"; dazu ausführlich: Götzenberger, Steueramnestie, S. 110; vgl. auch Tschütscher in Schädler/ Menichetti, Private Banking, 13 (31).

Hier stellt sich die Frage, ob die einigungswilligen Mitgliedsstaaten einen Anspruch auf Zustimmung zur Zinsrichtlinie gegenüber dem politischen Widerstand leistenden Mitgliedsstaat Italien hatten. Ein solcher Anspruch könnte aus dem Postulat der Solidarität zwischen den Mitgliedsstaaten gefolgert werden. Diese zwischenstaatliche Solidarität findet in Art. 2 EG (a. E.) Erwähnung, wonach es Aufgabe der Gemeinschaft ist, die Solidarität zwischen den Mitgliedsstaaten zu fördern. Auch nach Art. 1 EU ist es u. a. Aufgabe der Union, die Beziehungen zwischen den Mitgliedsstaaten solidarisch zu gestalten. Unter Solidarität in diesem Sinne fallen Maßnahmen wechselseitiger Unterstützung und Loyalität[182]. Da die Zinsrichtlinie die Sicherung der nationalen Besteuerungsgrundlagen sämtlicher Mitgliedsstaaten zum Gegenstand hat, könnte es solidarisch geboten sein, diese Maßnahme nicht aus sachfremden Erwägungen zu blockieren. Indessen darf das vertraglich nicht näher konkretisierte Solidaritätspostulat nicht zu einer Aushebelung des explizit im EG-Vertrag verankerten Einstimmigkeitserfordernisses führen.

Gleichwohl ist anzumerken, dass die aus diesem Erfordernis resultierenden politischen Schwierigkeiten bei der Suche nach einem politisch tragfähigen Konsens in der Diskussion über die Zinsrichtlinie die normativen Anforderungen an diese in den Hintergrund treten lassen[183].

Indessen resultiert aus der strikten Normenhierarchie des Gemeinschaftsrechts das Postulat, dass die Richtlinie als sog. Sekundärrecht (vgl. Art. 249 EG) mit dem Primärrecht, also mit sämtlichen Normen des materiellen Gemeinschaftsrechts, die Vertragsrang haben, vereinbar sein muss (vgl. Art. 230 EG)[184]. Hierzu zählen neben dem kodifizierten Primärrecht auch die sog. allgemeinen Rechtsgrundsätze[185].

4. Art. 56 Abs. 2 EG

Zu prüfen ist demnach, ob die Regelungen der auf dem Informationsmodell beruhenden Zinsrichtlinie mit der Freiheit des Zahlungsverkehrs nach Art. 56 Abs. 2 EG vereinbar sind. Die Zinsrichtlinie regelt, dass Kreditinstitute, die natürlichen Personen mit Wohnsitz in einem anderen Mitgliedsstaat Zinsen gutschreiben bzw. auszahlen, den Finanzbehörden des Quellenstaates Kontrollmitteilungen über Identität und Wohnsitz des Zinsempfängers sowie Kontonummer und Höhe der empfangenen Zinsen zu erteilen haben. Diese Kontrollmitteilungen werden an die Finanzbehörden des Wohnsitzstaates weitergeleitet. Demgegenüber bestehen in verschiedenen Mitgliedsstaaten für Zinserträge, die ansässige natürliche Personen im Inland erzielen, keine entsprechenden Kontrollmitteilungspflichten. Darin könnte ein Verstoß gegen die Freiheit des Zahlungsverkehrs nach Art. 56 Abs. 2 EG zu sehen sein.

a) Schutzbereich

Dann müsste der Schutzbereich der Zahlungsverkehrsfreiheit eröffnet sein. Zinszahlungen fallen grundsätzlich unter den sachlichen Schutzbereich der Zahlungsverkehrsfreiheit; diese umfasst Zinszahlungen als Gegenleistung für das unter die Kapitalverkehrsfreiheit fallenden Grundgeschäft, also für die Kapitalhingabe im Rahmen einer Portfolioinvestition[186]. Fraglich ist indessen, ob auch solche Zinszahlungen an nichtansässige Anleger unter den Schutzbe-

---

182 Beutler/ Bieber/ Pipkorn/ Streil, Die Europäische Union, 5. Aufl., Rz. 1318.

183 Dahingehend auch Anzinger, StuW 2002, 261 (262). Kritisch auch Sideek, The EC Tax Journal, Vol. 6, Issue 1, 2002, 45 (66); Valls, Vollzugsdefizite, S. 139 f.; Hoppe, Erhebungsdefizit, S. 146.

184 Vgl. Cremer, in: Calliess/ Ruffert, EUV/ EGV, Art. 230 Rz. 78.

185 Vgl. dazu Wegener, in: Callies/ Ruffert, EUV/ EGV, Art. 220 Rz. 32 ff.

186 Siehe Teil E II.2.a)(2).

reich des Art. 56 Abs. 2 EG fallen, die von den Anlegern im Wohnsitzstaat nicht deklariert werden, obwohl sie dort grundsätzlich zur Einkommensteuer zu veranlagen wären (Welteinkommensprinzip). Gerade auf solche Zinszahlungen üben nämlich die von der Richtlinie vorgesehenen Kontrollmitteilungen eine potentiell abschreckende Wirkung aus. Dem würde es indessen entgegenstehen, wenn bereits die zugrunde liegende, ihrerseits durch das Motiv der Steuerhinterziehung veranlasste Kapitalanlage, vom Schutzbereich der Kapitalverkehrsfreiheit ausgenommen wäre. Allerdings wurde bereits an anderer Stelle dargelegt, dass auch spekulative und fugative Kapitalbewegungen unter die Freiheit des Kapitalverkehrs fallen[187]. Dafür spricht insbesondere ein Umkehrschluss aus Art. 58 Abs. 1 lit. b, Alt. 1 EG. Indem dieser eine Beschränkung der Kapitalverkehrsfreiheit als gerechtfertigt betrachtet, wenn sie zur Verhinderung von Steuerhinterziehung erforderlich ist, setzt er sachlich voraus, dass auch eine entsprechend motivierte Kapitalanlage vom Schutzbereich der Grundfreiheit erfasst ist. Spiegelbildlich dazu fallen dann die korrespondierenden Zinserträge in den Schutzbereich der Freiheit des Zahlungsverkehrs.
Die Anwendung dieser Grundfreiheit setzt weiterhin ein grenzüberschreitendes Moment voraus. Dieses ist darin zu sehen, dass die Auszahlung bzw. Gutschrift der Zinserträge in einem vom Wohnsitzstaat des Zinsempfängers verschiedenen Mitgliedsstaat erfolgt.
Fraglich ist, ob die von der Zinsrichtlinie statuierten Kontrollmitteilungen über Zinszahlungen, Name, Wohnsitz und Kontonummer der Zinsempfänger durch die auszahlenden Kreditinstitute sowie durch die Finanzbehörden die Zahlungsverkehrsfreiheit beschränken.
Sie beeinträchtigen möglicherweise die gleichheitsrechtliche Komponente der Freiheit des Zahlungsverkehrs. Dies gilt jedenfalls dann, wenn nach dem nationalen Recht eines Mitgliedsstaates – so wie zum Zeitpunkt der Verabschiedung der Zinsrichtlinie in Deutschland, Belgien, Griechenland, Italien, Österreich, Luxemburg und Portugal – Banken bei Zinszahlungen an ansässige Anleger keine Kontrollmitteilungen zu erteilen haben. Insofern könnte die Zinsrichtlinie gegen das Diskriminierungsverbot des Art. 56 Abs. 2 EG verstoßen.

b) Diskriminierungsverbot

Indessen richtet sich das Diskriminierungsverbot des Art. 56 Abs. 2 EG, wie auch die anderen Grundfreiheiten, seinem Wortlaut nach lediglich an die Mitgliedsstaaten. Nur wenn die Grundfreiheiten als Diskriminierungsverbote auch den Gemeinschaftsgesetzgeber binden[188], vermag das Diskriminierungsverbot des Art. 56 Abs. 2 EG vorliegend zu greifen. Dieses wird im Folgenden untersucht.

(1) Bindungswirkung dem Grunde nach

Maßgeblich hierfür ist das Verhältnis von Diskriminierungsverboten und Harmonisierungsgeboten im EG-Vertrag. Beide stellen grundsätzlich zwei selbständige Instrumentarien dar, die die steuerliche Konzeption der Gemeinschaft nebeneinander verwirklichen sollen[189]. In ihrer Wirkungsweise unterscheiden sie sich wie folgt: Die Diskriminierungsverbote galten – mit gewissen Ausnahmen – bereits ab Errichtung der Gemeinschaft unmittelbar und unbedingt. Demgegenüber entfalten die Harmonisierungsgebote nur mittelbar über das Rechtsinstrument der Verordnung oder Richtlinie Wirkung. Sie unterliegen einem andauernden, von politischen

---

187 Siehe Teil E II.2.a)(2).

188 Dazu ausführlich: Scheffer, Marktfreiheiten, S. 32 ff.; Schwemer, Die Bindung des Gemeinschaftsgesetzgebers, S. 25 ff.

189 Waldhoff, in: Calliess/ Ruffert, EUV/ EGV, Art. 90 EG Rz. 7 m. w. N.

Unwägbarkeiten geprägten Prozess[190]. Nach der Rechtsprechung des EuGH[191] entfalten die Grundfreiheiten ihre unmittelbare Wirkung als Diskriminierungsverbote unabhängig vom jeweiligen Stand der Steuerharmonisierung. Dies erscheint insofern plausibel, als das Gebot der Inländergleichbehandlung bereits begrifflich eine Anknüpfung an die jeweiligen Vorgaben des nationalen Rechts impliziert[192]. Anders lässt sich hingegen für die freiheitsrechtliche Komponente der Grundfreiheiten argumentieren: Das Ausmaß, in dem diese als Beschränkungsverbote i. e. S. durch ihre „absolute", von den nationalen Vergleichsmaßstäben losgelöste Wirkungsweise zu einer Durchbrechung der steuersystematischen Grundlagen führen, muss als Indiz für ein Harmonisierungsdefizit gewertet werden[193].
Die Verbindung zwischen Diskriminierungsverboten und Harmonisierungsgeboten besteht in der Bindung des harmonisierenden Gemeinschaftsgesetzgebers an die Diskriminierungsverbote: Steuerharmonisierung darf nicht dazu führen, dass die Grundfreiheiten ausgehebelt werden[194]. Dies folgt nicht nur aus dem gemeinschaftsrechtlichen Grundsatz der Normenhierarchie[195], der insbesondere in Art. 230 Abs. 1 EG zum Ausdruck kommt[196]. Es ergibt sich vielmehr auch daraus, dass die Grundfreiheiten konstitutiv für die Verwirklichung des Gemeinsamen Marktes sind[197], der wiederum als institutionelle Garantie in Art. 2 EG verankert ist[198].
Als Zwischenergebnis lässt sich daher festhalten: Es ist dem Grunde nach anerkannt, dass die Grundfreiheiten auch den Gemeinschaftsgesetzgeber binden[199].
Dies bedeutet, dass der Gemeinschaftsgesetzgeber bei Verabschiedung der Zinsrichtlinie grundsätzlich an die Zahlungsverkehrsfreiheit nach Art. 56 Abs. 2 EG gebunden war. Soweit die Zinsrichtlinie den Mitgliedsstaaten keinen Umsetzungsspielraum belässt, sie die Mitgliedsstaaten also verpflichtet, die Kontrollmitteilungen für Zinszahlungen an natürliche Personen mit Wohnsitz in einem anderen Mitgliedsstaat einzuführen, ist sie allein – nicht aber die nationale Umsetzungsmaßnahme – Prüfungsgegenstand für Art. 56 EG[200].

---

190 Waldhoff, in: Calliess/ Ruffert, EUV/ EGV, Art. 90 EG Rz. 7; Schröer/ Schallenberg, in: Birk, Handbuch des Europäischen Steuer- und Abgabenrechts, 421 (425) Rz. 5.

191 EuGH v. 28.1.1986, C-270/ 83, avoir fiscal, EuGHE 1986, 273 (306) Rz. 24. Vgl. dazu auch Thömmes, GS Knobbe-Keuk, 795 (821): „Fehlende Harmonisierung erzeugt Diskriminierung, rechtfertigt sie aber nicht."

192 Lehner, DStJG 23 (2000), 263 (280).

193 Lehner, DStJG 23 (2000), 263 (280).

194 Waldhoff, in: Calliess/ Ruffert, EUV/ EGV, Art. 90 EG Rz. 7; EuGH v. 5.5.1982, Gaston Schul, C-15/ 81, EuGHE 1982, 1409 (1433), Rz. 31 ff., 38; EuGH v. 27.2.1980, Kommission/ Irland, C-55/ 79, EuGHE 1980, 481 (492) Rz 12; EuGH v. 26.2.1991, Kommission/ Italien, C-120/ 88, EuGHE 1991, 621 (639) Rz.. 13 f.; Schröer-Schallenberg, in: Birk, Handbuch des europäischen Steuer- und Abgabenrechts, 421 (426) Rz. 6, 17; Wägenbaur, RIW/ AWD 1980, 121 (124).

195 Dazu: Bieber/ Epiney/ Haag, Die Europäische Union, 6. Aufl, S. 201.

196 Schwemer, Die Bindung des Gemeinschaftsgesetzgebers, S. 66 f.

197 Schwemer, Die Bindung des Gemeinschaftsgesetzgebers, S. 42 ff.

198 Bogdandy, in: Grabitz/ Hilf, Das Recht der Europäischen Union, 15. EL (01/ 2000), Art. 3 EG Rz. 5 unter Verweis auf EuGH v. 20.4.1978, 80/ 77, C-81/ 77, Ramel, EuGHE 1978, 927 (247), Rz. 37; EuGH v. 6.10.1981, 246/ 80, Broekmeulen, EuGHE 1981, 2311 (2329), Rz. 20; dazu auch Oliver, Free Movement of Goods, §§ 4.08 ff.; Bogdandy, EuZW 1992, 9 (14).

199 Randelzhofer/ Forsthoff, in: Grabitz/ Hilf, Das Recht der Europäischen Union, 18. EL (05/ 2001), Vor Art. 39-55 EG Rz. 49; Jarass, EuR 1995, 202 (226); Roth, EuR 1986, 304 ff.; ders. EuR 1987, 7 (9); Schwemer, Bindung des Gemeinschaftsgesetzgebers, S. 28, 45; Scheffer, Marktfreiheiten als Ermessensgrenze, S. 104 m. w. N; a. A. Barents, GYIL 33 (1990), p. 9 sq; vgl. zur a. A. auch Scheffer, Marktfreiheiten als Ermessensgrenze, S. 115 ff. m. w. N.

200 Dagegen überprüfen Ehrhardt-Rauch/ Rauch in DStR 2002, 57 (62 f.) die nationale Umsetzungsmaßnahme, nämlich die partielle Aufhebung des Bankgeheimnisses, am Primärrecht (den Grundfreiheiten), ob-

Zu klären bleibt indessen, welchen Umfang die Bindungswirkung der Grundfreiheit gegenüber dem Gemeinschaftsgesetzgeber aufweist.

(2) Bindungswirkung dem Umfang nach

Für eine unmittelbare, d. h. uneingeschränkte Bindung der Gemeinschaftsorgane[201] an die Grundfreiheiten spricht das Postulat einer „Kohärenz" der Gemeinschaftsrechtsordnung als supranationale Rechtsordnung (vgl. auch Art. 3 Abs. 1 EU). Dieses impliziert, dass die Gemeinschaft nicht über Rechtsangleichungsmaßnahmen die Mitgliedsstaaten zu nationalen Umsetzungsmaßnahmen verpflichten darf, durch welche sich diese in Widerspruch zu höherrangigem Gemeinschaftsrecht setzen[202]. Indessen droht den Mitgliedsstaaten ein solcher Konflikt mit dem Primärrecht insoweit nicht, als sie über keinen Umsetzungsspielraum verfügen. Soweit nämlich die Richtlinie eine abschließende Regelung enthält, ist sie allein – als gegenüber dem nationalen Umsetzungsakt vorrangige Norm[203] – Prüfungsmaßstab für die Vereinbarkeit der Maßnahme mit dem Primärrecht[204]. Dem wiederum liegt die Prämisse zugrunde, dass Harmonisierungsmaßnahmen stets eine Konkretisierung oder zulässige Beschränkung des Primärrechts darzustellen haben[205]. Damit aber zeigt sich, dass der aufgezeigte Überlegungsansatz für die vorliegende Frage zirkulär ist; zwar bestätigt er, dass der Gemeinschaftsgesetzgeber *dem Grunde nach* an die Grundfreiheiten gebunden ist, führt aber zugleich zurück auf die Frage, *in welchem Umfang* die Grundfreiheiten Maßstab für Harmonisierungsmaßnahmen sind.
Von der herrschenden Meinung wird den Grundfreiheiten gegenüber den Organen der Gemeinschaft nicht derjenige Verpflichtungsgehalt zugewiesen, den sie gegenüber den Mitgliedsstaaten haben[206]. Die Maßnahmen der Gemeinschaft seien lediglich an den Grundsätzen der Grundfreiheiten zu überprüfen, nicht aber unmittelbar an den Grundfreiheiten zu mes-

---

wohl den Mitgliedsstaaten insoweit kein Umsetzungsspielraum verbleibt. So auch Reiffs, DB 2005, 242 (242). Dagegen spricht meines Erachtens folgende Überlegung: Zwar steht es weiterhin im gesetzgeberischen Ermessen der Mitgliedsstaaten, das Bankgeheimnis für reine Binnensachverhalte (Zinszahlung im Inland an Ansässige) aufrechtzuerhalten. Im Rahmen dieses Ermessens käme also eine Diskriminierung aufgrund nationaler Regelung in Betracht. Die bloße Regelung von Binnensachverhalten unterliegt jedoch mangels grenzüberschreitenden Elements räumlich nicht der Anwendung der Grundfreiheiten. Insbesondere bewirkt die Binnenregelung für sich genommen keine Diskriminierung von grenzüberschreitenden Sachverhalten.

201 Dafür: Petersmann, EuZW 1993, 593 (594); Jarass, EuR 1995, 202 (226); vgl. im übrigen Scheffer, Marktfreiheiten als Ermessensgrenze, S. 107 m. w. N.

202 Vgl. Schwemer, Die Bindung des Gemeinschaftsgesetzgebers, S. 66.

203 Vgl. ausführlich zur Normenhierarchie im Gemeinschaftsrecht: Bieber/ Salomé, CMLR (33) 1996, 906 ff.; Schmidt, in: von der Groeben/ Schwarze, EUV/ EGV, 6. Aufl., Bd. 4, Art. 249 EG Rz. 22.

204 Dahingehend: Schwemer, Die Bindung des Gemeinschaftsgesetzgebers, S. 66 f.; wie hier zum Verhältnis von Gemeinschaftsgrundrechten, Richtlinie und nationalem Umsetzungsakt: Kingreen/ Störmer, EuR 1998, 263 (281); ders., JuS 2000, 857 (864); vgl. auch die sog. „Sperrwirkung" der Richtlinie, welche die Kompetenz der Mitgliedsstaaten zur Rechtssetzung auf den von ihren Bestimmungen erfassten Gebieten beschränkt. Dazu: Bieber/ Epiney/ Haag, Die Europäische Union, 6. Aufl, S. 195; Hilf, EuR 1993, 1 (7, 9); Nettesheim, in: Grabitz/ Hilf, EUV/ EGV, Bd. 3, Art. 249 Rz. 150.

205 Ist eine Richtlinie hingegen gemeinschaftsrechtswidrig, so stellt sie keine geeignete Ermächtigungsgrundlage für die Mitgliedsstaaten dar, um von den Grundfreiheiten abzuweichen. (Nur) in diesem Fall sind die mitgliedsstaatlichen Normen direkt an den primärrechtlichen Normen (Grundfreiheiten) zu messen. Vgl. Schwemer, Die Bindung des Gemeinschaftsgesetzgebers, S. 66 f.

206 Vgl. Randelzhofer/ Forsthoff, in: Grabitz/ Hilf, EUV/ EGV, Vor Art. 39-55 EG Rz. 49; Roth, EuR 1986, 340 ff.; ders. EuR 1987, 7 (9); vgl. dazu auch Scheffer, Marktfreiheiten als Ermessensgrenze, 110 ff. m. w. N. sowie Möstl, EuR 2002, 318 (322 f.) m. w. N.

sen[207]. Dies müsse insbesondere für die Normgebung der Gemeinschaftsorgane gelten[208]. Hierfür wird nicht nur der Wortlaut der Grundfreiheiten ins Feld geführt, welche sich explizit nur an die Mitgliedsstaaten richteten, sondern auch die unterschiedliche Struktur von nationalen Maßnahmen und Gemeinschaftsakten. Der spezifische Charakter von Gemeinschaftsrechtsakten beruhe auf ihrem meist gemeinschaftsweiten Geltungsanspruch. Ihm könne nur durch eine Gesamtbetrachtung der Regelung aus der Perspektive ihrer gemeinschaftsweiten Geltung Rechnung getragen werden[209]. Dabei sei auch zu berücksichtigen, dass Harmonisierungsmaßnahmen aufgrund des Einstimmigkeitsprinzips häufig kompromissartigen Charakter hätten. Wenn eine vollständige Beseitigung der Handelshemmnisse politisch nicht durchsetzbar sei, so dürfe aus den weiterhin vorhandenen Beschränkungen der Grundfreiheiten nicht ein Verstoß der Bestimmung gegen den EG-Vertrag gefolgert werden[210].

Dieser Ansicht ist zuzugeben, dass die Besonderheiten beim Erlass von Gemeinschaftsrechtsakten berücksichtigt werden müssen, wenn es um deren Beurteilung an den Grundfreiheiten geht: Wenn die Gemeinschaft per Richtlinie eine belastende Regelung für grenzüberschreitende Sachverhalte vorsieht, so resultiert die Schlechterstellung des grenzüberschreitenden Sachverhalts gegenüber dem Binnensachverhalt aus dem Zusammenwirken von interner Rechtsordnung und davon divergierender Umsetzung der Richtlinie für grenzüberschreitende Sachverhalte. Würde man hier eine unzulässige Diskriminierung durch die Richtlinie bejahen, so wäre der Gemeinschaftsgesetzgeber bei der Harmonisierung grenzüberschreitender Regelungen verpflichtet, diese an die gemeinschaftsweit jeweils am wenigsten belastende nationale Regelung anzupassen. Dies aber würde das Ende gesetzgeberischen Gestaltungsspielraums bedeuten. Würde man demgegenüber aus den Diskriminierungsverboten der Grundfreiheiten eine Verpflichtung der Mitgliedsstaaten ableiten, ihre Regelungen für rein interne Sachverhalte dem Harmonisierungsstandard anzupassen, so würde dies zur Aushöhlung nationaler Souveränität führen.

Diese Problematik wird aufgelöst, wenn man berücksichtigt, dass der Gleichheitssatz jeweils nur ein und denselben Hoheitsträger binden kann[211]. Bei einer aus dem Zusammenspiel von nationaler Norm und Gemeinschaftsnorm resultierenden Schlechterstellung findet der Gleichheitssatz demgegenüber keine Anwendung[212]. Nur so kann eine unvertretbare Beeinträchtigung gesetzgeberischen Handlungsspielraums verhindert werden[213].

---

207 Randelzhofer/ Forsthoff, in: Grabitz/ Hilf, Das Recht der Europäischen Union, 18. EL (05/ 2001), Vor Art. 39-55 EG Rz. 50; Schwemer, Bindung des Gemeinschaftsgesetzgebers, S. 42 ff m. w. N.

208 Randelzhofer/ Forsthoff, in: Grabitz/ Hilf, Das Recht der Europäischen Union, 18. EL (5/2001), Vor Art. 39-55 EG Rz. 50; Schwemer, Bindung des Gemeinschaftsgesetzgebers, S. 45 ff.; Scheffer, Marktfreiheiten als Ermessensgrenze, S. 121 ff.

209 Scheffer, Marktfreiheiten als Ermessensgrenze, S. 132 f.

210 Randelzhofer/ Forsthoff, in: Grabitz/ Hilf, Das Recht der Europäischen Union, 18. EL (5/2001), Vor Art. 39-55 EG Rz. 50

211 So zum gemeinschaftsrechtlichen Gleichheitssatz: Scheffer, Marktfreiheiten als Ermessensgrenze, S. 137; Bogdandy, in: Grabitz/ Hilf, EWGV, Altband I, Art. 6 EGV Rz. 10; Heintzen, EWS 1990, 82 (88); vgl. auch EuGH v. 19.1.1988, 223/ 86, Pesca Valentia, EuGHE 1988, 103 (109): keine Geltung des Gleichheitssatzes zwischen gleichgeordneten Hoheitsträgern; a. A. Bleckmann, NJW 1985, 2856 (2860): zwar Geltung des Gleichheitssatzes im vertikalen Verhältnis zwischen Gemeinschaftsgesetzgeber und nationalem Gesetzgeber, aber keine unmittelbare Rechtsfolge; wie hier zu Art. 3 Abs. 1 GG: BVerfG v. 12.5.1987, 2 BvR 1226/83, 101, 313/84 BVerfGE 76, 1 (73); Heintzen, EWS 1990, 82 (87). A. A.: Epiney, Umgekehrte Diskriminierungen, S. 423 ff.

212 Scheffer, Marktfreiheiten als Ermessensgrenze, S. 137; dahingehend auch Schwemer, Die Bindung des Gemeinschaftsgesetzgebers, S. 96 f.

213 Bogdandy, in: Grabitz/ Hilf, EWGV, Altband I, Art. 6 EGV Rz. 10.

Als Ergebnis lässt sich damit festhalten: Eine Richtlinie, welche grenzüberschreitende Sachverhalte mehr belastet, als dies nach geltendem nationalen Recht für reine Binnensachverhalte, also Zinszahlungen aus dem Inland an Ansässige, der Fall ist, verstößt nicht gegen das den Grundfreiheiten immanente Diskriminierungsverbot. Dies bedeutet für die Zinsrichtlinie Folgendes: Angesichts ihres auf grenzüberschreitende Zinszahlungen begrenzten Regelungsgegenstands führt die Richtlinie für sich genommen nicht zur Diskriminierung dieser Zinszahlungen gegenüber inländischen Zinszahlungen. Die Benachteiligung von Zinszahlungen an Nichtansässige gegenüber solchen an Ansässige ergibt sich vielmehr aus dem Zusammenwirken von Richtlinie und dem für Binnensachverhalte geltenden Verbot von Kontrollmitteilungen. Dies gilt für Deutschland, Belgien, Griechenland, Italien, Österreich, Portugal und Luxemburg, wo keine Kontrollmitteilungen über Zinszahlungen an Ansässige erfolgen.
Da aber weder der nationale Normgeber (mit der Aufrechterhaltung des Bankgeheimnisses für Binnensachverhalte) noch der Gemeinschaftsgesetzgeber (mit der Anordnung von Kontrollmitteilungen für grenzüberschreitende Sachverhalte) für sich genommen zwischen internen und grenzüberschreitenden Zinszahlungen differenzieren, verstößt keiner der Normgeber gegen das Diskriminierungsverbot des Art. 56 EG[214]. Dies bedeutet, dass insbesondere auch die Zinsrichtlinie als solche mit dem Diskriminierungsverbot der Zahlungsverkehrsfreiheit nach Art. 56 Abs. 2 EG vereinbar ist.

c) Freiheitsrecht

Gleichwohl resultiert aus dem Zusammenwirken der Zinsrichtlinie, die Kontrollmitteilungspflichten für Zinszahlungen an Anleger mit Wohnsitz in einem anderen Mitgliedsstaat begründet, mit nationalen Normen, die – wie in Deutschland, Belgien, Griechenland, Italien, Österreich, Luxemburg und Portugal – Kontrollmitteilungen für Zinszahlungen an ansässige Anleger verhindern, eine potentiell abschreckende Wirkung („chilling effect“) für private Anleger, die in einem anderen Mitgliedsstaat Kapital anlegen wollen und an der Geheimhaltung ihrer steuerlich relevanten Daten interessiert sind[215]. Insoweit könnte die freiheitsrechtliche Dimension des Art. 56 Abs. 2 EG eröffnet sein. Indessen wurde erläutert[216], dass die freiheitsrechtliche Komponente einer Grundfreiheit nur dann greift, wenn eine Maßnahme „marktsegmentierende“ Wirkung entfaltet, also den Marktzugang beschränkt[217]. Eine Gemeinschaftsrichtlinie mit „marktabschottender“ Wirkung dürfte in der Praxis eher selten vorliegen[218]. Ist dies der Fall, so sind das von der Richtlinie intendierte Gemeinschaftsinteresse und

---

214 Für die Zinsrichtlinie kommt zum gleichen Ergebnis, jedoch mit anderer Begründung, Loschelder, in: Herrmann/ Heuer/ Raupach, EStG, Jb. 2004, § 45 e Rz. J 03-15: Die Ungleichbehandlung sei in der Zinsrichtlinie begründet, sei aber durch die Ziele der Richtlinie gerechtfertigt. Anders: Ehrhardt-Rauch/ Rauch, DStR 2002, 57 (62). Diese sehen die Ungleichbehandlung im nationalen Recht begründet. Sie sei durch das Interesse des ausländischen Wohnsitzstaates an der Sicherung seiner Besteuerungsgrundlagen gerechtfertigt, weil dieser seinen Besteuerungsanspruch nicht selbst sichern könne. Diese Betrachtungsweise lässt sich hingegen nur schwer mit der Auslegung der Grundfreiheiten als „Kästchengleichheiten“ vereinbaren. Danach sind nur Umstände innerhalb des jeweiligen nationalen Kästchens in die Vergleichsbetrachtung einzustellen. Vgl. auch Jachmann, BB 2003, 2712 (2719). Da der steuerpflichtige Zinsempfänger durch den Quellenstaat beeinträchtigt werde, der dem Wohnsitzstaat Informationen liefere, folge aus dem nationalen Recht des Wohnsitzstaates per se keine Ungleichbehandlung, wenn dieser für inländische Zinsen weiterhin ein steuerliches Bankgeheimnis anwende.

215 Vgl. Sideek, EC Tax Journal, 45 (62).

216 Siehe Teil E II.3.a)(3).

217 Schwemer, Die Bindung des Gemeinschaftsgesetzgebers, S. 97, 190, 209; Scheffer, Marktfreiheiten als Ermessensgrenze, S. 139, 142.

218 Vgl. das Beispiel der Tabakrichtlinie bei Möstl, EuR 2002, 318 (347).

die beeinträchtigte Grundfreiheit gegeneinander abzuwägen und beide Gemeinschaftsrechtsgüter (unter Berücksichtigung des gesetzgeberischen Gestaltungsspielraums) auf diesem Wege einem möglichst schonenden Ausgleich zuzuführen (praktische Konkordanz)[219]. Eine solche Abwägung kann dogmatisch entweder auf der Tatbestandsebene der beeinträchtigten Grundfreiheit – über eine sog. tatbestandsimmanente Schranke[220] – oder aber, nach meiner Auffassung vorzugswürdig, auf der Rechtfertigungsebene verortet werden. Nur so bleibt eine einheitliche Auslegung der Grundfreiheiten gegenüber den Mitgliedsstaaten und dem Gemeinschaftsgesetzgeber gewahrt.

Ergibt eine solche Prüfung, dass die Beschränkung der Grundfreiheit im Einzelfall rechtswidrig ist, so sind Gemeinschaft und Mitgliedsstaat gemeinsam verpflichtet, die Rechtslage so anzupassen, dass der Gemeinschaftsrechtsverstoß beseitigt wird. Indessen darf der betroffene Gemeinschaftsbürger, anders als bei einer echten Gesamtschuld, nicht wahlweise von dem einen oder anderen Schuldner, also von der Gemeinschaft oder dem Mitgliedsstaat Beseitigung verlangen. Dies wäre ein unzulässiger Eingriff in den gesetzgeberischen Gestaltungsspielraum.

Für die Frage, ob die Zinsrichtlinie gegen die freiheitsrechtliche Dimension der Zahlungsverkehrsfreiheit verstößt, ergibt sich daraus Folgendes: Die von der Zinsrichtlinie statuierten Kontrollmitteilungspflichten für Zinszahlungen an nichtansässige Anleger entfalten gerade vor dem Hintergrund der nationalen Regelungen, nach denen Kontrollmitteilungen über Zinszahlungen an ansässige Anleger untersagt sind, eine potentiell abschreckende Wirkung auf grenzüberschreitende Zinszahlungen. Indessen entfalten die Kontrollmitteilungspflichten nach der Zinsrichtlinie keine „marktsegmentierende" Wirkung. Die Übermittlung der Steuerdaten an den Wohnsitzstaat lässt nämlich den Zugang zum Kapitalmarkt des Quellenstaates, also das „Ob" der Anlagemöglichkeit, ebenso unberührt wie das „Ob" der Zinszahlung an den Zinsempfänger. Stattdessen trifft die Zinsrichtlinie lediglich eine Regelung darüber, wie Zinserträge, die in einem vom Wohnsitzstaat verschiedenen Mitgliedsstaat ausgezahlt werden, steuerverfahrensrechtlich zu behandeln sind. Sie setzt also einen Marktzugang der zugrunde liegenden Kapitalanlage sachlich voraus. Indem sie dem Besteuerungsanspruch des Wohnsitzstaates zur Durchsetzung verhilft, wirkt sie, wie auch die Besteuerung als solche[221], lediglich „marktregulierend". Mangels marktsegmentierender Wirkung verstoßen die von der Zinsrichtlinie statuierten Kontrollmitteilungspflichten also nicht gegen die freiheitsrechtliche Komponente des Art. 56 Abs. 2 EG[222].

d) Ergebnis

Als Ergebnis ist festzuhalten: Indem die Zinsrichtlinie regelt, dass Kreditinstitute bei Zinszahlungen an natürlichen Personen mit Wohnsitz in einem anderen Mitgliedsstaat automatisch

---

219 Vgl. dazu: Jarass, EuR 1995, 202 (226); Schwemer, Die Bindung des Gemeinschaftsgesetzgebers, S. 54 ff.

220 So Scheffer, Marktfreiheiten als Ermessensgrenze, S. 140, S. 164 f: Die Marktfreiheiten seien als Maßstab für die Harmonisierungsmaßnahme im Lichte der Wettbewerbsfreiheit auszulegen. Eine verbotene Beschränkung liege also erst dort vor, wo eine für den innergemeinschaftlichen Wirtschaftsverkehr abträgliche Wirkung nicht mit einem legitimen europäischen Allgemeininteresse gerechtfertigt sei. Hingegen werden die genannten „zwingenden Erfordernisse des Allgemeinwohls" von anderer Seite als ungeschriebene Rechtfertigungsgründe betrachtet. Teil E II.3.a)(1).

221 Siehe Teil E II.3.a)(2) und Teil E II.3.a)(4).

222 A. A. Ehrhardt-Rauch/ Rauch, DStR 2002, 57 (62), die eine unzulässige Beschränkung der Kapitalverkehrsfreiheit bejahen; insoweit offen: Birk, in: Schick, Veranlagung, 23 (28).

Höhe der Zinserträge sowie Kontonummer, Name und Wohnsitz des Berechtigten den nationalen Finanzbehörden zum Zwecke der Weiterleitung an die Finanzbehörden des Wohnsitzstaates mitzuteilen haben, verstößt sie nicht gegen die Zahlungsverkehrsfreiheit nach Art. 56 Abs. 2 EG.

5. Gemeinschaftsgrundrechte

Es stellt sich nunmehr die Frage, ob die Zinsrichtlinie mit den geltenden Gemeinschaftsgrundrechten vereinbar ist. Diese sind vom EuGH als sog. allgemeine Rechtsgrundsätze anerkannt[223]. Die Zinsrichtlinie ist als Norm des sekundären Gemeinschaftsrechts an den allgemeinen Rechtsgrundsätzen[224] zu prüfen; diese stellen als nicht kodifizierte Rechtsquellen[225] – ebenso wie der EG-Vertrag – dem Rang nach sog. primäres Gemeinschaftsrecht dar[226] (vgl. Art. 230 EG).

a) Grundsätzliches

Der folgenden Grundrechtsprüfung werden grundsätzliche Erwägungen vorangestellt.

(1) Rechts- und Rechtserkenntnisquellen

Die Grundrechte sind als allgemeine Rechtsgrundsätze Teil des „Rechts" im Sinne des Art. 220 EG und damit Grundlage für die Rechtsprechung des EuGH. Der gemeinschaftsrechtliche Grundrechtsschutz wurde vom EuGH – mangels verbindlichen Grundrechtskatalogs in den Verträgen – im Wege der „wertenden Rechtsvergleichung"[227] unter Heranziehung der gemeinsamen Verfassungsüberlieferungen der Mitgliedsstaaten[228] sowie der Europäischen Konvention zum Schutze der Menschenrechte und Grundfreiheiten (EMRK)[229] als sog. Rechtserkenntnisquellen[230] entwickelt. Seit dem Vertrag von Maastricht ist die Bindung der Gemeinschaft an die Gemeinschaftsgrundrechte in der geschriebenen Rechtsquelle des Art. F Abs. 2 EU a. F. bzw. mittlerweile in Art. 6 Abs. 2 EU verankert. Bei dessen Auslegung greift der EuGH wie schon bislang auf die genannten Rechtserkenntnisquellen zurück[231]. Die Gemeinschaftsgrundrechte werden auch in der Charta der Grundrechte der Europäischen Union[232] offenbar[233]. Zwar entbehrt diese bislang der rechtlichen Verbindlichkeit[234], stellt also keine eigenständige Rechtserkenntnisquelle dar. Da sie aber gleichwohl Ausdruck der in Art. 6 Abs. 2 EU genannten Verfassungsüberliefungen ist, ist sie bei der Auslegung der Ge-

---

223 EuGH v. 12.11.1969, 29/ 69, Stauder/ Ulm, EuGHE 1969, 419 (425) Rz. 7; EuGH v. 13.12.1979, 44/ 79, Hauer, EuGHE 1979, 3727 (3745). Vgl. dazu: Cirkel, Bindungen der Mitgliedsstaaten, S. 33 m. w. N.
224 Wegener, in: Callies/ Ruffert, EUV/ EGV, Art. 220 Rz. 32 ff.
225 Elsner/ Penski, DÖV 2001, 265 (265).
226 Vgl. Cremer, in: Calliess/ Ruffert, EUV/ EGV, Art. 230 Rz. 78; Schwemer, Die Bindung des Gemeinschaftsgesetzgebers, S. 66 f.
227 Beutler, in: von der Groeben/ Schwarze, EUV/ EGV, 6. Aufl., Bd. 1, Art. 6 EU Rz. 63; Kingreen, JuS 2000, 857 (859).
228 EuGH v. 17.12.1970, 11/ 70, Internationale Handelsgesellschaft/ Einfuhr- und Vorratsstelle Getreide, EuGHE 1970, 1125 (1135) Rz. 4. Vgl. dazu: Cirkel, Bindungen der Mitgliedsstaaten, S. 34.
229 EuGH v. 14.5.1974, 4/ 73, Nold/ Kommission, EuGHE 1974, 491 (507) Rz. 13. Vgl. dazu: Cirkel, Bindungen der Mitgliedsstaaten, S. 34.
230 Vgl. Kingreen, in: Calliess/ Ruffert, EUV/ EGV, Art. 6 EU Rz. 33 ff.
231 Kingreen, in: Calliess/ Ruffert, EUV/ EGV, Art. 6 EU Rz. 33.
232 ABl. EG v. 18.12.2000, Nr. C 364/ 1.
233 Calliess, EuZW 2001, 261 (267).
234 Zum Rechtscharakter der Grundrechte-Charta: Calliess, EuZW 2001, 261 (267).

meinschaftsgrundrechte mit heranzuziehen[235]. Abweichungen der Gemeinschaftsgrundrechte von den Verfassungsüberlieferungen bzw. Grundrechten der EMRK können gegebenenfalls aus der Berücksichtigung der spezifischen Ziele und systematischen Zusammenhänge der Vertragstexte resultieren[236].

(2) Struktur und Bindungswirkung

Die Gemeinschaftsgrundrechte haben primär die Funktion von subjektiven Abwehrrechten gegen die öffentliche Gewalt[237]. Ob sie auch als Leistungsrechte (i. w. S.) zu verstehen sind, also Schutzpflichten begründen, ist umstritten[238]. Jedenfalls stellen die Gemeinschaftsgrundrechte grundsätzlich keine originären Leistungsrechte (i. e. S.) dar, begründen also keinen Anspruch auf Schaffung von nicht vorhandenen Einrichtungen[239].

Grundrechtsberechtigt sind alle natürlichen Personen, die Unionsbürger (Art. 17 EG) sind, aber auch Nicht-Unionsbürger, soweit sie in gleicher Weise durch das Gemeinschaftsrecht betroffen werden wie ein Unionsbürger[240], und schließlich auch juristische Personen des Privatrechts, soweit die Grundrechte wesensmäßig auf sie anwendbar sind[241].

Nach Art. 6 Abs. 2 EU verpflichten die Grundrechte „die Union". Sie verpflichten damit insbesondere die Gemeinschaftsorgane beim Erlass von Rechtsakten[242].

Fraglich ist, ob daneben auch die Mitgliedsstaaten an die Gemeinschaftsgrundrechte gebunden sind. Dagegen könnte der Wortlaut des Art. 46 EU (Ex-Artikel L EUV) sprechen, wonach die Bestimmungen des EG-Vertrags über die Zuständigkeit des EuGH für Art. 6 Abs. 2 EU lediglich beschränkt in Bezug auf Handlungen der Organe der Europäischen Gemeinschaft gelten. Die aufgeworfene Frage muss indessen differenziert beantwortet werden:

Weitgehend anerkannt ist, dass die Mitgliedsstaaten bei der Durchführung von Gemeinschaftsrecht auf nationaler Ebene (Art. 51 Abs. 1 S. 1 GrCh) an die Gemeinschaftsgrundrechte gebunden sind[243]. Dies gilt jedenfalls für den nationalen Verwaltungsvollzug von EG-

---

235 GA Tizzano, Schlussantrag v. 8.2.2001, C 173/ 99, ECTU/ Secretary of State for Trade and Industry, EuGHE 2001, I-4881 (I-4910) Rz. 26 ff.; GA Alber, Schlussantrag v. 1.2.2001, C-340/ 99, TNT Traco SpA/ Poste Italiane SpA, EuGHE 2001, I-4109 (I-4161) Rz. 49; Nicolaysen, EuR 2003, 719 (736); Kingreen, in: Calliess/ Ruffert, EUV/ EGV, Art. 6 EU Rz. 35 a m. w. N., Rz. 40 a. Dagegen für die Heranziehung als selbständige Rechtserkenntnisquelle: Bleckmann/ Pieper, in: Handbuch des EG-Wirtschaftsrechts, Bd. 1 Rz. 82; Gersorf, AöR 119 (1994) 400 (401); Beutler, in: von der Groeben/ Schwarze, EUV/ EGV, 6. Aufl., Bd. 1, Art. 6 EU Rz. 44.

236 Dazu: Hilf/ Hörmann, NJW 2003, 1 ff.; Nicolaysen, EuR 2003, 719 (725) unter Bezugnahme auf EuGH v. 17.12.1970, 11/ 70, Internationale Handelsgesellschaft, EuGHE 1970, 1125 (1135); v. 13.12.1979, 44/ 79, Hauer, EuGHE 1979, 3727 (3744) Rz. 14 f.

237 Kingreen, in: Calliess/ Ruffert, EUV/ EGV, Art. 6 EUV Rz. 45 ff.; Beutler, in: von der Groeben/ Schwarze, EUV/ EGV, 6. Aufl., Bd. 1, Art. 6 EU Rz. 65; Penski/ Elsner, DÖV 2001, 265 (265).

238 Dafür: Kingreen, in: Calliess/ Ruffert, EUV/ EGV, Art. 6 EUV Rz. 45 ff.; Beutler, in: von der Groeben/ Schwarze, EUV/ EGV, 6. Aufl., Bd. 1, Art. 6 EU Rz. 65. Ehlers, JURA 2002, 468 (472); Cirkel, Bindungen der Mitgliedsstaaten, S. 40 f. Dagegen: Nicolaysen, EuR 2003, 719 (723).

239 Ehlers, Jura 2002, 468 (472); Kingreen, in: Calliess/ Ruffert, EUV/ EGV, Art. 6 Rz. 50.

240 EuGH v. 13.12.1989, 100/ 88, Oyowe und Traore, EuGHE 1989, 4285 (4309) Rz. 16.

241 Bieber/ Epiney/ Haag, Europäische Union, 6. Aufl, S. 62; Kingreen, in: Calliess/ Ruffert, EUV/ EGV, Art. 6 EUV Rz. 51 ff.; ders., JuS 2000, 857 (861); Beutler, in: von der Groeben/ Schwarze, EUV/ EGV, 6. Aufl., Bd. 1, Art. 6 EU Rz. 71.

242 Beutler, in: von der Groeben/ Schwarze, EUV/ EGV, 6. Aufl., Bd. 1, Art. 6 EU Rz. 67.

243 Cirkel, Bindungen der Mitgliedsstaaten, S. 78 ff.; Ehlers, Jura 2002, 468 (473 f.); Borchardt, in: Lenz, EGV, Art. 220 Rz. 35; Bleckmann/ Pieper, in: Dauses, Handbuch des EU -Wirtschaftsrechts, Bd. 1, B. I Rz. 149; Jacobs, ELR 2001, 331 (333 f.); Rengeling, Grundrechtsschutz in der EG, S. 189 ff.; Ruffert, EuGRZ 1997, 518 (527 f.); Böcker, Rechtsbehelfe zum Schutz der Grundrechte, S. 27.

Verordnungen[244] sowie für den Verwaltungsvollzug von (unter gegebenen Voraussetzungen) unmittelbar anwendbaren Richtlinien[245]. In diesen Fällen unterliegt die Richtlinie bzw. Verordnung als autonome (sekundärrechtliche) Rechtsquelle des Gemeinschaftsrechts auch nach Auffassung des BVerfG[246] grundsätzlich nicht der Prüfung an den nationalen Grundrechten. Dies muss entsprechend für die nationalen Vollzugsakte gelten, welche lediglich den „verlängerten Arm" des Gemeinschaftsrechts darstellen[247].
Anders ist hingegen die Umsetzung von Richtlinien durch nationale Umsetzungsgesetze zu beurteilen. Hier wird überwiegend vertreten, der nationale Gesetzgeber sei, soweit die Richtlinie ihm Umsetzungsspielraum belasse, allein an die nationalen Grundrechte gebunden[248]. Demgegenüber sei der nationale Gesetzgeber – freilich innerhalb der Schranken des Art. 23 Abs. 1 GG – lediglich an die Gemeinschaftsgrundrechte gebunden, soweit die Vorgaben der Richtlinie den nationalen Umsetzungsakt determinierten (normativer Vollzug)[249]. Dafür spricht, dass die Umsetzung des von der Richtlinie determinierten (Mindest-) Standards im Hinblick auf das Gebot der Einheit der Gemeinschaftsrechtsordnung[250] und den Vorrang des Gemeinschaftsrechts[251] nicht durch die Anwendung nationaler Grundrechte unterlaufen

---

244 EuGH v. 13.7.1989, 5/ 88, Wachauf/ Bundesanstalt für Ernährung und Forstwirtschaft, EuGHE 1989, 2609 Rz. 19; v. 24.3.1995, C-2/ 92, Bostock, EuGHE 1994, I-955 (I-983) Rz. 16; v. 15.2.1996, C-63/ 93, Duff u. a., EuGHE 1996, I-569 (I-610) Rz. 29; v. 17.4.1997, C-15/ 95, Earl de Kerlast, EuGHE 1997, I-1961 (I-1996) Rz. 36. Dazu ausführlich: Cirkel, Bindungen der Mitgliedsstaaten, S. 89 ff.

245 EuGH v. 12.12.1996, C-74/95 u. C-129/95 (X), EuGHE 1996, I-6609 (I-6636) Rz. 24 f.; Cirkel, Bindungen der Mitgliedsstaaten, S. 92 ff.; Jürgensen/ Schlünder, AöR 121 (1996), 200 (208 ff.); Kingreen/ Störmer, EuR 1998, 263 (280 f.); Rengeling, FS Rauschning, 225 (239); Ruffert, EuGRZ 1995, 518 (527 f.).

246 BVerfG v. 22.10.1986, 2 BvR 197/ 83 (Solange II), BVerfGE 73, 339 (387): Nur dann, wenn dargelegt wird, dass der Grundrechtsschutz des EuGH gegen abgeleitetes Gemeinschaftsrecht das vom Grundgesetz geforderte Ausmaß an Grundrechtsschutz generell und offenkundig unterschreitet, kann das BVerfG angerufen werden. Dann wird das Zustimmungsgesetz zum EG-Gründungsvertrag – als Grundlage des Gemeinschaftsrechtsakts – an einem relativierten Prüfungsmaßstab des Grundgesetzes (vgl. Art. 23 Abs. 1 GG) überprüft. Ebenso: BVerfG v. 12.5.1989, 2 BvQ 3/89 (Tabakbeschluss), EuGRZ 1989, 339 (340); Vgl. auch BVerfG v. 2.10.1993, 2 BvR 2134/ 92 und 2 BvR 2159/ 92 (Maastricht), BVerfGE 89, 155 (175): Es besteht ein „Kooperationsverhältnis" zwischen EuGH und BVerfG dahingehend, dass der EuGH den Grundrechtsschutz gegenüber der Hoheitsgewalt der Europäischen Gemeinschaft in jedem Einzelfall garantiert und sich das BVerfG auf die generelle Gewährleistung des unabdingbaren Grundrechtsstandards beschränkt.

247 Kingreen, JuS 2000, 857 (864); ders./ Störmer, EuR 1998, 263 (280); Störmer, AöR 123 (1998), 541 (568).

248 BVerfG v. 12.5.1989, 2 BvQ 3/89 (Tabakbeschluss), EuGRZ 1989, 339 (340); Kingreen, in: Calliess/ Ruffert, EUV/ EGV, Art. 6 EU Rz. 59; ders./ Störmer, EuR 1998, 263 (281); Weber, NJW 2000, 538 (542); Dreier, in: ders., GG, Bd. 1, Art. 1 Abs. 3 Rz. 12; Pieroth/ Schlinck, Grundrechte, Rz. 191; Rengeling, in: FS Rauschning, 225 (239); dahingehend auch Penski/ Elsner, DÖV 2001, 265 (267). Vgl. demgegenüber für eine vorrangige Bindung an die Gemeinschaftsgrundrechte: Bleckmann, in: ders. Europarecht, Rz. 614; Cirkel, Bindungen der Mitgliedsstaaten, S. 84 f.; Kühling, in: Bogdandy, Europäisches Verfassungsrecht, S. 608; Tomuschat, EuR 1990, 340 (344 ff.).

249 Rengeling, FS Rauschning, 225 (239); Gerstner/ Goebel, JURA 1993, 626 (632); Bieber/ Epiney/ Haag, Europäische Union, 6. Aufl, S. 62; Everling, EuR 1990, 195 (212 f.); Störmer, AöR 123 (1998), 541 (567); Bienert, Die Kontrolle mitgliedstaatlichen Handelns, S. 112 ff. m. w. N.

250 Bleckmann, in: ders., Europarecht, Rz. 614; Bienert, Die Kontrolle mitgliedstaatlichen Handelns, S. 112 m. w. N.

251 Dazu: Epiney, Umgekehrte Diskriminierungen, S. 136 m. w. N.; Bleckmann, in: ders., Europarecht, Rz. 614; Rengeling, FS Rauschning, 225 (239). Dieser Vorrang besteht aus deutscher Sicht nach Maßgabe des Art. 23 Abs. 1 GG.

werden darf[252]. Zum Teil wird es sogar als ausreichend erachtet, bei Zweifeln an der Grundrechtskonformität des Umsetzungsakts lediglich die Richtlinie, nicht aber den Umsetzungsakt an den Gemeinschaftsgrundrechten zu prüfen[253]. Sei die Richtlinie grundrechtskonform, also rechtswirksam, dann gelte dies auch für den determinierten Teil des Umsetzungsgesetzes[254]. Sei sie grundrechtswidrig, also nichtig (Art. 230 EG), dann bewirke die Nichtigkeit, dass die Mitgliedsstaaten nicht mehr in einem von der Gemeinschaft determinierten Bereich tätig würden, so dass allein nationale Grundrechte zur Anwendung kämen[255].
Beide Auffassungen können vorliegend dahingestellt bleiben. In Frage steht die Grundrechtskonformität der Zinsrichtlinie als solcher. Dass die Gemeinschaftsorgane beim Erlass von Gemeinschafsrechtsakten an die Gemeinschaftsgrundrechte gebunden sind, ist unstrittig.
Dabei wird die Prüfung der gemeinschaftlichen (Freiheits-)Grundrechte wie im deutschen Recht in Schutzbereich, Grundrechtseingriff[256] und Rechtfertigung unterteilt. Wie auch dort unterliegen die Grundrechtsschranken ihrerseits den Schranken-Schranken des Verhältnismäßigkeitsgrundsatzes und der Wesensgehaltsgarantie[257].

b) Verhältnis zu den Grundfreiheiten

Zu klären bleibt, ob die Gemeinschaftsgrundrechte neben den Grundfreiheiten des EG-Vertrags zur Anwendung kommen.
So erwähnt der EuGH, soweit er Handlungen der Mitgliedsstaaten an den Grundfreiheiten überprüft, die Grundrechte lediglich im Rahmen der Rechtfertigung mitgliedsstaatlicher Eingriffe als Schranken-Schranken[258]; er prüft sie nicht als selbständige Tatbestände[259], sondern nimmt eine Grundrechtsbindung der Mitgliedsstaaten nur dann an, wenn die Mitgliedsstaaten, indem sie aufgrund einer nach dem EG-Vertrag zulässigen Ausnahme eine Grundfreiheit einschränken, in einem gemeinschaftsrechtlich determinierten Bereich tätig werden[260]. Dabei geht der EuGH offensichtlich von einem Vorrang der Grundfreiheiten in ihrer freiheitsrechtlichen Dimension gegenüber den ungeschriebenen Gemeinschaftsgrundrechten aus[261]. Diese Rechtsprechung lässt sich zwar grundsätzlich auch auf den Schutz gegen Handlungen der Gemeinschaftsorgane übertragen[262]; doch erscheint in diesem Kontext nach vorliegender Auf-

---

252 Kingreen/ Störmer, EuR 1998, 263 (281).

253 Kingreen, in: Calliess/ Ruffert, EUV/ EGV, Art. 6 EUV Rz. 59; ders., JuS 2000, 857 (864); vgl. auch Naujok, EWiR 2003, 67 (67) zur Richtlinie 80/ 605/ EWG (KapCoRiLi); Cirkel, Bindungen der Mitgliedsstaaten, S. 85, nimmt eine unmittelbare Grundrechtsbindung der Gemeinschaftsorgane an, die sich auf die Mitgliedsstaaten lediglich mittelbar auswirke.

254 Kingreen, in: Calliess/ Ruffert, EUV/ EGV, Art. 6 EUV Rz. 59.

255 Kingreen, in: Calliess/ Ruffert, EUV/ EGV, Art. 6 EUV Rz. 59; ders./ Störmer, EuR 1998, 263 (281). Insoweit offen: Cirkel, Bindungen der Mitgliedsstaaten, S. 85.

256 Ausführlich zur Funktion des Grundrechtseingriffs: Eckhoff, Der Grundrechtseingriff, S. 3 ff.

257 Vgl. Kingreen, in: Calliess/ Ruffert, EUV/ EGV, Art. 6 EUV Rz. 64 ff.; ders., JuS 2000, 857 (860 ff.); Beutler, in: von der Groeben/ Schwarze, EUV/ EGV, 6. Aufl., Bd. 1, Art. 6 EU Rz. 72 ff. Vgl. dagegen die Kritik zur Terminologie „Schranken-Schranken" bei Koch, Verhältnismäßigkeit, S. 500 ff.

258 EuGH v. 26.6.1997, C-368/ 95, Familiapress, EuGHE 1997, 3689 (3717) Rz. 24; v. 18.6.1991, C-260/ 89, ERT, EuGHE 1991, 2925 (2964) Rz. 43. Dem zustimmend: Nicolaysen, EuR 2003, 719 (738); Jürgensen/ Schlünder, AöR 121 (1996), 200 (213 ff.); Kühling, EuGRZ 1997, 296 (299 f.); Weber, NJW 2000, 538 (542). Demgegenüber kritisch: Jacobs, ELR 2001, 331 (335 ff., 338); Kingreen/ Störmer, EuR 1998, 263 (281 ff.); Ruffert, EuGRZ 1995 518 (528 f.); Störmer, AöR 123 (1998), 541 (567).

259 Kingreen/ Störmer, EuR 1998, 263 (286).

260 Rengeling, FS Rauschning, 225 (240).

261 Kingreen, in: Calliess/ Ruffert, EUV/ EGV, Art. 6 EUV Rz. 81.

262 Vgl. EuGH v. 9.8.1994, C-51/93, Meyhui, EuGHE 1994, I-3879 (I-3898) Rz. 10.

fassung allein eine Idealkonkurrenz zwischen Grundrechten und Grundfreiheiten überzeugend, um den unterschiedlichen Schutzrichtungen und -wirkungen von Grundrechten und Grundfreiheiten[263] gegenüber abgeleitetem Gemeinschaftsrecht Geltung zu verschaffen[264]. Beide müssen als primärrechtliche Prämissen für die Richtliniengebung der Gemeinschaft nebeneinander zur Anwendung kommen.

c) Grundrecht der Berufsfreiheit

Die Zinsrichtlinie verstößt möglicherweise gegen das Grundrecht der Berufsfreiheit, indem sie Kreditinstitute verpflichtet, bei Zinszahlungen an in einem anderen Mitgliedsstaat ansässige natürliche Personen automatisch Höhe der Zinserträge, Kontonummer sowie Name und Wohnsitz des Berechtigten den nationalen (Finanz-)Behörden mitzuteilen, damit diese die Informationen an die Finanzbehörden des Wohnsitzstaates weiterleiten.

(1) Herleitung

Die EMRK enthält keine Regelung zur Berufsfreiheit, vermag insoweit also nicht als Rechtserkenntnisquelle zu dienen. Demgegenüber wird ein solches Grundrecht in den Ausprägungen der Handelsfreiheit, der Freiheit der wirtschaftlichen Betätigung und der Freiheit der Arbeit in der überwiegenden Zahl der Verfassungen der Mitgliedsstaaten anerkannt, wenn auch nur selten ausdrücklich als umfassendes „Recht der Berufsfreiheit" gewährleistet[265]. In der Grundrechte-Charta gewährleistet Art. 15 GRCh die Berufswahl- und die Berufsausübungsfreiheit sowie ein „Recht zu arbeiten". Art. 16 GRCh schützt die unternehmerische Freiheit. Der EuGH anerkennt die Berufsfreiheit als Grundrecht, ohne jedoch ihre Herleitung genauer auszuführen[266].

(2) Schutzbereich

Die Zinsrichtlinie verstößt nur dann gegen die Berufsfreiheit, wenn deren „Schutzbereich"[267] im Sinne eines grundrechtlich geschützten Lebensbereichs, in dem der Einzelne gegen staatliche Eingriffe geschützt ist, eröffnet ist. Der Schutzbereich der Berufsfreiheit unterscheidet sich von dem der Eigentumsfreiheit insofern, als er den Erwerb schützt, während Letztere Bestandsschutz gewährt[268].

---

263 Dazu: Nicolaysen, EuR 2003, 719 (737 ff.); Penski/ Elsner, DÖV 2001, 165 (268); Epiney, Umgekehrte Diskriminierungen, S. 134.

264 Kingreen, in: Calliess/ Ruffert, EUV/ EGV, Art. 6 EU Rz. 81; vgl. auch ders./ Störmer, EuR 1998, 263 (286).

265 Günter, Berufsfreiheit und Eigentum, S. 50 ff., 223 ff.; Kingreen, in: Calliess/ Ruffert, EUV/ EGV, Art. 6 EU Rz. 130 Fn. 364 m. w. N; vgl. auch Penski/ Elsner, DÖV 2001, 265 (270), die auf einen divergierenden Schutzumfang hinweisen.

266 EuGH v. 12.11.1969, 27/ 69, Stauder/ Ulm, EuGHE 1969, 419 (425) Rz. 4; v. 13.12.1979, 44/ 79, Hauer/ Land Rheinland-Pfalz, EuGHE 1979, 3727 (3750) Rz. 32; v. 21.3.1991, C-359/ 89, Safa, EuGHE 1991, I-1693 (I-1697) Rz. 15; v. 11.12.1996, T-521/ 93, Atlanta, EuGHE 1996, II-1707 (II-1730) Rz. 62 f.

267 Vgl. Pieroth/ Schlinck, Grundrechte, Rz. 195 ff.

268 Günter, Berufsfreiheit und Eigentum, S. 240 f.; Beutler, in: von der Groeben/ Schwarze, EUV/ EGV, 6. Aufl., Bd. 1, Art. 6 EU Rz. 81; Kingreen, in: Calliess/ Ruffert, EUV/ EGV, Art. 6 EU Rz. 131 unter Hinweis auf BGH v. 18.9.1986, III ZR 83/ 85, BGHZ 98, 341 (351). Indessen prüft der EuGH häufig die Grundrechte der Berufs- und Eigentumsfreiheit zusammen, ohne zwischen beiden eine klare Trennung vorzunehmen. Vgl. EuGH v. 27.9.1979, 230/ 78, Eridania, EuGHE 1979, 2749 (2768) Rz. 20 ff.; v. 21.3.1987, 133/ 85, Rau, EuGHE 1987, 2289 (2338) Rz. 15 ff.

Den Begriff des „Berufs“ hat der EuGH bisher nicht abstrakt definiert[269]. Stattdessen betrachtet der EuGH die Berufsfreiheit in den Ausprägungen der „Freiheit der Arbeit, des Handels und anderer Berufstätigkeiten“[270], der „Freiheit der wirtschaftlichen Betätigung“[271] sowie der Handels- und Wirtschaftsfreiheit[272] als geschützt[273]. Auch Unternehmen fallen wesensmäßig in den (persönlichen) Schutzbereich der Berufsfreiheit.
Zwar beschränkt der EuGH für Unternehmen den sachlichen Schutzbereich insoweit, als „kein wohlerworbenes Recht auf Beibehaltung eines Vorteils (...), der ihm [d. h. dem Unternehmen] aus einer Marktorganisation in ihrer zu einem bestimmten Zeitpunkt bestehenden Form erwächst“ bestehe.[274]. Jedoch wird die damit implizierte Aussage, bloße Beeinträchtigungen der Ertragslage fielen nicht unter den Schutzbereich der Berufsfreiheit, im Schrifttum wegen der Gefahr einer faktischen Entwertung der Grundfreiheit kritisiert[275].
Dort wird vertreten, den Berufsbegriff, angelehnt an die Rechtsprechung des BVerfG[276], zu definieren als jede auf Dauer angelegte Tätigkeit, die der Schaffung und Erhaltung einer Lebensgrundlage dient[277]. Andere Stimmen sprechen sich für eine an die Grundfreiheiten angelehnte Definition aus[278].
Nach beiden Auffassungen ist der sachliche Schutzbereich der Berufsfreiheit vorliegend einschlägig: Die Kreditinstitute werden durch die Verpflichtung zur Erteilung von Kontrollmitteilungen über Zinszahlungen an nichtansässige Anleger in ihren Kundenbeziehungen betroffen. Die Kundenbeziehungen der Banken fallen, wie Kundenbeziehungen überhaupt, unter die grundrechtlich geschützte Berufsausübung[279]. Dies gilt auch für eine an die Grundfreiheiten angelehnte Definition. Insofern ist die Erbringung von unter den sachlichen Schutzbereich der Dienstleistungsfreiheit (Art. 49 EG) fallenden Bankdienstleistungen an nichtansässige Kunden tangiert. Zugleich werden die Kreditinstitute in ihrer unternehmerischen, von der Berufs-

269 Günter, Berufsfreiheit und Eigentum in der EU, S. 15, 18; Wunderlich, Das Grundrecht der Berufsfreiheit, S. 105; Hilf/ Hörmann, NJW 2003, 1 (5).

270 EuGH v. 13.12.1979, 44/ 79, Hauer/ Land Rheinland-Pfalz, EuGHE 1979, 3727 (3750) Rz. 32.

271 EuGH v. 21.3.1991, C-359/ 89, Safa, EuGHE 1991, I-1693 (I-1697) Rz. 15.

272 EuGH v. 17.12.1970, 11/ 70, Internationale Handelsgesellschaft, EuGHE 1970, 1125 (1134) Rz. 2.

273 Zu den Teilaspekten des Gemeinschaftsgrundrechts der Berufsfreiheit vgl. Wunderlich, Das Grundrecht der Berufsfreiheit, S. 106 ff.

274 EuGH v. 14.5.1974, 4/ 73, Nold/ Kommission, EuGHE 1974, 491 (507 f.).

275 Günter, Berufsfreiheit und Eigentum, S. 19.

276 BVerfG v. 11.6.1958, 1BvR 596/ 56, BVerfGE 7, 377 (398); v. 29.4.1996, 2 BvG 1/ 93, BVerfGE 94, 301 (313).

277 Kingreen, in: Calliess/ Ruffert, EUV/ EGV, Art. 6 EU Rz. 132. Dahingehend auch Günter, Berufsfreiheit und Eigentum, S. 18, 225, der im Wege der wertenden Rechtsvergleichung feststellt, dass das Gemeinschaftsgrundrecht der Berufsfreiheit seine Grundlage im Wesentlichen in Art. 12 GG hat. Umstritten ist, ob auch auch eine gesetzlich verbotene Tätigkeit in den Schutzbereich der Berufsfreiheit fällt. Nach überzeugender Ansicht von Eckhoff, in: H/ H/ Sp, AO, Bd. 5, § 194 Rz. 200 Fn. 1 ist dies zu bejahen. Der Eingriff des beschränkenden Gesetzes vermag jedoch verfassungsrechtlich gerechtfertigt sein. Vgl. zum Streitstand: Jarass, in: Jarass/ Pieroth, GG, Art. 12 Rz. 7.

278 Penski/ Elsner, DöV 2001, 265 (271); Wunderlich, Das Grundrecht der Berufsfreiheit, S. 105. Zum Streit um die Frage der Verbotswidrigkeit einer Tätigkeit als Ausschlusskriterium vgl. Wunderlich, Das Grundrecht der Berufsfreiheit, S. 70 ff.

279 Eckhoff, in: H/ H/ Sp, AO, Bd. 5, § 194 AO Rz. 200: Danach tangiert das Anfertigen von Kontrollmitteilungen anlässlich von Außenprüfungen nach § 194 Abs. 3 AO die Kundenbeziehungen des Geprüften und damit die von Art. 12 Abs. 1 GG geschützte Berufsausübung. Vgl. indessen BVerfG v. 13.12.1994, 2 BvR 894/94, NJW 1995, 2839 (2841): „ Indes bedarf es keiner abschließenden Klärung, ob und inwieweit die Integrität des Vertrauensverhältnisses zwischen einer Bank und ihren Kunden überhaupt des grundrechtlichen Schutzes teilhaftig werden kann.“.

freiheit geschützten Dispositionsfreiheit betroffen. Durch die staatliche Indienstnahme zu Zwecken der steuerlichen Verifikation werden in verstärktem Maß Personalmittel der Kreditinstitute gebunden[280]. Dies gilt insbesondere im Hinblick auf die Verpflichtung der Kreditinstitute, im Vorfeld der Kontrollmitteilungen die zugrunde liegenden Informationen für eine Kontrollmitteilungspflicht zu erheben sowie die rechtlichen Voraussetzungen derselben (z. B. Ansässigkeit) zu prüfen. Der Schutzbereich der Berufsfreiheit wird durch diese Verpflichtung berührt.

(3) Eingriff

Zu prüfen bleibt, ob die Zinsrichtlinie in den Schutzbereich eingreift. Dazu muss der Eingriffsbegriff näher bestimmt werden. Die Rechtsprechung des EuGH lässt tendenziell den Rückschluss auf ein weites Eingriffsverständnis zu[281], wonach der Grundrechtseingriff etwa mit Belastung gleichzusetzen ist[282]. Eine Eingriffsdogmatik vergleichbar derjenigen des deutschen Verfassungsrechts[283] lässt sich der Rechtsprechung des EuGH nicht entnehmen[284]. Unmittelbare Beschränkungen eines Grundrechts stellen unstreitig Eingriffe dar[285]. Auch mittelbare Grundrechtsbeeinträchtigungen qualifiziert die Literatur als Eingriffe, sofern eine gewisse Nähebeziehung zwischen Maßnahme und Beeinträchtigungswirkung vorliegt sowie eine gewisse Spürbarkeitsgrenze überschritten ist[286]. Entscheidend sei, dass die festgestellte Beeinträchtigung der europäischen Hoheitsgewalt zugerechnet werden könne[287].

Wie auch das Schrifttum[288] differenziert der EuGH[289] in Anlehnung an die Rechtsprechung des BVerfG[290] nach der Eingriffsintensität zwischen Eingriffen in die Freiheit der Berufswahl und solchen in die Freiheit der Berufausübung[291], wobei die Anforderungen an eine Rechtfertigung nach der Eingriffsintensität abgestuft werden[292].

Die Zinsrichtlinie stellt keine rechtlichen Voraussetzungen für den Zugang zu einem Beruf auf, sondern knüpft an eine bestimmte berufliche Tätigkeit eine Verpflichtung, nämlich die zur Erteilung von Kontrollmitteilungen[293]. Daher stellt sie keine Berufswahl-, sondern eine

280 Vgl. zur Dispositionsfreiheit: Ossenbühl, AöR 115 (1990), 1 (19).

281 EuGH v. 10.7.1991, C-90/ 90, C-91/ 90, EuGHE 1991, I-3633 (I-3637) Rz. 13; v. 28.4.1998, C-200/ 96, Metronome Musik, EuGHE 1998, I-1971 (I-1981) Rz. 28.

282 Ehlers, Jura 2002, 468 (475).

283 Dazu grundlegend: Eckhoff, Der Grundrechtseingriff, S. 3 ff.

284 Ehlers, Jura 2002, 468 (475).

285 Penski/ Elsner, DÖV 2001, 265 (267).

286 Ehlers, Jura 2002, 469 (475); uneingeschränkt für eine Eingriffswirkung von mittelbaren Grundrechtsbeeinträchtigungen: Stadler, Berufsfreiheit, S. 18 f.; a. A. Rengeling, Grundrechtsschutz in der Europäischen Gemeinschaft, S. 27.

287 Penski/ Elsner, DÖV 2001, 265 (267).

288 Penski/ Elsner, DÖV 2001, 265 (271); Kingreen, in: Calliess/ Ruffert, EUV/ EGV, Art. 6 EU Rz. 133; Wunderlich, Das Grundrecht der Berufsfreiheit, S. 201.

289 EuGH v. 13.12.1979, 44/ 79, Hauer/ Land Rheinland-Pfalz, EuGHE 1979, 3727 (3750) Rz. 32; v. 18.9.1986, 116/ 82, Kommission/ Bundesrepublik Deutschland, EuGHE 1986, 1519 (1545) Rz. 27.

290 Vgl. die (Drei-)Stufen-Therorie des BVerfG v. 11.6.1958, 1 BvR 596/ 56, BVerfGE 7, 377 (401, 403, 405 ff.), wonach die verfassungsrechtliche Rechtfertigung einer gesetzlichen Regelung bei steigender Intensität der Grundrechtsbeeinträchtigungen entsprechend höherwertige Gemeinwohlbelange voraussetzt.

291 Vgl. EuGH v. 26.1.1978, 44/ 79, Hauer/ Land Rheinland-Pfalz, EuGHE 1979, 3727 (3750) Rz. 32; v. 13.12.1994, C- 306/ 93, SMW Winzersekt/ Land Rheinland-Pfalz, EuGHE 1994, I-5555.

292 Günter, Berufsfreiheit und Eigentum, S. 17.

293 Vgl. zum Eingriff in die Berufsausübungsfreiheit durch Indienstnahme Privater für öffentliche Aufgaben: Manssen, in: v. Mangoldt/ Klein/ Starck, GG, Bd. 1, Art. 12 Abs. 1 Rz. 196.

Berufsausübungsregelung dar[294]. Indem die Vorschrift „mit der Ausübung des Berufs eine zusätzliche, außerhalb der eigentlichen Berufsausübung liegende Tätigkeit" verknüpft, welche „im inneren Zusammenhang mit der Berufsausübung steht und Rückwirkungen auf diese hat", beeinträchtigt sie den von der Berufsfreiheit gesicherten Freiheitsraum[295]. Die von der Zinsrichtlinie begründeten Kontrollmitteilungspflichten wirken insofern auf die Berufsausübung der Banken zurück, als sie deren Personalressourcen binden (insbesondere durch Überprüfung der Voraussetzungen der Kontrollmitteilungspflicht) und deren Kundenbeziehungen[296] beeinträchtigen. Dies wirkt sich auf die Rentabilität der unternehmerischen Betätigung der Banken aus.
Indessen entfaltet die Zinsrichtlinie selbst keine unmittelbaren Rechtswirkungen für die Kreditinstitute. Ihre Beeinträchtigungswirkung wird erst durch die nationale Umsetzungsnorm vermittelt, zu deren Verabschiedung die Mitgliedsstaaten nach Art. 249 Abs. 3, 10 EG verpflichtet sind. Daher greift die Zinsrichtlinie lediglich mittelbar in die Berufsausübung ein[297]. Ein mittelbarer Eingriff setzt eine gewisse Nähebeziehung zwischen hoheitlicher Maßnahme und Beeinträchtigungswirkung sowie das Überschreiten einer gewissen Spürbarkeitsgrenze voraus. Erstere liegt vor, weil die Zinsrichtlinie die Anordnung von Kontrollmitteilungspflichten für Kreditinstitute durch die Mitgliedsstaaten determiniert, den nationalen Gesetzgebern insoweit also kein Umsetzungsspielraum verbleibt[298]. Zudem ist die Beeinträchtigungswirkung für die Kreditinstitute spürbar, so dass im Ergebnis ein Eingriff in die grundrechtlich geschützte Berufsausübung vorliegt.

(4) Rechtfertigung

Möglicherweise ist dieser Grundrechtseingriff aber gerechtfertigt. Der EuGH bemerkt zur Tragweite der Grundrechte allgemein: „Nach gefestigter Rechtsprechung des EuGH kann die Ausübung dieser Rechte insbesondere im Rahmen einer gemeinsamen Marktorganisation Beschränkungen unterworfen werden, sofern diese tatsächlich dem Gemeinwohl dienenden Zielen der Gemeinschaft entsprechen und nicht einen im Hinblick auf den verfolgten Zweck unverhältnismäßigen, nicht tragbaren Eingriff darstellen, der diese Rechte in ihrem Wesensgehalt antastet"[299]. Es „bedürfen in allen Mitgliedsstaaten Eingriffe der öffentlichen Gewalt in die Sphäre der privaten Betätigung jeder – natürlichen oder juristischen – Person einer Rechtsgrundlage"[300]. Art. 52 GrCh lehnt sich an die Rechtsprechung des EuGH an, konkretisiert sie aber dahingehend, dass jede „Einschränkung der Ausübung der in dieser Charta anerkannten Rechte und Freiheiten (...) gesetzlich vorgesehen sein (...)" muss.

---

294 Vgl. BVerfG v. 29.11.1967, 1 BvR 175/ 66, BVerfGE 22, 380 (384), wonach die Verpflichtung der Banken zur Abführung der Kapitalertragsteuer eine Berufsausübungsregelung darstellt.

295 So BVerfG v. 29.11.1967, 1 BvR 175/ 66, BVerfGE 22, 380 (384) zur Verpflichtung der Banken zur Abführung der Kapitalertragsteuer. Vgl. zur gemeinschaftsrechtlichen Berufsfreiheit auch Penski/ Elsner, DÖV 2001, 265 (271) unter Hinweis auf EuGH v. 11.7.1989, 265/ 87, Schräder/ Hauptzollamt Gronau, EuGHE 1989, 2263 (2269) Rz. 18., wonach ein erhöhter administrativer Aufwand, etwa bedingt durch eine Abgabenverpflichtung, grundsätzlich für einen Eingriff ausreicht.

296 Vgl. zur Beeinträchtigung der Kundenbeziehungen als Eingriff in Art. 12 Abs. 1 GG: Eckhoff, in: H/ H/ Sp, AO, Bd. 5, § 194 AO Rz. 200.

297 Vgl. zum mittelbaren Eingriff in die Berufsfreiheit durch Richtlinien: Stadler, Berufsfreiheit, S. 18 f.

298 Siehe zu den Regelungen der Zinsrichtlinie im Einzelnen Teil F.

299 EuGH v. 13.4.2000, C 292/ 97.

300 EuGH v. 17.10.1990, 10/ 89, Hoechst/ Kommission, EuGHE 1989, 2859 (1926) Rz. 19; v. 17.10.1989, 97/ 87, Dow Chemical Ibérica u. a. / Kommission, EuGHE 189, 3165 (3187 f.) Rz. 22 f.

Die Rechtsprechung des EuGH stuft die Anforderungen an die Rechtfertigungsprüfung graduell nach Eingriffen in die Berufswahl- und Berufsausübungsfreiheit ab[301]. Berufsausübungsregeln sind danach bereits dann gerechtfertigt, wenn sie aufgrund vernünftiger Erwägungen zur Erreichung der dem Allgemeinwohl dienenden Ziele der Gemeinschaft zweckmäßig erscheinen und den Einzelnen nicht unverhältnismäßig belasten[302].
Die Bezugnahme auf die dem Allgemeinwohl dienenden Ziele der Gemeinschaft erfasst dabei jedenfalls die Ziele des Art. 2 EG[303]. Während nach den Erläuterungen zur Grundrechte-Charta auch diejenigen Interessen erfasst sein sollen, die in speziellen Vertragsbestimmungen, etwa in Art. 30, 39 Abs. 3 EG, anerkannt werden[304], weist man im Schrifttum darauf hin, dass sich die relevanten Gemeinwohlziele jedenfalls innerhalb der Kompetenzordnung der EG bewegen müssen[305].
Da die Zinsrichtlinie bezweckt, Wettbewerbsverzerrungen auf dem europäischen Kapitalmarkt zu beseitigen, könnte der Eingriff in die Berufsfreiheit durch die von der Richtlinie intendierte Herstellung des Gemeinsamen Marktes (Art. 2 EG) gerechtfertigt sein. Daneben kommt eine Rechtfertigung durch die in Art. 58 Abs. 1 EG ausdrücklich anerkannten öffentlichen Interessen auf dem Gebiet des Steuerrechts in Betracht[306]. Zwar steht der Gemeinschaft keine gesonderte Kompetenz auf dem Gebiet des Steuerrechts zu. Soweit die Zinsrichtlinie aber die Bekämpfung von „schädlichem Steuerwettbewerb" sowie die Realisierung der Besteuerungsansprüche bei grenzüberschreitenden Zinserträgen bezweckt, läuft dieses Interesse gleich mit demjenigen an der Herstellung des Gemeinsamen Marktes durch Beseitigung steuerlich bedingter Wettbewerbsverzerrungen[307]. Vorliegend kommen daher beide Interessen als Rechtfertigungsgründe in Betracht.

(a) Gesetzesvorbehalt

Der Grundrechtseingriff kann unter den genannten Aspekten jedoch nur gerechtfertigt sein, wenn er auf „eine Rechtsgrundlage" gestützt wird (EuGH) bzw. „gesetzlich" vorgesehen ist (Art. 52 GrCh). Ob dieser Gesetzesvorbehalt im Sinne eines Parlamentsvorbehalts zu verstehen ist, ist unklar[308]. Der EGMR geht unter Berücksichtigung der Besonderheiten im Rechtskreis des common law von einem materiellen Gesetzesbegriff aus[309]. Der EG-Vertrag selbst verwendet den Gesetzesbegriff nicht. Als Rechtsakte der Gemeinschaft werden in Art. 249 EG nur (abstrakt-generelle) Richtlinien und Verordnungen sowie (konkret-individuelle) Entscheidungen angeführt. Es bietet sich zunächst an, auf das auf Gemeinschaftsebene vorhandene Maß an demokratischer Legitimation abzustellen[310]. Maßgeblich muss insoweit die Einbindung des Europäischen Parlaments in die Verabschiedung der Ge-

---

301 Wunderlich, Das Grundrecht der Berufsfreiheit, S. 201.

302 EuGH v. 13.12.1979, 44/ 79, Hauer/ Rheinland-Pfalz, EuGHE 1979, 3727 (3747) Rz. 23; Stadler, Berufsfreiheit, S. 360.

303 Erläuterungen zum endgültigen Text-Entwurf des Konvents, Grundrechte-Charta der Europäischen Union, EuGRZ 2000, 559 (569).

304 Erläuterungen zum endgültigen Text-Entwurf des Konvents, Grundrechte-Charta der Europäischen Union, EuGRZ 2000, 559 (569).

305 Kingreen, JuS 2000, 857 (863).

306 Siehe Teil E II.4.

307 Siehe dazu Teil G II.2.b)(1).

308 Kingreen, JuS 2000, 857 (863).

309 EGMR v. 15.3.1979, Times Newspapers Ltd. u. a./ Vereintes Königreich, EuGRZ 1979, 386 Rz. 47.

310 Dahingehend: Kingreen, JuS 2000, 857 (863); Penski/ Elsner, DÖV 2001, 265 (272); zurückhaltend: Wunderlich, Das Grundrecht der Berufsfreiheit, S. 185 f.; Weber, NJW 2000, 538 (543).

meinschaftsrechtsnorm sein[311]. Die Zinsrichtlinie wurde auf Grundlage des Art. 94 EG nach Anhörung des Europäischen Parlaments[312] verabschiedet. Eine weitere Einbindung, etwa im Verfahren der Mitentscheidung oder Zusammenarbeit (Art. 251 f. EG), erfolgte nicht. Das erforderliche (Mindest-) Maß an demokratischer Legitimation kann demnach wohl nur bejaht werden, wenn man auch auf die mittelbare demokratische Legitimation der Ratsmitglieder[313] abstellt. Soweit aber vorliegend die Eingriffswirkung bei der Umsetzung auf nationaler Ebene durch formelle (Parlaments-) Gesetze umgesetzt wird, dürfte der Ratio des Gesetzesvorbehalts jedenfalls Genüge getan sein[314].

(b) Verhältnismäßigkeit

Fraglich bleibt, ob der Eingriff in die Berufsfreiheit verhältnismäßig im Hinblick auf das von der Gemeinschaft verfolgte Gemeinwohlziel ist. Der EuGH betrachtet hoheitliche Maßnahmen nur dann als rechtmäßig, „wenn sie zur Erreichung der zulässigerweise mit der fraglichen Regelung verfolgten Ziele geeignet und erforderlich sind. Dabei ist, wenn mehrere geeignete Maßnahmen zur Verfügung stehen, die am wenigsten belastende zu wählen; ferner müssen die auferlegten Belastungen in angemessenem Verhältnis zu den angestrebten Zielen stehen"[315]. Dem schließt sich das Schrifttum[316] an und kritisiert zugleich, dass sich der EuGH in der Praxis – v. a. im Bereich der Wirtschaftsgrundrechte[317] – häufig mit der Feststellung begnüge, dass die Maßnahme des Gemeinschaftsgesetzgebers „nicht offensichtlich ungeeignet" sei[318]. Mit Rücksicht auf die Einschätzungsprärogative des Gemeinschaftsgesetzgebers beschränke sich der EuGH auf eine Evidenzkontrolle[319] bzw. verzichte gänzlich auf eine Erforderlichkeits- und Angemessenheitsprüfung[320]. Dies führe zu einer weitgehenden Zurücknahme der grundrechtlichen Kontrolldichte[321].

---

311 Kingreen, in: Calliess/ Ruffert, EUV/ EGV, Art. 6 EU Rz. 72; ders., JuS 2000, 857 (863); Penski/ Elsner, DÖV 2001, 265 (272); Wunderlich, Das Grundrecht der Berufsfreiheit, S. 185 f. A. A. Müller-Michaels, Grundrechtlicher Eigentumsschutz in der EU, S. 48: Dieser erachtet auch eine ungeschriebene Eingriffsgrundlage als ausreichend.

312 Europäisches Parlament, ABl. EG v. 27.2.2003, Nr.C 47 E/ 553.

313 Wunderlich, Das Grundrecht der Berufsfreiheit, S. 185 f.

314 Vgl. zur verfassungsrechtlichen Problematik bei der Umsetzung der Zinsrichtlinie in das deutsche Recht Teil I II.1.

315 EuGH v. 11.7.1989, 265/ 87, Schräder/ Hauptzollamt Gronau, EuGHE 1989, 2237 (2269) Rz. 21. Vgl. ergänzend die Nachweise zur dreistufen Verhältnismäßigkeitsprüfung des EuGH bei: v. Danwitz, EWS 393 (395) Fn. 18.

316 Ehlers, Jura 2002, 468 (476); Kingreen, in: Calliess/ Ruffert, EUV/ EGV, Art. 6 EU Rz. 73; ders., JuS 2000, 857 (863).

317 Koch, Verhältnismäßigkeit, S. 412.

318 Kingreen, in: Calliess/ Ruffert, EUV/ EGV, Art. 6 EU Rz. 73; ders., JuS 2000, 857 (863); Penski/ Elsner, DÖV 2001, 265 (273 f.); v. Danwitz, EWS 2003, 393 (399); Ehlers, Jura 2002, 468 (476); vgl. zur Rechtsprechung in Bezug auf die Verhältnismäßigkeit von Beschränkungen der Berufsausübung die Kritik bei: Emmerich-Fritsche, Verhältnismäßigkeit, S. 397 ff.; Koch, Verhältnismäßigkeit, S. 399 ff., 527.

319 Hörmann/ Hilf, NJW 2003, 1 (6); Penski/ Elsner, DÖV 2001, 265 (273 f.); v. Danwitz, EWS 2003, 393 (395 ff.).

320 Kingreen, in: Calliess/ Ruffert, EUV/ EGV, Art. 6 EU Rz. 73; ders., JuS 2000, 857 (863); Penski/ Elsner, DÖV 2001, 265 (273 f.); v. Danwitz, EWS 2003, 393 (399); Ehlers, Jura 2002, 468 (476); vgl. zur Rechtsprechung in Bezug auf die Verhältnismäßigkeit von Beschränkungen der Berufsausübung die Kritik bei: Emmerich-Fritsche, Verhältnismäßigkeit, S. 397 ff.; Koch, Verhältnismäßigkeit, S. 399 ff., 527.

321 Kingreen, JuS 2000, 857 (863); dazu ausführlich: Koch, Verhältnismäßigkeit, S. 526 ff.

Dem ist zuzugeben, dass die Frage der Verhältnismäßigkeit nicht mit einem pauschalen Hinweis auf den Gestaltungsspielraum des Gemeinschaftsgesetzgebers abgetan werden darf[322]; stattdessen ist eine Verhältnismäßigkeitsprüfung im Einzelfall unter Berücksichtigung des Gestaltungsspielraums des Gemeinschaftsgesetzgebers vorzunehmen[323].
Indessen beruht bereits die Eignungsprüfung auf einer subjektiven Prognoseentscheidung des Gemeinschaftsgesetzgebers über die voraussichtliche Wirksamkeit der Maßnahme im Zeitpunkt ihres Erlasses[324]; dasselbe gilt für die Erforderlichkeitsprüfung, die eine subjektive Prognose über die voraussichtlich gleiche Wirksamkeit der Alternativmaßnahme sowie die Beurteilung als „milderes Mittel" voraussetzt[325]. Insoweit basiert die Verhältnismäßigkeitsentscheidung des Gemeinschaftsgesetzgebers auf der Ausübung seines gesetzgeberischen „Ermessens"[326]. Demnach muss sich die Verhältnismäßigkeitskontrolle auf eine Kontrolle der Grenzen dieses „Ermessens" beschränken[327].

(i) Geeignetheit

Ziel der Zinsrichtlinie ist, wie bereits erörtert, die Beseitigung von steuerlich bedingten Wettbewerbsverzerrungen auf dem europäischen Kapitalmarkt, also die Herstellung des Gemeinsamen Marktes. Wie die Ausführungen an anderer Stelle zeigen[328], ist die Statuierung von Kontrollmitteilungspflichten für Kreditinstitute über Zinszahlungen bzw. -gutschriften an nichtansässige natürliche Personen mit dem Zweck der Weiterleitung an die Finanzbehörden des Wohnsitzstaates geeignet, jedenfalls aber „nicht offensichtlich ungeeignet" im Sinne der EuGH-Rechtsprechung, um dieses Ziel zu erreichen. Die Maßnahme wirkt dahingehend, dass der jeweilige Besteuerungsanspruch des Wohnsitzstaates im Falle grenzüberschreitender Zinszahlungen durchgesetzt wird. Damit macht es für den Anleger steuerlich keinen Unterschied, ob er im Inland oder im (europäischen) Ausland investiert (Kapitalexportneutralität). Es wird ein unverfälschter Wettbewerb um Kapital auf dem Gemeinsamen Markt bewirkt.

(ii) Erforderlichkeit

Unter Berücksichtigung der gesetzgeberischen Einschätzungsprärogative stand dem Gemeinschaftsgesetzgeber daneben keine „offensichtlich" ebenso geeignete, im Hinblick auf die Berufsausübung der Kreditinstitute „mildere" Alternativmaßnahme zur Verfügung.
Zwar wurde an anderer Stelle gezeigt, dass auch das Modell einer gemeinschaftsweiten Abgeltungssteuer auf Zinserträge vom Gemeinschaftsgesetzgeber ex ante als „geeignetes" Mittel hätte in Betracht gezogen werden können. Hat sich jedoch, wie vorliegend, der Gemeinschaftsgesetzgeber für das Informationsmodell entschieden, so muss er sich nicht entgegenhalten lassen, dass das Abgeltungssteuermodell „offensichtlich" ebenso geeignet wie das von

---

322 Penski/ Elsner, DÖV 2001, 265 (273).
323 Ehlers, Jura 2002, 468 (476); Kingreen, in: Calliess/ Ruffert, EUV/ EGV, Art. 6 EU Rz. 75. Kritisch demgegenüber: Koch, Verhältnismäßigkeit, S. 566: Aufgrund der mangelnden demokratischen Legitimation des Gemeinschaftsgesetzgebers sei eine Zurücknahme der Verhältnismäßigkeitskontrolle der Judikative nicht zwingend vom Gewaltenteilungsgrundsatz geboten.
324 Koch, Verhältnismäßigkeit, S. 524.
325 Koch, Verhältnismäßigkeit, S. 524.
326 Der vom EuGH zugrunde gelegte Ermessensbegriff bezieht sich, anders als im deutschen Recht, auch auf Entscheidungs- und Gestaltungsspielräume auf der Tatbestandsseite, also auf Beurteilungsspielräume i. S. d. deutschen Rechtsverständnisses. Vgl. dazu Koch, Verhältnismäßigkeit, S. 522.
327 Koch, Verhältnismäßigkeit, S. 523. Dieser spricht sich jedoch auf S. 571 ff. für eine Intensivierung der Kontrolldichte im Vergleich zur bisherigen Rechtsprechung des EuGH aus.
328 Siehe Teil G II.2.b.(1).

ihm gewählte Modell gewesen wäre. Aufgrund der Komplexizität der Auswirkungen beider Modelle, welche der Gemeinschaftsgesetzgeber ex ante zu prognostizieren hat, würde dies einen unzulässigen Eingriff in den gesetzgeberischen Beurteilungsspielraum bedeuten.
Im Übrigen stellt die Einführung einer Abgeltungssteuer gegenüber dem Kontrollmitteilungsmodell als Harmonisierungskonzept auch nicht offensichtlich ein „milderes" Mittel im Hinblick auf die Berufsfreiheit der Kreditinstitute dar. Da auch das Modell einer abgeltenden Quellensteuer die Kreditinstitute für staatliche Aufgaben, nämlich für die Steuererhebung, in Anspruch nehmen würde, diese mithin verpflichtet wären, die Quellensteuer an die Finanzbehörden abzuführen, würde auch dies einen Eingriff in die Berufsausübung der Banken bedeuten[329]. Bei der Beurteilung der Intensität dieser Auswirkungen muss dem Gemeinschaftsgesetzgeber eine Einschätzungsprärogative zugestanden werden. Es sind keine Anhaltspunkte für deren Überschreitung ersichtlich.
Insgesamt lässt sich daher festhalten: Unter Berücksichtigung des gesetzgeberischen „Ermessens" ist die Statuierung von Kontrollmitteilungspflichten – gemessen an der Berufsfreiheit der betroffenen Kreditinstitute – erforderlich zur Beseitigung steuerlich bedingter Wettbewerbsverzerrungen auf dem europäischen Kapitalmarkt.

(iii) Angemessenheit

Weiterhin muss der Eingriff – wiederum unter Berücksichtigung der gesetzgeberischen Einschätzungsprärogative – verhältnismäßig i. e. S. sein, also in angemessenem Verhältnis zu dem beeinträchtigten Interesse stehen, wobei eine Güterabwägung vorzunehmen ist[330]. Vorliegend ist das Interesse der Gemeinschaft an der Beseitigung steuerlich bedingter Wettbewerbsverzerrungen durch eine Verwirklichung bestehender Besteuerungsansprüche (im Wege der Verifikation) mit dem Interesse der Kreditinstitute an freier Berufsausübung abzuwägen: Die Überprüfung der Voraussetzungen der Kontrollmitteilungspflicht (insbesondere Ansässigkeit des Zinsempfängers) setzt keine besonderen steuerlichen Kenntnisse voraus, sondern lehnt sich an die übliche Bankentätigkeit an[331]. Den Kreditinstituten wird durch die Berufsausübungsregelung ihre Tätigkeit nicht unmöglich gemacht. Das von der Zinsrichtlinie verfolgte Gemeinschaftsinteresse an der Beseitigung steuerlich bedingter Wettbewerbsverzerrungen ist insoweit höher zu bewerten. Dies gilt v. a. deshalb, weil dieses Ziel zurückgeht auf das grundlegende Interesse der Europäischen (Wirtschafts-) Gemeinschaft an einer gemeinschaftsweit effizienten Allokation der Produktionsfaktoren (hier: Kapital). Zugleich wird den negativen volkswirtschaftlichen Auswirkungen von „schädlichem Steuerwettbewerb" – insbesondere dem Interesse an der Vermeidung einer weiteren Aushöhlung der steuerlichen Bemessungsgrundlage der Mitgliedsstaaten – Rechnung getragen. Dem Gemeinschaftsgesetzgeber steht auch im Rahmen dieser Güterabwägung eine weite Einschätzungsprärogative zu. Das von der Richtlinie verfolgte Ziel ist dabei jedenfalls im Hinblick auf das Eingriffsinteresse nicht „offensichtlich unangemessen". Der Gemeinschaftsgesetzgeber hat die Grenzen seines „Ermessens" im Rahmen der Verhältnismäßigkeitsentscheidung nicht überschritten.
Daher ist der Eingriff in die Freiheit der Berufsausübung als verhältnismäßig zu betrachten.

---

329 So BVerfG v. 29.11.1967, 1 BvR 175/ 66, BVerfGE 22 (1967), 380 (384) zur Abführung der Kapitalertragsteuer durch Banken.

330 Vgl. Pieroth/ Schlinck, Grundrechte, Rz. 289.

331 So BVerfG v. 29.11.1967, 1 BvR 175/ 66, BVerfGE 22 (1967), 380 (385) zur Prüfung der Voraussetzungen des Steuerabzugs (Wohnsitz des Gläubigers) durch Banken im Rahmen der Kapitalertragsteuer.

(c) Wesensgehalt

Weiterhin darf der Eingriff in die Berufsfreiheit nicht deren Wesensgehalt verletzen. Eine Verletzung desselben liegt nach der Rechtsprechung des EuGH vor, wenn die Ausübung des gewählten Berufs völlig unmöglich gemacht wird oder dem Betroffenen im Wesentlichen kein Gestaltungsspielraum mehr bleibt[332]. Sollte dies einen absoluten Schutz der Freiheit der Berufswahl implizieren, so kann dem nicht gefolgt werden[333]. Da der Begriff des Wesensgehalts damit unklar bleibt[334], kommt ihm gegenüber dem Verhältnismäßigkeitsgrundsatz keine eigenständige Bedeutung zu[335]. Im vorliegenden Kontext ist daher keine Verletzung des Wesensgehalts der Berufsfreiheit ersichtlich.

(5) Ergebnis

Als Ergebnis ist daher festzuhalten: Indem die Zinsrichtlinie Kreditinstitute verpflichtet, den Finanzbehörden bei Zinszahlungen an natürliche Personen mit Wohnsitz in einem anderen Mitgliedsstaat Höhe der Zinserträge, Kontonummer sowie Name und Wohnsitz des Zinsempfängers mitzuteilen, verstößt sie nicht gegen das Gemeinschaftsgrundrecht der Berufsfreiheit.

d) Recht auf Selbstbestimmung über eigene Personendaten

Möglicherweise verletzt die Zinsrichtlinie jedoch das unter den grundrechtlichen Schutz der Privatsphäre fallende Selbstbestimmungsrecht über eigene Personendaten, indem sie den Kreditinstituten die Pflicht auferlegt, Daten über Zinszahlungen an natürliche Personen mit Wohnsitz in einem anderen Mitgliedsstaat zu erheben und diese automatisch jährlich den nationalen (Finanz-) Behörden zu übermitteln, welche die Daten an die (Finanz-) Behörden des Wohnsitzstaates weiterleiten.

(1) Herleitung

Nach Art. 6 Abs. 2 EU ist als Rechtserkenntnisquelle für das gemeinschaftsrechtliche Grundrecht auf Achtung der Privatsphäre Art. 8 Abs. 1 EMRK heranzuziehen: „Jede Person hat das Recht auf Achtung ihres Privat- und Familienlebens, ihrer Wohnung sowie ihrer Korrespondenz." Der Schutz der Privatsphäre umfasst auch das Recht der natürlichen Person, grundsätzlich selbst über die Preisgabe und Verwendung ihrer Daten zu bestimmen (sog. Selbstbestimmungsrecht über eigene Personendaten)[336]. Einschränkungen des Selbstbestimmungsrechts über personenbezogene Daten sind nur zur Erreichung legitimer, in Art. 8 Abs. 2 EMRK abschließend aufgezählter Zwecke und nur durch eine normenklare, verhältnismäßige und im formellen Gesetzesrang stehende Vorschrift zulässig[337]. Insoweit weist das Recht auf Selbstbestimmung über personenbezogene Daten strukturelle Gemeinsamkeiten

---

332 So Penski/ Elsner, DÖV 2001, 265 (274) m. w. N., etwa auf EuGH v. 8.10.1985, 234/ 85, Keller, EuGHE 1986, 2909 (2912) Rz. 9; v. 10.1.1992, C-177/ 90, Kühn, EuGHE 1992, I-35 (I-64) Rz. 17

333 Penski/ Elsner, DÖV 2001, 265 (273 f.)

334 Penski/ Elsner, DÖV 2001, 265 (274); Kingreen, in: Calliess/ Ruffert, EUV/ EGV, Art. 6 EU Rz. 76; ders., JuS 2000, 857 (863 f.).

335 Wunderlich, Das Grundrecht der Berufsfreiheit, S. 177 f.; Penski/ Elsner, DÖV 2001, 265 (274); Kingreen, JuS 2000, 857 (863 f.).

336 Mähring, EuR 1991, 369 (371); Breitemoser, Der Schutz der Privatsphäre, S. 246.

337 EGMR v. 2.8.1984, Malone, Serie A (Vol. 82), EuGRZ 1985, 17 ff.

mit dem vom BVerfG[338] aus dem allgemeinen Persönlichkeitsrecht abgeleiteten Recht auf informationelle Selbstbestimmung (Art. 2 Abs. 1 i. V. m. 1 Abs. 1 GG) auf[339].

Das Gemeinschaftsgrundrecht auf Achtung der Privatsphäre wird auch in Art. 7 GrCh offenbar. Diese Bestimmung greift den Wortlaut von Art. 8 Abs. 1 EMRK auf, ersetzt aber im Zuge der technischen Entwicklung den Begriff der „Korrespondenz" durch „Kommunikation"[340].

Die in Art. 8 Abs. 2 EMRK beschriebenen Schranken der grundrechtlich geschützten Privatsphäre finden sich für das Gemeinschaftsgrundrecht in Art. 52 Abs. 3 GrCh wieder[341]: „Eine Behörde darf in die Ausübung ihres [*Anm.: der natürlichen Person*] Rechts nur eingreifen, soweit der Eingriff gesetzlich vorgesehen und (...) notwendig ist (...) für das wirtschaftliche Wohl des Landes, zur Aufrechterhaltung der Ordnung, zur Verhütung von Straftaten (...)".

In Art. 8 GrCh wird das gemeinschaftsgrundrechtlich anerkannte Recht auf Selbstbestimmung über personenbezogene Daten offenbar: Art. 8 Abs. 1 GrCh besagt: „Jede Person hat das Recht auf Schutz der sie betreffenden personenbezogenen Informationen". Nach Art. 8 Abs. 2 GrCh dürfen diese Daten „nur nach Treu und Glauben für festgelegte Zwecke und mit Einwilligung der betroffenen Person oder auf einer sonstigen gesetzlich geregelten legitimen Grundlage verarbeitet werden. Jede Person hat das Recht, Auskunft über die sie betreffenden erhobenen Daten zu erhalten und die Berichtigung der Daten zu erwirken." Nach Art. 8 Abs. 3 GrCh wird die Einhaltung dieser Vorschriften von einer unabhängigen Stelle überwacht.

Der EuGH hat mit der Entscheidung Stauder erstmals im Jahre 1969 „Grundrechte der Person" anerkannt[342]. Am 24.10.1995 wurde die Richtlinie 95/46/EG[343] zum Schutz natürlicher Personen bei der Verarbeitung personenbezogener Daten verabschiedet. Die Organe der Gemeinschaft sind an die Bestimmungen dieser Richtlinie über Art. 286 EG gebunden. Mit der Verordnung 45/2001[344] wurde am 18.12.2000 ein „Europäischer Datenschutzbeauftragter" als unabhängige Kontrollbehörde eingeführt.

Damit ist das Recht auf Selbstbestimmung über personenbezogene Daten zum einen von der Rechtsprechung des EuGH[345] als ungeschriebenes Gemeinschaftsgrundrecht anerkannt. Zum anderen wird es durch Rechtsakte der Gemeinschaftsorgane konkretisiert.

(2) Schutzbereich

Fraglich ist, ob die Regelungen der Zinsrichtlinie den grundrechtlich gewährleisteten Schutzbereich des Rechts auf Selbstbestimmung über personenbezogene Daten betreffen. Da die gemeinschaftsgrundrechtlich anerkannte Selbstbestimmung über personenbezogene Daten strukturelle Gemeinsamkeiten mit dem vom BVerfG anerkannten Recht auf informationelle Selbstbestimmung aufweist[346], wird dessen Schutzbereich vorliegend als Anknüpfungspunkt für den des Gemeinschaftsgrundrechts gewählt.

---

338 BVerfG v. 15.12.1983, 1 BvR 209, 269, 362, 420, 440, 484/ 83, BVerfGE 65, 1 (43 f.).
339 Mähring, EuR 1991, 369 (373 f.).
340 Tinnefeld/ Ehmann/ Gerling, Datenschutzrecht, S. 111.
341 Tinnefeld/ Ehmann/ Gerling, Datenschutzrecht, S. 111.
342 EuGH v. 12.11.1969, 29/ 69, Stauder, EuGHE 1969, 419 ff., insbesondere Rz. 7.
343 ABl. EG v. 23.11.1995, Nr. L 281/ 31, S. 1 ff.
344 ABl. EG v. 12.1.2001, Nr. L 8, S. 1 ff.
345 Vgl. auch EuGH v. 5.10.1994, C-404/ 92, X/ Kommission, EuGHE 1994, I-4737 (I-4757) Rz. 20 ff.
346 Mähring, EuR 1991, 369 (373).

Zunächst entwickelte das BVerfG[347] zur Bestimmung von Inhalt und Grenzen des allgemeinen Persönlichkeitsrechts die sog. Sphärentheorie. Es wurde im Hinblick auf die Anforderungen an eine legitime Beschränkung des Schutzbereichs des allgemeinen Persönlichkeitsrechts zwischen der (absolut geschützten) Intimsphäre, der sog. Privatsphäre und der sog. Öffentlichkeitssphäre unterschieden. Demgegenüber nahm das BVerfG vom Sphärengedanken Abstand[348], als es entschied: „Der einzelne soll – ohne Beschränkung auf seine Privatsphäre – grundsätzlich selbst entscheiden können, wie er sich Dritten oder der Öffentlichkeit gegenüber darstellen will, ob und inwieweit von Dritten über seine Persönlichkeit verfügt werden kann"[349]. Im Volkszählungsurteil leitete das BVerfG aus dem allgemeinen Persönlichkeitsrecht nach Art. 2 Abs. 1 GG i. V. m. dem Gebot der Achtung der Menschenwürde nach Art. 1 Abs. 1 GG die Befugnis des Einzelnen ab, grundsätzlich selbst über die Preisgabe und Verwendung seiner persönlichen Daten zu bestimmen („Recht auf informationelle Selbstbestimmung")[350]. Diese Befugnis betrachtete das BVerfG als besonders schutzwürdig angesichts der Gefährdungen, die mit einer automatischen Datenverarbeitung verbunden sind[351].
Unter personenbezogenen Daten versteht das BVerfG in Anlehnung an das BDSG (nunmehr: § 3 Abs. 1 BDSG) „Einzelangaben über persönliche oder sachliche Verhältnisse einer bestimmten oder bestimmbaren Person"[352]. Es differenziert – im Hinblick auf die Anforderungen an eine Rechtfertigung von Eingriffen – zwischen intimen Angaben sowie Daten mit Selbstbezichtigungscharakter einerseits und Daten mit bloßem „Sozialbezug" andererseits[353]. Ähnlich bildet auch die Literatur unterschiedliche Datenkategorien[354]. Während Adresse und einfache Identitätsmerkmale, wie z. B. Name und Geburtsdatum sowie Einzeldaten über äußere, weder wirtschaftlich noch politisch relevante Verhältnisse nicht ohne weiteres weitergegeben werden sollen[355], gehören etwa Daten über wirtschaftliche Verhältnisse zu einer Datenkategorie, deren Weitergabe nur bereichsspezifisch und nur bei Vorliegen besonderer sachlicher Erfordernisse, wie z. B. der Sicherung des Steueranspruchs des Staates gerechtfertigt ist[356].
Die von der Zinsrichtlinie normierten Kontrollmitteilungspflichten für Banken und Finanzbehörden beinhalten die Pflicht zur Erhebung und Weiterleitung von Daten betreffend Zinszahlungen an natürliche Personen mit Wohnsitz in einem anderen Mitgliedsstaat. Zu den relevanten Daten zählen Name, Wohnsitz und Kontonummer des Berechtigten sowie die Höhe der Zinserträge. Dabei handelt es sich um Einzelangaben über persönliche oder sachliche Verhältnisse des Zinsempfängers, also um personenbezogene Daten.
Indessen könnten Höhe der Zinserträge und Zuordnung zu einer bestimmten Kontonummer möglicherweise unter dem Gesichtspunkt eines sog. marktoffenbaren Vorgangs nicht vom

347 BVerfG v. 16.7.1969, 1 BvR 19/ 63, BVerfGE 27, 1 (6 f.); v. 15.1.1970, 1 BvR 12/ 68, BVerfGE 27, 344 (350 f.); v. 8.3.1972, 2 BvR 28/ 71, BVerfGE 32, 373 (379); v. 31.1.1973, 2 BvR 454/ 71, BVerfGE 34, 238 (245 f.); v. 5.6.1973, 1 BvR 536/ 72, BVerfGE 35, 202 (220 f.).
348 Kunig, Jura 1993, 595 (602)
349 BVerfG v. 3.6.1980, 1 BvR 185/ 77, BVerfGE 54, 148 (154 ff.).
350 BVerfG v. 15.12.1983, 1 BvR 209, 269, 362, 420, 440, 484/ 83, BVerfGE 65, 1 (43); dazu: Karl/ Clos, DStZ 1990, 341 (342).
351 BVerfG v. 15.12.1983, 1 BvR 209, 269, 362, 420, 440, 484/ 83, BVerfGE 65, 1 (42).
352 BVerfG v. 15.12.1983, 1 BvR 209, 269, 362, 420, 440, 484/ 83, BVerfGE 65, 1 (42).
353 BVerfG v. 15.12.1983, 1 BvR 209, 269, 362, 420, 440, 484/ 83, BVerfGE 65, 1 (46).
354 Starck, in: v. Mangoldt/ Klein/ Starck, GG, Art. 2 Abs. 1 Rz. 111.
355 Starck, in: v. Mangoldt/ Klein/ Starck, GG, Art. 2 Abs. 1 Rz. 111 unter Hinweis auf OVG Koblenz, v. 24.7.1980, 2 B 63/ 80, NJW 1981, 837 (838).
356 Starck, in: v. Mangoldt/ Klein/ Starck, GG, Art. 2 Abs. 1 Rz. 111.

Schutzbereich des Grundrechts erfasst sein. Das BVerfG ließ es im Zinsurteil[357] dahingestellt, „ob der Informationszugriff auf privates Finanzkapital und seine Erträge als Vorgang des marktoffenbaren Erwerbs ohne besonderen persönlichkeitsgeprägten Gehalt überhaupt vom Gewährleistungsinhalt des verfassungsrechtlichen Datenschutzes erfasst wird". Demgegenüber weist Rolf Eckhoff[358] zu Recht darauf hin, dass, wenn der Datenschutz nicht sinnentleert werden solle, geschäftliche Daten, die zumeist in besonderem Maße Gegenstand des Interesses des Staates und privater Dritter seien, ebenso geschützt sein müssen wie Daten des persönlichen Bereichs. Zum selben Ergebnis kommt – jedoch nur für den Sonderfall der Rechtsbeziehungen zwischen Bank und Bankkunde – Paul Kirchhof[359]. Nach seiner Ansicht nehmen die Rechtsbeziehungen zwischen Bank und Bankkunde zwar am Marktgeschehen teil, sollen jedoch nach der privatrechtlichen Bestimmung der Parteien („Bankgeheimnis") gegen allgemeine Sichtbarkeit abgeschirmt sein. Daher fielen sie unter den Schutzbereich der informationellen Selbstbestimmung und seien für den Staat nur aufgrund eines rechtfertigenden Gemeinwohlinteresses zugänglich[360]. Der Schutzbereich dieses Grundrechts ist jedenfalls insoweit einschlägig als im Rahmen der modernen Datenverarbeitung eine Erhebung, Speicherung, Verwendung oder Weitergabe der Daten stattfindet[361].
Da die Zinsrichtlinie mit der Normierung von Kontrollmitteilungspflichten für Banken und Finanzbehörden die automatisierte Erhebung, Speicherung und Weitergabe von personenbezogenen Daten, nämlich Name, Wohnsitz, Kontonummer und Höhe der Zinserträge regelt, wäre vorliegend der Schutzbereich des nationalen Rechts auf informationelle Selbstbestimmung im Sinne des Grundgesetzes eröffnet.
Fraglich ist, ob Entsprechendes für den Schutzbereich des Gemeinschaftsgrundrechts auf Selbstbestimmung über personenbezogene Daten gilt.
Art. 2 Abs. 1 lit. a RL 95/46/EG (Datenschutzrichtlinie) konkretisiert diesen Schutzbereich, indem er als „personenbezogene Daten" im Sinne der Richtlinie alle Informationen über bestimmte oder bestimmbare natürliche Personen definiert. Eine Person ist in diesem Sinne bestimmbar, wenn sie (indirekt) durch Zuordnung zu einer Kennnummer oder zu einem spezifischen Element, das Ausdruck z. B. der wirtschaftlichen Identität ist, identifiziert werden kann. In Konkretisierung des Gemeinschaftsgrundrechts normiert die Datenschutzrichtlinie Vorgaben für die Verarbeitung personenbezogener Daten, die in einer Datei gespeichert sind oder werden sollen, wobei unter „Verarbeitung" jeder mit oder ohne Hilfe automatisierter Verfahren ausgeführte Vorgang im Zusammenhang mit personenbezogenen Daten, wie etwa das Erheben, Speichern, die Benutzung und die Weitergabe, fallen solle (Art. 2 lit. b RL).
Demnach handelt es sich bei Name, Wohnsitz, Kontonummer und Höhe der Zinserträge eines Zinsempfängers auch um „personenbezogene Daten" im Sinne des Gemeinschaftsgrundrechts. Da die Zinsrichtlinie durch Begründung von Kontrollmitteilungspflichten die Erhebung, Speicherung und Weitergabe der entsprechenden Daten regelt, ist der Schutzbereich des gemeinschaftsrechtlich anerkannten Rechts auf Selbstbestimmung über personenbezogene Daten eröffnet.

---

357 BVerfG v. 27.6.1991, 2 BvR 1493/ 89, BVerfGE 84, 239 (280).
358 Eckhoff, in: H/ H/ Sp, AO, Bd. 5, § 194 Rz. 204.
359 Kirchhof, FS Tipke, 27 (34).
360 Kirchhof, FS Tipke, 27 (34).
361 BVerfG v. 15.12.1983, 1 BvR 209, 269, 362, 420, 440, 484/ 83, BVerfGE 65, 1 (43). Vgl. auch Kunig, Jura 1993, 595 (599 f.).

(3) Eingriff

Zu untersuchen bleibt, ob die Bestimmungen der Zinsrichtlinie in den Schutzbereich eingreifen, ob sie diesen also verkürzen. Da die Zinsrichtlinie selbst in den Mitgliedsstaaten nicht unmittelbar anwendbar ist, vermag sie nur mittelbar in die Grundrechtspositionen der betroffenen Zinsempfänger einzugreifen. Ein mittelbarer Grundrechtseingriff setzt indessen eine gewisse Nähebeziehung zwischen der Maßnahme und der Beeinträchtigungswirkung sowie die Überschreitung einer gewissen Spürbarkeitsgrenze voraus[362]. Entscheidend ist, dass die festgestellte Beeinträchtigung der europäischen Hoheitsgewalt zugerechnet werden kann[363]. Ein Eingriff kommt danach vorliegend nur insoweit in Betracht, als die Richtlinie die nationalen Umsetzungsgesetze determiniert, sie den Mitgliedsstaaten also keinen Umsetzungsspielraum belässt.

Indem die Zinsrichtlinie den Kreditinstituten die Pflicht auferlegt, bei Zinszahlungen an natürliche Personen mit Wohnsitz in einem von der Niederlassung des auszahlenden Kreditinstituts verschiedenen Mitgliedsstaat den Finanzbehörden automatisch Mitteilungen über Kontonummer, Name, Wohnsitz des Berechtigten sowie Höhe der empfangenen Zinsen zu erteilen, verkürzt sie den Schutzbereich des Rechts auf Selbstbestimmung über personenbezogene Daten.

(4) Rechtfertigung

In Betracht kommt eine Rechtfertigung des Grundrechtseingriffs. Da die Zinsrichtlinie bezweckt, Wettbewerbsverzerrungen auf dem gemeinsamen Kapitalmarkt zu beseitigen, könnte der Eingriff in das Recht auf Selbstbestimmung über personenbezogene Daten durch das Ziel der Richtlinie, nämlich das öffentliche Interesse an der Herstellung des Gemeinsamen Marktes (Art. 2 EG), gerechtfertigt sein. Eine Rechtfertigungsmöglichkeit wird insoweit durch die Rechtserkenntnisquelle des Art. 8 Abs. 2 EMRK eröffnet. Dieser zieht, ebenso wie Art. 52 Abs. 3 GrCh, eine Schranke für das Grundrecht auf Privatsphäre dort, wo es für das „wirtschaftliche Wohl des Landes“ notwendig ist. Entsprechendes hat für die wirtschaftlichen Interessen der Gemeinschaft zu gelten.

Daneben kommt eine Rechtfertigung durch die von Art. 58 EG ausdrücklich anerkannten öffentlichen Interessen auf dem Gebiet des Steuerrechts in Betracht[364]. Zwar steht der Gemeinschaft keine gesonderte Kompetenz auf dem Gebiet des Steuerrechts zu. Soweit die Zinsrichtlinie aber die Bekämpfung von „schädlichem Steuerwettbewerb“ sowie die Sicherung der Besteuerungsansprüche der Mitgliedsstaaten aus grenzüberschreitenden Zinszahlungen bezweckt, läuft dieses Ziel gleich mit dem Interesse an der Herstellung des Gemeinsamen Marktes im Wege der Beseitigung steuerlich bedingter Wettbewerbsverzerrungen[365].

Dass fiskalische Interessen einen Eingriff in das Recht auf Selbstbestimmung über personenbezogene Daten zu rechtfertigen vermögen, folgt auch aus der Konkretisierung des Grundrechts in Art. 13 Richtlinie 95/46/EG, welcher über Art. 286 EG für die Organe der Gemeinschaft verbindlich ist: Danach ist eine Beschränkung des Rechts auf Selbstbestimmung über personenbezogene Daten möglich, sofern sie notwendig ist für ein wichtiges wirtschaftliches

---

362 Ehlers, Jura 2002, 469 (475); dahingehend auch: Kingreen, in: Calliess/ Ruffert, EUV/ EGV, Art. 6 EU Rz. 68; sowie – ohne die o. g. Restriktion – : Stadler, Berufsfreiheit, S. 18 f. A. A. Rengeling, Grundrechtsschutz in der Europäischen Gemeinschaft, S. 27.

363 Penski/ Elsner, DÖV 2001, 265 (267).

364 Siehe Teil E II. 4.

365 Siehe Teil G.II.2.b)(1).

oder finanzielles Interesse eines Mitgliedsstaates oder der Europäischen Union einschließlich Haushalts- und Steuerangelegenheiten (lit. e) bzw. für Kontrollfunktionen, die mit der Ausübung öffentlicher Gewalt für den unter lit. e genannten Zweck verbunden sind. Ergänzend kann insoweit auch auf die Rechtsprechung des BVerfG Bezug genommen werden, wonach die Erhebung und bereichsspezifischen Weitergabe von Daten über wirtschaftliche Verhältnisse im überwiegenden Allgemeininteresses an der Sicherung des Steueranspruchs des Staates gerechtfertigt ist[366].

Vorliegend kommt daher sowohl eine Rechtfertigung durch das öffentliche Interesse an der Herstellung des Gemeinsamen Marktes als auch durch fiskalischen Interessen, nämlich das Interesse an der Bekämpfung von „schädlichem Steuerwettbewerb" sowie das Interesse an der Sicherung der Besteuerungsansprüche bei grenzüberschreitenden Zinserträgen, in Betracht.

(a) Gesetzesvorbehalt

Eine Beschränkung des Grundrechts ist jedoch nur dann rechtmäßig, wenn die sog. Schranken-Schranken eingehalten werden, zu denen der Gesetzesvorbehalt zählt. Dieser fordert ein gewisses Maß an demokratischer Legitimation für Grundrechtseingriffe. Da die Zinsrichtlinie lediglich unter Anhörung des Europäischen Parlaments verabschiedet wurde, erscheint dies problematisch. Soweit die Eingriffswirkung vorliegend aber bei der Umsetzung auf nationaler Ebene durch formelle (Parlaments-) Gesetze vermittelt wird, dürfte der Ratio des Gesetzesvorbehalts Genüge getan sein.

(b) Verhältnismäßigkeit

Zu prüfen ist weiterhin, ob der Grundrechtseingriff im Hinblick auf das intendierte Interesse verhältnismäßig ist. Dabei ist das gesetzgeberische „Ermessen" [367], d. h. die Einschätzungsprärogative des Gemeinschaftsgesetzgebers zu beachten. Es gilt, die Einhaltung der Grenzen dieses „Ermessens" zu kontrollieren. Hinsichtlich der dabei vom EuGH zugrunde gelegten Kontrolldichte ist anzumerken: Anders als bei Eingriffen in sog. Wirtschaftsgrundrechte, bei denen sich der EuGH zumeist mit der pauschalen Feststellung der Verhältnismäßigkeit begnügt, nimmt er bei Eingriffen in die grundrechtlich geschützte Privatsphäre eine vollständige Verhältnismäßigkeitskontrolle vor[368].

(i) Geeignetheit

Das Informationsmodell, d. h. die Statuierung von Kontrollmitteilungspflichten für Banken über Zinszahlungen an natürliche Personen mit Wohnsitz in einem anderen Mitgliedsstaat sowie die Statuierung von entsprechenden zwischenstaatlichen Kontrollmitteilungspflichten der Finanzbehörden, ist, wie bereits erörtert, geeignet, steuerlich bedingte Verzerrungen im Wettbewerb von Unternehmen aus verschiedenen Mitgliedsstaaten um das Kapital privater Anleger zu beseitigen. Damit ist die Begründung dieser Kontrollmitteilungspflichten zur Herstellung des Gemeinsamen Marktes geeignet. Sie ist, wie ebenfalls bereits erörtert, zugleich geeignet, den „schädlichen Steuerwettbewerb" zwischen den Mitgliedsstaaten zu unterbinden

366 BVerfG v. 17.7.1984, 2 BvE 11, 15/ 83, BVerfGE 67, 100 (143); v. 27.6.1991, 2 BvR 1493/ 89, BVerfGE 84, 239 (279 f.); Starck, in: v. Mangoldt/ Klein/ Starck, GG, Art. 2 Abs. 1 Rz. 111.

367 Der vom EuGH zugrunde gelegte Ermessensbegriff bezieht sich, anders als im deutschen Recht, auch auf Entscheidungs- und Gestaltungsspielräume auf der Tatbestandsseite, also auf Beurteilungsspielräume i. S. d. deutschen Rechtsverständnisses. Vgl. dazu Koch, Verhältnismäßigkeit, S. 522.

368 EuGH v. 5.10.1994, C-404/ 92 P, X/ Kommission, EuGHE 1994, I-4737 (4790 ff.) Rz. 20 ff.; dazu: Kingreen, in: Calliess/ Ruffert, EUV/ EGV, Art. 6 EU Rz. 106.

sowie die Besteuerungsansprüche der Ansässigkeitsstaaten zu sichern. Für eine Überschreitung der gesetzgeberischen Einschätzungsprärogative liegen insoweit keine Anhaltspunkte vor.

(ii) Erforderlichkeit

Indessen sind die von der Richtlinie begründeten Kontrollmitteilungspflichten nur dann erforderlich zur Erreichung der genannten Ziele, wenn dem Gemeinschaftsgesetzgeber keine weniger belastenden, ebenso geeigneten Alternativmittel zur Verfügung standen.

Gerade bei Eingriffen in das grundrechtlich geschützte Recht auf Selbstbestimmung über Personendaten sind, ausgehend von den Anforderungen des BVerfG im Volkszählungsurteil, die Grundsätze der Normenklarheit sowie der Zweckbindung zu beachten[369]. Zudem ist das Verfahren der Datenverarbeitung möglichst schonend auszugestalten. Dies bedeutet, dass grundsätzlich zumindest Aufklärungs- und Auskunftspflichten vorzusehen sind[370].

Fraglich ist, ob sich diese Anforderungen auch auf die Beschränkung des Gemeinschaftsgrundrechts durch die Zinsrichtlinie übertragen lassen.

Dass auch insoweit der Grundsatz der Erforderlichkeit zu wahren ist, folgt aus seiner Verankerung in der Erwägungsgrund Nr. 43 und Art. 13 der Datenschutzrichtlinie 95/46/EG[371] („erforderlich" bzw. „notwendig"), welche über Art. 286 EG auch für die Gemeinschaftsorgane verbindlich ist und das Gemeinschaftsgrundrecht konkretisiert[372].

Zudem lässt die Richtlinie 95/46/EG darauf schließen, dass auch auf Gemeinschaftsebene die Gebote der Normenklarheit und der Zweckbindung (Erwägungsgrund Nr. 28: „Die Verarbeitung personenbezogener Daten (…) hat dem angestrebten Zweck zu entsprechen (…). Die Zwecke müssen eindeutig (...) sein.") sowie das Gebot der Verfahrensausgestaltung durch Aufklärungs- und Auskunftspflichten (Art. 11, 12) Ausfluss des Grundsatzes der Erforderlichkeit sind.

Überträgt man diese Anforderungen auf die Zinsrichtlinie, so findet sich der Grundsatz der Zweckbindung in Erwägungsgrund Nr. 8 sowie Art. 1 Abs. 1 der Zinsrichtlinie[373] wieder[374]. Danach ist das Ziel der Richtlinie eine effektive Besteuerung von Zinszahlungen nach den Rechtsvorschriften des Ansässigkeitsstaates des Zinsempfängers („wirtschaftlicher Eigentümer"). Nachdem sämtliche Regelungen der Zinsrichtlinie diesem Ziel verpflichtet sind, dienen auch die zu erteilenden Auskünfte allein dem beabsichtigten Zweck. Eine zweckgebundene Datenverwendung ist damit unter Wahrung der Normenklarheit gewährleistet.

Indessen lässt die Zinsrichtlinie den Mitgliedsstaaten Umsetzungsspielraum bei der Ausgestaltung des Verfahrens der Datenverarbeitung, insbesondere des Verfahrens der Ersterhebung der Daten durch die Kreditinstitute (Art. 3 Abs. 1 Zinsrichtlinie). Dieser Gestaltungsspielraum wird nur insoweit begrenzt, als das Verfahren die Erteilung der in der Zinsrichtlinie genannten (Mindest-) Auskünfte gewährleisten muss (Art. 3 Abs. 2 Zinsrichtlinie). Dies bedeutet, dass die Zinsrichtlinie weder Informationspflichten der Kreditinstitute bzw. Finanzbehörden noch Auskunftsrechte des Betroffenen statuiert.

---

369 BVerfG v. 15.12.1983, 1 BvR 209, 269, 362, 420, 440, 484/ 83, BVerfGE 65, 1 (62); dazu: Tinnefeld/ Ehmann/ Gehrling, Einführung in das Datenschutzrecht, S. 149 f.

370 BVerfG v. 15.12.1983, 1 BvR 209, 269, 362, 420, 440, 484/ 83, BVerfGE 65, 1 (46).

371 Richtlinie 95/ 46/ EG v. 24.10.1995, ABl. EG v. 23.11.1995, Nr. L 281/ 31.

372 Vgl. Ehlers/ Becker, Europäische Grundrechte und Grundfreiheiten, S. 350. Vgl. demgegenüber kritisch zu den Einzelheiten der Datenschutzrichtlinie: Simitis, NJW 1997, 281 ff.

373 Richtlinie 2003/ 48/ EG v. 3.6.2003, ABl. EG v. 26.6.2003, Nr. L 157/ 38.

374 Vgl. zu den Regelungen der Zinsrichtlinie im Einzelnen Teil H.

Fraglich ist, ob eine solche Regelung erforderlich gewesen wäre, um den durch die Umsetzungsgesetze vermittelten Grundrechtseingriff auf das „erforderliche" Minimum zu beschränken. Dies ist indessen nicht der Fall. Vielmehr sind die nationalen Gesetzgeber bei der Ausgestaltung des Verfahrens der Datenverarbeitung im Rahmen der Erteilung von Kontrollmitteilungen nach der Zinsrichtlinie ohnehin an die Bestimmungen der Datenschutzrichtlinie (RL 95/46/EG) gebunden[375]. Diese findet insofern Anwendung, als die genannte Auskunftserteilung in den Anwendungsbereich des Gemeinschaftsrechts im Sinne des Art. 3 RL 95/46/EG fällt. Die Datenschutzrichtlinie unterscheidet nicht zwischen dem privaten und öffentlichen Sektor[376]. Sie gilt für die von der Zinsrichtlinie vorgesehene Erteilung von Kontrollmitteilungen durch Banken an Kreditinstitute ebenso wie für die von Zins- und Amtshilferichtlinie vorgesehene Erteilung von Kontrollmitteilungen durch Finanzbehörden im zwischenstaatlichen Auskunftsverkehr. Bereits nach der Datenschutzrichtlinie besteht grundsätzlich die Verpflichtung, die Betroffenen der Datenverarbeitung im Rahmen von Kontrollmitteilungen durch Kreditinstitute bzw. Finanzbehörden zu informieren und diesen Auskünfte zu erteilen (vgl. Art. 11, 12 RL 95/46/EG, sowie die Ausnahmevorschrift des Art. 13 Abs. 1 lit e RL[377]).

Darüber hinaus gelten nach Art. 9 Abs. 3 Zinsrichtlinie für das Verfahren des zwischenstaatlichen Auskunftsverkehrs ergänzend die Bestimmungen der Amtshilferichtlinie (RL 77/799/EWG[378]). Nach den Erwägungsgründen dieser Richtlinie ist sicherzustellen, „dass die (…) übermittelten Auskünfte nicht unbefugten Personen zugänglich gemacht werden, damit grundlegende Rechte der Bürger und Unternehmen gewahrt bleiben. Dies erfordert, dass die Mitgliedsstaaten die empfangenen Auskünfte, ohne Ermächtigung durch den auskunftgebenden Mitgliedsstaat, nicht anderweitig verwenden als für steuerliche Zwecke oder zur Erleichterung der Strafverfolgung von Personen, die sich ihren steuerlichen Verpflichtungen entziehen". Nach Art. 7 (Geheimhaltungsklausel) dürfen die erteilten Auskünfte grundsätzlich nur den mit der Steuerfestsetzung oder deren Überprüfung unmittelbar befassten Personen zugänglich gemacht werden. Damit ist der Grundsatz der Zweckbindung für den zwischenstaatlichen Auskunftsverkehr (internationale Kontrollmitteilungen) in der Amtshilferichtlinie nochmals gesondert statuiert.

---

375 Ob außerhalb der Anwendungsvoraussetzungen der Datenschutzrichtlinie (Gemeinschaftsrechtsbezug der Datenverarbeitung, Art. 3 RL 95/ 46/ EG) Kontrollmitteilungen, etwa nach § 194 Abs. 3 AO, mit dem Grundrecht auf informationelle Selbstbestimmung (Art. 2 Abs. 1 i. V. m. Art. 1 Abs. 1 GG) vereinbar sind, ist umstritten. Dafür wird zutreffend angeführt, dass der durch Kontrollmitteilungen verursachte Grundrechtseingriff durch das aus Art. 3 Abs. 1 GG abzuleitende Verifikationsprinzip verfassungsrechtlich geboten sei und zudem das Steuergeheimnis (§ 30 AO) sicherstelle, dass die gewonnenen Daten nur entsprechend dem gesetzlichen Zweck verwendet würden. So Eckhoff, in: H/ H/ Sp, AO, Bd. 5, § 194 Rz. 204; Weber-Blank, StBp. 1997, 201 (203). Vgl. auch: Drüen, in: Tipke/ Kruse, AO, Bd. 1, § 30 AO Rz. 6;, Tipke, BB 1986, 601 (603 f.) ; Kirchhof, FS Tipke, 27 (39); BVerfG v. 17.7.1984, 2 BvE 11, 15/ 84, 101 (142 f.); v. 27.6.1991, 2 BvR 1493/ 89, BVerfGE 84, 239 (279 f.); BFH v. 8.2.1994, VII R 88/ 92, BStBl. II, 1994, 552 (553 f.). Vgl. andererseits: Topp, in: Roßnagel, Handbuch Datenschutzrecht, 1670 ff. (1676), der im Hinblick auf das Grundrecht auf informationelle Selbstbestimmung auch im Besteuerungsverfahren Bedarf für die Anwendung des BDSG sieht. Speziell zur Frage der Verfassungskonformität von Kontrollmitteilungen im zwischenstaatlichen Auskunftsverkehr vgl. Kerwat, DStZ 1992, 729 (730 ff.) sowie andererseits: Carl/ Klos, CR 1995, 235 ff. m. w. N..

376 Roßnagel, Handbuch Datenschutzrecht, 102.

377 Vgl. indessen Simitis, NJW 1997, 281 (287): Dieser kritisiert, durch die Ausnahmevorschrift des Art. 13 Datenschutzrichtlinie bleibe das Schutzniveau hinter den Anforderungen des Volkszählungsurteils des BVerfG zurück.

378 Richtlinie 77/ 779/ EWG v. 19.12.1977, ABl. EG v. 27.12.1977, Nr. L 336/ 15.

Insgesamt beschränken die Zinsrichtlinie sowie die Amtshilferichtlinie den Eingriff in das Recht auf Selbstbestimmung über personenbezogene Daten – vor dem Hintergrund der ohnehin bestehenden Verpflichtungen der Datenschutzrichtlinie – auf dasjenige Maß, das zur Beseitigung der steuerlich bedingten Wettbewerbsverzerrungen sowie zur Durchsetzung der Besteuerungsansprüche der Wohnsitzstaaten bzw. der Bekämpfung des „schädlichen Steuerwettbewerbs" erforderlich ist.

Im Übrigen kann dem Gemeinschaftsgesetzgeber auch nicht entgegengehalten werden, ihm habe in Gestalt des Harmonisierungsmodells einer abgeltenden Quellensteuer eine zur Erreichung der angestrebten Ziele ebenso geeignete, aber das Datenschutzinteresse der Zinsempfänger weniger beeinträchtigende Handlungsalternative zur Verfügung gestanden. Angesichts der Komplexizität der Auswirkungen beider Harmonisierungsmodelle, welche der Gesetzgeber ex ante zu prognostizieren hatte, muss dem Gemeinschaftsgesetzgeber im Rahmen seiner Einschätzungsprärogative die Entscheidung für das Informationsmodell als das geeignete Harmonisierungsmodell zugebilligt werden. Anhaltspunkte für eine Überschreitung des gesetzgeberischen Beurteilungsspielraums liegen insoweit nicht vor.

Als Zwischenergebnis lässt sich damit festhalten: Der Eingriff der Zinsrichtlinie in das grundrechtlich geschützte Recht der Zinsempfänger auf Selbstbestimmung über personenbezogene Daten ist zur Wahrung der intendierten Interessen erforderlich.

(iii) Angemessenheit

Weiterhin muss der Eingriff verhältnismäßig i. e. S. sein, also das intendierte Interesse bei Abwägung der betrofffenen Güter in angemessenem Verhältnis zu dem beeinträchtigten Interesse stehen[379]. Ein unverfälschter Wettbewerb um das Kapital privater Anleger ist zur Verwirklichung des Gemeinsamen Marktes als tragendem Rechtsprinzip der Gemeinschaftsrechtsordnung (Art. 2 EG) unerlässlich. Dieses Ziel entspricht dem grundlegenden Interesse der Europäischen Gemeinschaft als Wirtschaftsgemeinschaft an einer effizienten Allokation der Produktionsfaktoren. Im Hinblick auf die Wahrung dieses Interesses erscheint die Beeinträchtigung des Rechts der Zinsempfänger auf Selbstbestimmung über personenbezogene Daten angemessen. Dies gilt umso mehr, als Zinsrichtlinie und Amtshilferichtlinie die Beeinträchtigung dieses Interesses – unter Berücksichtigung der bestehenden Verpflichtungen der Mitgliedsstaaten nach der Datenschutzrichtlinie – auf das erforderliche Minimum beschränken.

Unter Berücksichtigung der gesetzgeberischen Einschätzungsprärogative steht der Grundrechtseingriff also in angemessenem Verhältnis zum angestrebten Zweck.

(c) Wesensgehalt

Wie bereits an anderer Stelle erörtert wurde, kommt dem Wesensgehalt der Grundrechte neben dem Grundsatz der Verhältnismäßigkeit des Grundrechtseingriffs keine eigenständige Bedeutung zu. Anhaltspunkte für eine Verletzung des Wesensgehalts des Grundrechts auf Selbstbestimmung über personenbezogene Daten liegen daher nicht vor.

(5) Ergebnis

Als Ergebnis ist damit festzuhalten: Die von der Zinsrichtlinie vorgesehenen Kontrollmitteilungspflichten für Banken und Finanzbehörden greifen in den Schutzbereich der gemeinschaftsgrundrechtlich verbürgten Selbstbestimmung über personenbezogene Daten ein. Dieser

379 Vgl. Pieroth/ Schlinck, Grundrechte, Rz. 289.

Eingriff ist jedoch im Hinblick auf das intendierte Interesse an der Herstellung eines (vom Steuerrecht) unverfälschten Wettbewerbs, der Bekämpfung „schädlichen Steuerwettbewerbs" sowie der Realisierung der Besteuerungsansprüche der Mitgliedsstaaten bei Kapitalerträgen nichtansässiger natürlicher Personen gerechtfertigt. Damit geht die Zinsrichtlinie insgesamt mit den Prämissen des Gemeinschaftsgrundrechts der Selbstbestimmung über personenbezogene Daten konform.

6. Zusammenfassung

Die Zinsrichtlinie regelt, dass Kreditinstitute, die natürlichen Personen mit Wohnsitz in einem anderen Mitgliedsstaat Zinsen gutschreiben bzw. auszahlen, den Finanzbehörden des Quellenstaates Kontrollmitteilungen über Kontonummer, Name und Wohnsitz des Berechtigten sowie Höhe der empfangenen Zinsen zu erteilen haben. Diese Kontrollmitteilungen werden an die Finanzbehörden des Wohnsitzstaates weitergeleitet.

Die Zinsrichtlinie geht insoweit mit den Prämissen des primären Gemeinschaftsrechts konform. Als solche sind das Erfordernis einer Kompetenzgrundlage, der einschlägige Abstimmungsmodus, die Subsidiarität, die Verhältnismäßigkeit, die Freiheit des Kapital- und Zahlungsverkehrs, die gemeinschaftsgrundrechtlich verbürgte Berufsfreiheit und schließlich das Recht auf Selbstbestimmung über personenbezogene Daten zu berücksichtigen.

Die Zinsrichtlinie wurde auf die Kompetenzgrundlage des Art. 94 EG gestützt; danach war eine Abstimmung nach dem Einstimmigkeitsprinzip erforderlich. Ebenfalls einschlägig wäre indessen die Kompetenzgrundlage des Art. 96 EG gewesen; danach wäre der Weg zu einer Abstimmung mit qualifizierter Mehrheit eröffnet gewesen. Nach beiden Rechtsgrundlagen ist eine Harmonisierung zum Zwecke der Beseitigung von Wettbewerbsverfälschungen möglich, die dem Gemeinsamen Markt zuwiderlaufen. „Schädlicher Steuerwettbewerb" bei der Zinsbesteuerung bewirkt Wettbewerbsverfälschungen in diesem Sinne: Die abkommensrechtliche Freistellung von Zinserträgen Nichtansässiger im Quellenstaat bewirkt zusammen mit der mangelnden Informationsübermittlung an den Wohnsitzstaat, dass Zinsen effektiv weder im Quellen- noch im Wohnsitzstaat besteuert werden. Dies führt zu Wettbewerbsverzerrungen auf dem europäischen Kapitalmarkt, auf dem Unternehmen, insbesondere Banken und Kapitalanlagegesellschaften aus verschiedenen Mitgliedsstaaten, um das Kapital privater Anleger konkurrieren.

Im Hinblick auf die verschiedenen Abstimmungsmodi wäre zur Beseitigung der genannten Wettbewerbsverzerrungen eine Harmonisierung nach Art. 96 EG vorteilhaft gegenüber derjenigen nach Art. 94 EG gewesen: „Schädlicher Steuerwettbewerb" bei der Zinsbesteuerung führt nämlich zu einer Erosion der mitgliedsstaatlichen Bemessungsgrundlage. Einzelne Mitgliedsstaaten vermögen sich dieser Gesetzmäßigkeit auf einem liberalisierten Kapitalmarkt kraft eigener Hoheit nicht zu entziehen. Sie können die ihnen vom Gemeinschaftsrecht (formal) belassene Steuerhoheit faktisch nur erhalten, indem sie sich einer gemeinschaftsweit einheitlichen Regelung unterwerfen. Setzt eine solche Harmonisierung indessen die Zustimmung sämtlicher Mitgliedsstaaten voraus, so steht ihre Realisierung – und damit die Erhaltung mitgliedsstaatlicher Steuerhoheit – in Frage. Abhilfe hätte insoweit eine Abstimmung mit qualifizierter Mehrheit schaffen können.

Zur Beseitigung der steuerlichen Wettbewerbsverzerrungen auf dem europäischen Kapitalmarkt standen verschiedene Harmonisierungsansätze zur Verfügung. Als solche sind das Modell einer anrechenbaren (Mindest-) Quellensteuer, einer abgeltenden Quellensteuer, das Informationsmodell sowie das Koexistenzmodell zu nennen. Aus gemeinschaftsrechtlicher Sicht ist derjenige Harmonisierungsansatz zu wählen, der den Prinzipien der Subsidiarität und der Verhältnismäßigkeit genügt. Berücksichtigt man die Einschätzungsprärogative des Ge-

meinschaftsgesetzgebers, so erscheinen sowohl das Modell einer abgeltenden Quellensteuer als auch das Kontrollmitteilungsmodell zur Beseitigung der Wettbewerbsverfälschungen geeignet. Indessen zeigt eine vergleichende Betrachtung der mitgliedsstaatlichen Steuersysteme, dass das Informationsmodell unter quantitativen wie auch unter qualitativen Gesichtspunkten die Steuersouveränität der Mitgliedsstaaten weitergehend schont als das Quellensteuermodell. Während Letzteres eine gemeinschaftsweite Angleichung von Steuersatz und Bemessungsgrundlage voraussetzt, lässt eine bloße Verfahrensharmonisierung nach dem Informationsmodell die Regelungen des materiellen Steuerrechts unberührt.
Das Informationsmodell geht auch mit der Freiheit des Zahlungsverkehrs (Art. 56 Abs. 2 EG) konform. Zwar übt die gemeinschaftsrechtliche Einführung von Kontrollmitteilungen für Zinszahlungen an Nichtansässige grundsätzlich einen (potentiell) abschreckenden Effekt auf den grenzüberschreitenden Zahlungsverkehr aus. Dies gilt jedenfalls dann, wenn Zinszahlungen an Gebietsansässige nach nationalem Recht weiterhin dem Schutz eines bestehenden Bankgeheimnisses unterstehen. Indessen resultiert in diesem Fall eine Benachteiligung der grenzüberschreitenden Zinszahlungen erst aus dem Zusammenwirken von gemeinschaftsrechtlichen und nationalen Normen. Das Gleichbehandlungsgebot der Grundfreiheit vermag sich indessen jeweils nur an einen Hoheitsträger zu richten. Damit diskriminieren weder der nationale Gesetzgeber noch der Gemeinschaftsrechtsgeber durch ihre jeweiligen Regelungen grenzüberschreitende Sachverhalte. Es liegt demnach kein Verstoß gegen das der Freiheit des Zahlungsverkehrs immanente Diskriminierungsverbot vor.
Auch ist keine unzulässige nichtdiskriminierende Beschränkung des freien Zahlungsverkehrs gegeben. Das Zusammenwirken der Regelungskomplexe von Gemeinschaftsgesetzgeber und Mitgliedsstaaten lässt den von der freiheitsrechtlichen Komponente der Grundfreiheit allein geschützten Zugang der Zinszahlung bzw. der ihr zugrunde liegenden Kapitalanlage zum Markt eines anderen Mitgliedsstaates unberührt. Es entfaltet lediglich „marktregulierende", jedoch keine „marktsegmentierende" Wirkung und wirkt sich deshalb nicht beschränkend (i. e. S.) auf den Zahlungsverkehr aus.
Zudem ist das Harmonisierungskonzept der Statuierung von Kontrollmitteilungspflichten für Banken über Zinszahlungen an Nichtansässige mit der gemeinschaftsgrundrechtlich verbürgten Berufsfreiheit der Banken vereinbar. Zwar greifen diese Bestimmungen in die Berufsfreiheit der Kreditinstitute ein, doch ist dieser Eingriff im Hinblick auf die intendierten Interessen, nämlich das öffentliche Interesse an der Beseitigung steuerlich bedingter Wettbewerbsverzerrungen, an der Bekämpfung von „schädlichem Steuerwettbewerb" sowie an der Sicherung der Besteuerungsansprüche der Mitgliedsstaaten gerechtfertigt.
Zu demselben Ergebnis gelangt man schließlich für den Eingriff der Zinsrichtlinie in das Grundrecht der Zinsempfänger auf Selbstbestimmung über ihre personenbezogenen Daten.
Insgesamt geht die Zinsrichtlinie also mit den primärrechtlichen Prämissen des Gemeinschaftsrechts konform.

G. Zinsrichtlinie und deutsche Zinsinformationsverordnung im Einzelnen

Nachdem die Grundkonzeption der Zinsrichtlinie erläutert und als gemeinschaftsrechtskonform beurteilt wurde, sind nun die Regelungen der Zinsrichtlinie im Einzelnen zu erläutern und zu bewerten. Wegen der weitgehenden materiell-rechtlichen Übereinstimmung wird dabei auch auf die jeweilige Umsetzung der Richtlinienbestimmungen in die deutsche Zinsinformationsverordnung (ZIV)[1] eingegangen. Diese wurde von der deutschen Bundesregierung auf der Grundlage des § 45 e EStG (a. F.)[2] erlassen.

Als wesentliche Elemente der Zinsrichtlinie sowie der Zinsinformationsverordnung sind vorab ihre Beschränkung auf Zinszahlungen an natürliche Personen, das Informationsmodell mit Übergangslösung sowie dessen Anknüpfung an die sog. Zahlstellen (Zahlstellenprinzip) zu nennen[3].

I. Persönlicher Anwendungsbereich

Zinsrichtlinie (RL) und Zinsinformationsverordnung (ZIV) werden dadurch charakterisiert, dass ihr persönlicher Anwendungsbereich eröffnet ist, wenn Zinserträge einem „wirtschaftlichen Eigentümer" von einer „Zahlstelle" gutgeschrieben bzw. ausgezahlt werden. Diese Begriffe werden im Folgenden erläutert.

1. Wirtschaftlicher Eigentümer

a) Definition

Nach Art. 2 Abs. 1 der Richtlinie (RL) gilt als „wirtschaftlicher Eigentümer" jede natürliche Person, die eine Zinszahlung vereinnahmt und zu deren Gunsten eine Zinszahlung erfolgt. § 2 Abs. 1 ZIV greift diese Definition auf. Weder RL noch ZIV unterscheiden danach, ob die vereinnahmten Zinsen steuerlich als private oder betriebliche Einkünfte zu qualifizieren sind. Auch Einzelunternehmer fallen daher unter den Begriff des „wirtschaftlichen Eigentümers"[4]. In diesem Punkt weist der Anwendungsbereich der Zinsrichtlinie über die vorliegende Arbeit hinaus. Diese hat nur die Besteuerung von Zinsen bei privaten Anlegern zum Gegenstand.

Die Zinsrichtlinie erfasst jeweils nur Zinszahlungen an natürliche Personen mit Wohnsitz *in einem anderen* Mitgliedsstaat (Erwägungsgründe Nr. 8, Nr. 9 RL, § 7 ZIV).

Zinszahlungen an *juristische Personen* fallen ebenso wenig in den Anwendungsbereich von RL und ZIV[5] wie Zinszahlungen an (rechtsfähige) Personenhandelsgesellschaften, Organismen für gemeinsame Anlagen, vermögensverwaltende Unternehmen und sonstige steuerpflichtige Einrichtungen[6]. Ob Personenmehrheiten ohne Rechtspersönlichkeit, wie z. B. Erbengemeinschaften, unter den Begriff des „wirtschaftlichen Eigentümers" fallen, geht weder

---

1 Verordnung zur Umsetzung der Richtlinie 2003/ 48/ EG des Rates vom 3. Juni 2003 im Bereich der Besteuerung von Zinserträgen, BGBl. I 2004, 128; BStBl. I 2004, 297.

2 D. h. in der Fassung des StÄndG 2003 v. 15.12.2003, BGBl. I 2003, 2645 (2650); BStBl. I 2003, 710 (715).

3 Vgl. Tschütscher, in: Schädler/ Menichetti, Private Banking, 13 (17).

4 Reiffs, DB 2005, 242 (245).

5 Vgl. Kommission der Europäischen Gemeinschaften, KOM (2001) 400 endg., v. 18.7.2001, S. 5 = ABl. EG v. 29.9.2001, Nr. C 270 E/ 259.

6 Bernhard, DB 2003, 664 (664). Offen bzgl. Personenhandelsgesellschaften: Menck/ Mutén, Besteuerung privater Auslandszinsen, S. 29.

aus der Zinsrichtlinie noch aus ihren Materialien hervor[7]. Da gerade bei grenzüberschreitenden Personenmehrheiten der maßgebliche örtliche Anknüpfungspunkt nur schwer zu bestimmen sein dürfte, der Ermittlungsaufwand für die „Zahlstellen" nach dem gesetzgeberischen Willen aber möglichst gering gehalten werden soll[8], wird vertreten, Zinszahlungen an Personenmehrheiten fielen nicht unter die Zinsrichtlinie[9]. Gegen eine solche Restriktion spricht indessen, dass sie Umgehungsmöglichkeiten eröffnet.

Nur wenn ein Zahlungsempfänger nachweist, dass er die Zahlung nicht für sich, sondern für einen Dritten vereinnahmt, wird er nicht als wirtschaftlicher Eigentümer betrachtet[10]. Wird er dabei als Zahlstelle tätig, so ist er zur automatischen Auskunftserteilung verpflichtet. Handelt er im Auftrag eines Dritten, ohne Zahlstelle zu sein, so muss er der Zahlstelle die Identität und den Wohnsitz des tatsächlichen wirtschaftlichen Eigentümers mitteilen (Art. 2 Abs. 1 lit. c RL).

b) Bewertung

Richtlinie und Zinsinformationsverordnung nehmen juristische Personen vom Begriff des „wirtschaftlichen Eigentümers", d. h. von ihrem persönlichen Anwendungsbereich aus. Dies ist insofern kritisch zu bewerten[11], als dadurch Ausweichgestaltungen über die Zwischenschaltung von juristischen Personen ermöglicht werden, deren Anteilseigner keine Zinsen i. S. d. Richtlinie erzielen[12]. Dies gilt nach derzeitiger Rechtslage auch dann, wenn die zwischengeschaltete juristische Person nur passiv, d. h. im Rahmen der Vermögensverwaltung tätig ist[13]. Daher ist zu erwarten, dass Stiftungen und Offshore-Trusts zu „Fluchtburgen" werden[14], was einen Strukturwandel in der Vermögensverwaltung einleiten könnte[15]. Da die Gründung von sog. „Special Purpose Vehicles"[16] stets ein gewisses Anlagevolumen voraussetzt, stehen die Möglichkeiten zur Umgehung der Zinsrichtlinie insbesondere finanzkräftigen Anlegern offen[17]. Daher wird kritisiert, die Richtlinie erfasse zwar „Otto und Emma Normalsparer", nicht aber „den großen Fisch"[18]. Insgesamt lässt sich feststellen, dass der enge persönliche Anwendungsbereich der Zinsrichtlinie ihrer Zielsetzung, einer effektiven Besteuerung der Zinserträge, entgegenläuft[19].

---

7 Tschütscher, in: Schädler/ Menichetti, Private Banking, 13 (20); Loschelder, in: Herrmann/ Heuer/ Raupach, EStG, Jb. 2004, § 45 e Rz. J3-05.

8 Kommission der Europäischen Gemeinschaften, MEMO/ 01/ 266 v. 18.7.2001.

9 So auch Loschelder, in: Herrmann/ Heuer/ Raupach, EStG, Jb. 2004, § 45 e Rz. J3-05. Offen bei Tschütscher in Schädler/ Menichetti, Private Banking, 13 (20).

10 BMF, Einführungsschreiben zur Zinsinformationsverordnung vom 6.1.2005, IV C 1 – S 2000 – 363/ 04, Rz. 8.

11 Müller, StBp 2004, 287 (289); Sideek, The EC Tax Journal, Vol 6, Issue 1, 2002, 45 (67).

12 Loschelder, in: Herrmann/ Heuer/ Raupach, EStG, Jb. 2004, § 45 e Rz. J03-14; Sideek, The EC Tax Journal, Vol. 6, Issue 1, 2002, 45 (67).

13 Götzenberger, Steueramnestie, S. 117. Dieser erwartet insoweit eine künftige Anpassung der Zinsrichtlinie.

14 Paul, PStR 2003, 155 (157).

15 Böckli, ASA 2000, 529 (554); Vater, DB 2003, 2144 (2145); Loschelder, in: Herrmann/ Heuer/ Raupach, EStG, Jb. 2004, § 45 e, Rz. J03-14.

16 Steichen, FS Fischer, 231 (253).

17 Loschelder in Herrmann/ Heuer/ Raupach, EStG, Jb. 2004, § 45 e Rz. J03-14; Vater, DB 2003, 2144 (2145).

18 Böckli, ASA 2000, 529 (554).

19 Müller, StBp 2004, 287 (289).

2. Zahlstelle

a) Definition

Die Verpflichtung, die für den Informationsaustausch erforderlichen Daten zu sammeln und den zuständigen nationalen Behörden weiterzuleiten, trifft die sog. „Zahlstellen“ (Zahlstellenprinzip). Als „verlängerter Arm der Steuerbehörde“[20] kommt den Zahlstellen eine Schlüsselfunktion zu. „Zahlstelle“ ist definitionsgemäß jeder Wirtschaftsbeteiligte, der dem wirtschaftlichen Eigentümer Zinsen zahlt oder eine Zinszahlung zu dessen unmittelbaren Gunsten einzieht (Erwägungsgrund Nr. 11 RL). Dies gilt unabhängig davon, ob dieser Wirtschaftsbeteiligte Schuldner der den Zinsen zugrunde liegenden Forderung oder vom Schuldner oder dem wirtschaftlichen Eigentümer mit der Zinszahlung oder deren Einziehung beauftragt ist (Art. 4 Abs. 1 RL). Voraussetzung ist, dass die Zahlstelle *in einem anderen Mitgliedsstaat niedergelassen* ist als dem Wohnsitzstaat des wirtschaftlichen Eigentümers (Erwägungsgrund Nr. 9 RL). Bei der Frage, ob eine i. S. d. Richtlinie grenzüberschreitende Zinszahlung vorliegt, kommt es also nicht auf den Sitz des Schuldners (Schuldnerprinzip), sondern allein auf den Sitz der Zahlstelle an (Zahlstellenprinzip)[21].

Der Begriff des „Wirtschaftsbeteiligten“ wird demgegenüber in der Richtlinie nicht erläutert. Er wird in § 4 Abs. 1 S. 2 ZIV definiert als „natürliche oder juristische Person, die *in Ausübung ihres Berufs oder des Gewerbes* Zinszahlungen tätigt“. Dies entspricht Satz 2 der amtlichen Begründung zu Art. 4 RL[22]. Damit erfasst der Begriff der „Zahlstelle“ v. a. Kreditinstitute, Vermögensverwalter, Vermögensverwaltungsgesellschaften, depotführende Kapitalanlagegesellschaften, Stiftungen und Trusts[23]. Indessen sind Zinszahlungen, die nur bei Gelegenheit der Ausübung einer beruflichen Tätigkeit bzw. eines Gewerbes getätigt werden, z. B. für den Kredit eines Gesellschafters an eine Warenhandels- oder Produktionsgesellschaft, an der er beteiligt ist, ebenso wie Zinszahlungen aufgrund von privaten Vertragsbeziehungen vom Anwendungsbereich der Richtlinie ausgenommen[24].

Art. 4 Abs. 2 RL, § 4 Abs. 2 ZIV enthält einen Auffangtatbestand für Zahlstellen. Danach gilt jede in einem Mitgliedsstaat niedergelassene Einrichtung, die eine Zinszahlung zugunsten des wirtschaftlichen Eigentümers in Ausübung ihrer beruflichen oder gewerblichen Tätigkeit entgegennimmt oder einzieht, bei einer solchen Zahlung oder Einnahme als Zahlstelle. Ziel der Regelung ist es, eine Steuerumgehung durch die Zwischenschaltung einer weiteren Zahlstelle zu vermeiden[25]. Indessen nimmt die Regelung wiederum juristische Personen und Organismen für die gemeinsame Anlage von Wertpapieren (OAGW) sowie solche, deren Gewinne den allgemeinen Vorschriften für die Unternehmensbesteuerung unterliegen, von ihrem Anwendungsbereich aus (sog. „residual entities“). Es wird davon ausgegangen, dass die genannten Einrichtungen bereits einer hinreichenden Steueraufsicht unterliegen[26].

---

20 Böckli, ASA 2000, 529 (545).

21 Dazu Tschütscher, in: Schädler/ Menichetti, Private Banking, 13 (19).

22 Reiffs, DB 2005, 242 (243).

23 Loschelder, in: Herrmann/ Heuer/ Raupach, EStG, Jb. 2004, § 45 e Rz. J 03-7; Reiffs, DB 2005, 242 (243); Götzenberger, Steueramnestie, S. 120 ff.

24 Loschelder, in: Herrmann/ Heuer/ Raupach, EStG, Jb. 2004, § 45 e Rz. J 03-7; Reiffs, DB 2005, 242 (243).

25 Menck/ Mutén, Besteuerung privater Auslandszinsen, S. 30.

26 Menck/ Mutén, Besteuerung privater Auslandszinsen, S. 30.

b) Bewertung

Am Zahlstellenprinzip wird kritisiert, dass diesem die Möglichkeit von Ausweichgestaltungen immanent sei. Tatsächlich ist eine „Umleitung“ von Zinszahlungen über vorhandene Zahlstellen außerhalb der Mitgliedsstaaten an sog. Off-Shore Finanzplätzen, wie z. B. Singapur[27], Hongkong oder die Bahamas, ebenso leicht möglich wie eine gezielte Verlagerung von Zahlstellen an diese Plätze[28]. Dies gilt umso mehr, als die von Art. 56 EG garantierte Freiheit des Kapital- und Zahlungsverkehrs auch für Finanztransaktionen von EU-Staaten in sog. Drittstaaten gilt (Erga-Omnes-Wirkung)[29]. Wenn EU-ansässige Emittenten die Zinsrichtlinie durch Verlagerung von Zahlstellen an Off-Shore-Finanzplätze umgehen können, werden ihre Zinserträge faktisch nicht besteuert. Dies läuft dem Ziel der Zinsrichtlinie, der Beseitigung von Verzerrungen im Wettbewerb zwischen EU-ansässigen Emittenten um das Kapital privater Anleger zuwider. Zwar lässt sich eine solche Umgehungsmöglichkeit im Wege von Abkommen über die Anwendung gleichwertiger Maßnahmen mit Drittstaaten beschränken. Ein lückenloses internationales Abkommensnetz dürfte faktisch jedoch kaum realisierbar sein[30].

Die logische Alternative zum Zahlstellenprinzip stellt das sog. Schuldnerprinzip dar. Dieses stellt für Informationserhebung bzw. Einbehalt der Quellensteuer auf den jeweiligen Schuldner der Zinserträge ab. Indessen wird vorgebracht, dass auch dieses Prinzip umgangen werden könne, so dass auch hier Möglichkeiten bestünden, die Zielsetzung der Zinsrichtlinie, eine effektive Besteuerung der Zinserträge, zu unterlaufen[31]. Dies erscheint überzeugend. Die Möglichkeiten zur Umgehung des Schuldnerprinzips wurden in der Praxis bereits offenbar. So wurden bei der – auf dem Schuldnerprinzip basierenden – Schweizer Verrechnungssteuer in Höhe von 35 %[32] auf Zinserträge sog. „Treuhandanlagen“ verrechnungssteuerfrei bei nicht in der Schweiz ansässigen Schuldnern angelegt[33]. Ebenso wurden internationale Obligationen verrechnungssteuerfrei von ausländischen Offshore-Gesellschaften als Schuldnerinnen (unter Solidarbürgschaft von Schweizer Banken) ausgegeben[34]. Auch in Deutschland wurden bei der Einführung der sog. kleinen Kapitalertragsteuer im ersten Halbjahr 1989 entsprechende Effekte beobachtet[35]. Ähnliches wäre also auch bei Anwendung des Schuldnerprinzips im Rahmen der EU-Zinsbesteuerung zu erwarten.

Darüber hinaus sprechen sachliche Gründe für das Zahlstellenprinzip: Der Gemeinschaftsgesetzgeber hat den Anwendungsbereich der Zinsrichtlinie auf solche natürliche Personen beschränkt, die in einem von der Niederlassung der Zahlstelle verschiedenen Mitgliedsstaat ansässig sind und die Endempfänger („wirtschaftliche Eigentümer“) einer Zinszahlung sind. Faktisch sind nur die Zahlstellen in der Lage, zwischen Endempfängern und solchen Empfängern zu differenzieren, die für Rechnung eines Dritten tätig werden. Ebenso liegen in der Regel nur den Zahlstellen, nicht aber dem jeweiligen Kapitalschuldner die erforderlichen Infor-

---

27 Vgl. Rehm, Die Zinsbesteuerung in der Europäischen Union, S. 28 m w. N. : Singapur habe das OECD-MA nicht unterzeichnet und das dortige Bankgeheimnis, das nur bei Drogendelikten durchbrochen werde, sei strenger als das der Schweiz.

28 Loschelder, in: Herrmann/ Heuer/ Raupach, EStG, Jb. 2004, § 45 e Rz. J 03/ 14; Tschütscher, in: Schädler/ Menichetti, Private Banking, 13 (19); Böckli, ASA 2000, 529 (555 ff.).

29 Siehe dazu Teil E II.2.b). So auch Sideek, The EC Tax Journal, Vol. 6, Issue 1, 2002, 45 (67).

30 In diesem Sinne: Böckli, ASA 2000, 529 (557); Loschelder, in: Herrmann/ Heuer/ Raupach, EStG, Jb. 2004, § 45 e Rz. J 0-14; Tschütscher in Schädler/ Menichetti, Private Banking, 13 (31 f.).

31 Rehm, Die Zinsbesteuerung in der Europäischen Union, S. 28; Valls, Vollzugsdefzite, S. 165.

32 Vgl. Götzenberger, Steueramnestie, S. 149.

33 Dazu umfassend: Böckli, ASA 2000, 529 (539 f.); vgl. auch Götzenberger, Steueramnestie, S. 150 f.

34 Dazu umfassend: Böckli, ASA 2000, 529 (539 f.).

35 Anzinger, StuW 2002, 261 (275); Weber-Grellet, in: Schmidt, EStG, § 43 Rz. 1.

mationen darüber vor, ob der Endempfänger der Zinszahlung eine natürliche Person ist und in welchem Staat diese ansässig ist[36]. Faktisch sind also nur die Zahlstellen in der Lage, den Anwendungsbereich der Zinsrichtlinie abzugrenzen (Zahlstellenprinzip)[37].
Zudem werden gegen das Schuldnerprinzip finanztechnische Erwägungen angeführt: Während des Übergangszeitraums behindere der Einbehalt einer Quellensteuer durch in Österreich, Belgien und Luxemburg ansässige Kapitalschuldner die Emission von Obligationen durch Unternehmen und öffentliche Körperschaften mit Sitz in diesen Mitgliedsstaaten. Dies erkläre sich wie folgt: Da eine solche Quellensteuer faktisch nicht selektiv erhoben könne, sie also private und institutionelle Anleger sowie Anleger aus Drittstaaten gleichermaßen treffe[38], der Quellensteuerabzug aber in all diesen Fällen eine Verminderung der effektiven Nettorendite bedeute, seien unerwünschte Zinssatzerhöhungen die finanztechnische Folge[39]. Insgesamt sprechen damit überwiegende Gründe für das Zahlstellenprinzip.

II. Sachlicher Anwendungsbereich

1. Definition der Zinszahlung

Nach Erwägungsgrund Nr. 13 der Zinsrichtlinie bezieht sich deren sachlicher Anwendungsbereich auf die Besteuerung von Zinserträgen. Als „Zinszahlung" sollten zunächst nach Art. 6 Abs. 1 lit. a RL (a. F.) „*auf ein Konto eingezahlte oder einem Konto gutgeschriebene Zinsen*" aus Forderungen jeder Art gelten, unabhängig davon, ob diese hypothekarisch gesichert sind und ob sie ein Recht auf Gewinnbeteiligung mit beinhalten. Diese ursprüngliche Fassung war indessen fehlerhaft. Sie wurde insoweit berichtigt, als Art. 6 Abs. 1 lit. a RL (n. F) nunmehr auf „*gezahlte oder einem Konto gutgeschriebene Zinsen*" abstellt[40].
Die Richtlinie enthält demgegenüber keine allgemeine Definition von „Zinsen". Wenn nach der Begründung zu § 6 Abs. 1 Nr. 1 ZIV der Zinsbegriff der ZIV im Sinne des deutschen Begriffs der Einkünfte aus Kapitalvermögen gemäß § 20 Abs. 1 Nr. 4, 5, 7 sowie Abs. 2 mit Ausnahme der Nr. 2 lit. a EStG ausgelegt werden soll[41], so sprechen dagegen grundsätzliche Erwägungen[42]. Richtigerweise ist der Zinsbegriff der ZIV nämlich vorrangig richtlinienkonform auszulegen. Dementsprechend muss nach o. g. Korrektur des Wortlauts von Art. 6 Abs. 1 lit. a RL auch das Argument der deutschen Finanzverwaltung entfallen, Zinsen aus Tafelgeschäften fielen mangels Einzahlung oder Gutschrift auf einem Konto nicht unter den Zinsbegriff der ZIV[43].
Der Zinsbegriff der Richtlinie ist für sämtliche Mitgliedsstaaten einheitlich auszulegen. Nach der Aufzählung in Art. 6 Abs. 1 lit. a RL fallen unter „Zinsen" jedenfalls Erträge aus Staats-

---

36 Tschütscher, in: Schädler/ Menichetti, Private Banking, 13 (17 f.).
37 Böckli, ASA 2000, 529 (542); Tschütscher, in: Schädler/ Menichetti, Private Banking, 13 (18).
38 Böckli, ASA 2000, 529 (541).
39 Böckli, ASA 2000, 529 (541).
40 Vgl. Rat der Europäischen Union, Beschluss vom 7.4.2005, 7844/ 05 JUR 152; Berichtigung der Richtlinie 2003/ 48/ EG, ABl. EG v. 22.4.2005, Nr. L 103/ 41.
41 BMF, Einführungsschreiben zur Zinsinformationsverordnung v. 6.1.2005, IV C 1 – S 2000 – 363/ 04, Rz. 40.
42 Wenn das BMF demgegenüber Zinsen aus Tafelgeschäften nicht unter den Begriff der Zinszahlung fasst, weil diese keinem Konto gutgeschrieben werden (vgl. BMF, a. a. O., Rz. 41), so ist dem im Hinblick auf den eindeutigen Wortlaut von Art. 8 Abs. 1 lit. a RL zuzustimmen. A. A. Reiffs, DB 2005, 242 (247).
43 So noch BMF, Einführungsschreiben zur Zinsinformationsverordnung v. 6.1.2005, IV C 1 – S 2000 – 363/ 04, Rz. 41.

papieren, Anleihen, Schuldverschreibungen einschließlich der mit diesen Titeln verbundenen Prämien und Gewinne. Nach § 6 Abs. 1 Nr. 1 ZIV sind auch Zinserträge aus ähnlichen umlauffähigen Schuldtiteln darunter zu fassen.

Als Zinszahlungen gelten nach Art. 6 Abs. 1 lit. b RL, § 6 Abs. 1 Nr. 2 ZIV auch *aufgelaufene oder kapitalisierte Zinsen*, die bei Abtretung, Rückzahlung oder Einlösung der in Art. 6 Abs. 1 lit. a RL, § 6 Abs. 1 Nr. 1 ZIV erfassten Forderungen anfallen. Dazu zählen u. a. Kapitalerträge aus Nullkuponanleihen, Abzinsungspapieren und ähnlichen Schuldtiteln[44]. Die Art. 6 Abs. 1 lit. c RL, § 6 Abs. 1 Nr. 3 ZIV führen auch *laufende Zinserträge aus Investmentfonds* und ähnlichen Organismen für gemeinsame Anlage in Wertpapieren (OGAW) an.

Ferner werden unter den Begriff der „Zinszahlung" nach Art. 6 Abs. 1 lit. d RL, § 6 Abs. 1 Nr. 4 ZIV auch Erträge aus der Abtretung, Rückzahlung oder Einlösung von Anteilen an bestimmten *thesaurierenden* Organismen gefasst, *sofern* ihr Vermögen zu mehr als 40 % (ab dem 1.1.2011: zu mehr als 25 %, vgl. Art. 6 Abs. 7 RL) in Forderungen nach Art. 6 Abs. 1 lit. a RL, § 6 Abs. 1 Nr. 1 ZIV investiert wurde (*Schwellenwert*)[45]. Die Regelung bezieht sich auf sog. Thesaurierungsfonds, also Investmentfonds, die ihre Erträge nicht ausschütten, sondern zur Wiederanlage im Fondsvermögen belassen[46]. Bei der Bestimmung des Prozentanteils ist nach Art. 6 Abs. 8 RL, § 6 Abs. 7 ZIV die Anlagepolitik des betreffenden Organismus maßgeblich, wie sie in dessen Vertragsbedingungen oder Satzung dargelegt ist. In Ermangelung solcher Angaben ist die tatsächliche Zusammensetzung des Vermögens der Einrichtung maßgeblich. Hinsichtlich der Frage, welche Zinserträge in die Bestimmung des Schwellenwerts einfließen, hat der deutsche Verordnungsgeber von der Ermächtigung nach Art. 6 Abs. 1 letzter Satz RL Gebrauch gemacht: Er hat in § 6 Abs. 1 Nr. 4 S. 2 ZIV geregelt, dass nur diejenigen Erträge aus Thesaurierungsfonds in die Berechnung des Prozentanteils einfließen, die mittelbar oder unmittelbar aus Zinszahlungen i. S. d. Art. 6 Abs. 1 lit. a, b RL, § 6 Abs. 1 Nr. 1, 2 ZIV stammen[47].

Nach der sog. Besitzstandsklausel (Art. 15 RL, § 15 ZIV) (engl. „grandfathering clause"[48]) sind während des Übergangszeitraums, längstens jedoch bis zum 31.12.2010[49], Zinsen aus inländischen und ausländischen Anleihen sowie andere umlauffähige Schuldtitel, die erstmals vor dem 1.3.2001 ausgegeben oder deren Emissionsprospekte vor dem 1.3.2001 genehmigt wurden und für die ab dem 1.3.2002 keine Folgeemissionen mehr getätigt wurden, vom Anwendungsbereich der Richtlinie ausgenommen.

Wenngleich die Aufzählung in Art. 6 RL nicht abschließender Natur ist, so folgt doch aus Erwägungsgrund Nr. 13 RL, dass vom sachlichen Anwendungsbereich der Richtlinie jedenfalls folgende Kapitalerträge ausgenommen sind: Kapitalerträge aus Dividenden und Ausschüttungen aus reinen Aktien- oder Immobilienfonds sowie Zinsanteile in Renten- und Ver-

---

44 Lohr, DStR 2003, 1240 (1240); Loschelder, in: Herrmann/ Heuer/ Raupach, EStG, Jb. 2004, § 45 e Rz. J 03-6. Vgl. dazu auch BMF, Einführungsschreiben zur Zinsinformationsverordnung v. 6.1.2005, IV C 1 – S 2000 – 363/ 04, Rz. 42, 63

45 Lohr, DStR 2003, 1240 (1240); dazu ausführlich: Loschelder, in: Herrmann/ Heuer/ Raupach, EStG, Jb. 2004, § 45 e Rz. J 03-6.

46 Götzenberger, Steueramnestie, S. 126.

47 Menck/ Mutén, Besteuerung privater Auslandszinsen, S. 37.

48 Lohr, DStR 2003, 1240 (1240); Loschelder, in: Herrmann/ Heuer/ Raupach, EStG, Jb. 2004, § 45 e Rz. J 03-6.

49 Ausnahme: Der betreffende Schuldtitel enthält eine sog. Bruttozinsklausel (Garantie der Nettorendite nach evtl. Quellensteuer) und eine Klausel über die vorzeitige Ablösung und die Zahlstelle ist in einem der Staaten niedergelassen, die nach Art. 11 RL während des Übergangszeitraums eine Quellensteuer einbehalten (Art. 15 Abs. 1 RL).

sicherungsleistungen. Ebenso sind Erträge aus den meisten sog. Finanzinnovationen[50], so z. B. aus Optionsgeschäften, Index-Anleihen, Futures, Warrants und Swaps vom Anwendungsbereich der Zinsrichtlinie ausgenommen[51].
Wesentlich erscheint in diesem Zusammenhang, dass im Zweifel, d. h. wenn der Zahlstelle keine Informationen über den Anteil der Zinszahlungen an den gesamten Erträgen vorliegen, die Auslegungsregel des Art. 6 Abs. 2 RL, § 6 Abs. 2 ZIV eingreift. Danach gilt der Gesamtbetrag der Erträge als Zinszahlung.
Die Bundesregierung hat im Übrigen von der Ermächtigung in Art. 6 Abs. 6 RL Gebrauch gemacht: Sie hat jegliche Erträge von der Anwendung der Zinsrichtlinie ausgenommen, die von in Deutschland niedergelassenen Unternehmen oder Einrichtungen stammen, sofern diese höchstens 15 % ihres Vermögens in Forderungen i. S. d. Art. 6 Abs. 1 lit. a RL angelegt haben (*Geringfügigkeitsregel*, § 6 Abs. 5 S. 1 ZIV). Diese Regelung betrifft Investmentfonds, die ihre Erträge ausschütten (Ausschüttungsfonds)[52]. Der Prozentanteil bestimmt sich gemäß Art. 6 Abs. 8 RL, § 6 Abs. 7 ZIV nach dem in den Vertragsbedingungen oder in der Satzung der Einrichtung dargelegten Anlagepolitik, in Ermangelung einer solchen nach der tatsächlichen Zusammensetzung des Vermögens.

2. Bewertung

Dass die Richtlinie nur Zinszahlungen, nicht aber andere Kapitalerträge erfasst, ermöglicht Ausweichgestaltungen. Dies gilt umso mehr, als juristische Personen vom persönlichen Anwendungsbereich der Richtlinie ausgenommen sind. Durch ihre Zwischenschaltung entstehen beim Anteilseigner Kapitalerträge aus Gewinnausschüttungen, die nicht unter die Zinsrichtlinie fallen.
Darüber hinaus wird die Besitzstandsklausel („grandfathering clause"), die ursprünglich von Großbritannien nur für sog. Eurobonds gefordert wurde[53], nun aber für sämtliche umlauffähigen Schuldtitel gilt, die vor dem 1.1.2001 emittiert oder genehmigt wurden, kritisiert. Auch sie provoziere Ausweichreaktionen, die es gerade angesichts der faktischen Rückwirkung der Erfassungsmaßnahmen zu verhindern gegolten habe[54]. Dem wird jedoch entgegengehalten, dass die Klausel erforderlich sei, um während des Übergangszeitraums Marktstörungen für Anleiheverträge mit sog. Bruttozinsklauseln (engl. „gross-up clauses") sowie Klauseln über die vorzeitige Einlösung (engl. „early redemption clauses") zu verhindern[55]. Dies erscheint überzeugend. Bruttozinsklauseln garantieren eine bestimmte Nettorendite, also eine Rendite nach gegebenenfalls erhobener Quellensteuer. Klauseln über die vorzeitige Einlösung gestatten es dem Emittenten i. d. R., die Anleihe zum Nennwert zurückzukaufen[56]. Dabei kann der

50 D. h. solchen, die keine Zinserträge generieren. Hier ist eine differenzierte Betrachtungsweise geboten. Der Begriff der Finanzinnovationen wird – ebenso wie der Zinsbegriff – in den Mitgliedsstaaten unterschiedlich definiert. Vgl. z. B. BMF, Einführungsschreiben zur Zinsinformationverordnung v. 6.1.2005, IV C 1 – S 2000 – 363/ 04, Rz. 42, 63: Dort werden Zerobonds und Stufenzinsanleihen als „Finanzinnovationen i. S. d. § 20 Abs. 2 S. 1 Nr. 4 EStG" bezeichnet. Diese führen jedoch unstreitig – auch nach Ansicht des BMF – zu Zinszahlungen i. S. d. § 6 Abs. 1 Nr. 2 ZIV, Art. 6 Abs. 1 lit. b RL.

51 Bernhard, DB 2001, 664 (664); Loschelder, in: Herrmann/ Heuer/ Raupach, EStG, Jb. 2004, § 45 e Rz. J03-6; Menck/ Mutén, Besteuerung privater Auslandszinsen, S. 54.

52 Götzenberger, Steueramnestie, S. 127.

53 Krause, Harmonisierung der Zinsbesteuerung, S. 27.

54 Krause, Harmonisierung der Zinsbesteuerung, S. 27.

55 Kommission der Europäischen Gemeinschaften, Pressemitteilung v. 18.7.2001, IP/ 01/ 1026, S. 2; Götzenberger, Steueramnestie, S. 125.

56 Kommission der Europäischen Gemeinschaften, Pressemitteilung v. 18.7.2001, IP/ 01/ 1026, S. 2.

vorzeitige Rückkauf zum Nennwert für den Anleihegläubiger je nach Marktsituation zu finanziellen Verlusten führen. Für den Übergangszeitraum waren infolge des Einbehalts der Quellensteuer in Belgien, Luxemburg und Österreich eine Auflösung von Bruttozinsklauseln zum Nachteil der Anleihegläubiger bzw. entsprechende Umverhandlungen zu deren Nachteil zu erwarten[57]. Dies hätte zu Wettbewerbsverzerrungen zwischen Zahlstellen in Quellensteuerstaaten und solchen in Staaten mit Informationserteilung geführt[58]. Ziel der Besitzstandsklausel ist es, diese Verzerrungen zu vermeiden, indem während des Übergangszeitraums die genannten Schuldtitel vom Anwendungsbereich der Richtlinie ausgenommen werden.

Kritik verdient die Zinsrichtlinie allerdings insoweit, als ihre Anwendung für die Zahlstellen mit erheblichem Verwaltungsaufwand verbunden ist[59]. Eine allgemeingültige Definition des Zinsbegriffs wäre angesichts des zwischen den Mitgliedsstaaten stark divergierenden Begriffsverständnisses (z. B. Umfang des Zinsbegriffs bei sog. Finanzinnovationen) geboten gewesen. Damit wäre nicht nur eine einheitliche Umsetzung der Richtlinie sichergestellt[60], sondern es würde auch den Zahlstellen eine einfachere Handhabung ermöglicht[61].

Vollzugsprobleme sind insbesondere auch im Hinblick auf die zahlreichen Differenzierungen im sachlichen Anwendungsbereich der Richtlinie zu erwarten. Dies gilt zum einen für die sog. „grandfathering clause", die je nach Ausgabe- und Genehmigungsdatum Zinserträge aus umlauffähigen Schuldtiteln vom Anwendungsbereich der Richtlinie ausnimmt[62]. Zum anderen gilt dies für den Schwellenwert nach Art. 6 Abs. 1 lit. d RL sowie für die Geringfügigkeitsklausel nach Art. 6 Abs. 6 RL, bei denen jeweils anhand von Vertragsbedingungen, Satzung oder tatsächlichen Vermögensverhältnissen der Prozentsatz an bestimmten Anlageformen einer Einrichtung zu ermitteln ist, welcher für die Anwendung der Richtlinie ausschlaggebend ist[63]. Darüber hinaus lassen diese Regelungen, indem sie den Berechnungsmodus von den tatsächlichen Vermögensverhältnissen abkoppeln, dem Gestaltungswillen der betreffenden Einrichtung freien Lauf[64].

Praktische Anwendungsschwierigkeiten werden auch für die Erfassung von Kapitalerträgen aus Nullkuponanleihen prognostiziert (Art. 6 Abs. 1 lit. a RL)[65]. Bei diesen Anleihen werde im Fall der Veräußerung während der Laufzeit die Rendite als Differenz zwischen Einlöse- und Ausgabekurs definiert. Hier sei nicht nur festzustellen, welcher Teil dieser Rendite bei verhältnismäßiger Berechnung dem Verkäufer als Zinsertrag zuzurechnen sei. Es müsse auch untersucht werden, ob der Veräußerungspreis vom so errechneten Zwischenwert abweiche. Diese Differenz falle als Veräußerungsgewinn oder -verlust nämlich nicht unter die Zinsrichtlinie[66].

Insgesamt lässt der sachliche Anwendungsbereich der Zinsrichtlinie Abgrenzungsprobleme erwarten. Dies läuft dem Ziel der Richtlinie, einer effektiven Besteuerung von Zinserträgen, entgegen.

---

57 Dazu ausführlich Menck/ Mutén, Besteuerung privater Auslandszinsen, S. 44.

58 Kommission der Europäischen Gemeinschaften, Pressemitteilung v. 18.7.2001, IP/ 01/ 1026, S. 2.

59 Dazu ausführlich: Böckli, ASA 2000, 529 (543 ff.); ebenso Seiler, IStR 2004, 781 (784).

60 In diesem Sinne: Menck/ Mutén, Besteuerung privater Auslandszinsen, S. 53; Bell, British Tax Review 2002, 32 (41).

61 Tschütscher, in: Schädler/ Menichetti, Private Banking, 13 (20).

62 Tschütscher, in: Schädler/ Menichetti, Private Banking, 13 (20).

63 Vgl. Tschütscher, in: Schädler/ Menichetti, Private Banking, 13 (20).

64 Menck/ Mutén, Besteuerung privater Auslandszinsen, S. 39.

65 Dazu ausführlich Menck/ Mutén, Besteuerung privater Auslandszinsen, S. 38.

66 Menck/ Mutén, Besteuerung privater Auslandszinsen, S. 38.

III. Räumlicher Anwendungsbereich

In räumlicher Hinsicht ist die Zinsrichtlinie nach ihrem Art. 7 auf Zinszahlungen durch eine Zahlstelle anwendbar, die ihre Niederlassung in dem Gebiet haben, auf das der EG-Vertrag gemäß seinem Art. 299 EG anwendbar ist. Die Zinsrichtlinie ist also nur auf Zinszahlungen durch Zahlstellen anwendbar, die in den EU-Mitgliedsstaaten belegen sind. Zu diesen Staaten zählen aufgrund Beitrittsvertrags[67] mit Wirkung zum 1.5.2004 neben den bisherigen 15 Mitgliedsstaaten auch die Beitrittsstaaten Tschechische Republik, Estland, Zypern, Lettland, Litauen, Ungarn, Malta, Polen, Slowenien und Slowakei sowie schließlich aufgrund Beitrittsvertrags[68] mit (voraussichtlicher) Wirkung zum 1.1.2007[69] die Beitrittsstaaten Bulgarien und Rumänien.

Nach § 7 ZIV gilt die deutsche Zinsinformationsverordnung nur für Zinszahlungen einer inländischen Zahlstelle an einen wirtschaftlichen Eigentümer mit Wohnsitz in einem anderen Mitgliedsstaat. Dies bedeutet, dass Zinszahlungen an Inlandsansässige ebenso wenig wie Zinszahlungen an Drittstaatenansässige von der ZIV erfasst werden. Demgegenüber sind der (Wohn-) Sitz des Schuldners und die räumliche Herkunft der Zinsen unbeachtlich. Damit fallen auch Zinszahlungen aus Drittstaaten, die über eine in Deutschland belegene Zahlstelle erfolgen und einer natürlichen Person mit Wohnsitz in einem anderen Mitgliedsstaat der EU zufließen, unter die ZIV[70].

Gemäß Art. 17 Abs. 2 RL sollen die Regelungen über die automatische Auskunftserteilung (Kap. II RL) im Wege des Abschlusses völkerrechtlicher Abkommen auch in den relevanten abhängigen und assoziierten Gebieten (Kanalinseln, Isle of Man und abhängige oder assoziierte Gebiete in der Karibik) Anwendung finden.

An der durch das räumlich begrenzte Zahlstellenprinzip eröffneten Möglichkeit der Verlagerung von Zahlstellen außerhalb die EU wurde bereits an anderer Stelle Kritik geübt[71]. Auf diese wird verwiesen.

IV. Zeitlicher Anwendungsbereich

1. Formelles Inkrafttreten

Nach Art. 19 RL trat die Zinsrichtlinie am zwanzigsten Tag nach ihrer Veröffentlichung im Amtsblatt der Europäischen Union, also zum 16.7.2003, formell in Kraft.

Demgegenüber ist das formelle Inkrafttreten der deutschen Zinsinformationverordnung an den Zeitpunkt der materiell-rechtlichen Anwendbarkeit der Zinsrichtlinie geknüpft: Nach § 17 ZIV trat die Rechtsverordnung zum 1.1.2005 in Kraft, sofern der Rat der Europäischen Union gemäß Art. 17 Abs. 3 RL feststellte, dass die Bedingungen für eine materiell-rechtliche Anwendbarkeit der Zinsrichtlinie vorlagen. Als solche Bedingungen sind das Vorliegen von den Regelungen der Zinsrichtlinie gleichwertigen Vereinbarungen mit verschiedenen Drittstaaten sowie von Abkommen mit verschiedenen abhängigen oder assoziierten Gebieten zu

---

67 ABl. EG v. 23.9.2003, Nr. L 236.

68 ABl. EG v. 21.6.2005, Nr. L 157.

69 Vgl. Unterrichtung über das Inkrafttreten des Beitrittsvertrags, ABl. EG v. 21.6.2005, Nr. L 157/ 10. Danach tritt der Beitrittsvertrag vorbehaltlich des Ratifizierungsverfahrens am 1.1.2007 in Kraft, es sei denn, der Rat beschließt gemäß Art. 4 Abs. 2 des Beitrittsvertrags, dass der Termin des Beitritts auf den 1.1.2008 verschoben wird.

70 Loschelder, in: Herrmann/ Heuer/ Raupach, EStG, Jb. 2004, § 45 e Rz. J 03-8.

71 Siehe Teil H I.2.b).

nennen. Die Feststellung, ob die Bedingungen vorliegen, hatte der Rat nach Art. 17 Abs. 3 RL spätestens zum 30.6.2004 einstimmig zu treffen. An dieser Stelle sei vorweggenommen, dass der Rat eine solche Feststellung nicht treffen konnte. Auf den Stand der Verhandlungen wird an anderer Stelle einzugehen sein. Entscheidend ist, dass die Zinsinformationsverordnung mangels materiell-rechtlicher Anwendbarkeit der Zinsrichtlinie entgegen § 17 S. 1 ZIV nicht zum 1.1.2005 in Kraft trat.
Die Rechtsverordnung tritt daher nach § 17 S. 2 ZIV zu dem (späteren) Zeitpunkt in Kraft, ab dem die Vorschriften der Zinsrichtlinie materiell-rechtlich anzuwenden sind. Für diesen wird auf einen (deklaratorisch wirkenden) Beschluss des Rates nach Art. 17 Abs. 3 S. 2 RL abgestellt. Demnach legt der Rat, nachdem er eine Feststellung zum 30.6.2004 nicht treffen konnte, einstimmig und auf Vorschlag der Kommission einen neuen Zeitpunkt fest, in dem die Bedingungen für die Anwendbarkeit der Zinsrichtlinie vorliegen. Wann dieser Zeitpunkt ist, wird im Rahmen der materiell-rechtlichen Anwendbarkeit der Zinsrichtlinie zu erläutern sein.

2. Umsetzung

Art. 17 Abs. 1 RL regelt die Umsetzungsfrist für die Mitgliedsstaaten. Diese hatten die zur Umsetzung der Zinsrichtlinie erforderlichen Rechts- und Verwaltungsvorschriften bis spätestens 31.12.2003 zu erlassen und zu veröffentlichen[72]. Allerdings mussten die Vorschriften zu diesem Zeitpunkt nicht bereits angewandt werden. Ihre Anwendung bestimmt sich in zeitlicher Hinsicht vielmehr wie folgt:

3. Materiell-rechtliche Anwendbarkeit

a) Aufschiebende Bedingung

Der Zeitpunkt der materiell-rechtlichen Anwendbarkeit der Zinsrichtlinie richtet sich nach Art. 17 Abs. 2, 3 RL. Nach Abs. 2 dieser Vorschrift haben die Mitgliedsstaaten die zur Umsetzung erlassenen nationalen Vorschriften zum 1.1.2005 anzuwenden, sofern
(1) die Schweiz, Liechtenstein, San Marino, Monaco und Andorra ab dem gleichen Zeitpunkt gemäß den von ihnen nach einstimmigem Beschluss des Rates mit der Europäischen Gemeinschaft geschlossenen Abkommen Maßnahmen anwenden, die den in dieser Richtlinie vorgesehenen Maßnahmen gleichwertig sind;
(2) alle Abkommen oder sonstige Regelungen bestehen, die vorsehen, dass alle relevanten abhängigen oder assoziierten Gebiete (Kanalinseln, Isle of Man und abhängige oder assoziierte Gebiete in der Karibik) ab dem gleichen Zeitpunkt die automatische Auskunftserteilung nach Kapitel II RL anwenden (oder während des Übergangszeitraums nach Art. 10 RL eine Quellensteuer nach Art. 11 und 12 RL erheben).
Die Feststellung, ob diese aufschiebenden Bedingungen erfüllt sind, hatte der Rat nach Art. 17 Abs. 3 S. 1 RL spätestens zum 30.6.2004 zu treffen. De facto entschied der Rat am 19.7.2004, dass die Voraussetzungen für eine Anwendung der Zinsrichtlinie ab dem 1. Juli 2005 erfüllt sein würden[73]. Der Rat konnte also die Feststellung nach Art. 17 Abs. 3 S. 1 RL nicht treffen. Er stellte stattdessen nach S. 2 der Norm einen neuen Zeitpunkt fest, in dem die

---

72 Vgl. Rat der Europäischen Union, Vermerk v. 7.6.2005, Dok. 9556/05 FISC 62: Darin wird bestätigt, dass alle Mitgliedsstaaten die Zinsrichtlinie in nationales Recht umgesetzt haben und bereit sind, diese vorbehaltlich der Bedingungen nach Art. 17 Abs. 2 RL zum 1.1.2005 anzuwenden.

73 Rat der Europäischen Union, Entscheidung v. 19.7.2004, 2004/ 587/ EG, ABl. EG v. 4.8.2004, Nr. L 257/ 7, Erwägungsgrund Nr. 2.

Bedingungen für die Anwendung der Richtlinie erfüllt sein würden. Gemäß Ratsbeschluss wurde „1. Januar 2005" in Art. 17 Abs. 2 RL durch „1. Juli 2005" ersetzt[74]. Die Kommission hatte zuvor berichtet, dass die Schweiz nicht in der Lage sein würde, die vereinbarten Maßnahmen ab dem 1.1.2005 anzuwenden[75]. Sie hatte sich zugleich überzeugt gezeigt, dass es der Schweiz „nach Maßgabe ihrer verfassungsrechtlichen Bestimmungen" möglich sein würde, die vereinbarten Maßnahmen (...) ab dem 1.7.2005 anzuwenden[76].
Da die Feststellung des Rates nach Art. 17 Abs. 3 RL ihrem Wortlaut nach deklaratorischer Natur ist, setzt sie entsprechende Verhandlungsergebnisse mit den Drittstaaten und assoziierten bzw. abhängigen Gebieten voraus.

(1) Verhandlungsergebnisse mit der Schweiz

An erster Stelle sind die Verhandlungsergebnisse mit der *Schweiz* als wohl bedeutendstem Drittstaat zu nennen: Der Rat fasste am 2.6.2004 den Beschluss über die Unterzeichnung des Abkommens zwischen der EG und der Schweiz über gleichwertige Regelungen i. S. d. Zinsrichtlinie und des zugehörigen einverständlichen Memorandums[77]. Am 25.10.2004 beschloss er den Abschluss des Abkommens in Form eines Notenwechsels zwischen der Europäischen Gemeinschaft und der Schweiz über den Zeitpunkt der Anwendung des Abkommens[78]. Im Notenwechsel wurde die Anwendung gleichwertiger Maßnahmen durch die Schweiz für den 1.7.2005 avisiert. Diese Anwendung erfolgt gemäß Art. 17 Abs. 2 „nach Maßgabe der verfassungsrechtlichen Bestimmungen der Schweiz". Nachdem das schweizerische Zinsbesteuerungsgesetz, mit dem das Abkommen in nationales Recht transformiert wurde, noch im Dezember 2004 von den Eidgenössischen Räten verabschiedet wurde[79] und gegen das Abkommen kein Referendum ergriffen wurde[80], stehen seiner Anwendung zum 1.7.2005 auch insoweit keine Einwände mehr entgegen.
Inhaltlich basiert das Abkommen auf folgenden vier Hauptelementen, die zugleich die Grundlage für die Abkommen mit Andorra, Liechtenstein, Monaco und San Marino bilden[81]:
(1) Es wird ein Steuerrückbehalt vorgenommen (Art. 1): Die Zahlstellen in der Schweiz behalten auf Zinserträge von EU-ansässigen natürlichen Personen eine Quellensteuer (in Form der Zahlstellensteuer) in der Höhe ein, wie sie Belgien, Luxemburg und Österreich für den Übergangszeitraum anwenden, also 15 % in den ersten drei Jahren, 20 % in den folgenden drei Jahren, danach 35 %. Die Steuereinnahmen werden zu den Sätzen zwischen dem Quellen- und Wohnsitzstaat aufgeteilt, wie sie während des Übergangszeitraums[82] von Belgien, Luxemburg und Österreich angewandt werden.

---

74 Rat der Europäischen Union, Entscheidung v. 19.7.2004, 2004/ 587/ EG, ABl. EG v. 4.8.2004, Nr. L 257/ 7, Art. 1.
75 Rat der Europäischen Union, Vermerk v. 22.12.2004, Dok. 16003/ 04 FISC 258 SM 10.
76 Rat der Europäischen Union, Vermerk v. 22.12.2004, Dok. 16003/ 04 FISC 258 SM 10.
77 Rat der Europäischen Union, Beschluss v. 2.6.2004, 2004/ 911/ EG, ABl. EG v. 29.12.2004, Nr. L 385/ 28.
78 Rat der Europäischen Union, Beschluss v. 25.10.2004, 2004/ 912/ EG, ABl. EG v. 29.12.2004, Nr. L 385/ 50.
79 Waldispühl/ Blättler, Der Schweizer Treuhänder 2005, 99 (99).
80 Vgl. Bekanntmachung des Schweizer Parlaments: http://europa.admin.ch/nbv/uebersicht/d/index.htm, zuletzt aktualisiert am 15.7.2005, abgerufen am 15.9.2005: Danach stand nach Ablauf der Referendumsfrist am 31.3.2005 fest, dass das fakultative Staatsvertragsreferendum nicht zustande gekommen war.
81 Vgl. dazu Kommission der Europäischen Gemeinschaften, Presseerklärung vom 7.12.2004, IP/ 04/ 1445.
82 Siehe Teil H IV.4.

(2) Der Steuerpflichtige kann den Steuerrückbehalt vermeiden, indem er freiwillig einer Meldung seiner Zinserträge an den Wohnsitzstaat zustimmt (Art. 2).
(3) In Fällen, die nach dem Recht des ersuchten Staates als Steuerbetrug gelten oder ein vergleichbares Delikt darstellen, also denselben Unrechtsgehalt wie Steuerbetrug aufweisen, erteilen sich die Behörden der Vertragsstaaten auf Ersuchen Auskünfte (Art. 10).
Steuerbetrug setzt nach schweizerischem Recht die Verwendung absichtlich gefälschter oder inhaltlich unwahrer Urkunden voraus[83]. Demgegenüber begründet einfache Steuerhinterziehung, d. h. eine mangelnde oder unrichtige Deklaration der Besteuerungsgrundlagen, als nach schweizerischem Recht einfacher Verwaltungsrechtsverstoß[84] keine Pflicht zur Auskunftserteilung[85].
(4) Die Vertragsparteien unterwerfen das Abkommen einer Überprüfungsklausel (Art. 13). Sie konsultieren sich mindestens alle drei Jahre oder aber auf Antrag einer Vertragspartei, um das Funktionieren des Abkommens anhand der Entwicklungen auf internationaler Ebene zu überprüfen.
Im begleitenden Memorandum verständigte man sich darüber, dass die Schweiz mit sämtlichen Mitgliedsstaaten der EU neue Amtshilfebestimmungen in den DBA verhandeln wird[86]. Abkommen und Memorandum wurden am 26.10.2004 als Teil des Abkommenspaktes „Biennale II" unterzeichnet[87]. Die Anwendung des deutsch-schweizerischen Abkommens steht nunmehr unter der aufschiebenden Bedingung, dass auch die relevanten abhängigen und assoziierten Gebiete der Mitgliedsstaaten sowie die *USA*, Andorra, Liechtenstein, Monaco und San Marino zum fraglichen Zeitpunkt gleichwertige Maßnahmen i. S. d. Zinsrichtlinie anwenden (Art. 18).

(2) Verhandlungsergebnisse mit den weiteren Drittstaaten

Die entsprechenden Verhandlungen führten zu folgenden Ergebnissen: Am 2.11.2004 nahm der Rat den Beschluss über die Unterzeichnung des Abkommens mit *Andorra* über gleichwertige Regelungen i. S. d. Zinsrichtlinie sowie über die Genehmigung und Unterzeichnung der ergänzenden Gemeinsamen Absichtserklärung an[88]. Abkommen und Erklärung wurden am 15.11.2004 unterzeichnet[89]. Am 29.11.2004 fasste der Rat den Beschluss über die Unterzeichnung des Abkommens mit *Liechtenstein* über gleichwertige Regelungen und über die Genehmigung und Unterzeichnung des einverständlichen Memorandums[90]. Zeitgleich nahm er den Beschluss zur Unterzeichnung des Abkommens mit *San Marino* über gleichwertige Regelungen an[91]. Am 2.12.2004 fasste der Rat den Beschluss über die Unterzeichnung des

---

83 Rihs, EU-Zinsbesteuerung, S. 21; Waldispühl/ Blättler, Der Schweizer Treuhänder 2005, 99 (102); Vater, DB 2003, 2144 (2146).
84 Rihs, EU-Zinsbesteuerung, S. 21.
85 Dazu umfassend: Waldispühl/ Blättler, Der Schweizer Treuhänder 2005, S. 99 ff.; Vater, DB 2003, 2144 (2146).
86 Waldispühl/ Blättler, Der Schweizer Treuhänder 2005, 99 (100).
87 Rat der Europäischen Union, Presseerklärung v. 29.10.2004, Dok. 12896/ 04 REV 1 (Presse 281).
88 Rat der Europäischen Union, Beschluss v. 2.11.2004, 2004/ 828/ EG, ABl. EG v. 4.12.2004, Nr. L 359/ 32
89 Kommission der Europäischen Gemeinschaften, Presseerklärung v. 7.12.2004, IP/ 04/ 1445.
90 Rat der Europäischen Union, Beschluss v. 29.11.2004, 2004/ 897/ EG, ABl. EG v. 24.12.2004, Nr. L 379/ 83. Vgl. zur Haltung Liechtensteins im Vorfeld: Tschütscher in Schädler/ Menichetti, Private Banking, 13 (24 ff.).
91 Rat der Europäischen Union, Beschluss v. 28.11.2004, 2004/ 903/ EG, ABl. EG v. 28.12.2004, Nr. L 381/ 32.

Abkommens zwischen der EG und *Monaco* über gleichwertige Regelungen und über die Genehmigung und Unterzeichnung der Absichtserklärung[92].
Die Abkommen mit Liechtenstein, San Marino und Monaco wurden jeweils am 7.12.2004 unterzeichnet[93]. Sämtliche Abkommen treten jeweils nach ihrer Ratifikation in Kraft.
Die abhängigen und assoziierten Gebiete der Mitgliedsstaaten, d. h. die Kanalinseln, Isle of Man[94] und die abhängigen und assoziierten Gebiete in der Karibik, haben im Einvernehmen mit einer hochrangigen Arbeitsgruppe des Rats Musterabkommen[95] erarbeitet, die sie ihren bilateralen Abkommen mit den einzelnen Mitgliedsstaaten zugrunde legen werden[96]. Als Beispiel ist der Entwurf eines „Agreement on the taxation of savings income between Jersey and the United Kingdom of Great Britain and Northern Ireland" in Anlage zum Notenwechsel vom 18.3.2004/19.11.2004 zwischen Großbritannien und Jersey anzuführen. Darin wird explizit auf den Text des Musterabkommens Bezug genommen[97]. Der Entwurf sieht vor, dass Jersey für den in der Zinsrichtlinie definierten Übergangszeitraum eine Quellensteuer in Form der Zahlstellensteuer in derselben Höhe einbehalten wird, wie sie Österreich, Belgien und Luxemburg anwenden (Art. 1: „retention of tax by paying agents"). Hervorzuheben ist – im Unterschied zum o. g. Abkommen mit der Schweiz –, dass Jersey nach Ablauf des Übergangszeitraums laut Abkommensentwurf einen automatischen Informationsaustausch nach Kapitel II der Zinsrichtlinie anwenden wird (Art. 14). Das Abkommen soll zum Zeitpunkt der materiell-rechtlichen Anwendbarkeit der Zinsrichtlinie in Kraft treten, sofern zeitgleich sämtliche Mitgliedsstaaten, *die USA*, die Schweiz, Andorra, Liechtenstein, Monaco und San Marino sowie alle relevanten abhängigen und assoziierten Gebiete die in der Zinsrichtlinie vorgesehenen Maßnahmen bzw. gleichwertige Maßnahmen anwenden (Art. 17 Abs. 1).
Die Europäische Kommission geht davon aus, dass dies für die genannten abhängigen und assoziierten Gebiete der Fall sein wird. Dabei wird entweder ein System der Auskunftserteilung oder während des Übergangszeitraums unter denselben Voraussetzungen wie Belgien, Luxemburg und Österreich eine Quellensteuer angewandt werden[98].
Somit lässt sich zusammenfassen: Die Anwendbarkeit der Richtlinie ist in zeitlicher Hinsicht gemäß Art. 17 Abs. 2, Abs. 3 RL aufschiebend bedingt durch die Anwendung gleichwertiger Regelungen in den relevanten Drittstaaten sowie abhängigen oder assoziierten Gebieten. Die fraglichen Staaten bzw. Gebiete stellen ihrerseits die Anwendung gleichwertiger Regelungen unter die aufschiebende Bedingung, dass sämtliche anderen relevanten Drittstaaten und Gebiete, insbesondere die USA, zum selben Zeitpunkt gleichwertige Regelungen anwenden. Zu

---

92 Rat der Europäischen Union, Beschluss v. 7.12.2004, 2005/ 35/ EG, ABl. EG v. 21.1.2005, Nr. L 19/ 53.

93 Vgl. Rat der Europäischen Union, Vermerk v. 16.12.2004, Dok. 16003/ 04 FISC 158 SM 10, COR 1 (de).

94 Diese Gebiete sind nach Zusatzprotokoll Nr. 3 zum Beitrittsvertrag Großbritanniens zur EG nicht Teil des Besteuerungsgebiets der EU. Daher hat die Zinsrichtlinie in diesen Gebieten keine Geltung.

95 Rat der Europäischen Union, Dok. v. 12.3.2004, 7408/ 04 FISC 58, nicht öffentlich zugänglich.

96 Vgl. die Bekanntmachung der Kommission der Europäischen Gemeinschaften unter: http://europa.eu.int/comm/taxation_customs/taxation/personal_tax/savings_tax/index_de.htm, zuletzt aktualisiert am 1.7.2005, abgerufen am 15.9.2005.

97 http://www.hmrc.gov.uk/international/jersey.pdf, abgerufen am 15.9.2005. Als weiteres Beispiel finden sich die Materalien zu einem entsprechenden Staatsvertrag zwischen Österreich und der Isle of Man unter: http://www.parlinkom.gv.at/pls/portal/docs/page/PG/DE/XXII//I/I_00813/FNAME_034811.PDF#, abgerufen am 15.9.2005.

98 Vgl. die Bekanntmachung der Kommission der Europäischen Gemeinschaften unter: http://europa.eu.int/comm/taxation_customs/taxation/personal_tax/savings_tax/index_de.htm, zuletzt aktualisiert am 1.7.2005, abgerufen am 15.9.2005.

diesem Zweck werden von den abhängigen und assoziierten Gebieten jeweils bilaterale Abkommen mit sämtlichen Mitgliedsstaaten abgeschlossen.

(3) Feststellung des Rates zur zeitlichen Anwendbarkeit

Entgegen der Prognose, die Zinsrichtlinie werde sich als „Durchbruch in eine Sackgasse" erweisen[99], stellte der Rat am 19.7.2004 fest, dass die Bedingungen für eine materiell-rechtliche Anwendung der Zinsrichtlinie zum 1.7.2005 erfüllt sein werden[100]. Diese Feststellung impliziert, dass sämtliche bilateralen Abkommen der abhängigen und assoziierten Gebiete mit den Mitgliedsstaaten zu diesem Zeitpunkt angewandt werden. Ebenso impliziert sie, dass aufgrund der bestehenden bilateralen Abkommenspraxis auch die USA gleichwertige Maßnahmen i. S. d. Zinsrichtlinie anwenden. Dies hatte der Rat bereits am 21.1.2003 in einem internen Grundsatzbeschluss festgestellt[101]. Da die vorliegende Arbeit eine Überprüfung aller einschlägigen Abkommen dem Umfang nach nicht zu leisten vermag[102], werden beide Feststellungen im Weiteren zugrunde gelegt. Abschließend wird auf die sog. "Green light note" des Rats vom 24.6.2005 Bezug genommen. Damit gab der Rat bekannt, dass die fünfundzwanzig Mitgliedsstaaten, fünf europäische Staaten (Andorra, Liechtenstein, Monaco, San Marino, Schweiz), drei der britischen Krone unterstellte Gebiete (Guernesey, Isle of Man, Jersey) und sieben abhängige und assoziierte Gebiete in der Karibik (Niederländische Antillen, Aruba, Anguilla, Britische Jungferninseln, Cayman Inseln, Montserrat, die Inseln Turks und Ciacos) bestätigt haben, die vereinbarten Besteuerungsmaßnahmen ab dem 1.7.2005 anzuwenden[103].

b) Bewertung

Insbesondere die Regelungen des Abkommens mit der Schweiz werden vielfach kritisiert. Es führen indessen nur „gleichwertige" Maßnahmen i. S. d. Richtlinie zu deren Anwendbarkeit. Ob das deutsch-schweizerische Abkommen als „gleichwertig" im genannten Sinne betrachtet werden kann, soll kurz beleuchtet werden. Dagegen spricht möglicherweise ein enger sachlicher und persönlicher Anwendungsbereich des Abkommens, der zahlreiche Ausweichmöglichkeiten eröffnet[104]. So wird kritisiert, dass das Abkommen nur Zinsen, nicht aber andere Kapitalerträge erfasse[105]. Zudem seien Zinsen aus Obligationen, die vor dem 1.3.2001 emittiert wurden (sog. „grandfathering bonds") vom Anwendungsbereich ausgenommen[106]. Da das Abkommen nicht für juristische Personen gelte, lasse sich z. B. durch die Gründung einer

---

99 Schratzenstaller/ Wehner, Wirtschaftsdienst 2000, 671 (683); Seiler, IStR 2004, 781 (784) spricht von einem „K.o.-Kriterium".

100 Rat der Europäischen Union, Beschluss v. 19.7.2004, 2004/ 587/ EG, ABl. EG v. 4.8.2004, Nr. L 257/ 7, Erwägungsgrund Nr. 2.

101 So Tschütscher, in: Schädler/ Menichetti, Private Banking, 13 (29). Vgl. zur Informationerteilung durch die USA auch BMF, Reform der internationalen Kapitaleinkommensbesteuerung, S. 112.

102 Vgl. dazu jedoch den Überblick über alle unterzeichneten Abkommen im Bereich der Zinsbesteuerung auf der Website des Rats der Europäischen Union unter: http://ue.eu.int/cms3_applications/applications/taxation/index.ASP, abgerufen am 15.9.2005. Vgl. auch den Überblick bei Götzenberger, Steueramnestie, S. 138.

103 Rat der Europäischen Union, Vermerk v. 21.6.2005, Dok. 100038/05 FISC 69. Vgl. dazu auch die Bekanntmachung der Kommission der Europäischen Gemeinschaften unter: http://europa.eu.int/comm/taxation_customs/taxation/personal_savings_tax/index_de.htm, zuletzt aktualisiert am 1.7.2005, abgerufen am 15.9.2005.

104 Vgl. Müller, StBp 2004, 287 (290).

105 Gehriger/ Jaussi, Der Schweizer Treuhänder 2005, 85 (86).

106 Gehriger/ Jaussi, Der Schweizer Treuhänder 2005, 85 (86).

„Zins-AG“ bewirken, dass beim Anteilseigner nur noch Gewinne, nicht aber Zinsen entstünden[107]. Insoweit fehle dem Abkommen ein „look-through-Ansatz“ bzw. eine Missbrauchsbestimmung[108]. Gerade das gute Service-Angebot der Schweizer Banken lasse erwarten, dass Zürich „ein großer Vermögensverwaltungsplatz islamischen Rechts“[109] werde[110]. Diese Kritik verdient zwar in der Sache Zustimmung. Sie trifft aber, wie bereits erörtert[111], ebenso auf die Zinsrichtlinie selbst zu. Wird also gefragt, ob der deutsch-schweizerische Kompromiss angesichts seines restriktiven Anwendungsbereichs den „Status eines kostenintensiven, aber zahnlosen Papiertigers“[112] habe, wird nicht die „Gleich“-Wertigkeit des Abkommens, sondern die Zinsrichtlinie als solche in Frage gestellt. Damit aber sind die vorgebrachten Kritikpunkte nicht geeignet, die zeitliche Anwendbarkeit der Zinsrichtlinie über eine mangelnde „Gleichwertigkeit“ des deutsch-schweizerischen Abkommens in Frage zu stellen.

4. Übergangszeitraum

In Art. 10 RL wird ein Übergangszeitraum definiert, in dem Belgien, Luxemburg und Österreich die Bestimmungen über den automatischen Informationsaustausch nach Kapitel II der Richtlinie nicht anzuwenden haben. Dennoch erhalten diese Staaten Auskünfte nach den genannten Vorschriften von den anderen Mitgliedsstaaten. Der Ablauf des Übergangszeitraums ist befristet zum Ende des ersten abgeschlossenen Steuerjahrs, das auf den späteren der beiden nachstehenden Zeitpunkte folgt:

- den Tag des Inkrafttretens eines Abkommens zwischen der EG und dem Letzten der Staaten Schweiz, Liechtenstein, San Marino, Monaco, Andorra über die Auskunftserteilung auf Anfrage i. S. d. OECD-Musterabkommens zum Informationsaustausch in Steuersachen vom 18.04.2002 (OECD-MA)[113] hinsichtlich der in der Richtlinie definierten Zinszahlungen von im Hoheitsgebiet des jeweiligen Staates niedergelassenen Zahlstellen an wirtschaftliche Eigentümer mit Wohnsitz im räumlichen Geltungsbereich der Richtlinie;
- den Tag, an dem der Rat einstimmig zu der Auffassung gelangt, dass die USA sich zur Auskunftserteilung auf Anfrage i. S. d. OECD-MA hinsichtlich der in der Richtlinie definierten Zinszahlungen von in ihrem Hoheitsgebiet niedergelassenen Zahlstellen an wirtschaftliche Eigentümer mit Wohnsitz im räumlichen Geltungsbereich der Richtlinie verpflichtet haben.

Zu Letzterem berichtete die Kommission bereits am 27.11.2002[114]: Die USA pflegten mit vielen Mitgliedsstaaten einen bilateralen Informationsaustausch. Sie seien zudem dabei, in Konsultationen die Ausweitung ihrer nationalen Berichterstattungspflichten zu prüfen, um den Umfang des zwischenstaatlichen Auskunftsaustausches auf Gegenseitigkeitsbasis auszudehnen.

107 Vater, DB 2003, 2144 (2145).
108 Gehriger/ Jaussi, Der Schweizer Treuhänder 2005, 85 (86).
109 Vgl. FAZ Nr. 131 v. 7.6.2003, S. 21.
110 Vater, DB 2003, 2144 (2145).
111 Siehe Teil H I., II., III.
112 Vater, DB 2003, 2144 (2146).
113 Vgl. den Text unter: http://www.oecd.org/dataoecd/15/43/2082215.pdf, abgerufen am 15.9.2005.
114 Kommission der Europäischen Gemeinschaften, Bericht v. 27.11.2002, Dok. IP/ 02/ 1759.

V. Verfahren der automatischen Auskunftserteilung

1. Aufgaben der Zahlstelle

a) Wohnsitz- und Identitätsermittlung

Die Zahlstellen haben nach Art. 3 Abs. 1 RL nach einem vom jeweiligen Mitgliedsstaat festzulegenden Verfahren die Identität und den Wohnsitz des wirtschaftlichen Eigentümers von Zinszahlungen zu ermitteln. Für dieses Verfahren normiert Art. 3 Abs. 2, Abs. 3 RL gewisse Mindestanforderungen, die je nach Beginn der vertraglichen Beziehungen zwischen Zahlstelle und Empfänger der Zinsen variieren.

Wurden die vertraglichen Beziehungen vor dem 1.1.2004 eingegangen (sog. „Altfälle"), so soll der Ermittlungsaufwand für die Zahlstellen möglichst gering gehalten werden[115]. In diesen Fällen sind Identität und Wohnsitz des wirtschaftlichen Eigentümers auf Grundlage des nationalen Rechts zu ermitteln, das am Ort der Niederlassung der Zahlstelle gilt, sowie auf Grundlage der Geldwäscherichtlinie vom 20.6.1991[116] (Art. 3 Abs. 2 lit. a, Abs. 3 lit. a RL). Deutsche Zahlstellen wenden dementsprechend die Vorschriften des Geldwäschegesetzes an (§ 3 Abs. 1 ZIV).

Wurden die vertraglichen Beziehungen – bzw. in Ermangelung solcher – die Transaktionen ab dem 1.1.2004 eingegangen bzw. getätigt, ermittelt die Zahlstelle die Identität des wirtschaftlichen Eigentümers, nämlich seinen Namen, seine Anschrift sowie die vom Wohnsitzstaat erteilte Steuer-Identifikationsnummer auf Grundlage des Passes oder amtlichen Personalausweises (Art. 3 Abs. 2 lit. b RL). Entsprechend wird der Wohnsitz des wirtschaftlichen Eigentümers ebenfalls auf Grundlage des Passes oder amtlichen Personalausweises, erforderlichenfalls auf Grundlage sonstiger vom wirtschaftlichen Eigentümer vorgelegter beweiskräftiger Dokumente ermittelt (Art. 3 Abs. 3 lit. b RL, § 3 Abs. 2 ZIV). Ein besonderes Verfahren gilt nach Art. 3 Abs. 3 lit. b RL, § 3 Abs. 2 ZIV für den Fall, dass eine natürliche Person einen in einem Mitgliedsstaat ausgestellten Pass oder amtlichen Personalausweis vorlegt, nach eigenen Angaben jedoch ihren Wohnsitz in einem Nicht-Mitgliedsstaat (Drittstaat) hat. Hier wird der Wohnsitz anhand eines Nachweises über den steuerlichen Wohnsitz festgestellt, der von der zuständigen Behörde des Drittstaates ausgestellt ist, in dem die betreffende Person nach eigenen Angaben ansässig ist. Wird dieser Nachweis nicht vorgelegt, so gilt der Wohnsitz als in dem Mitgliedsstaat belegen, in dem der Pass oder ein anderer amtlicher Identitätsausweis ausgestellt wurde.

b) Gegenstand der Auskunftserteilung

Wenn der wirtschaftliche Eigentümer der Zinsen in einem anderen Mitgliedsstaat ansässig ist als demjenigen, in dem die Zahlstelle niedergelassen ist, hat die Zahlstelle der zuständigen Behörde gemäß Art. 8 Abs. 2 lit. a bis c RL, § 8 Nr. 1 bis 3 ZIV Folgendes zu übermitteln: Identität und Wohnsitz des wirtschaftlichen Eigentümers, Name und Anschrift der Zahlstelle sowie Kontonummer des wirtschaftlichen Eigentümers, bzw. – in Ermangelung einer solchen – Kennzeichen der Forderung, aus der die Zinsen herrühren.

Die Zahlstelle ist nach Art. 8 Abs. 2 RL zu Mindestauskünften über die Zinszahlung verpflichtet. Zwar haben die Zahlstellen die Zinsen grundsätzlich nach bestimmten Kategorien

---

115 Loschelder, in: Herrmann/ Heuer/ Raupach, EStG, Jb. 2004, § 45 e Rz. J 03-9.

116 Richtlinie 91/ 308/ EWG, ABl. EG v. 28.6.1991, Nr. L 166 / 77, zuletzt geändert durch Richtlinie 2001/ 79/ EG, ABl. EG v. 28.12.2001, Nr. L 344/ 76.

getrennt aufzuführen, doch steht es den Mitgliedsstaaten frei, die Mindestauskünfte auf den Gesamtbetrag der Zinsen oder Erträge und auf den Gesamtbetrag des Erlöses aus der Abtretung, Rückzahlung oder der Einlösung zu beschränken. Von diesem Wahlrecht hat die Bundesregierung in § 8 Nr. 4 ZIV Gebrauch gemacht. Das BMF legt die in der Zinsinformationsverordnung statuierten Meldepflichten der Zahlstellen wie folgt aus[117]: Die Meldung habe grundsätzlich kontobezogen zu erfolgen. Dabei sei der Bruttobetrag der Zinsen zu melden. Zulässig sei es, den Gesamtbetrag für verschiedene Konten und Depots zusammenzufassen; dann genüge die Angabe einer der Konten- bzw. Depotverbindungen.
In Deutschland ist die zuständige Behörde (Art. 8 RL), an die die Auskünfte zu erteilen sind, gemäß §§ 5 Abs. 2 S. 1, 9 Abs. 1 ZIV das Bundesamt für Finanzen (BfF). Die Zahlstellen haben dem BfF die erhobenen Daten jeweils bis zum 31.5. desjenigen Jahres zu übermitteln, das auf den Zufluss der Zinsen, Erträge oder des Gesamtbetrags aus der Abtretung, Rückzahlung oder Einlösung beim wirtschaftlichen Eigentümer folgt. Der hierfür maßgebliche Zuflusszeitpunkt ist nach Ansicht des BMF nach deutschem Recht zu bestimmen [118].
Nach § 45 e S. 2 EStG soll zur Durchführung des Meldewesens im Rahmen der Zinsinformationsverordnung § 45 d EStG zur Anwendung kommen. Nach § 45 d EStG, der bislang Grundlage für die Meldung von Freistellungsbescheinigungen an das BfF war, findet die Datenübermittlung an das BfF „nach amtlich vorgeschriebenem Datensatz auf amtlich vorgeschriebenen maschinell verwertbaren Datenträgern" statt (§ 45 d Abs. 1 S. 2 EStG).

2. Aufgaben des BfF

Das BfF leitet jeweils einmal jährlich bis zum 30.6. automatisch die von den inländischen Zahlstellen erteilten Auskünfte über die während des Vorjahres zugeflossenen Zinszahlungen an die zuständige Behörde des jeweiligen Wohnsitzstaates weiter (Art. 9 Abs. 1, 2 RL, § 9 Abs.2, 3 ZIV). Das BfF erhält umgekehrt von den zuständigen Behörden der anderen Mitgliedsstaaten jeweils bis zu diesem Zeitpunkt entsprechende Meldungen über Zinszahlungen an wirtschaftliche Eigentümer, die in Deutschland ansässig sind. Diese Meldungen leitet das BfF wiederum an die zuständigen inländischen Finanzbehörden weiter. Dieser automatische Auskunftsverkehr unterliegt gemäß Art. 9 Abs. 3 RL, § 9 Abs. 4 ZIV nicht der Beschränkung nach Art. 8 der Amtshilfe-Richtlinie 77/799/EWG bzw. § 3 EG EG-Amtshilfe-Gesetz[119]. Das Übermittlungsverfahren erfolgt nach § 45 e S. 2 EStG i. V. m. § 45 d Abs. 1 S. 2 bis 4 und Abs. 2 EStG auf elektronischem Wege. § 150 Abs. 6 AO sowie die Steuerdaten-Übermittlungsverordnung[120] sind entsprechend anzuwenden[121].

VI. Quellenbesteuerung als Übergangsregelung

Während des Übergangszeitraums[122] sind Belgien, Luxemburg und Österreich nicht verpflichtet, die Regelungen über die automatische Auskunftserteilung nach Kapitel II der Zinsrichtli-

---

117 BMF, Einführungsschreiben zur Zinsinformationsverordnung v. 6.1.2005, IV C 1 – S 2000 – 363/ 04, Rz. 61 ff.

118 BMF, Einführungsschreiben zur Zinsinformationsverordnung v. 6.1.2005, IV C 1 – S 2000 – 363/ 04, Rz. 65.

119 Zu diesen siehe Teil F I.2.b)(2)(a) und Teil F I.2.b)(2)(b).

120 Vgl. AO-Handbuch 2004, Anhang 38.

121 BMF, Einführungsschreiben zur Zinsinformationsverordnung v. 6.1.2005, IV C 1 – S 2000 – 363/ 04, Rz. 67.

122 Dazu siehe Teil H IV.4.

nie anzuwenden. Gleichwohl erhalten sie ihrerseits von den anderen Mitgliedsstaaten Auskünfte (Art. 10 Abs. 1 RL). Ausschlaggebend für diese Sonderregelung sind nach Erwägungsgrund Nr. 17 RL „strukturelle Unterschiede“, die sich ausweislich der Materialien auf das in den betroffenen Rechtssystemen fest verankerte Bankgeheimnis beziehen[123]. Dessen Aufhebung würde nicht nur eine umfassende Rechtsänderung voraussetzen. Vielmehr würde – solange nicht auch sämtliche relevanten Drittstaaten zur Auskunftserteilung auf Anfrage bereit sind – eine Aufhebung des Bankgeheimnisses in Belgien, Österreich und Luxemburg deren bisherigen Status als Finanzplatz in Frage stellen[124].

Gleichwohl soll auch für Zinszahlungen durch Zahlstellen in diesen drei Staaten während des Übergangszeitraums ein Minimum an effektiver Besteuerung sichergestellt werden (Erwägungsgrund Nr. 17 RL). Dies geschieht durch Erhebung einer „Quellensteuer“ (engl. „withholding tax“) auf Zinszahlungen an natürliche Personen, die in einem anderen Mitgliedsstaat ansässig sind als dem Mitgliedsstaat, in dem die Zahlstelle niedergelassen ist (Art. 11 Abs. 1 RL).

Der Tarif der Quellensteuer wird während des Übergangszeitraums stufenweise erhöht. Er beträgt während der ersten drei Jahre 15 %, in den darauf folgenden drei Jahren 20 % und danach 35 % (Art. 11 Abs. 1 RL).

Die Steuereinnahmen werden wie folgt aufgeteilt: 25 % verbleiben beim Quellenstaat, 75 % werden an den Wohnsitzstaat abgeführt (Art. 12 Abs. 1 RL). Diese Aufteilung spiegelt den Grundgedanken der Richtlinie, nämlich den Grundsatz der Besteuerung durch den Wohnsitzstaat (Wohnsitzprinzip), wider.

Der Steuerabzug wird nicht an der eigentlichen „Quelle“, d. h. vom Schuldner der Kapitalerträge, sondern von der Zahlstelle vorgenommen (Art. 11 Abs. 2 RL). Die einbehaltene Steuer wird daher als „unechte“ Quellensteuer in Form der sog. Zahlstellensteuer bezeichnet[125]. Sie wird unabhängig vom Sitz des Schuldners, also auch dann, wenn dieser außerhalb der EU ansässig ist, erhoben[126].

Dabei wird die Quellensteuer jeweils anteilig für den Zeitraum einbehalten, während dessen der wirtschaftliche Eigentümer die Forderung hält (Art. 11 Abs. 3 RL). Kann die Zahlstelle diesen Zeitraum anhand der ihr vorliegenden Informationen nicht feststellen, so behandelt sie den wirtschaftlichen Eigentümer, als ob er die Forderung während der gesamten Zeit ihres Bestehens gehalten hätte, es sei denn, er weist nach, zu welchem Datum er sie erworben hat (Art. 11 Abs. 3 S. 2 RL).

Die Quellensteuer hat keine abgeltende Wirkung. Sie steht also einer weiteren Besteuerung der Zinserträge durch den Wohnsitzstaat nicht entgegen (Art. 11 Abs. 4 RL, § 11 ZIV). Der wirtschaftliche Eigentümer hat die Zinserträge im Rahmen seiner Steuererklärung im Wohnsitzstaat zu deklarieren[127].

Andererseits hat der Wohnsitzstaat jegliche Doppelbesteuerung der Zinsen zu vermeiden (Art. 14 RL). Dazu hat er dem wirtschaftlichen Eigentümer eine Steuergutschrift in Höhe der einbehaltenen Steuer zu gewähren (Art. 14 Abs. 2 S. 1 RL). Übersteigt der Betrag der einbehaltenen Steuer den Betrag der nach innerstaatlichem Recht geschuldeten Steuer, so hat der

123 Loschelder, in: Herrmann/ Heuer/ Raupach, EStG, Jb. 2004, § 45 e Rz. J 03-11.

124 Loschelder, in: Herrmann/ Heuer/ Raupach, EStG, Jb. 2004, § 45 e Rz. J 03-11.

125 Vgl. Böckli, ASA 2000, 529 (529 f.).

126 Vgl. Böckli, ASA 2000, 529 (533).

127 Menck/ Mutén, Besteuerung privater Auslandszinsen, S. 41.

Wohnsitzstaat den Betrag der zu viel einbehaltenen Steuer zu erstatten (Art. 14 Abs. 2 S. 2 RL).

Alternativ zur Steuergutschrift steht es den Mitgliedsstaaten nach Art. 14 Abs. 4 RL frei, die Quellensteuer komplett zu erstatten. Von dieser Option hat die Bundesregierung in der Zinsinformationsverordnung keinen Gebrauch gemacht[128].

§ 14 Abs. 1 ZIV sieht nur eine Steuergutschrift vor. Diese erfolgt entweder entsprechend § 36 EStG als Anrechnung auf die deutsche Einkommensteuer oder entsprechend § 34 c EStG als Steuerermäßigung (§ 14 Abs. 2 ZIV). Das Einführungsschreiben des BMF trifft dazu keine weitere Aussage. Allerdings ergibt sich aus dem Wortlaut von Art. 14 Abs. 1 RL, § 14 Abs. 1 ZIV („jegliche"") sowie aus Art. 14 Abs. 2 S. 2 RL, dass entgegen § 34 c EStG stets der *gesamte* Betrag der einbehaltenen Quellensteuer gutgeschrieben werden muss[129]. Demnach hat die Steuergutschrift zwingend nach § 36 Abs. 2 EStG zu erfolgen[130]. Ein Überschuss ist dem Steuerpflichtigen nach § 36 Abs. 4 S. 2 EStG auszuzahlen (vgl. Art. 14 Abs. 2 S. 2 RL)[131]. Die Anwendung von DBA-rechtlichen Regelungen ist insoweit ausgeschlossen (§ 14 Abs. 2 ZIV).

Der Einbehalt der Zahlstellensteuer schließt andere Arten der Quellenbesteuerung nicht aus (Art. 16 RL, § 16 ZIV). Diese Quellensteuern sind – aufgrund DBA oder nach § 34 c EStG – stets vorrangig vor der Anwendung des § 14 Abs. 2 ZIV anzurechnen (Art. 14 Abs. 3 RL, § 14 Abs. 3 ZIV).

Der wirtschaftliche Eigentümer kann den Rückbehalt der Zahlstellensteuer vermeiden, indem er seine Verhältnisse freiwillig offen legt (Art. 13 RL). Hierfür stehen ihm grundsätzlich zwei verschiedene Verfahren zur Verfügung:

Zum einen kann der wirtschaftliche Eigentümer die Zahlstelle zur Erteilung der Auskünfte nach Kapitel II der Zinsrichtlinie ermächtigen; diese Ermächtigung wirkt für sämtliche Zinszahlungen dieser Zahlstelle an ihn. Es erfolgt sodann ein automatischer Auskunftsverkehr nach Art. 9 RL (Art. 13 Abs. 1 lit. a RL).

Alternativ kann der wirtschaftliche Eigentümer eine von der zuständigen Behörde seines Wohnsitzstaates ausgestellte Bescheinigung vorlegen (Art. 13 Abs. 1 lit. b RL), die folgende Angaben enthält (Art. 13 Abs. 2 RL): Name, Anschrift, Steuer- oder sonstige Identifikationsnummer des wirtschaftlichen Eigentümers, bzw. – in Ermangelung einer solchen – Geburtsdatum und Geburtsort, weiterhin Name und Anschrift der Zahlstelle sowie Kontonummer des wirtschaftlichen Eigentümers bzw. – in Ermangelung einer solchen – das Kennzeichen des Wertpapiers. Die Bescheinigung gilt für die Dauer von höchstens zwei Monaten. Sie ist dem wirtschaftlichen Eigentümer auf Antrag binnen zwei Monaten von der zuständigen Behörde seines Wohnsitzstaates auszustellen. In Deutschland stellt das zuständige Finanzamt (§ 5 Abs. 2 S. 2 ZIV) die Bescheinigung aus (§ 13 ZIV).

Den Quellenstaaten Belgien, Luxemburg und Österreich steht es nach Art. 13 Abs. 1 RL frei, beide Verfahren oder aber nur eines von beiden für zulässig zu erklären.

---

128 Menck/ Mutén, Besteuerung privater Auslandszinsen, S. 43.

129 Menck/ Mutén, Besteuerung privater Auslandszinsen, S. 43 weist darauf hin, dass der Gesamtbetrag die dem Wohnsitzstaat zugeflossenen 75 % der Steuereinnahmen übersteigt.

130 Loschelder, in: Herrmann/ Heuer/ Raupach, EStG, Jb. 2004, § 45 e Rz. J 03-13.

131 Loschelder, in: Herrmann/ Heuer/ Raupach, EStG, Jb. 2004, § 45 e Rz. J 03-13.

VII. Zusammenfassung

Die Regelungen der Zinsrichtlinie sowie ihre Umsetzung in die deutsche Zinsinformationsverordnung lassen sich wie folgt zusammenfassen: Beide Regelwerke erfassen nur Zinszahlungen von sog. Zahlstellen an „wirtschaftliche Eigentümer" mit Wohnsitz in einem anderen Mitgliedsstaat. „Wirtschaftliche Eigentümer" in diesem Sinne sind natürliche Personen, die eine Zinszahlung für eigene Rechnung als „Endempfänger" vereinnahmen. Eine allgemeingültige Definition des Zinsbegriffs findet sich in der Zinsrichtlinie nicht. Rechtsunsicherheit besteht insoweit v. a. bei Kapitalerträgen aus sog. Finanzinnovationen. Nicht unter den Zinsbegriff fallen jedenfalls Kapitalerträge aus Gewinnanteilen, Zinsanteile in Renten- und Versicherungsleistungen sowie Erträge aus Investmentfonds, nach deren Anlagestruktur ein bestimmter Schwellenwert von verzinslichen Anlagen unterschritten wird. Nicht unter die Zinsrichtlinie fallen insbesondere auch sämtliche Zinszahlungen an juristische Personen.

Aufgabe der Zahlstellen ist es, die erforderlichen Informationen, d. h. Identität und Wohnsitz des „wirtschaftlichen Eigentümers", Name und Anschrift der Zahlstelle, Kontonummer des „wirtschaftlichen Eigentümers" sowie Auskünfte zur Zinszahlung automatisch an die zuständige Behörde, d. h. das deutsche Bundesamt für Finanzen, weiterzuleiten. Dieses leitet die Informationen einmal jährlich an die zuständigen Finanzbehörden der anderen Mitgliedsstaaten weiter.

Nur Zahlstellen, die in Österreich, Belgien und Luxemburg niedergelassen sind, sind während des Übergangszeitraums von der Pflicht zur Informationserhebung sowie zur automatischen Auskunftserteilung ausgenommen. Die fraglichen Mitgliedsstaaten erhalten dennoch entsprechende Informationen von den anderen Mitgliedsstaaten.

Um gleichwohl ein Minimum an effektiver Zinsbesteuerung sicherzustellen, erheben Österreich, Belgien und Luxemburg während des Übergangszeitraums eine Quellensteuer in Form der Zahlstellensteuer. Der Quellensteuersatz beträgt während der ersten drei Jahre 15 %, für die folgenden drei Jahre 20 % und sodann 35 %. Die Wohnsitzstaaten der Steuerpflichtigen haben eine Doppelbesteuerung zu vermeiden. In Deutschland geschieht dies durch Anrechnung der Quellensteuer auf die deutsche Einkommensteuer.

Ziel der Zinsrichtlinie ist es, nach Ablauf des Übergangszeitraums durch eine lückenlose zwischenstaatliche Informationsübermittlung bei der Zinsbesteuerung das sog. Wohnsitzprinzip zu realisieren: Dies bedeutet, dass der materielle Besteuerungsanspruch der Wohnsitzstaaten für Zinserträge aus jeweils anderen Mitgliedsstaaten durchgesetzt wird. Während des Übergangszeitraums wird dieses Prinzip durch den Quellensteuereinbehalt auf Zinserträge in Belgien, Luxemburg und Österreich durchbrochen. Diese Sonderregelung trägt dem Grundgedanken des Wohnsitzprinzips nur insoweit Rechnung, als 75 % der Steuereinnahmen vom Quellenstaat an den Wohnsitzstaat abgeführt werden.

Das Ziel der Richtlinie, die Herstellung von Kapitalexportneutralität, also eines unverfälschten Wettbewerbs, wird erst mit Ablauf des Übergangszeitraums erreicht. Bis zu diesem Zeitpunkt sind gerade an den Schnittstellen von Quellensteuer- und Informationsmodell weiterhin Wettbewerbsverzerrungen auf dem europäischen Kapitalmarkt zu erwarten.

Das Zahlstellenprinzip, also die Anknüpfung der Kontrollmitteilungspflichten an die Zahlstellen innerhalb der Europäischen Union, eröffnet die Möglichkeit von Ausweichgestaltungen, insbesondere der gezielten Verlagerung von Zahlstellen in das außereuropäische Ausland. Dies gilt es über entsprechende Abkommen mit Drittstaaten zu verhindern. Dementsprechend ist die Anwendbarkeit der Zinsrichtlinie in zeitlicher Hinsicht aufschiebend bedingt durch die Anwendung vergleichbarer Regelungen in den abhängigen und assoziierten Gebieten der Mitgliedsstaaten sowie in der Schweiz, Liechtenstein, San Marino, Monaco und den USA.

Der Rat der Europäischen Union stellte fest, dass diese Bedingung zum 1.7.2005 erfüllt sein würde.
Zwar kann eine Verlagerung von Zahlstellen in Off-Shore-Gebiete über Drittstaatenabkommen nicht gänzlich verhindert werden[132]. Ein weltweit lückenloses Abkommensnetz dürfte faktisch kaum zu realisieren sein[133]. Wenn daraus aber gefolgert wird, dass das Zahlstellenprinzip durch das Schuldnerprinzip zu ersetzen sei, also die Kapitalschuldner zur Erteilung von Kontrollmitteilungen verpflichtet werden sollten, so kann dem nicht gefolgt werden. Hiergegen spricht zum einen, dass auch dem Schuldnerprinzip die Möglichkeit von Ausweichgestaltungen immanent ist. Zum anderen liegen dem Kapitalschuldner in der Praxis weder die zur Erfüllung der Kontrollmitteilungspflichten erforderlichen Informationen vor, noch vermag er diese im Einzelfall einzuholen. Das Schuldnerprinzip erweist sich insbesondere zur Abgrenzung des Anwendungsbereichs der Zinsrichtlinie als ungeeignet.
Berechtigt ist hingegen die Kritik, die sich gegen die vielfachen Differenzierungen im sachlichen und persönlichen Anwendungsbereich der Zinsrichtlinie richtet. Diese verursachen nicht nur einen hohen administrativen Aufwand für die Zahlstellen, lassen also Vollzugsprobleme erwarten[134]. Vielmehr eröffnen sie wiederum Umgehungsmöglichkeiten, die dem Zahlstellenprinzip nicht zwingend immanent sind. Dies läuft dem Ziel der Zinsrichtlinie, der effektiven Besteuerung von Zinserträgen, zuwider. Insgesamt verdient die Zinsrichtlinie damit zwar in konzeptioneller Hinsicht Zustimmung, doch weist sie in ihrer konkreten Ausgestaltung Defizite auf.

---

132 Tschütscher, in: Schädler/ Menichetti, Private Banking, 13 (31 f.); Valls, Vollzugsdefizite, S. 165.
133 Vgl. dazu: Valls, Vollzugsdefizite, S. 140.
134 Rehm, Die Zinsbesteuerung in der Europäischen Union, S. 37 f.

H. Die Zinsinformationsverordnung im Lichte von Art. 249 Abs. 3, 10 EG

Die vorliegende Arbeit hat die gemeinschaftsrechtlichen Prämissen der Zinsbesteuerung bei privaten Investoren zum Gegenstand. Bislang wurden – ausgehend von der Liberalisierung des Kapital- und Zahlungsverkehrs – Notwendigkeit und Möglichkeiten einer Harmonisierung der Zinsbesteuerung unter gemeinschaftsrechtlichen Gesichtspunkten analysiert. Die Zinsrichtlinie wurde auf die gewonnenen Erkenntnisse hin überprüft. Nun bleibt zu untersuchen, ob die Bundesrepublik Deutschland durch den Erlass der Zinsinformationsverordnung ihre Umsetzungspflicht hinsichtlich der Zinsrichtlinie nach Art. 249 Abs. 3, 10 EG erfüllt hat.

I. Umsetzungspflicht nach Art. 249 Abs. 3, 10 EG

Die Bundesrepublik Deutschland ist nach § 249 Abs. 3 EG i. V. m. Art. 10 EG verpflichtet, die Zinsrichtlinie mit Ablauf der Umsetzungsfrist in das nationale Recht umzusetzen. Die Umsetzung muss dabei derart erfolgen, dass die praktische Wirksamkeit („effet utile") der Richtlinie unter Berücksichtigung des von ihr verfolgten „Ziels" bestmöglich erreicht wird[1]. Dies bedeutet, dass das „Ziel" der Richtlinie für die Umsetzung verbindlich ist, die Mitgliedsstaaten aber grundsätzlich Wahlfreiheit hinsichtlich der Form und der Mittel der Umsetzung haben. Insoweit ist jedoch zu beachten, dass Richtlinien – wie auch die Zinsrichtlinie – in der Regel eine hohe Regelungsintensität aufweisen, mithin ihr „Ziel" so detailliert definieren, dass den Mitgliedsstaaten kaum Gestaltungsspielraum verbleibt[2]. Faktisch ist das (Richtlinien-) „Ziel" deshalb häufig mit dem (Umsetzungs-) Ergebnis, verstanden als rechtlicher, wirtschaftlicher und/ oder sozialer Gesamtzustand, gleichzusetzen[3]. Die den Mitgliedsstaaten belassene Wahlfreiheit von „Form" und „Mittel" bezieht sich daher zumeist auf Rechtstechnik sowie wirtschafts- und sozialpolitische Methode[4]. Indessen wird der insoweit eröffnete Gestaltungsspielraum wiederum durch das verbindliche Richtlinienziel begrenzt: Form und Mittel der Umsetzung müssen nämlich geeignet sein, das Richtlinienziel zu erreichen. Dies setzt u. a. voraus, dass der nationale Umsetzungsakt den Erfordernissen der „Publizität, der Klarheit und der Bestimmtheit"[5] genügt[6], so dass die tatsächliche und vollständige Anwendung der Richtlinie durch nationale Behörden gewährleistet ist[7]. Insoweit kommt neben einer Umsetzung durch mitgliedsstaatliche Parlamentsgesetze auch eine solche durch Rechtsverordnungen in Betracht[8]. Vorliegend wurde der Weg der Umsetzung der Zinsrichtlinie durch Rechtsverordnung, nämlich durch die Zinsinformationsverordnung[9], beschritten. Diese wurde auf die Ermächtigungsgrundlage des § 45 e EStG (a. F.)[10] gestützt. Fraglich ist, ob die Bundesrepublik Deutschland damit ihrer Umsetzungspflicht genügt hat. Dies ist der Fall, wenn

---

1 Ruffert, in: Calliess/ Ruffert, EUV/ EGV, Art. 149 EG Rz. 46; Zuleeg, in: von der Groeben/ Schwarze, EUV/ EGV, 6. Aufl., Bd. 1, Art. 10 EG Rz. 5.

2 Schmidt, in: von der Groeben/ Schwarze, EUV/ EGV,6. Aufl., Bd. 4, Art. 249 EG Rz. 38.

3 Schmidt, in: von der Groeben/ Schwarze, EUV/ EGV, 6. Aufl., Bd. 4, Art. 249 EG Rz. 38.

4 Schmidt, in: von der Groeben/ Schwarze, EUV/ EGV, 6. Aufl., Bd. 4, Art. 249 EG Rz. 40.

5 EuGH v. 20.3.1997, C-96/ 95, Kommission/ Deutschland, EuGHE 1997, I-1653 (I-1680) Rz. 39; Schmidt, in: von der Groeben/ Schwarze, EUV/ EGV, 6. Aufl., Bd. 4, Art. 249 EG Rz. 40.

6 Schmidt, in: von der Groeben/ Schwarze, EUV/ EGV, 6. Aufl., Bd. 4, Art. 249 EG Rz. 40.

7 Ruffert, in: Calliess/ Ruffert, EUV/ EGV, Art. 249 EG Rz. 51.

8 Ruffert, in: Calliess/ Ruffert, EUV/ EGV, Art. 249 EG Rz. 51.

9 Verordnung zur Umsetzung der Richtlinie 2003/ 48/ EG des Rates vom 3. Juni 2003 im Bereich der Besteuerung von Zinserträgen, BGBl. I 2004, 128; BStBl. I 2004, 297.

10 D. h. in der Fassung des StÄndG 2003 v. 15.12.2003, BGBl. I 2003, 2645 (2650); BStBl. I 2003, 710 (715).

die Bestimmungen der Zinsinformationsverordnung materiell-rechtlich den Vorgaben der Zinsrichtlinie entsprechen und die Rechtsverordnung zudem nach nationalem Recht rechtswirksam, also rechtmäßig ist[11]. In diesem Fall sind die Finanzbehörden an sie gebunden; damit erlangt die Richtlinie im Hinblick auf ihr „Ziel" die von Art. 249 Abs. 3, 10 EG geforderte „praktische Wirksamkeit".

II. Rechtswirksamkeit der Zinsinformationsverordnung

Die Rechtswirksamkeit der Zinsinformationsverordnung setzt ihre Rechtmäßigkeit voraus[12]. Diese erscheint vorliegend insbesondere im Hinblick auf Art. 80 GG fraglich. Danach muss die Zinsinformationsverordnung auf eine rechtswirksame, d. h. formell und materiell verfassungsmäßige, formell-gesetzliche Ermächtigungsgrundlage gestützt werden (Art. 80 Abs. 1 S. 1 GG). Das ermächtigende Parlamentsgesetz, also § 45 e EStG, muss materiell-rechtlich den richtigen Ermächtigungsadressaten benennen (Art. 80 Abs. 1 S. 1 GG), der Bestimmtheitstrias genügen (Art. 80 Abs. 1 S. 2 GG) und mit dem weiteren Verfassungsrecht vereinbar sein.

Die Zinsinformationsverordnung ist formell rechtmäßig, wenn die Bundesregierung als Verordnungsgeber zuständig war (vgl. Ermächtigungsgrundlage), das verfassungsrechtlich gebotene Verfahren eingehalten wurde (Art. 80 Abs. 2 und Abs. 4 GG), das Zitiergebot beachtet wurde (Art. 80 Abs. 1 S. 3 GG) und die Rechtsverordnung ordnungsgemäß verkündet wurde (Art. 82 Abs. 1 GG). Die materiell-rechtliche Rechtmäßigkeit setzt die Einhaltung der Ermächtigungsgrundlage, also des § 45 e EStG, sowie die Vereinbarkeit mit höherrangigem Recht (Verfassungsrecht, Gemeinschaftsrecht) voraus.

Vorliegend erscheinen verschiedene Aspekte des Art. 80 GG fraglich. Die Arbeit beschränkt sich im Folgenden auf diese. Von einer Prüfung deutscher Grundrechte wird abgesehen. Soweit die Zinsinformationsverordnung durch die Zinsrichtlinie determiniert wird, ist sie, wie bereits erörtert[13], lediglich an den Gemeinschaftsgrundrechten zu prüfen. Zur Gemeinschaftsrechtskonformität des von der Richtlinie determinierten Teils der Zinsinformationsverordnung wird auf die Ausführungen zur Gemeinschaftsrechtskonformität der Zinsrichtlinie[14] verwiesen. Lediglich soweit die Zinsrichtlinie dem nationalen Gesetzgeber Umsetzungsspielraum belässt, ist sie nach wohl überwiegender Meinung an den nationalen Grundrechten zu messen[15]. Dies gilt vorliegend indessen nur für die Ausgestaltung des Verfahrens der Datenverarbeitung zum Zwecke der Informationsübermittlung (vgl. Art. 3 Abs. 1, 2 Zinsrichtlinie)[16].

---

11 Vgl. zu den Rechtmäßigkeitsvoraussetzungen einer Rechtsverordnung: v. Danwitz, Jura 2002, 93 ff.; Birk, in: H/ H/ Sp, AO, Bd. 1, § 4, Rz. 58 ff.

12 Vgl. dazu: v. Danwitz, Jura 2002, 93 ff.; Birk, in: H/ H/ Sp, AO, Bd. 1, § 4, Rz. 58 ff.

13 Siehe Teil G II.5.a)(2).

14 Siehe Teil G II.5.

15 Siehe Teil G II.5.a)(2). Vgl. dort auch die Nachweise zur Gegenauffassung, nach der die Mitgliedsstaaten bei der Wahrnehmung ihres Umsetzungsspielraums ebenfalls vorrangig an die Gemeinschaftsgrundrechte gebunden sind.

16 Würde man mit einem Teil der Literatur (siehe Teil G II.5.a)(2)) auch insoweit die Anwendung der Gemeinschaftsgrundrechte als vorrangig gegenüber den nationalen Grundrechten erachten, so würde dieser Anwendungsvorrang auch für die Konkretisierung des Gemeinschaftsgrundrechts der Selbstbestimmung über personenbezogene Daten in der Datenschutzrichtlinie (RL 95/ 46/ EG) gelten. Da die vorliegende Arbeit jedoch nur die Zinsrichtlinie zum Gegenstand hat, muss die Frage der korrekten Umsetzung der Datenschutzrichtlinie außer Betracht bleiben.

Insgesamt kommt deutschen Grundrechtspositionen also eine eher untergeordnete Bedeutung für die Rechtmäßigkeit der Zinsinformationsverordnung zu.

1. § 45 e EStG als gesetzliche Ermächtigung im Lichte von Art. 80 GG

Nach Art. 80 Abs. 1 S. 1 GG hatte die Ermächtigung zum Erlass der Zinsinformationsverordnung durch Parlamentsgesetz zu erfolgen. Art. 80 Abs. 1 S. 1 GG begründet einen „gesetzlichen Totalvorbehalt", wonach sämtliche, also auch nicht grundrechtsrelevante, Rechtsverordnungen der Exekutive einer parlamentsgesetzlichen Grundlage bedürfen[17]. Dieser Totalvorbehalt ist Ausdruck des Vorrangs des Gesetzes[18]. Er stellt eine Konkretisierung des Demokratie- und Rechtsstaatsgebots dar[19] und verdeutlicht, dass Rechtsverordnungen als abgeleitetes Recht im Rang unter dem formellen Gesetz stehen[20].
Wie erforderlich, wurde die Zinsinformationsverordnung auf das Parlamentsgesetz des § 45 e EStG (a. F.) [21] gestützt. Mit § 45 e EStG (a. F.) ermächtigte der Gesetzgeber die Bundesregierung, durch Rechtsverordnung mit Zustimmung des Bundesrates „die Richtlinie 2003/48/EG des Rates vom 3. Juni 2003 (ABl. EU Nr. L 157, S. 38)" im Bereich der Besteuerung von Zinserträgen umzusetzen. Erst nach Verabschiedung der Zinsinformationsverordnung am 26.1.2004[22] wurde § 45 e EStG am 9.12.2004 mit Wirkung zum 16.12.2004[23] dahingehend geändert, dass er nunmehr zur Umsetzung der o. g. Richtlinie „in der jeweils geltenden Fassung" ermächtigt (§ 45 e EStG n. F.)[24]. Fraglich ist, ob § 45 e EStG a. F. bzw. n. F. die Voraussetzungen des Art. 80 GG erfüllen.

a) Art. 80 Abs. 1 S. 2 GG: Bestimmtheitstrias

Nach Art. 80 Abs. 1 S. 2 GG müssen Inhalt, Zweck und Ausmaß der erteilten Ermächtigung im Gesetz bestimmt werden (Bestimmtheitstrias). Dies stellt sicher, dass trotz Übertragung der Rechtssetzungsbefugnis auf die Exekutive der rechtsstaatliche Grundsatz der Gewaltenteilung und sowie das Demokratieprinzip (Art. 20 Ab. 2 GG) gewahrt bleiben[25]. Dabei bezieht sich der Inhalt der Ermächtigung auf das durch die Rechtsverordnung geregelte Sachgebiet[26]. Der Zweck betrifft das Ziel, das der Verordnungsgeber mit der Rechtssetzung zu verfolgen hat[27]. Die Grenzen, die der Verordnungsgeber bei seiner inhaltlichen Regelung einzuhalten hat, werden durch das Ausmaß der Ermächtigung bestimmt[28].
Das Bundesverfassungsgericht interpretiert diese drei Merkmale wie folgt: Der Gesetzgeber habe selbst die Entscheidung zu treffen, dass bestimmte Fragen geregelt werden sollen; er habe damit auch Grenzen sowie Ziel einer solchen Regelung festzusetzen (Selbstentschei-

---

17 Brenner, in: v. Mangoldt/ Klein/ Starck, GG, Art. 80 Abs. 1 Rz. 24.
18 Brenner, in: v. Mangoldt/ Klein/ Starck, GG, Art. 80 Abs. 1 Rz. 24.
19 Bryde, in: v. Münch/ Kunig, GG5, Bd. 3, Art. 80 Rz. 2.
20 Brenner, in: v. Mangoldt/ Klein/ Starck, GG, 4. Aufl., Art. 80 Abs. 1 Rz. 24.
21 D. h. in der Fassung des StÄndG 2003 v. 15.12.2003, BGBl. I 2003, 2645 (2650); BStBl. I 2003, 710 (715).
22 Verordnung v. 26.1.2004 zur Umsetzung der Richtlinie 2003/ 48/ EG des Rates vom 3. Juni 2003 im Bereich der Besteuerung von Zinserträgen, BGBl. I 2004, 128; BStBl. I 2004, 297.
23 Vgl. EuRLUmsG v. 9.12.2004, BGBl. I 2004, 3310, Art. 22.
24 EuRLUmsG v. 9.12.2004, BGBl. I 2004, 3310 (3313).
25 Birk, in: H/ H/ Sp, AO, Bd. 1, § 4, Rz. 60; Lücke, in: Sachs, GG, Art. 80 Rz. 23.
26 BVerfG v. 11.2.1958, 2 BvO 1/ 57, BVerfGE 7, 265 (274).
27 BVerfG v. 30.5.1956, 2 BvP 2/ 56, BVerfGE 5, 56 (57).
28 BVerfG v. 30.5.1956, 2 BvP 2/ 56, BVerfGE 5, 56 (57).

dungsformel)[29]. Es müsse sich aus dem Gesetz selbst ein Programm ergeben, welches der Verordnungsgeber normieren solle (Programmformel)[30]. Und schließlich müsse voraussehbar sein, in welchen Fällen und mit welcher Tendenz von der Ermächtigung Gebrauch gemacht werde und welchen Inhalt die aufgrund der Ermächtigung erlassene Rechtsverordnung haben könne (Vorhersehbarkeitsformel)[31].
Die Wahrung dieses Bestimmtheitstrias durch § 45 e EStG erscheint insofern zweifelhaft, als das Gesetz selbst keinerlei Vorgaben für die Umsetzung der immerhin neunseitigen Richtlinie enthält[32]. Stattdessen verweist § 45 e EStG pauschal auf die Richtlinie 2003/48/EG des Rates vom 3. Juni 2003 (ABl. EU Nr. L 157, S. 38) (a. F., statische Ermächtigung) bzw. auf die genannte Richtlinie „in der jeweils geltenden Fassung" (n. F., dynamische Ermächtigung).

(1) § 45 e EStG a. F.

Nachdem die Zinsinformationsverordnung auf Grundlage von § 45 e EStG a. F. erlassen wurde, gilt es zunächst, diese Gesetzesfassung auf ihre Bestimmtheit hin zu prüfen.
Anerkannt ist, dass nicht die gesetzliche Ermächtigungsnorm selbst dem Bestimmtheitserfordernis genügen muss. Vielmehr müssen die Voraussetzungen für die Bestimmtheit lediglich „im Gesetze", d. h. dem gesamten, aus der Ermächtigungsnorm und weiteren Vorschriften bestehenden Gesetzeswerk, in solcher Weise verankert sein, dass sie durch Auslegung ermittelt werden können[33]. Unter „Gesetz" in diesem Sinne sind nur förmliche Gesetze, also Parlamentsgesetze, zu verstehen[34], die durch den Bundes- oder Landesgesetzgeber verabschiedet wurden und somit demokratisch legitimiert sind.
Die Zinsrichtlinie stellt als vom Gemeinschaftsgesetzgeber verabschiedete Norm indessen kein förmliches Gesetz in diesem Sinne dar. Es reicht daher grundsätzlich nicht aus, wenn die Zinsrichtlinie selbst das zu normierende Programm für den Verordnungsgeber festgelegt hat und den Inhalt der zu erlassenden Rechtsverordnung vorhersehbar macht. In diesem Fall trifft nämlich nicht der parlamentarische Bundes- oder Landesgesetzgeber die Entscheidung über Grenzen und Ziel der Regelung (Selbstentscheidungsformel)[35]. Inhalt, Zweck und Ausmaß der Ermächtigung sind dann nicht „im Gesetze" geregelt.
Möglicherweise aber wird § 45 e EStG als Parlamentsgesetz durch seine konkrete Bezugnahme (statische Verweisung) auf die Richtlinie 2003/48/EG v. 3. Juni 2003 in solcher Weise konkretisiert, dass das förmliche Gesetz selbst dem Bestimmtheitsgrundsatz des Art. 80 Abs. 1 S. 2 GG genügt.
Im Zusammenhang mit der Umsetzung von europäischen Richtlinien durch Rechtsverordnung wird die Frage einer Aufweichung der Bestimmtheitsanforderungen des Art. 80 Abs. 1

---

29 So BVerfG v. 10.6.1953, 1 BvF 1/ 53, BVerfGE 2, 307 (334); vgl. dazu: Sachs, GG, 3. Aufl., Art. 80, Rz. 25, Fn. 50 m. w. N.

30 So BVerfG v. 13.6.1956, 1 BvL 54/ 55, 17/ 56, BVerfGE 5, 71 (77); v. 20.10.1981, 1BvR 640/ 80, BVerfGE 58, 257 (28); vgl. die weiteren Nachweise bei: Sachs, GG, 3. Aufl., Art. 80, Rz. 25, Fn. 51.

31 So BVerfG v. 12.8.1951, 1 BvR 201/ 51, BVerfGE 1, 14 (60); v. 10.6.1953, 1 BvF 1/ 53, BVerfGE 2, 308 (334); v. 13.6.1956, 1 BvL 54/ 55, BVerfGE 5, 71 (76 f.); v. 30.1.1968, 2 BvL 15/ 65, BVerfGE 23, 62 (72); v. 27.1.1976, 1 BvR 2325/ 73, BVerfGE 41, 261 (265 f.); v. 20.10.1981, 1 BvR 640/ 80, BVerfGE 58, 257 (277) u. a.

32 Lindberg, in: Blümich, EStG, Bd. 3, § 45 e Rz. 1.

33 So etwa BVerfG v. 29.10.1958, 2 BvL 19/ 56, BVerfGE 8, 271 (307); v. 14.3.1989, 1 BvR 1033/ 82, BVerfGE 80, 1 (20 f.); vgl. Sachs, GG, 3. Aufl., Art. 80, Rz. 28 m. w. N.

34 Vgl. zum formellen Gesetzesbegriff: Birk, in: H/ H/ Sp, AO, Bd. 1, § 4, Rz. 53 ff.

35 Vgl. Sachs, GG, 3. Aufl., Art. 80 Rz. 28; Ossenbühl, DVBl. 1999, 1 (7): Der Bestimmtheitsgrundsatz müsse vom nationalen Gesetzgeber, nicht vom Gemeinschaftsgesetzgeber erfüllt werden.

S. 2 GG kontrovers diskutiert. Befürworter verschärfter Bestimmtheitsanforderungen stehen Befürwortern einer Aufweichung derselben gegenüber. Erstere führen für sich ein strukturelles Demokratiedefizit bei der Gemeinschaftsgesetzgebung ins Feld, dessenthalben besonders strenge Bestimmtheitsanforderungen an eine gesetzliche Umsetzungsermächtigung für den Verordnungsgeber zu stellen seien[36]. Die Gegenansicht[37] führt zugunsten einer Aufweichung des Bestimmtheitsgrundsatzes u. a. die Überlappung des Grundsatzes durch vorrangiges Gemeinschaftsrecht an[38]. Nach vermittelnder Ansicht bleiben die verfassungsrechtlichen Anforderungen an die Bestimmtheit vom Gemeinschaftsrecht gänzlich unberührt[39].
Gegenstand des Meinungsstreits sind bei genauerer Betrachtung indessen sog. Pauschalermächtigungen, mit denen der Verordnungsgeber quasi über „Vorratsermächtigungen"[40] zur Umsetzung von Richtlinien auf einem bestimmten Sachgebiet ermächtigt wird. Eine solche Pauschalermächtigung stellt § 45 e EStG a. F. gerade nicht dar. Die Norm ermächtigt den Verordnungsgeber lediglich zur Umsetzung der bereits vorab verabschiedeten, konkret benannten Richtlinie 2003/48/EG in ihrer Fassung vom 3. Juni 2003. Es handelt sich daher nicht um eine Pauschalverweisung auf das – sich dynamisch zu einem bestimmten Sachgebiet entwickelnde – Gemeinschaftsrecht, sondern um die statische Verweisung auf bestehendes Gemeinschaftsrecht.
Dann aber stellt sich überhaupt nicht die Frage, ob der Maßstab für die Bestimmtheit des § 45 e EStG unter gemeinschaftsrechtlichen Aspekten „aufzuweichen" ist. Es kommt vielmehr entscheidend darauf an, ob die anerkannten, vom BVerfG entwickelten Bestimmtheitskriterien erfüllt sind, wenn das Gesetz auf bestehendes Gemeinschaftsrecht verweist.
Maßgeblich für diese Frage müssen Wortlaut sowie Sinn und Zweck des Art. 80 Abs. 1 S. 2 GG sein[41]. Der Wortlaut des Art. 80 Abs. 1 S. 2 GG besagt, dass Inhalt, Zweck und Ausmaß „im Gesetz" zu regeln sind. Dies schließt nicht aus, dass die Regelung des Gesetzes ihrerseits durch bestehendes Gemeinschaftsrecht konkretisiert wird. Fraglich ist, ob eine solche Konkretisierung mit dem Rechtsstaats- sowie dem Demokratieprinzip als Art. 80 Abs. 1 S. 2 GG zugrunde liegenden Verfassungsprinzipien vereinbar ist.
Da die vom BVerfG in ständiger Rechtsprechung zur Auslegung des Bestimmtheitsgrundsatzes herangezogenen Formeln Ausdruck eben dieser Verfassungsprinzipien sind, sollen sie zunächst als Anhaltspunkt dienen.
Fraglich ist danach, ob der sog. Programm-, der Vorhersehbarkeits- und der Selbstentscheidungsformel Rechnung getragen ist, wenn man die Richtlinie 2003/48/EG vom 3. Juni 2003 zur Konkretisierung von § 45 e EStG heranzieht.
Der deutsche Gesetzgeber nimmt in § 45 e EStG (a. F.) konkret auf die bereits verabschiedete Zinsrichtlinie Bezug, indem er deren Umsetzung auf den Verordnungsgeber delegiert. Fraglich ist, ob der Gesetzgeber damit in verbindlicher Weise das Programm für das Tätigwerden des Verordnungsgebers vorgegeben hat. Dafür sind folgende Erwägungen ausschlaggebend: Die Richtlinie richtet sich nach Art. 249 Abs. 3 EG an die Mitgliedsstaaten und ist für diese „hinsichtlich des zu erreichenden Ziels verbindlich". Welches das zu erreichende „Ziel" ist,

36 Weihrauch, NVwZ 2001, 265 (269).
37 Scheuing, EuR 1985, 231 (235); Rambow, DVBl. 1968, 445 (447 f.); Calliess, NVwZ 1998, 8 (12); Bauer, in: Dreier, GG, Bd. II, Art. 80 Rz. 31.
38 Calliess, NVwZ 1998, 8 (13); Nierhaus, in: Kommentar zum Bonner GG, Bd. 8, Art. 80 Abs. 1 Rz. 317.
39 Brenner, in: v. Mangoldt/ Klein/ Starck, Bonner GG, 4. Aufl., Bd. 3, Art. 80 Abs. 1 Rz. 36; Ossenbühl, DVBl. 1999, 1 (7); v. Danwitz, Jura 2002, 93 (98).
40 v. Danwitz, Jura 2002, 93 (98).
41 Vgl. Scheuing, EuR 1985, 229 (235).

wird durch die detaillierten Richtlinienbestimmungen vorgegeben. Diese Regelungen sind – abgesehen von dem den Mitgliedsstaaten verbleibenden, sehr geringen Umsetzungsspielraum hinsichtlich der Ausgestaltung des Verfahrens der Datenverarbeitung (vgl. Art. 3 Abs. 1, 2 RL) – in sachlicher, persönlicher und zeitlicher Hinsicht abschließend. Faktisch ist das „Ziel" der Richtlinie also identisch ist mit dem von ihr geforderten (Umsetzungs-) Ergebnis[42]. Nach Art. 249 Abs. 3, 10 EG (Gemeinschaftstreue) sind die Mitgliedsstaaten verpflichtet, die Richtlinie zum Ablauf der Umsetzungsfrist so umzusetzen, dass das Ziel der Richtlinie erreicht wird. Spätestens zu diesem Zeitpunkt entfaltet die Richtlinie, soweit sie abschließende Regelungen enthält, eine sog. Sperrwirkung[43]. Dies bedeutet, dass die Mitgliedsstaaten kein der Richtlinie entgegenstehendes nationales Recht mehr verabschieden dürfen. Entgegenstehende nationale Regelungen sind nicht anwendbar.

Daraus folgt für die Anwendung der sog. „Programmformel": Als der deutsche Bundestag durch Verabschiedung von § 45 e EStG (a. F.) die Umsetzung der verabschiedeten Zinsrichtlinie auf den Verordnungsgeber delegierte, verwies er auf ein verbindliches Programm, das der Verordnungsgeber einzuhalten verpflichtet war[44]. Dieses Programm wird durch das „Ziel" der Zinsrichtlinie, also deren Regelungswerk, bestimmt.

Zugleich wurde mit der Bezugnahme auf die Zinsrichtlinie vorhersehbar, in welchen Fällen und mit welcher Tendenz der Verordnungsgeber von seiner Ermächtigung Gebrauch machen würde und welchen Inhalt die so erlassene Rechtsverordnung haben würde (Vorhersehbarkeitsformel): Von der Ermächtigung des § 45 e EStG a. F. konnte allein zur Umsetzung der Zinsrichtlinie in ihrer Fassung vom 3. Juni 2003 Gebrauch gemacht werden. Dabei war der Inhalt der Rechtsverordnung zum überwiegenden Teil bereits verbindlich durch die Zinsrichtlinie vorgegeben. Der verbleibende Umsetzungs-, d. h. Gestaltungsspielraum war äußerst gering[45]; da er zudem durch das „Ziel" der Richtlinie begrenzt wurde, waren auch die insoweit ergehenden Regelungen vorhersehbar[46].

Fraglich ist, ob der parlamentarische Gesetzgeber im Sinne der sog. Selbstentscheidungsformel selbst die Entscheidung über die – von der Umsetzung der Richtlinie – tangierten Fragen sowie über Grenzen und Ziel der Regelung traf. Dem könnte entgegenstehen, dass die Richtlinie vom Gemeinschaftsgesetzgeber verabschiedet wurde. Indessen behielt sich auch vorliegend der Bundestag die Entscheidung über Grenzen und Ziel der Regelung vor, indem er in § 45 e EStG explizit auf die Zinsrichtlinie Bezug nahm und zugleich entschied, dass er selbst den verbleibenden Umsetzungsspielraum nicht wahrnehmen, sondern ihn dem Verordnungsgeber überantworten wollte[47].

Als Zwischenergebnis bleibt festzuhalten: Nach den Auslegungskriterien des BVerfG führt die Konkretisierung, die § 45 e EStG (a. F.) durch die Richtlinie 48/2003/EG v. 3. Juni 2003 erfährt, dazu, dass das Gesetz dem Bestimmtheitsgrundsatz des Art. 80 Abs. 1 S. 2 genügt.

---

42 Schmidt, in: von der Groeben/ Schwarze, EUV/ EGV, 6. Aufl., Bd. 4, Art. 249 EG Rz. 38.

43 Hilf, EuR 1993, 1 (9); Kahl, in: Calliess/ Ruffert, EUV/ EGV, Art. 10 EG Rz. 20; Art. 94 EG Rz. 5; Nettesheim, in: Grabitz/ Hilf, EUV/ EGV, Bd. 3, Art. 249 EG Rz. 150; A. A. Claßen, Nichtumsetzung von Gemeinschaftsrichtlinien, S. 61; Brödermann/ Iversen, Gemeinschaftsrecht, S. 307 f.: Sperrwirkung erst mit Umsetzung. Vgl. dazu allgemein: Furrer, Die Sperrwirkung des sekundären Gemeinschaftsrechts, S. 90 ff.

44 Vgl. Nierhaus, in: Kommentar zum Bonner GG, Bd. 8, Art. 80 Abs. 1 Rz. 318; Weber, Rechtsfragen der Durchführung des Gemeinschaftsrechts, S. 24.

45 Vgl. Nierhaus, in: Kommentar zum Bonner GG, Bd. 8, Art. 80 Abs. 1 Rz. 316.

46 Vgl. Weber, Rechtsfragen der Durchführung des Gemeinschaftsrechts, S. 24.

47 Vgl. BVerfG v. 13.10.1970, 1 BvR 226/ 70, BVerfGE 29, 183 (211), dort die Ausführungen zum „Ausmaß".

Nichts anderes gilt, wenn man das Ergebnis unmittelbar am Demokratie- und Rechtsstaatsprinzip überprüft. Selbst das Argument eines strukturellen Demokratiedefizits[48] bei der Gemeinschaftsgesetzgebung steht der Konkretisierung des Gesetzes durch bestehendes Gemeinschaftsrecht nicht entgegen. Gerade die Bezugnahme des Gesetzgebers auf das Gemeinschaftsrecht verleiht der Ermächtigungsgrundlage diejenige demokratische Legitimation, die durch den Bestimmtheitsgrundsatz gewahrt werden soll. Für sie kann nichts anderes gelten, als gelten würde, wenn der Wortlaut der Richtlinie von der Ermächtigungsgrundlage exakt wiederholt würde; dann hätte der Gesetzgeber dem Bestimmtheitsgrundsatz jedenfalls Genüge getan[49].

Auch das Rechtsstaatsprinzip steht einer Konkretisierung des ermächtigenden Gesetzes (§ 45 e EStG a. F.) durch bestehendes Gemeinschaftsrecht (die Zinsrichtlinie in der Fassung vom 3. Juni 2003) nicht entgegen: Auch in diesem Fall kann der Verordnungsgeber nur in genau bestimmten Grenzen in einer für den Bürger vorhersehbaren Weise rechtsetzend tätig werden. Durch die Bezugnahme auf das umfassende, verbindliche Regelungswerk der Zinsrichtlinie, das dem Verordnungsgeber nur geringen Gestaltungsspielraum belässt, hat der deutsche Gesetzgeber seine parlamentarische Verantwortung wahrgenommen. Damit ist dem Prinzip der Gewaltenteilung Rechnung getragen, wonach ausufernde Rechtssetzungsermächtigungen an die Exekutive dem Prinzip der gesetzgeberischen Verantwortung zuwiderlaufen.

Als Ergebnis lässt sich festhalten, dass § 45 e EStG a. F. unter Berücksichtigung seiner Bezugnahme auf die Richtlinie 2003/48/EG dem Bestimmtheitserfordernis nach Art. 80 Abs. 1 S.2 GG genügt[50].

Dieses Ergebnis hält im Übrigen auch stand, wenn man im Rahmen von Art. 80 Abs. 1 S. 2 GG diejenigen Anforderungen berücksichtigt, die sich aus der Wesentlichkeitsdoktrin des BVerfG ergeben. Nach dieser Doktrin sind sämtliche Entscheidungen, die wesentlich für die Grundrechtsverwirklichung sind, dem im Rechtsstaatsprinzip und im Demokratiegebot verankerten Parlamentsvorbehalt unterworfen; sie sind damit der Regelung durch parlamentarisches Gesetz vorbehalten[51]. Geht es darum, den materiell-rechtlichen Maßstab für die Bestimmtheit einer Ermächtigungsgrundlage festzulegen, so ist die Grundrechtsrelevanz der Rechtssetzungsbefugnis grundsätzlich zu berücksichtigen[52]. Vorliegend steht allerdings die Umsetzung von Gemeinschaftsrecht im Raum. Aufgrund des anerkannten Vorrangs des Gemeinschaftsrechts ist die nationale Umsetzungsnorm (Zinsinformationsverordnung), soweit sie auf abschließenden Regelungen der Richtlinie beruht, nicht an deutschen Grundrechtspositionen zu überprüfen. Vielmehr ist insoweit die Richtlinie an den Gemeinschaftsgrundrechten zu messen. Damit kommen deutsche Grundrechte nur im Rahmen des Umsetzungsspielraums des nationalen Gesetzgebers zur Anwendung. Da aber der Inhalt der Zinsinformationsverordnung im Wesentlichen auf den verbindlichen und abschließenden Regelungen der Zinsrichtlinie beruht, kommt den Grundrechten nur untergeordnete Bedeutung zu. Damit ergibt sich aus

---

48 Weihrauch, NVwZ 2001, 265 (269).

49 Vgl. Weber, Rechtsfragen der Durchführung des Gemeinschaftsrechts, S. 25.

50 Für die verfassungsrechtliche Zulässigkeit statischer Gemeinschaftsrechtsverweisungen in Ermächtigungsgesetzen auch: BVerfG v. 13.10.1970, 1 BvR 226/ 70, BVerfGE 29, 183 (210 f.); Weber, Rechtsfragen der Durchführung des Gemeinschaftsrechts, S. 21; Breuer, Stellungnahme vor dem Umweltausschuss hinsichtlich der Novellierung des WHG, 25.9.1995, abgedr. als BT-Ausschuss-Dr. 13/ 119, Teil IV, 12 (12); ihm folgend: Weihrauch, NVwZ 2001, 265 (267, 270). A. A. Lücke, in: Sachs, GG, Art. 80 Rz. 28 Fn. 59 a; Ossenbühl, DVBl. 1999, 1 (7).

51 Vgl. z. B. BVerfG, BVerfGE 49, 89 (126 f.); 58, 257 (274); 61, 260 (275); 83, 130 (142, 151 f.); 91, 148 (162 f.); 101, 1 (34 f.).

52 So Nierhaus, in: Bonner Kommentar zum GG, Art. 80 Abs. 1, Rz. 290 ff.

der Wesentlichkeitsdoktrin kein verschärfter Bestimmtheitsmaßstab für § 45 e EStG a. F. Das Gesetz genügt den Anforderungen des Bestimmtheitstrias nach Art. 80 Abs. 1 S. 2 GG.

(2) § 45 e EStG n. F.

Etwas anderes könnte für § 45 e EStG n. F. gelten. Dieser ermächtigt die Bundesregierung mit Zustimmung des Bundesrates zur Umsetzung der Zinsrichtlinie „in der jeweils geltenden Fassung". Ob eine solch dynamische Verweisung dem Bestimmtheitsgrundsatz des Art. 80 Abs. 1 S. 2 GG genügt, ist zweifelhaft. Dies bedeutet, dass die Rechtswirksamkeit künftiger, auf dieses Gesetz gestützter Änderungen der Zinsinformationsverordnung in Frage steht.

Wendet man die vom BVerfG zur Interpretation des Bestimmtheitsgrundsatzes herangezogenen Auslegungsformeln (Vorhersehbarkeits-, Programm- und Selbstentscheidungsformel) auf § 45 e EStG n. F. an, so ergibt sich Folgendes:

Zum Zeitpunkt der Verabschiedung der neuen Fassung von § 45 e EStG war es für den deutschen Gesetzgeber nicht vorhersehbar, welche materiell-rechtlichen Änderungen die Zinsrichtlinie künftig erfahren würde. Dementsprechend war es auch nicht absehbar, in welchen Fällen und mit welcher Tendenz der Verordnungsgeber von seiner Ermächtigung Gebrauch machen würde[53]. Dem wird zwar teils entgegengehalten, dass das Gesetz durch die Verweisung auf das sich dynamisch weiterentwickelnde Gemeinschaftsrecht quasi „aktualisiert" werde[54]. Da der Verordnungsgeber jeweils erst nach Aktualisierung des Gemeinschaftsrechts (d. h. Änderung der Richtlinie) tätig werde, sei es für den Bürger zuvor vorhersehbar, welchen Inhalt die Rechtssetzung des Verordnungsgebers haben werde[55]. Indessen erscheint diese Betrachtungsweise nicht mit dem Sinn und Zweck der Regelung des Art. 80 Abs. 1 S. 2 GG vereinbar. Auch die Vorhersehbarkeitsformel ist letztlich dazu bestimmt, das hinter Art. 80 Abs. 1 S. 2 GG stehende Rechtsstaats- und Demokratieprinzip zu wahren. Das Demokratieprinzip fordert, dass der parlamentarische Gesetzgeber bereits zum Zeitpunkt seines eigenen Tätigwerdens, also bei der Verabschiedung der Ermächtigungsgrundlage, voraussehen können muss, welchen Inhalt die auf dieser Grundlage erlassene Rechtsverordnung haben wird[56]. Nur auf diese Weise kann der Gesetzgeber seine parlamentarische Verantwortung wahrnehmen. Dies war ihm jedoch vorliegend nicht möglich.

Dem wird zwar teilweise entgegengehalten, die parlamentarische Verantwortung sei auf den Gemeinschaftsgesetzgeber übergegangen[57]. Dieses Argument vermag jedoch nicht eine pauschale Übertragung der Umsetzung von Richtlinien auf den Verordnungsgeber zu rechtfertigen. Vielmehr ist eine nach Inhalt, Zweck und Ausmaß bestimmte parlamentsgesetzliche Ermächtigung des Verordnungsgebers weiterhin zur Wahrung des Demokratieprinzips erforderlich. Richtig ist zwar, dass nicht nur der Verordnungsgeber, sondern auch der Bundestag zur Beachtung der Richtlinie verpflichtet ist. Würde man aber schon deshalb eine Beteiligung des deutschen parlamentarischen Gesetzgebers an der Umsetzung der Richtlinie für überflüssig erachten, so bedeutete dies, den nationalen Umsetzungsakt als solchen in Frage zu stellen. Dies aber liefe auf eine unmittelbare Anwendbarkeit von Richtlinien hinaus, welche von der Gemeinschaftsrechtsordnung grundsätzlich nicht beabsichtigt ist (vgl. den Subsidiaritätsgedanken, Art. 5 Abs. 2 EG).

---

53 Vgl. v. Danwitz, Jura 2002, 93 (99).
54 Danwig, Jura 2002, 93 (98); Scheuing, EuR 1985, 229 (234 f.).
55 Scheuing, EuR 1985, 229 (235).
56 So auch Weihrauch, NVwZ 2001, 265 (268).
57 So aber: Scheuing, EuR 1985, 231 (235).

Zudem hat die Gemeinschaftsrechtsordnung nur in den Grenzen des Art. 23 GG vor der deutschen Rechtsordnung Vorrang. Dies bedeutet, dass gerade das Demokratieprinzip gewahrt sein muss. Indessen entbehrt der Rat als Hauptrechtssetzungsorgan der Gemeinschaft der unmittelbaren demokratischen Legitimation; das Europäische Parlament spielt bislang nur eine untergeordnete Rolle im Rechtssetzungsprozess[58]. Die geforderte demokratische Legitimation wird daher weitgehend über eine Rückkoppelung an den Bundestag bewirkt. Dies geschieht nicht nur über die Einbindung des Bundestags in die Gemeinschaftsgesetzgebung (Art. 23 Abs. 2 GG). Vielmehr wird gerade die demokratische Legitimation von nationalen Bestimmungen, die auf Richtlinien beruhen, vornehmlich durch das nationale Umsetzungsgesetz bzw. das Gesetz bewirkt, das den Verordnungsgeber zur Umsetzung in bestimmter Weise ermächtigt. Würde der Exekutive pauschal die Umsetzung von Richtlinien übertragen, so würden die darauf beruhenden Verordnungen jedenfalls nicht aufgrund des Tätigwerdens des Gemeinschaftsgesetzgebers die erforderliche demokratische Legitimation aufweisen[59]. Dann aber kann das Argument der Verantwortlichkeit des Gemeinschaftsgesetzgebers nicht dafür angeführt werden kann, das Demokratieprinzip stehe einer pauschalen Umsetzungsermächtigung des Verordnungsgebers nicht entgegen.
Wendet man vorliegend weiterhin die sog. Programmformel des BVerfG an, dann war zum Zeitpunkt der Verabschiedung von § 45 e EStG n. F. auch das „Programm" für ein Tätigwerden des Verordnungsgebers noch nicht festgelegt. Vielmehr wird das Programm für Änderungen der Zinsinformationsverordnung jeweils erst durch die aktualisierten Fassungen der Zinsrichtlinie vorgegeben. Schließlich konnte der Gesetzgeber – mangels Vorhersehbarkeit des Inhalts der Aktualisierungen der Zinsrichtlinie – auch nicht vorab selbst darüber entscheiden, ob und in welchen Fällen per Rechtsverordnung neue Regelungen getroffen werden sollen und in welchen Grenzen sowie mit welchem Inhalt der Verordnungsgeber tätig werden sollte. Dementsprechend konnte der Gesetzgeber auch nicht verantwortlich darüber entscheiden, ob er den künftig verbleibenden Spielraum selbst wahrnehmen bzw. ihn an den Verordnungsgeber weiterreichen wollte.
Nach den bislang anerkannten Auslegungskriterien für die Bestimmtheit eines Ermächtigungsgesetzes nach Art. 80 Abs. 1 S. 2 GG muss eine solche Bestimmtheit für § 45 e EStG n. F. verneint werden.
Dem könnten allein weitere Besonderheiten bei der Umsetzung von europäischen Richtlinien entgegenstehen. Dazu wird vorgebracht, dass die Voraussetzungen des Art. 80 Abs. 1 S. 2 GG aufgrund des Vorrangs des Gemeinschaftsrechts, der grundsätzlich auch gegenüber nationalem Verfassungsrecht anerkannt sei, der Richtlinienumsetzung nicht entgegen gehalten werden dürften[60]. Die Anforderungen an die Bestimmtheit des ermächtigenden Gesetzes seien daher zu reduzieren[61]. Eine solche Argumentation setzt indessen voraus, dass Gemeinschaftsrecht und nationales Recht im Rechtssinne kollidieren. Nur dann darf die Vorrangfrage gestellt werden. Dies ist vorliegend aber nicht der Fall[62]. Das Gemeinschaftsrecht trifft keine Regelung darüber, in welcher Form (insbesondere Rechtsform) und mit welchen Mitteln die Umsetzung von Richtlinien in das nationale Recht zu erfolgen hat (vgl. Art. 249 Abs. 3 EG)[63].

---

58 Vgl. Weihrauch, NVwZ 2001, 265 (269).
59 Weihrauch, NVwZ 2001, 265 (269).
60 Calliess, NVwZ 1998, 8 (12); Nierhaus, in: Kommentar zum Bonner GG, Bd. 8, Art. 80 Abs. 1 Rz. 317 f.
61 Calliess, NVwZ 1998, 8 (12); Scheuing, EuR 1985, 231 (235); Rambow, DVBl. 1968, 445 (447 f.).
62 Weihrauch, NVwZ 2001, 265 (268).
63 Weihrauch, NVwZ 2001, 265 (268); Ossenbühl, DVBl. 1999, 1 (7).

Dies wird allein durch das Verfassungsrecht der Mitgliedsstaaten bestimmt[64]. Lediglich dann, wenn Form bzw. Mittel zur Verwirklichung des Richtlinienziels ungeeignet sind[65] (so etwa bei der Umsetzung durch Verwaltungsvorschriften mangels Außenwirkung für den Bürger), „sanktioniert“[66] das Gemeinschaftsrecht die fehlerhafte Umsetzung – sofern zudem weitere Bedingungen erfüllt sind[67] – durch die „unmittelbare Anwendbarkeit“ der Richtlinie. Mit anderen Worten: Das Gemeinschaftsrecht beschränkt sich in seinem Verpflichtungsgrad auf eine für die Mitgliedsstaaten verbindliche „Zielvorgabe“. Demgegenüber steht es den Mitgliedsstaaten grundsätzlich frei, „wie“ sie dieses Ziel erreichen wollen. Damit aber trifft das Gemeinschaftsrecht keine konkreten Regelungen über das „Wie“ der Umsetzung. Es vermag nicht mit dem Bestimmtheitsgrundsatz des Art. 80 Abs.1 S. 2 GG zu kollidieren. Der Vorrang des Gemeinschaftsrechts greift daher als Kollisionsregel nicht ein.
Dies bedeutet: Die Bestimmtheitsanforderungen des Art. 80 Abs. 1 S. 2 GG bleiben vom Gemeinschaftsrecht unberührt. § 45 e EStG n. F. genügt diesen Anforderungen nicht. Damit ist diese Norm verfassungswidrig. Werden künftig Änderungen der Zinsinformationsverordnung auf § 45 e EStG n. F. gestützt, so werden diese nicht rechtswirksam.

b) Ermächtigung zur gesetzesändernden Rechtsverordnung

Möglicherweise verstößt § 45 e EStG (a. F.) aber insoweit gegen Art. 80 Abs. 1 S. 2 GG, als er den Verordnungsgeber ermächtigt, zur Umsetzung der Zinsrichtlinie eine von § 30 a Abs. 2 AO abweichende Rechtsverordnung zu erlassen.

(1) Kollision von § 30 a Abs. 2 AO und Zinsinformationsverordnung

Die Frage der Zulässigkeit von (bzw. Ermächtigung zu) gesetzesändernden Rechtsverordnungen setzt logisch eine Kollision zwischen Zinsinformationsverordnung und § 30 a Abs. 2 AO voraus.

(a) Grundsätzliches zur Normenkollision

Von einer Normenkollision in diesem Sinne ist zu sprechen, wenn mehrere Rechtsnormen auf einen Sachverhalt anwendbar sind und für diesen zu verschiedenen Ergebnissen führen[68]. Zum Teil wird auch gefordert, dass die verschiedenen Rechtsnormen an denselben Adressaten gerichtet sein müssen[69]. Jedenfalls setzt eine Kollision voraus, dass die beiden sich widersprechenden Gesetze ordnungsgemäß zustande gekommen sind[70]. Andernfalls ist das fehlerhafte Gesetz verfassungswidrig und nichtig[71]. Wenn beide Normen ordnungsgemäß zustande gekommen sind, ist die Normenkollision nach den einschlägigen Kollisionsregeln im Interesse

64 Ossenbühl, DVBl. 1999, 1 (7).
65 Der Ermessensspielraum hinsichtlich der Wahl der Rechtstechnik wird durch das verbindliche Ziel der Richtlinie begrenzt. Vgl. dazu Schmidt, in: von der Groeben/ Schwarze, EUV/ EGV, 6. Aufl., Bd. 4, Art. 249 EG Rz. 40, 42.
66 Ruffert, in: Calliess/ Ruffert, EUV/ EGV, Art. 249 EG Rz. 71.
67 Dazu muss u. a. eine inhaltlich unbedingte und hinreichend genaue Richtlinienbestimmung vorliegen, die nach herrschender Meinung auch eine subjektive Rechtsposition für den Bürger begründen muss. Vgl. dazu Ruffert, in: Calliess/ Ruffert, EUV/ EGV, Art. 249 EG Rz. 73 ff.
68 BVerfG v. 29.1.1974, 2 BvN 1/ 69, BVerfGE 36, 342 (363); Birk, in: H/ H/ Sp, AO, Bd. 1, § 4 Rz. 355.
69 Vgl. die abweichende Meinung des Richters Geiger zum Beschluss des 2. Senats des BVerfG v. 29.1.1974, 2 BvN 1/ 69, BVerfGE 36, 342 (369 ff.).
70 Birk, in: H/ H/ Sp, AO, Bd. 1, § 4 Rz. 355.
71 Birk, in: H/ H/ Sp, AO, Bd. 1, § 4 Rz. 356.

der Einheit der Rechtsordnung aufzulösen[72]. Ob die Zinsinformationsverordnung ordnungsgemäß zustande gekommen ist, also rechtswirksam ist, erscheint insbesondere im Hinblick auf eine mögliche Kollision mit § 30 Abs. 2 AO fraglich. Eine solche Kollision setzt jedoch voraus, dass § 30 a Abs. 2 AO seinerseits rechtswirksam, d. h. verfassungskonform, ist und zudem ein materiell-rechtlicher Widerspruch zwischen Zinsinformationsverordnung und § 30 a Abs. 2 AO vorliegt.

(b) Verfassungsmäßigkeit des § 30 a Abs. 2 AO

Die Verfassungskonformität des § 30 a AO wurde bereits an anderer Stelle beleuchtet. Die dortigen Ausführungen ergaben Folgendes[73]: § 30 a Abs. 2 AO ist verfassungswidrig, wenn er die Befugnisse der Finanzbehörden nach §§ 208 Abs. 1 S. 1 Nr. 3, 93 Abs. 1 AO beschränkt; dann steht er der nach Art. 3 Abs. 1 GG zum Zwecke der Herstellung von Belastungsgleichheit gebotenen Verifikation im Wege. Dies bedeutet, dass die Verfassungskonformität des § 30 a AO nicht losgelöst von der Auslegung der Befugnisse der Finanzbehörden nach § 208 Abs. 1 Nr. 1 S. 3, 93 Abs. 1 AO beurteilt werden kann. Nach vorliegender Auffassung wurde mit der Aufgabe der Steuerfahndung nach § 208 Abs. 1 S. 1 Nr. 3 AO (Aufdeckung und Ermittlung unbekannter Steuerfälle) keine allgemeine Steueraufsicht verankert. Dies bedeutet, dass ein Tätigwerden der Steuerfahndung auf dieser Grundlage in jedem Einzelfall den Anfangsverdacht einer Steuerverkürzung bzw. einer Steuerordnungswidrigkeit voraussetzt. Dann aber verbleibt für die Anwendung des § 30 a Abs. 2 AO gegenüber den Steuerfahndungsbehörden faktisch kein Raum. Die Norm ist im Steuerstraf- und Steuerordnungswidrigkeitenverfahren nicht anwendbar. Insoweit steht ihrer Verfassungsmäßigkeit nichts entgegen. Etwas anderes gilt indessen für die Bedeutung des § 30 a Abs. 2 AO im allgemeinen Besteuerungsverfahren. Dort entfaltet die Norm nach vorliegender Auffassung konstitutive Wirkung; sie beschränkt die Befugnis der Finanzbehörden, Auskünfte bei Kreditinstituten nach § 93 Abs. 1 AO einzuholen. Da sie insoweit der verfassungsrechtlich gebotenen Verifikation im Wege steht, ist die Norm wegen Verstoßes gegen Art. 3 Abs. 1 GG nichtig. Nach vorliegender Auffassung kann daher eine Normenkollision zwischen § 30 a Abs. 2 AO und Zinsinformationsverordnung bereits an dieser Stelle ausgeschlossen werden.
Etwas anderes gilt, wenn man – entgegen die hier vertretenen Ansicht – mit einem Teil des Schrifttums sowie dem VIII. Senats des BFH[74] davon ausgeht, dass § 30 a Abs. 2 AO lediglich den allgemeinen Grundsatz bestätigt, dass Ermittlungen ins Blaue hinein unzulässig sind. Dann wirkt sich die Norm auf die Befugnisse der Finanzbehörden nach §§ 93, 208 Abs. 1 Nr. 3 AO nicht beschränkend aus. Da die Norm der verfassungsrechtlich gebotenen Verifikation (Art. 3 Abs. 1 GG) nicht entgegensteht, bestehen an ihrer Verfassungsmäßigkeit und Rechtswirksamkeit insoweit keine Zweifel. Auf Grundlage dieser Auffassung kann eine Normenkollision zwischen § 30 a Abs. 2 AO und Zinsinformationsverordnung vorliegend nicht von vorneherein ausgeschlossen werden.

---

72 Vgl. dazu umfassend: Birk, in: H/ H/ Sp, AO, Bd. 1, § 4 Rz. 355 ff.
73 Siehe Teil E III.2.a)(1)(d)(ii) und Teil E III.2.a)(1)(d)(vi).
74 BFH v. 18.2.1997, VIII R 33/ 95, BStBl. II 1997, 499 (504); Krabbe, DB 1988, 1668 (1672); Rüth, DStZ 2000, 30 (33); Miebach, Bankgeheimnis, S. 50 f.

(c) Materiell-rechtliches Verhältnis von § 30 a Abs. 2 AO und Zinsinformationsverordnung

Fraglich erscheint auf dieser Grundlage jedoch, ob die Zinsinformationsverordnung bei materiell-rechtlicher Betrachtungsweise dem Regelungsgehalt des § 30 a Abs. 2 AO widerspricht. § 30 a Abs. 2 AO verbietet nach der zugrunde gelegten Betrachtung Ermittlungen der Finanzbehörden ins Blaue hinein; die Zinsinformationsverordnung begründet ihrerseits keine Ermittlungsbefugnisse der Finanzbehörden bei Kreditinstituten, sondern – von Auskunftsersuchen der Finanzbehörden losgelöste – Kontrollmitteilungspflichten für Kreditinstitute. Dies spricht gegen eine materiell-rechtliche Kollision der beiden Normen.

Dagegen wird jedoch geltend gemacht, dass der Regelungsgehalt des § 30a Abs. 2 AO über die umstrittene Bedeutung der Norm für die Ermittlungsbefugnisse der Finanzbehörden hinausweise. Die Norm erfasse daneben auch *allgemeine* – also losgelöst von Auskunftsersuchen der Finanzbehörden statuierte – Mitteilungs- oder Anzeigepflichten der Kreditinstitute[75], etwa nach § 33 ErbStG[76] oder nach § 45 d EStG[77]. Dies erscheint überzeugend. Zwar legt der Wortlaut des § 30 a Abs. 2 AO, „dürfen (...) nicht verlangen" das Erfordernis eines Ersuchens der Finanzbehörden nahe; im Vordergrund steht jedoch der ausdrückliche Zweck des Verbots, die Verhinderung einer „*allgemeinen* Überwachung" von Kreditinstituten. Danach bezieht sich die Norm insbesondere auch auf *allgemeine* Mitteilungs- und Anzeigepflichten für Kreditinstitute.

Die Frage, ob die von der Zinsinformationsverordnung begründeten Kontrollmitteilungspflichten für Kreditinstitute materiell-rechtlich im Widerspruch zu § 30 a Abs. 2 AO stehen, muss daher gesondert beurteilt werden.

Dabei sprechen der Wortlaut („dürfen... nicht") sowie die Ratio des § 30 a Abs. 2 AO im systematischen Kontext des Rücksichtsnahmegebots nach § 30 a Abs. 1 AO (Präambel) dafür, dass § 30 a Abs. 2 AO ein konstitutiv wirkendes Verbot von *allgemeinen* Mitteilungs- und Anzeigepflichten für Kreditinstitute begründet[78]. Dieser Erkenntnis vermag sich auch die vorliegend zugrunde gelegte Auffassung, die § 30 a Abs. 2 AO im Übrigen[79] als lediglich deklaratorisch betrachtet, nicht zu entziehen. Dies hieße nämlich, die Norm gänzlich in ihr Gegenteil zu verkehren[80]. Unzulässig sind nach § 30 a Abs. 2 AO demnach solche Mitteilungspflichten, die Rückschlüsse auf eine bestimmte „Art", d. h. eine dem Sachzweck nach bestimmte Gattung von Kundenkonten zulassen, also etwa darauf, ob es sich um ein Treuhand-, Kontokorrent- oder Sparkonto handelt[81]. Ebenso unzulässig ist es, wenn Meldepflichten eine Zuordnung nach bestimmten Merkmalen des Kontoinhabers ermöglichen, wenn sie etwa nur Konten natürlicher Personen[82] oder Konten von Steuerausländern[83] betreffen. Ebenso dürfen

---

75 Krabbe, DB 1988, 1668 (1672).

76 Vgl. Tipke, in Tipke/ Kruse, AO, Bd. 1, § 30 a Rz. 11: Dieser löst die Kollision von § 30 a Abs. 2 AO und § 33 ErbStG über die lex specialis-Regel zugunsten von § 33 ErbStG auf.; ebenso: Krabbe, in: Koch/ Scholz, AO4, § 30 a Rz. 9; ders., DB 1988, 1668 (1672); ähnlich: Hellwig, in: H/ H/ Sp, AO, Bd. 2, § 30 a Rz. 22.

77 Vgl. Metzner, in: Beermann, AO, Bd. 1, § 30 a Rz. 68: Dieser löst die Kollision von § 30 a Abs. 2 und § 45 d EStG über die lex specialis-Regel zugunsten von § 45 d EStG auf.

78 Dahingehend: Krabbe, DB 1988, 1668 (1672).

79 d. h. im Hinblick auf ihre Bedeutung für Auskunftsersuchen nach §§ 208 Abs. 1 Nr. 3, 93 AO.

80 Vgl. Hellwig, in: H/ H/ Sp, AO, Bd. 2, § 30 a Rz. 20.

81 Metzner, in: Beermann, AO, § 30 a Rz. 58; Hellwig, in: H/ H/ Sp, AO, Bd. 2, § 30 a Rz. 18.

82 Metzner, in: Beermann, AO, § 30 a Rz. 58.

83 Hellwig, in: H/ H/ Sp, AO, Bd. 2, § 30 a Rz. 18.

nach § 30 a Abs. 2 AO keine Meldepflichten begründet werden, die einen Rückschluss auf den Kontensaldo zulassen[84].
Die Zinsinformationsverordnung verstößt gegen das insoweit statuierte Verbot der Begründung von Kontrollmitteilungspflichten für Kreditinstitute. Sie begründet Kontrollmitteilungspflichten für Kreditinstitute im Falle von Zinszahlungen bzw. -gutschriften an natürliche Personen mit Wohnsitz in einem anderen Mitgliedsstaat. In diesen Fällen haben die Kreditinstitute dem Bundesamt für Finanzen Kontonummer, Identität und Wohnsitz des Zinsempfängers sowie Name und Anschrift des auszahlenden Kreditinstituts mitzuteilen. Das Bundesamt für Finanzen leitet die Informationen automatisch an die zuständigen Behörden des Wohnsitzstaates weiter. Dies bedeutet, dass die Zinsinformationsverordnung bei materiell-rechtlicher Betrachtungsweise mit § 30 a Abs. 2 AO kollidiert[85].

(2) Vereinbarkeit der Ermächtigung mit Art. 80 Abs. 1 S. 2 GG

Ob eine echte Normenkollision zwischen § 30 a Abs. 2 AO und Zinsinformationsverordnung vorliegt, hängt nun davon ab, ob die Zinsinformationsverordnung als sog. gesetzesändernde Rechtsverordnung – ebenso wie die ihr zugrunde liegende Ermächtigungsgrundlage des § 45 e EStG – im Hinblick auf Art. 80 Abs. 1 S. 2 GG ordnungsgemäß zustande gekommen, also rechtswirksam ist.
Der Gesetzgeber hat die Bundesregierung in § 45 e EStG ermächtigt, die Zinsinformationsverordnung zu erlassen. Die Zinsinformationsverordnung kollidiert materiell-rechtlich mit § 30 a Abs. 2 AO. Da die für diese Kollision ausschlaggebenden materiell-rechtlichen Vorgaben indessen schon in der Zinsrichtlinie angelegt waren und die Ermächtigungsgrundlage des § 45 e EStG auf diese Richtlinie ausdrücklich Bezug nahm, stellt sich folgende Frage: Ist die parlamentsgesetzliche Ermächtigung des Verordnungsgebers zum Erlass einer „gesetzesändernden Rechtsverordnung" mit Art. 80 Abs. 1 S. 2 GG vereinbar?
Diese Frage wird in Rechtsprechung und Literatur kontrovers diskutiert. Den insoweit vertretenen Auffassungen liegt jedoch eine uneinheitliche Terminologie zugrunde. Um die folgenden Ausführungen in den richtigen Kontext zu stellen, werden deshalb vorab die grundlegenden Begrifflichkeiten erörtert.

(a) Terminologie

Nach Rang und derogatorischer Kraft wird zwischen „gesetzesvertretenden", „gesetzesändernden" und „untergesetzlichen" Rechtsverordnungen unterschieden[86]. Gesetzes*vertretende* Rechtsverordnungen, welche Landesgesetze aufheben oder durchbrechen können und den Vorrang des Gesetzes genießen, bedürfen nach allgemeiner Meinung einer Ermächtigungs-

---

84 Metzner, in: Beermann, AO, § 30 a Rz. 58; Hellwig, in: H/ H/ Sp, AO, Bd. 2, § 30 a Rz. 18.

85 So im Ergebnis auch: Loschelder, in: Herrmann/ Heuer/ Raupach, EStG, Jb. 2004, Anm. J 03-15; dahingehend auch Jachmann, BB 2003, 2712 (2718). Allerdings sieht Loschelder, a. a. O primär eine Kollision auf Gemeinschaftsebene zwischen § 30 a Abs. 2 AO und der Zinsrichtlinie; so auch: Ehrhardt-Rauch/ Rauch, DStR 2002, 57 (61 f.). Loschelder, a. a. O. löst die Normenkollision über den Anwendungvorrang des Gemeinschaftsrechts. Dem kann nicht gefolgt werden. Voraussetzung für den Anwendungvorrang ist die unmittelbare Anwendbarkeit der Richtlinie. So auch Gellermann, in: Rengeling, Rechtsschutz in der EU, S. 608. Die Zinsrichtlinie ist indessen nicht unmittelbar anwendbar. Voraussetzung dafür wäre u. a., dass die Richtlinienbestimmungen den Bürger begünstigen und von den Mitgliedsstaaten nicht ordnungsgemäß umgesetzt wurden. Beides ist vorliegend nicht der Fall. Vgl. zur unmittelbaren Anwendbarkeit von Richtlinien: Ruffert, in: Calliess/ Ruffert, EUV/ EGV, Art. 249 EG Rz. 73 ff.

86 Wolff/ Bachof/ Stober, Verwaltungsrecht I, § 25 R. 35.

grundlage von Verfassungsrang[87]. Gesetzes*ändernde* Rechtsverordnungen werden zum Teil als Untergruppe der gesetzesvertretenden Rechtsverordungen betrachtet[88]. Mit diesen sind ihnen der gesetzesgleiche Rang sowie die Teilhabe an der formellen Gesetzeskraft gemeinsam[89]. Sie beruhen auf einer (formell-) gesetzlichen Ermächtigung zur Abweichung von einzelnen gesetzlichen Bestimmungen[90]. Sie unterscheiden sich von gesetzesvertretenden Rechtsverordnungen insoweit, als das einer solchen zugrunde liegende Gesetz selbst noch keine (vollständige) Regelung trifft, während bei gesetzesändernden Rechtsverordnungen das zugrunde liegenden Gesetz eine solche enthält. Gesetzesändernde Rechtsverordnungen entfalten derogatorische Wirkung, d. h. nach ihrem Inkrafttreten bleiben eine oder mehrere Rechtsnormen des Gesetzes nicht mehr (voll) in Kraft[91]. Darüber hinaus sind die *untergesetzlichen* Rechtsverordnungen anzuführen. Diese dürfen den Gesetzen nicht widersprechen, können sie aber ergänzen oder anwenden[92].
Bereits eingangs wurde angedeutet, dass § 45 e EStG die Bundesregierung zum Erlass einer „gesetzesändernden" Rechtsverordnung ermächtigt. Wendet man die soeben dargelegte Klassifizierung auf die Zinsinformationsverordnung an, dann ist diese deswegen als „gesetzesändernd" zu bezeichnen, weil sie eine von der gesetzlichen, in sich vollständigen Regelung des § 30 a Abs. 2 AO abweichende Regelung trifft.
Fraglich ist, ob 45 e EStG unter dem Aspekt, dass er die Bundesregierung zum Erlass einer solch gesetzesändernden Rechtsverordnung ermächtigt, mit Art. 80 Abs. 1 S. 2 GG vereinbar ist.

(b) Rechtsprechung des BVerfG

Die verfassungsrechtliche Zulässigkeit von gesetzesändernden Rechtsverordnungen wird in der Rechtsprechung des BVerfG tendenziell bejaht[93]. So stellt das BVerfG[94] zum Vorbehalt des Gesetzes[95] fest: „Dieser Vorbehalt besteht jedenfalls dann, wenn etwas – ungeachtet seines Inhalts – in Gesetzesform geregelt worden ist; dies kann dann nur in der gleichen Form *oder auf Grund besonderer Ermächtigung durch Verordnung aufgehoben oder geändert werden.*" Der Gesetzgeber habe, wenn er durch Delegation den Weg zur Abweichung vom Gesetz freimachen wolle, die Grenzen dieser Delegation „besonders sorgfältig" zu prüfen[96]. Gesetzesändernde Rechtsverordnungen betrachtet das BVerfG als verfassungsmäßig, wenn der im Gesetz geäußerte Wille des Gesetzgebers eine Anwendungsbeschränkung (Subsidiarität) des Gesetzes gegenüber der grundsätzlich niederrangigeren Rechtsverordnung erkennen lasse[97]. In diesem Fall, so das BVerfG, greife der Vorrang des Gesetzes nicht ein, weil ein Widerspruch zwischen dem Gesetz und der Willensäußerung des niedereren Ranges nicht bestehe[98]. Darüber hinaus werden sachliche Gründe für eine gesetzesändernde

87 Wolff/ Bachof/ Stober, Verwaltungsrecht I, § 25 R. 35.
88 Wolff, AöR 78 (1952/ 53), 194 (203); Peter, AöR 92 (1967), 357 (364 f. Fn. 21 a. E.).
89 Wolff, AöR 78 (1952/ 53), 194 (201); Peter, AöR 92 (1967), 357 (368).
90 Peter, AöR 92 (1967), 357 (364 ff); Ossenbühl, in: Handbuch des Staatsrechts, Bd. 3, § 64 Rz. 22.
91 Lange, JR 1968, 8 (9); Wolff, AöR 78, 194 (203).
92 Wolff/ Bachof/ Stober, Verwaltungsrecht I, § 25, R. 35.
93 Wielke, AöR 98 (1973), 196 (247).
94 BVerfG v. 10.6.1953, 1 BvF 1/ 53, BVerfGE 2, 307 (313).
95 Vgl. dazu auch: Peter, AöR 92 (1967), 357 (368) m. w. N.
96 BVerfG v. 15.12.1959, 2 BvL 73/ 58, BVerfGE 10, 251 (257); v. 27.11.1962, 2 BvL 13/ 61, BVerfGE 15, 153 (164 f.).
97 BVerfG v. 6.5.1958, 2 BvL 37/ 36, 11/ 57, BVerfGE 8, 155 (170 f.).
98 BVerfG v. 6.5.1958, 2 BvL 37/ 36, 11/ 57, BVerfGE 8, 155 (169 f.).

Darüber hinaus werden sachliche Gründe für eine gesetzesändernde Rechtsverordnung gefordert[99].

(c) Literatur

Auch die Literatur beantwortet die Frage der verfassungsrechtlichen Zulässigkeit gesetzesändernder Rechtsverordnungen grundsätzlich positiv[100]. Sie stellt diese jedoch unter verschiedene Voraussetzungen. Überwiegend wird – in Übereinstimmung mit der Judikatur des BVerfG – ein Verordnungsvorbehalt im Gesetz gefordert, aus dem sich – wenn auch nicht ausdrücklich, so doch durch Auslegung – der gesetzgeberische Wille ergebe, dass das Gesetz nur grundsätzliche Geltung beanspruche[101]. Gesetzesändernde Verordnungen werden nur ausnahmsweise als zulässig erachtet [102]. Die gesetzliche Ermächtigungsnorm dürfe lediglich eine Abweichung von *einzelnen* gesetzlichen Bestimmungen erlauben[103]; demgegenüber müsse der Kern der gesetzlichen Regelung unberührt bleiben[104]. Weiterhin wird eine sachliche Rechtfertigung für die Ermächtigung zu gesetzesändernden Rechtsverordnungen gefordert[105]. Eine solche wird überwiegend im Entlastungsinteresse des delegierenden Gesetzgebers gesehen[106].

(d) Eigene Stellungnahme

Ob Ermächtigungen zu gesetzesändernden Rechtsverordnungen nach Art. 80 Abs. 1 S. 2 GG zulässig sind, ist eine Frage der Verfassungsinterpretation. Der Wortlaut von Art. 80 Abs. 1 S. 2 GG spricht allgemein davon, dass sich Inhalt, Zweck und Ausmaß der Ermächtigung zum Erlass von Rechtsverordnungen aus dem Gesetz ergeben müssen. Damit deckt der Wortlaut auch gesetzesändernde Rechtsverordnungen[107].

Fraglich ist allein, ob dies dem Sinn und Zweck des Art. 80 Abs. 1 S. 2 GG sowie der Systematik des Grundgesetzes gerecht wird. Nachdem Art. 80 Abs. 1 S. 2 GG eine Ausprägung des Rechtsstaatsprinzips und des Demokratieprinzips darstellt, könnte dem der Vorrang des Gesetzes entgegenstehen. Danach kann ein in der Form des Gesetzes ergangener Willensakt nur im Wege der Gesetzgebung wieder aufgehoben oder geändert werden[108].

Indessen greift dieser Vorrang nur ein, wenn eine Kollision zwischen Parlamentsgesetz und Rechtsverordnung vorliegt. Wenn aber das Gesetz als solches bereits regelt, dass es lediglich grundsätzliche Geltung beansprucht, ihm also der gesetzgeberische Wille zu entnehmen ist,

---

99 BVerfG v. 4.5.1997, 2 BvR 509/ 96, 2 BvR 511/ 96, NStZ-RR 1997, 342 (343).

100 A. A. Stenger, Das Handelsembargo, S. 99 ff.; Uhle, Parlament und Rechtsverordnung, S. 415 ff.

101 Birk, in: H/ H/ Sp, AO, Bd. 1, § 4 Rz. 70; Brenner, in: v. Mangoldt/ Klein/ Starck, GG, Bd. 3, Art. 80 Abs. 1 Rz. 27; Nierhaus, in: Bonner Kommentar zum GG, Bd. 8, Art. 80 Abs. 1 Rz. 231 ff.; Bryde, in: v. Münch/ Kunig, GG, Bd. 3, Art. 80 Rz. 3; Bauer, in: Dreier, GG, Bd. 2, Art. 80 Rz. 18; Peter, AöR 92 (1967), 357 (364 ff); Ossenbühl, in: Isensee/ Kirchhof, Handbuch des Staatsrechts, Bd. 3, § 64 Rz. 22.

102 Birk, in: H/ H/ Sp, AO, Bd. 1, § 4 Rz. 70; Nierhaus, in: Bonner Kommentar zum GG, Bd. 8, Art. 80 Abs. Rz. 235; Wolff/ Bachhof/ Stober, Verwaltungsrecht I, § 25 Rz. 35 ff.; Ossenbühl, in: Erichsen/ Ehlers, § 6 Rz. 19.

103 Birk, in: H/ H/ Sp, AO, Bd. 1, § 4 Rz. 70; Brenner, in: v. Mangoldt/ Klein/ Starck, GG, Bd. 3, Art. 80 Abs. 1 Rz. 27; Lange, JR 1968, 8 (10).

104 Nierhaus, in: Bonner Kommentar zum GG, Bd. 8, Art. 80 Abs. 1 Rz. 235.

105 Nierhaus, in: Bonner Kommentar zum GG, Bd. 8, Art. 80 Abs. 1 Rz. 235 unter Hinweis auf BVerfG v. 4.5.1997, 2 BvR 509/ 96, 2 BvR 511/ 96, NStZ-RR 1997, 342 (343) („sachliche Gründe"); Lücke, in: Sachs, GG, Art. 80 Rz. 9.

106 Ossenbühl, in: Erichsen/ Ehlers, § 6 Rz. 19; Stern, Handbuch des Staatsrechts, Bd. 1, S. 644; Peter, AöR 92 (1967), 357 (375 f.).

107 Peter, AöR 92 (1967), 357 (371); Wilke, AöR 98 (1973), 196 (244).

108 Peter, AöR 92 (1967), 357 (368) m. w. N.

dass es hinter der Verordnungsregelung zurücktreten möchte (Subsidiarität), dann liegt ein Kollisionsfall nicht vor[109]. Hier greift der Vorrang des Gesetzes nicht ein. Bereits die Bezeichnung der Rechtsverordnung als „gesetzesändernd“ ist in diesem Fall missverständlich[110]. Nachdem Art. 80 Abs. 1 S. 2 GG dem Rechtsstaatsprinzip Rechnung trägt, darf die Ermächtigung des Verordnungsgebers insgesamt nicht zu einer Aushöhlung des Strukturbilds des gewaltenteilenden Rechtsstaats führen[111]. Dies bedeutet zum einen, dass die Voraussetzungen des Art. 80 Abs.1 S. 2 GG, also die Bestimmtheit der Ermächtigungsgrundlage nach Inhalt, Zweck und Ausmaß, besonders sorgfältig gewahrt werden müssen[112]. Dieser Rahmen gewährleistet, dass lediglich eine Abweichung von einzelnen gesetzlichen Bestimmungen, nicht aber von einer gesamten Regelungsmaterie zulässig ist[113]. Darüber hinaus aber darf der Gesetzgeber, um nicht das rechtsstaatlich gebotene Verhältnis von Gesetz und Verordnung auszuhebeln[114], den Verordnungsgeber nur ausnahmsweise zur Abweichung von der gesetzlichen Regelung ermächtigen[115]. Nur insoweit ist das Entlastungsinteresse des Gesetzgebers als sachlicher Grund anzuerkennen. Der Gewaltenteilungsgrundsatz darf zwar vereinzelt durchbrochen[116], nicht aber gänzlich ausgehöhlt werden[117].

Dem steht auch nicht die Systematik des Grundgesetzes entgegen: Da Art. 129 Abs. 3 GG lediglich eine Sondervorschrift für vorkonstitutionelle Ermächtigungsgrundlagen darstellt, kann dieser Verfassungsnorm keine Aussage über die Zulässigkeit nachkonstitutioneller Ermächtigungsgrundlagen für gesetzesändernde Rechtsverordnungen entnommen werden[118].

Für die Frage, ob § 45 e EStG mit Art. 80 Abs. 1 S. 2 GG vereinbar ist, ergibt sich daraus Folgendes: Dies ist nur dann der Fall, wenn dem Gesetz der Wille einer lediglich subsidiären Geltung gegenüber der Zinsinformationsverordnung zu entnehmen ist. Dies bedeutet zwar nicht, dass § 30 a Abs. 2 AO einen ausdrücklichen Verordnungsvorbehalt beinhalten muss. Vielmehr genügt es, wenn sich der entsprechende Wille im Wege der Auslegung ermitteln lässt. Indessen steht, wie ich meine, bereits der eindeutige Gesetzeswortlaut des § 30 a Abs. 2 AO („dürfen nicht“) einer solchen Auslegung entgegen[119].

---

109 BVerfG v. 6.5.1958, 2 BvL 37/ 36, 11/ 57, BVerfGE 8, 155 (169 f.); Lepa, AöR 105 (1980), 337 (354).

110 Nierhaus, in: Bonner Kommentar zum GG, Bd. 8, Art. 80 Abs. 1 Rz. 234; Bryde, in: v. Münch/ Kunig, GG, Bd. 3, Art. 80 Rz. 3.

111 Lange, JR 1968, 8 (9); dahingehend auch Nierhaus, in: Bonner Kommentar zum GG, Bd. 8, Art. 80 Abs. 1 Rz. 235.

112 BVerfG v. 15.12.1959, 2 BvL 73/ 58, BVerfGE 10, 251 (257); v. 27.11.1962, 2 BvL 13/ 61, BVerfGE 15, 153 (164 f.); Lange, JR 1968, 8 (9); Stern, Handbuch des Staatsrechts, Bd. 1, S. 644; Lepa, AöR 105 (1980), 337 (353); so auch Mußgnug, JuS 1993, 291 (295) unter Verweis auf § 51 Abs. 3 EStG als „Schulbeispiel“.

113 Wolff, AöR 78 (1952/ 53), 196 (203).

114 Ossenbühl, in: Isensee/ Kirchhof, Handbuch des Staatsrechts, Bd. 1, § 64 Rz. 22; Birk, in: H/ H/ Sp, AO, Bd. 1, § 4, Rz. 70.

115 Birk, in: H/ H/ Sp, AO, Bd. 1, § 4 Rz. 70; Nierhaus, in: Bonner Kommentar zum GG, Bd. 8, Art. 80 Abs. 1 Rz. 235; Wolff/ Bachhof/ Stober, Verwaltungsrecht I, § 25 Rz. 35 ff.; Ossenbühl, in: Erichsen/ Ehlers, § 6 Rz. 19.

116 A. A. Uhle, Parlament und Rechtsverordnung, S. 421 f.

117 Peter, AöR 92 (1967), 357 (374); Lange, JR 1968, 8 (10); Sendler, NJW 2001, 2859 (2861)

118 BVerfG v. 10.6.1953, 1 BvF 1/ 53, BVerfGE 2, 307; Peter, AöR 92 (1967), 357 (373 f.); Wilke, AöR 98 (1973), 196 (245 f.); Lepa, AöR 105 (1980), 337 (353); Mußgnug, JuS 1993, 291 (295).

119 A. A. wohl Krabbe, DB 1988, 1668 (1672). Dieser interpretiert § 30 a Abs. 2 AO dahingehend, dass die Norm allgemeine Mitteilungs- und Anzeigepflichten (Kontrollmitteilungen) in den gesetzlich ausdrücklich geregelten Ausnahmefällen zulasse (Subsidiarität). Dies gelte insbesondere im Hinblick auf § 33 ErbStG.

Möglicherweise kann der gesetzgeberische Wille für eine subsidiäre Geltung des § 30 a Abs. 2 AO aber dem § 45 e EStG entnommen werden. In der Literatur wird darauf hingewiesen, dass es keinen Unterschied machen könne, ob die Ermächtigung zur Gesetzesänderung das ermächtigende Gesetz selbst oder ein anderes Gesetz betreffe[120]. Betreffe sie ein anderes Gesetz, so werde dessen Geltungsanspruch durch die spätere Ermächtigung zur gesetzesändernden Rechtsverordnung dahingehend modifiziert, dass es in den durch Verordnung geregelten Fällen zurücktrete (lex posterior derogat legi priori)[121]. Dies gelte auch dann, wenn die Ermächtigungsnorm zwar nicht ausdrücklich, aber doch der Sache nach zur Änderung des anderen Gesetzes ermächtige[122]. Dem ist unter der Maßgabe zuzustimmen, dass der Wille des Gesetzgebers, seinen Regelungsanspruch zurückzunehmen, zuverlässig festgestellt werden kann[123]. Nur dann ist das rechtsstaatliche Gebot der Normenklarheit (Rechtssicherheit) gewahrt.

Der Gesetzgeber hat in § 45 e S. 1 EStG durch die ausdrückliche Bezugnahme auf die Zinsrichtlinie zum Ausdruck gebracht, dass § 30 a Abs. 2 AO in den von der Richtlinie erfassten Fällen, also bei Zinszahlungen an Steuerausländer, keine Geltung beanspruchen solle. Ein dahingehender Wille des Gesetzgebers lässt sich § 45 e S. 1 EStG in seiner Konkretisierung durch die Zinsrichtlinie entnehmen. Inhalt, Zweck und Ausmaß der zu erlassenden Rechtsverordnung wurden insoweit sorgfältig bestimmt.

Für einen nach der lex-posterior-Regel reduzierten Geltungsanspruch des § 30 a Abs. 2 AO spricht auch § 45 e S. 2 EStG. Wenn dieser regelt, „wie" die von der Bundesregierung zu normierenden Mitteilungspflichten für Kreditinstitute technisch auszuführen sind, setzt er das „Ob" solcher Mitteilungen, also eine Abweichung von § 30 a Abs. 2 AO, logisch voraus. Dann aber entspricht es dem gesetzgeberischen Willen, dass der sachlich-persönliche Anwendungsbereich des § 30 a Abs. 2 AO so reduziert werden soll, dass die von der Umsetzungsverordnung erfassten Fällen nicht mehr unter § 30 a Abs. 2 AO fallen. Das Gesetz soll auf Konten bei Kreditinstituten, auf denen Zinsen gutgeschrieben werden, deren wirtschaftliche Eigentümer natürliche, in einem anderen Mitgliedsstaat ansässige Personen sind, keine Anwendung finden.

Diese Ermächtigung der Bundesregierung verschiebt im Übrigen auch nicht das rechtsstaatlich gebotene Verhältnis von Gesetz und Verordnung in unzulässiger Weise: § 45 e EStG ermächtigt nicht zur Abweichung von § 30 a AO insgesamt; vielmehr reduziert er lediglich den sachlich-persönlichen Anwendungsbereich des § 30 a Abs. 2 AO; er lässt insbesondere die zentrale Vorschrift des § 30 a AO, nämlich dessen Abs. 3, welcher Kontrollmitteilungen anlässlich von Außenprüfungen bei Kreditinstituten verbietet, unberührt. Als sachlicher Grund für die Ermächtigung der Bundesregierung zum Erlass einer gesetzesändernden Rechtsverordnung ist das Entlastungsinteresse des Gesetzgebers anzuführen. Dieses ist gerade im Bereich der europäischen Richtliniengebung anzuerkennen, in dem die gemeinschaftsrechtliche Verpflichtung besteht, umfassende Regelungen binnen kurzer Frist in das nationale Recht umzusetzen.

---

120 Peter, AöR 92 (1967), 357 (365).
121 Peter, AöR 92 (1967), 357 (365).
122 Peter, AöR 92 (1967), 357 (367).
123 Lepa, AöR 105 (1980), 337 (355).

(e) Zwischenergebnis

Nach alledem ist § 45 e EStG (a. F) auch insoweit mit Art. 80 Abs. 1 S. 2 GG vereinbar, als er zum Erlass einer von § 30 a Abs. 2 AO abweichenden Rechtsverordnung ermächtigt. Etwas anderes gilt indessen für § 45 e EStG (n. F.). Wie bereits erörtert[124], genügt diese Norm wegen ihrer Verweisung auf die Zinsrichtlinie „in der jeweils geltenden Fassung" nicht dem Bestimmtheitsgrundsatz des Art. 80 Abs. 1 S. 2 GG. Dies muss umso mehr gelten, als die Bundesregierung in § 45 e EStG (n. F.) ermächtigt wird, die Geltung von § 30 a Abs. 2 AO durch Rechtsverordnung weiter einzuschränken. Im Hinblick auf den gesetzesändernden Charakter solcher Änderungen der Zinsinformationsverordnung hätte das Gesetz Inhalt, Zweck und Ausmaß der Ermächtigung besonders sorgfältig bestimmen müssen. Nur so hätte eine Umkehr des rechtsstaatlich gebotenen Verhältnisses von Gesetz und Verordnung verhindert werden können. § 45 e EStG (n. F.) wird diesem Erfordernis aufgrund der dynamischen Verweisung auf die Zinsrichtlinie nicht gerecht.

2. Zinsinformationsverordnung im Lichte von Art. 80 GG

Indem die Zinsinformationsverordnung auf § 45 e EStG (a. F.) als Rechtsgrundlage Bezug nimmt, wahrt sie das Zitiergebot nach Art. 80 Abs. 1 S. 3 GG. Sie ist insoweit mit den Vorgaben des Art. 80 GG vereinbar.

III. Zusammenfassung

Zusammenfassend ergibt sich Folgendes: Die Bundesrepublik hat ihre Verpflichtung zur Umsetzung der Zinsrichtlinie nach Art. 249 Abs. 3, 10 EG erfüllt. Die Zinsinformationsverordnung ist auf der Grundlage von § 45 e EStG (a. F.) ordnungsgemäß, also rechtswirksam zustande gekommen. Hierfür ist es ausreichend, dass zum Zeitpunkt des Erlasses der Rechtsverordnung eine rechtswirksame gesetzliche Ermächtigungsgrundlage bestand. Die Rechtswirksamkeit der Rechtsverordnung wird insbesondere nicht durch die nachträgliche Änderung des § 45 e EStG berührt[125].

Die Zinsinformationsverordnung kollidiert zwar bei materiell-rechtlicher Betrachtungsweise mit § 30 a Abs. 2 AO. Indessen handelt es sich dabei nicht um eine echte Normenkollision[126]; vielmehr ist die Norm des § 30 a Abs. 2 AO bereits wegen Verfassungsverstoßes nichtig. Unterstellt man demgegenüber die Rechtswirksamkeit des § 30 a Abs. 2 AO, so wurde dessen Geltungsanspruch jedenfalls durch die lex posterior des § 45 e EStG (a. F.) modifiziert: Dieser Ermächtigungsgrundlage ist der gesetzgeberische Wille zu entnehmen, dass § 30 a Abs. 2 AO nicht auf diejenigen Fälle anwendbar sein soll, die von der Zinsinformationsverordnung geregelt werden. Aufgrund der derogatorischen Kraft des § 45 e EStG war § 30 a Abs. 2 AO bereits zum Zeitpunkt des Erlasses der Zinsinformationsverordnung in sei-

---

124 Siehe Teil I II.1.a)(2).

125 Kruse/ Drüen, in: Tipke/ Kruse, AO, Bd. 1, § 4 Rz. 60 m. w. N; BVerfG v. 3.12.1958, 1 BvR 488/ 57, BVerfGE 9, 3 (12); v. 25.7.1962, 2 BvL 4/ 62, BVerfGE 14, 249 (249); v. 23.3.1977, 2 BvR 812/ 74, BVerfGE 44, 216 (226).

126 Vgl. BVerfG v. 29.1.1974, 2 BvN 1/ 69, BVerfGE 36, 342 (363); Birk, in: H/ H/ Sp, AO, Bd. 1, § 4 Rz. 355: Von einer Kollision in diesem Sinne ist zu sprechen, wenn mehrere Rechtsnormen auf einen Sachverhalt anwendbar sind und für diesen zu verschiedenen Ergebnissen führen. Jedenfalls setzt eine Kollision voraus, dass die beiden sich widersprechenden Gesetze ordnungsgemäß zustande gekommen sind.

nem sachlich-persönlichen Anwendungsbereich beschränkt. Im Ergebnis kommt der Zinsinformationsverordnung damit keine „gesetzesändernde" Wirkung zu.
Vielmehr steht § 30 a Abs. 2 AO den von der Zinsinformationsverordnung begründeten Kontrollmitteilungspflichten bei Zinszahlungen bzw. Zinsgutschriften an natürliche Personen mit Wohnsitz in einem anderen Mitgliedsstaat nicht entgegen. Insoweit gilt allein die Zinsinformationsverordnung. Mit deren Erlass hat die Bundesrepublik Deutschland die Zinsrichtlinie ordnungsgemäß im Sinne der Art. 249 Abs. 3, 10 EG umgesetzt.

I. Ergebnisse der Arbeit

1. Zinszahlungen sowie Zinsgutschriften aus Portfolioinvestitionen von natürlichen Personen fallen in den Schutzbereich der Freiheit des Zahlungsverkehrs nach Art. 56 Abs. 2 EG, wenn entweder die Zinszahlung als solche oder aber der Zinsschuldner bzw. der Zinsgläubiger die Grenze zwischen zwei Mitgliedsstaaten oder aber die Grenze zwischen der Europäischen Union und einem Drittstaat, in dem die Zinserträge erzielt wurden, überschreiten. Die Freiheit des Zahlungsverkehrs wirkt dabei als Annexfreiheit zur Freiheit des Kapitalverkehrs, welche das Grundgeschäft, d. h. die Portfolioinvestition, umfasst[1].

2. Die Zahlungsverkehrsfreiheit beinhaltet ein Beschränkungsverbot im weiteren Sinne. Dieses ist vorrangig als materielles Diskriminierungsverbot zu verstehen; als solches verbietet es mitgliedsstaatliche Besteuerungsmaßnahmen, die rechtlich oder tatsächlich zwischen inländischen und grenzüberschreitenden Zinszahlungen zu Lasten Letzterer differenzieren, sofern für eine solche Differenzierung über das Kriterium der Grenzüberschreitung hinaus kein sachlicher Differenzierungsgrund ersichtlich ist[2].

3. Die Zahlungsverkehrsfreiheit verbietet zudem solche Beschränkungen des grenzüberschreitenden Zahlungsverkehrs, die zwar nicht auf einer materiellen Diskriminierung beruhen, die aber den Marktzugang als solchen beeinträchtigen, also marktsegmentierend wirken. Insoweit entfaltet die Zahlungsverkehrsfreiheit ein Beschränkungsverbot im engeren Sinne. Da Maßnahmen der Zinsbesteuerung den Zugang der zugrunde liegenden Portfolioinvestition zum Markt des jeweiligen Mitgliedsstaates bereits voraussetzen, führen sie grundsätzlich nicht zu einer Beschränkung im engeren Sinne[3].

4. Nach Art. 58 Abs. 1 lit. a, Abs. 3 EG sind Beschränkungen der Freiheit des Zahlungsverkehrs gerechtfertigt, wenn sie zur Herstellung steuerlicher „Kohärenz" geeignet, erforderlich und angemessen sind. Der Begriff der „Kohärenz" ist aus der nationalen Steuerrechtsordnung heraus zu bestimmen („Mikro-Kohärenz") und schützt insbesondere die Funktionsfähigkeit des nationalen Steuersystems[4].

5. Nach Art. 58 Abs. 1 lit. b Alt. 1, Abs. 3 EG sind Beschränkungen der Freiheit des Zahlungsverkehrs gerechtfertigt, wenn sie zur Herstellung einer „wirksamen steuerlichen Kontrolle", d. h. zur Verhinderung von Steuerverkürzung- bzw. -hinterziehung sowie von Steuerumgehung, geeignet, erforderlich und angemessen sind. Die restriktive Interpretation des Verhältnismäßigkeitserfordernisses durch den EuGH bewirkt indessen eine weitgehende Einschränkung nationaler Handlungsmöglichkeiten. Danach haben die Mitgliedsstaaten im Bereich der Zinsbesteuerung grundsätzlich vorrangig von den Handlungsmöglichkeiten nach der Amtshilferichtlinie Gebrauch zu machen; diese erweisen sich jedoch als ineffizient, wenn der Amtshilfeerteilung ein gegenüber den Finanzbehörden geschütztes Bankgeheimnis entgegensteht[5].

---

1 Siehe Teil E II.2. und Teil E II.5.
2 Siehe Teil E II.3. und Teil E II.5.
3 Siehe Teil E II.3. und Teil E II.5.
4 Siehe Teil E II.4.a) und Teil E II.5.
5 Siehe Teil E II.4.b)(1) und Teil E II.5.

6. Nach Art. 58 Abs. 1 lit. b Alt. 2, Abs. 3 EG sind Beschränkungen der Freiheit des Zahlungsverkehrs gerechtfertigt, wenn sie zur Herstellung von öffentlicher Sicherheit und Ordnung geeignet, erforderlich und angemessen sind. Danach kommen nationale Maßnahmen zur Verhinderung von Steuerflucht in Betracht, welche durch die Wahrnehmung von Chancen im Zuge eines ruinösen Steuerwettbewerbs zwischen den Mitgliedsstaaten motiviert ist; die Wahrung des Verhältnismäßigkeitsgrundsatzes ist allerdings zu beachten[6].

7. Zwölf der fünfzehn Mitgliedsstaaten sichern im Veranlagungszeitraum 2003 einen effektiven Steuervollzug bei inländischen Zinseinkünften ansässiger natürlicher Personen über den Abzug einer Quellensteuer. Lediglich Dänemark, Niederlande und Luxemburg behalten keine Quellensteuer ein. In fünf Staaten, nämlich in Belgien, Finnland, Frankreich, Österreich und Portugal, ist die einbehaltene Quellensteuer abgeltender Art. Es besteht zudem – außer in Finnland – eine Veranlagungsoption. In vier Staaten, nämlich in Deutschland, Großbritannien, Schweden und Spanien, ist die einbehaltene Quellensteuer anrechenbarer Art. In drei Staaten, nämlich Griechenland, Italien und Irland, wird nach der Herkunft der Zinsen zwischen abgeltender und anrechenbarer Quellensteuer differenziert[7].

8. Zinsen aus bestimmten inländischen Anlageformen sind im Veranlagungszeitraum 2003 in sieben Mitgliedsstaaten, nämlich in Frankreich, Griechenland, Großbritannien, Irland, Luxemburg, Portugal und Spanien bei ansässigen natürlichen Personen sachlich von der Einkommensteuer befreit (Sparförderung). Eine entsprechende Sparförderung wird für Zinsen aus ausländischen Anlageformen nicht gewährt[8]:

9. Von den zwölf Mitgliedsstaaten, die eine Quellensteuer auf Zinsen Ansässiger erheben, erheben eine solche auf Zinserträge von Nichtansässigen nach innerstaatlichem Recht lediglich zwei Staaten, nämlich Finnland und Portugal. In den restlichen zehn Mitgliedsstaaten sind Zinserträge Nichtansässiger nach innerstaatlichem Recht ganz oder überwiegend vom Quellensteuerabzug befreit; sie sind entweder nicht steuerbar oder steuerfrei. Nach den mit Deutschland abgeschlossenen Doppelbesteuerungsabkommen werden Zinsen, die in einem Vertragsstaat ansässige natürliche Personen im anderen Vertragsstaat erzielen, in der Regel ausschließlich im Wohnsitzstaat besteuert. Eine abkommensrechtliche Steuerbefreiung besteht danach in folgenden Quellensteuerstaaten: Dänemark, Deutschland, Finnland, Frankreich, Großbritannien, Irland, Luxemburg, Niederlande, Österreich und Schweden. Lediglich die Doppelbesteuerungsabkommen mit Belgien, Griechenland, Italien, Portugal und Spanien sehen zusätzlich ein der Höhe nach auf 10 % bis 15 % beschränktes Besteuerungsrecht des Quellenstaates vor[9].

10. Im Ausland erzielte Zinsen ansässiger natürlicher Personen werden nach dem Welteinkommensprinzip in sämtlichen Mitgliedsstaaten der Veranlagung zum individuellen Steuertarif unterworfen. Dies gilt auch in denjenigen Mitgliedsstaaten, die auf im Inland erzielte Zinsen eine abgeltende Quellensteuer erheben[10].

---

6 Siehe Teil E II.4. b)(2) und Teil E II.5.
7 Siehe Teil E III. gesamt und Teil E III.3.
8 Siehe Teil E III. gesamt und Teil E III.3.
9 Siehe Teil E III. gesamt und Teil E III.3.
10 Siehe Teil E III. gesamt und Teil E III.3.

11. Von den Mitgliedsstaaten, die eine Quellensteuer auf Zinserträge natürlicher Personen erheben, sichern sechs Staaten, nämlich Finnland, Großbritannien, Frankreich, Irland, Schweden und Spanien, einen effektiven Steuervollzug bei Zinserträgen zusätzlich über Kontrollmitteilungen durch Banken an die Finanzbehörden. Dänemark und Niederlande sichern ihr Besteuerungsrecht ausschließlich durch Kontrollmitteilungen seitens der Banken. Deutschland statuiert als Einziger unter den Mitgliedsstaaten, die eine anrechenbare Quellensteuer erheben, keine Kontrollmitteilungspflichten für Banken. In Luxemburg wird weder eine Quellensteuer auf Zinserträge erhoben, noch sind Banken zu Kontrollmitteilungen verpflichtet[11].

12. In sämtlichen Mitgliedsstaaten ist das Bankgeheimnis zwar zivilrechtlich anerkannt; jedoch ist es in der Mehrzahl der Mitgliedsstaaten in seinem Bestand gegenüber den Finanzbehörden mindestens teilweise durchbrochen. Lediglich in Österreich, Luxemburg und Belgien genießt das Bankgeheimnis im Besteuerungsverfahren umfassenden Schutz gegenüber den Finanzbehörden[12].

13. Gegen das Diskriminierungsverbot der Freiheit des Zahlungsverkehrs nach Art. 56 Abs. 2 EG verstoßen in der Besteuerungspraxis der Mitgliedsstaaten einerseits Normen, die Ansässigen spezifische Steuervergünstigungen auf Zinserträge aus inländischen Kapitalanlagen gewähren, diese Steuervergünstigungen aber auf Zinserträge aus entsprechenden Auslandsanlagen verwehren (nationale Sparförderung). Andererseits verstoßen gegen das Diskriminierungsverbot Normen, die eine Veranlagung ausländischer Zinserträge von Ansässigen zum progressiven Tarif vorsehen, während inländische Zinsen der (linearen) Abgeltungsbesteuerung unterworfen werden. Beide Normenkomplexe sind als mitgliedsstaatliche Versuche zu werten, einer Kapitalflucht auf dem liberalisierten europäischen Kapitalmarkt entgegenzuwirken[13].

14. Aufgrund des völkerrechtlichen Territorialitätsprinzips setzt eine effektive Besteuerung von im Ausland erzielten Zinserträgen durch den Ansässigkeitsstaat einen umfassenden zwischenstaatlichen Auskunftsverkehr voraus. Der Erteilung von Auskünften über Zinserträge steht in diversen Mitgliedsstaaten indessen ein steuerliches Bankgeheimnis bzw. eine Beschränkung der Ermittlungsbefugnisse der Finanzbehörden gegenüber Kreditinstituten im Besteuerungsverfahren entgegen. Dem Ansässigkeitsstaat ist daher eine effektive Besteuerung von im Ausland erzielten Zinserträgen nicht möglich[14].

15. Im Bereich der Zinsbesteuerung reagieren private Marktteilnehmer auf dem liberalisierten Kapitalmarkt auf ein zwischenstaatliches Besteuerungsgefälle mit Kapitalflucht: Das maßgebliche Besteuerungsgefälle ergibt sich wie folgt: Zinserträge Nichtansässiger sind abkommensrechtlich im Quellenstaat in der Regel steuerbefreit. Dafür wird dem Wohnsitzstaat das ausschließliche Besteuerungsrecht zugewiesen (Wohnsitzprinzip). Jedoch vermag dieser seinen materiellen Besteuerungsanspruch – mangels hinreichender Übermittlung von Steuerdaten durch den Quellenstaat – in der Praxis nicht zu realisieren. Damit werden grenzüberschreitende Zinszahlungen weder im Quellen- noch im Wohnsitzstaat effektiv besteuert („effektive

11 Siehe Teil E III. gesamt und Teil E III.3.
12 Siehe Teil E III. gesamt und Teil E III.3.
13 Siehe Teil E IV. gesamt und Teil E IV.4.
14 Siehe Teil F I. gesamt und Teil F I.4.

Nullbesteuerung“). Es entsteht ein effektives Besteuerungsgefälle zwischen grenzüberschreitenden und inländischen Zinszahlungen[15].

16. Die Ansässigkeitsstaaten reagieren darauf, indem sie ihrerseits die effektiven Besteuerungssätze für Zinserträge nach unten korrigieren: Zinserträge Ansässiger aus diversen nationalen Anlageformen werden von der Einkommensteuer befreit (Sparförderung). Diese Gesetzmäßigkeit ist Ausdruck eines Steuerwettbewerbs zwischen den Mitgliedsstaaten. Auf einem liberalisierten Kapitalmarkt vermag sich kein Staat der Gesetzmäßigkeit des Steuerwettbewerbs durch unilaterale Maßnahmen zu entziehen. Der Steuerwettbewerb führt zu einem steuerlichen „race to the bottom“, letztlich also zur Erosion der mitgliedsstaatlichen Bemessungsgrundlage. Folglich wird im Steuerwettbewerb ein „Zielkonflikt zwischen angestrebter Mobilität der wirtschaftlichen Ressourcen und großer Sorge der Mitgliedsstaaten um ihre Steuereinnahmen“[16] offenbar[17].

17. Wendet man die Kriterien des Verhaltenskodex zur Unternehmensbesteuerung entsprechend auf die Zinsbesteuerung bei privaten Investoren an, so ergibt sich Folgendes: Die abkommensrechtlich übliche Steuerbefreiung von Zinsen Nichtansässiger im Quellenstaat zugunsten der ausschließlichen Besteuerung durch den Ansässigkeitsstaat wird gemeinsam mit der unzureichenden Übermittlung von Steuerdaten an den Ansässigkeitsstaat politisch als Maßnahme „schädlichen Steuerwettbewerbs“ missbilligt[18].

18. Das Beihilfeverbot des Art. 87 EG verbietet nicht nur „schädlichen Steuerwettbewerb“ im Sinne des Verhaltenskodex zur Unternehmensbesteuerung, sondern auch „schädlichen Steuerwettbewerb“ im Rahmen der Besteuerung von Zinsen bei privaten Investoren[19].

19. Zwar wurde die Zinsrichtlinie nach Art. 94 EG vom Rat der Europäischen Union einstimmig verabschiedet, doch wäre nach Art. 96 EG auch eine Abstimmung mit qualifizierter Mehrheit möglich gewesen. Beide Normen sind als Rechtsgrundlage für eine Harmonisierung zum Zwecke der Beseitigung steuerlich bedingter Wettbewerbsverzerrungen einschlägig. Eine Abstimmung mit qualifizierter Mehrheit wäre dabei im Interesse der Erhaltung mitgliedsstaatlicher Steuersouveränität wünschenswert gewesen; denn einzig die Harmonisierung der Zinsbesteuerung ermöglichte es den Mitgliedsstaaten, der Gesetzmäßigkeit des „schädlichen Steuerwettbewerbs“, insbesondere dessen negativen Auswirkungen auf die mitgliedsstaatliche Bemessungsgrundlage, Einhalt zu gebieten[20].

20. Von den alternativen Harmonisierungsansätzen der anrechenbaren (Mindest-) Quellensteuer, der abgeltenden Quellensteuer, des Informationsaustauschs sowie des Koexistenzmodells ist nur das von der Zinsrichtlinie – nach Ablauf der Übergangszeit – angestrebte Informationsmodell zur Beseitigung der bestehenden Wettbewerbsverzerrungen auf dem europäischen Kapitalmarkt nicht nur geeignet sondern – gemessen an der mitgliedsstaatlichen Steuersouveränität – auch erforderlich. Damit genügt nur dieser Harmonisierungsansatz den

15 Siehe Teil F II.1. und F II.3.
16 Lehner, StuW 1998, 159 (161).
17 Siehe Teil F II.1. und F II.3.
18 Siehe Teil F II.2. und F II.3.
19 Siehe Teil F III. gesamt und Teil F III.3.
20 Siehe Teil G II.1., Teil G II.3. und Teil G II.6.

gemeinschaftsrechtlichen Prinzipien der Subsidiarität und der Verhältnismäßigkeit nach Art. 5 Abs. 2, 3 EG[21].

21. Die von der Zinsrichtlinie begründete Pflicht der Kreditinstitute, den nationalen Finanzbehörden über Zinszahlungen an natürliche Personen mit Wohnsitz in einem anderen Mitgliedsstaat Kontrollmitteilungen zu erteilen, welche an die zuständigen Finanzbehörden des Wohnsitzstaates weitergeleitet werden, ist mit der Freiheit des Zahlungsverkehrs nach Art. 56 bs. 2 EG vereinbar[22].

22. Die von der Zinsrichtlinie begründeten Kontrollmitteilungspflichten für Kreditinstitute haben Kontonummer, Name und Wohnsitz des von der Zinszahlung Berechtigten sowie Höhe der empfangenen Zinsen zum Gegenstand. Damit greift die Zinsrichtlinie zwar in die als Gemeinschaftsgrundrecht anerkannte Berufsfreiheit der Kreditinstitute sowie in das ebenfalls gemeinschaftsgrundrechtlich geschützte Selbstbestimmungsrecht der Zinsempfänger über personenbezogene Daten ein. Dieser Eingriff wird jedoch durch die von der Zinsrichtlinie verfolgten öffentlichen Interessen, namentlich an der Beseitigung steuerlich bedingter Wettbewerbsverzerrungen, an der Bekämpfung „schädlichen Steuerwettbewerbs" sowie an der Sicherung der Besteuerungsansprüche der Mitgliedsstaaten, gerechtfertigt[23].

23. Die Regelungen der Zinsrichtlinie sowie der zu ihrer Umsetzung erlassenen deutschen Zinsinformationsverordnung weisen gewisse Defizite auf, die dem Ziel der Zinsrichtlinie, der Beseitigung von Wettbewerbsverzerrungen durch Sicherstellung einer effektiven Besteuerung von grenzüberschreitenden Zinszahlungen, zuwiderlaufen. So kommt es während des Übergangszeitraums, in dem Österreich, Belgien und Luxemburg keine Informationen erteilen, jedoch eine Quellensteuer erheben, gerade an den Schnittstellen zwischen diesen Staaten und den anderen Mitgliedsstaaten weiterhin zu Wettbewerbsverzerrungen. Erst nach Ablauf des Übergangszeitraums kann Kapitalexportneutralität erzielt, d. h. ein unverfälschter Wettbewerb auf dem europäischen Kapitalmarkt realisiert werden. Zudem gilt es, eine Umgehung der an die Zahlstellen in den Mitgliedsstaaten anknüpfenden Kontrollmitteilungspflichten (Zahlstellenprinzip) über eine gezielte Verlagerung von Zahlstellen in Drittstaaten durch den Abschluss entsprechender Drittstaatenabkommen zu verhindern. Weiterhin verursachen die zahlreichen Differenzierungen im sachlichen und persönlichen Anwendungsbereich der Zinsrichtlinie nicht nur Vollzugsprobleme, sondern eröffnen den Anlegern die Möglichkeit zu Ausweichgestaltungen[24].

24. Durch den Erlass der auf § 45 e EStG gestützten Zinsinformationsverordnung hat die Bundesrepublik Deutschland ihre Verpflichtung nach Art. 249 Abs. 3, 10 EG erfüllt, die Zinsrichtlinie so in das deutsche Recht umzusetzen, dass das Ziel der Richtlinie größtmögliche praktische Wirksamkeit entfaltet. Die Zinsinformationsverordnung ist im Hinblick auf Art. 80 Abs. 1 GG rechtswirksam zustande gekommen. Dem steht insbesondere nicht eine Normenkollision der Rechtsverordnung mit § 30 a Abs. 2 AO entgegen[25].

---

21 Siehe Teil G II.2. und Teil G II.6.
22 Siehe Teil G II.4. und Teil G II.6.
23 Siehe Teil G II.5. und Teil G II.6.
24 Siehe Teil H gesamt und Teil H VII.
25 Siehe Teil I gesamt und Teil I III.

J. Literaturverzeichnis

Anzinger, Heribert, Harmonisierung der Zinsbesteuerung in der EU: Quellensteuer, Abgeltungssteuer, Informationsmodell – nur eine Frage des tragfähigen Kompromisses? StuW 2002, S. 261 ff.

App, Michael, Der Stellenwert des Bankgeheimnisses im Vergleich internationaler Finanzmärkte, DStZ 1993, S. 201 ff.

Bächle, Ekkehard/ Rupp, Thomas, Internationales Steuerrecht, Stuttgart 2002. Zitiert: Bächle/ Rupp, Internationales Steuerrecht.

Badura, Peter/ Schulz, Rupert (Hrsg.), Festschrift für Peter Lerche, München 1993. Zitiert: Bearbeiter, FS Lerche.

Barents, René, The Community and the Unity of the Common Market, GYIL Volume 33 (1990), p. 9 sq.

Basedow, Jürgen, Zielkonflikte und Zielhierarchien im Vertrag über die Europäische Gemeinschaft; in: Due, Ole/ Lutter, Marcus/ Schwarze, Jürgen; Festschrift für Ulrich Everling, Band I, Baden Baden 1995, S. 49 ff. Zitiert: Basedow, FS Everling, 1995, S. 49 ff.

Beermann, Albert, Steuerliches Verfahrensrecht, AO, FGO, Nebengesetze, Kommentar, Ordner 1, Bonn, Stand: 49. Ergänzungslieferung 2005. Zitiert: Bearbeiter, in: Beermann, AO.

Bell, Susan, Updated Proposal for a Council Directive on the Taxation of Savings Income, British Tax Review 2002, S. 32 ff.

Benecke, Andreas/ Schnitger, Arne, Internationale Amtshilfe nach der Änderung des OECD-Musterabkommens 2000, IWB Nr. 7 v. 11.04.2001, Fach 10, Gruppe 2, S. 1517 ff.

Bentley, Philip, Tax obstacles to the free movement of capital, The EC Tax Journal 1996/ 97, p. 49 sq.

Bernhard, Winfred, Harmonisierung der steuerlichen Erfassung von Zinserträgen in Europa, DB 2001, S. 664 ff.

Best, Carl Maria, Mit der Steueramnestie endet auch das Bankgeheimnis – der Weg zum gläsernen Steuerbürger, DStR 2004, S. 1819 ff.

Beutler, Roland/ Bieber, Roland/ Epiney, Astrid/ Haag, Marcel, Die Europäische Union, Rechtsordnung und Politik, 5. Aufl., Baden-Baden 2001. Zitiert: Beutler/ Bieber/ Pipkorn/ Streil, Die Europäische Union, 5. Aufl.

Bieber, Roland/ Epiney, Astrid/ Haag, Marcel, Die Europäische Union, 6. Aufl., Baden-Baden 2005. Zitiert: Bieber/ Epiney/ Haag, Die Europäische Union, 6. Aufl.

Bieber, Roland/ Salomé, Isabelle, Hierarchy of Norms in European Law, Common Market Law Review 1996, Volume 33, p. 907 sq. Zitiert: Bieter/ Salomé, CMLR 33 (1996), p. 907 sq.

Bienert, Claus-Peter, Die Kontrolle mitgliedstaatlichen Handelns anhand der Gemeinschaftsgrundrechte, Göttingen 2001. Zitiert: Bienert, Die Kontrolle mitgliedstaatlichen Handelns.

Birk, Dieter (Hrsg.), Handbuch des Europäischen Steuer- und Abgabenrechts, Berlin 1995. Zitiert: Bearbeiter, in: Birk, Handbuch des Europäischen Steuer- und Abgabenrechts.

Birk, Dieter, Besteuerungsgleichheit in der Europäischen Union, in: Lehner, Moris (Hrsg.), Steuerrecht im Europäischen Binnenmarkt – Einfluß des EG-Rechts auf die nationalen Steuerrechtsordnungen, Veröffentlichungen der Deutschen Steuerjuristischen Gesellschaft e.V., DStJG Band 19, Köln 1996, S. 63 ff. Zitiert: Birk, DStJG 19 (1996), S. 63 ff.

Birk, Dieter, Steuerrecht, 7. Auflage Heidelberg 2004. Zitiert: Birk, Steuerrecht.

Birk, Dieter, Zur Vereinbarkeit einer Abgeltungssteuer mit dem europäischen Recht, in: Schick, Gerhard (Hrsg.), Veranlagung – Abgeltung – Steuerfreiheit, Besteuerung von Kapitalerträgen im Rechtsstaat, Berlin 2003. Zitiert: Birk, in: Schick, Veranlagung.

Bleckmann, Albert, Der allgemeine Gleichheitssatz beim Zusammenwirken des Europäischen Gemeinschaftsrechts mit dem nationalen Recht, NJW 1985, S. 2856 ff.

Bleckmann, Albert, Europarecht: Das Recht der Europäischen Union und der Europäischen Gemeinschaften, 6. Auflage Köln 1997. Zitiert: Bleckmann, Europarecht.

Bleckmann, Albert/ Pieper, Stefan Ulrich, Rechtsetzung und Vollzug des EG-Rechts, Rechtsquellen, in: Dauses, Manfred A. Handbuch des EG-Wirtschaftsrechts, Bd. 1, B.I., München, Stand (4/ 1997). Zitiert: Bleckmann/Pieper, Handbuch des EG-Wirtschaftsrechts Bd.1.

Blümich, Einkommensteuergesetz, Körperschaftsteuergesetz, Gewerbesteuergesetz, Kommentar, Hrsg.: Ebling, Klaus, Band 3, §§ 29-99 EStG, München, 85. Ergänzungslieferung, Stand: März 2005. Zitiert: Bearbeiter, in: Blümich, EStG, Bd. 3.

Böcker, Nicolai, Wirksame Rechtsbehelfe zum Schutz der Grundrechte in der Europäischen Union, Baden-Baden 2005. Zitiert: Böcker, Rechtsbehelfe zum Schutz der Grundrechte.

Böckli, Peter, Zahlstellensteuer – Konzept und Probleme der geplanten EU-Zinsabzugsteuer aus Schweizer Sicht, Archiv für Schweizerisches Abgabenrecht (ASA) 2000 (68), S. 529 ff.

Bogdandy, Armin von (Hrsg.), Europäisches Verfassungsrecht, Theoretische und dogmatische Grundzüge, Heidelberg 2003. Zitiert: Bearbeiter, in: Bogdandy, Europäisches Verfassungsrecht.

Bogdandy, Armin von, Europäischer Protektionismus im Medienbereich – Zu Inhalt und Rechtmäßigkeit der Quotenregelung in der Fernsehrichtlinie, EuZW 1992, S. 9 ff.

Borchardt, Klaus-Dieter, Richterrecht durch den Gerichtshof der Europäischen Gemeinschaften, in: Randelzhofer, Albrecht/ Scholz, Rupert/ Wilke, Dieter (Hrsg.), Gedächtnisschrift für Eberhard Grabitz, München 1995, S. 29 ff. Zitiert: Borchardt, GS Grabitz, S. 29 ff.

Börner, Bodo, Die fünfte Freiheit des gemeinsamen Marktes: Der freie Zahlungsverkehr, in: Hallstein, Walter, Schlochauer, Hans-Jürgen (Hrsg.), Festschrift für Carl Friedrich Ophüls, Karlsruhe 1965, S. 19 ff. Zitiert: Börner, FS Ophüls, S. 19 ff.

Börner, Bodo, Rechtsfragen des Zahlungs- und Kapitalverkehrs in der EWG, EuR 1966, S. 97 ff.

Borries, Reimer von, Das Subsidiaritätsprinzip im Recht der EU, EuR 1994, S. 263 ff.

Brennan, Geoffrey/ Buchanan, James M., in: Folkers, Cay, (Hrsg. und Übersetzer) Besteuerung und Staatsgewalt – Analytische Grundlagen einer Finanzverfassung, Hamburg 1988. Zitiert: Brennan/ Buchanan, in: Folkers, Besteuerung und Staatsgewalt.

Brock, Rüdiger, Der zwischenstaatliche Auskunftsverkehr innerhalb der Europäischen Union auf der Grundlage des EG-Amtshilfe-Gesetzes bei den direkten und indirekten Steuern, Frankfurt a. M. 1998. Zitiert: Brock, Der zwischenstaatliche Auskunftsverkehr.

Brödermann, Eckart/ Iversen, Holger, Europäisches Gemeinschaftsrecht und Internationales Privatrecht, Tübingen 1994. Zitiert: Brödermann/ Iversen, Europäisches Gemeinschaftsrecht.

Brosius, Felix, Internationaler Steuerwettbewerb und Koordination der Steuersysteme, Hamburg, 2002.

Bruschke, Gerhard, Das Bankgeheimnis, BB 1990, S. 392 ff.

Bundesministerium der Finanzen, Gutachten des Wissenschaftlichen Beirats zur Reform der internationalen Kapitaleinkommensbesteuerung, Bonn 1998. Zitiert: BMF, Reform der internationalen Kapitaleinkommensbesteuerung.

Bundesministerium der Finanzen, Merkblatt zur zwischenstaatlichen Amtshilfe durch Auskunftsaustausch in Steuersachen vom 3.2.1999, BStBl. I 1999, S. 228 ff.

Calliess, Christian, Die Charta der Grundrechte der Europäischen Union – Fragen der Konzeption, Kompetenz und Verbindlichkeit, EuZW 2001, S. 261 ff.

Calliess, Christian, Die Charta der Grundrechte der Europäischen Union – Fragen der Konzeption, Kompetenz und Verbindlichkeit, EuZW 2001, S. 261 ff.

Calliess, Christian, Die verfassungsrechtliche Zulässigkeit von einfachgesetzlichen Rechtsverordnungsermächtigungen zur Umsetzung von Rechtsakten der EG, NVwZ 1998, S. 8 ff.

Calliess, Christian/ Ruffert, Matthias (Hrsg.), Kommentar des Vertrages über die Europäische Union und des Vertrages zur Gründung der Europäischen Gemeinschaft – EUV/ EGV –, 2. Aufl., Neuwied, Kriftel, 2002. Zitiert: Bearbeiter, in: Callies/ Ruffert, EUV/ EGV.

Carl, Dieter/ Klos, Joachim, Bankgeheimnis und Quellensteuer im Vergleich internationaler Finanzmärkte, Berlin 1993. Zitiert: Carl/ Klos, Bankgeheimnis und Quellensteuer.

Carl, Dieter/ Klos, Joachim, Das Luxemburger Bankgeheimnis aus der Sicht des EG-Bürgers – Steuerfluchtland Luxemburg? DStZ 1991, S. 577 ff.

Carl, Dieter/ Klos, Joachim, Das Recht auf informationelle Selbstbestimmung, DStZ 1990, S. 341 ff.

Carl, Dieter/ Klos, Joachim, Das Recht auf informationelle Selbstbestimmung, Neue Herausforderungen an Besteuerungsverfahren und Steuerkontrolle? DStZ 1990, S. 341 ff.

Carl, Dieter/ Klos, Joachim, Die EG-Amtshilfe in Steuersachen – Teil II, -Rechtsgrundlagen und Verfahren der steuerlichen Informationshilfe über die Grenze , INF 1994, S. 238 ff.

Carl, Dieter/ Klos, Joachim, Geheimnisschutz bei der internationalen Amtshilfe in Steuersachen, IStR 1995, S. 225 ff.

Carl, Dieter/ Klos, Joachim, Internationale Kontrollmitteilungen zwischen Steuerbehörden, CR 1995, S. 235 ff.

Carl, Dieter/ Klos, Joachim, Leitfaden zur internationalen Amts- und Rechtshilfe in Steuersachen, Berlin 1995. Zitiert: Carl/ Klos, Leitfaden.

Cirkel, Johannes, Die Bindungen der Mitgliedstaaten an die Gemeinschaftsgrundrechte, Baden-Baden 2000. Zitiert: Cirkel, Bindungen der Mitgliedstaaten.

Claßen, Christiane, Nichtumsetzung von Gemeinschaftsrichtlinien – Von der unmittelbaren Wirkung bis zum Schadenersatzanspruch, Berlin 1999. Zitiert: Claßen, Nichtumsetzung von Gemeinschaftsrichtlinien.

Confédération Fiscale Européenne, Zukünftiger Fortschritt bei der Harmonisierung der Besteuerung in der EU- Vorlage der Confédération Fiscale Européenne an die GD XV und GD XXI der Europäischen Kommission und an die Finanzministerien der Mitgliedstaaten der EU, IStR 1996, S. 226 ff.

Cordewener, Axel, Das EuGH-Urteil „Gerritse“ und seine Umsetzung durch das BMF-Schreiben vom 3.11.2003 – Steine statt Brot für die Besteuerungspraxis, IStR 1994, S. 109 ff.

Cordewener, Axel, Europäische Grundfreiheiten und nationales Steuerrecht: „Konvergenz“ des Gemeinschaftsrechts und „Kohärenz“ der direkten Steuern in der Rechtsprechung des EuGH, Köln 2002. Zitiert: Cordewener, Europäische Grundfreiheiten und nationales Steuerrecht.

Danwitz, Thomas, Rechtsverordnungen, JURA 2002, S. 93 ff.

Danwitz, von, Thomas, Der Grundsatz der Verhältnismäßigkeit im Gemeinschaftsrecht, EWS 2003, S. 393 ff.

Dauses, Manfred (Hrsg.), Handbuch des EU-Wirtschaftsrechts, Band 1, Stand: Dezember 2004, München 2005. Zitiert: Bearbeiter, in: Dauses, Handbuch des EU-Wirtschaftsrechts, Bd. 1.

Dauses, Manfred (Hrsg.), Handbuch des EU-Wirtschaftsrechts, Band 2, Stand: Dezember 2004, München 2005. Zitiert: Bearbeiter, in: Dauses, Handbuch des EU-Wirtschaftsrechts, Bd. 2.

Dautzenberg, Norbert, Anmerkung zum Urteil des EuGH v. 6.6.2000, C-35/ 98, Verkooijen, BB 2000, S. 2348 ff.

Dautzenberg, Norbert, Die Kapitalverkehrsfreiheit des EG-Vertrages, der Steuervorbehalt des Art. 73 d EGV und die Folgen für die Besteuerung, RIW 1998, S. 537 ff.

Dautzenberg, Norbert, die Kapitalverkehrsfreiheit des EG-Vertrags und die direkten Steuern, StuB 2000, S. 720 ff.

Dautzenberg, Norbert, Die Kapitalverkehrsfreiheit des EG-Vertrags, RIW 1998, S. 537 ff.

Dautzenberg, Norbert, Europäische „Agenda" für das Ertragsteuerrecht im Jahr 2004: Die Richtlinien vom Juni 2003, BB 2004, S. 17 ff.

Dautzenberg, Norbert, Unternehmensbesteuerung im EG-Binnenmarkt, Köln 1996. Zitiert: Dautzenberg, Unternehmensbesteuerung im EG-Binnenmarkt.

De Bont, Guido, Taxation and the Free Movement of Capital and Payments, EC Tax Review 1995, p.136 sq.

Debatin, Helmut/ Wassermeyer, Franz (Hrsg.), Doppelbesteuerung, Kommentar zu allen deutschen Doppelbesteuerungsabkommen, Band I: Kommentierung des OECD-MA, München, Stand: Januar 2004. Zitiert: Bearbeiter, in: Debatin/ Wassermeyer, Doppelbesteuerung, Band I, OECD-MA.

Debatin, Helmut/ Wassermeyer, Franz (Hrsg.), Doppelbesteuerung, Kommentar zu allen deutschen Doppelbesteuerungsabkommen, Band II: Länderteil von Ägypten bis Griechenland, München, Stand: Januar 2004. Zitiert: Bearbeiter, in: Debatin/ Wassermeyer, Doppelbesteuerung, Bd. II.

Debatin, Helmut/ Wassermeyer, Franz (Hrsg.), Doppelbesteuerung, Kommentar zu allen deutschen Doppelbesteuerungsabkommen, Band III: Länderteil von Großbritannien bis Liberia, München, Stand: Januar 2004. Zitiert: Bearbeiter, in: Debatin/ Wassermeyer, Doppelbesteuerung, Bd. III.

Debatin, Helmut/ Wassermeyer, Franz (Hrsg.), Doppelbesteuerung, Kommentar zu allen deutschen Doppelbesteuerungsabkommen, Band IV: Länderteil von Litauen bis Österreich, München, Stand: Januar 2004. Zitiert: Bearbeiter, in: Debatin/ Wassermeyer, Doppelbesteuerung, Bd. IV.

Debatin, Helmut/ Wassermeyer, Franz (Hrsg.), Doppelbesteuerung, Kommentar zu allen deutschen Doppelbesteuerungsabkommen, Band V: Länderteil von Pakistan bis Spanien, München, Stand: Januar 2004. Zitiert: Bearbeiter, in: Debatin/ Wassermeyer, Doppelbesteuerung, Bd. V.

Dinse, Hans-Peter, Die Besteuerung von Portfolio-Kapitalerträgen im europäischen Kapitalmarkt, Baden-Baden 2000. Zitiert: Dinse, Besteuerung von Portfolio-Kapitalerträgen.

Dreier, Horst (Hrsg.), Grundgesetz, Kommentar, Band 1, Präambel, Art. 1-19, Tübingen 2004. Zitiert: Bearbeiter, in Dreier, GG, Bd. 1.

Dreier, Horst (Hrsg.), Grundgesetz, Kommentar, Band 2, Art. 20-82, Tübingen 1998. Zitiert: Bearbeiter, in: Dreier, GG, Bd. 2.

Duhnkrack, Stefan, Grenzüberschreitender Steuerdatenschutz, Reichweite und Grenzen der internationalen Auskunftserteilung durch deutsche Finanzbehörden, Frankfurt am Main 1990. Zitiert: Duhnkrack, Grenzüberschreitender Steuerdatenschutz.

Eckhoff, Rolf, § 194 AO – Sachlicher Umfang einer Außenprüfung, in: Hübschmann, Walter/ Hepp, Ernst/ Spitaler, Armin, Abgabenordnung, Finanzgerichtsordnung – Kommentar; Band 5 – §§ 172-201 AO, Köln, Stand (8/ 2004). Zitiert: Bearbeiter, in: H/ H/ Sp, AO, Bd. 5, § 194.

Eckhoff, Rolf, Der Grundrechtseingriff, Köln 1992. Zitiert: Eckhoff, Der Grundrechtseingriff.

Eckhoff, Rolf, Die Freiheit des Kapital- und Zahlungsverkehrs, in: Bleckmann, Albert (Hrsg.), Europarecht, 6. Auflage Köln 1997, S. 620 ff. Zitiert: Eckhoff, in: Bleckmann, Europarecht, S. 620 ff.

Eckhoff, Rolf, Diskriminierung im Bereich der Besteuerung des Einkommens und des Vermögens, in: Birk, Dieter (Hrsg.), Handbuch des Europäischen Steuer- und Abgabenrechts, Berlin 1995, S. 461 ff. Zitiert: Eckhoff, in: Birk, Handbuch des Europäischen Steuer- und Abgabenrechts, S. 461 ff.

Eckhoff, Rolf, Niederlassungsfreiheit, in: Birk, Dieter (Hrsg.), Handbuch des Europäischen Steuer- und Abgabenrechts, Berlin 1995, S. 543 ff. Zitiert: Eckhoff, in Birk, Handbuch des Europäischen Steuer- und Abgabenrechts, S. 543 ff.

Eckhoff, Rolf, Rechtsanwendungsgleichheit im Steuerrecht: Die Verantwortung des Gesetzgebers für einen gleichmäßigen Vollzug des Einkommensteuerrechts, Köln 1999. Zitiert: Eckhoff, Rechtsanwendungsgleicheit.

Eckhoff, Rolf, Verfassungsmäßigkeit der Zinsbesteuerung? DStR 1997, S. 1071 ff.

Ehlermann, Claus-Dieter, Ökonomische Aspekte des Subsidiaritätsprinzips: Harmonisierung versus Wettbewerb der Systeme, Integration 1995, S. 11 ff.

Ehlers, Dirk, Die Grundrechte des europäischen Gemeinschaftsrechts, JURA 2002, S. 468 ff.

Ehlers, Dirk/ Becker, Ulrich, Grundrechte und Grundfreiheiten, Berlin 2003.

Eiden, Christoph, Die Rechtsangleichung gemäß Art. 100 des EWG-Vertrages, Münster 1983. Zitiert: Eiden, Rechtsangleichung.

Emmerich-Fritsche, Angelika, Der Grundsatz der Verhältnismäßigkeit als Direktive und Schranke der EG-Rechtsetzung, Berlin 2000. Zitiert: Emmerich-Fritsche, Verhältnismäßigkeit.

Epiney, Astrid, Umgekehrte Diskriminierungen: Zulässigkeit und Grenzen der discrimination à revours nach dem europäischen Gemeinschaftsrecht und nationalem Verfassungsrecht, Köln 1995. Zitiert: Epiney, Umgekehrte Diskriminierungen.

Erichsen, Hans-Uwe/ Ehlers, Dirk (Hrsg.), Allgemeines Verwaltungsrecht, 12. Aufl., Berlin 2002. Zitiert: Bearbeiter, in: Erichsen/ Ehlers, Allgemeines Verwaltungsrecht.

Everling, Ulrich, Brauchen wir „Solange III"? – Zu den Forderungen nach Revision der Rechtsprechung des Bundesverfassungsgerichts, EuR 1990, S. 195 ff.

Faber, Angela, Die Zukunft kommunaler Selbstverwaltung und der Gedanke der Subsidiarität in den EG, DVBl. 1991, S. 1126 ff.

Fischer, Felix/ Gulder, Marcus, Zinsbesteuerung und Mitwirkungspflichten der Banken in Europa, Sparkasse 1998, S. 415 ff.

Fleißig, Eva, Die Harmonisierung der Zinsbesteuerung in der EU – Eine Analyse unter rechtsvergleichender Berücksichtigung der Besteuerung in Deutschland, Österreich, Frankreich, Großbritannien, Luxemburg und der Schweiz, Köln 2000. Zitiert: Fleißig, Harmonisierung der Zinsbesteuerung.

Flick, Hans, Die österreichische Endbesteuerung von Zinserträgen – Ein Modell für Europa? DStZ 1998, S. 186 ff.

Förster, Hartmut, Praxis der Besteuerung von Auslandsbeziehungen: Typische Fallgestaltungen für natürliche Personen sowie Kapital- und Personengesellschaften im In- und Ausland, Neuwied 2003. Zitiert: Förster, Praxis der Besteuerung von Auslandsbeziehung.

Förster, Jutta, Die direkten Steuern in den Europäischen Gemeinschaften, in: Birk, Dieter (Hrsg.), Handbuch des Europäischen Steuer- und Abgabenrechts, 1995, S. 761 ff. Zitiert: Förster, in: Birk, Handbuch des Europäischen Steuer- und Abgabenrechts, S. 761 ff.

Freitag, Robert, Mitgliedstaatliche Beschränkungen des Kapitalverkehrs und Europäisches Gemeinschaftsrecht, EWS 1997, S. 186 ff.

Friauf, Karl Heinrich, Unser Steuerstaat als Rechtsstaat, StJb. 1977/ 1978, S. 39 ff.

Frick, Karl Alois, Einkommensteuerliche Steuervergünstigungen und Beihilfeverbot nach dem EG-Vertrag, Sinzheim 1994. Zitiert: Frick, Einkommensteuerliche Steuervergünstigungen.

Frotscher, Gerrit, Internationales Steuerrecht, München 2001. Zitiert: Frotscher, Internationales Steuerrecht.

Frowein, Jochen Abr., Konkurrierende Zuständigkeit und Susidiarität – Zur Kompetenzverteilung in bündischen System, in: Badura, Peter/ Schulz, Rupert (Hrsg.), Festschrift für Peter Lerche, München 1993, S. 401 ff. Zitiert: Frowein, FS Lerche, S. 401 ff.

Furrer, Andreas, Die Sperrwirkung des sekundären Gemeinschaftsrechts auf die nationalen Rechtsordnungen, Baden-Baden 1994. Zitiert: Furrer, Die Sperrwirkung des sekundären Gemeinschaftsrechts.

Gehringer, Pierre-Oliver/ Jaussi, Thomas, Das Zinsbesteuerungsabkommen mit der EU kommt! Schweiz wird zum „Tax Collecting Agent“ für die EU, Der Schweizer Treuhänder/ L'Expert-comptable Suisse 2005, Heft 1-2, S. 85 ff.

Genschel, Philipp, Steuerharmonisierung und Steuerwettbewerb in der Europäischen Union, Frankfurt/ Main 2002. Zitiert: Genschel, Steuerharmonisierung und Steuerwettbewerb.

Gersdorf, Hubertus, Funktionen der Gemeinschaftsgrundrechte im Lichte des Solange II-Beschlusses des Bundesverfassungsgerichts, AöR 119 (1994) S. 400 ff.

Gerstner, Stephan/ Goebel, Burkhart, Grundrechtsschutz in Europa, JURA 1993, S. 626 ff.

Gilroy, Jörg, Zur künftigen Besteuerung der Kapitalerträge, FR 1991, S. 482 ff.

Götzenberger, Anton-Rudolf, Steueramnestie und neue Zinsbesteuerung, Berlin 2004. Zitiert: Götzenberger, Steueramnestie.

Grabitz, Eberhard/ Hilf, Meinhard, Das Recht der Europäischen Union, Altband I, EUV, Art. 1-136 a EGV (Maastrichter Fassung), München, Stand: 14. EL, Oktober 1999. Zitiert: Bearbeiter, in: Grabitz/ Hilf, EWGV.

Grabitz, Eberhard/ Hilf, Meinhard, Das Recht der Europäischen Union, Band I, München, Stand: 25. EL, Januar 2005. Zitiert: Bearbeiter, in: Grabitz/ Hilf, EUV/ EGV, Bd. 1.

Grabitz, Eberhard/ Hilf, Meinhard, Das Recht der Europäischen Union, Band III, Sekundärrecht, Verbraucher- und Datenschutzrecht, München, Stand: 25. EL, Januar 2005. Zitiert: Bearbeiter, in: Grabitz/ Hilf, EUV/ EGV, Bd. 3.

Grau, Amparo/ Herrera, Pedro, The link between tax coordination and tax harmonization: limits and alternatives, in: EC Tax Review, 2003, Volume 12, S. 28 ff.

Groeben, Von der, Hans/ Schwarze, Jürgen (Hrsg.), Kommentar zum Vertrag über die Europäische Union und zur Gründung der Europäischen Gemeinschaft, Band 4, Art. 189-314 EGV, 6. Aufl., Baden-Baden 2003. Zitiert: Bearbeiter, in: von der Groeben/ Schwarze, EUV/ EGV, 6. Aufl., Bd. 4.

Groeben, Von der ‚Hans/ Thiesing, Jochen/ Ehlermann, Claus-Dieter (Hrsg.), Kommentar zum EU-/ EG-Vertrag, Band 3, Art. 88-102 EGV, 5. Aufl., Baden-Baden, 1999. Zitiert: Bearbeiter, in: von der Groeben/ Thiesing/ Ehlermann, EUV/ EGV, 5. Aufl., Bd. 3.

Groeben, von der, Hans/ Schwarze, Jürgen (Hrsg.), Kommentar zum Vertrag über die Europäische Union und zur Gründung der Europäischen Gemeinschaft, Band 1, Art. 1-53 EUV, Art. 1-80 EGV, 6. Aufl., Baden-Baden 2003. Zitiert: Bearbeiter, in: von der Groeben/ Schwarze, EUV/ EGV, 6. Aufl., Bd. 1.

Groeben, von der, Hans/ Schwarze, Jürgen (Hrsg.), Kommentar zum Vertrag über die Europäische Union und zur Gründung der Europäischen Gemeinschaft, Band 2, Art. 81-97 EGV, 6. Aufl., Baden-Baden 2003. Zitiert: Bearbeiter, in: von der Groeben/ Schwarze, EUV/ EGV, 6. Aufl., Bd. 2.

Groeben, Von der, Hans/ Thiesing, Jochen/ Ehlermann, Claus-Dieter (Hrsg.), Kommentar zum EU-/ EG-Vertrag, Art. A-F EUV, Band 1, Art. 1-84 EGV, 5. Aufl., Baden-Baden, 1997. Zitiert: Bearbeiter, in: von der Groeben/ Thiesing/ Ehlermann, EUV/ EGV, 5. Aufl., Bd. 1.

Gross, Ivo, Das Europäische Beihilferecht im Wandel, Probleme, Reformen und Perspektiven, Baden-Baden 2004. Zitiert: Gross, Das Europäische Beihilferecht.

Gross, Ivo, Subventionsrecht und „schädlicher Steuerwettbewerb": Selektivität von Steuervergünstigungen als gemeinsames Kriterium, RIW 2002, S. 46 ff.

Günter, Johannes, Berufsfreiheit und Eigentum in der EU: eine rechtsvergleichende Studie, Köln 1996. Zitiert: Günter, Berufsfreiheit und Eigentum in der EU.

Hadding, Walther/ Schneider, Uwe (Hrsg.), Bankgeheimnis und Bankauskunft in der Bundesrepublik Deutschland und in ausländischen Rechtsordnungen, Berlin 1986. Zitiert: Hadding/ Schneider, Bankgeheimnis und Bankauskunft.

Halfar, Bernd, Der Gegenstand der Besteuerung im Rahmen der Einkünfte aus Kapitalvermögen, Frankfurt a. M. 1995. Zitiert: Halfar, Kapitalvermögen.

Hamaekers, Hubert, Taxation Trends in Europe, in: IBFD (Hrsg.), Asia-Pacific Tax Bulletin, February 2003, p. 42 sq.

Harenberg, Friedrich, ABC der wichtigsten Wertpapiere, NWB v. 12.7.2004, Fach 21, S. 1483 ff.

Hartisch, Winnie, Die unmittelbare Wirkung von Richtlinien in dreipoligen Rechtsbeziehungen, Berlin 2003. Zitiert: Hartisch, Die unmittelbare Wirkung von Richtlinien.

Heintzen, Markus, Inländerdiskriminierung im Gemeinsamen Markt – dargestellt am Beispiel der Rechtsanwaltschaft, EWS 1990, S. 82 ff.

Hellinger, Franz, Harmonisierung der Steuern nach den allgemeinen Rechtsangleichungsvorschriften des EWG-Vertrages ? – Zur Bedeutung der Verweisungsvorschrift des Art. 99 Abs. 2 EWG-Vertrag, RIW/ AWD 1976, S. 363 ff.

Hensberg, Claudia, Eigennützige Regierungen im fiskalischen Wettbewerb um Kapital, Wuppertal 2003. Zitiert: Hensberg, Regierungen im fiskalischen Wettbewerb.

Herrler, Mitwirkung der Banken bei der Besteuerung der Bankkunden, Köln 1984. Zitiert: Herrler, Mitwirkung der Banken.

Herzig, Norbert, Harmonisierung im Wettbewerb der Systeme, Steuerrecht im Europäischen Binnenmarkt, in: Lehner, Moris, Steuerrecht im Europäischen Binnenmarkt – Einfluß des EG-Rechts auf die nationalen Steuerrechtsordnungen, Veröffentlichungen der Deutschen Steuerjuristischen Gesellschaft, DStJG Band 19, Köln 1996, S. 121 ff. Zitiert: Herzig, DStJG 19 (1996), S. 121 ff.

Hey, Johanna, Harmonisierung der Unternehmensbesteuerung in Europa, Köln 1997. Zitiert: Hey, Harmonisierung der Unternehmensbesteuerung.

Hey, Johanna, Mitteilungspflichten oder Quellenabzug – Maßnahmen zur Sicherung von Steueransprüchen, in: Drenseck, Walter/ Seer, Wolfgang, Festschrift für Heinrich Wilhelm Kruse, Hamburg 2001, S. 269 ff. Zitiert: Hey, FS Kruse, S. 269 ff.

Hilf, Meinhard, Die Richtlinie der EG – ohne Richtung, ohne Linie?, EuR 1993, S. 1 ff.

Hilf, Meinhard/ Hörmann, Saskia, Der Grundrechtsschutz von Unternehmen im Europäischen Verfassungsverbund, NJW 2003, S. 1 ff.

Hipold, Peter/ Steinmair, Walter/ Zandanel, Paul, Grundriß des italienischen Steuerrechts, 2. Auflage München 1997. Zitiert: Hipold/ Steinmair/ Zandanel, Grundriß des italienischen Steuerrechts.

Honrath, Alexander, Umfang und Grenzen der Freiheit des Kapitalverkehrs. Die Möglichkeiten zur Einführung einer Devisenzwangsbewirtschaftung in der Europäischen Union, Baden-Baden 1998. Zitiert: Honrath, Umfang und Grenzen des Kapitalverkehrs.

Hoppe, Peter, Das Erhebungsdefizit im Bereich der Besteuerung von Zinseinkünften – Seine Ursachen und Möglichkeiten seiner Beseitigung, Münster 1998. Zitiert: Hoppe, Erhebungsdefizit.

Hübschmann, Walter/ Hepp, Ernst/ Spitaler, Armin, Abgabenordnung, Finanzgerichtsordnung – Kommentar; Band 1 – Gesetzestexte, §§ 1-4 AO, Köln, Stand: April 2005. Zitiert: Bearbeiter, in: H/ H/ Sp, AO, Bd. 1.

Hübschmann, Walter/ Hepp, Ernst/ Spitaler, Armin, Abgabenordnung, Finanzgerichtsordnung – Kommentar; Band 2 – §§ 5-50 AO, Köln, Stand: April 2005. Zitiert: Bearbeiter, in: H/ H/ Sp, AO, Bd. 2.

Hübschmann, Walter/ Hepp, Ernst/ Spitaler, Armin, Abgabenordnung, Finanzgerichtsordnung – Kommentar; Band 3 – §§ 51-100 AO, Köln, Stand: April 2005. Zitiert: Bearbeiter, in: H/ H/ Sp, AO, Bd. 3.

Hübschmann, Walter/ Hepp, Ernst/ Spitaler, Armin, Abgabenordnung, Finanzgerichtsordnung – Kommentar; Band 4 – §§ 101-172 AO, Köln, Stand: April 2005. Zitiert: Bearbeiter, in: H/ H/ Sp, AO, Bd. 4.

Hübschmann, Walter/ Hepp, Ernst/ Spitaler, Armin, Abgabenordnung, Finanzgerichtsordnung – Kommentar; Band 5 – §§ 172-201 AO, Köln, Stand: April 2005. Zitiert: Bearbeiter, in: H/ H/ Sp, AO, Bd. 5.

Hübschmann, Walter/ Hepp, Ernst/ Spitaler, Armin, Abgabenordnung, Finanzgerichtsordnung – Kommentar; Band 6 – §§ 202-258 AO, Köln, Stand April 2005. Zitiert: Bearbeiter, in: H/ H/ Sp, AO, Bd. 6.

International Bureau of Fiscal Documentation, Steuerberater Handbuch Europa, Band 1, Bonn, Stand: 43. Ergänzungslieferung, Dezember 2004. Zitiert: IBFD, StB Handbuch Europa, Bd. 1.

International Bureau of Fiscal Documentation, Taxation of Private Investment Income, Guides to European Taxation (Stand: 88. Ergänzungslieferung, August 2003), Band III, Loseblattausgabe, Amsterdam 2003. Zitiert: IBFD, Taxation of Private Investment Income.

Isensee, Josef/ Kirchhof, Paul, Handbuch des Staatsrechts der Bundesrepublik Deutschland, Band III, Das Handeln des Staates, Heidelberg 1988. Zitiert: Isensee/ Kirchhof, Handbuch des Staatsrechts, Bd. 3.

Jachmann, Monika, Eine deutsche Abgeltungssteuer auf Kapitalerträge im europäischen Kontext, BB 2003, S. 2712 ff.

Jachmann, Monika, Zur Vereinbarkeit einer Abgeltungssteuer mit dem deutschen Verfassungsrecht, in: Schick, Gerhard (Hrsg.), Veranlagung – Abgeltung – Steuerfreiheit, Besteuerung von Kapitalerträgen im Rechtsstaat, Berlin 2003, S. 15 ff. Zitiert: Jachmann, in: Schick, Veranlagung, S. 15 ff.

Jacobs, Francis, Human rights in the European Union: the role of the Court of Justice, in: European Law Review 2001, p. 331 sq.

Jarass, Hans D./ Pieroth, Bodo, Grundgesetz für die Bundesrepublik Deutschland – Kommentar, München 2004. Zitiert: Jarass/ Pieroth, GG.

Jarass, Hans, Elemente einer Dogmatik der Grundfreiheiten, EuR 1995, S. 202 ff.

Jarass, Lorenz, Zinsbesteuerung in Europa – Möglichkeiten einer Abgeltungssteuer in Deutschland -, IStR 2002, S. 46 ff.

Jeffery, Ramon J., The Impact of State Sovereignity on Global Trade an International Taxation, London 1999. Zitiert: Jeffery, The Impact of State Sovereignity on Global Trade an International Taxation.

Jürgensen, Thomas/ Schlünder, Irene, EG-Grundrechtsschutz gegenüber Maßnahmen der Mitgliedsstaaten, AöR 121 (1996), S. 200 ff.

Kahl, Wolfgang, Möglichkeiten und Grenzen des Subsidiaritätsprinzips nach Art. 3 b EGV, AöR 118 (1993), S. 414 ff.

Kessler, Rainer, Der Zinsabschlag, BB 1993, S. 183 ff.

Kimms, Frank, Die Kapitalverkehrsfreiheit im Recht der Europäischen Union, Frankfurt a. M. 1996. Zitiert: Kimms, Die Kapitalverkehrsfreiheit im Recht der Europäischen Union.

Kingreen, Thorsten, Die Gemeinschaftsgrundrechte, JuS 2000, S. 857 ff.

Kingreen, Thorsten, Die Struktur der Grundfreiheiten des Europäischen Gemeinschaftsrechts, Berlin 1999. Zitiert: Kingreen, Die Struktur der Grundfreiheiten.

Kingreen, Thorsten/ Störmer, Rainer, Die subjektiv-öffentlichen Rechte des primären Gemeinschaftsrechts, EuR 1998, S. 263 ff.

Kirchhof, Paul, Steueranspruch und Informationseingriff, in: Lang, Joachim (Hrsg.), Die Steuerrechtsordnung in der Diskussion: Festschrift für Klaus Tipke zum 70. Geburtstag, Köln 1995, S. 27 ff. Zitiert: Kirchhof, FS Tipke, S. 27 ff.

Kirchhof, Paul/ Söhn, Hartmut/ Mellinghoff, Rudolf (Hrsg.), Einkommensteuergesetz, Kommentar, Band 13, §§ 20-24 a EStG, Stand: 134. EL, Stand: August 2003. Zitiert: Bearbeiter, in: Kirchhof/ Söhn, EStG, Bd. 13.

Kischel, Dieter, Übersicht über die direkten Steuern Dänemarks, IWB Nr. 5 v. 8.3.2000, Fach 5, Gruppe 2, S. 223 ff.

Kischel, Dieter, Übersicht über die direkten Steuern Griechenlands, IWB Nr. 9 v. 12.5.1999, Fach 5, Gruppe 2, S. 423 ff.

Kischel, Dieter, Übersicht über die direkten Steuern in Irland, IWB Nr. 19 v. 11.10.2000, Fach 5, Gruppe 2, S. 965 ff.

Klein, Eckart, Der Einfluß des Europarechts auf das deutsche Steuerrecht, Steuerrecht im Europäischen Binnenmarkt, in: Lehner, Moris, Steuerrecht im Europäischen Binnenmarkt – Einfluß des EG-Rechts auf die nationalen Steuerrechtsordnungen, Veröffentlichungen der Deutschen Steuerjuristischen Gesellschaft, DStJG Band 19, Köln 1996, S. 7 ff. Zitiert: Klein, DStJG 19 (1996), S. 7 ff.

Klein, Franz/ Orlopp, Gerd (Hrsg.), Abgabenordnung, Kommentar, 7. Aufl., München 2000. Zitiert: Bearbeiter, in: Klein, AO.

Klein, Franz/ Stihl, Hans Peter/ Piltz, Deltlev/ Schaumburg, Harald (Hrsg.), Unternehmen Steuern, Festschrift für Hans Flick, Köln, 1997. Zitiert: Bearbeiter, FS Flick,.

Klos, Joachim, Nach Bankdurchsuchungen: Weitergabe von Kundendaten an ausländische Steuerbehörden? INF 1995, S. 519 ff.

Kluge, Volker, Das Internationale Steuerrecht, Gemeinschaftsrecht, Außensteuerrecht, Abkommensrecht, 4. Auflage München 2000. Zitiert: Kluge, Das Internationale Steuerrecht.

Knist, Ralph Ulrich, Kapitalvermögen und Steuerhinterziehung, Hamburg 1996. Zitiert: Knist, Kapitalvermögen.

Koch, Karl/ Scholtz, Rolf-Detlev (Hrsg.), Abgabenordnung 1977, 4. Aufl., München 1993.

Koch, Oliver, Der Grundsatz der Verhältnismäßigkeit in der Rechtsprechung des Gerichtshofs der Europäischen Gemeinschaften, Berlin 2003. Zitiert: Koch, Verhältnismäßigkeit.

Koenig, Christian/ Kühling, Jürgen/ Ritter, Nicolai, EG-Beihilfenrecht, Heidelberg 2002. Zitiert: Koenig/ Kühling/ Ritter, EG-Beihilfenrecht.

Kokemoor, Axel, Der Automatisierte Abruf von Kontoinformationen nach § 24 c KWG, BKR 2004, 135 ff.

Kommission der Europäischen Gemeinschaften, Weißbuch über die Vollendung des Binnenmarktes v. 14.6.1985, KOM (85) 310 endg.

Kommission der Europäischen Gemeinschaften, Die Steuern in der Europäischen Union, Bericht über die Entwicklung der Steuersysteme v. 20.3.1996, SEK (96) 487.

Kommission der Europäischen Gemeinschaften, Die Steuern in der Europäischen Union, Bericht über die Entwicklung der Steuersysteme v. 22.10.1996, KOM (96) 546 endg.

Kommission Der Europäischen Gemeinschaften, Mitteilung über die Anwendung der Vorschriften über staatliche Beihilfen auf Maßnahmen im Bereich der direkten Unternehmensbesteuerung v. 10.12.1998, ABl. EG 1998, Nr. C 384/ 03.

Kommission der Europäischen Wirtschaftsgemeinschaft, Bericht des Steuer- und Finanzausschusses (Neumark-Bericht), Brüssel 1962.

Koschyk, Mirkol, Steuervergünstigungen als Beihilfen nach Art. 92 EG-Vertrag – Grundsätze zur Beurteilung steuerlicher Beihilfen, Baden-Baden 1999. Zitiert: Koschyk, Steuervergünstigungen als Beihilfen.

Krabbe, Helmut, Änderungen des Steuerverfahrensrechts durch das Steuerreformgesetz 1990 (Teil I), DB 1988, S. 1669 ff.

Krause, Hans-Jürgen, Harmonisierung der Zinsbesteuerung in Europa: Referat im Rahmen der Vortragsreihe „Rechtsfragen der Europäischen Integration“, Bonn 2001. Zitiert: Krause, Harmonisierung der Zinsbesteuerung.

Kreibohm, Philipp, Der Begriff der Steuer im Europäischen Gemeinschaftsrecht, Köln 2004. Zitiert: Kreibohm, Der Begriff der Steuer.

Kühling, Jürgen, Grundrechtskontrolle durch den EuGH: Kommunikationsfreiheit und Pluralismussicherung im Gemeinschaftsrecht, EuGRZ 1997, S. 296 ff.

Kühn, Rolf/ Wedelstädt, von, Alexander (Hrsg.), Abgabenordnung und Finanzgerichtsordnung, Kommentar, 18. Aufl., Stuttgart 2004. Zitiert: Bearbeiter, in: Kühn/ Wedelstädt, AO.

Kunig, Philip, Der Grundsatz der informationellen Selbstbestimmung, JURA 1993, S. 595 ff.

Kuntze, Christian, Die Kompetenzen der Europäischen Gemeinschaft auf dem Gebiet des Steuerrechts, Frankfurt am Main, 1999. Zitiert: Kuntze, Die Kompetenzen der Europäischen Gemeinschaft.

Lackhoff, Klaus/ Raczinski, Bernd, Umgekehrte Diskriminierung, EWS 1997, S. 109 ff.

Lang, Joachim, Besteuerung in Europa zwischen Harmonisierung und Differenzierung, in: Klein, Franz/ Stihl, Hans Peter/ Piltz, Deltlev/ Schaumburg, Harald (Hrsg.), Unternehmen Steuern, Festschrift für Hans Flick, Köln, 1997, S. 873 ff. Zitiert: Lang, FS Flick, S. 873 ff.

Lang, Michael, Diskriminierung von Auslandsdividenden und Rechtsschutzerhebungsdefizite in Österreich, IWB Nr. 4 v. 27.2.2002, Fach 5, Gruppe 2, S. 555 ff.

Lange, Hans-Richard, Zur Zulässigkeit gesetzesändernder Rechtsverordnungen, JR 1968, S. 8 ff.

Larbig, Gregor, Perspektiven des eurpäischen Steuerwettbewerbs, Wirtschaftsdienst 1998, S. 743 ff.

Lehner, Moris (Hrsg.), Steuerrecht im Europäischen Binnenmarkt, Einfluß des EG-Rechts auf die nationalen Steuerrechtsordnungen, Veröffentlichungen der Deutschen Steuerjuristischen Gesellschaft e. V., Band 19, Köln 1996. Zitiert: Bearbeiter, DStJG 19 (1996).

Lehner, Moris, Begrenzung der nationalen Besteuerungsgewalt durch die Grundfreiheiten und Diskriminierungsverbote des EG-Vertrages, in: Pelka, Jürgen, Europa- und verfassungsrechtliche Grenzen der Unternehmensbesteuerung. Veröffentlichungen der Deutschen Steuerjuristischen Gesellschaft, DStJG Band 23, Köln 2000, S. 263 ff. Zitiert: Lehner, DStJG 23 (2000), S. 263 ff.

Lehner, Moris, in Lüdicke, Jürgen (Hrsg.), Fortentwicklung der Internationalen Unternehmensbesteuerung, Köln 2002, S. 1 ff. Zitiert: Lehner, in: Lüdicke, Fortentwicklung der Internationalen Unternehmensbesteuerung, S. 1 ff.

Lenz, Carl Otto/ Borchardt, Klaus-Dieter (Hrsg.), EU- und EG-Vertrag, Kommentar zu dem Vertrag über die Europäische Union und zu dem Vertrag zur Gründung der Europäischen Gemeinschaft, jeweils in der durch den Vertrag von Nizza geänderten Fassung, 3. Aufl., Köln, 2003. Zitiert: Bearbeiter, in: Lenz/ Borchardt, EUV/ EGV.

Lenz, Otto/ Borchardt, Klaus-Dieter, EU- und EG-Vertrag, Kommentar zu dem Vertrag über die Europäische Union und zu dem Vertrag zur Gründung der Europäischen Gemeinschaften, jeweils in der durch den Vertrag von Nizza geänderten Fassung, 3. Auflage Köln 2003. Zitiert: Lenz/ Borchardt, EU/ EGV.

Lepa, Manfred, Verfassungsrechtliche Probleme der Rechtsetzung durch Rechtsverordnung, AöR 105 (1980), S. 337 ff.

Lohr, Andreas, Aktuelles Beratungs-Know-how: Besteuerung von Kapitalvermögen, DStR 2003, S. 1240 ff.

Loukota, Walter/ Hohenwarter, Daniela, Die Abzugsbesteuerung beschränkt Steuerpflichtiger auf dem Prüfstand des Gemeinschaftsrechts – Die EuGH-Rechtssache Scorpio, SWI 2004, S. 539 ff.

Lüdicke, Jürgen (Hrsg.), Fortentwicklung der Internationalen Unternehmensbesteuerung, Köln 2002. Zitiert: Bearbeiter, in: Lüdicke, Fortentwicklung der Internationalen Unternehmensbesteuerung.

Mähring, Matthias, Das Recht auf informationelle Selbstbestimmung im europäischen Gemeinschaftsrecht, EuR 1991, S. 369 ff.

Manke, Klaus, Günstigere Regelungen zur Berücksichtigung ausländischer Steuern, DStZ 1980, S. 323 ff.

Matzka, Bettina, Das österreichische Steuerrecht im Lichte der Freiheit des Kapitalverkehrs, Wien 1998. Zitiert: Matzka, Das österreichische Steuerrecht im Lichte der Freiheit des Kapitalverkehrs.

Mayr, Siegfried/ Frei, Robert, Steuerbefreiungen in Italien für Nichtansässige bei Zinserträgen und sonstigen Einkünften aus Obligationen, Wertpapieren und Staatstiteln, IWB Nr. 20 v. 22.10.1997, Fach 5, Gruppe 2, S. 969 ff.

Menck, Karl Wolfgang/ Mutén, Leif, Die EU-Politik bezüglich der Besteuerung privater Auslandszinsen – Die Zinsrichtlinie: Ein Durchbruch? – IFSt-Schrift Nr. 418, Bonn 2004. Zitiert: Menck/ Mutén, Besteuerung privater Auslandszinsen.

Mennel, Annemarie/ Förster, Jutta (Hrsg.), Steuern in Europa, USA, Kanada und Japan, Loseblattausgabe, Berlin, Stand: 49. EL 2003. Zitiert: Bearbeiter, in: Mennel/ Förster, Steuern in Europa.

Meussen, Gerard, The EU-fight against harmful tax competition; future developments, in: EC Tax Review, 2002, Volume 11, S. 157 ff.

Mick, Marcus, Die Steuerkonzeption der Europäischen Union, Zielvorgaben, Umsetzung und Grenzen zulässiger Steuerharmonisierung, Münster 1995. Zitiert: Mick, Die Steuerkonzeption.

Mick, Marcus, Steuerharmonisierung und Gemeinsamer Markt, in Birk, Dieter (Hrsg.), Handbuch des Europäischen Steuer- und Abgabenrechts, Berlin 1995, S. 637 ff. Zitiert: Mick, in: Birk, Handbuch des Europäischen Steuer- und Abgabenrechts, S. 637 ff.

Miebach, Ralf, Das Bankgeheimnis – Verfassungsrecht und § 30 a AO, Köln 1999. Zitiert: Miebach, Bankgeheimnis.

Molzahn, Ralf, Die normativen Verknüpfungen von Kapitalverkehrsfreiheit und Währungsunion im EG-Vertrag, Berlin 1999. Zitiert: Molzahn, Die normativen Verknüpfungen von Kapitalverkehrsfreiheit und Währungsunion im EG-Vertrag.

Monopolkommission, Sondergutachten Nr. 27, Systemwettbewerb, Baden-Baden 1998. Zitiert: Monopolkommission, Systemwettbewerb.

Moser, Claudia, Der Schutz des Steuerpflichtigen – rechtsvergleichend in der Bundesrepublik Deutschland, der Schweiz, Frankreich, Luxemburg und Großbritannien, Aachen 1994. Zitiert: Moser, Der Schutz des Steuerpflichtigen.

Möstl, Markus, Grenzen der Rechtsangleichung im Europäischen Binnenmarkt, Kompetenzielle, grundfreiheitliche und grundrechtliche Schranken des Gemeinschaftsgesetzgebers, EuR 2002, S. 318 ff.

Müller, Johannes, Kapitalverkehrsfreiheit in der Europäischen Union: Bedeutung, Inhalt und Umfang, Weiterentwicklung, Auswirkung auf Völkerrecht, Berlin, 2000. Zitiert: Müller, Kapitalverkehrsfreiheit in der Europäischen Union.

Müller, Jürgen, Deutschland und EU schieben Steuerflucht den Riegel vor, StBp 2004, S. 287 ff.

Müller, Walter, Was ist „fairer“ Steuerwettbewerb und welche Regeln braucht er? Konjunkturpolitik 44 (1998), S. 313 ff.

Müller, Markus, Systemwettbewerb, Harmonisierung und Wettbewerbsverzerrung, Europa zwischen einem Wettbewerb der Gesetzgeber und vollständiger Harmonisierung, Baden-Baden 2000. Zitiert: Müller, Systemwettbewerb.

Müller-Graff, Peter-Christian, Die Erscheinungsformen der Leistungssubventionstatbestände aus wirtschaftlicher Sicht, ZHR 152 (1988), S. 403 ff.

Müller-Michaels, Olaf, Grundrechtlicher Eigentumsschutz in der EU – Das Eigentumsgrundrecht in der Rechtsordnung der EU, der EMRK, und in den Verfassungen Deutschlands, Italiens und Irlands, Berlin 1997. Zitiert: Müller-Michaels, Grundrechtlicher Eigentumsschutz in der EU.

Münch, Ingo von/ Kunig, Philip (Begründer/ Herausgeber), Grundgesetz-Kommentar, 4./ 5. Auflage, Band 3, Art. 70 bis Art. 146, München 2003. Zitiert: Münch/ Kunig, GG, 4./ 5. Aufl.

Musgrave, Richard, Criteria for Foreign Tax Credit, in: Baker, Russell/ Donald, Gleason u. a. (Hrsg.), Taxation and Operations Abroad, Symposium, Princeton 1960, p. 83 sq.

Musgrave, Richard/ Musgrave, Peggy, Fiscal Coordination and Competition in an International Setting, in: McLure/ Sinn/ Musgrave u. a. (Hrsg.), Influence of Tax Differentials on International Competitiveness, Deventer, The Netherlands 1990, p. 59 sq.

Musgrave, Richard/ Musgrave, Peggy/ Kullmer, Lore, Die öffentlichen Finanzen in Theorie und Praxis, 3. Band, 4. Aufl., Tübingen 1992. Zitiert: Musgrave/ Musgrave/ Kullmer, Die öffentlichen Finanzen, Bd. 3.

Müssener, Ingo, Die Kapitalertragsteuern auf Zinsen und Dividenden im internationalen Vergleich, IWB Nr. 4 v. 28.2.1996, Fach 10, Gruppe 2, S. 173 ff.

Mußgnug, Reinhard, Die Rechtsverordnung zwischen Regierung und Parlament – Drei Fälle aus dem Umfeld des Art. 80 GG, JuS 1993, S. 291 ff.

Mutén, Leif, Taxation of Interest in the European Union, Intereconomics 2001, S. 25 ff.

Nachreiner, Andreas, Der Vorschlag für eine EU-Richtlinie zur Besteuerung von Zinserträgen und die Auswirkungen im Falle einer Umsetzung, DStZ 1999, S. 486 ff.

Nanetti, Francesco/ Mameli, Giovanni, The creeping normative role of the Commission in the twin-track struggle against State aids and harmful tax competition, EC Tax Review, 2002, Volume 11, S. 185 ff.

Nettersheim, Martin, Das Umweltrecht der Europäischen Gemeinschaften, Jura 1994, S. 339 ff.

Nicolaysen, Gert, Die gemeinschaftsrechtliche Begründung von Grundrechten, EuR 2003, S. 719 ff.

Nüssgens, Heinz-Josef, Reform der Zinsbesteuerung: Kontrollmitteilungen oder Abgeltungssteuer?, Die Bank: Zeitschrift für Bankpolitik und Bankpraxis 2000, S. 355 ff.

Oates, Wallace, Fiscal Competition or Harmonization? Some Reflections, National Tax Journal 2001, Vol. LIV, No. 3, p. 507 sq.

Organization for Economic Co-operation and Development, Improving access to bank information for tax purposes, Report, April 2000. Zitiert: OECD, Improving access to bank information, 2000.

Organization for Economic Co-operation and Development, Improving Access to bank Information for tax Purposes, The 2003 Progress Report, Paris, 2003. Zitiert: OECD, Improving access to bank information 2003.

Organization for Economic Co-operation and Development, Harmful Tax Competition – A Emerging Global Issue, Report, Paris, January 1998. Publiziert unter: http://www.oecd.org/dataoecd/33/1/1904184.pdf, abgerufen am 15.9.2005. Zitiert: OECD, Harmful Tax Competition, 1998.

Organization for Economic Co-operation and Development, The OECD's Project on Harmful Tax Practices, The 2004 Progress Report, Paris, 4.2.2004. Publiziert unter: http://www.oecd.org/dataoecd/60/33/30901115.pdf, abgerufen am 15.9.2005. Zitiert: OECD, The OECD's Project on Harmful Tax Practices, Progress Report, 2004.

Ohler, Christoph, Die fiskalische Integration der Europäischen Gemeinschaft, Baden-Baden 1997. Zitiert: Ohler, Die fiskalische Integration.

Ohler, Christoph, Die Kapitalverkehrsfreiheit und ihre Schranken, WM 1996, S. 1801 ff.

Oliver, Peter, Free Movement of Goods in the European Community, under Articles 28 to 30 of the EC Treaty, 4. Aufl., 2003.

Ossenbühl, Fritz, Der verfassungsrechtliche Rahmen offener Gesetzgebung und konkretisierender Rechtsetzung, DVBl. 1999, S. 1 ff.

Ossenbühl, Fritz, Die Freiheiten des Unternehmers nach dem Grundgesetz, AöR 115 (1990), S. 1 ff.

Paul, Ulrike, EU-Zinsrichtlinie, Zinsabgeltung, Amnestie – und was davon zu halten ist, PStR 2003 (7), S. 155 ff.

Penski, Ulrich/ Elsner, Bernd, Eigentumsgewährleistung und Berufsfreiheit als Gemeinschaftsgrundrechte in der Rechtsprechung des Europäischen Gerichtshofs, DÖV 2001, S. 265 ff.

Petersmann, Ernst-Ulrich, Thesen zur Wirtschaftsverfassung der EG, EuZW 1993, S. 593 ff.

Pieper, Ulrich, Die Direktwirkung von Richtlinien der Europäischen Gemeinschaft, DVBl. 1990, S. 684 ff.

Pieroth, Bodo/ Schlinck, Bernhard, Grundrechte – Staatsrecht II, 20. Aufl., Heidelberg 2004. Zitiert: Pieroth/ Schlinck, Grundrechte.

Pinto, Carlo, EC State Aid Rules and Tax Incentives: A U-Turn in Commission Policy? (Part II), European Taxation 1999, S. 343 ff.

Rädler, Albert, Vorstellungen des EG-Sachverständigenausschusses zur Unternehmensbesteuerung (Ruding-Ausschuss), in: Herzig, Norbert (Hrsg.), Harmonisierung der Körperschaftsteuersysteme in den EU-Staaten, Köln 1994, S. 1 ff. Zitiert: Rädler, in: Herzig, Harmonisierung der Körperschaftsteuersysteme in den EU-Staaten, S. 1 ff.

Rädler, Albert, Perspektiven der Unternehmensbesteuerung im Binnenmarkt, StbJB 1992/ 93, S. 31 ff.

Rambow, Gerhard, Probleme bei der Durchführung von Richtlinien der EWG, DVBl. 1968, S. 445 ff.

Randelzhofer, Albrecht / Scholz, Rupert/ Wilke, Dieter (Hrsg.), Gedächtnisschrift für Eberhard Grabitz, München 1995, S. 29 ff. Zitiert: Bearbeiter, GS Grabitz, S. 29 ff.

Rat der Europäischen Union, Schlußfolgerungen vom 01.12.1997, Verhaltenskodex zur Unternehmensbesteuerung, ABl. EG C 2/ 1 ff.

Raupach, Arndt, u. a. (Hrsg.), Einkommensteuer- und Körperschaftsteuergesetz, Kommentar, Band 11, §§ 19-21 a EStG, Köln 2005. Zitiert: Bearbeiter, in: Herrmann/ Heuer/ Raupach, EStG.

Raupach, Arndt, u. a. (Hrsg.), Einkommensteuer- und Körperschaftsteuergesetz, Kommentar, Band 14, §§ 40-49 EStG, Köln 2005. Zitiert: Bearbeiter, in: Herrmann/ Heuer/ Raupach, EStG, Bd. 14.

Raupach, Arndt, u. a. (Hrsg.), Einkommensteuer- und Körperschaftsteuergesetz, Kommentar, Band 15, §§ 50-99 EStG, Köln 2005. Zitiert: Bearbeiter, in: Herrmann/ Heuer/ Raupach, EStG, Bd. 15.

Raupach, Arndt, u. a. (Hrsg.), Einkommensteuer- und Körperschaftsteuergesetz, Kommentar, Jahresband 2004, 21. Auflage, Köln 2004. Zitiert: Bearbeiter, in: Herrmann/ Heuer/ Raupach, EStG, Jb. 2004.

Rehm, Hannes, Die Zinsbesteuerung in der Europäischen Union, Diskussionspapier Nr. 281 des Fachbereichs Wirtschaftswissenschaften, Universität Hannover, 05.09.2003, publiziert unter: http://opus.zbw-kiel.de/volltexte/2003/1129/index.html, abgerufen am 15.9.2005. Zitiert: Rehm, Die Zinsbesteuerung in der Europäischen Union.

Reiffs, Hans, Informationen über Zinsen in Europa, – Zugleich Anmerkungen zu dem BMF-Schreiben vom 6.1.2005 IV C 1 – S 2000 – 363/ 04 –, DB 2005, S. 242 ff.

Reimer, Ekkehart, Die Auswirkungen der Grundfreiheiten auf das Ertragsteuerrecht der Bundesrepublik Deutschland – Eine Bestandsaufnahme –, in: Lehner, Moris (Hrsg.), Grundfreiheiten im Steuerrecht der EU-Staaten, München 2000, S. 44 ff. Zitiert: Reimer, in: Lehner, Grundfreiheiten im Steuerrecht, S. 44 ff.

Rengeling, Hans-Werner, Eine Europäische Charta der Grundrechte – Ausarbeitung, Inhalte, Bindung, in: Ipsen, Jörn, Schmidt-Jortzig, Edzard (Hrsg.), Recht-Staat-Gemeinwohl: Festschrift für Dieter Rauschning, Köln 2001, S. 225 ff. Zitiert: Rengeling, FS Rauschning, S. 225 ff.

Rengeling, Hans-Werner, Grundrechtsschutz in der Europäischen Gemeinschaft – Bestandsaufnahme und Analyse der Rechtsprechung des Europäischen Gerichtshofs zum Schutz der Grundrechte als allgemeine Rechtsgrundsätze, München 1993. Zitiert: Rengeling, Grundrechtsschutz in der Europäischen Gemeinschaft.

Rengeling, Hans-Werner, Handbuch des Rechtsschutzes in der Europäischen Union, 2. Aufl., München 2003. Zitiert: Bearbeiter, in: Rengeling, Rechtsschutz in der EU.

Ress, Georg/ Ukrow, Jörg, Kapitalverkehrsfreiheit und Steuergerechtigkeit: Art. 73 b ff. EGV und die Annahme des Anfangsverdachts einer Steuerhinterziehung, Baden-Baden 1997. Zitiert: Ress/ Ukrow, Kapitalverkehrsfreiheit und Steuergerechtigkeit.

Rihs, Marc, EU-Zinsbesteuerung, Auswirkungen auf die Schweiz, Bern 2001. Zitiert: Rihs, EU-Zinsbesteuerung.

Ritter, Wolfgang, Steuerharmonisierung und europäischer Binnenmarkt, in: Mellwig, Winfried/ Moxter, Adolf/ Ordelheide, Dieter (Hrsg.), Steuerreform und Steuerharmonisierung, Wiesbaden 1991, S. 11 ff. Zitiert: Ritter, in: Mellwig/ Moxter/ Ordelheide, Steuerreform und Steuerharmonisierung, S. 11 ff.

Rohde, Andreas, Freier Kapitalverkehr in der Europäischen Gemeinschaft, Frankfurt a. M. 1999. Zitiert: Rohde, Freier Kapitalverkehr in der Europäischen Gemeinschaft.

Rose, Gerd, Internationales Steuerrecht, Doppelbesteuerung, Internationale Mindestbesteuerung, Unternehmensaktivitäten im Ausland, 6. Auflage, Köln 2004. Zitiert: Rose, Internationales Steuerrecht.

Roßnagel, Alexander (Hrsg.), Handbuch Datenschutzrecht, Die neuen Grundlagen für Wirtschaft und Verwaltung, München 2003. Zitiert: Bearbeiter, in: Roßnagel, Handbuch Datenschutzrecht.

Roth, Wulf-Henning, Die Harmonisierung des Dienstleistungsrechts in der EWG, EuR 1986, S. 340 ff.

Roth, Wulf-Henning, Die Harmonisierung des Dienstleistungsrechts in der EWG, EuR1987, S. 7 ff.

Roth, Wulf-Henning, Zur Bedeutung der Niederlassungsfreiheit zwischen Beschränkungs- und Diskriminierungsverbot, in: Schön, Wolfgang (Hrsg.), Gedächtnisschrift für Brigitte Knobbe-Keuk, Köln 1997, S. 729 ff. Zitiert: Roth, GS Knobbe-Keuk, S. 729 ff.

Ruegenberg, Guido, Das nationale und internationale Steuergeheimnis im Schnittpunkt von Besteuerungs- und Strafverfahren, Köln 2001. Zitiert: Ruegenberg, Steuergeheimnis.

Ruffert, Matthias, Die Mitgliedstaaten der Europäischen Gemeinschaft als Verpflichtete der Gemeinschaftsgrundrechte, EuGRZ 1995, S. 518 ff.

Runge, Berndt, Wettbewerb nationaler Steuerrechte, in: Klein, Franz/ Stihl, Hans Peter/ Wassermeyer, Franz/ Piltz, Detlev/ Schaumburg, Harald (Hrsg.), Unternehmen Steuern, Festschrift für Hans Flick zum 70. Geburtstag, Köln 1997, S. 873 ff. Zitiert: Runge, FS Flick, S. 873 ff.

Ruppe, Hans Georg, Die Bedeutung der Kapitalverkehrsfreiheit für das Steuerrecht, in: Lechner, Eduard/ Staringer, Claus/ Tumpel, Michael (Hrsg.), Kapitalverkehrsfreiheit und Steuerrecht, Wien 2000, S. 9 ff.

Rüth, Henning, Zum so genannten steuerlichen Bankgeheimnis – 50 Jahre Bankenerlass und § 30 a AO, DStZ 2000, S. 30 ff.

Sachs, Michael, Grundgesetz, Kommentar, 3. Auflage München 2003. Zitiert: Bearbeiter, in: Sachs, GG, 3. Aufl.

Sass, Gert, Abzugsweigerung für Verluste einer inländischen Tochtergesellschaft wegen der Beteiligung an weiteren Tochtergesellschaften in der EU, EWS 1998, S. 347 ff.

Sass, Gert, Einfluß des freien Kapitalverkehrs in der EU auf die Steuern, IWB, Nr. 3 vom 9.2.2000, Fach 11, S. 157 ff.

Sass, Gert, Verstößt die Versagung des Schachtelprivilegs bei inländischen Betriebsstätten von Unternehmern anderer Mitgliedsstaaten gegen das Prinzip der Niederlassungsfreiheit des EG-Vertrages, FR 1991, S. 705 ff.

Sass, Gert, Zur Berücksichtigung der Verluste ausländischer Tochtergesellschaften bei der inländischen Muttergesellschaft in der EU, BB 1999, S. 447 ff.

Schaumburg, Harald, Internationales Steuerrecht: Außensteuerrecht, Doppelbesteuerungsrecht, 2. Aufl., Köln 1998. Zitiert: Schaumburg, Internationales Steuerrecht.

Scheffer, Urban, Die Marktfreiheiten des EG-Vertrags als Ermessensgrenze des Gemeinschaftsgesetzgebers, Bonn 1996. Zitiert: Scheffer, Marktfreiheiten als Ermessensgrenze.

Scherer, Thomas, Doppelbesteuerung und Europäisches Gemeinschaftsrecht, Auswirkungen des Gemeinschaftsrechts auf die Anwendung der Doppelbesteuerungsabkommen und des Außensteuerrechts, München 1995. Zitiert: Scherer, Doppelbesteuerung.

Scheuing, Dieter, Rechtsprobleme bei der Durchsetzung des Gemeinschaftsrechts in der Bundesrepublik Deutschland, EuR 1985, S. 229 ff.

Scheurle, Florian, Vom Zinsabschlag zur Abgeltungssteuer – Aspekte eines Systemwechsels, DB 1995, S. 543 ff.

Schick, Gerhard (Hrsg.), Veranlagung – Abgeltung – Steuerfreiheit, Besteuerung von Kapitalerträgen im Rechtsstaat, Berlin 2003. Zitiert: Bearbeiter, in: Schick, Veranlagung.

Schilling, Theodor, Singularia non sunt extendanda. Die Auslegung der Ausnahme in der Rechtsprechung des EuGH, EuR 1996, S. 44 ff.

Schmidt, Ludwig (Hrsg.), Einkommensteuergesetz, Kommentar, 24. Auflage München 2005. Zitiert: Bearbeiter, in: Schmidt, EStG.

Schnabel, Das Subsidiaritätsprinzip im Vertrag über die EU, BayVBl. 1993, S. 393 ff.

Schön, Wolfgang, Der „Wettbewerb" der europäischen Steuerordnungen als Rechtsproblem, in: Pelka, Jürgen, Europa- und verfassungsrechtliche Grenzen der Unternehmensbesteuerung, Veröffentlichungen der Deutschen Steuerjuristischen Gesellschaft, DStJG Band 23, Köln 2000, S. 191 ff. Zitiert: Schön, DStJG 23 (2000), S. 191 ff.

Schön, Wolfgang, Die Auslegung des europäischen Steuerrechts – das harmonisierte Steuerrecht zwischen nationalem Zivilrecht und europäischem Gemeinschaftsrecht, Köln 1993. Zitiert: Schön, Die Auslegung des europäischen Steuerrechts.

Schön, Wolfgang, Europäische Kapitalverkehrsfreiheit und nationales Steuerrecht, in: Schön, Wolfgang (Hrsg.), Gedächtnisschrift für Brigitte Knobbe-Keuk, Köln 1997, S. 743 ff. Zitiert: Schön, GS Knobbe-Keuk, S. 743 ff.

Schön, Wolfgang, Taxation and State Aid Law in the European Union, Common Market Law Review, Volume 36, 1999, p. 911 sq. Zitiert: Schön, CMLR 36 (1999), p. 911 sq.

Schön, Wolfgang, Zinsbesteuerung im Staatenwettbewerb, in: RIW 2001, Heft 2, I.

Schratzenstaller, Margit/ Wehner, Holger, Zinsbesteuerung in der Europäischen Union, Wirtschaftsdienst 2000, S. 675 ff.

Schröder, Meinhard, Subventionen als staatliche Handlungsmittel, ZHR 152 (1988), S. 391 ff.

Schröer-Schallenberg, Sabine, Harmonisierung der sonstigen Verbrauchssteuern, in: Birk, Dieter, Handbuch des Europäischen Steuer- und Abgabenrechts, Berlin 1995, S. 709 ff. Zitiert: Schröer-Schallenbert, in: Birk, Handbuch des Europäischen Steuer- und Abgabenrechts, S. 709 ff.

Schumacher, Richard, Die Verfassungswidrigkeit der neuen Zinsbesteuerung, FR 1997, S. 1 ff.

Schwartz, Ivo, EG-Kompetenzen für den Binnenmarkt: Exklusiv oder konkurrierend/ subsidiär? in: Due, Ole u. a. (Hrsg.), Festschrift für Ulrich Everling, Baden-Baden 1995, S. 1331 ff. Zitiert: Schwartz, FS Everling, S. 1331 ff.

Schwarz, Bernhard (Hrsg.), Abgabenordnung, Kommentar zur Abgabenordnung, Band 1, §§ 1-84 AO, Stand 114. EL, Juni 2005. Zitiert: Bearbeiter, in: Schwarz, AO, Bd. 1.

Schwarz, Bernhard (Hrsg.), Abgabenordnung, Kommentar zur Abgabenordnung, Band 2, §§ 85-178, Stand: 114. EL, Juni 2005. Zitiert: Bearbeiter, in: Schwarz, AO, Bd. 2.

Schwarze, Jürgen (Hrsg.), EU-Kommentar, 1. Aufl., Baden-Baden 2000. Zitiert: Bearbeiter, in: Schwarze, EUV/ EGV.

Schwemer, Rolf-Oliver, Die Bindung des Gemeinschaftsgesetzgebers an die Grundfreiheiten, Frankfurt a. M. 1995. Zitiert: Schwemer, Die Bindung des Gemeinschaftsgesetzgebers.

Sedlaczek, Michael, Der Begriff der Diskriminierung und der Beschränkung – die Kapitalverkehrsfreiheit als konvergente Grundfreiheit des EG-Vertrages, in: Lechner, Eduard/ Staringer, Claus/ Tumpel, Michael (Hrsg.), Kapitalverkehrsfreiheit und Steuerrecht, Wien, 2000, S. 27 ff. Zitiert: Sedlaczek, in: Lechner/ Staringer/ Tumpel, Kapitalverkehrsfreiheit und Steuerrecht, S. 27 ff.

Seer, Roman/ Haken, Ilona, Bedeutung und Einfluss des europäischen Gemeinschaftsrechts: Die Grundfreiheiten des EG-Vertrages als Beschränkungsverbote und ihre gesteigerte Bedeutung für das nationale Steuerrecht, SteuerStud 2001, S. 344 ff.

Seidel, Martin, Recht und Verfassung des Kapitalmarktes als Grundlage der Währungsunion, in: Randelzhofer, Albrecht / Scholz, Rupert/ Wilke Dieter (Hrsg.), Gedächtnisschrift für Eberhard Grabitz, München 1995, S. 763 ff. Zitiert: Seidel, GS Grabitz, S. 763 ff.

Seidel, Martin, Rechtliche Grundlagen eines einheitlichen Kapitalmarktes der Europäischen Gemeinschaft, in: Lessmann u. a. (Hrsg.), Festschrift für Rudolf Lukes: zum 65. Geburtstag, Köln 1989, S. 575 ff. Zitiert: Seidel, FS Lukes, S. 575 ff.

Seiler, Doreen, Transparenz bei Zinseinkünften im europäischen Raum – Frühestens ab Juli 2005 greifen Regelungen der EU-Zinsrichtlinie für Kapitalanlagen, IStR 2004, S. 781 ff.

Sell, Michael, Entwurf eines Gesetzes zur Förderung der Steuerehrlichkeit, DStR 2003, S. 1185 ff.

Selling, Heinz-Jürgen, Anhörung und Rechtsschutz im Rahmen des Informationsaustausches mit dem Ausland, StBp. 1988, S. 237 ff.

Selling, Heinz-Jürgen, Deutschland im Steuerwettbewerb der Staaten, – Einige steuerpolitische Überlegungen —, IStR 2000, S. 225 ff.

Selmer, Peter, Steuerrecht und Bankgeheimnis, Hamburg 1981. Zitiert: Selmer, Steuerrecht und Bankgeheimnis.

Sendler, Horst, Verordnungsänderung durch Gesetz und „Entsteinerungsklausel", NJW 2001, S. 2859 ff.

Sichtermann, S./ Feuerborn, S./ Kirchherr, R./ Terdenge, R., Bankgeheimnis und Bankauskunft, 3. Auflage Frankfurt a. M. 1984. Zitiert: Sichtermann/ Feuerborn, Bankgeheimnis und Bankauskunft3.

Sichtermann, Siegfried/ Feuerborn, Sabine, Das Bankgeheimnis, 6. Aufl., Stuttgart 1986. Zitiert: Sichtermann/ Feuerborn, Bankgeheimnis6.

Sideek, Mohamed, A Critical Assessment of the Proposed Directive on Taxation of Cross-Border Savings Income, The EC Tax Journal 2002, S. 45 ff.

Simitis, Spiros, Die EU-Datenschutzrichtlinie – Stillstand oder Anreiz, NJW 1997, S. 281 ff.

Söhn, Hartmut/ Spindler, Wolfgang/ Eckhoff, Rolf u. a. (Hrsg.), Abgabenordnung, Finanzgerichtsordnung, Kommentar (Stand: 178. EL, September 2003), Band 2, §§ 5-50 AO, Köln 2003. Zitiert: Bearbeiter, in: Hübschmann/ Hepp/ Spitaler, AO, Bd. 2.

Söhn, Hartmut/ Spindler, Wolfgang/ Eckhoff, Rolf u. a. (Hrsg.), Abgabenordnung, Finanzgerichtsordnung, Kommentar (Stand: 178. EL, September 2003), Band 4, §§ 101-171 AO, Köln 2003. Zitiert: Bearbeiter, in: Hübschmann/ Hepp/ Spitaler, AO, Bd. 4.

Stadler, Rupert, Die Berufsfreiheit in der Europäischen Union, München 1980. Zitiert: Stadler, Berufsfreiheit.

Steichen, Alain, Besteuerung von Zinserträgen, Welches Modell für Europa? In: Kleineidam, Hans-Jochen (Hrsg.), Unternehmenspolitik und internationale Besteuerung: Festschrift für Lutz Fischer zum 60. Geburtstag, Berlin 1999, S. 231 ff. Zitiert: Steichen, FS Fischer, S. 231 ff.

Steichen, Alain, Der Gleichheitssatz im Europäischen Steuerrecht, in: Burmester, Gabriele, Außensteuerrecht, Doppelbesteuerungsabkommen und EU-Recht im Spannungsverhältnis, Festschrift für Helmut Debatin zum 70. Geburtstag, München 1997, S. 417 ff. Zitiert: Steichen, FS Debatin, S. 417 ff.

Stein, Torsten, Subsidiarität als Rechtsprinzip, in: Merten, Detlef (Hrsg.), Die Subsidiarität Europas, 2. Auflage Berlin 1994, S. 23 ff. Zitiert: Stein, in: Merten, Die Subsidiarität Europas, S. 23 ff.

Stenger, Gernot, Das Handelsembargo im Außenwirtschaftsrecht, Praxis und Zulässigkeit, Gießen 1988. Zitiert: Stenger, Das Handelsembargo.

Stern, Klaus, Das Staatsrecht der Bundesrepublik Deutschland, Band I, Grundbegriffe und Grundlagen des Staatsrechts, Strukturprinzipien der Verfassung, München 1977. Zitiert: Stern, Handbuch des Staatsrechts, Bd. 1.

Störmer, Rainer, Gemeinschaftsrechtliche Diskriminierungsverbote versus nationale Grundrechte, AöR 123 (1998), S. 541 ff.

Streinz, Rudolf (Hrsg.), EUV/ EGV, Vertrag über die Europäische Union und Vertrag zur Gründung der Europäischen Gemeinschaft, München 2003. Zitiert: Bearbeiter, in: Streinz, EUV/ EGV.

Streinz, Rudolf, Europarecht, 6. Aufl., Heidelberg 2003. Zitiert: Streinz, Europarecht.

Streit, Manfred E., Systemwettbewerb im europäischen Integrationsprozeß, in: Immenga, Ulrich (Hrsg.), Festschrift für Ernst-Joachim Mestmäcker, Baden-Baden 1996, S. 521 ff. Zitiert: Streit, FS Mestmäker, S. 521 ff.

Thömmes, Otmar, Tatbestandsmäßigkeit und Rechtfertigung steuerlicher Diskriminierungen nach EG-Recht, in: Schön, Wolfgang (Hrsg.), Gedächtnisschrift für Brigitte Knobbe-Keuk, Köln 1997, S. 795 ff. Zitiert: Thömmes, GS Knobbe-Keuk, S. 795 ff.

Till, Patricia Catherine, Zwischenstaatliche Amts- und Rechtshilfe, Kapitalertragsteuer im europäischen Vergleich, Frankfurt a. M. 2000. Zitiert: Zwischenstaatliche Amts- und Rechtshilfe.

Tinnefeld, Marie-Theres/ Ehmann, Eugen/ Gerling, Rainer, Einführung in das Datenschutzrecht, Datenschutz und Informationsfreiheit in europäischer Sicht, 4. Aufl., Wien 2005. Zitiert: Tinnefeld/ Ehmann/ Gerling, Datenschutzrecht.

Tipke, Klaus, Die Steuerrechtsordnung, Steuerrechtfertigungstheorie, Anwendung auf alle Steuerarten, sachgerechtes Steuersystem, Band 2, 2. Aufl., Köln 2003. Zitiert: Tipke, Die Steuerrechtsordnung, Bd. 2.

Tipke, Klaus, Die Steuerrechtsordnung, Wissenschaftsorganisatorische, systematische und grundrechtlich-rechtsstaatliche Grundlagen, Band 1, 2. Aufl., Köln 2000. Zitiert: Tipke, Die Steuerrechtsordnung, Bd. 1.

Tipke, Klaus, Ungleichmäßigkeit der Besteuerung, BB 1986, S. 601 ff.

Tipke, Klaus, Zur Steuerfahndung bei Banken und Bankkunden, BB 1998, S. 241 ff.

Tipke, Klaus/ Kruse, Heinrich Wilhelm/ Seer, Roman u. a. (Hrsg.), Kommentar zur Abgabenordnung und Finanzgerichtsordnung, Band 1, §§ 1-154 AO, Stand: 105. EL, November 2004, Köln. Zitiert: Bearbeiter, in: Tipke/ Kruse, AO, Bd. 1.

Tipke, Klaus/ Kruse, Heinrich Wilhelm/ Seer, Roman u. a. (Hrsg.), Kommentar zur Abgabenordnung und Finanzgerichtsordnung,), Band 2, §§ 155-368 AO, Stand: 103. EL. März 2004, Köln. Zitiert: Bearbeiter, in: Tipke/ Kruse, AO, Bd. 2.

Tipke, Klaus/ Lang, Joachim, Steuerrecht, 17. Auflage, 2002. Zitiert: Tipke/ Lang, Steuerrecht.

Tomuschat, Christian, Aller guten Dinge sind III? EuR 1990, 340 ff.

Tschütscher Klaus, EU-Zinsbesteuerung – eine Bestandsaufnahme aus liechtensteinischer Sicht, in: Schädler, Philip/ Menichetti, Marco (Hrsg.), Private Banking im Schlaglicht internationaler Regulierungen, Heidelberg 2003, S. 13 ff. Zitiert: Tschütscher, in: Schädler/ Menichetti, Private Banking, S. 13 ff.

Uhle, Arnd, Parlament und Rechtsverordnung, München 1999. Zitiert: Uhle, Parlament und Rechtsverordnung.

Valls, Javier, Vollzugsdefizite bei der Besteuerung privater Zinserträge in Deutschland und in der Europäischen Union, Überlegungen für eine effektive Durchsetzung der Besteuerungsgleichheit, Köln 2003. Zitiert: Valls, Vollzugsdefizite.

Vanistendael, Frans, Redistribution of tax law-making power in EMU? EC Tax Review 1998, p. 74 sq.

Vanistendael, Frans, European Taxation in the 21st Century: The Road towards Integration, European Taxation 1998, p. 331 sq.

Vanistendael, Frans, Steuerliche Hilfsmaßnahmen und schädliche Steuerkonkurrenz, in: Pelka, Jürgen, Europa- und verfassungsrechtliche Grenzen der Unternehmensbesteuerung, Veröffentlichungen der Deutschen Steuerjuristischen Gesellschaft, DStJG Band 23, Köln 2000, S. 299 ff. Zitiert: Vanistendael, DStJG 23 (2000), S. 299 ff.

Vater, Hendrik, Zum EU-Schweiz-Kompromiss zur Besteuerung von Zinseinkünften: ein kostenintensiver, aber zahnloser Papiertiger?, DB 2003, S. 2144 ff.

Vogel, Klaus, Über „Besteuerungsrechte" und über das Leistungsfähigkeitsprinzip im Internationalen Steuerrecht, in: Kirchhof, Paul/ Offerhaus, Klaus/ Schöberle, Horst (Hrsg.), Steuerrecht, Verfassungsrecht, Finanzpolitik, Festschrift für Franz Klein, S. 361 ff.

Vogel, Klaus, Harmonisierung des Internationalen Steuerrechts in Europa als Alternative zur Harmonisierung des (materiellen) Körperschaftsteuerrechts, StuW 1993, S. 380 ff.

Vogel, Klaus, Internationales Steuerrecht, DStZ 1997, S. 269 ff.

Vogel, Klaus/ Lehner, Moris, Doppelbesteuerungsabkommen der Bundesrepublik Deutschland auf dem Gebiet der Steuern vom Einkommen und Vermögen, Kommentar auf der Grundlage der Musterabkommen, 4. Aufl., München 2003. Zitiert: Bearbeiter, in: Vogel/ Lehner, DBA.

Von Mangoldt, Hermann/ Klein, Friedrich/ Starck, Christian, Das Bonner Grundgesetz, Band 1, Präambel, Artikel 1 bis 19, 4. Auflage, München 1999. Zitiert: Von Mangoldt/ Klein/ Starck, GG, Bd. 1.

Von Mangoldt, Hermann/ Klein, Friedrich/ Starck, Christian, Das Bonner Grundgesetz, Band 1, Präambel, Artikel 79 bis 146, 4. Auflage, München 1999. Zitiert: Von Mangoldt/ Klein/ Starck, GG, Bd. 3.

Voß, Reimer, Europäisches und nationales Steuerrecht, StuW 1993, S. 155 ff.

Voß, Reimer, Steuern in Europa, DStR 1991, S. 925 ff.

Voß, Reimer, Steuerrecht in: Dauses, Manfred A. (Hrsg.), Handbuch des EG-Wirtschaftsrechts, Band 2, J., München, Stand: 05/ 2001. Zitiert: Voß, in: Dauses, Handbuch des EG-Wirtschaftsrechts, Bd.2, J.

Voß, Rüdiger, Die Grenzen des Steuerwettbewerbs in der EU, ZEuS 1999, S. 335 ff.

Wägenbaur, R., Die Beseitigung steuerlicher Diskriminierungen im innergemeinschaftlichen Warenverkehr, RIW 1980, S. 121 ff.

Waldispühl, Marcus/ Blättler, Sibylle, Neues zur internationalen Amtshilfe der Schweiz, Der Schweizer Treuhänder/ L'Expert-comptable Suisse 2005, Heft 1-2, S. 99 ff.

Wassermeyer, Franz, Die Vermeidung der Doppelbesteuerung im Europäischen Binnenmarkt, in: Lehner, Moris (Hrsg.), Steuerrecht im Europäischen Binnenmarkt – Einfluß des EG-Rechts auf die nationalen Rechtsordnungen, Veröffentlichungen der Deutschen Steuerjuristischen Gesellschaft, DStJG Band 19, Köln 1996, S. 151 ff. Zitiert: Wassermeyer, DStJG 19 (1996), S. 151 ff.

Wattel, Peter, The Schumacker Legacy, Introduction, Taxing Non-Resident Employees: Coping with Schumacker, European Taxation 1995, p. 347 sq.

Wattel, Peter, The EC Court's Attempts to Reconcile the Treaty Freedoms with International Law, Common Market Law Review, Volume 33, 1996, p. 223 sq. Zitiert: Wattel, CMLR 33 (1996), p. 223 sq.

Weber, Albrecht, Die Europäische Grundrechtscharta – auf dem Weg zu einer europäischen Verfassung, NJW 2000, S. 538 ff.

Weber, Albrecht, Rechtsfragen der Durchführung des Gemeinschaftsrechts in der Bundesrepublik, Köln 1988. Zitiert: Weber, Rechtsfragen der Durchführung des Gemeinschaftsrechts.

Weber, Stefan, Kapitalverkehr und Kapitalmärkte im Vertrag über die Europäische Union, EuZW 1992, S. 561 ff.

Weber-Blank, Michael, Die Anfertigung von Kontrollmitteilungen bei der steuerlichen Außenprüfung von Kreditinstituten im Lichte der aktuellen Verwaltungsauffassung zu § 30 a AO, StBp 1997, S. 201 ff.

Weihrauch, Sebastian, Pauschale Verordnungsermächtigungen zur Umsetzung von EG-Recht, NVwZ 2001, 265 ff.

Weyss, Frank, Erfahrungen mit dem österreichischen Modell einer Abgeltungssteuer, in: Schick, Gerhard (Hrsg.), Veranlagung – Abgeltung – Steuerfreiheit, Besteuerung von Kapitalerträgen im Rechtsstaat, Berlin 2003, S. 63 ff. Zitiert: Weyss, in: Schick, Veranlagung, S. 63 ff.

Wieland, Joachim, Steuerwettbewerb in Europa, EuR 2001, S. 119 ff.

Wilke, Dieter, Bundesverfassungsgericht und Rechtsverordnungen, AöR 98 (1973), S. 196 ff.

Wilmott, Peter Graham, Die Abschaffung der Steuergrenzen – Verwaltungszusammenarbeit und gegenseitige Amtshilfe, in: Randzio-Platz, Christa (Hrsg.), Zur Steuerpolitik der EG im Binnenmarkt, Sindelfingen 1993, S. 45 ff. Zitiert: Wilmott, in: Randzio-Platz, Steuerpolitik, S. 45 ff.

Wolff, Bernhard, Die Ermächtigung zum Erlass von Rechtsverordnungen, AöR 78 (1952/ 53), S. 194 ff.

Wolff, Hans J./ Bachof, Otto/ Stober, Rolf, Verwaltungsrecht I, 10. Aufl., München 1994. Zitiert: Wolff/ Bachhof/ Stober, Verwaltungsrecht I.

Wolffgang, Hans-Michael, Steuerliche Amtshilfe innerhalb der EG, in: Birk, Dieter (Hrsg.), Handbuch des Europäischen Steuer- und Abgabenrechts, Berlin 1995, S. 989 ff. Zitiert, Wolffgang, in: Birk, Handbuch des Europäischen Steuer- und Abgabenrechts, S. 989 ff.

Wunderlich, Nina, Das Grundrecht der Berufsfreiheit im Europäischen Gemeinschaftsrecht, Freiburg 2000. Zitiert: Wunderlich, Das Grundrecht der Berufsfreiheit.

Zeitler, Franz-Christoph/ Jüptner, Roland, Europäische Steuerharmonisierung und direkte Steuern, BB 1988, Beil. 17 zu Heft 32, S. 1 ff.

Zeitler, Franz-Christoph, Neuregelung der Zinsbesteuerung ab 1993, DStZ 1992, S. 513 ff.

Zorn, Nikolaus, Rechtsangleichungskompetenzen des Rates der Europäischen Gemeinschaften für die Besteuerung von Unternehmen, in: Pelka, Jürgen, Europa- und verfassungsrechtliche Grenzen der Unternehmensbesteuerung, Veröffentlichungen der Deutschen Steuerjuristischen Gesellschaft, DStJG Band 23, Köln 2000, S. 227 ff. Zitiert: Zorn, DStJG 23 (2000), S. 227 ff.

Zuber, Barbara, Anknüpfungsmerkmale und Reichweite der internationalen Besteuerung, Hamburg 1991. Zitiert: Zuber, Anknüpfungsmerkmale und Reichweite der internationalen Besteuerung.

Peter Lang · Internationaler Verlag der Wissenschaften

Frank Lauterbach

Ein neues Unternehmenssteuerrecht für Deutschland?

Fehlende Rechtsformneutralität der Unternehmensbesteuerung und allgemeiner Gleichheitssatz

Frankfurt am Main, Berlin, Bern, Bruxelles, New York, Oxford, Wien, 2008.
X, 178 S.
Europäische Hochschulschriften: Reihe 2, Rechtswissenschaft. Bd. 4738
ISBN 978-3-631-58172-8 · br. € 39.–*

Über kaum ein wirtschafts- und finanzpolitisches Thema wurde in den vergangenen Monaten und Jahren so viel diskutiert wie über das „richtige" Steuersystem für Deutschland und damit auch über das richtige System zur Besteuerung von Unternehmen. Die tatsächliche Notwendigkeit einer umfassenden Reform wird belegt durch die zahlreichen Reformentwürfe und Steuerreformmaßnahmen der Politik, zuletzt durch die Unternehmenssteuerreform 2008. Sowohl von Seiten der Wissenschaft als auch von Seiten der Politik wurde seit längerer Zeit eine große Unternehmenssteuerreform gefordert. Auch wenn Uneinigkeit hinsichtlich der konkreten Umsetzung einer großen Steuerreform besteht, so sind sich Wissenschaft und Politik zumindest insoweit einig, dass die Lösung in einem rechtsformneutral ausgestalteten Steuersystem zu sehen ist. Die fehlende Rechtsformneutralität wurde und wird als einer der Schwachpunkte der Unternehmensbesteuerung angesehen. Vor diesem Hintergrund widmet sich die Arbeit der Frage der Gebotenheit und Umsetzbarkeit einer umfassenden Unternehmenssteuerreform unter der Prämisse des Gebots der Rechtsformneutralität.

Aus dem Inhalt: Allgemeine Schwächen des Unternehmenssteuerrechts · Auswirkungen des Dualismus der Unternehmensbesteuerung · Bedeutung der Gewerbesteuer für die Unternehmensbesteuerung · Belastungsvergleich Kapitalgesellschaft gegenüber Personengesellschaft · Gebot der Rechtsformneutralität aus ökonomischer und verfassungsrechtlicher Sicht · Grundkonzepte einer rechtsformneutralen Besteuerung · Aktuelle Reformmodelle

Kolibri 360 GmbH
Ferdinand-Jühlke-Straße 7
99095 Erfurt, Deutschland
produktsicherheit@kolibri360.de

Druck:
CPI Druckdienstleistungen GmbH
im Auftrag der
Kolibri 360 GmbH
Ferdinand-Jühlke-Str. 7
99095 Erfurt